中华国学文库

通鉴纪事本末 三

〔宋〕袁　枢　撰

中华书局

通鉴纪事本末卷第十九

刘裕篡晋

晋安帝隆安三年。初，彭城刘裕生而母死，父翘侨居京口，家贫，将弃之。同郡刘怀敬之母，裕之从母也，生怀敬未期，走往救之，断怀敬乳而乳之。及长，勇健有大志。仅识文字，以卖履为业，好樗蒲，为乡闾所贱。刘牢之击孙恩，引裕参军事。刘裕击孙恩事见卢循之乱。

元兴三年。桓玄之乱，刘裕入朝。玄谓其司徒王谧曰："裕风骨不常，盖人杰也。"玄后刘氏有智鉴，谓玄曰："刘裕龙行虎步，视瞻不凡，恐终不为人下，不如早除之。"玄曰："我方平荡中原，非裕莫可用者，俟关、河平定，然后别议耳。"

刘裕与何无忌密谋兴复，刘迈弟毅亦与无忌谋讨玄，于是相与合谋起兵。刘裕克京口，玄惧，浮江南走。裕入建康，王谧推裕为使持节、都督扬徐兖豫青冀幽并八州诸军事、徐州刺史。玄至寻阳，逼帝西上，刘毅等追之。玄挟帝至江陵，毅等自寻阳西上，与玄遇，玄众大溃，挟帝西走，冯迁击斩之，乘舆返正于江陵。桓振袭陷江陵。

义熙元年春正月，刘毅等击破桓振军，迎帝于江陵，何无忌奉帝东还。三月，帝至建康，以刘裕为侍中、车骑将军、都督中外诸军事。裕固让不受，屡请归藩，诏百僚敦劝，帝幸其第。裕复诣阙陈请，乃听归藩。并见伪楚之乱。

夏四月，刘裕旋镇京口，改授都督荆司等十六州诸军事，加领兖州刺史。

六月，刘裕遣使求和于秦，且求南乡等诸郡，秦王兴许之。群臣咸以为不可。兴曰："天下之善一也。刘裕拔起细微，能讨诛桓玄，兴复晋室，内厘庶政，外修封疆，吾何惜数郡，不以成其美乎？"遂割南乡、顺阳、新野、舞阴等十三郡归于晋。

二年冬十月，尚书论建义功，奏封刘裕豫章郡公。

四年春正月，刘毅等不欲刘裕入辅政，议以中领军谢混为扬州刺史；或欲令裕于丹徒领扬州，以内事付孟昶。遣尚书右丞皮沈以二议咨裕，沈先见裕记室录事参军刘穆之，具道朝议。穆之伪起如厕，密疏白裕曰："皮沈之言不可从。"裕既见沈，且令出外，呼穆之问之。穆之曰："晋朝失政日久，天命已移。公兴复皇祚，勋高位重，今日形势，岂得居谦，遂为守藩之将耶？刘、孟诸公与公俱起布衣，共立大义以取富贵，事有前后，故一时相推，非为委体心服，宿定臣主之分也。力敌势均，终相吞噬。扬州根本所系，不可假人。前者以授王谧，事出权道，今若复以他授，便应受制于人。一失权柄，无由可得，将来之危，难可熟念。今朝议如此，宜相酬答，必云在我，措辞又难，唯应云'神州治本，宰辅崇要，此事既大，非可悬论，便暂入朝，共尽同异'。公至京邑，彼必不敢越公更授余人明矣。"裕从之。朝廷乃征裕为侍中、车骑将军、开府仪同三司、扬州刺史、录尚书事，徐兖二州刺史如故。裕表解兖州，以诸葛长民为青州刺史，镇丹徒，刘道怜为并州刺史，戍石头。

五年春三月，刘裕伐南燕。事见刘裕平南燕。

初，苻氏之败也，王猛之孙镇恶来奔，以为临澧令。镇恶有谋略，善果断，喜论军国大事。或荐镇恶于刘裕，裕与语，说之，因留宿。明旦，谓参佐曰："吾闻将门有将，镇恶信然。"即以为中军参军。秋九月，加刘裕太尉，裕固辞。

六年六月，以刘裕为太尉、中书监，加黄钺。裕受黄钺，余固辞。司马国璠及弟叔璠、叔道奔秦。秦王兴曰："刘裕方诛桓玄，辅晋室，卿何为来？"对曰："裕削弱王室，臣宗族有自修立，裕辄除之。方为国患，甚于桓玄耳。"

七年春正月己未，刘裕还建康。三月，刘裕始受太尉、中书监。

八年夏四月，以后将军豫州刺史刘毅为卫将军、都督荆宁秦雍四州诸军事、荆州刺史。毅谓左卫将军刘敬宣曰："吾忝西任，欲屈卿为长史南蛮，岂有见辅意乎？"敬宣惧，以告太尉裕。裕笑曰："但令老兄平安，必无过虑。"

毅性刚愎，自谓建义之功与裕相埒，深自矜伐，虽权事推裕而心不服。及居方岳，常怏怏不得志。裕每柔而顺之，毅骄纵滋甚。尝云："恨不遇刘、项，与之争中原。"及败于桑落，知物情去已，弥复愤激。裕素不学，而毅颇涉文雅，故朝士有清望者多归之，与尚书仆射谢混、丹杨尹郗僧施深相凭结。僧施，超之从子也。毅既据上流，阴有图裕之志，求兼督交、广二州，裕许之。毅又奏以郗僧施为南蛮校尉后军司马，毛脩之为南郡太守，裕亦许之，以刘穆之代僧施为丹杨尹。毅表求至京口辞墓，裕往会之于倪塘。宁远将军胡藩言于裕曰："公谓刘卫军终能为公下乎？"裕默然，久之曰："卿谓何如？"藩曰："连百万之众，攻必取，战必克，毅固以此服公。至于涉猎传记，一谈一咏，自许以为雄豪，以是搢绅白面之士辐凑归之。恐终不为公下，不如因会取之。"裕曰："吾与毅俱有克复之功，其过未彰，不可自相图也。"

秋九月，刘毅至江陵，多变易守宰，辄割豫州文武、江州兵力万余人以自随。会毅疾笃，郗僧施等恐毅死，其党危，乃劝毅请从弟兖州刺史藩以自副，太尉裕伪许之。藩自广陵入朝，己卯，裕以诏书罪状毅，云与藩及谢混共谋不轨，收藩及混，赐死。

庚辰，诏大赦。以前会稽内史司马休之为都督荆雍梁秦宁益六州诸军事、荆州刺史；北徐州刺史刘道怜为兖青二州刺史，镇京口。使豫州刺史诸葛长民监太尉留府事。裕疑长民难独任，乃加刘穆之建武将军，置佐吏，配给资力以防之。

壬午，裕帅诸军发建康，参军王镇恶请给百舸为前驱。丙申，至姑孰，以镇恶为振武将军，与龙骧将军蒯恩将百舸前发。裕戒之曰："若贼可击，击之；不可者，烧其船舰，留屯水际以待我。"于是镇恶昼夜兼行，扬声言刘兖州上。

冬十月己未，镇恶至豫章口，去江陵城二十里，舍船步上。蒯恩军居前，镇恶次之，舸留一二人，对舸岸上立六七旗，旗下置鼓，语所留人："计我将至城，便鼓严，令若后有大军状。"又分遣人烧江津船舰。镇恶径前袭城，语前军士，"有问者，但云刘兖州至"，津戍及民间皆晏然不疑。未至城五六里，逢毅要将朱显之欲出江津，问："刘兖州何在？"军士曰："在后。"显之至军后不见藩，而见军人担彭排战具，望江津船舰已被烧，鼓严之声甚盛，知非藩上，便跃马驰去告毅，行令闭诸城门。镇恶亦驰进，门未及下关，军人因得入城。卫军长史谢纯入参承毅，出闻兵至，左右欲引车归。纯叱之曰："我人吏也，逃将安之！"驰还入府。纯，安兄据之孙也。镇恶与城内兵斗，且攻其金城，自食时至中晡，城内人败散。镇恶穴其金城而入，遣人以诏及赦文并裕手书示毅，毅皆烧不视，与司马毛脩之等督士卒力战。城内人犹未信裕自来，军士从毅自东来者，与台军多中表亲戚，且斗且语，知裕自来，人情离骇。逮夜，听事前兵皆散，斩毅勇将赵蔡，毅左右兵犹闭东西閤拒战。镇恶虑暗中自相伤犯，乃引军出围金城，开其南面。毅虑南有伏兵，夜半，帅左右三百许人，开北门突出。毛脩之谓谢纯曰："君但随仆去。"纯不从，为人所杀。

毅夜投牛牧佛寺。初，桓蔚之败也，走投牛牧寺僧昌，昌保藏之，毅杀昌。至是，寺僧拒之曰："昔亡师容桓蔚，为刘卫军所杀，今实不敢容异人。"毅叹曰："为法自弊，一至于此！"遂缢而死。明日，居人以告，乃斩首于市，并子侄皆伏诛。毅兄模奔襄阳，鲁宗之斩送之。

初，毅季父镇之闲居京口，不应辟召，常谓毅及藩曰："汝辈才器，足以得志，但恐不久耳。我不就尔求财位，亦不同尔受罪累。"每见毅、藩导从到门，辄诟之。毅甚敬畏，未至宅数百步，悉屏仪卫，与白衣数人俱进。及毅死，太尉裕奏征镇之为散骑常侍、光禄大夫，固辞不至。

(冬)十一月己卯，太尉裕至江陵，杀郗僧施。初，毛脩之虽为刘毅僚佐，素自结于裕，故裕特宥之。赐王镇恶爵汉寿子。裕问毅府谘议参军申永曰："今日何施而可？"永曰："除其宿衅，倍其惠泽，贯叙门次，显擢才能，如此而已。"裕纳之，下书宽租省调，节役原刑，礼辟名士，荆人悦之。

诸葛长民骄纵贪侈，所为多不法，为百姓患，常惧太尉裕按之。及刘毅被诛，长民谓所亲曰："'昔年醢彭越，今年杀韩信'，祸其至矣。"乃屏人问刘穆之曰："悠悠之言，皆云太尉与我不平，何以至此？"穆之曰："公泝流远征，以老母稚子委节下，若一豪不尽，岂容如此邪？"长民意乃小安。

长民弟辅国大将军黎民说长民曰："刘氏之亡，亦诸葛氏之惧也，宜因裕未还而图之。"长民犹豫未发，既而叹曰："贫贱常思富贵，富贵必履危机。今日欲为丹徒布衣，岂可得邪？"因遗冀州刺史刘敬宣书曰："盘龙狼戾专恣，自取夷灭。异端将尽，世路方夷，富贵之事，相与共之。"敬宣报曰："下官自义熙以来，忝三州七郡，常惧福过灾生，思避盈居损。富贵之旨，非所敢当。"且使以书呈裕，裕曰："阿寿故为不负我也。"

裕在江陵，辅国将军王诞白裕求先下，裕曰："诸葛长民似有自疑心，卿讵宜便去。"诞曰："长民知我蒙公垂盼，今轻身单下，必当以为无虞，乃可以少安其意耳。"裕笑曰："卿勇过贲、育矣。"乃听先还。

冬十二月，加太尉裕太傅、扬州牧。

九年春二月，太尉裕自江陵东还，骆驿遣辎重兼行而下，前刻至日，每淹留不进。诸葛长民与公卿频日奉候于新亭，辄差其期。乙丑晦，裕轻舟径进，潜入东府。三月丙寅朔旦，长民闻之，惊趋至门。裕伏壮士丁旿于幔中，引长民却人闲语，凡平生所不尽者皆及之，长民甚悦。丁旿自幔后出，于座拉杀之，舆尸付廷尉。收其弟黎民，黎民素骁勇，格斗而死。并杀其季弟大司马参军幼民、从弟宁朔将军秀之。

三月戊寅，加裕豫州刺史，裕固让太傅、州牧。秋九月，再命太尉裕为太傅、扬州牧，固辞。

十年。司马休之在江陵，颇得江、汉民心。子谯王文思在建康，性凶暴，好通轻侠，太尉裕恶之。三月，有司奏文思擅捶杀国吏，诏诛其党而宥文思。休之上疏谢罪，请解所任，不许。裕执文思送休之，令自训厉，意欲休之杀之。休之但表废文思，并与裕书陈谢。裕由是不悦，以江州刺史孟怀玉兼督豫州六郡以备之。

十一年春正月，太尉裕收司马休之次子文宝、兄子文祖，并赐死，发兵击之。诏加裕黄钺，领荆州刺史。庚午，大赦。辛巳，太尉裕发建康，以中军将军刘道怜监留府事，刘穆之兼右仆射，事无大小，皆决于穆之。又以高阳内史刘锺领石头戍事，屯冶亭。休之府司马张裕、南平太守檀范之闻之，皆逃归建康。裕，邵之兄也。雍州刺史鲁宗之自疑不为太尉裕所容，与其子竟陵太守轨起兵应休之。二月，休之上表罪状裕，勒兵拒之。

裕密书招休之府录事参军南阳韩延之，延之复书曰："承亲帅戎马，远履西畿，阖境士庶，莫不惶骇。辱疏，知以谯王前事，良增叹息。司马平西体国忠贞，款怀待物。以公有匡复之勋，家国蒙赖，推德委诚，每事询仰。谯王往以微事见劾，犹自表逊位，况以大过，而当嘿然邪？前已表奏废之，所不尽者命耳。推寄相与，正当如此，而遽兴兵甲，所谓'欲加之罪，其无辞乎！'刘裕足下，海内之人，谁不见足下此心，而复欲欺诳国士。来示云'处怀期物，自有由来'，今伐人之君，啖人以利，真可谓'处怀期物，自有由来'者乎？刘藩死于阊阖之门，诸葛毙于左右之手，甘言诧方伯，袭之以轻兵，遂使席上靡款怀之士，阃外无自信诸侯，以是为得算，良可耻也。贵府将佐及朝廷贤德，寄命过日。吾诚鄙劣，尝闻道于君子，以平西之至德，宁可无授命之臣乎！必未能自投虎口，比迹郗僧施之徒明矣。假令天长丧乱，九流浑浊，当与臧洪游于地下，不复多言。”裕视书叹息，以示将佐曰：“事人当如此矣。”延之以裕父名翘字显宗，乃更其字曰显宗，名其子曰翘，以示不臣刘氏。

太尉裕使参军檀道济、朱超石将步骑出襄阳。超石，龄石之弟也。江夏太守刘虔之将兵屯三连，立桥聚粮以待，道济等积日不至。鲁轨袭击虔之，杀之。裕使其婿振威将军东海徐逵之统参军蒯恩、王允之、沉渊子为前锋，出江夏口。逵之等与鲁轨战于破冢，兵败，逵之、允之、渊子皆死，独蒯恩勒兵不动。轨乘胜力攻之，不能克，乃退。渊子，林子之兄也。

裕军于马头，闻逵之死，怒甚；三月壬午，帅诸将济江。鲁轨、司马文思将休之兵四万临峭岸置阵，军士无能登者。裕自被甲欲登，诸将谏不从，怒愈甚。太尉主簿谢晦前抱持裕，裕抽剑指晦曰：“我斩卿！”晦曰：“天下可无晦，不可无公。”建武将军胡藩领游兵在江津，裕呼藩使登，藩有疑色。裕命左右录来，欲斩之。藩顾曰：“正欲击贼，不得奉教。”乃以刀头穿岸，劣容足指，腾之而上，随之者稍多。既登岸，直前力战，休之兵不能当，稍引却。裕兵因而乘之，休之兵大溃，遂克江陵。休之、宗之俱北走，轨留石城。裕命阆中侯下邳赵伦之、太尉参军沈林子攻之，遣武陵内史王镇恶以舟师追休之等。

青、冀二州刺史刘敬宣参军司马道赐，宗室之疏属也。闻太尉裕攻司马休之，道赐与同府辟闾道秀、左右小将王猛子谋杀敬宣，据广固以应休之。〔夏四月〕乙卯，敬宣召道秀屏人语，左右悉出户。猛子逡巡在后，取敬宣备身刀杀敬宣，文武佐吏即时讨道赐等，皆斩之。

（夏）五月，赵伦之、沈林子破鲁轨于石城，司马休之、鲁宗之救之不及，遂与轨奔襄阳，宗之参军李应之闭门不纳。甲午，休之、宗之、轨及谯王文思、新蔡王道赐、梁州刺史马敬、南阳太守鲁范俱奔秦。宗之素得士民心，争为之卫送出境。王镇恶等追之，尽境而还。

初，休之等求救于秦、魏，秦征虏将军姚成王及司马国璠引兵至南阳，魏长孙嵩至河东，闻休之等败，皆引还。休之至长安，秦王兴以为扬州刺史，使侵扰襄阳。侍御史唐盛言于兴曰："据符谶之文，司马氏当复得河、洛。今使休之擅兵于外，犹纵鱼于渊也，不如以高爵厚礼留之京师。"兴曰："昔文王卒免羑里，高祖不毙鸿门，苟天命所在，谁能违之？脱如符谶之言，留之适足为害。"遂遣之。

诏加太尉裕太傅、扬州牧，剑履上殿，入朝不趋，赞拜不名。

秋八月甲子，太尉裕还建康，固辞太傅、州牧，其余受命。

十二年春正月，加太尉裕兖州刺史、都督南秦州，凡都督二十二州。

三月，加太尉裕中外大都督。裕戒严，将伐秦，加裕领司豫二州刺史。

夏五月癸巳，加太尉领北雍州刺史。

秋八月，太尉裕以世子义符为中军将军，监太尉留府事。刘穆之为左仆射，领监军、中军二府军司，入居东府，总摄内外。丁巳，发建康。

冬十一月，太尉裕遣左长史王弘还建康，讽朝廷求九锡。时刘穆之掌留任，而旨从北来，穆之由是愧惧发病。弘，珣之子也。

十二月壬申，诏以裕为相国，总百揆，扬州牧，封十郡为宋公，备九锡之礼，位在诸侯〔王〕上，领征西将军、司豫北徐雍四州刺史如故。裕辞不受。

十三年春正月，太尉裕引水军发彭城。

三月，太尉裕将水军自淮、泗入清河，将溯河西上，先遣使假道于魏。魏人以数千骑随裕军西行，裕遣兵击之，魏军奔溃。

秋八月，太尉裕至潼关，王镇恶大破秦兵于渭桥，姚泓将妻子群臣诣镇恶降。九月，裕至长安，以秦金玉、缯帛颁赐将士，送姚泓至建康，斩之。事见刘裕灭后秦。

癸酉，司马休之、司马文思、司马国璠、司马道赐、鲁轨、韩延之等皆降于魏。司马休之寻卒。魏赐国璠爵淮南公、道赐爵池阳子、鲁轨爵襄阳公。

冬十月，诏进宋公爵为王，增封十郡，辞不受。

十一月辛未，穆之卒。太尉裕以根本无托，决意东还。十二月，太尉裕发长安。

十四年春正月，太尉裕至彭城，解严。

夏六月，太尉裕始受相国、〔宋公〕、九锡之命，赦国中殊死以下。(宗)〔崇〕继母兰陵萧氏为太妃。以太尉军谘祭酒孔靖为宋国尚书令，左长史王弘为仆射，领选，从事中郎傅亮、蔡廓皆为侍中，谢晦为右卫将军，右长史郑鲜之为奉常，行参军殷景仁为秘书郎，其余百官，悉依天朝之制。靖辞不受。亮，咸之孙。廓，谟之曾孙。鲜之，浑之玄孙。景仁，融之曾孙也。景仁学不为文，敏有思致，口不谈义，深达理体。至于国典、朝仪、旧章、记注，莫不撰录，识者知其有当世之志。

冬十二月，彗星出天津，入太微，经北斗，络紫微，八十余日而灭。魏主嗣复召诸儒术士问之曰："今四海分裂，灾咎之应果在何国？朕甚畏之。卿辈尽言，勿有所隐。"众推崔浩使对，浩曰："夫灾异之兴，皆象人事，人苟无衅，又何畏焉？昔王莽将篡汉，彗星出入，正与今同。国家主尊臣卑，民无异望。晋室陵夷，危亡不远，彗之为异，其刘裕将篡之应乎！"众无以易其言。

宋公裕以谶云"昌明之后尚有二帝"，乃使中书侍郎王韶之与帝左右密谋酖帝，而立琅邪王德文。德文常在帝左右，饮食寝处，未尝暂离。韶之伺之经时，不得间。会德文有疾，出居于外，戊寅，韶之以散衣缢帝于东堂。韶之，廙之曾孙也。裕因称遗诏，奉德文即皇帝位，大赦。

恭帝元熙元年春正月甲午，征宋公裕入朝，进爵为王，裕辞。

初，司马楚之奉其父荣期之丧归建康，会宋公裕诛翦宗室之有才望者，楚之叔父宣期、兄贞之皆死，楚之亡匿竟陵蛮中。及从祖休之自江陵奔秦，楚之亡之汝、颍间，聚众以谋复仇。楚之少有英气，能折节下士，有众万余，屯据长社。裕使刺客沐谦往刺之。楚之待谦甚厚，谦欲发，未得间。乃夜称疾，知楚之必往问疾，因欲刺之。楚之果自赍汤药往视之，情意勤笃，谦不忍发，乃出匕首于席下，以状告之，曰："将军深为刘裕所忌，愿勿轻率以自保全。"遂委身事之，为之防卫。

时宗室多逃亡在河南，有司马文荣者，帅乞活千余户屯金墉城南，又有司马道恭自东垣帅三千人屯城西，司马顺明帅五千人屯陵云台，司马楚之屯柏谷坞，皆降于魏。

秋七月，宋公裕始受进爵之命。八月，移镇寿阳。以度支尚书刘怀慎为督淮北诸军事、徐州刺史，镇彭城。

九月，宋王裕自解扬州牧。

冬十二月辛卯，宋王裕加殊礼，进王太妃为太后，世子为太子。

宋(高祖)〔武帝〕永初元年春正月，宋王欲受禅而难于发言，乃集朝臣宴饮，从容言曰："桓玄篡位，鼎命已移。我首唱大义，兴复帝室，南征北伐，平定四海，功成业著，遂荷九锡。今年将衰暮，崇极如此，物忌盛满，非可久安；今欲奉还爵位，归老京师。"群臣惟盛称功德，莫谕其意。日晚，坐散。中书令傅亮还外乃悟，而宫门已闭，亮叩扉请见，王即开门见之。亮入但曰："臣暂宜还都。"王解其意，无复他言，直云："须几人自送？"亮曰："数十人可也。"即时奉辞。亮出已夜，见长星竟天，拊髀叹曰："我常不信天文，今始验矣。"亮至建康。

夏四月，征王入朝。王留子义康为都督豫司雍并四州诸军事、豫州刺史，镇寿阳。义康尚幼，以相国参军南阳刘湛为长史，决府州事。湛自弱年即有宰物之情，常自比管、葛，博涉书史，不为文章，不喜谈议，王甚重之。

(夏)六月壬戌，王至建康，傅亮讽晋恭帝禅位于宋，具诏草呈帝，使书之。帝欣然操笔，谓左右曰："桓玄之时，晋氏已无天下，重为刘公所延，将二十载。今日之事，本所甘心。"遂书赤纸为诏。甲子，帝逊于琅邪第，百官拜辞，秘书监徐广流涕哀恸。

丁卯，王为坛于南郊，即皇帝位。礼毕，自石头备法驾入建康宫。徐广又悲感流涕，侍中谢晦谓之曰："徐公得无小过！"广曰："君为宋朝佐命，身是晋室遗老，悲欢之事，固不可同。"广，邈之弟也。帝临太极殿，大赦，改元。其犯乡论清议，一皆荡涤，与之更始。

裴子野论曰：昔重华受终，四凶流放，武王克殷，顽民迁洛。天下之恶一也，乡论清议，除之，过矣。

奉晋恭帝为零陵王，优崇之礼，皆仿晋初故事，即宫于故秣陵县，使冠军将军刘遵考将兵防卫。降褚后为王妃。

追尊皇考为孝穆皇帝，皇妣赵氏为孝穆皇后，尊王太后萧氏为皇太后。上事萧太后素谨，及即位，春秋已高，每旦入朝太后，未尝失时刻。

诏："晋氏封爵，当随运改，独置始兴、庐陵、始安、长沙、康乐五公，降爵为县公及县侯，以奉王导、谢安、温峤、陶侃、谢玄之祀，其宣力义熙，豫同艰难者，一仍本秩。"

庚午，以司空道怜为太尉，封长沙王。追封司徒道规为临川王，以道怜子义庆袭其爵。其余功臣徐羡之等，增位、进爵各有差。追封刘穆之为南康郡公，王镇恶为龙阳县侯。上每叹念穆之曰："穆之不死，当助我治天下。可谓'人之云亡，邦国殄瘁！'"又曰："穆之死，人轻易我。"

立皇子桂阳公义真为庐陵王，彭城公义隆为宜都王，义康为彭城王。

己卯，改泰始历为永初历。

秋八月辛未，追谥妃臧氏为敬皇后，立王太子义符为皇太子。

二年。初，帝以毒酒一罂授前琅邪郎中令张伟，使酖零陵王。伟叹曰："酖君以求生，不如死。"乃于道自饮而卒。伟，卲之兄也。太常褚秀之，侍中褚淡之，皆王之妃兄也，王每生男，帝辄令秀之兄弟方便杀之。王自逊位，深虑祸及，与(嫔)〔褚〕妃共处一室，自煮食于床前，饮食所资，皆出褚妃，故宋人莫得伺其隙。九月，帝令淡之与兄右卫将军叔度往视妃，妃出就别室相见。兵人逾垣而入，进药于王。王不肯饮，曰："佛教，自杀者不复得人身。"兵人以被掩杀之。帝帅百官临于朝堂三日。

元魏寇宋

晋安帝义熙十三年夏五月乙未，齐郡太守王懿降于魏，上书言："刘裕在洛，宜发兵绝其归路，可不战而克。"魏主嗣善之。崔浩侍讲在前，嗣问之曰："刘裕伐姚泓，果能克乎？"对曰："克之。"嗣曰："何故？"对曰："昔姚兴好事虚名而少实用，子泓懦而多病，兄弟乖争。裕乘其危，兵精将勇，何故不克。"嗣曰："裕才何如慕容垂？"对曰："胜之。垂藉父兄之资，修复旧业，国人归之，若夜虫之就火，少加倚仗，易以立功。刘裕奋起寒微，不阶尺土，讨灭桓玄，兴复晋室，北禽慕容超，南枭卢循，所向无前，非其才之过人，安能如是乎？"嗣曰："裕既入关，不能进退，我以精骑直捣彭城、寿春，裕将若之何？"对曰："今西有屈丐，北有柔然，窥伺国隙。陛下既不可亲御六师，虽有精兵，未睹良将。长孙嵩长于治国，短于用兵，非刘裕敌也。兴兵远攻，未见其利，不如且安静以待之。裕克秦而归，必篡其主。关中华戎杂错，风俗劲悍，裕欲以荆扬之化施之函、秦，此无异解衣包火，张罗捕虎，虽留兵守之，人情未洽，趋尚不同，适足为寇敌之资耳。愿陛下按兵息民以观其变，秦地终为国家之有，可坐而守也。"嗣笑曰："卿料之审矣。"浩曰："臣尝私论近世将相之臣，若王猛之治国，苻坚之管仲也；慕容恪之辅幼主，慕容暐之霍光也；刘裕之平祸乱，司马德宗之曹操也。"嗣曰："屈丐何如？"浩曰："屈丐国破家覆，孤子一身，寄食姚氏，受其封殖。不思酬恩报义，而乘时徼利，盗有一方，结怨四邻。撅竖小人，虽能纵暴一时，终当为人所吞食耳。”嗣大悦，语至夜半，赐浩御缥醪十觚，水精盐一两，曰：“朕味卿言，如此盐、酒，故欲与卿共飨其美。”然犹命长孙嵩、叔孙建各简精兵伺裕西过，自成皋济河，南侵彭、沛，若不时过，则引兵随之。

宋（高祖）〔武帝〕永初三年。初，魏主闻高祖克长安，大惧，遣使请和，自是每岁交聘不绝。及高祖殂，殿中将军沈范等奉使在魏，还，及河，魏主遣人追执之。议发兵取洛阳、虎牢、滑台。崔浩谏曰：“陛下不以刘裕欻起，纳其使贡，裕亦敬事陛下。不幸今死，遽乘丧伐之，虽得之不足为美。且国家今日亦未能一举取江南也，而徒有伐丧之名，窃为陛下不取。臣谓宜遣人吊祭，存其孤弱，恤其凶灾，使义声布于天下，则江南不攻自服矣。况裕新死，党与未离，兵临其境，必相帅拒战，功不可必。不如缓之，待其强臣争权，变难必起，然后命将出师，可以兵不疲劳，坐收淮北也。”魏主曰：“刘裕乘姚兴之死而灭之，今我乘裕丧而伐之，何为不可？”浩曰：“不然。姚兴死，诸子交争，故裕乘衅伐之。今江南无衅，不可比也。”魏主不从。假司空奚斤节，加晋兵大将军、行扬州刺史，使督宋兵将军、交州刺史周幾，吴兵将军、广州刺史公孙表同入寇。

冬十月，魏军将发，公卿集议于监国之前，以先攻城与先略地。奚斤欲先攻城，崔浩曰：“南人长于守城，（若）〔昔〕苻氏攻襄阳，经年不拔。今以大兵坐攻小城，若不时克，挫伤军势，敌得徐严而来，我怠彼锐，此危道也。不如分军略地，至淮为限，列置守宰，收敛租谷，则洛阳、滑台、虎牢更在军北，绝望南救，必沿河东走，不则为囿中之物，何忧其不获也。”公孙表固请攻城，魏主从之。于是奚斤等帅步骑二万济河，营于滑台之东。时司州刺史毛德祖戍虎牢，东郡太守王景度告急于德祖，德祖遣司马翟广等将步骑三千救之。

先是，司马楚之聚众在陈留之境，闻魏兵济河，遣使迎降。魏以楚之为征南将军、荆州刺史，使侵扰北境。德祖遣长社令王法政将五百人戍邵陵，将军刘怜将二百骑戍雍丘以备之。楚之引兵袭怜，不克。会台送军资，怜出迎之，酸枣民王玉驰以告魏。丁酉，魏尚书滑稽引兵袭仓垣，兵吏悉逾城走，陈留太守冯翊严棱诣斤降。魏以王玉为陈留太守，给兵守仓垣。

奚斤等攻滑台，不拔，求益兵。魏主怒，切责之。壬辰，自将诸国兵五万余人南出天关，逾恒岭，为斤等声援。

十一月，魏太子焘将兵出屯塞上，使安定王弥与安同居守。庚戌，奚斤等急攻滑台，拔之。王景度出走，景度司马阳瓒为魏所执，不降而死。魏主以成皋侯苟儿为兖州刺史，镇滑台。斤等进击翟广等于土楼，破之。乘胜进逼虎牢，毛德祖与战，屡破之。魏主别遣黑矟将军于栗磾将三千人屯河阳，谋取金墉，德祖遣振威将军窦晃等缘河拒之。十二月丙戌，魏主至冀州，遣楚兵将军、徐州刺史叔孙建将兵自平原济河，徇青、兖。豫州刺史刘粹遣治中高道瑾将步骑五百据项城，徐州刺史王仲德将兵屯湖陆。于栗磾济河，与奚斤并力攻窦晃等，破之。魏主遣中领军代人娥清、期思侯柔然闾大肥将兵七千人会周幾、叔孙建南渡河，军于碻磝。癸未，兖州刺史徐琰弃尹卯南走，于是泰山、高平、金乡等郡皆没于魏。叔孙建等东入青州，司马爱之、季之先聚众于济东，皆降于魏。

戊子，魏兵逼虎牢。青州刺史东莞竺夔镇东阳城，遣使告急。己丑，诏南兖州刺史檀道济监征讨诸军事，与王仲德共救之。庐陵王义真遣龙骧将军沈叔狸将三千人就刘粹，量宜赴援。

营阳王景平元年春正月，魏于栗磾攻金墉。癸卯，河南太守王涓之弃城走。魏主以栗磾为豫州刺史，镇洛阳。

庚申，檀道济军于彭城。

魏叔孙建入临淄，所向城邑皆溃，竺夔聚民保东阳城，其不入城者，使各依据山险，芟夷禾稼，魏军至，无所得食。济南太守垣苗帅众依夔。

刁雍见魏主于邺，魏主曰："叔孙建等入青州，民皆藏避，攻城不下。彼素服卿威信，今遣卿助之。"乃以雍为青州刺史，给雍骑，使行募兵以取青州。魏兵济河向青州者凡六万骑，刁雍募兵得五千人，抚慰士民，皆送租供军。

三月，魏奚斤、公孙表等共攻虎牢，魏主自邺遣兵助之。毛德祖于城内穴地入七丈，分为六道，出魏围外，募敢死之士四百人，使参军范道基等帅之，从穴中出，掩袭其后。魏兵惊扰，斩首数百级，焚其攻具而还。魏兵虽退散，随复更合，攻之益急。

奚斤自虎牢将步骑三千攻颍川太守李元德等于许昌，元德等败走。魏以颍川人庾龙为颍川太守，戍许昌。

毛德祖出兵与公孙表大战，从朝至晡，杀魏兵数百。会奚斤自许昌还，合击德祖，大破之，亡甲士千余人，复婴城自守。

魏主又遣万余人从白沙度河，屯濮阳南。

朝议以项城去魏不远，非轻军所抗，使刘粹召高道瑾还寿阳，若沈叔狸已进，亦宜且追。粹奏："虏攻虎牢，未复南向，若遽摄军舍项城，则淮西诸郡无所凭依。沈叔狸已顿肥口，又不宜遽退。"时李元德帅散卒二百至项，刘粹使助高道瑾戍守，请宥其奔败之罪，朝议并许之。

乙巳，魏主畋于韩陵山，遂如汲郡，至枋头。

初，毛德祖在北，与公孙表有旧。表有权略，德祖患之，乃与交通音问，密遣人说奚斤，云表与之连谋。每答表书，辄多所治定。表以书示斤，斤疑之，以告魏主。先是，表与太史令王亮少同营署，好轻侮亮。亮奏"表置军虎牢东，不得便地，故令贼不时灭"。魏主素好术数，以为然，积前后忿，使人夜就帐中缢杀之。

乙卯，魏主济自灵昌津，遂如东郡、陈留。

叔孙建将三万骑逼东阳城，城中文武才一千五百人，竺夔、垣苗悉力固守，时出奇兵击魏，破之。魏步骑绕城列陈十余里，大治攻具。夔作四重堑，魏人填其三重，为撞车以攻城。夔遣人从地道中出，以大麻絙挽之令折。魏人复作长围，进攻逾急。历时浸久，城转堕坏，战士多死伤，余众困乏，旦暮且陷。檀道济至彭城，以司、青二州并急，而所领兵少，不足分赴，青州道近，竺夔兵弱，乃与王仲德兼行先救之。

甲子，刘粹遣李元德袭许昌，斩庾龙，元德因留绥抚，并上租粮。

魏主至盟津，于栗磾造浮桥于冶阪津。乙丑，魏主引兵北济，西如河内。娥清、周幾、闾大肥徇地至湖陆、高平，民屯聚而射之，清等尽攻破高平诸县，灭数千家，虏掠万余口。兖州刺史郑顺之戍湖陆，以兵少不敢出。

魏主又遣并州刺史伊楼拔助奚斤攻虎牢，毛德祖随方抗拒，颇杀魏兵，而将士稍零落。

夏四月丁卯，魏主如成皋，绝虎牢汲河之路。停三日，自督众攻城，竟不能下，遂如洛阳，观石经，遣使祀嵩高。

叔孙建攻东阳，堕其北城三十许步。刁雍请速入，建不许，遂不克。及闻檀道济等将至，雍又谓建曰："贼畏官军突骑，以锁连车为函陈。大岘以南，处处狭隘，车不得方轨，雍请将所募兵五千据险以邀之，破之必矣。"时天暑，魏军多疫，建曰："兵人疫病过半，若相持不休，兵自死尽，何须复战。今全军而返，计之上也。"己巳，道济军于临朐。壬申，建等烧营及器械而遁。道济至东阳，粮尽不能追。竺夔以东阳城坏，不可守，移镇不其城。

叔孙建自东阳趋滑台，道济分遣王仲德向尹卯。道济停军湖陆，仲德未至尹卯，闻魏兵已远，还就道济。刁雍遂留镇尹卯，招集谯、梁、彭、沛民五千余家，置二十七营以领之。

闰四月丁未，魏主如河内，登太行，至高都。

叔孙建自滑台西就奚斤，共攻虎牢。虎牢被围二百日，无日不战，劲兵战死殆尽，而魏增兵转多。魏人毁其外城，毛德祖于其内更筑三重城以拒之，魏人又毁其二重。德祖唯保一城，昼夜相拒，将士眼皆生创，德祖抚之以恩，终无离心。时檀道济军湖陆，刘粹军项城，沈叔狸军高桥，皆畏魏兵强，不敢进。丁巳，魏人作地道以泄虎牢城中井，井深四十丈，山势峻峭，不可得防，城中人马渴乏，被创者不复出血，重以饥疫。魏仍急攻之，己未，城陷。将士欲扶德祖出走，德祖曰："我誓与此城俱毙，义不使城亡而身存也。"魏主命将士"得德祖者，必生致之"。将军代人豆代田执德祖以献。将佐在城中者皆为魏所虏，唯参军范道基将二百人突围南还，魏士卒疫死者亦什二三。奚斤等悉定司、兖、豫诸郡县，置守宰以抚之。魏主命周幾镇河南，河南人安之。徐羡之、傅亮、谢晦以亡失境土，上表自劾，诏勿问。

五月，魏主还平城。秋九月乙亥，魏主还宫。召奚斤还平城，留兵守虎牢。使娥清、周幾镇枋头。以司马楚之所将户口置汝南南阳南顿新(置)〔蔡〕四郡，以益豫州。

冬十一月，魏周幾寇许昌，许昌溃，颍川太守李元德奔项。戊辰，魏人围汝阳，太守王公度亦奔项。刘粹遣其将姚耸夫等将兵助守项城。魏人夷许昌城，毁钟城，以立封疆而还。

徐傅废立

宋(高祖)〔武帝〕永初元年秋八月癸酉，立王太子义符为皇太子。

三年春三月，上不豫，太尉长沙王道怜、司空徐羡之、尚书仆射傅亮、领军将军谢晦、护军将军檀道济并入侍医药。群臣请祈祷神祇，上不许，唯使侍中谢方明以疾告宗庙而已。上性不信奇怪，微时多符瑞，及贵，史官审以所闻，上拒而不答。

檀道济出为镇北将军、南兖州刺史，镇广陵，悉监淮南诸军。

皇太子多狎群小，谢晦言于上曰："陛下春秋既高，宜思存万世，神器至重，不可使负荷非才。"上曰："庐陵何如?"晦曰："臣请观焉。"出造庐陵王义真，义真盛欲与谈，晦不甚答。晦还曰："德轻于才，非人主也。"丁未，出义真为都督南豫豫雍司秦并六州诸军事、车骑将军、开府仪同三司、南豫州刺史。

夏五月，帝疾甚，召太子诫之曰："檀道济，虽有干略而无远志，非如兄韶有难御之气也。徐羡之、傅亮，当无异图，谢晦，数从征伐，颇识机变，若有同异，必此人也。"又为手诏曰："后世若有幼主，朝事一委宰相，母后不烦临朝。"司空徐羡之、中书令傅亮、领军将军谢晦、镇北将军檀道济同被顾命。癸亥，帝殂于西殿。太子即皇帝位，年十七，大赦，尊皇太后曰太皇太后，立妃司马氏为皇后。

文帝元嘉元年。营阳王居丧无礼，好与左右狎匿，游戏无度。特进致仕范泰上封事曰："伏闻陛下时在后园，颇习武备，鼓鞞在宫，声闻于外。黩武掖庭之内，喧哗省闼之间，非徒不足以威四夷，祇生远近之怪。陛下践祚，委政宰臣，实同高宗谅暗之美，而更亲狎小人，惧非社稷至计，经世之道也。"不听。

南豫州刺史庐陵王义真，警悟爱文义，而性轻易，与太子左卫率谢灵运、员外常侍颜延之、慧琳道人情好款密，尝云："得志之日，以灵运、延之为宰相，慧琳为西豫州都督。"灵运性褊傲，不遵法度，自谓才能宜参权要，常怀愤邑。延之嗜酒放纵。

徐羡之等恶义真与灵运等游。于是羡之等以为灵运、延之构扇异同，非毁执政，出灵运为永嘉太守，延之为始安太守。

义真至历阳，多所求索，执政每裁量不尽与，义真深怨之，数有不平之言。又表求还都，谘议参军何尚之屡谏不听。时羡之等已密谋废帝，而次立者应在义真，乃因义真与帝有隙，先奏列其罪恶，废为庶人，徙新安郡。前吉阳令堂邑张约之上疏曰："庐陵王少蒙先皇优慈之遇，长受陛下睦爱之恩，故在心必言，所怀必亮，容犯臣子之道，致招骄恣之愆。至于天姿夙成，实有卓然之美，宜在容养，录善掩瑕，训尽义方，进退以渐。今猥加剥辱，幽徙远郡，上伤陛下常棣之笃，下令远近恇然失图。臣伏思大宋开基造次，根条未繁，宜广树藩戚，敦睦以道。人谁无过，贵能自新。以武皇之爱子，陛下之懿弟，岂可以其一眚，长致沦弃哉。"书奏，以约之为梁州府参军，寻杀之。

夏四月，徐羡之等以南兖州刺史檀道济先朝旧将，威服殿省，且有兵众，乃召道济及江州刺史王弘入朝。五月，皆至建康，以废立之谋告之。

甲申，谢晦以领军府屋败，悉令家人出外，聚将士于府内。又使中书舍人邢安泰、潘盛为内应。夜，邀檀道济同宿，晦悚动不得眠，道济就寝便熟，晦以此服之。

时帝于华林园为列肆，亲自沽卖。又与左右引船为乐，夕游天渊池，即龙舟而寝。乙酉诘旦，道济引兵居前，羡之等继其后，入自云龙门，安泰等先诫宿卫，莫有御者。帝未兴，军士进杀二侍者，伤帝指，扶出东阁，收玺绶，群臣拜辞，卫送故太子宫。

侍中程道惠劝羡之等立皇弟南豫州刺史义恭。羡之等以宜都王义隆素有令望，又多符瑞，乃称皇太后令，数帝过恶，废为营阳王，以宜都王纂承大统，赦死罪以下。又称皇太后令，奉还玺绶。并废皇后为营阳王妃，迁营阳王于吴。使檀道济入守朝堂。王至吴，止金昌亭。六月癸丑，羡之等使邢安泰就弑之。王多力，突走出昌门，追者以门关踣而弑之。

裴子野论曰：古者人君养子，能言而师授之辞，能行而傅相之礼。宋之教诲，雅异于斯，居中则任仆妾，处外则近趋走。太子、皇子，有帅有侍，是二职者，皆台皁也。制其行止，授其法则，导达臧否，罔弗由之，言不及于礼义，识不达于今古，谨敕者能劝之以吝啬，狂愚者或诱之以凶慝。虽有师傅，多以耆艾大夫为之，虽有友及文学，多以膏粱年少为之，具位而已，亦弗与游。幼王临州，长史行事，宣传教命，又有典签，往往专恣，窃弄威权，是以本枝虽茂，而端良甚寡。嗣君冲幼，世继奸回，虽恶物丑类，天然自出，然习则生常，其流远矣。降及太宗，举天下而弃之，亦昵比之为也。

乌呼，有国有家，其鉴之矣！

傅亮帅行台百官奉法驾，迎宜都王于江陵。祠部尚书蔡廓至寻阳，遇疾不堪前。亮与之别，廓曰："营阳在吴，宜厚加供奉，一旦不幸，卿诸人有弑主之名，欲立于世，将可得邪？"时亮已与羡之议害营阳王，乃驰信止之，不及。羡之大怒曰："与人共计议，如何旋背即卖恶于人邪！"羡之等又遣使者杀前庐陵王义真于新安。

羡之以荆州地重，恐宜都王至，或别用人，乃亟以录命除领军将军谢晦行都督荆湘等七州诸军事、荆州刺史，欲令居外为援，精兵旧将，悉以配之。

秋七月，行台至江陵，立行门于城南，题曰"大司马门"。傅亮帅百僚诣门上表，进玺绂，仪物甚盛。宜都王时年十八，下教曰："猥以不德，谬降大命，顾己兢悸，何以克堪！辄当暂归朝廷，展哀陵寝，并与贤彦申写所怀。望体其心，勿为辞费。"府州佐史并称臣，请题榜诸门，一依宫省，王皆不许。教州、府、国纲纪宥其统内见刑，原逋责。

诸将佐闻营阳、庐陵王死，皆以为疑，劝王不可东下。司马王华曰："先帝有大功于天下，四海所服，虽嗣主不纲，人望未改。徐羡之中才寒士，傅亮布衣诸生，非有晋宣帝、王大将军之心明矣，受寄崇重，未容遽敢背德。畏庐陵严断，将来必不自容。以殿下宽叡慈仁，远近所知，且越次奉迎，冀以见德，悠悠之论，殆必不然。又羡之等五人同功并位，孰肯相让？就怀不轨，势必不行。废主若存，虑其将来受祸，致此杀害。盖由贪生过深，宁敢一朝顿怀逆志。不过欲握权自固，以少主仰待耳。殿下但当长驱六辔，以副天人之心。"王曰："卿复欲为宋昌邪？"长史王昙首、南蛮校尉到彦之皆劝王行，昙首仍陈天人符应，王乃曰："诸公受遗，不容背义。且劳臣旧将，内外充满，今兵力又足以制物，夫何所疑。"乃命王华总后任，留镇荆州。王欲使到彦之将兵前驱，彦之曰："了彼不反，便应朝服顺流。若使有虞，此师既不足恃，更开嫌隙之端，非所以副远迩之望也。"会雍州刺史褚叔度卒，乃遣彦之权镇襄阳。

甲戌，王发江陵，引见傅亮，号泣，哀动左右。既而问义真及少帝薨废本末，悲哭呜咽，侍侧者莫能仰视。亮流汗沾背不能对，乃布腹心于到彦之、王华等，深自结纳。王以府、州文武严兵自卫，台所遣百官众力不得近部伍。中兵参军朱容子抱刀处王所乘舟户外，不解带者累旬。

八月丙申，宜都王至建康，群臣迎拜于新亭。徐羡之问傅亮曰："王可方谁？"亮曰："晋文、景以上人。"羡之曰："必能明我赤心。"亮曰："不然。"

丁酉，王谒初宁陵，还止中堂，百官奉玺绶，王辞让数四，乃受之，即皇帝位于中堂。备法驾入宫，御太极前殿，大赦，改元，文武赐位二等。

戊戌，谒太庙，诏复庐陵王先封，迎其柩及孙脩华、谢妃还建康。

庚子，以行荆州刺史谢晦为真。晦将行，与蔡廓别，屏人问曰："吾其免乎？"廓曰："卿受先帝顾命，任以社稷，废昏立明，义无不可。但杀人二兄，而以之北面，挟震主之威，据上流之重，以古推今，自免为难。"晦始惧不得去，既发，顾望石头城喜曰："今得脱矣。"

癸卯，徐羡之进位司徒，王弘进位司空，傅亮加开府仪同三司，谢晦进号卫将军，檀道济进号征北将军。

有司奏车驾依故事临华林园听讼。诏曰："政刑多所未悉，可如先者，二公推讯。"

帝以王昙首、王华为侍中，昙首领右卫将军，华领骁骑将军，朱容子为右军将军。

甲辰，徐羡之等欲即以到彦之为雍州，帝不许，征彦之为中领军，委以戎政。彦之自襄阳南下，谢晦已至镇，虑彦之不过己。彦之至杨口，步往江陵，深布诚款，晦亦厚自结纳。彦之留马及利剑、名刀以与晦，晦由此大安。

二年春正月，徐羡之、傅亮上表归政，表三上，帝乃许之。丙寅，始亲万机。羡之仍逊位还第，徐珮之、程道惠及吴兴太守王韶之等并谓非宜，敦劝甚苦，乃复奉诏视事。

秋八月，王弘自以始不预定策，不受司空，表让弥年，乃许之。

十一月，初，会稽孔宁子为帝镇西谘议参军，及即位，以宁子为步兵校尉。与侍中王华并有富贵之愿，疾徐羡之、傅亮专权，日夜构之于帝。会谢晦二女当适彭城王义康、新野侯义宾，遣其妻曹氏及长子世休送女至建康。帝欲诛羡之、亮，并发兵讨晦，声言当伐魏，取河南，又言拜京陵，治行装舰。亮与晦书曰："薄伐河朔，事犹未已，朝野之虑，忧惧者多。"又言："朝士多谏北征，上当遣外监万幼宗往相谘访。"时朝廷处分异常，其谋颇泄。

三年春正月，谢晦弟黄门侍郎皭驰使告晦，晦犹谓不然，以傅亮书示谘议参军何承天曰："计幼宗一二日必至。傅公虑我好事，故先遣此书。"承天曰："外间所闻，咸谓西讨已定，幼宗岂有上理。"晦尚谓虚妄，使承天豫立答诏启草，言"伐虏宜须明年"。

江夏内史程道惠得寻阳人书,言“朝廷将有大处分,其事已审”,使其辅国府中兵参军乐冏封以示晦。晦问承天曰:“若果尔,卿令我云何?”对曰:“蒙将军殊顾,常思报德,事变至矣,何敢隐情。然明日戒严,动用军法,区区所怀,惧不得尽。”晦惧,曰:“卿岂欲我自裁邪?”承天曰:“尚未至此。以王者之重,举天下以攻一州,大小既殊,逆顺又异,境外求全,上计也。其次,以腹心将兵屯义阳,将军自帅大众战于夏口,若败,即趋义阳,以出北境,其次也。”晦良久曰:“荆州用武之地,兵粮易给,聊且决战,走复何晚!”乃使承天造立表檄。又与卫军谘议参军琅邪颜邵谋举兵,邵饮药而死。

晦立幡戒严,谓司马庾登之曰:“今当自下,欲屈卿以三千人守城,备御刘粹。”登之曰:“下官亲老在都,又素无部众,情计二三,不敢受此旨。”晦仍问诸将佐:“战士三千,足守城否?”南蛮司马周超对曰:“非徒守城而已,若有外寇,可以立功。”登之因曰:“超必能办,下官请解司马、南郡以授之。”晦即于坐命超为司马,领南义阳太守;转登之为长史,南郡如故。

帝以王弘、檀道济始不预废弑之谋,弘弟昙首又为帝所亲委,事将发,密使报弘,且召道济,欲使讨晦。王华等皆以为不可,帝曰:“道济止于胁从,本非创谋,杀害之事,又所不关,吾抚而使之,必将无虑。”乙丑,道济至建康。

丙寅,下诏暴羡之、亮、晦杀营阳王、庐陵王之罪,命有司诛之。且曰:“晦据有上流,或不即罪,朕当亲帅六师,为其过防。可遣中领军到彦之即日电发,征北将军檀道济骆驿继路,符卫军府州,以时收翦,已命雍州刺史刘粹等断其走伏。罪止元凶,余无所问。”

是日，诏召羡之、亮。羡之行至西明门外，谢皭正直，遣报亮，云"殿内有异处分"。亮辞以嫂病暂还，遣信报羡之，羡之还西州，乘内人问讯车出郭，步走至新林，入陶灶中自经死。亮乘车出郭门，乘马奔兄迪墓，屯骑校尉郭泓收之。至广莫门，上遣中书舍人以诏书示亮，并谓曰："以公江陵之诚，当使诸子无恙。"亮读诏书讫，曰："亮受先帝布衣之眷，遂蒙顾托。黜昏立明，社稷之计也，欲加之罪，其无辞乎！"于是诛亮，而徙其妻子于建安。诛羡之二子，而宥其兄子珮之。又诛晦子世休，收系谢皭。

帝将讨谢晦，问策于檀道济。对曰："臣昔与晦同从北征，入关十策，晦有其九，才略明练，殆为少敌。然未尝孤军决胜，戎事恐非其长。臣悉晦智，晦悉臣勇，今奉王命以讨之，可未阵而擒也。"丁卯，征王弘为侍中、司徒、录尚书事、扬州刺史，以彭城王义康为都督荆湘等八州诸军事、荆州刺史。

乐冏复遣使告谢晦以徐、傅及皭等已诛。晦先举羡之、亮哀，次发子弟凶问，既而自出射堂勒兵。晦从高祖征讨，指麾处分，莫不曲尽其宜，数日间，四远投集，得精兵三万人。乃奉表称羡之、亮等忠贞，横被冤酷。且言："臣等若志欲执权，不专为国，初废营阳，陛下在远，武皇之子尚有童幼，拥以号令，谁敢非之！岂得溯流三千里，虚馆七旬，仰望鸾旗者哉。故庐陵王于营阳之世积怨犯上，自贻非命。'不有所废，将何以兴。'耿弇不以贼遗君父，臣亦何负于宋室邪！此皆王弘、王昙首、王华险躁猜忌，谗构成祸。今当举兵以除君侧之恶。"

帝下诏戒严，大赦。诸军相次进路，以讨谢晦。晦以弟遁为竟陵内史，将万人总留任，帅众二万发江陵，列舟舰自江津至于破冢，旌旗蔽日。叹曰："恨不得以此为勤王之师！"

二月庚申，上发建康。命王弘与彭城王义康居守，入居中书下省；侍中殷景仁参掌留任；帝姊会稽公主留止台内，总摄六宫。

谢晦自江陵东下，何承天留府不从。晦至江口，到彦之已至彭城洲。庾登之据巴陵，畏懦不敢进。会霖雨连日，参军刘和之曰："彼此共有雨耳。檀征北寻至，东军方强，唯宜速战。"登之恇怯，使小将陈祐作大囊，贮茅悬于帆樯，云可以焚舰，用火宜须晴，以缓战期。晦然之，停军十五日。乃使中兵参军孔延秀攻将军萧欣于彭城洲，破之。又攻洲口栅，陷之。诸将咸欲退还夏口，到彦之不可，乃保隐圻。晦又上表自讼，且自矜其捷，曰："陛下若枭四凶于庙庭，悬三监于绛阙，臣便勒众旋旗，还保所任。"

初，晦与徐羡之、傅亮为自全之计，以为晦据上流而檀道济镇广陵，各有强兵，足以制朝廷；羡之、亮居中秉权，可得持久。及闻道济帅众来上，惶惧无计。

道济既至，与到彦之军合，牵舰缘岸。晦始见舰数不多，轻之，不即出战。至晚，因风帆上，前后连咽，西人离沮，无复斗心。戊辰，台军至忌置洲尾，列舰过江，晦军一时皆溃。晦夜出，投巴陵，得小船还江陵。

先是，帝遣雍州刺史刘粹自陆道帅步骑袭江陵，至沙桥，周超帅万余人逆战，大破之，士众伤死者过半。俄而晦败问至。初，晦与粹善，以粹子旷之为参军，帝疑之，王弘曰："粹无私，必无忧也。"及受命南讨，一无所顾，帝以此嘉之。晦亦不杀旷之，遣还粹所。

丙子，帝自芜湖东还。

晦至江陵，无他处分，唯愧谢周超而已。其夜，超舍军单舸诣到彦之降。晦众散略尽，乃携其弟遁等七骑北走。遁肥壮，不能乘马，晦每待之，行不得速。己卯，至安陆延头，为戍主光顺之所执，槛送建康。

到彦之至马头，何承天自归。彦之因监荆州府事，以周超为参军，刘粹以沙桥之败告，乃执之。于是诛晦、皭、遁及其兄弟之子，并同党孔延秀、周超等。晦女彭城王妃，被发徒跣，与晦诀曰："大丈夫当横尸战场，奈何狼籍都市！"庾登之以无任，免官禁锢。何承天及南蛮行参军新兴王玄谟等皆见原。

三月辛巳，帝还建康，征谢灵运为秘书监，颜延之为中书侍郎，赏遇甚厚。

夏五月乙未，以檀道济为征南大将军、开府仪同三司、江州刺史；到彦之为南豫州刺史。

彭城王专政

宋(高祖)〔武帝〕永初元年夏六月，立皇子义康为彭城王。

文帝元嘉五年春正月，荆州刺史彭城王义康，性聪察，在州职事修治。左光禄大夫范泰谓司徒王弘曰："天下事重，权要难居。卿兄弟盛满，当深存降挹。彭城王，帝之次弟，宜征还入朝，共参朝政。"弘纳其言。时大旱、疾疫，弘上表引咎逊位，帝不许。

六年春正月，王弘上表乞解州、录，以授彭城王义康，帝优诏不许。癸丑，以义康为侍中、都督扬南徐兖三州诸军事、司徒、录尚书事、领南徐州刺史。弘与义康二府并置佐领兵，共辅朝政。弘既多疾，且欲委远大权，每事推让义康，由是义康专总内外之务。

七年。彭城王义康与王弘并录尚书，义康意犹快快，欲得扬州，形于辞旨。以弘弟昙首居中，为上所亲委，愈不悦。弘以老病屡乞骸骨，昙首自求吴郡，上皆不许。义康谓人曰："王公久病不起，神州讵宜卧治。"昙首劝弘减府中文武之半以授义康，上听割二千人，义康乃悦。

九年夏六月戊寅，司徒、南徐州刺史彭城王义康改领扬州刺史。

十二年春三月，领军将军刘湛与仆射殷景仁素善，湛之入也，景仁实引之。湛既至，以景仁位遇本不逾己，而一旦居前，意甚愤愤。俱被时遇，以景仁专管内任，谓为间己，猜隙渐生。知帝信仗景仁，不可移夺。时司徒义康专秉朝权，湛尝为义康上佐，遂委心自结，欲因宰相之力以回上意，倾黜景仁，独当时务。

夏四月己巳，帝加景仁中书令、中护军，即家为府；湛加太子詹事。湛愈愤怒，使义康毁景仁于帝，帝遇之益隆。景仁对亲旧叹曰："引之令入，入便噬人。"乃称疾解职，表疏累上，帝不许，使停家养病。

湛议遣人若劫盗者于外杀之，以为帝虽知，当有以解之，不能伤义康至亲之爱。帝微闻之，迁护军府于西掖门外，使近宫禁，故湛谋不行。

义康僚属及诸附丽湛者，潜相约勒，无敢历殷氏之门。彭城王主簿沛郡刘敬文父成，未悟其机，诣景仁求郡，敬文遽往谢湛曰："老父悖耄，遂就殷铁干禄。由敬文暗浅，上负生成，阖门惭惧，无地自处。"唯后将军司马庾炳之游二人之间，皆得其欢心，而密输忠于朝廷。景仁卧家不朝谒，帝常使炳之衔命往来，湛不疑也。炳之，登之之弟也。

十三年春二月，司空、江州刺史永修公檀道济立功前朝，威名甚重，左右腹心并经百战，诸子又有才气，朝廷疑畏之。帝久疾不愈，刘湛说司徒义康，以为"宫车一日晏驾，道济不复可制"。会帝疾笃，义康言于帝，召道济入朝。其妻向氏谓道济曰："高世之勋，自古所忌。今无事相召，祸其至矣。"既至，留之累月。帝稍间，将遣还，已下渚未发，会帝疾动，义康矫诏召道济入祖道，因执之。三月己未，下诏称"道济潜散金货，招诱剽猾，因朕寝疾，规肆祸心"。收付廷尉，并其子给事黄门侍郎植等十一人诛之，唯宥其孙孺。又杀司空参军薛彤、高进之，二人皆道济腹心，有勇力，时人比之关、张。道济见收，愤怒，目光如炬，脱帻投地曰："乃坏汝万里长城！"魏人闻之，喜曰："道济死，吴子辈不足复惮。"庚申，大赦，以中军将军南谯王义宣为江州刺史。

十六年春正月庚寅，司徒义康进位大将军、领司徒，南兖州刺史江夏王义恭进位司空。

十七年。司徒义康专总朝权。上羸疾积年，心劳辄发，屡至危殆。义康尽心营奉，药食非口所亲尝不进，或连夕不寐。内外众事皆专决施行。性好吏职，纠剔文案，莫不精尽。上由是多委以事，凡所陈奏，入无不可；方伯以下，并令义康选用，生杀大事，或以录命断之。势倾远近，朝野辐凑，每旦府门常有车数百乘，义康倾身引接，未尝懈倦。复能强记，耳目所经，终身不忘，好于稠人广席，标题所忆，以示聪明。士之干练者，多被意遇。尝谓刘湛曰："王敬弘、王球之属，竟何所堪？坐取富贵，复那可解。"然素无学术，不识大体，朝士有才用者皆引入己府，府僚无施及忤旨者乃斥为台官。自谓兄弟至亲，不复存君臣形迹，率心而行，曾无猜防。私置僮六千余人，不以言台。四方献馈，皆以上品荐义康，而以次者供御。上尝冬月啖甘，叹其形味并劣。义康曰："今年甘殊有佳者。"遣人还东府取甘，大供御者三寸。领军刘湛与仆射殷景仁有隙，湛欲倚义康之重以倾之。义康权势已盛，湛愈推崇之，无复人臣之礼，上浸不能平。湛初入朝，上恩礼甚厚。湛善论治道，谙前代故事，叙致铨理，听者忘疲。每入云龙门，御者即解驾，左右及羽仪随意分散，不夕不出，以此为常。及晚节驱煽义康，上意虽内离，而接遇不改。尝谓所亲曰："刘班初自西还宫，与语，常视日早晚，虑其将去；比入，吾亦视日早晚，苦其不去。"

殷景仁密言于上曰："相王权重，非社稷计，宜少加裁抑。"上阴然之。

司徒左长史刘斌，湛之宗也；大将军从事中郎王履，谧之孙也；及主簿刘敬文、祭酒鲁郡孔胤秀，皆以倾谄有宠于义康。见上多疾，皆谓"宫车一日晏驾，宜立长君"。上尝疾笃，使义康具顾命诏，义康还省，流涕以告湛及景仁。湛曰："天下艰难，讵是幼主所御。"义康、景仁并不答。而胤秀等辄就尚书议曹，索晋咸康末立康帝旧事，义康不知也；及上疾瘳，微闻之。而斌等密谋欲使大业终归义康，遂邀结朋党，伺察禁省，有不与己同者，必百方构陷之。又采拾景仁短长，或虚造异同以告湛。自是主相之势分矣。

义康欲以刘斌为丹杨尹，言次，启上陈其家贫。言未卒，上曰："以为吴郡。"后会稽太守羊玄保求还，义康又欲以斌代之，启上曰："羊玄保欲还，不审以谁为会稽？"上时未有所拟，仓猝曰："我已用王鸿。"自去年秋，上不复往东府。

五月癸巳，刘湛遭母忧去职。湛自知罪衅已彰，无复全地，谓所亲曰："今年必败。常日正赖口舌争之，故得推迁耳。今既穷毒，无复此望，祸至其能久乎！"

上以司徒彭城王义康嫌隙已著，将成祸乱，冬十月戊申，收刘湛付廷尉，下诏暴其罪恶，就狱诛之，并诛其子黯、亮、俨及其党刘斌、刘敬文、孔胤秀等八人，徙尚书库部郎何默子等五人于广州，因大赦。是日，敕义康入宿，留止中书省。其夕，分收湛等。青州刺史杜骥勒兵殿内，以备非常。遣人宣旨告义康以湛等罪状。义康上表逊位，诏以义康为江州刺史，侍中、大将军如故，出镇豫章。

初，殷景仁卧疾五年，虽不见上，而密函去来，日以十数，朝政大小必以咨之，影迹周密，莫有窥其际者。收湛之日，景仁使拂拭衣冠，左右皆不晓其意。其夜，上出华林园延贤堂，召景仁。景仁犹称脚疾，以小床舆就坐，诛讨处分，一皆委之。

初，檀道济荐吴兴沈庆之忠谨晓兵，上使领队防东掖门。刘湛为领军，尝谓之曰："卿在省岁久，比当相论。"庆之正色曰："下官在省十年，自应得转，不复以此仰累。"收湛之夕，上开门召庆之，庆之戎服缚裤而入。上曰："卿何意乃尔急装？"庆之曰："夜半唤队主，不容缓服。"上遣庆之收刘斌，杀之。

骁骑将军徐湛之，逵之之子也，与义康尤亲厚，上深衔之。义康败，湛之被收，罪当死。其母会稽公主于兄弟为长嫡，素为上所礼，家事大小必谘而后行。高祖微时，常自于新洲伐荻，有纳布衫袄，臧皇后手所作也；既贵，以付公主曰："后世有骄奢不节者，可以此衣示之。"至是，公主入宫见上，号哭，不复施臣妾之礼，以锦囊盛纳衣掷地曰："汝家本贫贱，此是我母与汝父所作。今日得一饱餐，遽欲杀我儿邪！"上乃赦之。

吏部尚书王球，履之叔父也，以简淡有美名，为上所重。履性进利，深结义康及湛，球屡戒之，不从。诛湛之夕，履徒跣告球，球命左右为取履，先温酒与之，谓曰："常日语汝云何？"履怖惧不得答。球徐曰："阿父在，汝亦何忧。"上以球故，履得免死，废于家。

义康方用事，人争求亲昵，唯司徒主簿江湛早能自疏，求出为武陵内史。檀道济尝为其子求婚于湛，湛固辞，道济因义康以请之，湛拒之愈坚，故不染于二公之难。上闻而嘉之。湛，夷之子也。

彭城王义康停省十余日，见上奉辞，便下渚，上唯对之恸哭，余无所言。上遣沙门慧琳视之，义康曰："弟子有还理不？"慧琳曰："恨公不读数百卷书。"

初，吴兴太守谢述，裕之弟也，累佐义康，数有规益，早卒。义康将南，叹曰："昔谢述唯劝吾退，刘班唯劝吾进。今班存而述死，其败也宜哉。"上亦曰："谢述若存，义康必不至此。"

以征虏司马萧斌为义康谘议参军，领豫章太守，事无大小，皆以委之。斌，摹之之子也。使龙骧将军萧承之将兵防守。义康左右爱念者，并听随从，资奉优厚，信赐相系，朝廷大事皆报示之。

久之，上就会稽公主宴集，甚欢，主起再拜，叩头，悲不自胜。上不晓其意，自起扶之。主曰："车子岁暮必不为陛下所容，今特请其命。"因恸哭，上亦流涕，指蒋山曰："必无此虑。若违今誓，便是负初宁陵。"即封所饮酒赐义康，并书曰："会稽姊饮宴忆弟，所余酒，今封送。"故终主之身，义康得无恙。

臣光曰：文帝之于义康，友爱之情，其始非不隆也，终于失兄弟之欢，亏君臣之义。迹其乱阶，正由刘湛权利之心无有厌已。诗云“贪人败类”，其是之谓乎？

征南兖州刺史江夏王义恭为司徒、录尚书事。戊寅，以临川王义庆为南兖州刺史。

冬十一月，殷景仁既拜扬州，羸疾遂笃，上为之敕西州道上不得有车声。癸丑，卒。

十二月癸亥，以光禄大夫王球为仆射。戊辰，以始兴王濬为扬州刺史。时浚尚幼，州事悉委后军长史范晔、主簿沈璞。晔，泰之子；璞，林子之子也。晔寻迁左卫将军，以吏部郎沈演之为右卫将军，对掌禁旅。又以庾炳之为吏部郎，俱参机密。演之，劲之曾孙也。

晔有俊才，而薄情浅行，数犯名教，为士流所鄙。性躁竞，自谓才用不尽，常怏怏不得志。吏部尚书何尚之言于帝曰：“范晔志趋异常，请出为广州刺史。若在内衅成，不得不加鈇钺，鈇钺亟行，非国家之美也。”帝曰：“始诛刘湛，复迁范晔，人将谓卿等不能容才，朕信受谗言。但共知其如此，无能为害也。”

十八年春正月，彭城王义康至豫章，辞刺史，甲辰，以义康都督江交广三州诸军事。前龙骧参军巴东扶令育诣阙上表称：“昔袁盎谏汉文帝曰：‘淮南王若道路遇霜露死，陛下有杀弟之名。’文帝不用，追悔无及。彭城王义康，先朝之爱子，陛下之次弟，若有迷谬之愆，正可数之以善恶，导之以义方，奈何信疑似之嫌，一旦黜削，远送南垂。草莱黔首，皆为陛下痛之。庐陵往事，足为龟鉴。恐义康年穷命尽，奄忽于南，臣虽微贱，窃为陛下羞之。陛下徒知恶枝之宜伐，岂知伐枝之伤树。伏愿亟召义康返于京甸，兄弟协和，君臣辑睦，则四海之望塞，多言之路绝矣。何必司徒公、扬州牧然后可以置彭城王哉！若臣所言于国为非，请伏重诛，以谢陛下。"表奏，即收付建康狱，赐死。

裴子野论曰：夫在上为善，若云行雨施，万物受其赐。及其恶也，若天裂地震，万物所惊骇。其谁弗知，其谁弗见！岂戮一人之身，钳一夫之口，所能攘逃，所能弭灭哉！是不胜其忿怒而有增于疾疹也。以太祖之含弘，尚掩耳于彭城之戮，自斯以后，谁易由言。有宋累叶，罕闻直谅，岂骨鲠之气，俗愧前古，抑时王刑政使之然乎？张约陨于权臣，扶育毙于哲后，宋之鼎镬，吁，可畏哉！

二十二年。初，鲁国孔熙先，博学文史，兼通数术，有纵横才志。为员外散骑侍郎，不为时所知，愤愤不得志。父默之为广州刺史，以赃获罪，大将军彭城王义康为救解，得免。及义康迁豫章，熙先密怀报效；且以为天文、图谶，帝必以非道晏驾，由骨肉相残，江州应出天子。以范晔志意不满，欲引与同谋，而熙先素不为晔所重。太子中舍人谢综，晔之甥也，熙先倾身事之，综引熙先与晔相识。

熙先家饶于财，数与晔博，故为拙行，以物输之。晔既利其财，又爱其文艺，由是情好款洽。熙先乃从容说晔曰："大将军英断聪敏，人神攸属，失职南垂，天下愤怨。小人受先君遗命，以死报大将军之德。顷人情骚动，天文舛错，此所谓时运之至，不可推移者也。若顺天人之心，结英豪之士，表里相应，发于肘腋，然后诛除异我，崇奉明圣，号令天下，谁敢不从！小人请以七尺之躯，三寸之舌，立功立事，而归诸君子，丈人以为何如？"晔甚愕然。熙先曰："昔毛玠竭节于魏武，张温毕议于孙权，彼二人者皆国之俊乂，岂言行玷缺，然后至于祸辱哉？皆以廉直劲正，不得久容。丈人之于本朝，不深于二主，人间雅誉过于两臣，谗夫侧目，为日久矣，比肩竞逐，庸可遂乎？近者殷铁一言而刘班碎首，彼岂父兄之仇，百世之怨乎？所争不过荣名势利，先后之间耳。及其末也，唯恐陷之不深，发之不早，戮及百口，犹曰未厌。是可为寒心悼惧，岂书籍远事也哉！今建大勋，奉贤哲，图难于易，以安易危，享厚利，收鸿名，一旦苞举而有之，岂可弃置而不取哉！"晔犹疑未决。熙先曰："又有过于此者，愚则未敢道耳。"晔曰："何谓也？"熙先曰："丈人奕叶清通，而不得连姻帝室，人以犬豕相遇，而丈人曾不耻之，欲为之死，不亦惑乎！"晔门无内行，故熙先以此激之。晔默然不应，反意乃决。

晔与沈演之并为帝所知，晔先至，必待演之俱入，演之先至，尝独被引，晔以此为怨。晔累经义康府佐，中间获罪于义康。谢综及父述皆为义康所厚，综弟约娶义康女。综为义康记室参军，自豫章还，申义康意于晔，求解晚隙，复敦往好。大将军府史仲承祖有宠于义康，闻熙先有谋，密相结纳。丹杨尹徐湛之素为义康所爱，承祖因此结事湛之，告以密计。道人法略，尼法静，皆感义康旧恩，并与熙先往来。法静妹夫许曜领队在台，许为内应。法静之豫章，熙先付以笺书，陈说图谶。于是密相署置，及素所不善者，并入死目。熙先又使弟休先作檄文，称："贼臣赵伯符，肆兵犯跸，祸流储宰。湛之、晔等投命奋戈，即日斩伯符首及其党与。今遣护军将军臧质奉玺绶迎彭城王正位辰极。"熙先以为举大事宜须以义康之旨谕众，晔又诈作义康与湛之书，令诛君侧之恶，宣示同党。帝之燕武帐冈也，晔等谋以其日作乱。许曜侍帝，扣刀目晔，晔不敢仰视。俄而座散，徐湛之恐事不济，密以其谋白帝。帝使湛之具探取本末，得其檄书、选署姓名，上之。帝乃命有司收掩穷治。其夜，呼晔置客省，先于外收综及熙先兄弟，皆款服。帝遣使诘问晔，晔犹隐拒。熙先闻之，笑曰："凡处分、符檄、书疏，皆范所造，云何于今方作如此抵蹋邪？"帝以晔墨迹示之，乃具陈本末。

明日，仗士送付廷尉。熙先望风吐款，辞气不桡，上奇其才，遣人慰勉之曰："以卿之才而滞于集书省，理应有异志，此乃我负卿也。"又责前吏部尚书何尚之曰："使孔熙先年将三十作散骑郎，那不作贼！"熙先于狱中上书谢恩，且陈图谶，深戒上以骨肉之祸，曰："愿且勿遗弃，存之中书。若囚死之后，或可追录，庶九泉之下，少塞衅责。"

晔在狱为诗曰："虽无嵇生琴，庶同夏侯色。"晔本意谓入狱即死，而上穷治其狱，遂经二旬，晔更有生望。狱吏戏之曰："外传詹事或当长系。"晔闻之惊喜。综、熙先笑之曰："詹事畴昔攘袂瞋目，跃马顾盼，自以为一世之雄；今扰攘纷纭，畏死乃尔。设令赐以性命，人臣图主，何颜可以生存？"

十二月乙未，晔、综、熙先及其子弟、党与皆伏诛。晔母至市，涕泣责晔，以手击晔颈，晔色不怍。妹及妓妾来别，晔悲涕流涟。综曰："舅殊不及夏侯色。"晔收泪而止。

谢约不预逆谋，见兄综与熙先游，尝谏之曰："此人轻事好奇，不近于道，果锐无检，未可与狎。"综不从而败。综母以子弟自蹈逆乱，独不出视。晔语综曰："姊今不来，胜人多矣。"

收籍晔家，乐器、服玩，并皆珍丽，妓妾不胜珠翠。母居止单陋，唯有一厨盛樵薪，弟子冬无被，叔父单布衣。

裴子野论曰：夫有逸群之才，必思冲天之据，盖俗之量，则愤常均之下。其能守之以道，将之以礼，殆为鲜乎！刘弘仁、范蔚宗皆忸志而贪权，矜才以徇逆，累叶风素，一朝而陨。向之所谓智能，翻为亡身之具矣。

徐湛之所陈多不尽，为晔等辞所连引，上赦不问。臧质，熹之子也，先为徐兖二州刺史，与晔厚善，晔败，以为义兴太守。有司奏削彭城王义康爵，收付廷尉治罪。丁酉，诏免义康及其男女皆为庶人，绝属籍，徙付安成郡，以宁朔将军沈邵为安成相，领兵防守。邵，璞之兄也。义康在安成，读书，见淮南厉王长事，废书叹曰："自古有此，我乃不知，得罪为宜也。"庚戌，以前豫州刺史赵伯符为护军将军。伯符，孝穆皇后之弟子也。

二十四年冬十月壬午，胡藩之子诞世杀豫章太守桓隆之，据郡反，欲奉前彭城王义康为主。前交州刺史檀和之去官归，过豫章，击斩之。

二十八年。胡诞世之反也，江夏王义恭等奏："彭城王义康数有怨言，摇动民听，故不逞之族因以生心。请徙广州。"上将徙义康，先遣使语之。义康曰："人生会死，吾岂爱生？必为乱阶，虽远何益？请死于此，耻复屡迁。"竟未及往。〔春正月〕，魏师之瓜步，人情恟惧。上虑不逞之人复奉义康为乱，太子劭及武陵王骏、尚书左仆射何尚之屡启宜早为之所。上乃遣中书舍人严龙赍药赐义康死。义康不肯服，曰："佛教不许自杀，愿随宜处分。"使者以被掩杀之。

宋文图恢复

宋文帝元嘉七年。帝自践位以来，有恢复河南之志。三月戊子，诏简甲卒五万给右将军到彦之，统安北将军王仲德、兖州刺史竺灵秀舟师入河。又使骁骑将军段宏将精兵八千直指虎牢，豫州刺史刘德武将兵一万继进，后将军长沙王义欣将兵三万监征讨诸军事。

先遣殿中将军田奇使于魏，告魏主曰："河南旧是宋土，中为彼所侵，今当修复旧境，不关河北。"魏主大怒曰："我生发未燥，已闻河南是我地，此岂可得！必若进军，今当权敛戍相避，须冬寒地净，河冰坚合，自更取之。"

甲午，以前南广平太守尹冲为司州刺史。长沙王义欣出镇彭城，为众军声援。以游击将军胡藩戍广陵，行府州事。

魏南边诸将表称："宋人大严，将入寇。请兵三万，先其未发，逆击之，足以挫其锐气，使不敢深入。"因请悉诛河北流民在境上者，以绝其乡导。魏主使公卿议之，皆以为当然。崔浩曰："不可。南方下湿，入夏之后，水潦方降，草木蒙密，地气郁蒸，易生疾疠，不可行师。且彼既严备，则城守必固，留屯久攻，则粮运不继，分军四掠，则众力单寡，无以应敌。以今击之，未见其利。彼若果能北来，宜待其劳倦，秋凉马肥，因敌取食，徐往击之，此万全之计也。朝廷群臣及西北守将，从陛下征伐，西平赫连，北破蠕蠕，多获美女、珍宝，牛马成群。南边诸将，闻而慕之，亦欲南钞，以取资财，皆营私计，为国生事，不可从也。"魏主乃止。

诸将复表："南寇已至，所部兵少，乞简幽州以南劲兵助己戍守，及就漳水造船严备以拒之。"公卿皆以宜如所请，并署司马楚之、鲁轨、韩延之等为将帅，使招诱南人。浩曰："非长策也。楚之等皆彼所畏忌，今闻国家悉发幽州以南精兵，大造舟舰，随以轻骑，谓国家欲存立司马氏，诛除刘宗；必举国震骇，惧于灭亡，当悉发精锐，并心竭力，以死争之，则我南边诸将无以御之。今公卿欲以威力却敌，乃所以速之也。张虚声而召实害，此之谓矣。故楚之之徒，往则彼来，止则彼息，其势然也。且楚之等皆纤利小才，止能招合轻薄无赖而不能成大功，徒使国家兵连祸结而已。昔鲁轨说姚兴以取荆州，至则败散，为蛮人掠卖为奴，终于祸及姚泓，此已然之效也。"魏主未以为然。浩乃复陈天时，以为南方举兵必不利，曰："今兹害气在扬州，一也。庚午自刑，先发者伤，二也。日食昼晦，宿值斗、牛，三也。荧惑伏于翼、轸，主乱及丧，四也。太白未出，进兵者败，五也。夫兴国之君，先修人事，次尽地利，后观天时，故万举万全。今刘义隆新造之国，人事未洽；灾变屡见，天时不协；舟行水涸，地利不尽。三者无一可，而义隆行之，必败无疑。"魏主不能违众言，乃诏冀、定、相三州造船三千艘，简幽州以南戍兵集河上以备之。

夏六月，魏主使平南大将军丹杨王大毗屯河上，以司马楚之为安南大将军、荆州刺史，封琅邪王，屯颍川以备宋。

到彦之自淮入泗，泗水渗，日行才十里，自四月至秋七月，始至须昌。乃溯河西上。

魏主以河南四镇兵少，命诸军悉收众北渡。戊子，魏碻磝戍兵弃城去；戊戌，滑台戍兵亦去。庚子，魏主以大鸿胪阳平公杜超为都督冀定相三州诸军事、太宰，进爵阳平王，镇邺，为诸军节度。庚戌，魏洛阳、虎牢戍兵皆弃城去。

到彦之留朱修之守滑台，尹冲守虎牢，建武将军杜骥守金墉。诸军进屯灵昌津，列守南岸，至于潼关。于是司、兖既平，诸军皆喜。王仲德独有忧色，曰："诸贤不谙北土情伪，必堕其计。胡虏虽仁义不足，而凶狡有余，今敛戍北归，必并力完聚。若河冰既合，将复南来，岂可不以为忧乎？"

八月，魏主遣冠军将军安颉督护诸军击到彦之。丙寅，彦之遣裨将吴兴姚耸夫渡河攻冶坂，与颉战，耸夫兵败，死者甚众。戊寅，魏主遣征西大将军长孙道生会丹杨王大毗屯河上，御彦之。

冬十月，到彦之、王仲德沿河置守，还保东平。乙亥，魏安颉自委粟津济河，攻金墉。金墉城不治既久，又无粮食，杜骥欲弃城走，恐获罪。初，高祖灭秦，迁其钟虡于江南，有大钟没于洛水，帝使姚耸夫将千五百人往取之。骥绐之曰："金墉城已修完，粮食亦足，所乏者人耳。今虏骑南渡，当相与并力御之，大功既立，牵钟未晚。"耸夫从之。既至，见城不可守，乃引去，骥遂南遁。丙子，安颉拔洛阳，杀将士五千余人。杜骥归，言于帝曰："本欲以死固守，姚耸夫及城遽走，人情沮败，不可复禁。"上大怒，诛耸夫于寿阳。耸夫勇健，诸偏裨莫及也。

魏河北诸军会于七女津。到彦之恐其南渡，遣裨将王蟠龙溯流夺其船，杜超等击斩之。安颉与龙骧将军陆俟进攻虎牢，辛巳，拔之，尹冲及荥阳太守清(和)〔河〕崔模降魏。

十一月壬辰，加征南大将军檀道济都督征讨诸军事，帅众伐魏。

甲午，魏寿光侯叔孙建、汝阴公长孙道生济河而南。

到彦之闻洛阳、虎牢不守，诸军相继奔败，欲引兵还。殿中将军垣护之以书谏之，以为："宜使竺灵秀助朱修之守滑台，自帅大军进拟河北。"且曰："昔人有连年攻战，失众乏粮，犹张胆争前，莫肯轻退。况今青州丰穰，济漕流通，士马饱逸，威力无损。若空弃滑台，坐丧成业，岂朝廷受任之旨邪！"彦之不从。护之，苗之子也。

彦之欲焚舟步走，王仲德曰："洛阳既陷，虎牢不守，自然之势也。今虏去我犹千里，滑台尚有强兵，若遽舍舟南走，士卒必散。当引舟入济，至马耳谷口，更详所宜。"彦之先有目疾，至是大动，且将士疾疫，乃引兵自清入济。南至历城，焚舟弃甲，步趋彭城。竺灵秀弃须昌南奔湖陆。青、兖大扰。长沙王义欣在彭城，将佐恐魏兵大至，劝义欣委镇还都，义欣不从。

魏兵攻济南，济南太守武进萧承之帅数百人拒之。魏众大集，承之使偃兵，开城门。众曰："贼众我寡，奈何轻敌之甚！"承之曰："今悬守穷城，事已危急，若复示弱，必为所屠，唯当见强以待之耳。"魏人疑有伏兵，遂引去。

戊戌，魏叔孙建攻竺灵秀于湖陆，灵秀大败，死者五千余人。建还屯范城。

辛丑，魏安颉督诸军攻滑台。魏以叔孙建都督冀青等四州诸军事。

十二月，右将军到彦之、安北将军王仲德皆下狱，免官。兖州刺史竺灵秀坐弃军，伏诛。上见垣护之书而善之，以为北高平太守。彦之之北伐也，甲兵资实甚盛；及败还，委弃荡尽，府藏、武库为之空虚。

八年春正月丙申，檀道济等自清水救滑台，魏叔孙建、长孙道生拒之。丁酉，道济至寿张，遇魏安平公乙旃眷，道济帅宁朔将军王仲德、骁骑将军段宏奋击，大破之，转战至高梁亭，斩魏济州刺史悉烦库结。

二月，檀道济等进至济上，二十余日间，前后与魏三十余战，道济多捷。军至历城，叔孙建等纵轻骑邀其前后，焚烧谷草，道济军乏食，不能进。由是安颉、司马楚之等得专力攻滑台，魏主复使楚兵将军王慧龙助之。朱修之坚守数月，粮尽，士卒熏鼠食之。辛酉，魏克滑台，执修之及东郡太守申谟，虏获万余人。

檀道济等食尽，自历城引还，军士有亡降魏者，具告之。魏人追之，众恼惧，将溃。道济夜唱筹量沙，以所余少米覆其上。及旦，魏军见之，谓道济资粮有余，以降者为妄而斩之。时道济兵少，魏兵甚盛，骑士四合。道济命军士皆被甲，己白服乘舆，引兵徐出。魏人以为有伏兵，不敢逼，稍稍引退，道济全军而返。

青州刺史萧思话闻道济南归，欲委镇保险，济南太守萧承之固谏，不从。丁丑，思话弃镇奔平昌，参军刘振之戍下邳，闻之，亦委城走。魏军竟不至，而东阳积聚已为百姓所焚，思话坐征，系尚方。

庚戌，魏安颉等还平城。魏主嘉朱修之守节，拜侍中，妻以宗女。

初，帝之遣到彦之也，戒之曰："若北国兵动，先其未至，径前入河；若其不动，留彭城勿进。"及安颉得宋俘，魏主始闻其言，谓公卿曰："卿辈前谓我用崔浩计为谬，惊怖固谏。常胜之家，始皆自谓逾人，至于归终，乃不能及。"司马楚之上疏，以为"诸方已平，请大举伐宋"。魏主以兵久劳，不许。征楚之为散骑常侍，以王慧龙为荥阳太守。慧龙在郡十年，农战并修，大著声绩，归附者万余家。帝纵反间于魏，云"慧龙自以功高位下，欲引宋人入寇，因执司马楚之以叛"。魏主闻之，赐慧龙玺书曰："刘义隆畏将军如虎，欲相中害，朕自知之。风尘之言，想不足介意。"帝复遣刺客吕玄伯刺之，曰："得慧龙首，封二百户男，赏绢千匹。"玄伯诈为降人，求屏人有所论。慧龙疑之，使人探其怀，得尺刀。玄伯叩头请死，慧龙曰："各为其主耳。"释之。左右谏曰："宋人为谋未已，不杀玄伯无以制将来。”慧龙曰：“死生有命，彼亦安能害我。我以仁义为扞蔽，又何忧乎？”遂舍之。

夏闰六月，魏主遣散骑侍郎周绍来聘，且求昏，帝依违答之。

九年夏五月，帝遣使者赵道生聘于魏。六月，魏主遣散骑常侍邓颖来聘。

十年春二月壬午，魏主如河西，遣兼散骑常侍宋宣来聘，且为太子晃求婚，帝依违答之。冬十二月，魏宁朔将军卢玄来聘。

十四年春二月，帝遣散骑常侍刘熙伯如魏议纳币，会帝女亡而止。

十八年秋八月辛亥，魏遣散骑侍郎张伟来聘。

二十一年〔秋八月〕，魏主使员外散骑常侍高济来聘。

二十二年夏六月，帝谋伐魏。

冬十一月，魏选六州骁骑二万，使永昌王仁、高凉王那分将之，为二道，掠淮、泗以北，徙青、徐之民以实河北。

二十三年春二月，太原颜白鹿私入魏境，为魏人所得，将杀之，诈云“青州刺史杜骥使其归诚”。魏人送白鹿诣平城，魏主喜曰：“我外家也。”使崔浩作书与骥，且命永昌王仁、高凉王那将兵迎骥，攻冀州刺史申恬于历城。杜骥遣其府司马夏侯祖欢等将兵救历城，魏人遂寇兖、青、冀三州，至清东而还，杀掠甚众，北边骚动。

帝以魏寇为忧，谘访群臣。御史中丞何承天上表，以为：“凡备匈奴之策，不过二科：武夫尽征伐之谋，儒生讲和亲之约。今若欲追踪卫、霍，自非大田淮、泗，内实青、徐，使民有赢储，野有积谷，然后发精卒十万，一举荡夷，则不足为也。若但欲遣军追讨，报其侵暴，则彼必轻骑奔走，不肯会战，徒兴巨费，不损于彼，报复之役，将遂无已，斯策之最末者也。安边固守，于计为长。臣窃以曹、孙之霸，才均智敌，江、淮之间，不居各数百里。何者？斥候之郊，非耕牧之地，故坚壁清野以候其来，整甲缮兵以乘其弊。保民全境，不出此途。要而归之，其策有四：一曰移远就近。今青、兖旧民及冀州新附，在界首者三万余家，可悉徙置大岘之南，以实内地。二曰多筑城邑，以居新徙之家，假其经用，春夏佃牧，秋冬入保。寇至之时，一城千家，堪战之士，不下二千，其余羸弱，犹能登陴鼓噪，足抗群虏三万矣。三曰篡偶车牛，以载粮械，计千家之资，不下五百耦牛，为车五百两，参合钩连，以卫其众。设使城不可固，平行趋险，贼所不能干，有急征发，信宿可聚。四曰计丁课仗。凡战士二千，随其便能，各自有仗，素所服习，铭刻由己，还保输之于库，出行请以自新。弓簳利铁，民不得者，官以渐充之。数年之内，军用粗备矣。近郡之师，远屯清、济，功费既重，嗟怨亦深，以臣料之，未若即用彼众之易也。今因民所利，导而帅之，兵强而敌不戒，国富而民不劳，比于优复队伍，坐食粮廪者，不可同年而校矣。”

二十六年。帝欲经略中原，群臣争献策以迎合取宠。彭城太守王玄谟尤好进言，帝谓侍臣曰：“观玄谟所陈，令人有封狼居须意。”御史中丞袁淑言于上曰：“陛下今当席卷赵、魏，检玉岱宗，臣逢千载之会，愿上封禅书。”上悦。淑，耽之曾孙也。秋七月辛未，以广陵王诞为雍州刺史。上以襄阳外接关、河，欲广其资力，乃罢江州军府文武，悉配雍州，湘州入台租税，悉给襄阳。

二十七年（春正月），魏主将入寇，二月甲午，大猎于梁川。帝闻之，敕淮、泗诸郡：“若魏寇小至，则各坚守；大至，则拔民归寿阳。”边戍侦候不明，辛亥，魏主自将步骑十万奄至。南顿太守郑琨、颍川太守郭道隐并弃城走。是时，豫州刺史南平王铄镇寿阳，遣左军行参军陈宪行汝南郡事，守悬瓠，城中战士不满千人，魏主围之。

三月，以军兴，减内外百官俸三分之一。

魏人昼夜攻悬瓠，多作高楼，临城以射之，矢下如雨，城中负户以汲，施大钩于冲车之端以牵楼堞，坏其南城。陈宪内设女墙，外立木栅以拒之。魏人填堑，肉薄登城，宪督厉将士苦战，积尸与城等。魏人乘尸上城，短兵相接，宪锐气愈奋，战士无不一当百，杀伤万计，城中死者亦过半。

魏主遣永昌王仁将步骑万余，驱所掠六郡生口北屯汝阳。时徐州刺史武陵王骏镇彭城，帝遣间使命骏发骑，赍三日粮袭之。骏发百里内马得千五百匹，分为五军，遣参军刘泰之帅安北骑兵行参军垣谦之、田曹行参军臧肇之、集曹行参军尹定、武陵左常侍杜幼文、殿中将军程天祚等将之，直趋汝阳。魏人唯虑救兵自寿阳来，不备彭城。丁酉，泰之等潜进击之，杀三千余人，烧其辎重，魏人奔散，诸生口悉得东走。魏人侦知泰之等兵无后继，复引兵击之。垣谦之先退，士卒惊乱，弃仗走。泰之为魏人所杀，肇之溺死，天祚为魏所擒，谦之、定、幼文及士卒免者九百余人，马还者四百匹。

魏主攻悬瓠四十二日，帝遣南平内史臧质诣寿阳，与安蛮司马刘康祖共将兵救悬瓠。魏主遣殿中尚书任城公乞地真逆拒之，质等击斩乞地真。康祖，道锡之从兄也。

夏四月，魏主引兵还，癸卯，至平城。

壬子，安北将军武陵王骏降号镇军将军，垣谦之伏诛，尹定、杜幼文付尚方。以陈宪为龙骧将军、汝南、新蔡二郡太守。

魏主遗帝书曰："前盖吴反逆，扇动关、陇。彼复使人就而诱之，丈夫遗以弓矢，妇人遗以环钏，是曹正欲谲诳取赂，岂有远相服从之理。为大丈夫，何不自来取之，而以货诱我边民？募往者复除七年，是赏奸也。我今来至此土，所得多少，孰与彼前后得我民邪？彼若欲存刘氏血食者，当割江以北输之，摄守南度，如此当释江南使彼居之。不然，可善敕方镇、刺史、守宰严供帐之具，来秋当往取扬州。大势已至，终不相纵。彼往日北通蠕蠕，西结赫连、沮渠、吐谷浑，东连冯弘、高丽，凡此数国，我皆灭之。以此而观，彼岂能独立？蠕蠕吴提、吐贺真皆已死，我今北征，先除有足之寇。彼若不从命，来秋当复往取之。以彼无足，故不先讨耳。我往之日，彼作何计，为掘堑自守，为筑垣以自障也？我当显然往取扬州，不若彼翳行窃步也。彼来侦谍，我已擒之，复纵还。其人目所尽见，委曲善问之。彼前使裴方明取仇池，既得之，疾其勇功，已不能容。有臣如此，尚杀之，乌得与我校邪！彼非我敌也。彼常欲与我一交战，我亦不痴，复非苻坚，何时与彼交战？昼则遣骑围绕，夜则离彼百里外宿，吴人正有斫营伎，彼募人以来，不过行五十里，天已明矣。彼募人之首，岂得不为我有哉？彼公时旧臣虽老，犹有智策，知今已杀尽，岂非天资我邪？取彼亦不须我兵刃，此有善咒婆罗门，当使鬼缚以来耳。"

六月，上欲伐魏，丹杨尹徐湛之、吏部尚书江湛、彭城太守王玄谟等并劝之。左军将军刘康祖以为"岁月已晚，请待明年"。上曰："北方苦虏虐政，义徒并起。顿兵一周，沮向义之心，不可。"太子步兵校尉沈庆之谏曰："我步彼骑，其势不敌。檀道济再行无功，到彦之失利而返。今料王玄谟等，未逾两将，六军之盛，不过往时，恐重辱王师。"上曰："王师再屈，别自有由，道济养寇自资，彦之中涂疾动。虏所恃者唯马，今夏水浩汗，河道流通，泛舟北下，碻磝必走，滑台小戍，易可覆拔。克此二城，馆谷吊民，虎牢、洛阳，自然不固。比及冬初，城守相接，虏马过河，即成擒也。”庆之又固陈不可，上使徐湛之、江湛难之。庆之曰："治国譬如治家，耕当问奴，织当访婢。陛下今欲伐国，而与白面书生辈谋之，事何由济?”上大笑。太子劭及护军将军萧思话亦谏，上皆不从。

魏主闻上将北伐，复与上书曰:“彼此和好日久，而彼志无厌，诱我边民。今春南巡，聊省我民，驱之使还。今闻彼欲自来，设能至中山及桑乾川，随意而行，来亦不迎，去亦不送。若厌其区宇者，可来平城居，我亦往扬州，相与易地。彼年已五十，未尝出户，虽自力而来，如三岁婴儿，与我鲜卑生长马上者果如何哉?更无余物可以相与，今送猎马十二匹并毡、药等物。彼来道远，马力不足，可乘，或不服水土，药可自疗也。”

秋七月庚午，诏曰:“虏近虽摧挫，兽心靡革。比得河朔、秦、雍华戎表疏，归诉困棘，跂望绥拯，潜相纠结，以候王师。芮芮亦遣间使远输诚款，誓为掎角，经略之会，实在兹日。可遣宁朔将军王玄谟，帅太子步兵校尉沈庆之、镇军谘议参军申坦水军入河，受督于青冀二州刺史萧斌；太子左卫率臧质、骁骑将军王方回径造许、洛；徐兖二州刺史武陵王骏、豫州刺史南平王铄，各勒所部，东西齐举；梁南北秦三州刺史刘秀之震荡汧、陇；太尉江夏王义恭出次彭城，为众军节度。”坦，钟之曾孙也。

是时军旅大起，王公、妃主及朝士、牧守下至富民，各献金帛、杂物以助国用。又以兵力不足，悉发青、冀、徐、豫、二兖六州三五民丁，倩使暂行，符到十日装束，缘江五郡集广陵，缘淮三郡集盱眙。又募中外有马步众艺、武力之士应科者，皆加厚赏。有司又奏军用不充，扬、南徐、兖、江四州富民，家赀满五十万，僧尼满二十万，并四分借一，事息即还。

建武司马申元吉引兵趣碻磝。乙亥，魏济州刺史王买德弃城走。萧斌遣将军崔猛攻乐安，魏青州刺史张淮之亦弃城走。斌与沈庆之留守碻磝，使王玄谟进围滑台。雍州刺史随王诞遣中兵参军柳元景、振威将军尹显祖、奋武将军曾方平、建武将军薛安都、略阳太守庞法起将兵出弘农。后军外兵参军庞季明年七十余，自以关中豪右，请入长安招合夷夏，诞许之。乃自赀谷入卢氏，卢氏民赵难纳之。季明遂诱说士民，应之者甚众，安都等因之自熊耳山出，元景引兵继进。豫州刺史南平王铄遣中兵参军胡盛之出汝南，梁坦出上蔡向长社，魏荆州刺史鲁爽镇长社，弃城走。爽，轨之子也。幢主王阳儿击魏豫州刺史仆兰，破之，仆兰奔虎牢。铄又遣安蛮司马刘康祖将兵助坦，进逼虎牢。

魏群臣初闻有宋师，言于魏主，请遣兵救缘河谷帛。魏主曰："马今未肥，天时尚热，速出必无功。若兵来不止，且还阴山避之。国人本着羊皮裤，何用绵帛？展至十月，吾无忧矣。"九月辛卯，魏主引兵南救滑台，命太子晃屯漠南以备柔然，吴王余守平城。庚子，魏发州郡兵五万分给诸军。

王玄谟士众甚盛，器械精严，而玄谟贪愎好杀。初围滑台，城中多茅屋，众请以火箭烧之。玄谟曰："彼，吾财也，何遽烧之。"城中即撤屋穴处。时河、洛之民竞出租谷，操兵来赴者日以千数，玄谟不即其长帅而以配私昵，家付匹布，责大梨八百，由是众心失望。攻城数月不下，闻魏救将至，众请发车为营，玄谟不从。

冬十月癸亥，魏主至枋头，使关内侯代人陆真夜与数人犯围，潜入滑台，抚慰城中，且登城视玄谟营曲折还报。乙丑，魏主渡河，众号百万，鞞鼓之声，震动天地。玄谟惧，退走。魏人追击之，死者万余人，麾下散亡略尽，委弃军资、器械山积。

先是，玄谟遣钟离太守垣护之以百舸为前锋，据石济，在滑台西南百二十里。护之闻魏兵将至，驰书劝玄谟急攻，曰："昔武皇攻广固，死没者甚众。况今事迫于曩日，岂得计士众伤疲，愿以屠城为急。"玄谟不从。及玄谟败退，不暇报护之。魏人以所得玄谟战舰连以铁锁三重。断河以绝护之还路。河水迅急，护之中流而下，每至铁锁，以长柯斧断之，魏不能禁，唯失一舸，余皆完备而返。

萧斌遣沈庆之将五千人救玄谟。庆之曰："玄谟士众疲老，寇虏已逼，得数万人乃可进，小军轻往无益也。"斌固遣之。会玄谟遁还，斌将斩之，庆之固谏曰："佛狸威震天下，控弦百万，岂玄谟所能当。且杀战将以自弱，非良计也。"斌乃止。

斌欲固守碻磝，庆之曰："今青、冀虚弱，而坐守穷城，若虏众东过，清东非国家有也。碻磝孤绝，复作朱脩之滑台耳。"会诏使至，不听斌等退师。斌复召诸将议之，并谓宜留。庆之曰："阃外之事，将军得以专之。诏从远来，不知事势。节下有一范增不能用，空议何施？"斌及坐者并笑曰："沈公乃更学问。"庆之厉声曰："众人虽知古今，不如下官耳学也。"斌乃使王玄谟戍碻磝，申坦垣护之据清口，自帅诸军还历城。

闰月，庞法起等诸军入卢氏，斩县令李封，以赵难为卢氏令，使帅其众为乡导。柳元景自百丈崖从诸军于卢氏。法起等进攻弘农，辛未，拔之，擒魏弘农太守李初古拔。薛安都留屯弘农。

丙戌，庞法起进向潼关。

魏主命诸将分道并进，永昌王仁自洛阳趣寿阳，尚书长孙真趣马头，楚王建趣钟离，高凉王那自青州趣下邳，魏主自东平趣邹山。十一月辛卯，魏主至邹山，鲁郡太守崔邪利为魏所擒。魏主见秦始皇石刻，使人排而仆之，以太牢祠孔子。

楚王建自清西进屯萧城，步尼公自清东进屯留城。武陵王骏遣参军冯文恭将兵向萧城，江夏王义恭遣军主嵇玄敬将兵向留城。文恭为魏所败。步尼公遇玄敬，引兵趣苞桥，欲渡清西，沛县民烧苞桥，夜于林中击鼓，魏以为宋兵大至，争渡苞水，溺死者殆半。

诏以柳元景为弘农太守。元景使薛安都、尹显祖先引兵就庞法起等于陕，元景于后督租。陕城险固，诸军攻之不拔。魏洛州刺史张是连提帅众二万度崤救陕，安都等与战于城南，魏人纵突骑，诸军不能敌。安都怒，脱兜鍪，解铠，唯着绛纳两当衫，马亦去具装，瞋目横矛，单骑突陈，所向无前，魏人夹射不能中。如是数四，杀伤不可胜数。会日暮，别将鲁元保引兵自函谷关至，魏兵乃退。元景遣军副柳元怙将步骑二千救安都等，夜至，魏人不之知。明日，安都等陈于城西南。曾方平谓安都曰："今勍敌在前，坚城在后，是吾取死之日。卿若不进，我当斩卿，我若不进，卿斩我也。"安都曰："善，卿言是也。"遂合战。元怙引兵自南门鼓噪直出，旌旗甚盛，魏众惊骇。安都挺身奋击，流血凝肘，矛折，易之更入，诸军齐奋。自旦至日昃，魏众大溃，斩张是连提及将卒三千余级，其余赴河堑死者甚众，生降二千余人。明日，元景至，让降者曰："汝辈本中国民，今为虏尽力，力屈乃降，何也？"皆曰："虏驱民使战，后出者灭族，以骑蹙步，未战先死，此将军所亲见也。”诸将欲尽杀之，元景曰：“今王旗北指，当令仁声先路。”尽释而遣之，皆称万岁而去。甲午，克陕城。

庞法起等进攻潼关，魏戍主娄须弃城走，法起等据之。关中豪桀所在蜂起，及四山羌胡皆来送款。上以王玄谟败退，魏兵深入，柳元景等不宜独进，皆召还。元景使薛安都断后，引兵归襄阳。诏以元景为襄阳太守。

魏永昌王仁攻悬瓠、项城，拔之。帝恐魏兵至寿阳，召刘康祖使还。癸卯，仁将八万骑追及康祖于尉武。康祖有众八千人，军副胡盛之欲依山险间行取至，康祖怒曰：“临河求敌，遂无所见，幸其自送，奈何避之！”乃结车营而进，下令军中曰：“顾望者斩首，转步者斩足。”魏人四面攻之，将士皆殊死战，自旦至晡，杀魏兵万余人，流血没踝。康祖身被十创，意气弥厉。魏分其众为三，且休且战，会日暮风急，魏以骑负草烧车营，康祖随补其阙。有流矢贯康祖颈，坠马死，余众不能战，遂溃，魏人掩杀殆尽。

南平王铄使左军行参军王罗汉以三百人戍尉武。魏兵至，众欲南依卑林以自固，罗汉以受命居此，不去。魏人攻而擒之，锁其颈，使三郎将掌之。罗汉夜断三郎将首，抱锁亡奔盱眙。

魏永昌王仁进逼寿阳，焚掠马头、钟离，南平王铄婴城固守。

魏军在萧城，去彭城十余里。彭城兵虽多而食少，太尉江夏王义恭欲弃彭城南归。安北中兵参军沈庆之以为历城兵少食多，欲为函箱车阵，以精兵为外翼，奉二王及妃女直趋历城，分兵配护军萧思话，使留守彭城。太尉长史何勖欲席卷奔郁洲，自海道还京师。义恭去意已判，唯二议弥日未决。安北长史沛郡太守张畅曰：“若历城、郁洲有可至之理，下官敢不高赞。今城中乏食，百姓咸有走志，但以关扃严固，欲去莫从耳。一旦动足，则各自逃散，欲至所在，何由可得？今军食虽寡，朝夕犹未窘罄，岂有舍万安之术，而就危亡之道。若此计必行，下官请以颈血污公马蹄。”武陵王骏谓义恭曰：“阿父既为总统，去留非所敢干。道民忝为城主，而委镇奔逃，实无颜复奉朝廷，必与此城共其存没，张长史言不可异也。”义恭乃止。

壬子，魏主至彭城，立毡屋于戏马台以望城中。马文恭之败也，队主蒯应没于魏。魏主遣应至小市门求酒及甘蔗，武陵王骏与之，仍就求橐驼。明日，魏主使尚书李孝伯至南门饷义恭貂裘，饷骏橐驼及骡，且曰：“魏主致意安北，可暂出见我，我亦不攻此城，何为劳苦将士，备守如此？”骏使张畅开门出见之，曰：“安北致意魏主，常迟面写，但以人臣无境外之交，恨不暂悉。备守乃边镇之常，悦以使之，则劳而无怨耳。”魏主求甘橘及借博具，皆与之；复饷毡及九种盐胡豉。又借乐器，义恭应之曰：“受任戎行，不赍乐具。”孝伯问畅：“何为匆匆闭门绝桥？”畅曰：“二王以魏主营垒未立，将士疲劳，此精甲十万，恐轻相陵践，故闭城耳。待休息士马，然后共治战场，刻日交戏。”孝伯曰：“宾有礼，主则择之。”畅曰：“昨见众宾至门，未为有礼。”魏主使人来言曰：“致意太尉、安北，何不遣人来至我所？彼此之情，虽不可尽，要须见我小大，知我老小，观我为人。若诸佐不可遣，亦可使僮干来。”畅以二王命对曰：“魏主形状才力，久为来往所具。李尚书亲自衔命，不患彼此不尽，故不复遣使。”孝伯又曰：“王玄谟亦常才耳，南国何意作如此任使，以致奔败？自入此境七百余里，主人竟不能一相拒逆。邹山之险，君家所凭，前锋始接，崔邪利遽藏入穴，诸将倒曳出之。魏主赐其余生，今从在此。”畅曰：“王玄谟南土偏将，不谓为才，但以之为前驱。大军未至，河冰向合，玄谟因夜还军，致戎马小乱耳。崔邪利陷没，何损于国？魏主自以数十万众制一崔邪利，乃足言邪？知入境七百里无相拒者，此自太尉神算，镇军圣略，用兵有机，不用相语。”孝伯曰：“魏主当不围此城，自帅众军直造瓜步。南事若办，彭城不待围；若其不捷，彭城亦非所须也。我今当南饮江、湖以疗渴耳。”畅曰：“去留之事，自适彼怀。若虏马遂得饮江，便为无复天道。”先是童谣云“虏马饮江水，佛狸死卯年”，故畅云然。畅音容雅丽，孝伯与左右皆叹息。孝伯亦辩赡，且去，谓畅曰：“长史深自爱，相去步武，恨不执手。”畅曰：“君善自爱，冀荡定有期，相见无远，君若得还宋朝，今为相识之始。”

上起杨文德为辅国将军，引兵自汉中西入，摇动汧、陇。

魏主攻彭城，不克。十二月丙辰朔，引兵南下，使中书郎鲁秀出广陵，高凉王那出山阳，永昌王仁出横江，所过无不残灭，城邑皆望风奔溃。戊午，建康纂严。己未，魏兵至淮上。上使辅国将军臧质将万人救彭城，至盱眙，魏主已过淮。质使冗从仆射胡崇之、积弩将军臧澄之营东山，建威将军毛熙祚据前浦，质营于城南。乙丑，魏燕王谭攻崇之等，三营皆败没，质案兵不敢救。是夕，质军亦溃，质弃辎重、器械，单将七百人赴城。

初，盱眙太守沈璞到官，王玄谟犹在滑台，江、淮无警。璞以郡当冲要，乃缮城浚隍，积财谷，储矢石，为城守之备。僚属皆非之，朝廷亦以为过。及魏兵南向，守宰多弃城走。或劝璞宜还建康，璞曰：“虏若以城小不顾，夫复何惧？若肉薄来攻，此乃吾报国之秋，诸君封侯之日也，奈何去之？诸君尝见数十万人聚于小城之下而不败者乎？昆阳、合肥，前事之明验也。”众心稍定。璞收集得二千精兵，曰：“足矣。”及臧质向城，众谓璞曰：“虏若不攻城，则无所事众。若其攻城，则城中止可容见力耳，地狭人多，鲜不为患。且敌众我寡，人所共知。若以质众能退敌完城者，则全功不在我。若避罪归都，会资舟楫，必更相蹂践，正足为患，不若闭门勿受。”璞叹曰：“虏必不能登城，敢为诸军保之。舟楫之计，固已久息。虏之残害，古今未有，屠剥之苦，众所共见，其中幸者，不过得驱还北国作奴婢耳。彼虽乌合，宁不惮此邪？所谓‘同舟而济，胡、越一心’者也。今兵多则虏退速，少则退缓，吾宁可欲专功而留虏乎！”乃开门纳质。质见城中丰实，大喜，众皆称万岁，因与璞共守。

魏人之南寇也，不赍粮用，唯以抄掠为资。及过淮，民多窜匿，抄掠无所得，人马饥乏。闻盱眙有积粟，欲以为北归之资。既破崇之等，一攻城不拔，即留其将韩元兴以数千人守盱眙，自帅大众南向。由是盱眙得益完守备。

庚午，魏主至瓜步，坏民庐舍及伐苇为筏，声言欲渡江。建康震惧，民皆荷担而立。壬午，内外戒严。丹杨统内尽户发丁，王公以下子弟皆从役。命领军将军刘遵考等将兵分守津要，游逻上接于湖，下至蔡洲，陈舰列营，周亘江滨，自采石至于暨阳，六七百里。太子劭出镇石头，总统水军，丹杨尹徐湛之守石头仓城。吏部尚书江湛兼领军军事，处置悉以委焉。

上登石头城，有忧色，谓江湛曰：“北伐之计，同议者少。今日士民劳怨，不得无惭，贻大夫之忧，予之过也。”又曰：“檀道济若在，岂使胡马至此！”上又登莫府山，观望形势。购魏主及王公首，许以封爵、金帛。又募人赍野葛酒置空村中，欲以毒魏人，竟不能伤。

魏主凿瓜步山为蟠道，于其上设毡屋。魏主不饮河南水，以橐驼负河北水自随。饷上橐驼、名马，并求和，请婚。上遣奉朝请田奇饷以珍羞、异味。魏主得黄甘即啖之，并大进鄃酒。左右有附耳语者，疑食中有毒。魏主不应，举手指天，以其孙示奇曰："吾远来至此，非欲为功名，实欲继好息民，永结姻援。宋若能以女妻此孙，我以女妻武陵王，自今匹马不复南顾。"奇还，上召太子劭及群臣议之。众并谓宜许，江湛曰："戎狄无亲，许之无益。"劭怒，谓湛曰："今三王在厄，讵宜苟执异议！"声色甚厉。坐散俱出，劭使班剑及左右排湛，湛几至僵仆。

劭又言于上曰："北伐败辱，数州沦破，独有斩江湛、徐湛之可以谢天下。"上曰："北伐自是我意，江、徐但不异耳。"由是太子与江、徐不平，魏亦竟不成婚。

二十八年春正月丙戌朔，魏主大会群臣于瓜步山上，班爵行赏有差。魏人缘江举火，太子右卫率尹弘言于上曰："六夷如此，必走。"丁亥，魏掠居民，焚庐舍而去。

江夏王义恭以碻磝不可守，召王玄谟还历城，魏人追击败之，遂取碻磝。

初，上闻魏将入寇，命广陵太守刘怀之逆烧城府、船乘，尽帅其民渡江。山阳太守萧僧珍悉敛其民入城，台送粮仗诣盱眙及滑台者，以路不通，皆留山阳。蓄陂水令满，须魏人至，决以灌之。魏人过山阳，不敢留，因攻盱眙。

魏主就臧质求酒，质封溲便与之。魏主怒，筑长围，一夕而合。运东山土石以填堑，作浮桥于君山，绝水陆道。魏主遗质书曰："吾今所遣斗兵，尽非我国人，城东北是丁零与胡，南是氐、羌。设使丁零死，正可减常山、赵郡贼；胡死，减并州贼；氐、羌死，减关中贼。卿若杀之，无所不利。"质复书曰："省示，具悉奸怀。尔自恃四足，屡犯边境。王玄谟退于东，申坦散于西，尔知其所以然邪？尔独不闻童谣之言乎？盖卯年未至，故以二军开饮江之路耳。冥期使然，非复人事。寡人受命相灭，期之白登，师行未远。尔自送死，岂容复令尔生全，飨有桑干哉！尔有幸得为乱兵所杀，不幸则生相锁缚，载以一驴，直送都市耳。我本不图全，若天地无灵，力屈于尔，齑之、粉之，屠之、裂之，犹未足以谢本朝。尔智识及众力，岂能胜苻坚邪？今春雨已降，兵方四集，尔但安意攻城，勿遽走。粮食乏者，可见语，当出廪相贻。得所送剑刀，欲令我挥之尔身邪？"魏主大怒，作铁床，于其上施铁镵，曰："破城得质，当坐之此上。"质又与魏众书曰："尔语虏中诸士庶：佛狸见与书，相待如此。尔等正朔之民，何为自取糜灭，岂可不知转祸为福邪？"并写台格以与之，云"斩佛狸首，封万户侯，赐布绢各万匹。"

魏人以钩车钩城楼，城内系以驱髓，数百人唱呼引之，车不能退。既夜，缒桶悬卒出，截其钩，获之。明日，又以冲车攻城，城土坚密，每至，颓落不过数升。魏人乃肉薄登城，分番相代，坠而复升，莫有退者，杀伤万计，尸与城平。凡攻之三旬，不拔。会魏军中多疾疫，或告以建康遣水军自海入淮，又敕彭城断其归路。二月丙辰朔，魏主烧攻具退走。盱眙人欲追之，沈璞曰："今兵不多，虽可固守，不可出战，但整舟楫，示若欲北渡者，以速其走，计不须实行也。"臧质以璞城主，使之上露板，璞固辞，归功于质。上闻，益嘉之。

魏师过彭城，江夏王义恭震惧不敢击。或告"虏驱南口万余，夕应宿安王陂，去城数十里，今追之，可悉得"。诸将皆请行，义恭禁不许。明日，驿使至，上敕义恭悉力急追。魏师已远，义恭乃遣镇军司马檀和之向萧城。魏人先已闻之，尽杀所驱者而去。程天祚逃归。

魏人凡破南兖、徐、兖、豫、青、冀六州，杀掠不可胜计，丁壮者即加斩截，婴儿贯于槊上，盘舞以为戏。所过郡县，赤地无余，春燕归，巢于林木。魏之士马死伤亦过半，国人皆尤之。

上每命将出师，常授以成律，交战日时，亦待中诏，是以将帅趑趄，莫敢自决。又江南白丁，轻进易退，此其所以败也。自是邑里萧条，元嘉之政衰矣。

癸酉，诏赈恤郡县民遭寇者，蠲其税调。甲戌，降太尉义恭为骠骑将军、开府仪同三司。

戊寅，魏主济河。

辛巳，降镇军将军武陵王骏为北中郎将。壬午，上如瓜步，是日解严。

三月乙酉，帝还宫。

己亥，魏主还平城，饮至告庙，以降民五万余家分置近畿。

初，魏主过彭城，遣人语城中曰："食尽且去，须麦熟更来。"及期，江夏王义恭议欲芟麦翦苗，移民保聚。镇军录事参军王孝孙曰："虏不能复来，既自可保，如其更至，此议亦不可立。百姓闭在内城，饥馑日久，方春之月，野采自资；一入保聚，饿死立至，民知必死，何可制邪？虏若必来，芟麦无晚。"四坐默然，莫之敢对。长史张畅曰："孝孙之议，实有可寻。"镇军府典签董元嗣侍武陵王骏之侧，进曰："王录事议不可夺。"别驾王子夏曰："此论诚然。"畅敛版白骏曰："下官欲命孝孙弹子夏。"骏曰："王别驾有何事邪？"畅曰："芟麦移民，可谓大议，一方安危，事系于此。子夏亲为州端，曾无同异，及闻元嗣之言，则欢笑酬答。阿意左右，何以事君？”子夏、元嗣皆大惭，义恭之议遂寝。

初，鲁宗之奔魏，其子轨为魏荆州刺史、襄阳公，镇长社，常思南归，以昔杀刘康祖及徐湛之之父，故不敢来。轨卒，子爽袭父官爵。爽少有武干，与弟秀皆有宠于魏主，秀为中书郎。既而兄弟各有罪，魏主诘责之。爽、秀惧诛，从魏主自瓜步还，至湖陆，请曰：“奴与南有仇，每兵来，常恐祸及坟墓，乞共迎丧还葬平城。”魏主许之。爽至长社，杀魏戍兵数百人，帅部曲及愿从者千余家奔汝南。夏四月，爽遣秀诣寿阳，奉书于南平王铄以请降。上闻之，大喜，以爽为司州刺史，镇义阳，秀为颍川太守，余弟侄并授官爵，赏赐甚厚。魏人毁其坟墓。徐湛之以为庙算远图，特所奖纳，不敢苟申私怨，乞屏居田里，不许。

二十九年春二月甲寅，魏侍中宗爱弑世祖。三月，上闻魏世祖殂，更谋北伐。鲁爽等复劝之。上访于群臣，太子中庶子何偃以为“淮、泗数州疮痍未复，不宜轻动”。上不从。偃，尚之之子也。

夏五月丙申，诏曰：“虐虏穷凶，著于自昔，未劳资斧，已伏天诛。拯溺荡秽，今其会也。可符骠骑、司空二府，各部分所统，东西应接。归义建绩者，随劳酬奖。”于是遣抚军将军萧思话督冀州刺史张永等向碻磝，鲁爽、鲁秀、程天祚将荆州甲士四万出许、洛，雍州刺史臧质帅所领趣潼关。永，茂度之子也。沈庆之固谏北伐，上以其异议，不使行。

青州刺史刘兴祖上言，以为：“河南阻饥，野无所掠，脱诸城固守，非旬月可拔。稽留大众，转输方劳，应机乘势，事存急速。今伪帅始死，兼逼暑时，国内猜扰，不暇远赴。愚谓宜长驱中山，据其关要。冀州以北，民人尚丰，兼麦已向熟，因资为易，向义之徒，必应响赴。若中州震动，黄河以南自当消溃。臣请发青、冀七千兵，遣将领之，直入其心腹。若前驱克胜，张永及河南众军，宜一时济河，使声实兼举，并建司牧，抚柔初附，西拒太行，北塞军都，因事指麾，随宜加授，畏威欣宠，人百其怀。若能成功，清壹可待；若不克捷，不为大伤。并催促装束，伏听敕旨。”上意止存河南，亦不从。上又使员外散骑侍郎琅邪徐爰随军向碻磝，衔中旨授诸将方略，临时宣示。

秋七月，张永等至碻磝，引兵围之。诸军攻碻磝，治三攻道，张永等当东道，济南太守申坦等当西道，扬武司马崔训当南道。攻之累旬，不拔。八月辛亥夜，魏人自地道潜出，烧崔训营及攻具。癸丑夜，又烧东围及攻具。寻复毁崔训攻道。张永夜撤围退军，不告诸将，士卒惊扰，魏人乘之，死伤涂地。萧思话自往，增兵力攻，旬余不拔。是时青、徐不稔，军食乏。丁卯，思话命诸军皆退屯历城，斩崔训，系张永、申坦于狱。

鲁爽至长社，魏戍主秃发幡弃城走。臧质顿兵近郊，不以时发，独遣冠军司马柳元景帅后军行参军薛安都等向潼关。元景等进据洪关，梁州刺史刘秀之遣司马马汪与左军中兵参军萧道成将兵向长安。道成，承之之子也。魏冠军将军封礼自泹津南渡，赴弘农。九月，司空高平公儿乌干屯潼关，平南将军黎公辽屯河内。

庚寅，鲁爽与魏豫州刺史拓跋仆兰战于大索，破之，进攻虎牢。闻碻磝败退，与柳元景皆引兵还。萧道成、马汪等闻魏救兵将至，还趣仇池。己丑，诏解萧思话徐州，更领冀州刺史，镇历城。

上以诸将屡出无功，不可专责张永等，赐思话诏曰：“虏既乘利,方向盛冬,若脱敢送死,兄弟父子自共当之耳。言及憎愤!可以示张永、申坦。”又与江夏王义恭书曰:“早知诸将辈如此,恨不以白刃驱之。今者悔何所及!”义恭寻奏免思话官,从之。

宗爱逆节

宋文帝元嘉九年春正月丙午,魏主立子晃为皇太子,大赦,改元。

二十八年夏六月,魏太子晃监国,颇信任左右,又营园田,收其利。高允谏曰:“天地无私,故能覆载,王者无私,故能容养。今殿下国之储贰,万方所则;而营立私田,畜养鸡犬,乃至酤贩市廛,与民争利,谤声流布,不可追掩。夫天下者,殿下之天下,富有四海,何求而无,乃与贩夫贩妇竞此尺寸之利乎?昔虢之将亡,神赐之土田,汉灵帝私立府藏,皆有颠覆之祸。前鉴若此,甚可畏也。武王爱周、邵、齐、毕,所以王天下;殷纣爱飞廉、恶来,所以丧其国。今东宫俊乂不少,顷来侍御左右者,恐非在朝之选。愿殿下斥去佞邪,亲近忠良;所在田园,分给贫下;贩卖之物,以时收散。如此则休声日至,谤议可除矣。”不听。

太子为政精察,而中常侍宗爱性险暴,多不法,太子恶之。给事中仇尼道盛、侍郎任平城有宠于太子,颇用事,皆与爱不协。爱恐为道盛等所纠,遂构告其罪。魏主怒,斩道盛等于都街,东宫官属多坐死。帝怒甚。戊辰,太子以忧卒。壬申,葬金陵,谥曰景穆。帝徐知太子无罪,甚悔之。

冬十二月丁丑,魏主封景穆太子之子濬为高阳王,既而以皇孙世嫡,不当为藩王,乃止。

二十九年春正月，魏世祖追悼景穆太子不已。中常侍宗爱惧诛，二月甲寅，弑帝，尚书左仆射兰延、侍中和疋、薛提等秘不发丧。延、疋以皇孙濬冲幼，欲立长君，征秦王翰，置之秘室。提以濬嫡皇孙，不可废。议久不决。宗爱知之，自以得罪于景穆太子，而素恶秦王翰，善南安王余，乃密迎余自中宫便门入禁中，矫称赫连皇后令召延等。延等以爱素贱，不以为疑，皆随入。爱先使宦者三十人持兵伏于禁中，延等入，以次收缚，斩之。杀秦王翰于永巷而立余。大赦，改元承平。尊皇后为皇太后。以爱为大司马、大将军、太师、都督中外诸军事、领中秘书，封冯翊王。

魏南安隐王余自以违次而立，厚赐群下，欲以收众心，旬月之间，府藏虚竭。又好酣饮及声乐、畋猎，不恤政事。宗爱为宰相，录三省，总宿卫，坐召公卿，专恣日甚。余患之，谋夺其权，爱愤怒。冬十月丙午朔，余夜祭东庙，爱使小黄门贾周等就弑余，而秘之，唯羽林郎中代人刘尼知之。尼劝爱立皇孙濬，爱惊曰："君大痴人！皇孙若立，岂忘正平时事乎？"尼曰："若尔，今当立谁？"爱曰："待还宫，当择诸王贤者立之。"

尼恐爱为变，密以状告殿中尚书源贺。贺时与尼俱典兵宿卫，乃与南部尚书陆丽谋曰："宗爱既立南安，还复杀之。今又不立皇孙，将不利于社稷。"遂与丽定谋，共立皇孙。丽，俟之子也。

戊申，贺与尚书长孙渴侯严兵守卫宫禁，使尼、丽迎皇孙于苑中。丽抱皇孙于马上，入平城，贺、渴侯开门纳之。尼驰还东庙，大呼曰："宗爱弑南安王，大逆不道。皇孙已登大位，有诏，宿卫之士皆还宫。"众咸呼万岁，遂执宗爱、贾周等，勒兵而入，奉皇孙即皇帝位。登永安殿，大赦，改元兴安。杀爱、周，皆具五刑，夷三族。

太子劭弑逆

宋文帝元嘉三年。初,袁皇后生皇子劭,后自详视,使驰白帝曰:"此儿形貌异常,必破国亡家,不可举。"即欲杀之。帝狼狈至后殿户外,手拨幔禁之,乃止。以尚在谅暗,故秘之。闰正月丙戌,始言劭生。

六年春三月丁巳,立皇子劭为太子。

十五年夏四月,纳故黄门侍郎殷淳女为太子劭妃。

十六年〔冬十二月〕乙亥,太子劭加元服,大赦。劭美鬓眉,好读书,便弓马,喜延宾客。意之所欲,上必从之。东宫置兵与羽林等。

二十九年。初,潘淑妃生始兴王濬。元皇后性妒,以淑妃有宠于上,恚恨而殂,淑妃专总内政。由是太子劭深恶淑妃及濬。濬惧为将来之祸,乃曲意事劭,劭更与之善。

吴兴巫严道育自言能辟谷服食,役使鬼物,因东阳公主婢王鹦鹉出入主家。道育谓主曰:"神将有符赐主。"主夜卧,见流光若萤,飞入书笥,开视,得二青珠,由是主与劭、濬皆信惑之。劭、濬并多过失,数为上所诘责,使道育祈请,欲令过不上闻。道育曰:"我已为上天陈请,必不泄露。"劭等敬事之,号曰"天师"。其后遂与道育、鹦鹉及东阳主奴陈天与、黄门陈庆国共为巫蛊,琢玉为上形像,埋于含章殿前。劭补天与为队主。

东阳主卒,鹦鹉应出嫁,劭、濬虑语泄,濬府佐吴兴沈怀远素为濬所厚,以鹦鹉嫁之为妾。

上闻天与领队,以让劭曰:"汝所用队主副,并是奴邪?"劭惧,以书告濬。濬复书曰:“彼人若所为不已,正可促其余命,或是大庆之渐耳。”劭、濬相与往来书疏,常谓上为“彼人”,或曰“其人”,谓江夏王义恭为“佞人”。

鹦鹉先与天与私通,既适怀远,恐事泄,白劭,使密杀之。陈庆国惧,曰:“巫蛊事,唯我与天与宣传往来。今天与死,我其危哉!”乃具以其事白上。上大惊,即遣收鹦鹉,封籍其家,得劭、濬书数百纸,皆咒诅巫蛊之言,又得所埋玉人,命有司穷治其事。道育亡命,捕之不获。

先是,濬自扬州刺史出镇京口,及庐陵王绍以疾解扬州,意谓己必复得之。既而上用南谯王义宣,濬殊不乐,乃求镇江陵,上许之。濬入朝,遣还京口,为行留处分,至京口数日而巫蛊事发。上惋叹弥日,谓潘淑妃曰:“太子图富贵,更是一理,虎头复如此,非复思虑所及。汝母子岂可一日无我邪?”遣中使切责劭、濬,劭、濬惶惧无辞,唯陈谢而已。上虽怒甚,犹未忍罪也。

三十年春正月壬午,以征北将军始兴王浚为荆州刺史。帝怒未解,故濬久留京口,既除荆州,乃听入朝。

严道育之亡命也,上分遣使者搜捕甚急。道育变服为尼,匿于东宫,又随始兴王濬至京口,或出止民张旿家。浚入朝,复载还东宫,欲与俱往江陵。丁巳,上临轩,浚入受拜。是日,有告道育在张旿家者,上遣掩捕,得其二婢,云“道育随征北还都”。上谓浚与太子劭已斥遣道育,而闻其犹与往来,惆怅惋骇,乃命京口送二婢,须至检覆,乃治劭、濬之罪。

潘淑妃抱濬泣曰:“汝前祝诅事发,犹冀能刻意思愆,何意更藏严道育!上怒甚,我叩头乞恩不能解,今何用生为!可送药来,当先自取尽,不忍见汝祸败也。”浚奋衣起曰:“天下事寻自当判，愿小宽虑，必不上累。”

帝欲废太子劭，赐始兴王濬死，先与侍中王僧绰谋之，使僧绰寻汉、魏以来废太子诸王典故，送尚书仆射徐湛之及吏部尚书江湛。

武陵王骏素无宠，故屡出外藩，不得留建康。南平王铄、建平王宏皆为帝所爱。铄妃，江湛之妹；随王诞妃，徐湛之之女也。湛劝帝立铄，湛之意欲立诞。僧绰曰：“建立之事，仰由圣怀。臣谓唯宜速断，不可稽缓。‘当断不断，反受其乱。’愿以义割恩，略小不忍；不尔，便应坦怀如初，无烦疑论。事机虽密，易致宣广，不可使难生虑表，取笑千载。”帝曰：“卿可谓能断大事。然此事至重，不可不殷勤三思。且彭城始亡，人将谓我无复慈爱之道。”僧绰曰：“臣恐千载之后，言陛下唯能裁弟，不能裁儿。”帝默然。江湛同侍坐，出閤，谓僧绰曰：“卿向言将不大伤切直？”僧绰曰：“弟亦恨君不直。”

铄自寿阳入朝，既至，失旨。帝欲立宏，嫌其非次，是以议久不决。每夜与湛之屏人语，或连日累夕。常使湛之自秉烛，绕壁检行，虑有窃听者。帝以其谋告潘淑妃，淑妃以告濬，濬驰报劭。劭乃密与腹心队主陈叔儿、斋帅张超之等谋为逆。

初，帝以宗室强盛，虑有内难，特加东宫兵，使与羽林相若，至有实甲万人。劭性黠而刚猛，帝深倚之。及将作乱，每夜飨将士，或亲自行酒。王僧绰密以启闻。会严道育婢将至，癸亥夜，劭诈为帝诏，云“鲁秀谋反，汝可平明守阙，帅众入”。因使张超之等集素所畜养兵士二千余人，皆被甲，召内外幢队主副，豫加部勒，云有所讨。夜，呼前中庶子右军长史萧斌、左卫率袁淑、中舍人殷仲素、左积弩将军王正见并入宫。劭流涕谓曰：“主上信谗,将见罪废,内省无过,不能受枉。明旦当行大事,望相与戮力。”因起遍拜之,众惊愕,莫能对。久之,淑、斌皆曰:“自古无此,愿加善思。”劭怒,变色。斌惧,与众俱曰:“当竭身奉令。”淑叱之曰:“卿便谓殿下真有是邪?殿下幼尝患风,或是疾动耳。”劭愈怒,因眄淑曰:“事当克不?”淑曰:“居不疑之地,何患不克。但既克之后,不为天地所容,大祸亦旋至耳。假有此谋,犹将可息。”左右引淑出,曰:“此何事,而云可罢乎!”淑还省,绕床行,至四更乃寝。

甲子,宫门未开,劭以朱衣加戎服上,乘画轮车,与萧斌同载,卫从如常入朝之仪。呼袁淑甚急,淑眠不起,劭停车奉化门催之相续。淑徐起,至车后,劭使登车,又辞不上,劭命左右杀之。守门开,从万春门入。旧制,东宫队不得入城,劭以伪诏示门卫曰:“受敕,有所收讨。”令后队速来。张超之等数十人驰入云龙门及斋閤,拔刃径上合殿。帝其夜与徐湛之屏人语,至旦,烛犹未灭,门阶户席直卫兵尚寝未起。帝见超之入,举几捍之,五指皆落,遂弑之。湛之惊起,趣北户,未及闻,兵人杀之。劭进至合殿中閤,闻帝已殂,出坐东堂。萧斌执刀侍直,呼中书舍人顾嘏,嘏震惧,不时出。既至,问曰:“欲共见废,何不早启?”嘏未及答,即于前斩之。江湛直上省,闻喧噪声,叹曰:“不用王僧绰言,以至于此。”乃匿傍小屋中,劭遣兵就杀之。宿卫旧将罗训、徐罕皆望风屈附。左细仗主、广威将军吴兴卜天与,不暇被甲,执刀持弓,疾呼左右出战。徐罕曰:“殿下入,汝欲何为?”天与骂曰:“殿下常来,云何于今乃作此语!只汝是贼。”手射劭于东堂,几中之。劭党击之,断臂而死。队将张泓之、朱道钦、陈满与天与俱战死。左卫将军尹弘惶怖通启,求受处分。劭使人从东閤入，杀潘淑妃及太祖亲信左右数十人。急召始兴王濬，使帅众屯中堂。

濬时在西州，府舍人朱法瑜奔告濬曰："台内喧噪，宫门皆闭，道上传太子反，未测祸变所至。"濬阳惊曰："今当奈何？"法瑜劝入据石头。濬未得劭信，不知事之济不，骚扰不知所为。将军王庆曰："今宫内有变，未知主上安危。凡在臣子，当投袂赴难；凭城自守，非臣节也。"濬不听，乃从南门出，径向石头，文武从者千余人。时南平王铄戍石头，兵士亦千余人。俄而劭遣张超之驰马召濬，濬屏人问状，即戎服乘马而去。朱法瑜固止濬，濬不从。出中门，王庆又谏曰："太子反逆，天下怨愤。明公但当坚闭城门，坐食积粟，不过三日，凶党自离。公情事如此，今岂宜去。"濬曰："皇太子令，敢有复言者斩。"既入，见劭，劭谓濬曰："潘淑妃遂为乱兵所害。"濬曰："此是下情，由来所愿。"

劭诈以太祖诏召大将军义恭、尚书令何尚之入，拘于内。并召百官，至者才数十人。劭遽即位，下诏曰："徐湛之、江湛弑逆无状，吾勒兵入殿，已无所及，号惋崩衄，肝心破裂。今罪人斯得，元凶克殄，可大赦，改元太初。"

即位毕，亟称疾还永福省，不敢临丧。以白刃自守，夜则列灯以防左右。以萧斌为尚书仆射、领军将军，以何尚之为司空，前右卫率檀和之戍石头，征虏将军营道侯义綦镇京口。义綦，义庆之弟也。乙丑，悉收先给诸处兵还武库，杀江、徐亲党尚书左丞荀赤松、右丞臧凝之等。凝之，焘之孙也。以殷仲素为黄门侍郎，王正见为左军将军，张超之、陈叔儿等皆拜官、赏赐有差。辅国将军鲁秀在建康，劭谓秀曰："徐湛之常欲相危，我已为卿除之矣。"使秀与屯骑校尉庞秀之对掌军队。劭不知王僧绰之谋，以僧绰为吏部尚书，司徒左长史何偃为侍中。

武陵王骏屯五洲，沈庆之自巴水来，咨受军略。三月乙亥，典签董元嗣自建康至五洲，具言太子弑逆，骏使元嗣以告僚佐。沈庆之密谓腹心曰："萧斌妇人，其余将帅皆易与耳。东宫同恶不过三十人，此外屈逼，必不为用。今辅顺讨逆，不忧不济也。"

太子劭分浙东五郡为会州，省扬州，立司隶校尉，以其妃父殷冲为司隶校尉。冲，融之曾孙也。以大将军义恭为太保，荆州刺史南谯王义宣为太尉，始兴王浚为骠骑将军，雍州刺史臧质为丹杨尹，会稽太守随王诞为会州刺史。

劭料检文帝巾箱及江湛家书疏，得王僧绰所启飨士并前代故事，甲申，收僧绰，杀之。僧绰弟僧虔为司徒左西属，所亲咸劝之逃，僧虔泣曰："吾兄奉国以忠贞，抚我以慈爱，今日之事，苦不见及耳。若得同归九泉，犹羽化也。"劭因诬北第诸王侯，云与僧绰谋反，杀长沙悼王瑾、瑾弟楷、临川哀王烨、桂阳孝侯觊、新渝怀侯玠，皆劭素所恶也。瑾，义欣之子；烨，义庆之子；觊、玠，义庆之弟子也。

劭密与沈庆之手书，令杀武陵王骏。庆之求见王，王惧，辞以疾。庆之突入，以劭书示王，王泣求入内与母诀。庆之曰："下官受先帝厚恩，今日之事，唯力是视，殿下何见疑之深？"王起再拜曰："家国安危，皆在将军。"庆之即命内外勒兵。府主簿颜竣曰："今四方未知义师之举，劭据有天府，若首尾不相应，此危道也。宜待诸镇协谋，然后举事。"庆之厉声曰："今举大事，而黄头小儿皆得参预，何得不败？宜斩以徇众！"王令竣拜谢庆之，庆之曰："君但当知笔札事耳。"于是专委庆之处分。旬日之间，内外整办，人以为神兵。竣，延之之子也。

庚寅，武陵王戒严誓众。以沈庆之领府司马；襄阳太守柳元景、随郡太守宗悫为谘议参军，领中兵；(将军)〔江夏〕内史朱脩之行平东将军；记室参军颜竣为谘议参军，领录事，兼总内外。以谘议参军刘延孙为长史、寻阳太守，行留府事。延孙，道产之子也。

南谯王义宣及臧质皆不受劭命，与司州刺史鲁爽同举兵以应骏。质、爽俱诣江陵见义宣，且遣使劝进于王。辛卯，臧质子敦等在建康者闻质举兵，皆逃亡。劭欲相慰悦，下诏曰："臧质国戚勋臣，方赞翼京辇，而子弟波迸，良可怪叹。可遣宣譬令还，咸复本位。"劭寻录得敦，使大将军义恭行训杖三十，厚给赐之。

乙未，武陵王发西阳。丁酉，至寻阳。庚子，王命颜竣移檄四方，使共讨劭。州郡承檄，翕然响应。南谯王义宣遣臧质引兵诣寻阳，与骏同下，留鲁爽于江陵。

劭以兖冀二州刺史萧思话为徐兖二州刺史，起张永为青州刺史。思话自历城引部曲还彭城，起兵以应寻阳；建武将军垣护之在历城，亦帅所领赴之。南谯王义宣版张永为冀州刺史。永遣司马崔勋之等将兵赴义宣。义宣虑萧思话与永不释前憾，自为书与思话，使长史张畅为书与永，劝使相与坦怀。

随王诞将受劭命，参军事沈正说司马顾琛曰："国家此祸，开辟未闻。今以江东骁锐之众，唱大义于天下，其谁不响应，岂可使殿下北面凶逆，受其伪宠乎？"琛曰："江东忘战日久，虽逆顺不同，然强弱亦异，当须四方有义举者，然后应之，不为晚也。"正曰："天下未尝有无父无君之国，宁可自安仇耻而责义于余方乎！今正以弑逆冤丑，义不同天，举兵之日，岂求必全邪！冯衍有言：'大汉之贵臣，将不如荆、齐之贱士乎！'况殿下义兼臣子，事实国家者哉!”琛乃与正共入说诞,诞从之。正,田子之兄子也。

劭自谓素习武事,语朝士曰:“卿等但助我理文书,勿措意戎旅,若有寇难,吾自当之,但恐贼虏不敢动耳。”及闻四方兵起,始忧惧,戒严,悉召下番将吏,迁淮南岸居民于北岸,尽聚诸王及大臣于城内,移江夏王义恭处尚书下舍,分义恭诸子处侍中下省。

夏四月癸卯朔,柳元景统宁朔将军薛安都等十二军发湓口,司空中兵参军徐遗宝以荆州之众继之。丁未,武陵王发寻阳,沈庆之总中军以从。

劭立妃殷氏为皇后。庚戌,武陵王檄书至建康,劭以示太常颜延之曰:“彼谁笔也?”延之曰:“竣之笔也。”劭曰:“言辞何至于是?”延之曰:“竣尚不顾老臣,安能顾陛下?”劭怒稍解。悉拘武陵王子于侍中下省,南谯王义宣子于太仓空舍。劭欲尽杀三镇士民家口。江夏王义恭、何尚之皆曰:“凡举大事者不顾家,且多是驱逼,今忽诛其室累,正足坚彼意耳。”劭以为然,乃下书一无所问。

劭疑朝廷旧臣皆不为己用,乃厚抚鲁秀及右军参军王罗汉,悉以军事委之。以萧斌为谋主,殷冲掌文符。萧斌劝劭勒水军自上决战,不尔则保据梁山。江夏王义恭以南军仓猝,船舫陋小,不利水战,乃进策曰:“贼骏小年,未习军旅,远来疲弊,宜以逸待之。今远出梁山,则京都空弱,东军乘虚,或能为患。若分力两赴,则兵散势离,不如养锐待期,坐而观衅。割弃南岸,栅断石头,此先朝旧法,不忧贼不破也。”劭善之。斌厉色曰:“南中郎二十年少,能建如此大事,岂复可量。三方同恶,势据上流,沈庆之甚练军事,柳元景、宗悫屡尝立功,形势如此,实非小敌。唯宜及人情未离,尚可决力一战。端坐台城,何由得久?今主、相咸无战意，岂非天也！”劭不听，或劝劭保石头城。劭曰：“昔人所以固石头城者，俟诸侯勤王耳。我若守此，谁当见救？唯应力战决之，不然，不克。”日日自出行军，慰劳将士，亲督都水治船舰。壬子，焚淮南岸室屋、淮内船舫，悉驱民家渡水北。

立子伟之为皇太子。以始兴王浚妃父褚湛之为丹杨尹。湛之，裕之之兄子也。浚为侍中、中书监、司徒、录尚书六条事，加南平王铄开府仪同三司，以南兖州刺史建平王宏为江州刺史。太尉司马庞秀之自石头先众南奔，人情由是大震。以营道侯义綦为湘州刺史，檀和之为雍州刺史。癸丑，武陵王军于鹊头。宣城太守王僧达得武陵王檄，未知所从。客说之曰：“方今衅逆滔天，古今未有。为君计，莫若承义师之檄，移告傍郡，苟在有心，谁不响应？此上策也。如其不能，可躬帅向义之徒，详择水陆之便，致身南归，亦其次也。”僧达乃自候道南奔，逢武陵王于鹊头，王即以为长史。僧达，弘之子也。王初发寻阳，沈庆之谓人曰：“王僧达必来赴义。”人问其故，庆之曰：“吾见其在先帝前议论开张，执意明决，以此言之，其至必也。”

柳元景以舟舰不坚，惮于水战，乃倍道兼行，丙辰，至江宁步上，使薛安都帅铁骑曜兵于淮上，移书朝士，为陈逆顺。

劭加吴兴太守汝南周峤冠军将军。随王诞檄亦至，峤素恇怯，回惑不知所从。府司马丘珍孙杀之，举郡应诞。

戊午，武陵王至南洲，降者相属。己未，军于溧洲。王自发寻阳，有疾不能见将佐，唯颜竣出入卧内，拥王于膝，亲视起居。疾屡危笃，不任咨禀，竣皆专决。军（正）〔政〕之外，间以文教书檄，应接遐迩，昏晓临哭，若出一人。如是累旬，自舟中甲士亦不知王之危疾也。

癸亥，柳元景潜至新亭，依山为垒。新降者皆劝元景速进，元景曰："不然。理顺难恃，同恶相济，轻进无防，实启寇心。"

元景营未立，劭龙骧将军詹叔儿觇知之，劝劭出战，劭不许。甲子，劭使萧斌统步军，褚湛之统水军，与鲁秀、王罗汉、刘简之等精兵合万人，攻新亭垒，劭自登朱雀门督战。元景宿令军中曰："鼓繁气易衰，叫数力易竭，但衔枚疾战，一听吾鼓声。"劭将士怀劭重赏，皆殊死战。元景水陆受敌，意气弥强，麾下勇士，悉遣出斗，左右唯留数人宣传。劭兵势垂克，鲁秀击退鼓，劭众遽止。元景乃开垒鼓噪以乘之，劭众大溃，坠淮死者甚多。劭更帅余众自来攻垒，元景复大破之，所杀伤过于前战，士卒争赴死马涧，涧为之溢，劭手斩退者，不能禁。刘简之死，萧斌被创，劭仅以身免，走还宫。鲁秀、褚湛之、檀和之皆南奔。

丙寅，武陵王至江宁。丁卯，江夏王义恭单骑南奔，劭杀义恭十二子。

劭、浚忧迫无计，以辇迎蒋侯神像置宫中，稽颡乞恩，拜为大司马，封钟山王；拜苏侯神为骠骑将军。以浚为南徐州刺史，与南平王铄并录尚书事。

戊辰，武陵王军于新亭，大将军义恭上表劝进。散骑侍郎徐爰在殿中诳劭，云自追义恭，遂归武陵王。时王军府草创，不晓朝章；爰素所谙练，乃以爰兼太常丞，撰即位仪注。己巳，王即皇帝位，大赦。文武赐爵一等，从军者二等。改谥大行皇帝曰文，庙号太祖。以大将军义恭为太尉、录尚书六条事、南徐州刺史。是日，劭亦临轩，拜太子伟之，大赦，唯刘骏、义恭、义宣、诞不在原例。庚子，以南谯王义宣为中书监、丞相、录尚书六条事、扬州刺史，随王诞为卫将军、开府仪同三司、荆州刺史，臧质为车骑将军、开府仪同三司、江州刺史，沈庆之为领军将军，萧思话为尚书左仆射。壬申，以王僧达为右仆射，柳元景为侍中、左卫将军，宗悫为右卫将军，张畅为吏部尚书，刘延孙、颜竣并为侍中。

五月癸酉朔，臧质以雍州兵二万至新亭。豫州刺史刘遵考遣其将夏侯献之帅步骑五千军于瓜步。

先是，世祖遣宁朔将军顾彬之将兵东入，受随王诞节度。诞遣参军刘季之将兵与彬之俱向建康，诞自顿西陵为之后继。劭遣殿中将军燕钦等拒之，相遇于曲阿奔牛塘，钦等大败。劭于是缘淮树栅以自守，又决破岗、方山埭以绝东军。时男丁既尽，召妇女供役。

甲戌，鲁秀等募勇士攻大航，克之。王罗汉闻官军已渡，即放仗降，缘渚幢队以次奔散，器仗鼓盖，充塞路衢。是夜，劭闭守六门，于门内凿堑立栅。城中沸乱，丹杨尹尹弘等文武将吏争逾城出降。劭烧辇及衮冕服于宫庭。萧斌宣令所统，皆使解甲，自石头戴白幡来降。诏斩斌于军门。濬劝劭载宝货逃入海，劭以人情离散，不果行。

乙亥，辅国将军朱脩之克东府。丙子，诸军克台城，各由诸门入，会于殿庭。获王正见，斩之。张超之走至合殿御床之所，为军士所杀，刳肠割心，诸将脔其肉，生啖之。建平等七王号哭俱出。劭穿西垣，入武库井中，队副高禽执之。劭曰："天子何在？"禽曰："近在新亭。"至殿前，臧质见之恸哭，劭曰："天地所不覆载，丈人何为见哭？"又谓质曰："可得为启，乞远徙不？"质曰："主上近在航南，自当有处分。"缚劭于马上，防送军门。时不见传国玺，以问劭。劭曰："在严道育处。"就取，得之。斩劭及四子于牙下。濬帅左右数十人挟南平王铄南走，遇江夏王义恭于越城。浚下马曰："南中郎今何所作?"义恭曰："上已君临万国。"又曰："虎头来得无晚乎?"义恭曰："殊当恨晚。"又曰："故当不死邪?"义恭曰："可诣行阙请罪。"又曰："未审犹能赐一职自效不?"义恭又曰："此未可量。"勒与俱归，于道斩之，及其三子。劭、浚父子首并枭于大航，暴尸于市。劭妃殷氏及劭、浚诸女、妾媵，皆赐死于狱。污潴劭所居斋。殷氏且死，谓狱丞江恪曰："汝家骨肉相残，何以枉杀无罪人?"恪曰："受拜皇后，非罪而何?"殷氏曰："此权时耳，当以鹦鹉为后。"褚湛之之南奔也，浚即与褚妃离绝，故免于诛。严道育、王鹦鹉并都街鞭杀，焚尸，扬灰于江。殷冲、尹弘、王罗汉及淮南太守沈璞皆伏诛。

庚辰，解严。辛巳，帝如东府，百官请罪，诏释之。甲申，尊帝母路淑媛为皇太后。太后，丹杨人也。乙酉，立妃王氏为皇后。后父偃，导之玄孙也。戊子，以柳元景为雍州刺史。辛卯，追赠袁淑为太尉，谥忠宪公；徐湛之为司空，谥忠烈公；江湛为开府仪同三司，谥忠简公；王僧绰为金紫光禄大夫，谥简侯。壬辰，以太尉义恭为扬南徐二州刺史，进位太傅，领大司马。

初，劭以尚书令何尚之为司空、领尚书令，子征北长史偃为侍中，父子并居权要。及劭败，尚之左右皆散，自洗黄閤。殷冲等既诛，人为之寒心。帝以尚之、偃素有令誉，且居劭朝用智将迎，时有全脱，故特免之，复以尚之为尚书令，偃为大司马长史，任遇无改。

甲午，帝谒初宁、长宁陵。追赠卜天与益州刺史，谥壮侯，与袁淑等四家长给廪禄。张泓之等各赠郡守。戊戌，以南平王铄为司空，建平王宏为尚书左仆射，萧思话为中书令、丹杨尹。六月丙午，帝还宫。

初，帝之讨西阳蛮也，臧质使柳元景将兵会之。及质起兵，欲奉南谯王义宣为主，潜使元景帅所领西还。元景即以质书呈帝，语其信曰："臧冠军当是未知殿下义举耳。方应伐逆，不容西还。"质以此恨之。及元景为雍州，质虑其为荆、江后患，建议"元景当为爪牙，不宜远出"。帝重违其言。戊申，以元景为护军将军，领石头戍事。己酉，以司州刺史鲁爽为南豫州刺史。庚戌，以卫将军司马徐遗宝为兖州刺史。庚申，诏有司论功行赏，封颜竣等为公、侯。辛未，徙南谯王义宣为南郡王，随王诞为竟陵王，立义宣次子宜阳侯恺为南谯王。闰月壬申，以领军将军沈庆之为南兖州刺史，镇盱眙。癸酉，以柳元景为领军将军。丞相义宣固辞内任及子恺王爵。甲午，更以义宣为荆、湘二州刺史，恺为宜阳县王。将佐以下并加赏秩。以竟陵王诞为扬州刺史。

秋七月，南平穆王铄素负才能，意常轻上，又为太子劭所任，出降最晚。上潜使人毒之。己巳，铄卒，赠司徒，以商臣之谥谥之。

冬十一月丙午，以左军将军鲁秀为司州刺史。十二月癸未，以将置东宫，省太子率更令等官，中庶子等各减旧员之半。

〔孝〕武帝孝建元年春正月己亥，改元，大赦。甲辰，以尚书令何尚之为左光禄大夫、护军将军，以左卫将军颜竣为吏部尚书、领骁骑将军。丙子，立皇子业为太子。

南郡王之叛

〔宋孝〕武帝孝建元年。初，江州刺史臧质自谓人才足为一世英雄。太子劭之乱，质潜有异图，以荆州刺史南郡王义宣庸暗易制，欲外相推奉，因而覆之。质于义宣为内兄，既至江陵，即称名拜义宣。义宣惊愕问故。质曰："事中宜然。"时义宣已奉帝为主，故其计不行。及至新亭，又拜江夏王义恭曰："天下屯危，礼异常日。"劭既诛，义宣与质功皆第一，由是骄恣，事多专行，凡所求欲，无不必从。义宣在荆州十年，财富兵强，朝廷所下制度，意有不同，一不遵承。质自建康之江州，舫千余乘，部伍前后百余里。帝方自揽威权，而质以少主遇之，政刑庆赏，一不咨禀。擅用湓口、钩圻米，台符屡加检诘，渐致猜惧。

帝淫义宣诸女，义宣由是恨怒。质乃遣密信说义宣，以为"负不赏之功，挟震主之威，自古能全者有几？今万物系心于公，声迹已著，见几不作，将为他人所先。若命徐遗宝、鲁爽驱西北精兵来屯江上，质帅九江楼船为公前驱，已为得天下之半。公以八州之众，徐进而临之，虽韩、白更生，不能为建康计矣。且少主失德，闻于道路，沈、柳诸将，亦我之故人，谁肯为少主尽力者。夫不可留者年也，不可失者时也。质常恐溘先朝露，不得展其旅力，为公扫除，于时悔之何及。"义宣腹心将佐谘议参军蔡超、司马竺超民等咸有富贵之望，欲倚质威名以成其业，共劝义宣从其计。质女为义宣子采之妇，义宣谓质无复异同，遂许之。超民，夔之子也。臧敦时为黄门侍郎，帝使敦至义宣所，道经寻阳，质更令敦说诱义宣，义宣意遂定。

豫州刺史鲁爽有勇力，义宣、质素与之相结。义宣密使人报爽及兖州刺史徐遗宝，期以今秋同举兵。使者至寿阳，爽方饮醉，失义宣指，即日举兵。爽弟瑜在建康闻之，逃叛。爽使其众戴黄标窃造法服，登坛，自号建平元年。疑长史韦处穆、中兵参军杨元驹、治中庾腾之不与己同，皆杀之。遗宝亦勒兵向彭城。二月，义宣闻爽已反，狼狈举兵。鲁瑜弟弘为质府佐，帝敕质收之，质即执台使举兵。

义宣与质皆上表，言为左右所谗疾，欲诛君侧之恶。义宣进爽号征北将军，爽于是送所造舆服诣江陵，使征北府户曹版义宣等，文曰："丞相刘，今补天子，名义宣；车骑臧，今补丞相，名质；西平朱，今补车骑，名修之；皆版到奉行。"义宣骇愕，爽所送法物并留竟陵，不听进。质加鲁弘辅国将军，下戍大雷。义宣遣谘议参军刘谌之将万人就弘，召司州刺史鲁秀欲使为谌之后继。秀至江陵见义宣，出，拊膺曰："吾兄误我，乃与痴人作贼，今年败矣！"

义宣兼荆、江、兖、豫四州之力，威震远近。帝欲奉乘舆法物迎之，竟陵王诞固执不可，曰："奈何持此座与人！"乃止。

己卯，以领军将军柳元景为抚军将军。辛卯，以左卫将军王玄谟为豫州刺史。命元景统玄谟等诸将以讨义宣。癸巳，进据梁山洲，于两岸筑偃月垒，水陆待之。义宣自称都督中外诸军事，命僚佐悉称名。

丙申，以安北司马夏侯祖欢为兖州刺史。三月己亥，内外戒严。辛丑，以徐州刺史萧思话为江州刺史，柳元景为雍州刺史。癸卯，以太子左卫率庞秀之为徐州刺史。

义宣移檄州郡，加进位号，使同发兵。雍州刺史朱脩之伪许之，而遣使陈诚于帝。益州刺史刘秀之斩义宣使者，遣中兵参军韦崧将万人袭江陵。

戊申，义宣帅众十万发江津，舳舻数百里。以子慆为辅国将军，与左司马竺超民留镇江陵。檄朱脩之使发兵万人继进，脩之不从。义宣知脩之贰于己，乃以鲁秀为雍州刺史，使将万余人击之。王玄谟闻秀不来，喜曰："臧质易与耳。"

冀州刺史垣护之妻，徐遗宝之姊也，遗宝邀护之同反，护之不从,发兵击之。遗宝遣兵袭徐州长史明胤于彭城,不克。胤与夏侯祖欢、垣护之共击遗宝于湖陆,遗宝弃众焚城,奔鲁爽。

义宣至寻阳,以质为前锋而进,爽亦引兵直趣历阳,与质水陆俱下。殿中将军沈灵赐将百舸,破质前军于南陵,擒军主徐庆安等。质至梁山,夹陈两岸,与官军相拒。

夏四月戊辰,以后将军刘义綦为湘州刺史。甲申,以朱脩之为荆州刺史。上遣左军将军薛安都、龙骧将军南阳宗越等戍历阳,与鲁爽前锋杨胡兴等战,斩之。爽不能进,留军大岘,使鲁瑜屯小岘。上复遣镇军将军沈庆之济江,督诸将讨爽。爽食少,引兵稍退,自留断后,庆之使薛安都帅轻骑追之。丙戌,及爽于小岘。爽将战,饮酒过醉,安都望见爽,即跃马大呼,直往刺之,应手而倒,左右范双斩其首。爽众奔散,瑜亦为部下所杀。遂进攻寿阳,克之。徐遗宝奔东海,东海人杀之。

李延寿论曰:凶人之济其身,非世乱莫由焉。鲁爽以乱世之情,而行之于平日,其取败也宜哉。

南郡王义宣至鹊头,庆之送爽首示之,并与书曰:"仆荷任一方,而衅生所统。近聊帅轻师,指往翦扑,军锋裁及,贼爽授首。公情契异常,或欲相见,及其可识,指送相呈。"爽累世将家,骁猛善战,号万人敌,义宣与质闻其死,皆骇惧。

柳元景军于采石。王玄谟以臧质众盛,遣使来求益兵,上使元景进屯姑孰。

太傅义恭与义宣书曰:"往时仲堪假兵,灵宝寻害其族;孝伯推诚,牢之旋踵而败。臧质少无美行,弟所具悉。今藉西楚之强力,图济其私,凶谋若果,恐非复池中物也。"义宣由此疑之。五月甲辰,义宣至芜湖,质进计曰:"今以万人取南州,则梁山中绝;

万人缀梁山，则玄谟必不敢动；下官中流鼓棹，直趣石头，此上策也。”义宣将从之，刘谌之密言于义宣曰：“质求前驱，此志难测。不如尽锐攻梁山，事克然后长驱，此万安之计也。”义宣乃止。

冗从仆射胡子反等守梁山西垒，会西南风急，质遣其将尹周之攻西垒。子反方渡东岸，就玄谟计事，闻之，驰归。周之攻垒甚急，偏将刘季之帅水军殊死战，求救于玄谟，玄谟不遣。大司马参军崔勋之固争，乃遣勋之与积弩将军垣询之救之。比至，城已陷，勋之、询之皆战死。询之，护之之弟也。子反等奔还东岸。质又遣其将庞法起将数千兵趋南浦，欲自后掩玄谟，游击将军垣护之引水军与战，破之。朱脩之断马鞍山道，据险自守。鲁秀攻之不克，屡为脩之所败，乃还江陵，脩之引兵蹑之。或劝脩之急追，脩之曰：“鲁秀，骁将也，兽穷则攫，不可迫也。”

王玄谟使垣护之告急于柳元景曰：“西城不守，唯余东城万人。贼军数倍，强弱不敌，退还姑孰，欲就节下协力当之，更议进取。”元景不许，曰：“贼势方盛，不可先退，吾当卷甲赴之。”护之曰：“贼谓南州有三万人，而将军麾下裁十分之一，若往造贼垒，则虚实露矣。王豫州必不可来，不如分兵援之。”元景曰：“善。”乃留羸弱自守，悉遣精兵助玄谟，多张旗帜。梁山望之如数万人，皆以为建康兵悉至，众心乃安。

质请自攻东城。谘议参军颜乐之说义宣曰：“质若复克东城，则大功尽归之矣，宜遣麾下自行。”义宣乃遣刘谌之与质俱进。甲寅，义宣至梁山，顿兵西岸，质与刘谌之进攻东城。玄谟督诸军大战，薛安都帅突骑先冲其陈之东南，陷之，斩谌之首，刘季之、宗越又陷其西北，质等兵大败。垣护之烧江中舟舰，烟焰覆水，延及西岸，营垒殆尽，诸军乘势攻之，义宣兵亦溃。义宣单舸迸走，闭户而泣，荆州人随之者犹百余舸。质欲见义宣计事，而义宣已去，质不知所为，亦走，其众皆降散。己未，解严。

六月，臧质至寻阳，焚烧府舍，载妓妾西走，使嬖人何文敬领余兵居前，至西阳。西阳太守鲁方平绐文敬曰："诏书唯捕元恶，余无所问，不如逃之。"文敬弃众亡去。质先以妹夫羊冲为武昌郡，质往投之，冲已为郡丞胡庇之所杀，质无所归，乃逃于南湖，掇莲实啖之。追兵至，以荷覆头，自沉于水，出其鼻。戊辰，军主郑俱儿望见，射之，中心，兵刃乱至，肠胃萦水草，斩首送建康，子孙皆弃市。并诛其党豫章太守乐安任荟之、临川内史刘怀之、鄱阳太守杜仲儒。仲儒，骥之兄弟也。功臣柳元景等封赏各有差。

丞相义宣走至江夏，闻巴陵有军，回向江陵，众散且尽，与左右十许人徒步，脚痛不能前，僦民露车自载，缘道求食。至江陵郭外，遣人报竺超民，超民具羽仪兵众迎之。时荆州带甲尚万余人，左右翟灵宝诫义宣使抚慰将佐，以："臧质违指授之宜，用致失利。今治兵缮甲，更为后图。昔汉高百败，终成大业。"而义宣忘灵宝之言，误云"项羽千败"，众咸掩口。鲁秀、竺超民等犹欲收余兵更图一决，而义宣惛沮，无复神守，入内不复出，左右腹心稍稍离叛。鲁秀北走，义宣不能自立，欲随秀去，乃携息慆及所爱妾五人，著男子服相随。城内扰乱，白刃交横，义宣惧，坠马，遂步进。竺超民送至城外，更以马与之，归而城守。义宣求秀不得，左右尽弃之，夜，复还南郡空廨。旦日，超民收送刺奸。义宣止狱户，坐地叹曰："臧质老奴误我！"五妾寻被遣出，义宣号泣，语狱吏曰："常日非苦，今日分别始是苦。"鲁秀众散不能去，还向江陵，城上人射之，秀赴水死，就取其首。

诏右仆射刘延孙使荆、江二州，旌别枉直，就行诛赏。且分割二州之地，议更置新州。初、晋氏南迁，以扬州为京畿，谷帛所资皆出焉；以荆、江为重镇，甲兵所聚尽在焉，常使大将居之。三州户口居江南之半，上恶其强大，故欲分之。癸未，分扬州浙东五郡置东扬州，治会稽；分荆、湘、江、豫州之八郡置郢州，治江夏。罢南蛮校尉，迁其营于建康。太傅义恭议使郢州治巴陵，尚书令何尚之曰："夏口在荆、江之中，正对沔口，通接雍、梁，实为津要。由来旧镇，根基不易，既有见城，浦大容舫，于事为便。"上从之。既而荆、扬因此虚耗，尚之请复合二州，上不许。

上恶宗室强盛，不欲权在臣下，太傅义恭知其指，故请省之。

上使王公、八座与荆州刺史朱脩之书，令丞相义宣自为计。书未达，庚寅，脩之入江陵，杀义宣，并诛其子十六人，及同党竺超民、从事中郎蔡超、谘议参军颜乐之等。超民兄弟应从诛，何尚之上言："贼既遁走，一夫可擒。若超民反覆昧利，即当取之，非唯免愆，亦可要不义之赏。而超民曾无此意，微足观过知仁。且为官保全城府，谨守库藏，端坐待缚。今戮及兄弟，则与其余逆党无异，于事为重。"上乃原之。

竟陵王之叛

宋〔孝〕武帝孝建二年春二月辛巳，以尚书右仆射刘延孙为南兖州刺史。冬十月壬午，以竟陵王诞为司空，领南徐州刺史。

大明元年秋八月甲辰，徙司空、南徐州刺史竟陵王诞为南兖州刺史，以太子詹事刘延孙为南徐州刺史。初，高祖遗诏，以京口要地，去建康密迩，自非宗室近亲不得居之。延孙〔之〕先虽与高祖同源，而高祖属彭城，延孙属莒县，从来不序昭穆。上既命延孙镇京口，仍诏与延孙合族，使诸王皆序长幼。

上闺门无礼，不择亲疏、尊卑，流闻民间，无所不至。诞宽而有礼，又诛太子劭、丞相义宣，皆有大功，人心窃向之。诞多聚才力之士，蓄精甲利兵，上由是畏而忌之，不欲诞居中，使出镇京口；犹嫌其逼，更徙之广陵。以延孙腹心之臣，故使镇京口以防之。

三年夏四月，竟陵王诞知上意忌之，亦潜为之备，因魏人入寇，修城浚隍，聚粮治仗。诞记室参军江智渊知诞有异志，请假先还建康，上以为中书侍郎。智渊，夷之弟子也，少有操行，沈怀文每称之曰："人所应有尽有，人所应无尽无者，其唯江智渊乎。"

是时，道路皆云诞反。会吴郡民刘成上书称："息道龙昔事诞，见诞在石头城修乘舆法物，习唱警跸。道龙忧惧，私与伴侣言之，诞杀道龙。"又豫章民陈谈之上书称："弟咏之在诞左右，见诞疏陛下年纪、姓讳，往巫郑师怜家祝诅。咏之密以启闻，诞诬咏之乘酒骂詈，杀之。"上乃令有司奏诞罪恶，请收付廷尉治罪。乙卯，诏贬诞爵为侯，遣之国。诏书未下，先以羽林禁兵配兖州刺史垣阆，使以之镇为名，与给事中戴明宝袭诞。

阆至广陵，诞未悟也。明宝夜报诞典签蒋成，使明晨开门为内应。成以告府舍人许宗之，宗之入告诞。诞惊起，呼左右及素所畜养数百人执蒋成，勒兵自卫。天将晓，明宝与阆帅精兵数百人猝至，而门不开。诞已列兵登陴，自在门上斩蒋成，赦作徒、系囚，开门击阆，杀之。明宝从间道逃还。诏内外纂严。以始兴公沈庆之为车骑大将军、开府仪同三司、南兖州刺史，将兵讨诞。甲子，上亲总禁兵顿宣武堂。

司州刺史刘季之，诞故将也，素与都督宗悫有隙，闻诞反，恐为悫所害，委官，间道欲赴朝廷。至盱眙，盱眙太守郑瑗疑季之与诞同谋，邀杀之。

沈庆之至欧阳，诞遣庆之宗人沈道愍赍书说庆之，饷以玉环刀。庆之遣道愍返，数以罪恶。诞焚郭邑，驱居民悉使入城，闭门自守，分遣书檄，邀结远近。时山阳内史梁旷家在广陵，诞执其妻子，遣使邀旷，旷斩使拒之。诞怒，灭其家。

诞奉表投之城外，曰："陛下信用谗言，遂令无名小人来相掩袭，不任枉酷，即加诛翦。雀鼠贪生，仰违诏敕。今亲勒部曲，镇扞徐、兖。先经何福，同生皇家？今有何愆，便成胡、越？陵锋奋戈，万没岂顾，戡定之期，冀在旦夕。"又曰："陛下宫帷之丑，岂可三缄。"上大怒，凡诞左右、腹心、同籍、期亲在建康者，并诛之，死者以千数，或有家人已死，方自城内出奔者。

庆之至城下，诞登楼谓之曰："沈公垂白之年，何苦来此？"庆之曰："朝廷以君狂愚，不足劳少壮故耳。"

上虑诞奔魏，使庆之断其走路。庆之移营白土，去城十八里，又进军新亭。豫州刺史宗悫、徐州刺史刘道隆并帅众来会。兖州刺史沈僧明，庆之兄子也，亦遣兵助庆之。先是，诞诳其众，云"宗悫助我"，悫至，绕城跃马呼曰："我宗悫也。"

诞见众军大集，欲弃城北走，留中兵参军申灵赐守广陵，自将步骑数百人，亲信并自随，声云出战，邪趋海陵道，庆之遣龙骧将军武念追之。诞行十余里，众皆不欲去，互请诞还城。诞曰："我还易耳，卿能为我尽力乎？"众皆许诺。诞乃复还，筑坛歃血以誓众，凡府州文武皆加秩。以主簿刘琨之为中兵参军。琨之，遵考之子也。辞曰："忠孝不得并。琨之老父在，不敢承命。"诞囚之十余日，终不受，乃杀之。

右卫将军垣护之、虎贲中郎将殷孝祖等击魏还，至广陵，上并使受庆之节度。庆之进营，逼广陵城。诞饷庆之食，提挈者百余人，出自北门，庆之不开视，悉焚之。诞于城上授函表，请庆之为送。庆之曰："我受诏讨贼，不得为汝送表。汝必欲归死朝廷，自应开门遣使，吾为汝护送。"

六月，上命沈庆之为三烽于桑里，若克外城举一烽，克内城举两烽，擒到诞举三烽。玺书督趣，前后相继。庆之焚其东门，塞堑，造攻道，立行楼、土山并诸攻具，值久雨，不得攻城。上使御史中丞庾徽之奏免庆之官，诏勿问，以激之。自四月至于秋七月，雨止，城犹未拔。上怒，命太史择日，将自济江讨诞，太宰义恭固谏，乃止。

诞初闭城拒使者，记室参军山阴贺弼固谏，诞怒，抽刀向之，乃止。诞遣兵出战屡败，将佐多逾城出降。或劝弼宜早出，弼曰："公举兵向朝廷，此事既不可从，荷公厚恩，又义无违背，唯当以死明心耳。"乃饮药自杀。参军何康之等谋开门纳官军，不果，斩关出降。诞为高楼，置康之母于其上，暴露之，不与食。母呼康之，数日而死。诞以中军长史济阳范义为左司马。义母妻子皆在城内，或谓义曰："事必不振，子其行乎？"义曰："吾，人吏也。子不可以弃母，吏不可以叛君。必若何康之而活，吾弗为也。"

沈庆之帅众攻城，身先士卒，亲犯矢石，乙巳，克其外城，乘胜而进，又克小城。诞闻兵入，走趋后园，队主沈胤之等追及之，击伤诞，坠水，引出斩之。诞母、妻皆自杀。

上闻广陵平，出宣阳门，敕左右皆呼万岁。侍中蔡兴宗陪辇，上顾曰："卿何独不呼？"兴宗正色曰："陛下今日正应涕泣行诛，岂得皆称万岁。"上不悦。诏贬诞姓留氏。广陵城中士民，无小大悉命杀之。沈庆之请自五尺以下全之,其余男子皆死,女子以为军赏,犹杀三千余口。长水校尉宗越临决,皆先刳肠抉眼,或笞面鞭腹,苦酒灌创,然后斩之,越对之,欣欣若有所得。上聚其首于石头南岸为京观,侍中沈怀文谏,不听。

初,诞自知将败,使黄门吕昙济与左右素所信者,将世子景粹匿于民间,谓曰:"事若不济,思相全脱;如其不免,可深埋之。"各分以金宝赍送。既出门,并散走,唯昙济不去,携负景粹十余日,捕得,斩之。临川内史杨璇坐与诞素善,下狱死。擢梁旷为后将军,赠刘琨之给事黄门侍郎。

蔡兴宗奉旨慰劳广陵。兴宗与范义素善,收敛其尸,送丧归豫章。上谓曰:"卿何敢故触王宪?"兴宗抗言对曰:"陛下自杀贼,臣自葬故交,何不可之有?"上有惭色。

通鉴纪事本末卷第二十

废帝之乱

宋〔孝〕武帝大明二年。初，上在江州，山阴戴法兴、戴明宝、蔡闲为典签；及即位，皆以为南台侍御史，兼中书通事舍人。是岁，三典签并以初举兵预密谋，赐爵县男。闲已卒，追赐之。时上亲览朝政，不任大臣，而腹心耳目不得无所委寄。法兴颇知古今，素见亲待。鲁郡巢尚之，人士之末，涉猎文史，为上所知，亦以为中书通事舍人。凡选授、迁徙、诛赏大处分，上皆与法兴、尚之参怀，内外杂事，多委明宝，三人权重当时。而法兴、明宝大纳货贿，凡所荐达，言无不行，天下辐凑，门外成市，家产并累千金。

八年夏闰五月庚申，上殂于玉烛殿。是日，太子即皇帝位废帝，年十六，大赦。吏部尚书蔡兴宗亲奉玺绶，太子受之，傲惰无戚容。兴宗出，告人曰："昔鲁昭不哀，叔孙知其不终。家国之祸，其在此乎！"

秋七月乙卯，罢南北二驰道及孝建以来所改制度，还依元嘉。尚书蔡兴宗于都座慨然谓颜师伯曰："先帝虽非盛德之主，要以道始终。三年无改，古典所贵。今殡宫甫撤，山陵未远，而凡诸制度兴造，不论是非，一皆刊削，虽复禅代，亦不至尔。天下有识，当以此窥人。”师伯不从。

太宰义恭素畏戴法兴、巢尚之等，虽受遗辅政，而引身避事，由是政归近习。法兴等专制朝权，威行近远，诏敕皆出其手，尚书事无大小，咸取决焉，义恭与颜师伯，但守空名而已。

蔡兴宗自以职管铨衡，每至上朝，辄为义恭陈登贤进士之意，又箴规得失，博论朝政。义恭性恇挠，阿顺法兴，恒虑失旨，闻兴宗言，辄战惧无答。兴宗每奏选事，法兴、尚之等辄点定回换，仅有在者。兴宗于朝堂谓义恭、师伯曰：“主上谅暗，不亲万机，而选举密事，多被删改，复非公笔，亦不知是何天子意？”数与义恭等争选事，往复论执，义恭、法兴皆恶之。左迁兴宗新昌太守；既而以其人望，复留之建康。八月，王太后疾笃，使呼废帝。帝曰：“病人间多鬼，那可往！”太后怒，谓侍者：“取刀来，剖我腹，那得生宁馨儿！”己丑，太后殂。

明帝泰始元年。废帝幼而狷暴。及即位，始犹难太后、大臣及戴法兴等，未敢自恣。太后既殂，帝年渐长，欲有所为，法兴辄抑制之，谓帝曰：“官所为如此，欲作营阳邪？”帝稍不能平。所幸阉人华愿儿赐与无算，法兴常加裁减，愿儿恨之。帝使愿儿于外察听风谣，愿儿言于帝曰：“道路皆言宫中有二天子，法兴为真天子，官为赝天子。且官居深宫，与人物不接。法兴与太宰、颜、柳共为一体，往来门客恒有数百，内外士庶莫不畏服。法兴是孝武左右，久在宫闱，今与他人作一家，深恐此坐席非复官有。”帝遂发诏免法兴官，遣还田里，仍徙远郡。八月辛酉，赐法兴死，解巢尚之舍人。

员外散骑侍郎东海奚显度，亦有宠于世祖。常典作役，课督苛虐，捶扑惨毒，人皆苦之。帝常戏曰："显度为百姓患，比当除之。"左右因唱诺，即宣旨杀之。

尚书右仆射、领卫尉卿、丹杨尹颜师伯居权日久，海内辐凑，骄奢淫恣，为衣冠所疾。帝欲亲朝政，庚午，以师伯为尚书左仆射，解卿、尹，以吏部尚书王彧为右仆射，分其权任。师伯始惧。

初，世祖多猜忌，王公、大臣重足屏息，莫敢妄相过从。世祖殂，太宰义恭等皆相贺曰："今日始免横死矣。"甫过山陵，义恭与柳元景、颜师伯等声乐酣饮，不舍昼夜，帝内不能平。既杀戴法兴，诸大臣无不震慑，各不自安。于是元景、师伯密谋废帝，立义恭，日夜聚谋，而持疑不能决。元景以其谋告沈庆之。庆之与义恭素不厚，又师伯常专断朝事，不与庆之参怀，谓令史曰："沈公爪牙耳，安得预政事？"庆之恨之，乃发其事。

癸酉，帝自帅羽林兵讨义恭，杀之，并其四子。断绝义恭支体，分裂肠胃，挑取眼睛，以蜜渍之，谓之"鬼目粽"。别遣使者称诏召柳元景，以兵随之，左右奔告"兵刃非常"。元景知祸至，入辞其母，整朝服乘车应召。弟车骑司马叔仁戎服，帅左右壮士欲拒命，元景苦禁之。既出巷，军士大至，元景下车受戮，容色恬然，并其八子、六弟及诸侄。获颜师伯于道，杀之，并其六子。又杀廷尉刘德愿。改元景和，文武进位二等。遣使诛湘州刺史江夏世子伯禽。自是公卿以下皆被捶曳，如奴隶矣。

初，帝在东宫，多过失，世祖欲废之而立新安王子鸾。侍中袁顗盛称"太子好学，有日新之美"，世祖乃止。帝由是德之。既诛群公，欲引进顗，任以朝政，迁为吏部尚书，与尚书左丞徐爰皆以诛义恭等功，赐爵县子。

徐爰便僻善事人，颇涉书传，自元嘉初入侍左右，豫参顾问，既长于附会，又饰以典文，故为太祖所任遇。大明之世，委寄尤重。时殿省旧人多见诛逐，唯爰巧于将迎，始终无迕，废帝待之益厚，群臣莫及。帝每出，常与沈庆之及山阴公主同辇，爰亦预焉。

山阴公主，帝姊也，适驸马都尉何戢。戢，偃之子也。公主尤淫恣，尝谓帝曰："妾与陛下，男女虽殊，俱托体先帝。陛下六宫万数，而妾唯驸马一人，事太不均。"帝乃为公主置面首，左右三十人，进爵会稽郡长公主，秩同郡王。吏部郎褚渊貌美，公主就帝请以自侍，帝许之。渊侍公主十日，备见逼迫，以死自誓，乃得免。渊，湛之之子也。

帝令太庙别画祖考之像，帝入庙，指高祖像曰："渠大英雄，生擒数天子。"指太祖像曰："渠亦不恶，但末年不免儿斫去头。"指世祖像曰："渠大齄鼻，如何不齄？"立召画工令齄之。

新安王子鸾有宠于世祖，帝疾之。九月辛丑，遣使赐子鸾死，又杀其母弟南海王子师及其母妹。发殷贵妃墓，又欲掘景宁陵，太史以为不利于帝，乃止。

废帝自即位以来，未尝戒严，因民〔间〕讹言义阳王昶反而讨之，昶奔魏。事见元魏寇齐。

吏部尚书袁顗始为帝所宠任，俄而失指，待遇顿衰，使有司纠奏其罪，白衣领职。顗惧，诡辞求出。甲寅，以顗为督雍梁等四州诸军事、雍州刺史。顗舅蔡兴宗谓之曰："襄阳星恶，何可往？"顗曰："白刃交前，不救流矢。今者之行，唯愿生出虎口耳。且天道辽远，何必皆验？"

是时临海王子顼为都督荆湘等八州诸军事、荆州刺史。朝廷以兴宗为子顼长史、南郡太守,行府州事,兴宗辞不行。颢说兴宗曰:“朝廷形势,人所共见,在内大臣,朝不保夕。舅今出居陕西,为八州行事,颢在襄、沔,地胜兵强,去江陵咫尺,水陆流通。若朝廷有事,可以共立桓、文之功,岂比受制凶狂,临不测之祸乎!今得间不去,后复求出,岂可得邪?”兴宗曰:“吾素门平进,与主上甚疏,未容有患。宫省内外,人不自保,会应有变。若内难得弭,外衅未必可量。汝欲在外求全,我欲居中免祸,各行其志,不亦善乎?”

颢于是狼狈上路,犹虑见追,行至寻阳,喜曰:“今始免矣。”邓琬为晋安王子勋镇军长史、寻阳内史,行江州事。颢与之款狎过常,每清闲,必尽日穷夜。颢与琬人地本殊,见者知其有异志矣。寻复以兴宗为吏部尚书。

帝舅东阳太守王藻尚世祖女临川长公主。公主妒,谮藻于帝。冬十月己卯,藻下狱死。

会稽太守孔灵符,所至有政绩;以忤犯近臣,近臣谮之,帝遣使鞭杀灵符,并诛其二子。

宁朔将军何迈,瑀之子也,尚帝姑新蔡长公主。帝纳公主于后宫,谓之谢贵嫔,诈言公主薨,杀宫婢送迈第殡葬,行丧礼。庚辰,拜贵嫔为夫人,加鸾辂龙旗,出警入跸。迈素豪侠,多养死士,谋因帝出游,废之,立晋安王子勋。事泄,十一月壬辰,帝自将兵诛迈。

初,沈庆之既发颜、柳之谋,遂自昵于帝,数尽言规谏,帝浸不悦。庆之惧祸,杜门不接宾客。尝遣左右范羡至吏部尚书蔡兴宗所。兴宗使羡谓庆之曰:“公闭门绝客,以避悠悠请托者耳。如兴宗,非有求于公者也,何为见拒?”庆之使羡邀兴宗。

兴宗往见庆之，因说之曰："主上比者所行，人伦道尽，率德改行，无可复望。今所忌惮，唯在于公，百姓喁喁所瞻赖者，亦在公一人而已。公威名素著，天下所服。今举朝遑遑，人怀危怖，指麾之日，谁不响应？如犹豫不断，欲坐观成败，岂惟旦暮及祸，四海重责将有所归。仆蒙眷异常，故敢尽言，愿公详思其计。"庆之曰："仆诚知今日忧危，不复自保，但尽忠奉国，始终以之，当委任天命耳。加老退私门，兵力顿阙，虽欲为之，事亦无成。"兴宗曰："当今怀谋思奋者，非欲邀功赏富贵，正求脱朝夕之死耳。殿中将帅，唯听外间消息，若一人唱首，则俯仰可定。况公统戎累朝，旧日部曲，布在宫省，受恩者多，沈攸之辈，皆公家子弟耳，何患不从？且公门徒、义附，并三吴勇士。殿中将军陆攸之，公之乡人，今入东讨贼，大有铠仗，在青溪未发。公取其器仗以配衣麾下，使陆攸之帅以前驱，仆在尚书中，自当帅百僚案前世故事，更简贤明，以奉社稷，天下之事立定矣。又朝廷诸所施为，民间传言公悉豫之。公今不决，当有先公起事者，公亦不免附从之祸。闻车驾屡幸贵第，酣醉淹留。又闻屏左右，独入阁内。此万世一时，不可失也。"庆之曰："感君至言，然此大事，非仆所能行。事至，固当抱忠以没耳。"

青州刺史沈文秀，庆之弟子也，将之镇，帅部曲出屯白下。亦说庆之曰："主上狂暴如此，祸乱不久，而一门受其宠任，万物皆谓与之同心。且若人爱憎无常，猜忍特甚，不测之祸，进退难免。今因此众力图之，易于反掌。机会难值，不可失也。"再三言之，至于流涕。庆之终不从，文秀遂行。

及帝诛何迈，量庆之必当入谏，先闭青溪诸桥以绝之。庆之闻之，果往，不得进而还。帝乃使庆之从父兄子直阁将军攸之赐庆之药；庆之不肯饮，攸之以被掩杀之，时年八十。庆之子侍中文叔欲亡，恐如太宰义恭被支解，谓其弟中书郎文季曰："我能死，尔能报。"遂饮庆之之药而死。弟秘书郎昭明亦自经死。文季挥刀驰马而去，追者不敢逼，遂得免。帝诈言庆之病薨，赠侍中、太尉，谥曰忠武公，葬礼甚厚。

领军将军王玄谟数流涕谏帝以刑杀过差，帝大怒。玄谟宿将，有威名，道路讹言玄谟已见诛。蔡兴宗尝为东阳太守，玄谟典签包法荣家在东阳，玄谟使法荣至兴宗所。兴宗谓法荣曰："领军殊当忧惧。"法荣曰："领军比日殆不复食，夜亦不眠，恒言收己在门，不保俄顷。"兴宗曰："领军忧惧，当为方略，那得坐待祸至？"因使法荣劝玄谟举事。玄谟使法荣谢曰："此亦未易可行，期当不泄君言。"

右卫将军刘道隆，为帝所宠任，专典禁兵。兴宗尝与之俱从帝夜出，道隆过兴宗车后，兴宗曰："刘君，比日思一闲写。"道隆解其意，掐兴宗手曰："蔡公勿多言。"

帝畏忌诸父，恐其在外为患，皆聚之建康，拘于殿内，殴捶陵曳，无复人理。湘东王彧、建安王休仁、山阳王休祐皆肥壮，帝为竹笼，盛而称之，以彧尤肥，谓之"猪王"，谓休仁为"杀王"，休祐为"贼王"。以三王年长，尤恶之，常录以自随，不离左右。东海王祎性凡劣，谓之"驴王"，桂阳王休范、巴陵王休若年尚少，故并得从容。尝以木槽盛饭，并杂食搅之，掘地为坑，实以泥水，裸彧内坑中，使以口就槽食之，用为欢笑。前后欲杀三王以十数，休仁多智数，每以谈笑佞谀说之，故得推迁。

少府刘曚妾孕临月，帝迎入后宫，俟其生男，欲立为太子。彧尝忤旨，帝裸之，缚其手足，贯之以杖，使人担付太官。曰："今日屠猪。”休仁笑曰：“猪未应死。”帝问其故，休仁曰：“待皇太子生，杀猪取其肝肺。”帝怒乃解，曰：“且付廷尉。”一宿，释之。丁未，曚妾生子，名曰皇子，为之大赦，赐为父后者爵一级。

帝又以太祖、世祖在兄弟数皆第三，江州刺史晋安王子勋亦第三，故恶之，因何迈之谋，遣左右朱景云送药赐子勋死。景云至湓口，停不进。子勋典签谢道迈、主帅潘欣之、侍书褚灵嗣闻之，驰以告长史邓琬，泣涕请计。琬曰：“身南土寒士，蒙先帝殊恩，以爱子见托，岂得惜门户百口，期当以死报效。幼主昏暴，社稷危殆，虽曰天子，事犹独夫。今便指帅文武，直造京邑，与群公卿士废昏立明耳。”戊申，琬称子勋教，令所部戒严。子勋戎服出听事，集僚佐，使潘欣之口宣旨谕之。四座未对，录事参军陶亮首请效死前驱，众皆奉旨。乃以亮为谘议参军，领中兵，总统军事；功曹张沈为谘议参军，统作舟舰；南阳太守沈怀宝、岷山太守薛常宝、彭泽令陈绍宗等并为将帅。初，帝使荆州录送前军长史、荆州行事张悦至湓口，琬称子勋命，释其桎梏，迎以所乘车，以为司马。悦，畅之弟也。琬、悦二人共掌内外众事，遣将军俞伯奇帅五百人断大雷，禁绝商旅及公私使命。遣使上诸郡民丁，收敛器械，旬日之内，得甲士五千人。出顿大雷，于两岸筑垒。又以巴东、建平二郡太守孙冲之为谘议参军，领中兵，与陶亮并统前军。移檄远近。

戊午，帝召诸妃、主列于前，强左右使辱之。南平王铄妃江氏不从。帝怒，杀妃三子南平王敬猷、庐陵王敬先、安南侯敬渊，鞭江妃一百。

先是民间讹言湘中出天子，帝将南巡荆、湘二州以厌之。明旦，欲先诛湘东王彧然后发。

初，帝既杀诸公，恐群下谋己，以直閤将军宗越、谭金、童太一、沈攸之等有勇力，引为爪牙，赏赐美人、金帛，充牣其家。越等久在殿省，众所畏服，皆为帝尽力。帝恃之，益无所顾惮，恣为不道，中外骚然。左右宿卫之士皆有异志，而畏越等不敢发。时三王久幽，不知所为。湘东王彧主衣会稽阮佃夫、内监吴兴王道隆、学官令临淮李道儿与直閤将军柳光世及帝左右琅邪淳于文祖等阴谋弑帝。帝以立后故，假诸王阉人。彧左右钱蓝生亦在中，彧密使候帝动止。

先是，帝游华林园竹林堂，使宫人裸相逐，一人不从，命斩之。夜，梦在竹林堂，有女子骂曰："帝悖虐不道，明年不及熟矣！"帝于宫中求得一人，似所梦者，斩之。又梦所杀者骂曰："我已诉上帝矣！"于是巫觋言竹林堂有鬼。是日晡时，帝出华林园，建安王休仁、山阳王休祐、会稽公主并从，湘东王彧独在秘书省，不被召，益忧惧。

帝素恶主衣吴兴寿寂之，见辄切齿。阮佃夫以其谋告寂之及外监典事东阳朱幼、细铠主南彭城姜产之、细铠将晋陵王敬则、中书舍人戴明宝，寂之等闻之，皆响应。幼豫约勒内外，使钱蓝生密报休仁、休祐。时帝欲南巡，腹心宗越等并听出外装束，唯队主樊僧整防华林閤。柳光世与僧整乡人，因密邀之，僧整即受命。凡同谋十余人。阮佃夫虑力少不济，更欲招合，寿寂之曰："谋广或泄，不烦多人。"其夕，帝悉屏侍卫，与群巫及彩女数百人射鬼于竹林堂。事毕，将奏乐，寿寂之抽刀前入，姜产之次之，淳于文祖等皆随其后。休仁闻行声甚疾，谓休祐曰："事作矣。"相随奔景阳山。帝见寂之至，引弓射之，不中。彩女皆迸走，帝亦走，大呼"寂寂"者三，寂之追而弑之。宣令宿卫曰："湘东王受太皇太后令除狂主，今已平定。”殿省惶惑，未知所为。

休仁就秘书省见湘东王，即称臣，引升西堂，登御座，召见诸大臣。于时事起仓猝，王失履，跣至西堂，犹着乌帽。坐定，休仁呼主衣以白帽代之。令备羽仪，虽未即位，凡事悉称令书施行。宣太皇太后令，数废帝罪恶，命湘东王纂承皇极。及明，宗越等始入，湘东王抚接甚厚。废帝母弟司徒、扬州刺史豫章王子尚，顽悖有兄风，己未，湘东王以太皇太后令，赐子尚及会稽公主死。建安王休仁等始得出居外舍。释谢庄之囚。废帝犹横尸太医閤口。蔡兴宗谓尚书右仆射王彧曰：“此虽凶悖，要是天下之主，宜使丧礼粗足。若直如此，四海必将乘人。”乃葬之秣陵县南。

初，湘东王母沈婕妤早卒，路太后养之。王事太后甚谨，太后爱王亦笃。王既弑废帝，欲慰太后心，下令以太后弟子休之为黄门侍郎，茂之为中书侍郎。论功行赏，寿寂之等十四人皆封县侯、县子。

十二月庚申朔，以东海王祎为中书监、太尉。进镇军将军、江州刺史晋安王子勋为车骑将军、开府仪同三司。癸亥，以建安王休仁为司徒、尚书令、扬州刺史，以山阳王休祐为荆州刺史，桂阳王休范为南徐州刺史。

丙寅，湘东王即皇帝位，大赦，改元。其废帝时昏制谬封，并皆刊削。庚午，以右卫将军刘道隆为中护军。道隆昵于废帝，尝无礼于建安太妃，至是建安王休仁求解职，明帝乃赐道隆死。

宗越、谭金、童太一等虽为上所抚接，内不自安，上亦不欲使居中，从容谓之曰：“卿等遭罹暴朝，勤劳日久，应得自养之地，兵马大郡，随卿等所择。”越等素已自疑，闻之，皆相顾失色。因谋作乱，以告沈攸之，攸之以闻。上收越等，下狱死。攸之复入直阁。

壬申,以尚书右仆射王景文为尚书仆射。景文即彧也,避上名,以字行。

初,豫州刺史山阳王休祐入朝,以长史、南梁郡太守陈郡殷琰行府州事,及休祐徙荆州,即以琰为督豫、司二州诸军事、豫州刺史。

江州佐吏得上所下令书,皆喜,共造邓琬曰:“暴乱既除,殿下又开黄閤,实为公私大庆。”琬以晋安王子勋次弟居三,又以寻阳起事,与世祖同符,谓事必有成。取令书投地曰:“殿下当开端门,黄閤是吾徒事耳。”众皆骇愕。琬更与陶亮等缮治器甲,征兵四方。

袁顗既至襄阳,即与谘议参军刘胡缮修兵械,简集士卒,诈称被太皇太后令,使其起兵。即建牙驰檄,奉表劝子勋即大位。

辛巳,更以山阳王休祐为江州刺史,荆州刺史临海王子顼即留本任。

先是,废帝以邵陵王子元为湘州刺史,中兵参军沈仲玉为道路行事,至鹊头,闻寻阳兵起,不敢进。琬遣数百人劫迎之,令子勋建牙于桑尾,传檄建康,称“孤志遵前典,黜幽陟明”。又谓上:“矫害明茂,篡窃天宝,干我昭穆,寡我兄弟。藐孤同气,犹有十三,圣灵何辜,而当乏飨。”

郢州刺史安陆王子绥承子勋初檄,欲攻废帝,闻废帝已陨,即解甲下标。既而闻江、雍犹治兵,郢府行事荀卞之大惧,即遣谘议、领中兵参军郑景玄帅军驰下,并送军粮。荆州行事孔道存奉刺史临海王子顼、会稽将佐奉太守寻阳王子房,皆举兵以应子勋。

二年春正月癸巳，征会稽太守寻阳王子房为抚军将军，以巴陵王休若代之。甲午，中外戒严，以司徒建安王休仁都督征讨诸军事，车骑将军、江州刺史王玄谟副之。休仁军于南州，以沈攸之为寻阳太守，将兵屯虎槛。时玄谟未发，前锋凡十军，络绎继至，每夜各立姓号，不相禀受。攸之谓诸将曰："今众军姓号不同，若有耕夫、渔父夜相呵叱，便致骇乱，取败之道也。请就一军取号。"众咸从之。

邓琬称说符瑞，诈称受路太后玺书，帅将佐上尊号于晋安王子勋。乙未，子勋即皇帝位于寻阳，改元义嘉。以安陆王子绥为司徒、扬州刺史，寻阳王子房、临海王子顼并加开府仪同三司，以邓琬为尚书右仆射，张悦为吏部尚书，袁顗加尚书左仆射，自余将佐及诸州郡除官、进爵号各有差。

丙申，以征虏司马申令孙为徐州刺史。令孙，坦之子也。置司州于义阳，以义阳内史庞孟虬为司州刺史。

徐州刺史薛安都、冀州刺史清河崔道固皆举兵应寻阳。上征兵于青州刺史沈文秀，文秀遣其将平原刘弥之等将兵赴建康。会薛安都遣使邀文秀，文秀更令弥之等应安都。济阴太守申阐据睢陵应建康，安都遣其从子直阁将军索儿、太原太守清河傅灵越等攻之。阐，令孙之弟也。安都婿裴祖隆守下邳，刘弥之至下邳，更以所领应建康，袭击祖隆。祖隆兵败，与征北参军垣崇祖奔彭城。崇祖，护之之从子也。弥之族人北海太守怀恭、从子善明皆举兵以应弥之。薛索儿闻之，释睢陵，引兵击弥之。弥之战败，走保北海。申令孙进据淮阳，请降于索儿。庞孟虬亦不受命，举兵应寻阳。

帝召寻阳王长史行会稽郡事孔觊为太子詹事，以平西司马庾业代之。又遣都水使者孔璪入东慰劳。璪说觊以"建康虚弱，不如拥五郡以应袁、邓"。觊遂发兵，驰檄奉寻阳。吴郡太守顾琛、吴兴太守王昙生、义兴太守刘延熙、晋陵太守袁标皆据郡应之。上又以庾业代延熙为义兴，业至长塘湖即与延熙合。

益州刺史萧惠开闻晋安王子勋举兵，集将佐谓之曰："湘东，太祖之昭；晋安，世祖之穆；其于当璧，并无不可。但景和虽昏，本是世祖之嗣，不任社稷，其次犹多。吾荷世祖之眷，当推奉九江。"乃遣巴郡太守费欣寿将五千人东下。于是湘州行事何慧文、广州刺史袁昙远、梁州刺史柳元怙、山阳太守程天祚皆附于子勋。元怙，元景之从兄也。

是岁，四方贡计皆归寻阳，朝廷所保，唯丹杨、淮南等数郡，其间诸县或应子勋。东兵已至永世，宫省危惧，上集群臣以谋成败。蔡兴宗曰："今普天同叛，人有异志，宜镇之以静，至信待人。叛者亲戚布在宫省，若绳之以法，则土崩立至，宜明罪不相及之义。物情既定，人有战心，六军精勇，器甲犀利，以待不习之兵，其势相万耳。愿陛下勿忧。"上善之。

建武司马刘顺说豫州刺史殷琰使应寻阳，琰以家在建康，未许。右卫将军柳光世自省内出奔彭城，过寿阳，言建康必不能守。琰信之，且素无部曲，为土豪前右军参军杜叔宝等所制，不得已而从之。琰以叔宝为长史，内外军事皆叔宝专之。上谓蔡兴宗曰："诸处未平，殷琰已复同逆。顷日人情云何？事当济不？"兴宗曰："逆之与顺，臣无以辨。今商旅断绝，米甚丰贱，四方云合，而人情更安，以此卜之，清荡可必。但臣之所忧，更在事后，犹羊公言'既平之后，方当劳圣虑耳'。"上曰："诚如卿言。"上知琰附寻阳非本意，乃更厚抚其家以招之。

汝南、新蔡二郡太守周矜起兵于悬瓠以应建康。袁顗诱矜司马汝南常珍奇执矜，斩之，以珍奇代为太守。

上使冗从仆射垣荣祖还徐州说薛安都，安都曰："今京都无百里地，不论攻围取胜，自可拍手笑杀。且我不欲负孝武。"荣祖曰："孝武之行，足致余殃。今虽天下雷同，正是速死，无能为也。"安都不从，因留荣祖，使为将。荣祖，崇祖之从父兄也。

兖州刺史殷孝祖之甥司法参军颍川葛僧韶请征孝祖入朝，上遣之。时薛索儿屯据津迳。僧韶间行得至，说孝祖曰："景和凶狂，开辟未有，朝野危极，假命漏刻。主上夷凶翦暴，更造天地，国乱朝危，宜立长君。而群迷相煽，构造无端，贪利幼弱，竞怀希望。使天道助逆，群凶事申，则主幼时艰，权柄不一，兵难互起，岂有自容之地？舅少有立功之志，若能控济义勇，还奉朝廷，非唯臣主静乱，乃可以垂名竹帛。"孝祖具问朝廷消息，僧韶随方酬譬，并陈兵甲精强，主上欲委以前驱之任。孝祖即日委妻子于瑕丘，帅文武二千人随僧韶还建康。时四方皆附寻阳，朝廷唯保丹杨一郡，而永世令孔景宣复叛，义兴兵垂至延陵，内外忧危，咸欲奔散。孝祖忽至，众力不少，并伧楚壮士，人情大安。甲辰，进孝祖号抚军将军、假节、督前锋诸军事，遣向虎槛，宠赉甚厚。

初，上遣东平毕众敬诣兖州募人，至彭城，薛安都以利害说之，矫上命以众敬行兖州事，众敬从之。殷孝祖使司马刘文石守瑕丘，众敬引兵击杀之。安都素与孝祖有隙，使众敬杀孝祖诸子。州境皆附之，唯东平太守申纂据无盐，不从。纂，钟之曾孙也。

丙午，上亲总兵出顿中堂。辛亥，以山阳王休祐为豫州刺史，督辅国将军彭城刘勔、宁朔将军广陵吕安国等诸军西讨殷琰。巴陵王休若督建威将军吴兴沈怀明、尚书张永、辅国将军萧道成等诸军东讨孔觊。时将士多东方人，父兄子弟皆已附觊。上因送军，普加宣示曰："朕方务德简刑，使父子兄弟罪不相及，助顺同逆者，一以所从为断。卿等当深达此怀，勿以亲戚为虑也。"众于是大悦。凡叛者亲党在建康者，皆使居职如故。

孔觊遣其将孙昙瓘等军于晋陵九里，部阵甚盛。沈怀明至奔牛，所领寡弱，乃筑垒自固。张永至曲阿，未知怀明安否，百姓惊扰，永退还延陵，就巴陵王休若。诸将帅咸劝休若退保破冈。其日大寒，风雪甚猛，塘埭决坏，众无固心。休若宣令："敢有言退者斩！"众小定，乃筑垒息甲。寻得怀明书，贼定未进，军主刘亮又至，兵力转盛，人情乃安。亮，怀慎之从孙也。

殿中御史吴喜以主书事世祖，稍迁至河东太守。至是，请得精兵三百，致死于东。上假喜建武将军，简羽林勇士配之。议者以喜刀笔主者，未尝为将，不可遣。中书舍人巢尚之曰："喜昔随沈庆之屡经军旅，性既勇决，又习战阵，若能任之，必有成绩。诸人纷纭，皆是不别才耳。"乃遣之。喜先时数奉使东吴，性宽厚，所至人并怀之。百姓闻吴河东来，皆望风降散，故喜所至克捷。

永世人徐崇之攻孔景宣，斩之，喜版崇之领县事。喜至国山，遇东军，进击，大破之。自国山进屯吴城，刘延熙遣其将杨玄等拒战。喜兵力甚弱，玄等众盛，喜奋击，斩之。进逼义兴，延熙栅断长桥，保郡自守。喜筑垒与之相持。

庾业于长塘湖口夹岸筑城，有众七千人，与延熙遥相应接。沈怀明、张永与晋陵军相持，久不决。外监朱幼举、司徒参军督护任农夫骁果有胆力，上以四百人配之，使助东讨。农夫自延陵出长塘，庾业筑城犹未合，农夫驰往攻之，力战，大破之，庾业弃城走义兴。农夫收其船仗，进向义兴助吴喜。二月己未朔，喜渡水攻郡城，分兵击诸垒，登高指麾，若令四面俱进者。义兴人大惧，诸垒皆溃，延熙赴水死，遂克义兴。

沈怀明、张永、萧道成等军于九里西，与东军相持。东军闻义兴败，皆震恐。上遣积射将军济阳江方兴、御史王道隆至晋陵视东军形势。孔觊将孙昙瓘、程扞宗等列五城，互相连带。扞宗城犹未固，王道隆与诸将谋曰："扞宗城既未立，可以借手，上副圣旨，下成众气。"辛酉，道隆帅所领急攻，拔之，斩扞宗首。永等因乘胜进击昙瓘等，壬戌，昙瓘等兵败，与袁标俱弃城走，遂克晋陵。

吴喜军至义乡。孔璪屯吴兴南亭，太守王昙生诣璪计事。闻台军已近，璪大惧，堕床，曰："悬赏所购，唯我而已。今不遽走，将为人擒。"遂与昙生奔钱唐。喜入吴兴，任农夫引兵向吴郡，顾琛弃郡奔会稽。上以四郡既平，乃留吴喜使统沈怀明等诸将东击会稽，召张永等北击彭城，江方兴等南击寻阳。

丁卯，吴喜至钱唐，孔璪、王昙生奔浙东。喜遣强弩将军任农夫等引兵向黄山浦，东军据岸结寨，农夫等击破之。喜自柳浦渡，取西陵，击斩庾业。会稽人大惧，将士多奔亡，孔觊不能制。戊寅，上虞令王晏起兵攻郡，觊逃奔嵴山，车骑从事中郎张绥封府库以待吴喜。己卯，王晏入城，杀绥，执寻阳王子房于别署，纵兵大掠，府库皆空。获孔璪，杀之。庚辰，嵴山民缚孔觊送晏，晏谓之曰："此事孔璪所为，无预卿事，可作首辞，当相为申上。"觊曰："江东处分，莫不由身，委罪求活，便是君辈行意耳。"晏乃斩之。顾琛、王昙生、袁标等诣吴喜归罪，喜皆宥之。东军主凡七十六人，于阵斩十七人，其余皆原宥。

薛索儿攻申阐，久不下，使申令孙入睢陵说阐。阐出降，索儿并令孙杀之。

山阳王休祐在历阳，辅国将军刘勉进军小岘。殷琰所署南汝阴太守裴季以合肥来降。

邓琬性鄙暗贪吝，既执大权，父子卖官鬻爵，使婢仆出市道贩卖。酣歌博奕，日夜不休。大自矜遇，宾客到门，历旬不得前。内事悉委褚灵嗣等三人，群小横恣，竞为威福。于是士民忿怨，内外离心。

琬遣孙冲之帅龙骧将军薛常宝、陈绍宗、焦度等兵一万为前锋，据赭圻。冲之于道与晋安王子勋书曰："舟楫已办，器械亦整，三军踊跃，人争效命，便欲沿流挂帆，直取白下。愿速遣陶亮众军兼行相接，分据新亭、南州，则一麾定矣。"子勋加冲之左卫将军，以陶亮为右卫将军，统郢、荆、湘、梁、雍五州兵合二万人，一时俱下。陶亮本无干略，闻建安王休仁自上，殷孝祖又至，不敢进，屯军鹊洲。

殷孝祖负其诚节，陵轹诸将，台军有父子兄弟在南者，孝祖悉欲推治。由是人情乖离，莫乐为用。宁朔将军沈攸之，内抚将士，外谐群帅，众并赖之。孝祖每战，常以鼓盖自随，军中人相谓："殷统军可谓死将矣。今与贼交锋，而以羽仪自标显，若善射者十人共射之，欲不毙，得乎？"三月庚寅，众军水陆(欲)〔并〕进，攻赭圻。陶亮等引兵救之，孝祖于阵为流矢所中，死。军主范潜帅五百人降于亮。人情震骇，并谓沈攸之宜代孝祖为统。

时建安王休仁屯虎槛，遣宁朔将军江方兴、龙骧将军襄阳刘灵遗各将三千人赴赭圻。攸之以为孝祖既死，亮等有乘胜之心，明日若不更攻，则示之以弱。方兴名位相亚，必不为己下，军政不壹，致败之由也。乃帅诸军主诣方兴曰："今四方并反，国家所保，无复百里之地。唯有殷孝祖为朝廷所委赖，锋镝裁交，舆尸而反，文武丧气，朝野危心。事之济否，唯在明旦一战。战若不捷，则大事去矣。诘朝之事，诸人或谓吾应统之，自卜懦薄，干略不如卿。今辄相推为统，但当相与戮力耳。"方兴甚悦，许诺。攸之既出，诸军主并尤之。攸之曰："吾本以济国活家，岂计此之升降。且我能下彼，彼必不能下我，共济艰难，岂可自措同异也！"

孙冲之谓陶亮曰："孝祖枭将，一战便死，天下事定矣，不须复战，便当直取京都。"亮不从。

辛卯，方兴帅诸军进战，建安王休仁又遣军主郭季之、步兵校尉杜幼文、屯骑校尉垣恭祖、龙骧将军济地顿生京兆段佛荣等三万人往会战，自寅及午，大破之，追奔至姥山而还。幼文，骥之子也。

孙冲之于湖、白口筑二城，军主竟陵张兴世攻拔之。

壬辰，诏以沈攸之为辅国将军、假节，代殷孝祖督前锋诸军事。

陶亮闻湖、白二城不守，大惧，急召孙冲之还鹊尾，留薛常宝等守赭圻。先于姥山及诸冈分立营寨亦悉散还，共保浓湖。

时军旅大起，国用不足，募民上钱谷者，赐荒县、荒郡或五品至三品散官有差。军中食少，建安王休仁抚循将士，均其丰俭，吊死问伤，身亲隐恤，故十万之众，莫有离心。

邓琬遣其豫州刺史刘胡帅众三万、铁骑二千东屯鹊尾，并旧兵凡十余万。胡，宿将，勇健多权略，屡有战功，将士畏之。司徒中兵参军冠军蔡那，子弟在襄阳，胡每战悬之城外，那进战不顾。吴喜既定三吴，帅所领五千人并运资实，至于赭圻。

薛索儿将马步万余人自睢陵渡淮，进逼青冀二州刺史张永营。丙申，诏南徐州刺史桂阳王休范统北讨诸军事进据广陵，又诏萧道成将兵救永。

戊戌，寻阳王子房至建康，上宥之，贬爵为松滋侯。

上遣宁朔将军刘怀珍帅龙骧将军王敬则等步骑五千助刘勉讨寿阳，斩庐江太守刘道蔚。怀珍，善明之从子也。

中书舍人戴明宝启上，遣军主竟陵黄回募兵击斩寻阳所署马头太守王广元。

前奉朝请寿阳郑黑起兵于淮上以应建康，东扞殷琰，西拒常珍奇。乙巳，以黑为司州刺史。

殷琰将刘顺、柳伦、皇甫道烈、庞天生等马步八千人，东据宛唐。刘勉帅众军并进，去顺数里立营。时琰所遣诸军并受顺节度，而以皇甫道烈土豪，柳伦台之所遣，顺本卑微，唯不使统督二军。勉始至，堑垒未立，顺欲击之，道烈、伦不同，顺不能独进，乃止。勉营既立，不可复攻，因相持守。

沈攸之帅诸军围赭圻。薛常宝等粮尽，告刘胡求救。胡以囊盛米，系流查及船腹，阳覆船，顺风流下，以饷之。沈攸之疑其有异，遣人取船及流查，大得囊米。丙辰，刘胡帅步卒一万，夜斫山开道，以布囊运米饷赭圻。平旦，至城下，犹隔小堑未能入。沈攸之帅诸军邀之，殊死战，胡众大败，舍粮、弃甲，缘山走，斩获甚众。胡被疮，仅得还营。常宝等惶惧，夏四月辛酉，开城突围，走还胡军。攸之拔赭圻城，斩其宁朔将军沈怀宝等，纳降数千人。陈绍宗单舸奔鹊尾。建安王休仁自虎槛进屯赭圻。

刘胡等兵犹盛。上欲绥慰人情，遣吏部尚书褚渊至虎槛，选用将士。时以军功除官者众，版不能供，始用黄纸。

邓琬以晋安王子勋之命，征袁顗下寻阳。顗悉雍州之众驰下。琬以黄门侍郎刘道宪行荆州事，侍中孔道存行雍州事。上庸太守柳世隆乘虚袭襄阳，不克。世隆，元景之弟子也。

散骑侍郎明僧暠起兵，攻沈文秀以应建康。壬午，以僧皓为青州刺史。平原、乐安二郡太守王玄默据琅邪，清河、广川二郡太守王玄邈据盘阳城，高阳、勃海二郡太守刘乘民据临济城，并起兵以应建康。玄邈，玄谟之从弟；乘民，弥之之从子也。沈文秀遣军主解彦士攻北海，拔之，杀刘弥之。乘民从弟伯宗合帅乡党，复取北海，因引兵向青州所治东阳城。文秀拒之，伯宗战死。僧皓、玄默、玄邈、乘民合兵攻东阳城，每战辄为文秀所破，离而复合，如此者十余，卒不能克。

杜叔宝谓台军住历阳，不能遽进，及刘勔等至，上下震恐。刘顺等始行，唯赍一月粮，既与勔久相持，粮尽。叔宝发车千五百乘，载米饷顺，自将五千精兵送之。吕安国闻之，言于刘勔曰："刘顺精甲八千，而我众不能居半。相持既久，强弱势殊，更复推迁，则无以自立。所赖者，彼粮行竭，我食有余耳。若使叔宝米至，非唯难可复图，我亦不能持久。今唯有间道袭其米车，出彼不意，若能制之，将不战走矣。"勔以为然。以疲弱守营，简精兵千人，配安国及龙骧将军黄回，使从间道出顺后，于横塘抄之。

安国始行，赍二日熟食，食尽，叔宝不至。将士欲还，安国曰："卿等旦已一食。今晚米车不容不至，若其不至，夜去不晚。"叔宝果至，以米车为函箱阵，叔宝于外为游军。幢主杨仲怀将五百人居前，安国、回等击斩之，及其士卒皆尽。叔宝至，回欲乘胜击之，安国曰："彼将自走，不假复击。"退三十里止宿，夜遣骑参候，叔宝果弃米车走。安国复夜往，烧米车，驱牛二千余头而还。

五月丁亥朔夜，刘顺众溃，顺走淮西就常珍奇。于是刘勉鼓行，进向寿阳。叔宝敛居民及散卒婴城自守，勉与诸军分营城外。

山阳王休祐与殷琰书，为陈利害，上又遣御史王道隆赍诏宥琰罪。勉与琰书，并以琰兄瑗子邈书与之。琰与叔宝等皆有降意，而众心不壹，复婴城固守。

弋阳西山蛮田益之起兵应建康，诏以益之为辅国将军，督弋阳四山事。壬辰，以辅国将军沈攸之为雍州刺史。丁未，以尚书左仆射王景文为中军将军。庚戌，以宁朔将军刘乘民为冀州刺史。

张永、萧道成等与薛索儿战，大破之。索儿退保石梁，食尽而溃，走向乐平，为申令孙子孝叔所斩。薛安都子道智走向合肥，诣裴季降。傅灵越走至淮西，武卫将军沛郡王广之生获之，送诣勉。勉诘其叛逆，灵越曰："九州唱义，岂独在我。薛公不能专任智勇，委付子侄，此其所以败也。人生归于一死，实无面求活。"勉送诣建康，上欲赦之，灵越辞终不改，乃杀之。

邓琬以刘胡与沈攸之等相持久不决，乃加袁顗督征讨诸军事。六月甲戌，顗帅楼船千艘，战士二万，来入鹊尾。顗本无将略，性又怯桡，在军中未尝戎服，语不及战阵，唯赋诗谈义而已，不复抚接诸将。刘胡每论事，酬对甚简。由此大失人情，胡常切齿恚恨。胡以南运米未至，军士匮乏，就顗借襄阳之资。顗不许，曰："都下两宅未成，方应经理。"又信往来之言，云"建康米贵，斗至数百"，以为将不攻自溃，拥甲以待之。

田益之帅蛮众万余人围义阳，邓琬使司州刺史庞孟虬帅精兵五千救之，益之不战溃去。

安成太守刘袭、始安内史王识之、建安内史赵道生并举郡来降。袭，道怜之孙也。

萧道成世子赜为南康赣令，邓琬遣使收系之。门客兰陵桓康担赜妻裴氏及其子长懋、子良逃于山中，与赜族人萧欣祖等结客得百余人，攻郡，破狱出赜。南康相沈肃之帅将吏追赜，赜与战，擒之。赜自号宁朔将军，据郡起兵，与刘袭等相应。琬以中护军殷孚为豫章太守，督上流五郡以防袭等。

衡阳内史王应之起兵应建康，袭击（襄）〔湘〕州行事何慧文于长沙。应之与慧文舍军身战，斫慧文八创，慧文斫应之断足，杀之。

始兴人刘嗣祖等据郡起兵应建康，广州刺史袁昙远遣其将李万周等讨之。嗣祖诳万周，云寻阳已平，万周还袭番禺，擒昙远，斩之。上以万周行广州事。

诸军与袁顗相拒于浓湖，久未决。龙骧将军张兴世建议曰："贼据上流，兵强地胜，我虽持之有余，而制之不足。若以奇兵数千潜出其上，因险而壁，见利而动，使其首尾周遑，进退疑阻，中流既梗，粮运自艰，此制贼之奇也。钱溪江岸最狭，去大军不远，下临洄洑，船下必来泊岸，又有横浦可以藏船，千人守险，万人不能过。冲要之地，莫出于此。"沈攸之、吴喜并赞其策。会庞孟虬引兵来助殷琰，刘勔遣使求援甚急，建安王休仁欲遣兴世救之。沈攸之曰："孟虬蚁聚，必无能为，遣别将马步数千，足以相制。兴世之行，是安危大机，必不可辍。"乃遣段佛荣将兵救勔，而选战士七千、轻舸二百配兴世。

兴世帅其众溯流西上，寻复退归，如是者累日。刘胡闻之，笑曰："我尚不敢越彼下取扬州，张兴世何物人，欲轻据我上。"不为之备。一夕，四更，值便风，兴世举帆直前，渡湖、白，过鹊尾。胡既觉，乃遣其将胡灵秀将兵于东岸，翼之而进。戊戌夕，兴世宿景洪浦，灵秀亦留。兴世潜遣其将黄道标帅七十舸径趣钱溪，立营寨。己亥，兴世引兵进据之，灵秀不能禁。庚子，刘胡自将水步二十六军来攻钱溪。将士欲迎击之，兴世禁之曰："贼来尚远，气盛而矢骤，骤既易尽，盛亦易衰，不如待之。"令将士治城如故。俄而胡来转近，船入洄洑，兴世命寿寂之、任农夫帅壮士数百击之，众军相继并进，胡败走，斩首数百，胡收兵而下。时兴世城寨未固，建安王休仁虑袁顗并力更攻钱溪，欲分其势。辛丑，命沈攸之、吴喜等以皮舰进攻浓湖，斩获千数。是日，刘胡帅步卒二万、铁马一千，欲更攻兴世。未至钱溪数十里，袁顗以浓湖之急，遽追之，钱溪城由此得立。胡遣人传唱"钱溪已平"，众并惧。沈攸之曰："不然。若钱溪实败，万人中应有一人逃亡得还者，必是彼战失利，唱空声以惑众耳。"勒军中不得妄动。钱溪捷报寻至。攸之以钱溪所送胡军耳鼻示浓湖，袁顗骇惧。攸之日暮引归。

龙骧将军刘道符攻山阳，程天祚请降。

庞孟虬进至弋阳，刘勉遣吕安国等迎击于蓼潭，大破之，孟虬走向义阳。王玄谟之子昙善起兵据义阳以应建康，孟虬走死蛮中。

刘胡遣辅国将军薛道标袭合肥，杀汝阴太守裴季，刘勉遣辅国将军垣闳击之。闳，阆之弟；道标，安都之子也。

淮西人郑叔举起兵击常珍奇以应郑黑。辛亥，以叔举为北豫州刺史。

八月，皇甫道烈等闻庞孟虬败，并开门出降。

张兴世既据钱溪，浓湖军乏食。邓琬大送资粮，畏兴世，不敢进。刘胡帅轻舸四百，由鹊头内路欲攻钱溪，既而谓长史王念叔曰："吾少习步战，未闲水斗。若步战，恒在数万人中，水战在一舸之上，舸舸各进，不复相关，正在三十人中，此非万全之计，吾不为也。"乃托疟疾，住鹊头不进，遣龙骧将军陈庆将三百舸向钱溪，戒庆"不须战，张兴世吾之所悉，自当走耳"。陈庆至钱溪，军于梅根。

胡遣别将王起将百舸攻兴世，兴世击起，大破之。胡帅其余舸驰还，谓顗曰："兴世营寨已立，不可猝攻。昨日小战，未足为损。陈庆已与南陵、大雷诸军共遏其上，大军在此，鹊头诸将又断其下流，已堕围中，不足复虑。"顗怒胡不战，谓曰："粮运鲠塞，当如此何？"胡曰："彼尚得溯流越我而上，此运何以不得沿流越彼而下邪？"乃遣安北府司马沈仲玉将千人步趣南陵迎粮。仲玉至南陵，载米三十万斛，钱布数十舫，竖榜为城，规欲突过。行至贵口，不敢进，遣间信报胡，令遣重军援接。张兴世遣寿寂之、任农夫等将三千人至贵口击之，仲玉走还顗营，悉虏其资实。胡众骇惧，胡将张喜来降。

镇东中兵参军刘亮进兵逼胡营，胡不能制。袁顗惧曰："贼入人肝脾里，何由得活！"胡阴谋遁去，己卯，诳顗，云"欲更帅步骑二万上取钱溪，兼下大雷余运"，令顗悉选马配之。其日，胡委顗去，径趣梅根。先令薛常宝办船，悉发南陵诸军，烧大雷诸城而走。至夜，顗方知之，大怒，骂曰："今年为小子所误！"呼取常所乘善马飞燕，谓其众曰："我当自出追之。"因亦走。

庚辰，建安王休仁勒兵入顗营，纳降卒十万，遣沈攸之等追顗。顗走至鹊头，与戍主薛伯珍并所领数千人偕去，欲向寻阳。夜止山间，杀马以劳将士，顾谓伯珍曰："我非不能死，且欲一至寻阳，谢罪主上，然后自刎耳。"因慷慨叱左右索节，无复应者。及旦，伯珍请屏人言事，遂斩顗首，诣钱溪马军主襄阳俞湛之。湛之因斩伯珍，并送首以为己功。

刘胡帅二万人向寻阳，诈晋安王子勋，云："袁顗已降，军皆散，唯己帅所领独返。宜速处分，为一战之资。常停据湓城，誓死不贰。"乃于江外夜趣沔口。

邓琬闻胡去，忧惶无计，呼中书舍人褚灵嗣等谋之，并不知所出。张悦诈称疾，呼琬计事，令左右伏甲帐后，戒之："若闻索酒，便出。"琬既至，悦曰："卿首唱此谋，今事已急，计将安出？"琬曰："正当斩晋安王，封府库，以谢罪耳。"悦曰："今日宁可卖殿下求活邪？"因呼酒，子洵提刀出，斩琬。中书舍人潘欣之闻琬死，勒兵而至。悦使人语之曰："邓琬谋反，今已枭戮。"欣之乃还，取琬子并杀之。悦因单舸赍琬首驰下，诣建安王休仁降。

寻阳乱。蔡那之子道渊在寻阳被击作部，脱锁入城，执子勋，囚之。沈攸之等诸军至寻阳，斩晋安王子勋，传首建康，时年十一。

初，邓琬遣临川内史张淹自鄱阳峤道入三吴，军于上饶。闻刘胡败，军副鄱阳太守费晔斩淹以降。淹，畅之子也。

废帝之世，衣冠惧祸，咸欲远出。至是流离外难，百不一存，众乃服蔡兴宗之先见。

九月壬辰，以山阳王休祐为荆州刺史。癸巳，解严，大赦。

庚子，司徒休仁至寻阳，遣吴喜、张兴世向荆州，沈怀明向郢州，刘亮及宁朔将军南阳张敬儿向雍州，孙超之向湘州，沈思仁、任农夫向豫章，平定余寇。

刘胡逃至石城，捕得，斩之。郢州行事张沈变形为沙门，潜走，追获，杀之。荆州行事刘道宪闻浓湖平，散兵，遣使归罪。荆州治中宗景等勒兵入城，杀道宪，执临海王子顼以降。孔道存知寻阳已平，遣使请降；寻闻柳世隆、刘亮当至，众悉逃溃，道存及三子皆自杀。上以何慧文才兼将吏，使吴喜宣旨赦之。慧文曰："既陷逆节，手害忠义，何面见天下之士！"遂自杀。安(陵)〔陆〕王子绥、临海王子顼、邵陵王子元并赐死。刘顺及余党在荆州者，皆伏诛。诏追赠诸死节之臣，及封赏有功者各有差。

上既诛晋安王子勋等，待世祖诸子犹如平日。司徒休仁还自寻阳，言于上曰："松滋侯兄弟尚在，将来非社稷计，宜早为之所。"冬十月乙卯，松滋侯子房、永嘉王子仁、始安王子真、淮南王子孟、南平王子产、庐陵王子舆、子趋、子期、东平王子嗣、子悦并赐死，及镇北谘议参军路休之、司徒从事中郎路茂之、兖州刺史刘祗、中书舍人严龙皆坐诛。世祖二十八子，于此尽矣。

刘勔围寿阳，垣闳攻合肥，俱未下。勔患之，召诸将会议。马队主王广之曰："得将军所乘马，判能平合肥。"幢主皇甫肃怒曰："广之敢夺节下马，可斩！"勔笑曰："观其意，必能立功。"即推鞍下马与之。广之往攻合肥，三日克之。薛道标突围奔淮西归常珍奇。勔擢广之为军主。广之谓肃曰："节下若从卿言，何以平贼？卿不赏才，乃至于此。"肃有学术，及勔卒，更依广之，广之荐于齐世祖，为东海太守。

徐州刺史薛安都等遣使乞降。事见宋明帝北伐。

冬十二月，刘勔围寿阳，自首春至于末冬，内攻外御，战无不捷，以宽厚得将士心。寻阳既平，上使中书为诏谕殷琰。蔡兴宗曰："天下既定，是琰思过之日，陛下宜赐手诏数行以相慰引。今直中书为诏，彼必疑谓非真，非所以速清方难也。"不从。琰得诏，谓刘勔诈为之，不敢降。杜叔宝闭绝寻阳败问，有传者即杀之，守备益固。凡有降者，上辄送寿阳城下，使与城中人语，由是众情离沮。

琰欲请降于魏，主簿谯郡夏侯详说琰曰："今日之举，本效忠节，若社稷有奉，便当归身朝廷，何可北面左衽乎？且今魏军近在淮次，官军未测吾之去就，若遣使归款，必厚相慰纳，岂止免罪而已。"琰乃使详出见刘勔。详说勔曰："今城中士民知困而犹固守者，畏将军之诛，皆欲自归于魏。愿将军缓而赦之，则莫不相帅而至矣。"勔许诺，使详至城下，呼城中人，谕以勔意。丙寅，琰帅将佐面缚出降，勔悉加慰抚，不戮一人。入城，约勒将士，士民赀财秋毫无所失，寿阳人大悦。魏兵至师水，将救寿阳，闻琰已降，乃掠义阳数千人而去。久之，琰复仕至少府而卒。

宋明帝北伐

宋明帝泰始二年。晋安王子勋之败于寻阳也，徐州刺史薛安都、益州刺史萧惠开、梁州刺史柳元怙、兖州刺史毕众敬、豫章太守殷孚、汝南太守常珍奇，并遣使乞降。上以南方已平，欲示威淮北，冬十月乙亥，命镇军将军张永、中领军沈攸之将甲士十五万迎薛安都。蔡兴宗曰："安都归顺，此诚非虚，正须单使尺书。今以重兵迎之，势必疑惧，或能招引北虏，为患方深。若以叛臣罪重，不可不诛，则向之所宥，亦已多矣。况安都外据大镇，密迩边陲，地险兵强，攻围难克，考之国计，尤宜驯养。如其外叛，将为朝廷旰食之忧。”上不从，谓征北司马行南徐州事萧道成曰：“吾今因此北讨，卿意以为何如?”对曰：“安都狡猾有余，今以兵逼之，恐非国之利。”上曰：“诸军猛锐，何往不克？卿勿多言。”安都闻大兵北上，惧，遣使乞降于魏，常珍奇亦以悬瓠降魏，皆请兵自救。

薛安都以其子为质于魏。魏遣镇东大将军代人尉元、镇东将军魏郡孔伯恭等帅骑一万出东道救彭城，镇西大将军西河公石、都督荆豫南雍州诸军事张穷奇出西道救悬瓠。以安都为都督徐兖等五州诸军事、镇南大将军、徐州刺史、河东公，常珍奇为平南将军、豫州刺史、河内公。

兖州刺史申纂诈降于魏，尉元受之，而阴为之备。魏师至无盐，纂闭门拒守。

薛安都之召魏兵也，毕众敬不与之同，遣使来请降，上以众敬为兖州刺史。众敬子元宾在建康，先坐他罪诛。众敬闻之，怒，拔刀斫柱曰：“吾皓首唯一子，不能全，安用独生！”十一月壬子，魏师至瑕丘，众敬请降于魏。尉元遣部将先据其城，众敬悔恨，数日不食。元长驱而进，十二月己未，军于秺。

西河公石至上蔡，常珍奇帅文武出迎。石欲顿军汝北，未即入城，中书博士郑羲曰：“今珍奇虽来，意未可量。不如且入其城，夺其管籥，据有府库，制其腹心，策之全者也。”石遂策马入城，因置酒嬉戏。羲曰：“视珍奇之色甚不平，不可不为之备。”乃严兵设备。其夕，珍奇使人烧府屋，欲为变，以石有备而止。羲，豁之曾孙也。

淮西七郡民多不愿属魏，连营南奔。魏遣建安王陆馛宣慰新附，民有陷军为奴婢者，馛悉免之，新民乃悦。

是岁，张永、沈攸之进兵逼彭城，军于下磕，分遣羽林监王穆之将卒五千守辎重于武原。魏尉元至彭城，薛安都出迎。元遣李璨与安都先入城，收其管籥，别遣孔伯恭以精甲二千安抚内外，然后入。其夜，张永攻南门，不克而退。元不礼于薛安都，安都悔降，复谋叛魏。元知之，不果发。安都重赂元等，委罪于女婿裴祖隆而杀之。元使李璨与安都守彭城，自将兵击张永，绝其粮道。又破王穆之于武原。穆之帅余众就永，元进攻之。

三年春正月，张永等弃城夜遁。会天大雪，泗水冰合，永等弃船步走，士卒冻死者太半，手足断者什七八。尉元邀其前，薛安都乘其后，大破永等于吕梁之东，死者以万数，枕尸六十余里，委弃军资、器械不可胜计。永足指亦堕，与沈攸之仅以身免。梁南秦二州刺史垣恭祖等为魏所虏。上闻之，召蔡兴宗以败书示之，曰："我愧卿甚。"永降号左将军。攸之免官，以贞阳公领职，还屯淮阴。由是失淮北四州及豫州淮西之地。

裴子野论曰：昔齐桓矜于葵丘而九国叛，曹公不礼张松而天下分，一失豪厘，其差远矣。太宗之初，威令所被，不满百里，卒有离心，士无固色，而能开诚心，布款实，莫不感恩服德，致命效死，故西摧北荡，寓内褰开。既而六军献捷，方隅束手，天子欲贾其余威，师出无名，长淮以北，倏忽为戎。惜乎！若以向之虚怀，不骄不伐，则三叛奚为而起哉？高祖虮虱生介胄，经启疆埸，后之子孙，日蹙百里。播获堂构，岂云易哉。

魏尉元以彭城兵荒之后，公私困竭，请发冀、相、济、兖四州粟，取张永所弃船九百艘，沿河运载，以赈新民，魏朝从之。

沈文秀、崔道固为土人所攻，遣使乞降于魏，且请兵自救。

二月，魏西河公石自悬瓠引兵攻汝阴太守张超，不克；退屯陈项，议还长社，待秋击之。郑羲曰："张超蚁聚穷命，粮食已尽，不降当走，可翘足而待也。今弃之远去，超修城浚隍，积薪储谷，更来恐难图矣。"石不从，遂还长社。

初，寻阳既平，帝遣沈文秀弟文炳以诏书谕文秀，又遣辅国将军刘怀珍将马步三千人与文炳偕行。未至，值张永等败退，怀珍还镇山阳。文秀攻青州刺史明僧皓，帝使怀珍帅龙骧将军王广之将五百骑、步卒二千人浮海救之。至东海，僧皓已退保东莱。怀珍进据朐城，众心凶惧，欲且保郁洲。怀珍曰："文秀欲以青州归索虏，计齐之士民，安肯甘心左衽邪！今扬兵直前，宣布威德，诸城可飞书而下，奈何守此不进，自为沮挠乎。"遂进至黔陬，文秀所署高密、平昌二郡太守弃城走。怀珍送致文炳，达朝廷意，文秀犹不降。百姓闻怀珍至，皆喜。文秀所署长广太守刘桃根将数千人戍不其城。怀珍军于洋水，众谓且宜坚壁伺隙，怀珍曰："今众少粮竭，悬军深入，正当以精兵速进，掩其不备耳。"乃遣王广之将百骑袭不其城，拔之。文秀闻诸城皆败，乃遣使请降，帝复以为青州刺史。崔道固亦请降，复以为冀州刺史。怀珍乃还。

沈攸之之自彭城还也，留长水校尉王玄载守下邳，积射将军沈韶守宿豫，睢陵、淮阳皆留兵戍之。玄载，玄谟之从(将)〔弟〕也。时东平太守申纂守无盐，幽州刺史刘休宾守梁邹，并州刺史清河房崇吉守升城，辅国将军清河张谠守团城，及兖州刺史王整、兰陵太守桓忻、肥城、糜沟、垣苗等戍皆不附于魏。休宾，乘民之兄子也。

魏遣平东将军长孙陵等将兵赴青州，征南大将军慕容白曜将骑五万为之继援。白曜，燕太祖之玄孙也。白曜至无盐，欲攻之。将佐皆以为"攻具未备，不宜遽进"。左司马范阳郦范曰："今轻军远袭，深入敌境，岂宜淹缓。且申纂必谓我军来速，不暇攻围，将不为备。今若出其不意，可一鼓而克。"白曜曰："司马策是也。"乃引兵伪退。申纂不复设备。白曜夜中部分，三月甲寅旦攻城，食时克之。纂走，追擒，杀之。白曜欲尽以无盐人为军赏，郦范曰："齐，形胜之地，宜远为经略。今王师始入其境，人心未洽，连城相望，咸有拒守之志，苟非以德信怀之，未易平也。"白曜曰："善！"皆免之。

白曜将攻肥城，郦范曰："肥城虽小，攻之引日，胜之不能益军势，不胜足以挫军威。彼见无盐之破，死伤涂地，不敢不惧，若飞书告谕，纵使不降，亦当逃散。"白曜从之，肥城果溃，获粟三十万斛。白曜谓范曰："此行得卿，三齐不足定也。"遂取垣苗、麋沟二戍。一旬中连拔四城，威震齐土。

房崇吉守升城，胜兵者不过七百人。慕容白曜筑长围以攻之，自二月至于夏四月，乃克之。白曜忿其不降，欲尽坑城中人。参军事昌黎韩麒麟谏曰："今勍敌在前而坑其民，自此以东，诸城人自为守，不可克也。师老粮尽，外寇乘之，此危道也。"白曜乃慰抚其民，各使复业。崇吉脱身走。

崔道固闭门拒魏。沈文秀遣使迎降于魏，请兵援接。白曜欲遣兵赴之，郦范曰："文秀室家坟墓皆在江南，拥兵数万，城固甲坚，强则拒战，屈则遁去。我师未逼其城，无朝夕之急，何所畏忌，而遽求援军？且观其使者，视下而色愧，语烦而志怯，此必挟诈以诱我，不可从也。不若先取历城，克盘阳，下梁邹，平乐陵，然后案兵徐进，不患其不服也。"白曜曰："崔道固等兵力单弱，不敢出战，吾通行无碍，直抵东阳，彼自知必亡，故望风求服，夫又何疑？”范曰：“历城兵多粮足，非朝夕可拔。文秀坐据东阳，为诸城根本。今多遣兵则无以攻历城，少遣兵则不足以制东阳。若进为文秀所拒，退为诸城所邀，腹背受敌，必无全理。愿更审计，无堕贼彀中。”白曜乃止，文秀果不降。

魏尉元上表称：“彭城贼之要藩，不有重兵积粟，则不可固守。若资储既广，虽刘彧师徒悉起，不敢窥淮北之地。”又言：“若贼向彭城，必由清、泗过宿豫，历下邳，趋青州亦由下邳、沂水经东安，此数者，皆为贼用师之要。今若先定下邳，平宿豫，镇淮阳，戍东安，则青、冀诸镇可不攻而克。若四城不服，青、冀虽拔，百姓狼顾，犹怀侥幸之心。臣愚以为宜释青、冀之师，先定东南之地，断刘彧北顾之意，绝愚民南望之心。夏水虽盛，无津途可由，冬路虽通，无高城可固。如此，则淮北自举，暂劳永逸。兵贵神速，久则生变。若天雨既降，彼或因水通，运粮益众，规为进取，恐近淮之民翻然改图，青、冀二州猝未可拔也。”

五月，沈攸之自送运米至下邳，魏人遣清、泗间人诈攸之，云“薛安都欲降，求军迎接”。军副吴喜请遣千人赴之，攸之不许。既而来者益多，喜固请不已，攸之乃集来者告之曰：“君诸人既有诚心，若能与薛徐州子弟俱来者，皆即假君以本乡县，唯意所欲。如其不尔，无为空劳往还。”自是一去不返。攸之使军主彭城陈显达将千人助戍下邳而还。薛安都子伯令亡命梁、雍之间，聚党数千人，攻陷郡县。秋七月，雍州刺史巴陵王休若遣南阳太守张敬儿等击斩之。

上复遣中领军沈攸之等击彭城。攸之以为清、泗方涸，粮运不继，固执以为不可。使者七返，上怒，强遣之。八月壬寅，以攸之行南兖州刺史，将兵北出，使行徐州事萧道成将千人镇淮阴。

魏之入彭城也，垣崇祖将部曲奔朐山，据之，遣使来降，萧道成以为朐山戍主。朐山滨海孤绝，人情未安，崇祖浮舟水侧，欲有急则逃入海。魏东徐州刺史成固公戍圂城，崇祖部将有罪亡降魏，成固公遣步骑二万袭朐山，去城二十里。崇祖方出送客，城中人惊惧，皆下船欲去。崇祖还，谓腹心曰："虏非有宿谋，承叛者之言而来耳，易诳也。今得百余人还，事必济矣。但人情一骇，不可敛集，卿等可亟去此二里外，大呼而来，云'艾塘义人已得破虏，须戍军速往，相助逐之'。"舟中人果喜，争上岸，崇祖引入，据城。遣羸弱入岛，〔人〕持两炬火，登山鼓噪。魏参骑以为军备甚盛，乃退。上以崇祖为北琅邪、兰陵二郡太守。

垣荣祖亦自彭城奔朐山，以奉使不效，畏罪不敢出，往依萧道成于淮阴。

魏尉元遣孔伯恭帅步骑一万拒沈攸之，又以攸之前败所丧士卒瘃堕膝行者悉还攸之，以沮其气。上寻悔遣攸之等，复召使还。攸之至焦墟，去下邳五十余里，陈显达引兵迎攸之至睢清口，伯恭击破之。攸之引兵退，伯恭追击之，攸之大败，龙骧将军姜彦之等战没。攸之创重，入保显达营。丁酉夜，众溃，攸之轻骑南走，委弃军资、器械以万计，还屯淮阴。

尉元以书谕徐州刺史王玄载，玄载弃下邳走，魏以陇西辛绍先为下邳太守。绍先不尚苛察，务举大纲，教民治生御寇而已，由是下邳安之。

孔伯恭进攻宿豫，宿豫戍将鲁僧遵亦弃城走。魏将孔太恒等将千骑南攻淮阳，淮阳太守崔武仲焚城走。

慕容白曜进屯瑕丘。崔道固之未降也，绥边将军房法寿为王玄邈司马，屡破道固军，历城人畏之。及道固降，皆罢兵。道固畏法寿扇动百姓，迫遣法寿使还建康。会从弟崇吉自升城来，以母妻为魏所获，谋于法寿。法寿雅不欲南行，怨道固迫之。时道固遣兼治中房灵宾督清河、广川二郡事，戍磐阳，法寿乃与崇吉谋袭磐阳，据之，降于慕容白曜，以赎崇吉母妻。道固遣兵攻之，白曜自瑕丘遣将军长孙观救磐阳，道固兵退。白曜表冠军将军韩麒麟与法寿对为冀州刺史，以法寿从弟灵民、思顺、灵悦、伯怜、伯玉、叔玉、思安、幼安等八人皆为郡守。

白曜自瑕丘引兵攻崔道固于历城。遣平东将军长孙陵等攻沈文秀于东阳。道固拒守不降，白曜筑长围守之。陵等至东阳，文秀请降。陵等入其西郭，纵士卒暴掠。文秀悔怒，闭城拒守，击陵等，破之。陵等退屯清西，屡进攻城，不克。

冬十一月乙卯，分徐州置东徐州，以辅国将军张谠为刺史。十二月庚戌，以幽州刺史刘休宾为兖州刺史。休宾之妻，崔邪利之女也，生子文晔，与邪利皆没于魏。慕容白曜将其妻子至梁邹城下示之，休宾密遣主簿尹文达至历城见白曜，且视其妻子。休宾欲降，而兄子闻慰不可。白曜使人至城下呼曰："刘休宾数遣人来见仆射约降，何故违期不至？"由是城中皆知之，共禁制休宾不得降，魏兵围之。

魏西河公石复攻汝阴，汝阴有备，无功而还。常珍奇虽降于魏，实怀贰心，刘勉复以书招之。会西河公石攻汝阴，珍奇乘虚烧劫悬瓠，驱掠上蔡、安成、平舆三县民屯于灌水。

四年春正月，魏汝阳司马赵怀仁帅众寇武津，豫州刺史刘勉遣龙骧将军申元德击破之，又斩魏于都公阏于拔于汝阳台东，获运车千三百乘。魏复寇义阳，勉使司徒参军孙台瓘击破之。

淮西民贾元友上书，陈伐魏取陈、蔡之策，上以其书示刘勉。勉上言："元友称'虏主幼弱，内外多难，天亡有期'。臣以为虏自去冬蹈藉王土，磐据数郡，百姓残亡；今春以来，连城围逼。国家未能复境，何暇灭虏？元友所陈，率多夸诞狂谋，皆非事实，言之甚易，行之甚难。臣窃寻元嘉以来，伧荒远人多干国议，负担归阙，皆劝讨虏，从来信纳，皆贻后悔。境上之人，唯视强弱，王师至彼，必壶浆候涂；裁见退军，便抄截蜂起。此前后所见，明验非一也。"上乃止。

魏尉元遣使说东徐州刺史张谠，谠以团城降魏，魏以中书侍郎高闾与谠对为东徐州刺史，李璨与毕众敬对为东兖州刺史。元又说兖州刺史王整、兰陵太守桓忻，整、忻皆降于魏。魏以元为开府仪同三司，都督徐南北兖三州诸军事、徐州刺史，镇彭城。召薛安都、毕众敬入朝，至平城，魏以上客待之，群从皆封侯，赐第宅，资给甚厚。

慕容白曜围历城经年，二月庚寅，拔其东郭，癸巳，崔道固面缚出降。白曜遣道固之子景业与刘文晔同至梁邹，刘休宾亦出降。白曜送道固、休宾及其僚属于平城。

辛丑，以前龙骧将军常珍奇为都督司北豫二州诸军事、司州刺史。魏西河公石攻之，珍奇单骑奔寿阳。

三月，魏慕容白曜进围东阳。

上以崔道固兄子僧祐为辅国将军，将兵数千从海道救历城，至不其，闻历城已没，遂降于魏。

夏四月，刘勉败魏兵于许昌。

秋七月，上以沈文秀之弟征北中兵参军文静为辅国将军，统高密等五郡军事，自海道救东阳。至不其城，为魏所断，因保城自固。魏人攻之，不克。辛卯，分青州置东青州，以文静为刺史。冬十月，发诸州兵北伐。十二月，魏人拔不其城，杀沈文静，入东阳西郭。

五年。沈文秀守东阳，魏人围之三年，外无救援，士卒昼夜拒战，甲胄生虮虱，无离叛之志。春正月乙丑，魏人拔东阳，文秀解戎服，正衣冠，取所持节坐斋内。魏兵交至，问："沈文秀何在？"文秀厉声曰："身是。"魏人执之，去其衣，缚送慕容白曜。使之拜，文秀曰："各两国大臣，何拜之有！"白曜还其衣，为之设馔，锁送平城。魏主数其罪而宥之，待为下客，给恶衣、疏食。既而重其不屈，稍嘉礼之，拜外都下大夫。于是青、冀之地尽入于魏矣。

二月己卯，魏以慕容白曜为都督青齐东徐三州诸军事、征南大将军、开府仪同三司、青州刺史，进爵济南王。白曜抚御有方，东人安之。

魏自天安以来，比岁旱饥，重以青、徐用兵，山东之民疲于赋役。显祖命因民贫富为三等输租之法，等为三品，上三品输平城，中输他州，下输本州。又魏旧制，常赋之外，有杂调十五，至是悉罢之，由是民稍赡给。

夏五月，魏徙青、齐民于平城，置升城、历城、民望于桑乾，立平齐郡以居之；自余悉为奴婢，分赐百官。

魏沙门统昙曜奏："平齐户及诸民，有能岁输谷六十斛入僧曹者，即为僧祇户，粟为僧祇粟，遇凶岁，赈给饥民。"又请"民犯重罪及官奴，以为佛图户，以供诸寺扫洒"。魏主并许之，于是僧祇户粟及寺户遍于州镇矣。

萧道成篡宋

宋明帝泰始三年秋八月，以征北司马行南徐州事萧道成镇淮阴。道成收养豪俊，宾客始盛。垣崇祖奔昫山，道成以为戍主，垣荣祖亦奔昫山，往依道成于淮阴。刘僧副避魏居海岛，道成亦召而抚之。

(是)〔四〕年秋七月庚申，以萧道成为南兖州刺史。

先是，中书侍郎、舍人皆以名流为之，太祖始用寒士秋当，世祖犹杂选士庶，巢尚之、戴法兴皆用事。及上即位，尽用左右细人，游击将军阮佃夫、中书通事舍人王道隆、员外散骑侍郎杨运长等并参预政事，权亚人主，巢、戴所不及也。佃夫尤恣横，人有顺迕，祸福立至。大纳货赂，所饷减二百匹绢，则不报书。园宅饮馔，过于诸王，妓乐服饰，宫掖不如也。朝士贵贱，莫不自结。仆隶皆不次除官，捉车人至虎贲中郎将，马士至员外郎。

六年。南兖州刺史萧道成在军中久，民间或言“道成有异相，当为天子”。上疑之，征为黄门侍郎、越骑校尉。道成惧，不欲内迁，而无计得留。冠军参军广陵荀伯玉劝道成遣数十骑入魏境，安置标榜，魏果遣游骑数百履行境上。道成以闻，上使道成复本任。秋九月，命道成迁镇淮阴。

七年。初，上为诸王，宽和有令誉，独为世祖所亲。即位之初，义嘉之党多蒙全宥，随才引用，有如旧臣。及晚年，更猜忌忍虐，好鬼神，多忌讳，言语、文书有祸败、凶丧及疑似之言应回避者数百千品，有则必加罪戮。改“騧”字为“馬瓜”，以其似“祸”字故也。左右忤意，往往有刳斫者。时淮、泗用兵，府藏空竭，内外百官，并断俸禄。而上奢费过度，每所造器用，必为正御、副御、次副各三十枚。嬖幸用事，货赂公行。

上素无子，密取诸王姬有孕者内宫中，生男则杀其母，使宠姬子之。至是寝疾，以太子幼弱，深忌诸弟。南徐州刺史晋平剌王休祐前镇江陵，贪虐无度，上不使之镇，留之建康，遣上佐行府州事。休祐性刚狠，前后忤上非一，上积不能平，且虑将来难制，欲方便除之。春二月甲寅，休祐从上于岩山射雉，左右从者并在仗后。日欲暗，上遣左右寿寂之等数人，逼休祐令坠马，因共殴，拉杀之，传呼"骠骑落马！"上阳惊，遣御医络绎就视，比其左右至，休祐已绝，去车轮，舆还第。追赠司空，葬之如礼。

建康民间讹言"荆州刺史巴陵王休若有至贵之相"，上以此言报之，休若忧惧。戊午，以休若代休祐为南徐州刺史。休若腹心将佐，皆谓休若还朝，必不免祸。中兵参军京兆王敬先说休若曰："今主上弥留，政成省阁，群竖恟恟，欲悉去宗支以便其私。殿下声著海内，受诏入朝，必往而不返。荆州带甲十余万，地方数千里，上可以匡天子，除奸臣，下可以保境土，全一身。孰与赐剑邸第，使臣妾饮泣而不敢葬乎！"休若素谨畏，伪许之。敬先出，使人执之，以白于上而诛之。

晋平剌王既死，建安王休仁益不自安。上与嬖臣杨运长等为身后之计，运长等亦虑上晏驾后，休仁秉政，己辈不得专权，弥赞成之。上疾尝暴甚，内外莫不属意于休仁，主书以下，皆往东府访休仁所亲信，豫自结纳。其或在直不得出者，皆恐惧。上闻，愈恶之。五月戊午，召休仁入见，既而谓曰："今夕停尚书下省宿，明可早来。"其夜，遣人赍药赐死。休仁骂曰："上得天下，谁之力邪？孝武以诛锄兄弟，子孙灭绝。今复为尔，宋祚其得久乎！”上虑有变，力疾乘舆出端门，休仁死，乃入。下诏称：“休仁规结禁兵，谋为乱逆，朕未忍明法，申诏诘厉。休仁惭恩惧罪，遽自引决。可宥其二子，降为始安县王，听其子伯融袭封。”上虑人情不悦，乃与诸大臣及方镇诏，称：“休仁与休祐深相亲结，语休祐云：‘汝但作佞，此法自足安身，我从来颇得此力。’休祐之陨，本欲为民除患，而休仁从此日生娆惧。吾每呼令入省，便入辞杨太妃。吾春中多与之射雉，或阴雨不出，休仁辄语左右，云：‘我已复得今一日。’休仁既经南讨，与宿卫将帅经习狎共事。吾前者积日失适，休仁出入殿省，无不和颜，厚相抚劳。如其意趣，人莫能测。事不获已，反覆思惟，不得不有近日处分。恐当不必即解，故相报知。”上与休仁素厚，虽杀之，每谓人曰：“我与建安年时相邻，少便款狎。景和、泰始之间，勋诚实重，事计交切，不得不相除，痛念之至，不能自已。”因流涕不自胜。

初，上在藩，与褚渊以风素相善，及即位，深相委仗。上寝疾，渊为吴郡太守，急召之。既至，入见，上流涕曰：“吾近危笃，故召卿，欲使着黄𦆶耳。”黄𦆶者，乳母服也。上与渊谋诛建安王休仁，渊以为不可。上怒曰：“卿痴人，不足与计事！”渊惧而从命。复以渊为吏部尚书。庚午，以尚书右仆射袁粲为尚书令，褚渊为左仆射。

丙戌，追废晋平王休祐为庶人。

巴陵王休若至京口，闻建安王死，益惧。上以休若和厚，能谐缉物情，恐将来倾夺幼主。欲遣使杀之，虑不奉诏；欲征入朝，又恐猜骇。六月丁酉，以江州刺史桂阳王休范为南徐州刺史，以休若为江州刺史。手书殷勤，召休若使赴七月七日宴。

秋七月，巴陵哀王休若至建康，乙丑，赐死于第，赠侍中、司空。复以桂阳王休范为江州刺史。时上诸弟俱尽，唯休范以人才凡劣，不为上所忌，故得全。

沈约论曰：圣人立法垂制，所以必称先王，盖由遗训余风，足以贻之来世也。太祖经国之义虽弘，隆家之道不足。彭城王照不窥古，徒见昆弟之义，未识君臣之礼，冀以家情行之国道，主猜而犹犯，恩薄而未悟，致以呵训之微行，遂成灭亲之大祸。开端树隙，垂之后人。太宗因易隙之情，据已行之典，翦落洪枝，不待顾虑。既而本根无庇，幼主孤立，神器以势弱倾移，灵命随乐推回改。斯盖履霜有渐，坚冰自至，所由来远矣。

裴子野论曰：夫噬虎之兽知爱己子，搏狸之鸟非护异巢。太宗保字螟蛉，剿拉同气，既迷在原之天属，未识父子之自然。宋德告终，非天废也。夫危亡之君，未尝不先弃本枝，妪煦旁孽，推诚嬖狎，疾恶父兄。前乘覆车，后来并辔。借使叔仲有国，犹不失配天，而他人入室，将七庙绝祀。曾是莫怀，甘心揃落。晋武背文明之托，而覆中州者贾后；太祖弃初宁之誓，而登合殿者元凶。祸福无门，奚其豫择，友于兄弟，不亦安乎！

或谮萧道成在淮阴有贰心于魏，上封银壶酒，使吴喜自持赐道成。道成惧，欲逃，喜以情告道成，且先为之饮，道成即饮之。喜还朝，保证道成。或密以启上，上以喜多计数，素得人情，恐其不能事幼主。乃召喜入内殿，与共言谑甚款，既出，赐以名馔，寻赐死。

戊寅，以淮阴为北兖州，征萧道成入朝。道成所亲以朝廷方诛大臣，劝勿就征。道成曰："诸卿殊不见事。主上自以太子稚弱，翦除诸弟，何预他人？今唯应速发，淹留顾望，必将见疑。且骨肉相残，自非灵长之祚，祸难将兴，方与卿等戮力耳。”既至，拜散骑常侍，太子左卫率。

泰豫元年夏四月己亥，上大渐。以江州刺史桂阳王休范为司空，又以尚书右仆射褚渊为护军将军，加中领军刘勉右仆射。诏渊、勉与尚书令袁粲、荆州刺史蔡兴宗、郢州刺史沈攸之并受顾命。褚渊素与萧道成善，引荐于上，诏又以道成为右卫将军、领卫尉，与袁粲等共掌机事。是夕，上殂。庚子，太子即皇帝位，大赦。时苍梧王方十岁，袁粲、褚渊秉政，承太宗奢侈之后，务弘节俭，欲救其弊，而阮佃夫、王道隆等用事，货赂公行，不能禁也。

冬十一月，中书通事舍人阮佃夫加给事中、辅国将军，权任转重。欲用其所亲吴郡张澹为武陵郡，袁粲等皆不同，佃夫称敕施行，粲等不敢执。

苍梧王元徽元年。桂阳王休范，素凡讷，少知解，不为诸兄所齿遇，物情亦不向之，故太宗之末得免于祸。及帝即位，年在冲幼，素族秉政，近习用权。休范自谓尊亲莫二，应入为宰辅，既不如志，怨愤颇甚。典签新蔡许公舆为之谋主，令休范折节下士，厚相资给，于是远近赴之，岁中万计，收养勇士，缮治器械。朝廷知其有异志，亦阴为之备。会夏口阙镇，朝廷以其地居寻阳上流，欲使腹心居之。二月乙亥，以晋熙王燮为郢州刺史。燮始四岁，以黄门郎王奂为长史，行府州事，配以资力，使镇夏口。复恐其过寻阳为休范所劫留，使自太洑径去。休范闻之，大怒，密与许公舆谋袭建康，表治城隍，多解材板而蓄之。奂，景文之兄子也。

二年夏五月壬午，桂阳王休范反。掠民船，使军队称力请受，付以材板，合手装治，数日即办。丙戌，休范帅众二万、骑五百发寻阳，昼夜取道。以书与诸执政，称："杨运长、王道隆蛊惑先帝，使建安、巴陵二王无罪被戮，望执录二竖，以谢冤魂。"

庚寅，大雷戍主杜道欣驰下告变，朝廷惶骇。护军褚渊、征北将军张永、领军刘勔、仆射刘秉、右卫将军萧道成、游击将军戴明宝、骁骑将军阮佃夫、右军将军王道隆、中书舍人孙千龄、员外郎杨运长集中书省计事，莫有言者。道成曰："昔上流谋逆，皆因淹缓至败，休范必远惩前失，轻兵急下，乘我无备。今应变之术，不宜远出，若偏师失律，则大沮众心。宜顿新亭、白下，坚守宫城、东府、石头，以待贼至。千里孤军，后无委积，求战不得，自然瓦解。我请顿新亭以当其锋，征北守白下，领军屯宣阳门为诸军节度，诸贵安坐殿中，不须竞出，我自破贼必矣。"因索笔下议；众并注"同"。孙千龄阴与休范通谋，独曰："宜依旧遣军据梁山。"道成正色曰："贼今已近，梁山岂可得至！新亭既是兵冲，所欲以死报国耳。常时乃可屈曲相从，今不得也。"坐起，道成顾谓刘勔曰："领军已同鄙议，不可改易。"袁粲闻难，扶曳入殿。即日，内外戒严。

道成将前锋兵出屯新亭，张永屯白下，前南兖州刺史沈怀古戍石头，袁粲、褚渊入卫殿省。时仓猝不暇授甲，开南北二武库，随将士意所取。

萧道成至新亭，治城垒未毕，辛卯，休范前军已至新林。道成方解衣高卧，以安众心，徐索白虎幡，登西垣，使宁朔将军高道庆、羽林监陈显达、员外郎王敬则帅舟师与休范战，颇有杀获。壬辰，休范自新林舍舟步上，其将丁文豪请休范直攻台城。休范遣文豪别将兵趣台城，自以大众攻新亭垒。道成帅将士悉力拒战，自巳至午，外势愈盛，众皆失色。道成曰："贼虽多而乱，寻当破矣。"

休范白服乘肩舆，自登城南临沧观，以数十人自卫。屯骑校尉黄回与越骑校尉张敬儿谋诈降以取之，回谓敬儿曰："卿可取之，我誓不杀诸王。"敬儿以白道成。道成曰："卿能办事，当以本州相赏。"乃与回出城南，放仗走，大呼称降。休范喜，召至舆侧。回阳致道成密意，休范信之，以二子德宣、德嗣付道成为质。二子至，道成即斩之。休范(致)〔置〕回、敬儿于左右，所亲李恒、钟爽谏，不听。时休范日饮醇酒，回见休范无备，目敬儿，敬儿夺休范防身刃，斩休范首，左右皆散走。敬儿驰马持首归新亭。

道成遣队主陈灵宝送休范首还台。灵宝道逢休范兵，弃首于水，挺身得达，唱云"已平"，而无以为验，众莫之信。休范将士亦不之知，其将杜黑骡攻新亭甚急。萧道成在射堂，司空主簿萧惠朗帅敢死士数十人突入东门，至射堂下。道成上马，帅麾下搏战，惠朗乃退，道成复得保城。惠朗，惠开之弟也，其姊为休范妃。惠朗兄黄门郎惠明时为道成军副，在城内，了不自疑。

道成与黑骡拒战，自晡达旦，矢石不息。其夜，大雨，鼓叫不复相闻。将士积日不得寝食，军中马夜惊，城内乱走。道成秉烛正坐，厉声呵之，如是者数四。

丁文豪破台军于皂荚桥，直至朱雀桁南，杜黑骡亦舍新亭北趣朱雀桁。右军将军王道隆将羽林精兵在朱雀门内，急召鄱阳忠昭公刘勔于石头。勔至，命撤桁以折南军之势，道隆怒曰："贼至但当急击，宁言开桁自弱邪！"勔不敢复言。道隆趣勔进战，勔度桁南，战败而死。黑骡等乘胜度淮，道隆弃众走还台，黑骡兵追杀之。黄门侍郎王蕴重伤，踣于御沟之侧，或扶之以免。蕴，景文之兄子也。于是中外大震，道路皆云台城已陷，白下、石头之众皆溃。张永、沈怀明逃还宫中，传新亭亦陷。太后执帝手泣曰："天下败矣！"

先是，月犯右执法，太白犯上将。或劝刘勉解职，勉曰："吾执心行己，无愧幽明，若灾眚必至，避岂得免！"勉晚年颇慕高尚，立园宅，名为东山，遗落世务，罢遣部曲。萧道成谓勉曰："将军受顾命，辅幼主，当此艰难之日，而深尚从容，废省羽翼，一朝事至，悔可追乎？"勉不从而败。

甲午，抚军长史褚澄开东府门纳南军，拥安成王准据东府，称桂阳王教曰："安成王，吾子也，勿得侵犯。"澄，渊之弟也。杜黑骡径进至杜姥宅，中书舍人孙千龄开承明门出降。宫省恇扰。时府藏已竭，皇太后、太妃剔取宫中金银器物以充赏，众莫有斗志。

俄而丁文豪之众知休范已死，稍欲退散。文豪厉声曰："我独不能定天下邪？"许公舆诈称桂阳王在新亭，士民惶惑，诣萧道成垒投刺者以千数。道成得，皆焚之，登北城谓曰："刘休范父子昨已就戮，尸在南冈下。身是萧平南，诸君谛视之。名刺皆已焚，勿忧惧也。"

道成遣陈显达、张敬儿及辅师将军任农夫、马军主东平周盘龙等将兵自石头济淮，从承明门入卫宫省。袁粲慷慨谓诸将曰："今寇贼已逼，而众情离沮。孤子受先帝付托，不能绥靖国家，请与诸君同死社稷。"被甲上马，将驱之。于是陈显达等引兵出战，大破杜黑骡于杜姥宅，飞矢贯显达目。丙申，张敬儿等又破黑骡等于宣阳门，斩黑骡及丁文豪，进克东府，余党悉平。萧道成振旅还建康，百姓缘道聚观，曰："全国家者此公也。"道成与袁粲、褚渊、刘秉皆上表引咎解职,不许。丁酉,解严,大赦。

六月庚子,以平南将军萧道成为中领军、南兖州刺史,留卫建康,与袁粲、褚渊、刘秉更日入直决事,号为"四贵"。

桂阳王休范之反也,使道士陈公昭作天公书,题云"沈丞相",付荆州刺史沈攸之门者。攸之不开视,推得公昭,送之朝廷。及休范反,攸之谓僚佐曰:"桂阳必声言我与之同。若不颠沛勤王,必增朝野之惑。"乃与南徐州刺史建平王景素、郢州刺史晋熙王燮、湘州刺史王僧虔、雍州刺史张兴世同举兵讨休范。休范留中兵参军毛惠连等守寻阳,燮遣中兵参军冯景祖袭之。癸卯,惠连等开门请降,杀休范二子,诸镇皆罢兵。

三年(冬十二月)。南徐州刺史建平王景素,孝友清令,服用俭素,又好文学,礼接士大夫,由是有美誉。太宗特爱之,异其礼秩。时太祖诸子俱尽,诸孙唯景素为长。帝凶狂失德,朝野皆属意于景素。帝外家陈氏深恶之。杨运长、阮佃夫等欲专权势,不利立长君,亦欲除之。其腹心将佐多劝景素举兵,镇军参军济阳江淹独谏之,景素不悦。是岁,防閤将军王季符得罪于景素,单骑亡奔建康,告景素谋反。运长等即欲发兵讨之,袁粲、萧道成以为不可,景素亦遣世子延龄诣阙自陈。乃徙季符于梁州,夺景素征北将军、开府仪同三司。

四年夏六月乙亥,加萧道成尚书左仆射。

杨运长、阮佃夫等忌建平王景素益甚,景素乃与录事参军陈郡殷沵、中兵参军略阳垣庆延、参军沈颙、左暄等谋为自全之计。遣人往来建康,要结才力之士,冠军将军黄回、游击将军高道庆、辅国将军曹欣之、前军将军韩道清、长水校尉郭兰之、羽林监垣祗祖皆阴与通谋,武人不得志者无不归之。时帝好独出游走郊野，欣之谋据石头城，伺帝出作乱。道清、兰之欲说萧道成，因帝夜出，执帝，迎景素，道成不从者即图之；景素每禁使缓之。杨、阮微闻其事，遣伧人周天赐伪投景素，劝令举兵。景素知之，斩天赐首送台。

秋七月，祗祖帅数百人自建康奔京口，云京师已溃乱，劝令速入。景素信之，戊子，据京口起兵，士民赴之者以千数。杨、阮闻祗祖叛走，即命纂严。己丑，遣骁骑将军任农夫、领军将军黄回、左军将军兰陵李安民将步军，右军将军张保将水军，以讨之。辛卯，又命南豫州刺史段佛荣为都统。萧道成知黄回有异志，故使安民、佛荣与之偕行。回私戒其士卒："道逢京口兵，勿得战。"道成屯玄武湖，冠军将军萧赜镇东府。

始安王伯融、都乡侯伯猷，皆建安王休仁之子也，杨、阮忌其年长，悉称诏赐死。

景素欲断竹里以拒台军，垣庆延、垣祗祖、沈颙皆曰："今天时旱热，台军远来疲困，引之使至，以逸待劳，可一战而克。"殷沵等固争不能得。农夫等既至，纵火烧市邑，庆延等各相顾望，莫有斗志。景素本乏威略，恇扰不知所为。黄回迫于段佛荣，且见京口军弱，遂不发。

张保泊西渚，景素左右勇士数十人自相要结，进击水军。甲午，张保败死，而诸将不相应赴，复为台军所破。台军既薄城下，颙先帅众走，祗祖次之，其余诸军相继奔退，独左暄与台军力战于万岁楼下，而所配兵力甚弱，不能敌而散。乙未，拔京口。黄回军先入，自以有誓不杀诸王，乃以景素让殿中将军张倪奴。倪奴擒景素，斩之，并其三子，同党垣祗祖等数十人皆伏诛。萧道成释黄回、高道庆不问，抚之如旧。是日，解严。丙申，大赦。

八月庚午，以给事黄门侍郎阮佃夫为南豫州刺史，留镇京师。

顺帝昇明元年。初，苍梧王在东宫，好缘漆帐竿，去地丈余，喜怒乖节，主帅不能禁。太宗屡敕陈太妃痛捶之。及即帝位，内畏太后、太妃，外惮诸大臣，未敢纵逸。自加元服，内外稍无以制，数出游行。始出宫，犹整仪卫。俄而弃车骑，帅左右数人，或出郊野，或入市廛。太妃每乘青犊车，随相检摄。既而轻骑远走一二十里，太妃不复能追，仪卫亦惧祸不敢追寻，唯整部伍，别在一处瞻望而已。

初，太宗尝以陈太妃赐嬖人李道儿，已复迎还，生帝。故帝每微行，自称刘统，或称李将军。常着小裤衫，营署巷陌，无不贯穿。或夜宿客舍，或昼卧道傍，排突厮养，与之交易，或遭慢辱，悦而受之。凡诸鄙事，裁衣、作帽，过目则能；未尝吹篪，执管便韵。及京口既平，骄恣尤甚，无日不出，夕去晨返，晨出暮归。从者并执鋋矛，行人男女及犬马牛驴，逢无免者。民间扰惧，商贩皆息，门户昼闭，行人殆绝。针椎凿锯，不离左右，小有忤意，即加屠剖，一日不杀，则惨然不乐。殿省忧惶，食息不保。阮佃夫与直閤将军申伯宗等，谋因帝出江乘射雉，称太后令，唤队仗还，闭城门，遣人执帝，废之，立安成王准。事觉，甲戌，帝收佃夫等杀之。

太后数训戒帝，帝不悦。会端午，太后赐帝毛扇，帝嫌其不华，令太医煮药，欲酖太后。左右止之曰："若行此事，官便应作孝子，岂复得出入狡狯。"帝曰："汝语大有理。"乃止。

六月甲戌，有告散骑常侍杜幼文、司徒左长史沈勃、游击将军孙超之与阮佃夫同谋者。帝登帅卫士，自掩三家，悉诛之，刳解脔割，婴孩不免。沈勃时居丧在庐，左右未至，帝挥刀独前。勃知不免，手搏帝耳，唾骂之曰："汝罪逾桀、纣，屠戮无日！"遂死。是日，大赦。

帝尝直入领军府。时盛热，萧道成昼卧裸袒。帝立道成于室内，画腹为的，自引满，将射之。道成敛版曰："老臣无罪。"左右王天恩曰："领军腹大是佳射堋，一箭便死，后无复射，不如以骲箭射之。"帝乃更以骲箭射，正中其齐，投弓大笑，曰："此手何如？"帝忌道成威名，尝自磨鋋，曰："明日杀萧道成。"陈太妃骂之曰："萧道成有功于国，若害之，谁复为汝尽力邪！"帝乃止。

道成忧惧，密与袁粲、褚渊谋废立。粲曰："主上幼年，微过易改。伊、霍之事，非季世所行，纵使功成，亦终无全地。"渊默然。领军功曹丹阳纪僧真言于道成曰："今朝廷猖狂，人不自保，天下之望，不在袁、褚。明公岂得坐受夷灭！存亡之机，仰希熟虑。"道成然之。

或劝道成奔广陵起兵。道成世子赜，时为晋熙王长史，行郢州事，欲使赜将郢州兵东下会京口。道成密遣所亲刘僧副告其从兄行青冀二州刺史刘善明曰："人多见劝北固广陵，恐未为长算。今秋风行起，卿若能与垣东海微共动虏，则我诸计可立。"亦告东海太守垣荣祖。善明曰："宋氏将亡，愚智共知。北虏若动，反为公患。公神武高世，唯当静以待之，因机奋发，功业自定，不可远去根本，自贻猖獗。"荣祖亦曰："领府去台百步，公走，人岂不知？若单骑轻行，广陵人闭门不受，公欲何之？公今动足下床，恐即有扣台门者，公事去矣。"纪僧真曰："主上虽无道，国家累世之基犹为安固。公百口，北度必不得俱。纵得广陵城，天子居深宫，施号令，目公为逆，何以避之？此非万全策也。"道成族弟镇军长史顺之及次子骠骑从事中郎嶷皆以为："帝好单行道路，于此立计，易以成功。外州起兵，鲜有克捷，徒先人受祸耳。"道成乃止。

东中郎司马行会稽郡事李安民，欲奉江夏王跻起兵于东方，道成止之。越骑校尉王敬则潜自结于道成，夜着青衣，扶匐道路，为道成听察帝之往来。道成命敬则阴结帝左右杨玉夫、杨万年、陈奉伯等二十五人，于殿中诇伺机便。

秋七月丁亥夜，帝微行至领军府门。左右曰："一府皆眠，何不缘墙入？"帝曰："我今夕欲于一处作适，宜待明夕。"员外郎桓康等于道成门闲听闻之。

戊子，帝乘露车，与左右于台冈赌跳，仍往青园尼寺，晚至新安寺偷狗，就昙度道人煮之。饮酒醉，还仁寿殿寝。杨玉夫常得帝意，至是忽憎之，见辄切齿，曰："明日当杀小子取肝肺。"是夜，令玉夫伺织女度河，曰："见当报我，不见将杀汝。"时帝出入无常，省内诸閤夜皆不闭，厢下畏相逢值，无敢出者。宿卫并逃避，内外莫相禁摄。是夕，王敬则出外。玉夫伺帝熟寝，与杨万年取帝防身刀刎之。敕厢下奏伎陈奉伯袖其首，依常行法，称敕开承明门出，以首与敬则。敬则驰诣领军府，叩门大呼，萧道成虑苍梧王诳之，不敢开门。敬则于墙上投其首，道成洗视，乃戎服乘马而出，敬则、桓康等皆从。入宫，至承明门，诈为行还。敬则恐内人觇见，以刀环塞窐孔，呼门甚急，门开而入。他夕，苍梧王每开门，门者震慑，不敢仰视，至是弗之疑。道成入殿，殿中惊怖，既而闻苍梧王死，咸称万岁。

己丑旦，道成戎服出殿庭槐树下，以太后令召袁粲、褚渊、刘秉入会议。道成谓秉曰："此使君家事，何以断之？"秉未答。道成须髯尽张，目光如电。秉曰："尚书众事，可以见付；军旅处分，一委领军。"道成次让袁粲，粲亦不敢当。王敬则拔白刃在床侧跳跃曰："天下事皆应关萧公，敢有开一言者，血染敬则刀！"仍手取白纱帽加道成首，令即位，曰："今日谁敢复动？事须及热！"道成正色呵之曰："卿都自不解！"粲欲有言，敬则叱之，乃止。褚渊曰："非萧公无以了此。"手取事授道成。道成曰："相与不肯，我安得辞。"乃下议，备法驾诣东城，迎立安成王。于是长刀遮粲、秉等，各失色而去。秉出于路，逢从弟韫，韫开车迎问曰："今日之事，当归兄邪？"秉曰："吾等已让领军矣。"韫拊膺曰："兄肉中讵有血邪？今年族矣！"是日以太后令数苍梧王罪恶，曰："吾密令萧领军潜运明略。安成王准，宜临万国。"追封昱为苍梧王。仪卫至东府门，安成王令门者勿开，以待袁司徒。粲至，王乃入居朝堂。壬辰，王即皇帝位，时年十一，改元，大赦。葬苍梧王于郊坛西。

甲午，萧道成出镇东府。丙申，以道成为司空、录尚书事、骠骑大将军，袁粲迁中书监，褚渊加开府仪同三司，刘秉迁尚书令、加中领军。以晋熙王燮为扬州刺史。刘秉始谓尚书万机，本以宗室居之，则天下无变。既而萧道成兼总军国，布置心膂，与夺自专，褚渊素相凭附，秉与袁粲阁手仰成矣。辛丑，以尚书右仆射王僧虔为仆射。丙午，以武陵王赞为郢州刺史，萧道成改领南徐州刺史。

八月癸亥，诏袁粲镇石头。粲性冲静，每有朝命，常固辞，逼切不得已，乃就职。至是，知萧道成有不臣之志，阴欲图之，即时顺命。萧道成固让司空，庚辰，以为骠骑大将军、开府仪同三司。九月戊申，封杨玉夫等二十五人为侯、伯、子、男。

初，沈攸之与萧道成于大明、景和之间同直殿省，深相亲善，道成女为攸之子中书侍郎文和妇。攸之在荆州，直閤将军高道庆家在华容，假还，过江陵，与攸之争戏槊。驰还建康，言攸之反状已成，请以三千人袭之。执政皆以为不可，道成仍保证其不然。杨运长等恶攸之，密与道庆谋，遣刺客杀攸之，不克。会苍梧王遇弑，主簿宗俨之、功曹臧寅劝攸之因此起兵。攸之以其长子元琰在建康为司徒左长史，故未发。寅，凝之之子也。

时杨运长等已不在内，萧道成遣元琰以苍梧王刳斫之具示攸之。攸之以道成名位素出己下，一旦专制朝权，心不平。谓元琰曰："吾宁为王陵死，不为贾充生。"然亦未暇举兵，乃上表称庆，因留元琰。

雍州刺史张敬儿素与攸之司马刘攘兵善，疑攸之将起事，密以问攘兵。攘兵无所言，寄敬儿马橙一只，敬儿乃为之备。

攸之有素书十数行，常韬在裲裆角，云是明帝与己约誓。攸之将举兵，其妾崔氏谏曰："官年已老，那不为百口计。"攸之指裲裆角示之，且称太后使至，赐攸之烛，割之得太后手令，云："社稷之事，一以委公。"于是勒兵移檄，遣使邀张敬儿及豫州刺史刘怀珍、梁州刺史梓潼范柏年、司州刺史姚道和、湘州行事庾佩玉、巴陵内史王文和同举兵。敬儿、怀珍、文和并斩其使，驰表以闻。文和寻弃州奔夏口。柏年、道和、佩玉皆怀两端。道和，后秦高祖之孙也。

〔十二月〕辛酉，攸之遣辅国将军孙同等相继东下。攸之遗道成书，以为："少帝昏狂，宜与诸公密议，共白太后，下令废之。奈何交结左右，亲行弑逆，乃至不殡，流虫在户。凡在臣下，谁不惋骇？又移易朝旧，布置亲党，宫閤管籥，悉关家人。吾不知子孟、孔明遗训固如此乎？足下既有贼宋之心，吾宁敢捐包胥之节邪！”朝廷闻之，恟惧。

（十二月）丁卯，道成入守朝堂，命侍中萧嶷代镇东府，抚军行参军萧映镇京口。映，嶷之弟也。戊辰，内外纂严。己巳，以郢州刺史武陵王赞为荆州刺史。庚午，以右卫将军黄回为郢州刺史，督前锋诸军以讨攸之。

初，道成以世子赜为晋熙王燮长史，行郢州事，修治器械，以备攸之。及征燮为扬州，以赜为左卫将军，与燮俱下。刘怀珍言于道成曰：“夏口冲要，宜得其人。”道成与赜书曰：“汝既入朝，当须文武兼资与汝意合者，委以后事。”赜乃荐燮司马柳世隆自代。道成以世隆为武（隆）〔陵〕王赞长史，行郢州事。赜将行，谓世隆曰：“攸之一旦为变，焚夏口舟舰，沿流而东，不可制也。若得攸之留攻郢城，必未能猝拔。君为其内，我为其外，破之必矣。”及攸之起兵，赜行至寻阳，未得朝廷处分。众欲倍道趋建康，赜曰：“寻阳地居中流，密迩畿甸。若留屯湓口，内藩朝廷，外援夏首，保据形胜，控制西南，今日会此，天所置也。”或以为“湓口城小，难固”。左中郎将周山图曰：“今据中流，为四方势援，不可以小事难之。苟众心齐壹，江山皆城隍也。”庚午，赜奉燮镇湓口，赜悉以事委山图。山图断取行旅船板以造楼橹，立水栅，旬日皆办。道成闻之，喜曰：“赜真我子也。”以赜为西讨都督，赜启山图为军副。时江州刺史邵陵王友镇寻阳，赜以为寻阳城不足固，表移友同镇湓口，留江州别驾豫章胡谐之守寻阳。

湘州刺史王蕴遭母丧罢归，至巴陵，与沈攸之深相结。时攸之未举兵，蕴过郢州，欲因萧赜出吊作难，据郢城。赜知之，不出。还，至东府，又欲因萧道成出吊作难，道成又不出。蕴乃与袁粲、刘秉密谋诛道成，将帅黄回、任候伯、孙昙瓘、王宜兴、卜伯兴等皆与通谋。伯兴，天与之子也。

道成初闻攸之事起，自往诣粲，粲辞不见。通直郎袁达谓粲不宜示异同，粲曰："彼若以主幼时艰，与桂阳时不异，劫我入台，我何辞以拒之？一朝同止，欲异得乎！"道成乃召褚渊，与之连席，每事必引渊共之。时刘韫为领军将军，入直门下省，卜伯兴为直閤，黄回等诸将皆出屯新亭。

初，褚渊为卫将军，遭母忧去职，朝廷敦迫，不起。粲素有重名，自往譬说，渊乃从之。及粲为尚书令，遭母忧，渊譬说恳至，粲遂不起，渊由是恨之。及沈攸之事起，道成与渊议之。渊曰："西夏衅难，事必无成，公当先备其内耳。"粲谋既定，将以告渊，众谓渊与道成素善，不可告。粲曰："渊与彼虽善，岂容大作同异。今若不告，事定便应除之。"乃以谋告渊，渊即以告道成。

道成亦先闻其谋，遣军主苏烈、薛渊、太原王天生将兵助粲守石头。薛渊固辞，道成强之，渊不得已，涕泣拜辞。道成曰："卿近在石头，日夕去来，何悲如是？且又何辞？"渊曰："不审公能保袁公共为一家否？今渊往，与之同则负公，不同则立受祸，何得不悲。"道成曰："所以遣卿，正为能尽临事之宜，使我无西顾之忧耳。但当努力，无所多言。"渊，安都之从子也。道成又以骁骑将军王敬则为直閤，与伯兴共总禁兵。

粲谋矫太后令，使韫、伯兴帅宿卫兵攻道成于朝堂，回等帅所领为应。刘秉、任候伯等并赴石头，本期壬申夜发，秉恇扰不知所为，晡后即束装，临去，啜羹，泄胸上，手振不自禁。未暗，载妇女尽室奔石头，部曲数百，赫奕满道。既至，见粲，粲惊曰："何事遽来？今败矣！"秉曰："得见公，万死何恨。"孙昙瓘闻之，亦奔石头。丹杨丞王逊等走告道成，事乃大露。逊，僧绰之子也。

道成密使人告王敬则。时阁已闭，敬则欲开阁出，卜伯兴严兵为备，敬则乃锯所止屋壁得出，至中书省收韫。韫已戒严，列烛自照。见敬则猝至，惊起迎之，曰："兄何能夜顾？"敬则呵之曰："小子那敢作贼！"韫抱敬则，敬则拳殴其颊仆地而杀之。又杀伯兴、苏烈等，据仓城拒粲。王蕴闻秉已走，叹曰："事不成矣！"狼狈帅部曲数百向石头。本期开南门，时暗夜，薛渊据门射之。蕴谓粲已败，即散走。

道成遣军主会稽戴僧静帅数百人向石头助烈等，自仓门得入，与之并力攻粲。孙昙瓘骁勇善战，台军死者百余人。王天生殊死战，故得相持，自亥至丑。戴僧静分兵攻府西门，焚之。粲与秉在城东门，见火起，欲还赴府。秉与二子俣、陔逾城走。粲下城，列烛自照，谓其子最曰："本知一木不能止大厦之崩，但以名义至此耳。"僧静乘暗逾城独进，最觉有异人，以身卫粲，僧静直前斫之。粲谓最曰："我不失忠臣，汝不失孝子。"遂父子俱死。百姓哀之，为之谣曰："可怜石头城，宁为袁粲死，不作褚渊生。"刘秉父子走至额檐湖，追执，斩之。任候伯等并乘船赴石头，既至，台军已集，不得入，乃驰还。

黄回严兵，期诘旦帅所领从御道直向台门攻道成，闻事泄，不敢发。道成抚之如旧。王蕴、孙昙瓘皆逃窜，先捕得蕴，斩之，其余粲党皆无所问。

粲典签莫嗣祖为粲、秉宣通密谋，道成召诘之曰："袁粲谋反，何不启闻？"嗣祖曰："小人无识，但知报恩，何敢泄其大事。今袁公已死，义不求生。"蕴嬖人张承伯藏匿蕴。道成并赦而用之。

粲简淡平素，而无经世之才，好饮酒，善吟讽。身居剧任，不肯当事；主事每往谘决，或高咏对之。闲居高卧，门无杂宾，物情不接，故及于败。

裴子野论曰：袁景倩民望国华，受付托之重，智不足以除奸，权不足以处变，萧条散落，危而不扶。及九鼎既轻，三才将换，区区斗城之里，出万死而不辞，盖蹈匹夫之节，而无栋梁之具矣。

乙亥，以尚书仆射王僧虔为左仆射，新除中书令王延之为右仆射，度支尚书张岱为吏部尚书，吏部尚书王奂为丹杨尹。延之，裕之孙也。

刘秉弟遐为吴郡太守。司徒右长史张瓌，永之子也，遭父丧在吴，家素豪盛，萧道成使瓌伺间取遐。会遐召瓌诣府，瓌帅部曲十余人直入斋中，执遐斩之，郡中莫敢动。道成闻之，以告瓌从父领军冲。冲曰："瓌以百口一掷，出手得卢矣。"道成即以瓌为吴郡太守。

道成移屯阅武堂，犹以重兵付黄回使西上，而配以腹心。回素与王宜兴不协，恐宜兴反告其谋，闰月辛巳，因事收宜兴，斩之。诸将皆言回握强兵必反，宁朔将军桓康请独往刺之。道成曰："卿等何疑，彼无能为也。"

沈攸之遣中兵参军孙同等五将以三万人为前驱，司马刘攘兵等五将以二万人次之；又遣中兵参军王灵秀等四将分兵出夏口，据鲁山。癸巳，攸之至夏口，自恃兵强，有骄色。以郢城弱小，不足攻，云欲问讯安西，暂泊黄金浦。遣人告柳世隆曰："被太后令，当暂还都。卿既相与奉国，想得此意。"世隆曰："东下之师，久承声问。郢城小镇，自守而已。"宗俨之劝攸之攻郢城，臧寅以为："郢城兵虽少而地险，攻守势异，非旬日可拔。若不时举，挫锐损威。今顺流长驱，计日可捷，既倾根本，则郢城岂能自固。"攸之从其计，欲留偏师守郢城，自将大众东下。乙未，将发，柳世隆遣人于西渚挑战，前军中兵参军焦度于城楼上肆言骂攸之，且秽辱之。攸之怒，改计攻城，令诸军登岸烧郭邑，筑长围，昼夜攻战。世隆随宜拒应，攸之不能克。

道成命吴兴太守沈文秀督吴钱唐军事，文秀收攸之弟新安太守登之，诛其宗族。

乙未，以后军将军杨运长为宣城太守，于是太宗嬖臣无在禁省者矣。

沈约论曰：夫人君南面，九重奥绝，陪奉朝夕，义隔卿士，阶闼之任，宜有司存。既而恩以狎生，信由恩固，无可惮之姿，有易亲之色。孝建、泰始，主威独运，而刑政纠杂，理难遍通，耳目所寄，事归近习。及觇欢愠，候惨舒，动中主情，举无谬旨。人主谓其身卑位薄，以为权不得重。曾不知鼠凭社贵，狐藉虎威，外无逼主之嫌，内有专用之效，势倾天下，未之或悟。及太宗晚运，虑经盛衰，权幸之徒，慑惮宗戚，欲使幼主孤立，永窃国权，构造同异，兴树祸隙，帝弟宗王，相继屠剿。宝祚夙倾，实由于此矣。

辛丑，尚书左丞济阳江谧建议，假萧道成黄钺，从之。

乙巳，萧道成出顿新亭，谓骠骑参军江淹曰："天下纷纷，君谓何如？"淹曰："成败在德，不在众寡。公雄武有奇略，一胜也。宽容而仁恕，二胜也。贤能毕力，三胜也。民望所归，四胜也。奉天子以伐叛逆，五胜也。彼志锐而器小，一败也。有威而无恩，二败也。士卒解体，三败也。搢绅不怀，四败也。悬兵数千里而无同恶相济，五败也。虽豺狼十万，终为我获。”道成笑曰：“君谈过矣。”南徐州行事刘善明言于道成曰：“攸之收众聚骑，造舟治械，苞藏祸心，于今十年。性既险躁，才非持重，而起逆累旬，迟回不进。一则暗于兵机，二则人情离怨，三则有掣肘之患，四则天夺其魄。本虑其剽勇轻速，掩袭未备，决于一战。今六师齐奋，诸侯同举，此笼中之鸟耳。”萧赜问攸之于周山图，山图曰：“攸之相与邻乡，数共征伐，颇悉其为人，性度险刻，士心不附。今顿兵坚城之下，适以为离散之渐耳。”

二年春正月己酉朔，百官戎服入朝。

沈攸之尽锐攻郢城，柳世隆乘间屡破之。萧赜遣军主桓敬等八军据西塞，为世隆声援。

攸之获郢府法曹南乡范云，使送书入城，饷武陵王赞犊一羫，柳世隆鱼三十尾，皆去其首。城中欲杀之，云曰：“老母弱弟，悬命沈氏，若违其命，祸必及亲。今日就戮，甘心如荠。”乃赦之。

攸之遣其将皇甫仲贤向武昌，中兵参军公孙方平向西阳。武昌太守臧涣降于攸之，西阳太守王毓奔溢城。方平据西阳，豫州刺史刘怀珍遣建宁太守张谟等将万人击之，辛酉，方平败走。平西将军黄回等军至西阳，溯流而进。

攸之素失人情，但劫以威力。初发江陵，已有逃者。及攻郢城，三十余日不拔，逃者稍多。攸之日夕乘马历营抚慰，而去者不息。攸之大怒，召诸军主曰：“我被太后令，建义下都，大事若克，白纱帽共着耳。如其不振，朝廷自诛我百口，不关余人。比军人叛散，皆卿等不以为意，我亦不能问叛身，自今军中有叛者，军主任其罪。”于是一人叛，遣人追之，亦去不返，莫敢发觉，咸有异计。

刘攘兵射书入城请降，柳世隆开门纳之。丁卯夜，攘兵烧营而去。军中见火起，争弃甲走，将帅不能禁。攸之闻之，怒，衔须咀之，收攘兵兄子天赐、女婿张平虏斩之。向旦，攸之帅众过江，至鲁山，军遂大散，诸将皆走。臧寅曰："幸其成而弃其败，吾不忍为也。"乃投水死。攸之犹有数十骑自随，宣令军中曰："荆州城中大有钱，可相与还取以为资粮。"郢城未有追军，而散军畏蛮抄，更相聚结，可二万人，随攸之还江陵。

张敬儿既斩攸之使者，即勒兵，伺攸之下，遂袭江陵。攸之使子元琰与兼长史江乂、别驾傅宣共守江陵城。敬儿至沙桥，观望未进。城中夜闻鹤唳，谓为军来，乂、宣开门出走，吏民崩溃。元琰奔宠洲，为人所杀。敬儿至江陵，诛攸之二子、四孙。

攸之将至江陵百余里，闻城已为敬儿所据，士卒随之者皆散。攸之无所归，与其子文和走至华容界，皆缢于栎林，己巳，村民斩首送江陵。敬儿擎之以楯，覆以青伞，徇诸市郭，乃送建康。敬儿诛攸之亲党，收其财物数十万，皆以入私。

初，仓曹参军金城边荣为府录事所辱，攸之为荣鞭杀录事。及敬儿将至，荣为留府司马，或说之使诣敬儿降。荣曰："受沈公厚恩，共如此大事，一朝缓急，便易本心，吾不能也。"城溃，军士执以见敬儿。敬儿曰："边公何不早来？"荣曰："沈公见留守城，不忍委去。本不祈生，何须见问。"敬儿曰："死何难得！"命斩之。荣欢笑而去。荣客太山程邕之抱荣曰："与边公周游，不忍见边公死，乞先见杀。"兵人不得行戮，以白敬儿，敬儿曰："求死甚易，何为不许！"先杀邕之，然后及荣，军人莫不垂泣。孙同、宗俨之等皆伏诛。

丙子，解严。以侍中柳世隆为尚书右仆射。萧道成还镇东府。丁丑,以左卫将军萧赜为江州刺史,侍中萧嶷为中领军。二月庚辰,以尚书左仆射王僧虔为尚书令,右仆射王延之为左仆射。癸未,加萧道成太尉、都督南徐等十六州诸军事,以卫将军褚渊为中书监、司空。道成表送黄钺。

夏四月,萧道成以黄回终为祸乱,回有部曲数千人,欲遣收,恐为乱。辛卯,召回入东府。至,停外斋,使桓康将数十人,数回罪而杀之。

秋八月乙未,以萧赜为领军将军,萧嶷为江州刺史。

九月,萧道成欲引时贤参赞大业,夜,召骠骑长史谢朏,屏人与语,久之,朏无言。唯二小儿捉烛,道成虑朏难之,仍取烛遣儿,朏又无言,道成乃呼左右。朏,庄之子也。

太尉右长史王俭知其指,他日,请间言于道成曰:"功高不赏,古今非一。以公今日位地,欲终北面,可乎?"道成正色裁之,而神采内和。俭因曰:"俭蒙公殊眄,所以吐所难吐,何赐拒之深?宋氏失德,非公岂复宁济。但人情浇薄,不能持久,公若小复推迁,则人望去矣。岂唯大业永沦,七尺亦不可得保。"道成曰:"卿言不无理。"俭曰:"公今名位,故是经常宰相,宜礼绝群后,微示变革。当先令褚公知之,俭请衔命。"道成曰:"我当自往。"经少日,道成自造褚渊,款言移晷。乃谓曰:"我梦应得官。"渊曰:"今授始尔,恐一二年间未容便移。且吉梦未必应在旦夕。"道成还,以告俭,俭曰:"褚是未达理耳。"

俭乃唱议加道成太傅,假黄钺,使中书舍人虞整作诏。道成所亲任遐曰:"此大事,应报褚公。"道成曰:"褚公不从奈何?"遐曰:"彦回惜身保妻子,非有奇才异节,遐能制之。"渊果无违异。

丙午,诏进道成假黄钺、大都督、中外诸军事、太傅、领扬州牧，剑履上殿，入朝不趋，赞拜不名，使持节、太尉、骠骑大将军、录尚书、南徐州刺史如故。道成固辞殊礼。

戊申，太傅道成以萧映为南兖州刺史。冬十月丁丑，以萧晃为豫州刺史。

齐高帝建元元年春正月甲辰，以江州刺史萧嶷为都督荆湘等八州诸军事、荆州刺史。

太傅道成以谢朏有重名，必欲引参佐命，以为左长史。尝置酒与论魏、晋故事，因曰："石苞不早劝晋文，死方恸哭，方之冯异，非知机也。"朏曰："晋文世事魏室，必将身终北面；借使魏依唐、虞故事，亦当三让弥高。"道成不悦。甲寅，以朏为侍中，更以王俭为左长史。

丙辰，以给事黄门侍郎萧长懋为雍州刺史。

二月甲午，诏申前命，命太傅赞拜不名。

(二)〔三〕月甲辰，以太傅为相国，总百揆，封十郡为齐公，加九锡，其骠骑大将军、扬州牧、南徐州刺史如故。乙巳，诏齐国官爵礼仪并仿天朝。丙午，以世子赜领南豫州刺史。

杨运长去宣城郡还家，齐公遣人杀之。凌源令潘智与运长厚善。临川王绰，义庆之孙也，绰遣腹心陈赞说智曰："君先帝旧人，身是宗室近属，如此形势，岂得久全！若招合内外，计多有从者。台城内人，常有此心，正苦无人建意耳。"智即以告齐公。庚戌，诛绰兄弟及其党与。

甲寅，齐公受策命，赦其境内。以石头为世子宫，一如东宫。褚渊引何曾自魏司徒为晋丞相故事，求为齐官，齐公不许。以王俭为齐尚书右仆射，领吏部。俭时年二十八。夏四月壬申朔，进齐公爵为王，增封十郡。甲戌，武陵王赞卒，非疾也。丙戌，加齐王殊礼,进世子为太子。

辛卯,宋顺帝下诏禅位于齐。壬辰,帝当临轩,不肯出,逃于佛盖之下,王敬则勒兵殿庭,以板舆入迎帝。太后惧,自帅阉人索得之,敬则启譬令出,引令升车。帝收泪谓敬则曰:“欲见杀乎?”敬则曰:“出居别宫耳,官先取司马家亦如此。”帝泣而弹指曰:“愿后身世世勿复生天王家!”宫中皆哭。帝拍敬则手曰:“必无过虑,当饷辅国十万钱。”是日,百僚陪位。侍中谢朏在直,当解玺绶,阳为不知,曰:“有何公事?”传诏云:“解玺绶授齐王。”朏曰:“齐自应有侍中。”乃引枕卧。传诏惧,使朏称疾,欲取兼人,朏曰:“我无疾,何所道!”遂朝服步出东掖门,仍登车还宅。乃以王俭为侍中,解玺绶。礼毕,帝乘画轮车出东掖门,就东邸。问:“今日何不奏鼓吹?”左右莫有应者。右光禄大夫王琨,华之从父弟也,在晋世已为郎中,至是,攀车獭尾恸哭,曰:“人以寿为欢,老臣以寿为戚。既不能先驱蝼蚁,乃复频见此事。”呜咽不自胜,百官雨泣。

司空兼太保褚渊等奉玺绶,帅百官诣齐宫劝进。王辞让,未受。渊从弟前成安太守照谓渊子贲曰:“司空今日何在?”贲曰:“奉玺绶在齐大司马门。”照曰:“不知汝家司空将一家物与一家,亦复何谓?”甲午,王即皇帝位于南郊,还宫,大赦,改元。奉宋顺帝为汝阴王,优崇之礼,皆仿宋初。筑宫丹杨,置兵守卫之。宋神主迁汝阴庙,诸王皆降为公。自非宣力齐室,余皆除国,独置南康、华容、萍乡三国,以奉刘穆之、王弘、何无忌之后,除国者凡百二十人。二台官僚,依任摄职,名号不同、员限盈长者,别更详议。

以褚渊为司徒。宾客贺者满座,褚照叹曰:“彦回少立名行,何意披猖至此！门户不幸，乃复有今日之拜。使彦回作中书郎而死，不当为一名士邪？名德不昌，乃复有期颐之寿。”渊固辞不拜。

奉朝请河东裴顗上表，数帝过恶，挂冠径去。帝怒，杀之。太子赜请杀谢朏，帝曰："杀之遂成其名，正应容之度外耳。”久之，因事废于家。

帝问为政于前抚军行参军沛国刘瓛，对曰："政在孝经。凡宋氏所以亡，陛下所以得者，皆是也。陛下若戒前车之失，加之以宽厚，虽危可安，若循其覆辙，虽安必危矣。”帝叹曰："儒者之言，可宝万世。”

夏五月己未，或走马过汝阴王之门，卫士恐。有为乱者奔入杀王，而以疾闻，上不罪而赏之。辛酉，杀宋宗室阴安公燮等，无少长皆死。前豫州刺史刘澄之，遵考之子也，与褚渊善，渊为之固请曰："澄之兄弟不武，且于刘宗又疏。”故遵考之族独得免。

丙寅，追尊皇考曰宣皇帝，皇妣陈氏曰孝皇后。丁卯，封皇子钧为衡阳王。六月甲子，立王太子赜为皇太子，皇子嶷为豫章王，映为临川王，晃为长沙王，晔为武陵王，皓为安成王，锵为鄱阳王，铄为桂阳王，鉴为广陵王，皇孙长懋为南郡王。

乙酉，葬宋顺帝于遂宁陵。

魏迁洛阳

齐武帝永明十一年。魏主以平城地寒，六月雨雪，风沙常起，将迁都洛阳。恐群臣不从，乃议大举伐齐，欲以胁众。斋于明堂（右）〔左〕个，使太常卿王谌筮之，遇革，帝曰："‘汤、武革命，顺乎天而应乎人。'吉孰大焉。"群臣莫敢言。尚书任城王澄曰："陛下奕叶重光，帝有中土。今出师以征未服，而得汤、武革命之象，未为全吉也。"帝厉声曰："繇云'大人虎变'，何言不吉?"澄曰："陛下龙兴已久，何得今乃虎变!"帝作色曰："社稷我之社稷，任城欲沮众邪!"澄曰："社稷虽为陛下之有，臣为社稷之臣，安可知危而不言!"帝久之乃解，曰："各言其志，夫亦何伤!"

既还宫，召澄入见，逆谓之曰："向者革卦，今当更与卿论之。明堂之忿，恐人人竞言，沮我大计，故以声色怖文武耳，想识朕意。"因屏人谓澄曰："今日之举，诚为不易。但国家兴自朔土，徙居平城，此乃用武之地，非可文治。今将移风易俗，其道诚难。朕欲因此迁宅中原，卿以为何如?"澄曰："陛下欲卜宅中土，以经略四海，此周、汉之所以兴隆也。"帝曰："北人习常恋故，必将惊扰，奈何?"澄曰："非常之事，故非常人之所及。陛下断自圣心，彼亦何所能为。"帝曰："任城，吾之子房也。"

六月丙戌，命作河桥，欲以济师。秘书监卢渊上表，以为："前世承平之主，未尝亲御六军，决胜行阵之间，岂非胜之不足为武，不胜有亏威重乎? 昔魏武以弊卒一万破袁绍，谢玄以步兵三千摧苻秦，胜负之变，决于须臾，不在众寡也。"诏报曰："承平之主所以不亲戎事者，或以同轨无敌，或以懦劣偷安。今谓之同轨则未然，比之懦劣则可耻。必若王者不当亲戎，则先王制革辂，何所施也? 魏武之胜，盖由仗顺，苻氏之败，亦由失政。岂寡必能胜众，弱必能制强邪?"丁未，魏主讲武，命尚书李冲典武选。

秋九月戊辰，魏主济河，庚午，至洛阳。

魏主自发平城至洛阳，霖雨不止。丙子，诏诸军前发。丁丑，帝戎服，执鞭乘马而出，群臣稽颡于马前。帝曰："庙算已定，大军将进，诸公更欲何云?”尚书李冲等曰:“今者之举，天下所不愿，唯陛下欲之。臣不知陛下独行，竟何之也?臣等有其意而无其辞，敢以死请。”帝大怒曰:“吾方经营天下，期于混壹，而卿等儒生，屡疑大计。斧钺有常，卿勿复言。”策马将出，于是安定王休等并殷勤泣谏。帝乃谕群臣曰:“今者兴发不小，动而无成，何以示后?朕世居幽朔，欲南迁中土。苟不南伐，当迁都于此，王公以为何如?欲迁者左，不欲者右。”安定王休等相帅如右，南安王桢进曰:“‘成大功者不谋于众。’今陛下苟辍南伐之谋，迁都洛邑，此臣等之愿，苍生之幸也。”群臣皆呼万岁。时旧人虽不愿内徙，而惮于南伐，无敢言者，遂定迁都之计。

李冲言于上曰:“陛下将定鼎洛邑，宗庙、宫室，非可马上行游以待之。愿陛下暂还代都，俟群臣经营毕功，然后备文物、鸣和鸾而临之。”帝曰:“朕将巡省州郡，至邺小停，春首即还，未宜归北。”乃遣任城王澄还平城，谕留司百官以迁都之事，曰:“今日真所谓‘革’也，王其勉之。”

帝以群臣意多异同，谓卫尉卿、镇南将军于烈曰:“卿意如何?”烈曰:“陛下圣略渊远，非愚浅所测。若隐心而言，乐迁之与恋旧，适中半耳。”帝曰:“卿既不唱异，即是肯同，深感不言之益。”使还镇平城，曰:“留台庶政，一以相委。”

冬十月戊寅朔，魏主如金墉城，征穆亮，使与尚书李冲、将作大匠董尔经营洛都。己卯，如河南城。乙酉，如豫州。癸巳，舍于石济。乙未，魏解严，设坛于滑台城东，告行庙以迁都之意。大赦。起滑台宫。任城王澄至平城，众始闻迁都，莫不惊骇。澄援引古今，徐以晓之，众乃开伏。澄还报于滑台。魏主喜曰:“非任城，朕事不成。”

乙巳，魏主遣安定王休帅从官迎家于平城。

魏主筑宫于邺西，冬十一月癸亥，徙居之。

明帝建武元年春正月乙亥，魏主如洛阳西宫。中书侍郎韩显宗上书陈四事。其一以为："窃闻舆驾今夏不巡三齐，当幸中山。往冬舆驾停邺，当农隙之时，犹比屋供奉，不胜劳费。况今蚕麦方急，将何以堪命。且六军涉暑，恐生疠疫。臣愿早还北京，以省诸州供张之苦，成洛都营缮之役。"其二以为："洛阳宫殿故基，皆魏明帝所造，前世已讥其奢。今兹营缮，宜加裁损。又顷来(此)〔北〕都富室，竞以第舍相尚，宜因迁徙，为之制度。及端广衢路，通利沟渠。"其三以为："陛下之还洛阳，轻将从骑。王者于闱闼之内犹施警跸，况涉履山河而不加三思乎？"其四以为："陛下耳听法音，目玩坟典，口对百辟，心虞万机，景昃而食，夜分而寝。加以孝思之至，随时而深，文章之业，日成篇卷。虽睿明所用，未足为烦，然非所以啬神养性，保无疆之祚也。伏愿陛下垂拱司契，而天下治矣。"帝颇纳之。显宗，麒麟之子也。

显宗又上言，以为："州郡贡察，徒有秀、孝之名，而无秀、孝之实，朝廷但检其门望，不复弹坐。如此，则可令别贡门望以叙士人，何假冒秀、孝之名也。夫门望者，乃其父祖之遗烈，亦何益于皇家？益于时者，贤才而已。苟有其才，虽屠钓奴虏，圣王不耻以为臣；苟非其才，虽三后之胤坠于皂隶矣。议者或云'今世等无奇才，不若取士于门'，此亦失矣。岂可以世无周、邵，遂废宰相邪？但当校其寸长、铢重者先叙之，则贤才无遗矣。

"又，刑罚之要，在于明当，不在于重。苟不失有罪，虽捶挞之薄，人莫敢犯。若容可侥幸，虽参夷之严，不足惩禁。今内外之官，欲邀当时之名，争以深酷为无私，迭相敦厉，遂成风俗。陛下居九重之内，视人如赤子，百司分万务之任，遇下如仇雠。是则尧、舜止一人，而桀、纣以千百，和气不至，盖由于此。谓宜敕示百僚，以惠元元之命。

“又，昔周居洛邑，犹存宗周，汉迁东都，京兆置尹。案春秋之义，有宗庙曰都，无曰邑。况代京，宗庙、山陵所托，王业所基，其为神乡福地，实亦远矣。今便同之郡国，臣窃不安。谓宜建畿置尹，一如故事，崇本重旧，光示万叶。

“又，古者四民异居，欲其业专志定也。太祖道武皇帝创基拨乱，日不暇给，然犹分别士庶，不令杂居，工伎屠沽，各有攸处。但不设科禁，久而混肴。今闻洛邑居民之制，专以官位相从，不分族类。夫官位无常，朝荣夕悴，则是衣冠、皂隶不日同处矣。借使一里之内，或调习歌舞，或讲肄诗书，纵群儿随其所之，则必不弃歌舞而从诗书矣。然则使工伎之家习士人风礼，百年难成，士人之子效工伎容态，一朝而就。是以仲尼称里仁之美，孟母勤三徙之训。此乃风俗之原，不可不察。朝廷每选人士，校其一婚一宦以为升降，何其密也？至于度地居民，则清浊连甍，何其略也？今因迁徙之初，皆是公地，分别工伎，在于一言，有何可疑，而阙盛美。

“又，南人昔有淮北之地，自比中华，侨置郡县。自归附圣化，仍而不改，名实交错，文书难辨。宜依地理旧名，一皆厘革，小者并合，大者分置。及中州郡县，昔以户少并省，今民口既多，亦可复旧。

“又，君人者以天下为家，不可有所私。仓库之储，以供军国之用，自非有功德者，不当加赐。在朝诸贵，受禄不轻，比来颁赉，动以千计。若分以赐鳏寡孤独之民，所济实多。今直以与亲近之臣，殆非周急不继富之谓也。”帝览奏，甚善之。

二月壬寅，魏主北巡。癸卯，济河。三月壬申，至平城。使群臣更论迁都利害，各言其志。燕州刺史穆罴曰：“今四方未定，未宜迁都。且征伐无马，将何以克？”帝曰：“厩牧在代，何患无马？今代在恒山之北，九州之外，非帝王之都也。”尚书于果曰：“臣非以代地为胜伊、洛之美也。但自先帝以来，久居于此，百姓安之，一旦南迁，众情不乐。”平阳公丕曰：“迁都大事，当讯之卜筮。”帝曰：“昔周、邵圣贤，乃能卜宅。今无其人，卜之何益？且‘卜以决疑，不疑何卜？’黄帝卜而龟焦，天老曰‘吉’，黄帝从之。然则至人之知未然，审于龟矣。王者以四海为家，或南或北，何常之有。朕之远祖，世居北荒。平文皇帝始都东木根山，昭成皇帝更营盛乐，道武皇帝迁于平城。朕幸属胜残之运，何为独不得迁乎？”群臣不敢复言。罴，寿之孙；果，烈之弟也。癸酉，魏主临朝堂，部分迁留。

冬十月戊申，魏主亲告太庙，使高阳王雍、于烈奉迁神主于洛阳。辛亥，发平城。

十一月，魏主至洛阳。欲澄清流品，以尚书崔亮兼吏部郎。

十二月，魏主欲变易旧风，壬寅，诏禁士民胡服，国人多不悦。通直散骑常侍刘芳，缵之族弟也，与给事黄门侍郎太原郭祚皆以文学为帝所亲礼，多引与讲论及密议政事。大臣、贵戚皆以为疏己，怏怏有不平之色。帝使给事黄门侍郎陆凯私谕之曰：“至尊但欲广知古事，询访前世法式耳，终不亲彼而相疏也。”众意乃稍解。戊申，诏代民迁洛者复租赋三年。

二年夏五月，魏主欲变北俗，引见群臣，谓曰：“卿等欲朕远追商、周，为欲不及汉、晋邪？”咸阳王禧对曰：“群臣愿陛下度越前王耳。”帝曰：“然则当变风易俗，当因循守故邪？”对曰：“愿圣政日新。”帝曰：“为止于一身，为欲传之子孙邪？”对曰：“愿传之百世。”帝曰：“然则必当改作，卿等不得违也。”对曰：“上令下从，其谁敢违！”帝曰：“夫‘名不正，言不顺，则礼乐不可兴’。今欲断诸北语，一从正音。其年三十已上，习性已久，容不可猝革。三十已下，见在朝廷之人，语音不听仍旧。若有故为，当加降黜，各宜深戒。王、公、卿、士以为然不？”对曰：“实如圣旨。”帝曰：“朕尝与李冲论此，冲曰‘四方之语，竟知谁是，帝者言之，即为正矣’。冲之此言，其罪当死。”因顾冲曰：“卿负社稷，当令御史牵下。”冲免冠顿首谢。又责留守之官曰：“昨望见妇女犹服夹领小袖，卿等何为不遵前诏？”皆谢罪。帝曰：“朕言非是，卿等当庭争，如何入则顺旨，退则不从乎？”六月己亥，下诏：“不得为北俗之语于朝廷，违者免所居官。”

戊午，魏改用长尺、大斗，其法依汉志为之。

秋八月，立国子、太学、四门小学于洛阳。

九月庚午，魏六宫文武悉(还)〔迁〕于洛阳。

冬十二月甲子，魏主引见群臣于光极堂，颁赐冠服。

三年春正月，魏主下诏，以为“北人谓土为拓，后为跋。魏之先出于黄帝，以土德王，故为拓跋氏。夫土者黄中之色，(黄)〔万〕物之元也，宜改姓元氏。诸功臣旧族自代来者，姓或重复，皆改之”。

秋七月，魏太子恂不好学，体素肥大，苦河南地热，常思北归。魏主赐之衣冠，恂常私着胡服。八月戊戌，恂密谋召牧马轻骑奔平城。尚书陆琇启帝，帝引见恂，数其罪，杖之百余下，囚于城西，废为庶人。

初，魏主南迁洛阳，所亲任者多中州儒士，宗室及代人往往不乐。穆泰与陆叡谋作乱。帝召任城王澄于凝闲堂，谓之曰："穆泰谋为不轨，扇诱宗室。脱或必然，今迁都甫尔，北人恋旧，南北纷扰，朕洛阳不立也。此国家大事，非卿不能办。卿虽疾，强为我北行，审观其势。傥其微弱，直往擒之。若已强盛，可承制发并、肆兵击之。"对曰："泰等愚惑，正由恋旧，为此计耳，非有深谋远虑。臣虽驽怯，足以制之，愿陛下勿忧。虽有犬马之疾，何敢辞也。"帝笑曰："任城肯行，朕复何忧。"遂授澄节、铜虎、竹使符、御仗左右，仍行恒州事。

行至雁门，雁门太守夜告云："泰已引兵西就阳平。"澄遽令进发。右丞孟斌曰："事未可量，宜依敕召并、肆兵然后徐进。"澄曰："泰既谋乱，应据坚城，而更迎阳平，度其所为，当似势弱。泰既不相拒，无故发兵，非宜也。但速往镇之，民心自定。"遂倍道兼行。先遣治书侍御史李焕单骑入代，出其不意，晓谕泰党，示以祸福，皆莫为之用。泰计无所出，帅麾下数百人攻焕，不克，走出城西，追擒之。澄亦寻至，穷治党与，收陆叡等百余人，皆系狱，民间帖然。澄具状表闻，帝喜，召公卿以表示之，曰："任城可谓社稷臣也。观其狱辞，正复皋陶何以过之！"顾谓咸阳王禧等曰："汝曹当此，不能办也。"

四年春二月癸酉，魏主至平城，引见穆泰、陆睿之党问之，无一人称枉者，时人皆服任城王澄之明。穆泰及其亲党皆伏诛；赐陆叡死于狱，宥其妻子，徙辽西为民。

初，魏主迁都，变易旧俗，并州刺史新兴公丕皆所不乐。帝以其宗室耆旧，亦不之逼，但诱示大理，令其不生同异而已。及朝臣皆变衣冠，朱衣满坐，而丕独胡服于其间，晚乃稍加冠带，而不能修饰容仪，帝亦不强也。

太子恂自平城将迁洛阳，元隆与穆泰等密谋留恂，因举兵断关，规据陉北。丕在并州，隆等以其谋告之。丕外虑不成，口虽折难，心颇然之。及事觉，丕从帝至平城，帝每推问泰等，常令丕坐观。有司奏元业、元隆、元超罪当族，丕应从坐。帝以丕(常)〔尝〕受诏许以不死，听免死为民，留其后妻二子，与居于太原，杀隆、超、同产乙升，余子徙敦煌。

初，丕、叡与仆射李冲、领军于烈俱受不死之诏。叡既诛，帝赐冲、烈诏曰："叡反逆之志，自负幽冥，违誓在彼，不关朕也。反逆既异，余犯虽欲矜恕，如何可得？然犹不忘前言，听自死别府，免其孥戮。元丕二子、一弟，首为贼端，连坐应死，特恕为民。朕本期始终，而彼自弃绝，违心乖念，一何可悲！故此别示，想无致怪。谋反之外，皎如白日耳。"冲、烈皆上表谢。

臣光曰：夫爵禄废置，杀生予夺，人君所以驭臣之大柄也。是故先王之制，虽有亲、故、贤、能、功、贵、勤、宾，苟有其罪，不直赦也，必议于槐棘之下，可赦则赦，可宥则宥，可刑则刑，可杀则杀，轻重视情，宽猛随时。故君得以施恩而不失其威，臣得以免罪而不敢自恃。及魏则不然，勋贵之臣，往往豫许之以不死；使彼骄而触罪，又从而杀之；是以不信之令诱之使陷于死地也。刑政之失，无此为大焉。

萧鸾篡弑

齐高帝建元二年春三月丁酉朔，以侍中、西昌侯萧鸾为郢州刺史。鸾，帝兄始安贞王道生之子也，早孤，为帝所养，恩过诸子。

四年夏六月甲申朔，立南郡王长懋为皇太子。

武帝永明十一年春正月丙子，文惠太子长懋卒。太子素恶西昌侯鸾，尝谓竟陵王子良曰："我意中殊不喜此人，不解其故，当由其福薄故也。"子良为之救解。及鸾得政，太子子孙无遗焉。

夏四月甲午，立南郡王昭业为皇太孙，东宫文武悉改为太孙官属，以太子妃琅邪王氏为皇太孙太妃，南郡王妃何氏为皇太孙妃。妃，戢之女也。

秋七月戊午，上不豫，诏竟陵王子良甲仗入延昌殿侍医药。子良以萧衍、范云等皆为帐内军主。子良日夜在内，太孙间日参承。

戊寅，上疾亟，暂绝，太孙未入，内外惶惧，百僚皆已变服。中书郎王融欲矫诏立子良，诏草已立。萧衍谓范云曰："道路籍籍，皆云将有非常之举。王元长非济世才，视其败也。"云曰："忧国家者，唯有王中书耳。"衍曰："忧国，欲为周、召，欲为竖刁邪？"云不敢答。及太孙来，王融戎服绛衫，于中书省阁口断东宫仗不得进。顷之，上复苏，问太孙所在，因召东宫器甲皆入，以朝事委尚书左仆射西昌侯鸾。俄而上殂，融处分以子良兵禁诸门。鸾闻之，急驰至云龙门，不得进。鸾曰："有敕召我。"排之而入，奉太孙登殿，命左右扶出子良，指麾部署，音响如钟，殿中无不从命。融知不遂，释服还省，叹曰："公误我。"由是郁林王深怨之。

遗诏曰："太孙进德日茂，社稷有寄。子良善相毗辅，思弘治道，内外众事，无大小悉与鸾参怀，共下意。"

郁林王之未立也，众皆疑立子良，口语喧腾。武陵王晔于众中大言曰："若立长则应在我，立嫡则应在太孙。"由是帝深凭赖之。

初，西昌侯鸾为太祖所爱，鸾性俭素，车服仪从，同于素士，所居官名为严能，故世祖亦重之。世祖遗诏，使竟陵王子良辅政，鸾知尚书事。子良素仁厚，不乐世务，乃更推鸾，故遗诏云“事无大小，悉与鸾参怀”，子良之志也。

帝少养于子良妃袁氏，慈爱甚著。及王融有谋，遂深忌子良。大行出太极殿，子良居中书省，帝使虎贲中郎将潘敞领二百人仗屯太极西阶以防之。既成服，诸王皆出，子良乞停至山陵，不许。

壬午，称遗诏，以武陵王晔为卫将军，与征南大将军陈显达并开府仪同三司，尚书左仆射西昌侯鸾为尚书令，太孙詹事沈文季为护军。癸未，以竟陵王子良为太傅。

郁林王性辩慧，美容止，善应对，哀乐过人，世祖由是爱之。而矫情饰诈，阴怀鄙慝，与左右群小共衣食，同卧起。

始为南郡王，从竟陵王子良在西州，文惠太子每禁其起居，节其用度。王密就富人求钱，无敢不与。别作钥钩，夜开西州后阁，与左右至诸营署中淫宴。师史仁祖、侍书胡天翼相谓曰：“若言之二宫，则其事未易；若于营署为异人所殴及犬物所伤，岂直罪止一身，亦当尽室及祸。年各七十，余生宁足吝邪？”数日间，二人相继自杀，二宫不知也。所爱左右，皆逆加官爵，疏于黄纸，使囊盛带之，许南面之日，依此施行。

侍太子疾及居丧，忧容号毁，见者呜咽。裁还私室，即欢笑酣饮。常令女巫杨氏祷祀，速求天位。及太子卒，谓由杨氏之力，倍加敬信。既为太孙，世祖有疾，又令杨氏祷祀。时何妃犹在西州，世祖疾稍危，太孙与何妃书，纸中央作一大喜字，而作三十六小喜字绕之。

侍世祖疾，言发泪下。世祖以为必能负荷大业，谓曰："五年中一委宰相，汝勿措意；五年外勿复委人。若自作无成，无所多恨。"临终，执其手曰："若忆翁，当好作。"遂殂。大敛始毕，悉呼世祖诸伎，备奏众乐。即位十余日，即收王融下廷尉，使中丞孔稚珪奏融险躁轻狡，招纳不逞，诽谤朝政。融求援于竟陵王子良，子良忧惧，不敢救，遂于狱赐死。

明帝建武元年春正月，西昌侯鸾将谋废立，引前镇西谘议参军萧衍与同谋。荆州刺史随王子隆性温和，有文才，鸾欲征之，恐其不从。衍曰："随王虽有美名，其实庸劣。既无智谋之士，爪牙唯仗司马垣历生、武陵太守卞白龙耳。二人唯利是从，若啖以显职，无有不来，随王止须折简耳。"鸾从之，征历生为太子左卫率，白龙为游击将军，二人并至。续召子隆为侍中、抚军将军。豫州刺史崔慧景，高、武旧将，鸾疑之，以萧衍为宁朔将军，戍寿阳。慧景惧，白服出迎，衍抚安之。

帝宠幸中书舍人綦毋珍之、朱隆之、直閤将军曹道刚、周奉叔、宦者徐龙驹等。珍之所论荐，事无不允。内外要职，皆先论价，旬月之间，家累千金。擅取官物及役作，不俟诏旨。有司至相语云："宁拒至尊敕，不可违舍人命。"帝以龙驹为后閤舍人，常居含章殿，着黄纶帽，被貂裘，南面向案，代帝画敕。左右侍直，与帝不异。

帝自山陵之后，即与左右微服游走市里，好于世宗崇安陵隧中掷涂、赌跳，作诸鄙戏，极意赏赐左右，动至百数十万。每见钱，曰："我昔思汝一枚不得，今日得用汝未？"世祖聚钱上库五亿万，斋库亦出三亿万，金银布帛不可胜计。郁林王即位，未期岁，所用垂尽。入主衣库，令何后及宠姬以诸宝器相投击，破碎之，用为笑乐。蒸于世(祖)〔宗〕幸姬霍氏，更其姓曰徐。朝事大小，皆决于西昌侯鸾。鸾数谏争，帝多不从，心忌鸾，欲除之。以尚书右仆射鄱阳王锵为世(祖)〔宗〕所厚，私谓锵曰："公闻鸾于法身如何？"锵素和谨，对曰："臣鸾于宗戚最长，且受寄先帝。臣等皆年少，朝廷所赖，唯鸾一人，愿陛下无以为虑。"帝退谓徐龙驹曰："我欲与公共计取鸾，公既不同，我不能独办，且复小听。"

卫尉萧谌，世祖之族子也，自世祖在郢州，谌已为腹心。及即位，常典宿卫，机密之事无不预闻。征南谘议萧坦之，谌之族人也，尝为东宫直閤，为世宗所知。帝以二人祖父旧人，甚亲信之。谌每请急出宿，帝通夕不寐，谌还乃安。坦之得出入后宫，帝亵狎宴游，坦之皆在侧。帝醉后，常裸袒，坦之辄扶持谏谕。西昌侯鸾欲有所谏，帝在后宫不出，唯遣谌、坦之径进，乃得闻达。

何后亦淫泆，私于帝左右杨珉，与同寝处如伉俪。又与帝相爱狎，故帝恣之，迎后亲戚入宫，以耀灵殿处之。斋閤通夜洞开，外内淆杂，无复分别。西昌侯鸾遣坦之入奏诛珉，何后流涕覆面，曰："杨郎好年少，无罪，何可枉杀？"坦之附耳语帝曰："外间并云杨珉与皇后有情，事彰遐迩，不可不诛。"帝不得已许之，俄敕原之，已行刑矣。鸾又启诛徐龙驹，帝亦不能违，而心忌鸾益甚。萧谌、萧坦之见帝狂纵日甚，无复悛改，恐祸及己，乃更回意附鸾，劝其废立，阴为鸾耳目，帝不之觉也。

周奉叔恃勇挟势，陵轹公卿。常翼单刀二十口自随，出入禁闼，门卫不敢诃。每语人曰："周郎刀不识君！"鸾忌之，使萧谌、萧坦之说帝，出奉叔为外援，己巳，以奉叔为青州刺史，曹道刚为中军司马。奉叔就帝求千户侯，许之；鸾以为不可，封曲江县男，食三百户。奉叔大怒，于众中攘刀厉色，鸾说谕之，乃受。奉叔辞毕，将之镇，部伍已出。鸾与萧谌称敕，召奉叔于省中，殴杀之，启云"奉叔慢朝廷"。帝不获已，可其奏。

溧阳令钱塘杜文谦，尝为南郡王侍读，前此说綦毋珍之曰："天下事可知，灰尽粉灭，匪朝伊夕，不早为计，吾徒无类矣。"珍之曰："计将安出？"文谦曰："先帝旧人多见摈斥，今召而使之，谁不慷慨？近闻王洪范与宿卫将万灵会等共语，皆攘袂捶床。君其密报周奉叔，使万灵会等杀萧谌，则宫内之兵皆我用也。即勒兵入尚书，斩萧令，两都伯力耳。今举大事亦死，不举事亦死；二死等耳，死社稷可乎！若迟疑不断，复少日，录君，称敕赐死，父母为殉，在眼中矣。"珍之不能用，及鸾杀奉叔，并收珍之、文谦杀之。

秋七月，西昌侯鸾既诛徐龙驹、周奉叔，而尼媪外入者，颇传异语。中书令何胤，以后之从叔，为帝所亲，使直殿省。帝与胤谋诛鸾，令胤受事。胤不敢当，依违谏说，帝意复止。乃谋出鸾于西州，中敕用事，不复关咨于鸾。

是时萧谌、萧坦之握兵权，左仆射王晏总尚书事。谌密召诸王典签，约语之，不许诸王外接人物。谌亲要日久，众皆惮而从之。

鸾以其谋告王晏，晏闻之响应。又告丹杨尹徐孝嗣，孝嗣亦从之。骠骑录事南阳乐豫谓孝嗣曰："外传籍籍，似有伊、周之事。君蒙武帝殊常之恩，荷托附之重，恐不得同人此举。人笑褚公，至今齿冷。"孝嗣心然之而不能从。

帝谓萧坦之曰:“人言镇军与王晏、萧谌欲共废我,似非虚传。卿所闻云何?”坦之曰:“天下宁当有此,谁乐无事废天子邪?朝贵不容造此论,当是诸尼姥言耳,岂可信邪!官若无事除此三人,谁敢自保。”直阁将军曹道刚疑外间有异,密有处分,谋未能发。

时始兴内史萧季敞、南阳太守萧颖基皆内迁,谌欲待二人至,藉其势力以举事。鸾虑事变,以告坦之。坦之驰谓谌曰:“废天子,古来大事。比闻曹道刚、朱隆之等转已猜疑,卫尉明日若不就事,无所复及。弟有百岁母,岂能坐听祸败,正应作余计耳。”谌惶遽从之。

壬辰,鸾使萧谌先入宫,遇曹道刚及中书舍人朱隆之,皆杀之。直后徐僧亮盛怒,大言于众曰:“吾等荷恩,今日应死报。”又杀之。鸾引兵自尚书入云龙门,戎服加朱衣于上,比入门,三失履。王晏、徐孝嗣、萧坦之、陈显达、王广之、沈文季皆随其后。帝在寿昌殿,闻外有变,犹密为手敕呼萧谌,又使闭内殿诸房阁。俄而谌引兵入寿昌阁,帝走趋徐姬房,拔剑自刺,不入,以帛缠颈,舆接出延德殿。谌初入殿,宿卫将士皆操弓楯欲拒战。谌谓之曰:“所取自有人,卿等不须动。”宿卫素隶服于谌,皆信之。及见帝出,各欲自奋,帝竟无一言。行至西弄,杀之。舆尸出殡徐龙驹宅,葬以王礼。徐姬及诸嬖幸皆伏诛。鸾既弑帝,欲作太后令,徐孝嗣于袖中出而进之,鸾大悦。癸巳,以太后令追废帝为郁林王,又废何后为王妃,迎立新安王昭文。

丁酉,新安王即皇帝位,时年十五。以西昌侯鸾为骠骑大将军、录尚书事、扬州刺史、宣城郡公。大赦,改元延兴。

八月,以始安王遥光为南郡太守,不之官。遥光,鸾之兄子也。鸾有异志，遥光赞成之，凡大诛赏，无不预谋。戊申，以中书郎萧遥欣为兖州刺史。遥欣，遥光之弟也。鸾欲树置亲党，故用之。

郁林王之废也，鄱阳王锵初不知谋。及宣城公鸾势益重，中外皆知其蓄不臣之志。锵每诣鸾，鸾常屣履至车后迎之，语及家国，言泪俱发，锵以此信之。宫台之内皆属意于锵，劝锵入宫，发兵辅政。制局监谢粲说锵及随王子隆曰："二王但乘油壁车入宫，出天子置朝堂，夹辅号令，粲等闭城门、上仗，谁敢不同？东城人正共缚送萧令耳。"子隆欲定计，锵以上台兵力既悉度东府，且虑事不捷，意甚犹豫。马队主刘巨，世祖时旧人，诣锵请间，叩头劝锵立事。锵命驾将入，复还内，与母陆太妃别，日暮不成行。典签知其谋，告之。九月癸酉，鸾遣兵二千人围锵第，杀锵，遂杀子隆及谢粲等。于时太祖诸子，子隆最壮大，有才能，故鸾尤忌之。

江州刺史晋安王子懋闻鄱阳、随王死，欲起兵，谓防閤吴郡陆超之曰："事成则宗庙获安，不成犹为义鬼。"防閤丹阳董僧慧曰："此州虽小，宋孝武尝用之。若举兵向阙以请郁林之罪，谁能御之！"子懋母阮氏在建康，密遣书迎之，阮氏报其同母兄于(谣)〔瑶〕之为计。(谣)〔瑶〕之驰告宣威公鸾。乙亥，假鸾黄钺，内外纂严。遣中护军王玄邈讨子懋，又遣军主裴叔业与于(谣)瑶之先袭寻阳，声云为郢府司马。子懋知之，遣三百人守湓城。叔业溯流直上，至夜，回袭湓城，城局参军乐贲开门纳之。子懋闻之，帅府州兵力据城自守。子懋部曲多雍州人，皆踊跃愿奋。叔业畏之，遣于(谣)〔瑶〕之说子懋曰："今还都必无过忧，正当作散官，不失富贵也。"子懋既不出兵攻叔业，众情稍沮。中兵参军于琳之，瑶之兄也，说子懋重赂叔业，可以免祸。子懋使琳之往，琳之因说叔业取子懋。叔业遣军主徐玄庆将四百人随琳之入州城，僚佐皆奔散。琳之从二百人，拔白刃入斋，子懋骂曰："小人，何忍行此！"琳之以袖鄣面，使人杀之。王玄邈执董僧慧，将杀之，僧慧曰："晋安举义兵，仆实豫其谋，得为主人死，不恨矣。愿至大敛毕，退就鼎镬。"玄邈义之，具以白鸾，免死配东冶。子懋子昭基，九岁，以方二寸绢为书，参其消息，并遗钱五百，行金得达，僧慧视之曰："郎君书也。"悲恸而卒。于琳之劝陆超之逃亡。超之曰："人皆有死，此不足惧。吾若逃亡，非唯孤晋安之眷，亦恐田横客笑人。"玄邈等欲囚以还都，超之端坐俟命。超之门生谓杀超之当得赏，密自后斩之，头坠而身不僵。玄邈厚加殡敛，门生亦助举棺，棺坠，压其首，折颈而死。

鸾遣平西将军王广之袭南兖州刺史安陆王子敬。广之至欧阳，遣部将济阴陈伯之先驱。伯之因城开，独入斩子敬。

鸾又遣徐玄庆西上害诸王。临海王昭秀为荆州刺史，西中郎长史何昌寓行州事。玄庆至江陵，欲以便宜从事。昌寓曰："仆受朝廷意寄，翼辅外藩。殿下未有愆失，君以一介之使来，何容即以相付邪？若朝廷必须殿下，当自启闻，更听后旨。"昭秀由是得还建康。昌寓，尚之之弟子也。

鸾以吴兴太守孔琇之行郢州事，欲使之杀晋熙王銶。琇之辞，不许，遂不食而死。琇之，靖之孙也。

裴叔业自寻阳仍进向湘州，欲杀湘州刺史南平王锐。防閤周伯玉大言于众曰："此非天子意。今斩叔业，举兵匡社稷，谁敢不从！"锐典签叱左右斩之。乙酉，杀锐。又杀郢州刺史晋熙王銶、南豫州刺史宜都王铿。

冬十月，以宣城公鸾为太傅、领大将军、扬州牧、都督中外诸军事，加殊礼，进爵为王。

宣城王谋继大统，多引朝廷名士与参筹策。侍中谢朏心不愿，乃求出为吴兴太守。至郡，致酒数斛，遗其弟吏部尚书瀹，为书曰："可力饮此，勿豫人事。"

臣光曰：臣闻"衣人之衣者怀人之忧，食人之食者死人之事"。二谢兄弟，比肩贵近，安享荣禄，危不预知。为臣如此，可谓忠乎！

宣城王虽专国政，人情犹未服。王胛上有赤志，骠骑谘议参军考城江(祐)〔祏〕劝王出以示人。王以示晋寿太守王洪范曰："人言此是日月相，卿幸勿泄。"洪范曰："公日月在躯，如何可隐，当转言之。"王母，祏之姑也。

戊戌，杀桂阳王铄、衡阳王钧、江夏王锋、建安王子真、巴陵王子伦。

铄与鄱阳王锵齐名。锵好文章，铄好名理，时人称为"鄱、桂"。锵死，铄不自安，至东府见宣城王，还谓左右曰："向录公见接殷勤，流连不能已，而面有惭色，此必欲杀我。"是夕，遇害。

宣城王每杀诸王，常夜遣兵围其第，斩关逾垣，呼噪而入，家赀皆封籍之。江夏王锋有才行，宣城王尝与之言："遥光才力可委。"锋曰："遥光之于殿下，犹殿下之于高皇，卫宗庙，安社稷，实有攸寄。"宣城王失色。及杀诸王，锋遗宣城王书，诮责之。宣城王深惮之，不敢于第收锋，使兼祠官于太庙，夜，遣兵庙中收之。锋出登车，兵人欲上车，锋有力，手击数人，皆仆地，然后死。

宣城王遣典签柯令孙杀建安王子真，子真走入床下，令孙手牵出之，叩头乞为奴，不许而死。

又遣中书舍人茹法亮杀巴陵王子伦。子伦性英果,时为南兰陵太守,镇琅邪,城有守兵。宣城王恐不肯就死,以问典签华伯茂,伯茂曰:"公若以兵取之,恐不可即办,若委伯茂,一夫力耳。"乃手自执酖逼之。子伦正衣冠,出受诏,谓法亮曰:"先朝昔灭刘氏,今日之事,理数固然。君是身家旧人,今衔此使,当由事不获已。此酒非劝酬之爵。"因仰之而死,时年十六。法亮及左右皆流涕。

初,诸王出镇,皆置典签,主帅一方之事,悉以委之。时入奏事,一岁数返。时主辄与之间语,访以州事,刺史美恶,专系其口,自刺史以下,莫不折节奉之,恒虑弗及。于是威行州部,大为奸利。武陵王晔为江州,性烈直,不可干。典签赵渥之谓人曰:"今出都易刺史。"及见世祖,盛毁之,晔遂免还。

南海王子罕戍琅邪,欲暂游东堂,典签姜秀不许。子罕还,泣谓母曰:"儿欲移五步亦不得,与囚何异?"邵陵王子贞尝求熊白,厨人答"典签不在",不敢与。

永明中,巴东王子响杀刘寅等,世祖闻之,谓群臣曰:"子响遂反!"戴僧静大言曰:"诸王都自应反,岂唯巴东!"上问其故,对曰:"天王无罪,而一时被囚。取一挺藕、一杯浆皆谘签帅,签帅不在,则竟日忍渴。诸州唯闻有签帅,不闻有刺史,何得不反!"竟陵王子良尝问众曰:"士大夫何意诣签帅?"参军范云曰:"诣长史以下皆无益,诣签帅立有倍本之价,不诣谓何。"子良有愧色。及宣城王诛诸王,皆令典签杀之,竟无一人能抗拒者。孔珪闻之流涕曰:"齐之衡阳、江夏最有意,而复害之。若不立签帅,故当不至于此。"宣城王亦深知典签之弊,乃诏:"自今诸州有急事,当密以奏闻,勿复遣典签入都。"自是典签之任浸轻矣。

萧子显论曰：帝王之子，生长富厚，朝出闺阃，暮司方岳，防骄翦逸，积代常典。故辅以上佐，简自帝心。劳旧左右，用为主帅，饮食游居，动应闻启，处地虽重，行已莫由。威不在身，恩未下及，一朝艰难总至，望其释位扶危，何可得矣。斯宋氏之余风，至齐室而尤弊也。

海陵王在位，起居饮食，皆谘宣城王而后行。尝思食蒸鱼菜，太官令答无录公命，竟不与。辛亥，皇太后令曰："嗣主冲幼，庶政多昧，且早婴尫疾，弗克负荷。太傅宣城王胤体宣皇，钟慈太祖，宜入承宝命。帝可降封海陵王，吾当归老别馆。"且以宣城王为太祖第三子。癸亥，高宗即皇帝位，大赦，改元。以太尉王敬则为大司马，司空陈显达为太尉，尚书令王晏加骠骑大将军，左仆射徐孝嗣加中军大将军，中领军萧谌为领军将军。

度支尚书虞悰称疾不陪位。帝以悰旧人，欲引参佐命，使王晏赍废立事示悰。悰曰："主上圣明，公卿戮力，宁假朽老以赞维新乎？不敢闻命。"因恸哭。朝议欲纠之，徐孝嗣曰："此亦古之遗直。"乃止。

十一月，上诈称海陵恭王有疾，数遣御师瞻视，因而殒之，葬礼并依汉东海恭王故事。

通鉴纪事本末卷第二十一

元魏寇齐

齐明帝建武元年。魏主以上废海陵王自立，谋大举入寇。会边将言，雍州刺史下邳曹虎遣使请降于魏，十二月辛丑朔，魏遣行征南将军薛真度督四将向襄阳，大将军刘昶、平南将军王肃向义阳，徐州刺史拓跋衍向钟离，平南将军广平刘藻向南郑。真度，安都从祖弟也。以尚书卢渊为安南将军，督襄阳前锋诸军。渊辞以不习军旅，不许。渊曰："但恐曹虎为周鲂耳。"

魏主欲自将入寇。癸卯，中外戒严。戊申，诏代民迁洛者复租赋三年。相州刺史高闾上表称："洛阳草创，曹虎既不遣质任，必非诚心，无宜轻举。"魏主不从。久之，虎使竟不再来。魏主引公卿议行留之计，公卿或以为宜止，或以为宜行。帝曰："众人纷纭，莫知所从。必欲尽行留之势，宜有客主，共相起发。任城、镇南为留议，朕为行论，诸公坐听得失，长者从之。"众皆曰："诺。"镇南将军李冲曰："臣等正以迁都草创，人思少安，为内应者未得审谛，不宜轻动。"帝曰："彼降款虚实，诚未可知。若其虚也，朕巡抚淮甸，访民疾苦，使彼知君德之所在，有北向之心。若其实也，今不以时应接，则失乘时之机，孤归义之诚，败朕大略矣。”任城王澄曰：“虎无质任，又使不再来，其诈可知也。今代都新迁之民，皆有恋本之心。扶老携幼，始就洛邑，居无一椽之室，食无甔石之储。又冬月垂尽，东作将起，乃‘百堵皆兴’、‘俶载南亩’之时，而驱之使擐甲执兵，泣当白刃，殆非歌舞之师也。且诸军已进，非无应接。若降款有实，待既平樊、沔，然后銮舆顺动，亦何晚之有？今率然轻举，上下疲劳，若空行空返，恐挫损天威，更成贼气，非策之得者也。”司空穆亮以为宜行，公卿皆同之。澄谓亮曰：“公辈在外之时，见张旗授甲，皆有忧色，平居论议，不愿南征，何得对上即为此语？面背不同，事涉欺佞，岂大臣之义，国士之体乎！万一倾危，皆公辈所为也。”冲曰：“任城王可谓忠于社稷。”帝曰：“任城以从朕者为佞，不从朕者岂必皆忠。夫小忠者大忠之贼，无乃似诸。”澄曰：“臣愚暗，虽涉小忠，要是竭诚谋国，不知大忠者竟何所据。”帝不从。

辛亥，发洛阳，以北海王详为尚书仆射，统留台事；李冲兼仆射，同守洛阳。给事黄门侍郎崔休为左丞，赵郡王幹都督中外诸军事，始平王勰将宗子军宿卫左右。休，逞之玄孙也。戊辰，魏主至悬瓠。己巳，诏寿阳、钟离、马头之师所获男女皆放还南。曹虎果不降。

魏主命卢渊攻南阳。渊以军中乏粮，请先攻赭阳以取叶仓，魏主许之。乃与征南大将军城阳王鸾、安南将军李佐、荆州刺史韦珍共攻赭阳。鸾，长寿之子；佐，宝之子也。北襄城太守成公期闭城拒守。薛真度军于沙堨，南阳太守房伯玉、新野太守刘思忌拒之。

二年春正月壬申，遣镇南将军王广之督司州，右卫将军萧坦之督徐州，尚书右仆射沈文季督豫州诸军以拒魏。

癸酉，魏诏："淮北之人不得侵掠，犯者以大辟论。"乙未，拓跋衍攻钟离，徐州刺史萧惠休乘城拒守，间出袭击魏兵，破之。惠休，惠明之弟也。刘昶、王肃攻义阳，司州刺史萧诞拒之。肃屡破诞兵，招降万余人。魏以肃为豫州刺史。刘昶性褊躁，御军严暴，人莫敢言。法曹行参军北平阳固苦谏，昶怒，欲斩之，使当攻道。固志意闲雅，临敌勇决，昶始奇之。

丁酉，中外纂严。以太尉陈显达为使持节、都督西北讨诸军事，往来新亭、白下以张声势。

己亥，魏主济淮，二月，至寿阳，众号三十万，铁骑弥望。甲辰，魏主登八公山，赋诗。道遇甚雨，命去盖；见军士病者，亲抚慰之。

魏主遣使呼城中人，丰城公遥昌使参军崔庆远出应之。庆远问师故，魏主曰："固当有故。卿欲我斥言之乎，欲我含垢依违乎？"庆远曰："未承来命，无所含垢。"魏主曰："齐主何故废立？"庆远曰："废昏立明，古今非一，未审何疑？"魏主曰："武帝子孙，今皆安在？"庆远曰："七王同恶，已伏管、蔡之诛。其余二十余王，或内列清要，或外典方牧。"魏主曰："卿主若不忘忠义，何以不立近亲，如周公之辅成王，而自取之乎？"庆远曰："成王有亚圣之德，故周公得而相之。今近亲皆非成王之比，故不可立。且霍光亦舍武帝近亲而立宣帝，唯其贤也。"魏主曰："霍光何以不自立？"庆远曰："非其类也。主上正可比宣帝，安得比霍光。若尔，武王伐纣，不立微子而辅之，亦为苟贪天下乎？"魏主大笑曰："朕来问罪。如卿之言，便可释然。"庆远曰："'见可而进，知难而退'，圣人之师也。"魏主曰："卿欲吾和亲，为不欲乎？"庆远曰："和亲则二国交欢，生民蒙福；否则二国交恶，生民涂炭。和亲与否，裁自圣衷。"魏主赐庆远酒肴、衣服而遣之。

戊申，魏主循淮而东，民皆安堵，租运属路。丙辰，至钟离。

上遣左卫将军崔慧景、宁朔将军裴叔业救钟离。刘昶、王肃众号二十万，堑栅三重，并力攻义阳，城中负楯而立。王广之引兵救义阳，去城百余里，畏魏强，不敢进。城中益急，黄门侍郎萧衍请先进，广之分麾下精兵配之。衍间道夜发，与太子右率萧诔等径上贤首山，去魏军数里。魏人出不意，未测多少，不敢逼。黎明，城中望见援军至，萧诞遣长史王伯瑜出攻魏栅，因风纵火，衍等众军自外击之，魏不能支，解围去。己未，诞等追击，破之。诔，谌之弟也。

先是，上以义阳危急，诏都督青冀二州诸军事张冲出军攻魏，以分其兵势。冲遣军主桑係祖攻魏建陵、驿马、厚丘三城，又遣军主杜僧护攻魏虎阬、冯时、即丘三城，皆拔之。青冀二州刺史王洪范遣军主崔延袭魏纪城，据之。

魏主欲南临江水，辛酉，发钟离。司徒长乐元懿公冯诞病，不能从，魏主与之泣诀，行五十里，闻诞卒。时崔慧景等军去魏主营不过百里，魏主轻将数千人夜还钟离，拊尸而哭，达旦，声泪不绝。壬戌，敕诸军罢临江之行，葬诞依晋齐献王故事。诞与帝同年，幼同砚席，尚帝妹乐安长公主，虽无学术，而资性淳笃，故特有宠。丁卯，魏主遣使临江，数上罪恶。

魏久攻钟离不克，士卒多死。三月戊寅，魏主如邵阳，筑城于洲上，栅断水路，夹筑二城。萧坦之遣军主裴叔业攻二城，拔之。魏主欲筑城置戍于淮南，以抚新附之民，赐相州刺史高闾玺书，具论其状。闾上表，以为："兵法'十则围之，五则攻之'。向者国家止为受降之计，发兵不多，东西辽阔，难以成功。今又欲置戍淮南，招抚新附。皆世祖以回山倒海之威，步骑数十万，南临瓜步，诸郡尽降，而盱眙小城，攻之不克。班师之日，兵不戍一城，土不辟一廛。夫岂无人？以为大镇未平，不可守小故也。夫壅水者先塞其原，伐木者先断其本。本原尚在而攻其末流，终无益也。寿阳、盱眙、淮阴，淮南之本原也，三镇不克其一，而留守孤城，其不能自全明矣。敌之大镇逼其外，长淮隔其内，少置兵则不足以自固，多置兵则粮运难通。大军既还，士心孤怯，夏水盛涨，救援甚难，以新击旧，以劳御逸，若果如此，必为敌擒，虽忠勇奋发，终何益哉！且安土恋本，人之常情。昔彭城之役，既克大镇，城戍已定，而不服思叛者犹逾数万。角城蕞尔处在淮北，去淮阳十八里。五固之役，攻围历时，卒不能克。以今准昔，事兼数倍。天时向热，雨水方降，愿陛下踵世祖之成规，旋辕返斾，经营洛邑，蓄力观衅，布德行化，中国既和，远人自服矣。"尚书令陆叡上表，以为："长江浩荡，彼之巨防。又南土昏雾，暑气郁蒸，师人经夏，必多疾病。而迁鼎草创，庶事甫尔，台省无论政之馆，府寺靡听治之所，百僚居止，事等行路，沉雨炎阳，自成疠疫。且兵徭并举，圣王所难。今介胄之士，外攻寇仇，羸弱之夫，内勤土木，运给之费，日损千金。驱罢弊之兵，讨坚城之虏，将何以取胜乎？陛下去冬之举，正欲曜武江、汉耳，今自春几夏，理宜释甲。愿且还洛邑，使根本深固，圣怀无内顾之忧，兆民休斤板之役，然后命将出师，何忧不服。"魏主纳其言。

崔慧景以魏人城邵阳，患之。张欣泰曰："彼有去志，所以筑城者，外自夸大，惧我蹑其后耳。今若说之以两愿罢兵，彼无不听矣。"慧景从之，使欣泰诣城下语魏人，魏主乃还。

济淮，余五将未济，齐人据渚邀断津路。魏主募能破中渚兵者以为直閤将军，军主代人奚康生应募，缚筏积柴，因风纵火，烧齐船舰，依烟直进，飞刀乱斫，中渚兵遂溃。魏主假康生直阁将军。

魏主使前将军杨播将步卒三千、骑五百为殿。时春水方长，齐兵大至，战舰塞川。播结陈于南岸以御之，诸军尽济。齐兵四集围播，播为圆陈以御之，身自搏战，所杀甚众。相拒再宿，军中食尽，围兵愈急。魏主在北岸望之，以水盛不能救。既而水稍减，播引精骑三百历齐舰大呼曰："我今欲渡，能战者来！"遂拥众而济。播，椿之兄也。

魏军既退，邵阳洲上余兵万人，求输马五百匹，假道以归。崔慧景欲断路攻之，张欣泰曰："归师勿遏，古人畏之，兵在死地，不可轻也。今胜之不足为武，不胜徒丧前功，不如许之。"慧景从之。萧坦之还，言于上曰："邵阳洲有死贼万人，慧景、欣泰纵而不取。"由是皆不加赏。甲申，解严。

初，上闻魏主欲饮马于江，惧，敕广陵太守行南兖州事萧颖胄移居民入城，民惊恐，欲席卷南渡。颖胄以魏寇尚远，不即施行，魏兵竟不至。颖胄，太祖之从子也。

上遣尚书右仆射沈文季助丰城公遥昌守寿阳。文季入城，止游兵不听出，洞开城门，严加守备。魏兵寻退。

魏之入寇也，卢昶等犹在建康，齐人恨之，饲以蒸豆。昶怖惧，食之，泪汗交横。谒者张思宁辞气不屈，死于馆下。及还，魏主让昶曰："人谁不死，何至自同牛马，屈身辱国！纵不远惭苏武，独不近愧思宁乎？"乃黜为民。

魏主之在钟离也，仇池镇都大将、梁州刺史拓拔英请以州兵会刘藻击汉中，魏主许之。梁州刺史萧懿遣部将尹绍祖、梁季群等将兵二万，据险，立五栅以拒之。英曰："彼帅贱，莫相统壹。我选精卒并攻一营，彼必不相救；若克一营，四营皆走矣。"乃引兵急攻一营，拔之，四营俱溃，生擒梁季群，斩三千余级，俘七百余人，乘胜长驱，进逼南郑。懿又遣其将姜脩击英，英掩击，尽获之。将还，懿别军继至，将士皆已疲，不意其至，大惧，欲走。英故缓辔徐行，神色自若，登高望敌，东西指麾，状若处分，然后整列而前。懿军疑有伏兵，迁延引退，英追击，破之，遂围南郑。禁将士毋得侵暴，远近悦附，争供租运。懿婴城自守，军主范絜先将三千余人在外，还救南郑，英掩击，尽获之。围城数十日，城中恼惧。录事参军新野庾域封题空仓数十，指示将士曰："此中粟皆满，足支二年，但努力坚守。"众心乃安。会魏主召英还，英使老弱先行，自将精兵为后拒，遣使与懿告别。懿以为诈，英去一日，犹不开门，二日，乃遣将追之。英与士卒下马交战，懿兵不敢逼，行四日四夜，懿兵乃返。英入斜谷，会天大雨，士卒截竹贮米，执炬火于马上炊之。先是，懿遣人诱说仇池诸氐，使起兵断英运道及归路。英勒兵奋击，且战且前，矢中英颊，卒全军还仇池，讨叛氐，平之。英，桢之子；懿，衍之兄也。

英之攻南郑也，魏主诏雍、泾、岐三州发兵六千人戍南郑，俟克城则遣之。侍中兼左仆射李冲表谏曰："秦川险厄，地接羌夷。自西师出后，饷援连续，加氐胡叛逆，所在奔命，运粮擐甲，迄兹未已。今复豫差戍卒，悬拟山外，虽加优复，恐犹惊骇。脱终攻不克，徒动民情，连胡结夷，事或难测。辄依旨密下刺史，待军克郑城，然后差遣。如臣愚见，犹谓未足。何者？西道险厄，单径千里，今欲深戍绝界之外，孤据群贼之中，敌攻不可猝援，食尽不可运粮。古人有言，‘虽鞭之长，不及马腹’，南郑于国，实为马腹也。且魏境所掩，九州过八，民人所臣，十分而九，所未民者，唯漠北之与江外耳。羁之在近，岂汲汲于今日也。宜待疆宇既广，粮食既足，然后置邦树将，为吞并之举。今钟离、寿阳密迩未拔，赭城、新野跬步弗降。东道既未可以近力守，西藩宁可以远兵固。若果欲置者，臣恐终以资敌也。又，建都土中，地接寇壤，方须大收死士，平荡江会，若轻遣单寡，弃令陷没，恐后举之日，众以留守致惧，求其死效，未易可获。推此而论，不戍为上。”魏主从之。

魏城阳王鸾等攻赭阳。诸将不相统壹，围守百余日，诸将欲案甲不战以疲之。李佐独昼夜攻击，士卒死者甚众，帝遣太子右卫率垣历生救之。诸将以众寡不敌，欲退，佐独帅骑二千逆战而败。卢渊等引去，历生追击，大破之。历生，荣祖之从弟也。南阳太守房伯玉等又败薛真度于沙堨。

鸾等见魏主于瑕丘。魏主责之曰：“卿等沮辱威灵，罪当大辟，朕以新迁洛邑，特从宽典。”五月己巳，降封鸾为定襄县王，削户五百；卢渊、李佐、韦珍皆削官爵为民，佐仍徙瀛州。以薛真度与其从兄安都有开徐方之功，听存其爵及荆州刺史，余皆削夺，曰：“进足明功，退足彰罪矣。”

癸未，魏主还洛阳，告于太庙。甲申，减冗官之禄以助军国之用。乙酉，行饮至之礼。班赏有差。

三年冬闰十月，魏主谋入寇，引见公卿于清徽堂，曰：“朕卜宅土中，纲条粗举，唯南寇未平，安能效近世天子下帷于深宫之中乎？朕今南征决矣，但未知早晚之期。比来术者皆云，今往必克，此国之大事，宜君臣各尽所见，勿以朕先言而依违于前，同异于后也。”李冲对曰：“凡用兵之法，宜先论人事，后察天道。今卜筮虽吉，而人事未备，迁都尚新，秋谷不稔，未可以兴师旅，如臣所见，宜俟来秋。”帝曰：“去十七年，朕拥兵二十万，此人事之盛也，而天时不利。今天时既从，复云人事未备。如仆射之言，是终无征伐之期也。寇戎咫尺，异日将为社稷之忧，朕何敢自安！若秋行不捷，诸君当尽付司寇，不可不尽怀也。”

四年六月壬戌，魏发冀、定、瀛、相、济五州兵二十万，将入寇。八月丙辰，魏诏中外戒严。甲戌，魏讲武于华林园。庚辰，军发洛阳。使吏部尚书任城王澄居守，以御史中尉李彪兼度支尚书，与仆射李冲参治留台事。假彭城王勰中军大将军，勰辞曰：“亲疏并用，古之道也。臣独何人，频烦宠授！昔陈思求而不允，愚臣不请而得，何否泰之相远也？”魏主大笑，执勰手曰：“二曹以才名相忌，吾与汝以道德相亲。”

上遣军主、直閤将军胡松助北襄城太守成公期戍赭阳，军主鲍举助西汝南北义阳二郡太守黄瑶起戍舞阴。

初，魏迁洛阳，荆州刺史薛真度劝魏主先取樊、邓。真度引兵寇南阳，太守房伯玉击败之。魏主怒，以南阳小郡，志必灭之，遂引兵向襄阳，彭城王勰等三十六军前后相继，众号百万，吹唇沸地。九月辛丑，魏主留诸将攻赭阳，自引兵南下。癸卯，至宛，夜袭其郛，克之。房伯玉婴内城拒守，魏主遣中书舍人孙延景谓伯玉曰：“我今荡壹六合，非如向时冬来春去，不有所克，终不还北。卿此城当我六龙之首，无容不先攻取，远期一年，近止一月。封侯、枭首，事在俯仰，宜善图之！且卿有三罪，今令卿知：卿先事武帝，蒙殊常之宠，不能建忠致命而尽节于其仇，罪一也。顷年薛真度来，卿伤我偏师，罪二也。今鸾辂亲临，不面缚麾下，罪三也。”伯玉遣军副乐稚柔对曰：“承欲攻围，期于必克。卑微常人，得抗大威，真可谓获其死所。外臣蒙武帝采拔，岂敢忘恩。但嗣君失德，主上光绍大宗，非唯副亿兆之深望，抑亦兼武皇之遗敕，是以区区尽节，不敢失坠。往者北师深入，寇扰边民，辄厉将士以修职业。返己而言，不应垂责。”宛城东南隅沟上有桥，魏主引兵过之。伯玉使勇士数人，衣斑衣，戴虎头帽，伏于窦下，突出击之，魏主人马俱惊，召善射者原灵度射之，应弦而毙，乃得免。

丁未，魏主发南阳，留太尉咸阳王禧等攻之。己酉，魏主至新野，新野太守刘思忌拒守。冬十月丁巳，魏军攻之不克，筑长围守之，遣人谓城中曰：“房伯玉已降，汝何为独取糜碎？”思忌遣人对曰：“城中兵食犹多，未暇从汝小虏语也。”魏右军府长史韩显宗将别军屯赭阳，成公期遣胡松引蛮兵攻其营，显宗力战，破之，斩其裨将高法援。显宗至新野，魏主谓曰：“卿破贼斩将，殊益军势。朕方攻坚城，何为不作露布？”对曰：“顷闻镇南将军王肃获贼二三人，驴马数匹，皆为露布，臣在东观私常哂之。近虽仰凭威灵，得摧丑虏，兵寡力弱，擒斩不多，脱复高曳长缣，虚张功烈，尤而效之，其罪弥大。臣所以不敢为之，解上而已。”魏主益贤之。

上诏徐州刺史裴叔业引兵救雍州。叔业启称：“北人不乐远行，唯乐钞掠。若侵虏境，则司、雍之寇自然分矣。”上从之。叔业引兵攻虹城，获男女四千余人。

甲戌，遣太子中庶子萧衍、右军司马张稷救雍州。十一月甲午，前军将军韩秀方等十五将降于魏。丁酉，魏败齐兵于沔北，将军王伏保等为魏所获。

新野人张睹帅万余家据栅拒魏。十二月庚申，魏人攻拔〔之〕。雍州刺史曹虎与房伯玉不协，故缓救之，顿军樊城。

丁丑，诏遣度支尚书崔慧景救雍州，假慧景节，帅众二万、骑千匹向襄阳，雍州众军并受节度。

庚午，魏主南临沔水。戊寅，还新野。

将军王昙纷以万余人攻魏南青州黄郭戍，魏戍主崔僧渊破之，举军皆没。将军鲁康祚、赵公政将兵万人侵魏太仓口，魏豫州刺史王肃使长史清河傅永将甲士三千击之。康祚等军于淮南，永军于淮北，相去十余里。永曰："南人好夜斫营，必于渡淮之所置火以记浅处。"乃夜分兵为二部，伏于营外，又以瓠贮火，密使人过淮南岸，于深处置之，戒曰："见火起，则亦然之。"是夜，康祚等果引兵斫永营，伏兵夹击之。康祚等走趣淮水，火既竞起，不知所从，溺死及斩首数千级，生擒公政，获康祚之尸以归。豫州刺史裴叔业侵魏楚王戍，肃复令永击之。永将心腹一人驰诣楚王戍，令填外堑，夜伏战士千人于城外。晓而叔业等至城东，部分将置长围。永伏兵击其后军，破之。叔业留将佐守营，自将精兵数千救之。永登门楼，望叔业南行数里，即开门奋击，大破之，获叔业伞扇、鼓幕、甲仗万余。叔业进退失据，遂走。左右欲追之，永曰："吾弱卒不满三千，彼精甲犹盛，非力屈而败，自堕吾计中耳。既不测我之虚实，足使丧胆，俘此足矣，何更追之？"魏主遣谒者就拜永安远将军、汝南太守，封贝丘县男。永有勇力，好学能文。魏主常叹曰："上马能击贼，下马作露版，唯傅脩期耳。"

永泰元年春正月，魏统军李佐攻新野，丁亥，拔之。缚刘思忌，问之曰："今欲降未？"思忌曰："宁为南鬼，不为北臣！"乃杀之。于是沔北大震。戊子,湖阳戍主蔡道福,辛卯,赭阳戍主成公期,壬辰,舞阴戍主黄瑶起、南乡太守席谦相继南遁。瑶起为魏所获,魏主以赐王肃,肃脔而食之。乙巳,命太尉陈显达救雍州。

庚戌,魏主如南阳。二月癸丑,诏左卫将军萧惠休救寿阳。甲子,魏人拔宛北城,房伯玉面缚出降。伯玉从父弟思安为魏中统军,数为伯玉泣请,魏主乃赦之。庚午,魏主如新野。辛巳,以彭城王勰为使持节、都督南征诸军事、中军大将军、开府仪同三司。

三月壬午朔,崔慧景、萧衍大败于邓城。时慧景至襄阳,五郡已没,慧景与衍及军主刘山阳、傅法宪等帅五千余人进行邓城,魏数万骑奄至,诸军登城拒守。时将士蓐食轻行,皆有饥惧之色。衍欲出战,慧景曰:"虏不夜围人城,待日暮自当去。"既而魏众转至。慧景于南门拔军去,诸军不相知,相继皆遁。魏兵自北门入,刘山阳与部曲数百人断后死战,且战且却行。慧景过闹沟,军人相蹈藉,桥皆断坏。魏兵夹路射之,杀傅法宪,士卒赴沟死者相枕,山阳取袄仗填沟乘之,得免。魏主将大兵追之,晡时至沔。山阳据城苦战,至暮,魏兵乃退。诸军恐惧,是夕,皆下船还襄阳。庚寅,魏主将十万众,羽仪华盖,以围樊城,曹虎闭门自守。魏主临沔水,望襄阳岸,乃去,如湖阳。辛亥,如悬瓠。

魏镇南将军王肃攻义阳,裴叔业将兵五万围涡阳以救义阳。魏南兖州刺史济北孟表守涡阳,粮尽,食草木皮叶。叔业积所杀魏人高五丈以示城内。别遣军主萧璝等攻龙亢,魏广陵王羽救之。叔业引兵击羽,大破之,追获其节。魏主使安远将军傅永、征虏将军刘藻、假辅国将军高聪等救涡阳,并受王肃节度。叔业进击,大破之,聪奔悬瓠,永收散卒徐还。叔业再战,凡斩首万级,俘二千余人,获器械杂畜财物以千万计。魏主命锁三将诣悬瓠,刘藻、高聪免死,徙平州,傅永夺官爵,黜王肃为平南将军。肃表请更遣军救涡阳,魏主报曰:“观卿意,必以藻等新败,故难于更往。朕今少分兵则不足制敌,多分兵则禁旅有阙,卿审图之。义阳当止则止,当下则下;若失涡阳,卿之过也。”肃乃解义阳之围,与统军杨大眼、奚康生等步骑十余万救涡阳。叔业见魏兵盛,夜引兵退。明日,士众奔溃,魏人追之,杀伤不可胜数。叔业还保(义阳)〔涡口〕。

夏四月庚午,魏发州郡二十万人,期八月中旬集悬瓠。

秋七月己酉,上殂于正福殿。太子即位。

九月己亥,魏主闻高宗殂,下诏称“礼不伐丧”,引兵还。

魏主得疾,甚笃。丙午,发悬瓠,舍于汝滨。冬十一月辛巳,魏主如邺。

东昏侯永元元年春正月,太尉陈显达督平北将军崔慧景等军四万击魏,欲复雍州诸郡。癸未,魏遣前将军元英拒之。乙酉,魏主发邺。二月。陈显达与魏元英战,屡破之。攻马圈城四十日,城中食尽,啖死人肉及树皮。癸酉,魏人突围走,斩获千计。显达入城,将士竞取城中绢,遂不穷追。显达又遣军主庄丘黑进击南乡,拔之。

魏主谓任城王澄曰:“显达侵扰,朕不亲行,无以制之。”三月庚辰,魏主发洛阳,命于烈居守,以右卫将军宋弁兼祠部尚书,摄七兵事以佐之。弁精勤吏治,恩遇亚于李冲。癸未,魏主至梁城。崔慧景攻魏顺阳,顺阳太守清河张烈固守。甲申,魏主遣振威将军慕容平城将骑五千救之。丁酉,魏主至马圈,命荆州刺史广阳王嘉断均口，邀齐兵归路。嘉，建之子也。陈显达引兵度水西，据鹰子山筑城。人情沮恐，与魏战，屡败。魏武卫将军元嵩免胄陷陈，将士随之，齐兵大败。嵩，澄之弟也。戊戌夜，军主崔恭祖、胡松以乌布幔盛显达，数人担之，间道自分碛山出均水口南走。己亥，魏收显达军资亿计，班赐将士，追奔至汉水而还。左军将军张千战死，士卒死者三万余人。

显达之北伐，军入汮均口。广平冯道根说显达曰："汮均水迅急，易进难退；魏若守隘，则首尾俱急。不如悉弃船于酂城，陆道步进，列营相次，鼓行而前，破之必矣。"显达不从。道根以私属从军，及显达夜走，军人不知山路，道根每及险要，辄停马指示之，众赖以全。诏以道根为汮均口戍副。显达素有威名，至是大损。御史中丞范岫奏免显达官，显达亦自表解职，皆不许，更以显达为江州刺史。崔慧景亦弃顺阳走还。

庚子，魏主疾甚，北还。夏四月丙午，殂于谷塘原。

彭城王勰与任城王澄谋，以陈显达去尚未远，恐其覆相掩逼，乃秘不发丧，徙御卧舆，唯二王与左右数人知之。勰出入神色无异，奉膳进药，可决外奏，一如平日。数日，至宛城，夜，进卧舆于郡听事，得加棺敛，还载卧舆内，外莫有知者。遣中书舍人张儒奉诏征太子，密以凶问告留守于烈。烈处分行留，举止无变。太子至鲁阳，遇梓宫，乃发丧。

萧衍篡齐

齐明帝永泰元年春正月，上有疾，以近亲寡弱，忌高、武子孙。时高、武子孙犹有十王，每朔望入朝，上还后宫，辄叹息曰：

“我及司徒诸子皆不长，高、武子孙日益长大。”上欲尽除高、武之族，以微言问陈显达，对曰：“此等岂足介虑！”以问扬州刺史始安王遥光，遥光以为“当以次施行”。遥光有足疾，上常令乘舆自望贤门入，每与上屏人久语毕，上索香火，呜咽流涕，明日必有所诛。会上疾暴甚，绝而复苏，遥光遂行其策。丁未，杀河东王铉、临贺王子岳、西阳王子文、永阳王子峻、南康王子琳、衡阳王子珉、湘东王子建、南郡王子夏、桂阳王昭粲、巴陵王昭秀，于是太祖、世祖及世宗诸子皆尽矣。铉等已死，乃使公卿奏其罪状，请诛之，下诏不许；再奏，然后许之。南康侍读济阳江泌哭子琳，泪尽，继之以血，亲视殡葬毕，乃去。

大司马会稽太守王敬则，自以高、武旧将，心不自安。上虽外礼甚厚，而内相疑备，数访问敬则饮食，体干堪宜。闻其衰老，且以居内地，故得少宽。上疾屡危，乃以光禄大夫张瓌为平东将军、吴郡太守，置兵佐以密防敬则。中外传言，当有异处分。敬则闻之，窃曰：“东今有谁，只是欲平我耳。东亦何易可平？吾终不受金罂。”金罂，谓鸩也。〔夏四月〕丁卯，敬则举兵反。

前吴郡太守南康侯子恪，嶷之子也，敬则起兵，以奉子恪为名。子恪亡走，未知所在。始安王遥光劝上尽诛高、武子孙，于是悉召诸王侯入宫。晋安王宝义、江陵公宝览等处中书省，高、武诸孙处西省，敕人各从左右两人，过此依军法；孩幼者与乳母俱入。其夜，令太医煮椒二斛，都水办棺材数十具，须三更，当尽杀之。子恪徒跣自归，二更达建阳门，刺启。时刻已至，而上眠不起，中书舍人沈徽孚与上所亲左右单景儁共谋少留其事。须臾，上觉，景儁启子恪已至。上惊问曰：“未邪，未邪？”景儁具以事对。上抚床曰：“遥光几误人事！”乃赐王侯供馔，明日，悉遣还第。以子恪为太子中庶子。宝览，缅之子也。

敬则帅实甲万人过浙江。百姓担篙荷锸，随之者十余万众。

五月壬午，诏前军司马左兴盛、后军将军崔恭祖、辅国将军刘山阳、龙骧将军马军主胡松筑垒于曲阿长冈，右仆射沈文季为持节都督，屯湖头，备京口路。恭祖，慧景之族也。敬则急攻兴盛、山阳二垒，台军不能敌，欲退而围不开，各死战。胡松引骑兵突其后，白丁无器仗，皆惊散。敬则军大败，索马再上，不能得，崔恭祖刺之仆地，兴盛军客袁文旷斩之，乙酉，传首建康。是时上疾已笃。

秋七月己酉，上殂于正福殿。遗诏："沈文季可左仆射，江祏可右仆射，江祀可侍中，刘暄可卫尉。军政事委陈太尉，内外众事无大小委徐孝嗣、遥光、坦之、江祏，其大事与沈文季、江祀、刘暄参怀。心膂之任可委刘悛、萧惠休、崔慧景。"太子即位。

八月，葬明皇帝于兴安陵，庙号高宗。东昏侯恶灵在太极殿，欲速葬，徐孝嗣固争，得逾月。帝每当哭，辄云喉痛。太中大夫羊阐入临，无发，号恸俯仰，帻遂脱地，帝辍哭大笑，谓左右曰："秃鹙啼来乎！"

东昏侯永元元年(亡)。帝自在东宫，不好学，唯嬉戏无度，性重涩少言。及即位，不与朝士相接，专亲信宦官及左右御刀、应敕等。

是时，扬州刺史始安王遥光、尚书令徐孝嗣、右仆射江祏、右将军萧坦之、侍中江祀、卫尉刘暄更直内省，分日帖敕。雍州刺史萧衍闻之，谓从舅录事参军范阳张弘策曰："一国三公犹不堪，况六贵同朝，势必相图，乱将作矣。避祸图福，无如此州。但诸弟在都，恐罹世患，当更与益州图之耳。"乃密与弘策修武备，他人皆不得预谋。招聚骁勇以万数，多伐材竹，沉之檀溪，积茅如冈阜，皆不之用。中兵参军东平吕僧珍觉其意，亦私具橹数百张。先是，僧珍为羽林监，徐孝嗣欲引置其府，僧珍知孝嗣不能久，固求从衍。是时，衍兄懿罢益州刺史还，仍行郢州事，衍使弘策说懿曰："今六贵比肩，人自画敕，争权睚眦，理相图灭。主上自东宫素无令誉，媟近左右，剽轻忍虐，安肯委政诸公，虚坐主诺。嫌忌积久，必大行诛戮。始安欲为赵王伦，形迹已见，然性猜量狭，徒为祸阶。萧坦之忌克陵人，徐孝嗣听人穿鼻，江祏无断，刘暄暗弱，一朝祸发，中外土崩。吾兄弟幸守外藩，宜为身计。及今猜防未生，当悉召诸弟，恐异时拔足无路矣。郢州控带荆、湘，雍州士马精强，世治则竭诚本朝，世乱则足以匡济；与时进退，此万全之策也。若不早图，后悔无及。"弘策又自说懿曰："以卿兄弟英武，天下无敌，据郢、雍二州为百姓请命，废昏立明，易于反掌，此桓、文之业也。勿为竖子所欺，取笑身后。雍州揣之已熟，愿善图之。"懿不从。衍乃迎其弟骠骑外兵参军伟及西中郎外兵参军憺至襄阳。

初，高宗虽顾命群公，而多寄腹心在江祏兄弟。二江更直殿内，动止关之。帝稍欲行意，徐孝嗣不能夺，萧坦之时有异同，而祏执制坚确，帝深忿之。帝左右会稽茹法珍、吴兴梅虫儿等，为帝所委任，祏常裁折之，法珍等切齿。徐孝嗣谓祏曰："主上稍有异同，讵可尽相乖反？"祏曰："但以见付，必无所忧。"

帝失德寖彰，祏议废帝，立江夏王宝玄。刘暄尝为宝玄郢州行事，执事过刻。有人献马，宝玄欲观之，暄曰："马何用观？"妃索煮肫，帐下咨暄，暄曰："且已煮鹅，不烦复此。"宝玄恚曰："舅殊无渭阳情。"暄由是忌宝玄，不同祏议，更欲立建安王宝寅。祏密谋于始安王遥光，遥光自以年长，意欲自取，以微旨动祏。祏弟祀亦以少主难保，劝祏立遥光。祏意回惑，以问萧坦之。坦之时居母丧，起复为领军将军，谓祏曰："明帝立已非次，天下至今不服。若复为此，恐四方瓦解，我期不敢言耳。"遂还宅行丧。

祏、祀密谓吏部郎谢朓曰："江夏年少，脱不堪负荷，岂可复行废立！始安年长，入纂不乖物望。非以此要富贵，政是求安国家耳。"遥光又遣所亲丹杨丞南阳刘沨密致意于朓，欲引以为党，朓不答。顷之，遥光以朓兼知卫尉事，朓惧，即以祏谋告太子右卫率左兴盛，兴盛不敢发。朓又说刘暄曰："始安一旦南面，则刘沨、刘晏居卿今地，但以卿为反覆人耳。"晏者，遥光城局参军也。暄阳惊，驰告遥光及祏。遥光欲出朓为东阳郡，朓常轻祏，祏固请除之。遥光乃收朓付廷尉，与孝嗣、祏、暄等连名启："朓扇动内外，妄贬乘舆，窃论宫禁，间谤亲贤，轻议朝宰。"朓遂死狱中。

暄以遥光若立，己失元舅之尊，不肯同祏议，故祏迟疑久不决。遥光大怒，遣左右黄昙庆刺暄于青溪桥。昙庆见暄部伍多，不敢发。暄觉之，遂发祏谋，帝命收祏兄弟。时祀直内殿，疑有异，遣信报祏曰："刘暄自有异谋。今作何计？"祏曰："政当静以镇之。"俄有诏召祏入见，停中书省。初，袁文旷以斩王敬则功当封，祏执不与。帝使文旷取祏，文旷以刀环筑其心曰："复能夺我封不？"并弟祀皆死。刘暄闻祏等死，眠中大惊，投出户外，问左右："收至未？"良久，意定，还坐，大悲曰："不念江，行自痛也！"

帝自是无所忌惮，益得自恣，日夜与近习于后堂鼓吹戏马。常以五更就寝，至晡乃起。群臣节、朔朝见，晡后方前，或际暗遣出。台阁案奏，月数十日乃报，或不知所在。宦者以裹鱼肉还家，并是五省黄案。帝尝习骑致适，顾谓左右曰："江祏常禁吾乘马。小子若在，吾岂能得此！”因问：“祏亲戚余谁？”对曰：“江祥今在冶。”帝于马上作敕，赐祥死。

始安王遥光素有异志，与其弟荆州刺史遥欣密谋举兵据东府，使遥欣自江陵引兵急下，刻期将发，而遥欣病卒。江祏被诛，帝召遥光入殿，告以祏罪，遥光惧，还省，即阳狂号哭，遂称疾不复入台。先是，遥光弟豫州刺史遥昌卒，其部曲皆归遥光。及遥欣丧还，停东府前渚，荆州众力送者甚盛。帝既诛二江，虑遥光不自安，欲迁为司徒，使还第，召入谕旨。遥光恐见杀，秋八月乙卯晡时，收集三州部曲于东府东门，召刘沨、刘晏等谋举兵，以讨刘暄为名。夜，遣数百人破东冶出囚，于尚方取仗。又召骁骑将军垣历生，历生随信而至。萧坦之宅在东府城东，遥光遣人掩取之，坦之露袒逾墙走向台。道逢游逻主颜端，执之，坦之告以遥光反，不信；自往诇问，知实，乃以马与坦之，相随入台。遥光又掩取尚书左仆射沈文季于其宅，欲以为都督，会文季已入台。垣历生说遥光帅城内兵夜攻台，辇荻烧城门，曰：“公但乘舆随后，反掌可克。”遥光狐疑不敢出。天稍晓，遥光戎服出听事，命上仗登城行赏赐。历生复劝出军，遥光不肯，冀台中自有变。及日出，台军稍至。台中始闻乱，众情惶惑。向晓，有诏召徐孝嗣，孝嗣入，人心乃安。左将军沈约闻变，驰入西掖门，或劝戎服，约曰：“台中方扰攘，见我戎服，或者谓同遥光。”乃朱衣而入。

丙辰，诏曲赦建康，中外戒严。徐孝嗣以下屯卫宫城，萧坦之帅台军讨遥光。孝嗣内自疑惧，与沈文季戎服共坐南掖门上，欲与之共论世事，文季辄引以他辞，终不得及。萧坦之屯湘宫寺，左兴盛屯东篱门，镇军司马曹虎屯青溪大桥。众军围东城，三面烧司徒府。遥光遣垣历生从西门出战，台军屡败，杀军主桑天爱。

遥光之起兵也，问谘议参军萧畅，畅正色不从。戊午，畅与抚军长史沈昭略潜自南门出，诣台自归，众情大沮。畅，衍之弟；昭略，文季之兄子也。己未，垣历生从南门出战。因弃矟降曹虎，虎命斩之。遥光大怒，于床上自踊，使杀历生子。其晚，台军以火箭烧东北角楼。至夜，城溃，遥光还小斋帐中，着衣（帷）〔帢〕坐，秉烛自照，令人反拒，斋閤皆重关，左右并逾屋散出。台军主刘国宝等先入，遥光闻外兵至，灭烛扶匐床下。军人排閤入，于暗中牵出，斩之。台军入城，焚烧屋室且尽。刘沨走还家，为人所杀。荆州将潘绍闻遥光作乱，谋欲应之。西中郎司马夏侯详呼绍议事，因斩之，州府以安。

己巳，以徐孝嗣为司空，加沈文季镇军将军，侍中、仆射如故，萧坦之为尚书右仆射、丹杨尹，右将军如故，刘暄为领军将军，曹虎为散骑常侍、右卫将军，皆赏平始安之功也。

江祏等既败，帝左右捉刀、应敕之徒皆恣横用事，时人谓之"刀敕"。萧坦之刚狠而专，嬖倖畏而憎之。遥光死二十余日，帝遣延明主帅黄文济将兵围坦之宅，杀之，并其子秘书郎赏。坦之从兄翼宗为海陵太守，未发，坦之谓文济曰："从兄海陵宅故应无他。"文济曰："海陵宅在何处？"坦之以告。文济白帝，帝仍遣收之。检其家，至贫，唯有质钱帖数百，还以启帝，原其死，系尚方。

茹法珍等谮刘暄有异志，帝曰："暄是我舅，岂应有此？"直閤新蔡徐世标曰："明帝乃武帝同堂，恩遇如此，犹灭武帝之后。舅焉可信邪！"遂杀之。

曹虎善于诱纳，日食荒客常数百人。晚节吝啬，罢雍州，有钱五千万，他物称是。帝疑虎旧将，且利其财，遂杀之。坦之、暄、虎所新除官，皆未及拜而死。

初，高宗临殂，以隆昌事戒帝曰："作事不可在人后。"故帝数与近习谋诛大臣，皆发于仓猝，决意无疑。于是大臣人人莫能自保。

枝江文忠公徐孝嗣，以文士不显同异，故名位虽重，犹得久存。虎贲中郎将许準为孝嗣陈说事机，劝行废立。孝嗣迟疑久之，谓必无用干戈之理，须帝出游，闭城门，召百僚集议废之，虽有此怀，终不能决。诸嬖倖亦稍憎之。西丰忠宪侯沈文季自托老疾，不豫朝权，侍中沈昭略谓文季曰："叔父行年六十，为员外仆射，欲求自免，岂可得乎？"文季笑而不应。冬十月乙未，帝召孝嗣、文季、昭略入华林省。文季登车，顾曰："此行恐往而不反。"帝使外监茹法珍赐以药酒。昭略怒，骂孝嗣曰："废昏立明，古今令典。宰相无才，致有今日！"以瓯掷其面曰："使作破面鬼！"孝嗣饮药酒至斗余，乃卒。孝嗣子演尚武康公主，况尚山阴公主，皆坐诛。昭略弟昭光闻收至，家人劝之逃。昭光不忍舍其母，入执母手悲泣，收者杀之。昭光兄子昙亮逃，已得免，闻昭光死，叹曰："家门屠灭，何以生为！"绝吭而死。

初，太尉陈显达自以高、武旧将，当高宗之世，内怀危惧，深自贬损，常乘朽弊车，道从卤簿止用羸小者十数人。尝侍宴，酒酣，启高宗借枕，高宗令与之。显达抚枕曰："臣年衰老，富贵已足，唯欠枕枕死，特就陛下乞之。"高宗失色曰："公醉矣。"显达以年礼告退，高宗不许。及王敬则反时，显达将兵拒魏，始安王遥光疑之，启高宗欲追军还。会敬则平，乃止。及帝即位，显达弥不乐在建康，得江州，甚喜。尝有疾，不令治，既而自愈，意甚不悦。闻帝屡诛大臣，传云“当遣兵袭江州”，十一月丙辰，显达举兵于寻阳，命长史庾弘远等与朝贵书，数帝罪恶，云：“欲奉建安王为主，须京尘一静，西迎大驾。”

乙丑，以护军将军崔慧景为平南将军，督众军击显达。后军将军胡松、骁骑将军李叔献帅水军据梁山，左卫将军左兴盛督前锋军屯杜姥宅。

十二月，陈显达发寻阳，败胡松于采石，建康震恐。甲申，军于新林，左兴盛帅诸军拒之。显达多置屯火于岸侧，潜军夜渡，袭宫城。乙酉，显达以数千人登落星冈，新亭诸军闻之，奔还，宫城大骇，闭门设守。显达执马矟从步兵数百，于西州前与台军战，再合，显达大胜，手杀数人。矟折，台军继至，显达不能抗，退走，至西州后，骑官赵潭注刺显达坠马，斩之。诸子皆伏诛。

帝既诛显达，益自骄恣，渐出游走，又不欲人见之。每出，先驱斥所过人家，唯置空宅。尉司击鼓蹋围，鼓声所闻，便应奔走，不暇衣履，犯禁者应手格杀。一月凡二十余出，出辄不言定所，东西南北无处不驱。常以三四更中，鼓声四出，火光照天，幡戟横路，士民喧走相随，老小震惊，啼号塞道，处处禁断，不知所过。四民废业，樵苏路断，吉凶失时，乳妇寄产，或舆病弃尸，不得殡葬。巷陌悬幔为高鄣，置仗人防守，谓之“屏除”，亦谓之“长围”。尝至沈公城，有一妇人临产不去，因剖腹视其男女。又尝至定林寺，有沙门老病不能去，藏草间；命左右射之，百箭俱发。帝有膂力，牵弓至三斛五斗。又好担幢，白虎幢高七丈五尺，于齿上担之，折齿不倦。自制担幢校具，伎衣饰以金玉，侍卫满侧，逞诸变态，曾无愧色。学乘马于东冶营兵俞灵韵，常着织成裤褶，金薄帽，执七宝矟，急装缚裤，凌冒雨雪，不避坑阱。驰骋渴乏，辄下马，解取腰边蠡器，酌水饮之，复上马驰去。又选无赖小人善走者为逐马，左右五百人常以自随。或于市侧过亲幸家，环回宛转，周遍城邑。或出郊射雉，置射雉场二百九十六处，奔走往来，略不暇息。

二年。豫州刺史裴叔业闻帝数诛大臣，心不自安。及除南兖州，意不乐内徙。朝廷疑叔业有异志，叔业兄子植等皆为直阁，在殿中，惧，奔寿阳，说叔业以朝廷必相掩袭，宜早为计。叔业遣亲人马文范至襄阳，问萧衍以自安之计，曰："天下大势可知，恐无复自存之理。不若回面向北，不失作河南公。"衍报曰："群小用事，岂能及远。计虑回惑，自无所成，唯应送家还都以安慰之。若意外相逼，当勒马步二万直出横江，以断其后，则天下之事，一举可定。若欲北向，彼必遣人相代，以河北一州相处，河南公宁可复得邪？如此，则南归之望绝矣。"叔业沉疑未决，乃遣其子芬之入建康为质，亦遣信诣魏豫州刺史薛真度，问以入魏可不之宜。真度劝其早降，曰："若事迫而来，则功微赏薄矣。"数遣密信，往来相应和。建康人传叔业叛者不已，芬之惧，复奔寿阳。叔业遂遣芬之及兄女婿杜陵、韦伯昕奉表降魏。

〔春正月〕庚午，下诏讨叔业。己亥，叔业病卒。

三月乙卯，遣西平将军崔慧景将水军讨寿阳，帝屏除，出琅邪城送之。帝戎服坐楼上，召慧景单骑进围内，无一人自随者。裁数言，拜辞而去。慧景既得出，甚喜。

崔慧景之发建康也，其子觉为直阁将军，密与之约。慧景至广陵，觉走从之。慧景过广陵数十里，召会诸军主曰："吾荷三帝厚恩，当顾托之重。幼主昏狂，朝廷坏乱，危而不扶，责在今日。欲与诸君共建大功以安社稷，何如？"众皆响应。于是还军向广陵。司马崔恭祖守广陵城，开门纳之。帝闻变，壬子，假右卫将军左兴盛节督建康水陆诸军以讨之。慧景停广陵二日，即收众济江。

初，南徐兖二州刺史江夏王宝玄娶徐孝嗣女为妃，孝嗣诛，诏令离昏，宝玄恨望。慧景遣使奉宝玄为主，宝玄斩其使，因发将吏守城，帝遣马军主戚平、外监黄林夫助镇京口。慧景将渡江，宝玄密与相应，杀司马孔矜、典签吕承绪及平、林夫，开门纳慧景。使长史沈佚之、谘议柳憕分部军众。宝玄乘八掆舆，手执绛麾，随慧景向建康。台遣骁骑将军张佛护、直閤将军徐元称等六将据竹里，为数城以拒之。宝玄遣信谓佛护曰："身自还朝，君何意苦相断遏？"佛护对曰："小人荷国重恩，使于此创立小戍。殿下还朝，但自直过，岂敢断遏！"遂射慧景军，因合战。崔觉、崔恭祖将前锋，皆荒伧善战，又轻行不爨食，以数舫缘江载酒肉为军粮，每见台军城中烟火起，辄尽力攻之。台军不复得食，以此饥困。元称等议欲降，佛护不可。恭祖等进攻城，拔之，斩佛护，徐元称降，余四军主皆死。

乙卯，遣中领军王莹都督众军，据湖头筑垒，上带蒋山西岩(守)〔实〕甲数万。莹，诞之从曾孙也。慧景至查硎，竹塘人万副儿说慧景曰："今平路皆为台军所断，不可议进，唯宜从蒋山龙尾上，出其不意耳。"慧景从之，分遣千余人，鱼贯缘山，自西岩夜下，鼓叫临城中。台军惊恐，即时奔散。帝又遣右卫将军左兴盛帅台内三万人拒慧景于北篱门，兴盛望风退走。

甲子，慧景入乐游苑，崔恭祖帅轻骑千余突入北掖门，乃复出。宫门皆闭，慧景引众围之。于是东府、石头、白下、新亭诸城皆溃。左兴盛走，不得入宫，逃淮渚荻舫中，慧景擒杀之。宫中遣兵出荡，不克。慧景烧兰台府署为战场。守卫尉萧畅屯南掖门，处分城内，随方应拒，众心稍安。慧景称宣德太后令，废帝为吴王。

陈显达之反也，帝复召诸王侯入宫。巴陵王昭胄惩永泰之难，与弟永新侯昭颖诈为沙门，逃于江西。昭胄，子良之子也。及慧景举兵，昭胄兄弟出赴之。慧景意更向昭胄，犹豫未知所立。

竹里之捷，崔觉与崔恭祖争功，慧景不能决。恭祖劝慧景以火箭烧北掖楼。慧景以大事垂定，后若更造，费用功多，不从。慧景性好谈义，兼解佛理，顿法轮寺，对客高谈，恭祖深怀怨望。

时豫州刺史萧懿将兵在小岘，帝遣密使告之。懿方食，投箸而起，帅军主胡松、李居士等数千人自采石济江，顿越城举火，台城中鼓叫称庆。恭祖先劝慧景遣二千人断西岸兵，令不得度。慧景以城旦夕降，外救自然应散，不从。至是，恭祖请击懿军，又不许，独遣崔觉将精卒数千人渡南岸。懿军昧旦进战，数合，士皆致死，觉大败，赴淮死者二千余人。觉单马退，开桁阻淮。恭祖掠得东宫女伎，觉逼夺之。恭祖积忿恨，其夜，与慧景骁将刘灵运诣城降，众心离坏。

夏四月癸酉，慧景将腹心数人潜去，欲北渡江，城北诸军不知，犹为拒战。城内出，荡杀数百人。懿军渡北岸，慧景余众皆走。慧景围城凡十二日而败，从者于道稍散，单骑至蟹浦，为渔人所斩，以头内鳝篮，担送建康。恭祖系尚方，少时杀之。觉亡命为道人，捕获伏诛。

宝玄初至建康，军于东城，士民多往投集。慧景败，收得朝野投宝玄及慧景人名，帝令烧之，曰："江夏尚尔，岂可复罪余人！”宝玄逃亡数日乃出。帝召入后堂，以步障裹之，令左右数十人鸣鼓角驰绕其外，遣人谓宝玄曰：“汝近围我亦如此耳。”五月己酉，江夏王宝玄伏诛。

六月乙丑，曲赦建康、南徐兖二州。先是，崔慧景既平，诏赦其党。而嬖倖用事，不依诏书，无罪而家富者皆诬为贼党，杀而籍其赀，实附贼而贫者皆不问。或谓中书舍人王咺之云：“赦书无信，人情大恶。”咺之曰：“正当复有赦耳。”由是再赦。既而嬖倖诛纵亦如初。

是时，帝所宠左右凡三十一人，黄门十人。直阁、骁骑将军徐世檦素为帝所委任，凡有杀戮，皆在其手。及陈显达事起，加辅国将军，虽用护军崔慧景为都督，而兵权实在世檦。世檦亦知帝昏纵，密谓其党茹法珍、梅虫儿曰：“何世天子无要人，但侬货主恶耳！”法珍等与之争权，以白帝。帝稍恶其凶强，遣禁兵杀之，世檦拒战而死。自是法珍、虫儿用事，并为外监，口称诏敕，王咺之专掌文翰，与相唇齿。

帝呼所幸潘贵妃父宝庆及茹法珍为“阿丈”，梅虫儿及俞灵韵为“阿兄”。帝与法珍等俱诣宝庆家，躬自汲水，助厨人作膳。宝庆恃势作奸，富人悉诬以罪，田宅赀财，莫不启乞，一家被陷，祸及亲邻，又虑后患，尽杀其男口。帝数往诸刀敕家游宴，有吉凶辄往庆吊。

奄人王宝孙，年十三四，号为“伥子”，最有宠，参预朝政，虽王咺之、梅虫儿之徒亦下之。控制大臣，移易诏敕，乃至骑马入殿，诋诃天子。公卿见之，莫不慑息焉。

八月甲辰夜，后宫火，时帝出未还，宫内人不得出，外人不敢辄开，比及开，死者相枕，烧三千余间。时嬖倖之徒皆号为

"鬼"。有赵鬼者,能读西京赋,言于帝曰:"柏梁既灾,建章是营。"帝乃大起芳乐、玉寿等诸殿,以麝香涂壁,刻画装饰,穷极绮丽。役者自夜达晓,犹不副速。后宫服御,极选珍奇,府库旧物,不复周用。贵市民间金宝,价皆数倍。建康酒租皆折使输金,犹不能足。凿金为莲华以帖地,令潘妃行其上,曰:"此步步生莲华也。"又订出雉头、鹤氅、白鹭缞。嬖倖因缘为奸利,课一输十。又各就州县求为人输,准取见直,不为输送,守宰皆不敢言,重加科敛。如此相仍,前后不息,百姓困尽,号泣道路。

萧懿之入援也,萧衍驰使所亲虞安福说懿曰:"诛贼之后,则有不赏之功。当明君贤主,尚或难立,况于乱朝,何以自免?若贼灭之后,仍勒兵入宫,行伊、霍故事,此万世一时。若不欲尔,便放表还历阳,托以外拒为事,则威振内外,谁敢不从!一朝放兵,受其厚爵,高而无民,必生后悔。"长史徐曜甫亦苦劝之,懿并不从。

崔慧景死,懿为尚书令。有弟九人,敷、衍、畅、融、宏、伟、秀、憺、恢。懿以元勋居朝右,畅为卫尉,掌管籥。时帝出入无度,或劝懿因其出门,举兵废之。懿不听。嬖臣茹法珍、王咺之等惮懿威权,说帝曰:"懿将行隆昌故事,陛下命在晷刻。"帝然之。徐曜甫知之,密具舟江渚,劝懿西奔襄阳。懿曰:"自古皆有死,岂有叛走尚书令邪!"懿弟侄咸为之备。冬十月己卯,帝赐懿药于省中。懿且死,曰:"家弟在雍,深为朝廷忧之。"懿弟侄皆亡匿于里巷,无人发之者,唯融捕得,诛之。

初,帝疑雍州刺史萧衍有异志。直后荥阳郑植弟绍叔为衍宁蛮长史,帝使植以候绍叔为名,往刺衍。绍叔知之,密以白衍,衍置酒绍叔家,戏植曰:"朝廷遣卿见图,今日闲宴,是可取良会也。”宾主大笑。又令植历观城隍、府库、士马、器械、舟舰，植退，谓绍叔曰：“雍州实力，未易图也。”绍叔曰：“兄还，具为天子言之。若取雍州，绍叔请以此众一战。”送植于南岘，相持恸哭而别。

及懿死，衍闻之，夜召张弘策、吕僧珍、长史王茂、别驾刘庆远、功曹吉士瞻等入宅定议。茂，天生之子；庆远，元景之弟子也。十一月乙巳，衍集僚佐谓曰：“昏主暴虐，恶逾于纣，当与卿等共除之！”是日，建牙集众，得甲士万余人，马千余匹，船三千艘。出檀溪竹木装舰，葺之以茅，事皆立办。诸将争橹，吕僧珍出先所具者，每船付二张，争者乃息。

是时，南康王宝融为荆州刺史，西中郎长史萧颖胄行府州事，帝遣辅国将军、巴西梓潼二郡太守刘山阳将兵三千之官，就颖胄兵使袭襄阳。衍知其谋，遣参军王天虎诣江陵，遍与州府书，声云：“山阳西上，并袭荆、雍。”衍因谓诸将佐曰：“荆州素畏襄阳人，加以唇亡齿寒，宁不暗同邪？我合荆、雍之兵，鼓行而东，虽使韩、白复生，不能为建康计，况以昏主役刀敕之徒哉！”颖胄等得书，疑未能决。山阳至巴陵，衍复令天虎赍书与颖胄及其弟南康王友颖达。天虎既行，衍谓张弘策曰：“用兵之道，攻心为上。近遣天虎往荆州，人皆有书。今段乘驿甚急，止有两函与行事兄弟，云‘天虎口具’。及问天虎而口无所说，天虎是行事心膂，彼间必谓行事与天虎共隐其事，则人人生疑。山阳惑于众口，必相嫌贰，则行事进退无以自明，必入吾谋内。是驰两空函定一州矣。”

山阳至江安，迟回十余日，不上。颖胄大惧，计无所出，夜，遣呼西中郎城局参军安定席阐文、谘议参军柳忱，闭斋定议。阐文曰："萧雍州蓄养士马，非复一日。江陵素畏襄阳人，又众寡不敌，取之必不可制。就能制之，岁寒复不为朝廷所容。今若杀山阳，与雍州举事，立天子以令诸侯，则霸业成矣。山阳持疑不进，是不信我。今斩送天虎，则彼疑可释。至而图之，罔不济矣。"忱曰："朝廷狂悖日滋，京师贵人莫不重足累息。今幸在远，得暇日自安。雍州之事，且藉以相毙耳。独不见萧令君乎？以精兵数千，破崔氏十万众，竟为群邪所陷，祸酷相寻。'前事之不忘，后事之师也。'且雍州士锐粮多，萧使君雄姿冠世，必非山阳所能敌。若破山阳，荆州复受失律之责，进退无可，宜深虑之。"萧颖达亦劝颖胄从阐文等计。诘旦，颖胄谓天虎曰："卿与刘辅国相识，今不得不借卿头！"乃斩天虎送示山阳，发民车牛，声云"起步军征襄阳"。山阳大喜。甲寅，山阳至江津，单车白服，从左右数十人诣颖胄。〔颖胄〕使前汶阳太守刘孝庆等伏兵城内，山阳入门，即于车中斩之。副军主李元履收余众请降。

柳忱，世隆之子也。颖胄虑西中郎司马夏侯详不同，以告忱，忱曰："易耳。近详求昏，未之许也。"乃以女嫁详子夔而告之谋，详从之。乙卯，以南康王宝融教纂严，又教赦囚徒，施惠泽，颁赏格。丙辰，以萧衍为使持节都督前锋诸军事。丁巳，以萧颖胄为都督行留诸军事。

颖胄遣使送刘山阳首于萧衍，且言年月未利，当须明年二月进兵。衍曰："举事之初，所藉者一时骁锐之心。事事相接，犹恐疑怠，若顿兵十旬，必生悔吝。且坐甲十万，粮用自竭，若童子立异，则大事不成。况处分已定，安可中息哉！昔武王伐纣，行逆太岁，岂复待年月乎？"

戊午，衍上表劝南康王宝融称尊号，不许。十二月，颖胄与夏侯详移檄建康百官及州郡牧守，数帝及梅虫儿、茹法珍罪恶。颖胄遣冠军将军天水杨公则向湘州，西中郎参军南郡邓元起向夏口。乙亥，荆州将佐复劝宝融称尊号，不许。夏侯详之子骁骑将军亶为殿中主帅，详密召之，亶自建康亡归。壬辰，至江陵，称奉宣德皇太后令："南康王宜纂承皇祚，方俟清宫，未即大号，可封十郡为宣城王、相国、荆州牧，加黄钺，选百官，西中郎府、南康国如故。须军次近路，主者备法驾奉迎。"

竟陵太守新野曹景宗遣亲人说萧衍迎南康王都襄阳，先正尊号，然后进军，衍不从。

初，陈显达、崔慧景之乱，人心不安。或问时事于上庸太守杜陵韦叡，叡曰："陈虽旧将，非命世才；崔颇更事，懦而不武；其赤族宜矣。定天下者，殆必在吾州将乎？"乃遣二子自结于萧衍。及衍起兵，叡帅郡兵二千倍道赴之。华山太守蓝田康绚帅郡兵三千赴衍。冯道根居母丧，闻衍起兵，帅乡人子弟胜兵者悉往赴之。梁南秦二州刺史柳惔亦起兵应衍。惔，忱之兄也。

帝闻刘山阳死，发诏讨荆、雍。戊寅，以冠军长史刘浍为雍州刺史，遣骁骑将军薛元嗣、制局监暨荣伯将兵及运粮百四十余船送郢州刺史张冲，使拒西师。元嗣等惩刘山阳之死，疑冲，不敢进，停夏口浦，闻西师将至，乃相帅入郢城。前竟陵太守房僧寄将还建康，至郢，帝敕僧寄留守鲁山，除骁骑将军。张冲与之结盟，遣军主孙乐祖将数千人助僧寄守鲁山。

萧颖胄与武宁太守邓元起〔书，招之。元起〕大言于众曰："朝廷暴虐，诛戮宰辅，群小用事，衣冠道尽。荆、雍二州同举大事，何患不克？且我老母在西，若事不成，正受戮昏朝，幸免不孝之罪。"即日治严上道，至江陵，为西中郎中兵参军。湘州行事张宝积发兵自守，未知所附。杨公则克巴陵，进军白沙，宝积惧，请降，公则入长沙抚纳之。

和帝中兴元年春正月乙巳，南康王宝融始称相国，大赦。以萧颖胄为左长史，萧衍为征东将军，杨公则为湘州刺史。戊申，萧衍发襄阳，留弟伟总府州事，憺守垒城，府司马庄丘黑守樊城。衍既行，州中兵及储偫皆虚。魏兴太守裴师仁、齐兴太守颜僧都并不受衍命，举兵欲袭襄阳，伟、憺遣兵邀击于始平，大破之，雍州乃安。

二月壬午，东昏侯遣羽林兵击雍州，中外纂严。甲申，萧衍至竟陵，命王茂、曹景宗为前军，以中兵参军张法安守竟陵城。茂等至汉口，诸将议欲并兵围郢，分兵袭西阳、武昌。衍曰："汉口不阔一里，箭道交至，房僧寄以重兵固守，与郢城为掎角。若悉众前进，僧寄必绝我军后，悔无所及。不若遣王、曹诸军济江与荆州军合，以逼郢城。吾自围鲁山以通沔、汉，使郧城、竟陵之粟方舟而下，江陵、湘中之兵相继而至，兵多食足，何忧两城之不拔？天下之事，可以卧取之耳。"乃使茂等帅众济江，顿九里。张冲遣中兵参军陈光静开门迎战，茂等击破之，光静死，冲婴城自守。景宗遂据石桥浦，连军相续，下至加湖。

荆州遣冠军将军邓元起、军主王世兴、田安之将数千人会雍州兵于夏首。衍筑汉口城以守鲁山，命水军王义阳、张惠绍等游遏江中，绝郢、鲁二城信使。杨公则举湘州之众会于夏口，萧颖胄命荆州诸军皆受公则节度，虽萧颖达亦隶焉。

府朝议欲遣人行湘州事而难其人，西中郎中兵参军刘坦谓众曰："湘土人情，易扰难信，用武士则侵渔百姓，用文士则威略不振。必欲镇静一州，军民足食，无逾老夫。"乃以坦为辅国长史、长沙太守，行湘州事。坦先尝在湘州，多旧恩，迎者属路。下车，选堪事吏分诣十郡，发民运租米三十余万斛以助荆、雍之军，由是资粮不乏。

三月，萧衍使邓元起进据南堂西渚，田安之顿城北，王世兴顿曲水故城。丁酉，张冲病卒，骁骑将军薛元嗣与冲子孜及征虏长史江夏内史程茂共守郢城。

乙巳，南康王即皇帝位于江陵，改元，大赦。立宗庙、南北郊。州府城门悉依建康宫。置尚书五省，以南郡太守为尹。以萧颖胄为尚书令，萧衍为左仆射，晋安王宝义为司空，庐陵王宝源为车骑将军、开府仪同三司，建安王宝寅为徐州刺史，散骑常侍夏侯详为中领军，冠军将军萧伟为雍州刺史。丙午，诏封庶人宝卷为涪陵王。乙酉，以尚书令萧颖胄行荆州刺史。加萧衍征东大将军、都督征讨诸军事，假黄钺。时衍次扬口，和帝遣御史中丞宗夬劳军。宁朔将军新野庾域讽夬曰："黄钺未加，非所以总帅侯伯。"夬返西台，遂有是命。薛元嗣遣军主沈难当帅轻舸数千乱流来战，张惠绍等击擒之。

癸丑，东昏侯以豫州刺史陈伯之为江州刺史、假节、都督前锋诸军事，西击荆、雍。

夏四月，萧衍出沔，命王茂、萧颖达等进军逼郢城。薛元嗣不敢出。诸将欲攻之，衍不许。

五月，东昏侯遣军主吴子阳、陈虎牙等十三军救郢州，进屯巴口。虎牙，伯之之子也。

六月，西台遣卫尉席阐文劳萧衍军，赍萧颖胄等议谓衍曰："今顿兵两岸，不并军围郢，定西阳、武昌，取江州，此机已失。莫若请救于魏，与北连和，犹为上策。"衍曰："汉口路通荆、雍，控引秦、梁，粮运资储，仰此气息，所以兵压汉口，连结数州。今若并军围郢，又分兵前进，鲁山必阻沔路，搤吾咽喉。若粮运不通，自然离散，何谓持久？邓元起近欲以三千兵往取寻阳，彼若欢然知机，一说士足矣；脱距王师，固非三千兵所能下也。进退无据，未见其可。西阳、武昌，取之即得。然既得之后，即应镇守，欲守两城，不减万人，粮储称是，卒无所出。脱东军有上者，以万人攻一城，两城势不得相救。若我分军应援，则首尾俱弱；如其不遣，孤城必陷，一城既没，诸城相次土崩，天下大事去矣。若郢州既拔，席卷沿流，西阳、武昌自然风靡，何遽分兵散众，自贻忧患乎？且丈夫举事欲清天步，况拥数州之兵以诛群小，悬河注火，奚有不灭，岂容北面请救戎狄，以示弱于天下。彼未必能信，徒取丑声，此乃下计，何谓上策？卿为我辈白镇军，前途攻取，但以见付，事在目中，无患不捷，但借镇军靖镇之耳。”

吴子阳等进军武口，衍命军主梁天惠等屯渔湖城，唐脩期等屯白阳垒，夹岸待之。子阳进军加湖，去郢三十里，傍山带水，筑垒自固。子阳举烽，城内亦举火应之，而内外各自保，不能相救。会房僧寄病卒，众复推助张乐祖代守鲁山。

东昏侯作芳乐苑，山石皆涂以五采。望民家有好树美竹，则毁墙撤屋而徙之。时方盛暑，随即枯萎，朝暮相继。又于苑中立市，使宫人、宦者共为裨贩，以潘贵妃为市令，东昏侯自为市录事，小有得失，妃则与杖，乃敕虎贲不得进大荆、实中荻。又开渠立埭，身自引船。或坐而屠肉。又好巫觋，左右朱光尚诈云见鬼。东昏入乐游苑，人马忽惊，以问光尚，对曰：“向见先帝大嗔，不许数出。”东昏大怒，拔刀与光尚寻之，既不见，乃缚菰为高宗形，北向斩之，悬首苑门。

崔慧景之败也，巴陵王昭胄、永新侯昭颖出投台军，各以王侯还第，心不自安。竟陵王子良故防閤桑偃为梅虫儿军副，与前巴西太守萧寅谋立昭胄，昭胄许事克用寅为尚书左仆射、护军。时军主胡松将兵屯新亭，寅遣人说之曰："须昏人出，寅等将兵奉昭胄入台，闭城号令。昏人必还就将军，但闭垒不应，则三公不足得也。"松许诺。会东昏新作芳乐苑，经月不出游。偃等议募健儿百余人，从万春门入突取之，昭胄以为不可。偃同党王山沙虑事久无成，以事告御刀徐僧重。寅遣人杀山沙于路，吏于麝縢中得其事，昭胄兄弟与偃等皆伏诛。

雍州刺史张欣泰与弟前始安内史欣时密谋结胡松及前南谯太守王灵秀、直閤将军鸿选等诛诸嬖倖，废东昏。东昏遣中书舍人冯元嗣监军救郢。秋七月甲午，茹法珍、梅虫儿及太子右率李居士、制局监杨明泰送之于中兴堂。欣泰等使人怀刀于座斫元嗣，头坠果柈中；又斫明泰，破其腹；虫儿伤数疮，手指皆堕；居士、法珍等散走还台。灵秀诣石头迎建(康)〔安〕王宝寅，帅城中将吏见力，去车轮，载宝寅，文武数百唱警跸向台城，百姓数千人皆空手随之。欣泰闻事作，驰马入宫，冀法珍等在外，东昏尽以城中处分见委，表里相应。既而法珍得返，处分闭门上仗，不配欣泰兵，鸿选在殿内亦不敢发。宝寅在杜姥宅，日已瞑，城门闭。城上人射外人，外人弃宝寅溃去，宝寅亦逃。三日，乃戎服诣草市尉，尉驰以启东昏。东昏召宝寅入宫问之，宝寅涕泣称："尔日不知何人逼使上车，仍将去，制不自由。"东昏笑，复其爵位。张欣泰等事觉，与胡松皆伏诛。

萧衍使征虏将军王茂、军主曹宗仲等乘水涨以舟师袭加湖，鼓噪攻之。丁酉，加湖溃，吴子阳等走免，将士杀溺死者万计，俘其余众而还。于是郢、鲁二城相视夺气。

鲁山乏粮，军人于矶头捕细鱼供食。密治轻船，将奔夏口。萧衍遣偏军断其走路。丁巳，孙乐祖窘迫，以城降。

己未，东昏侯以程茂为郢州刺史，薛元嗣为雍州刺史。是日，茂、元嗣以郢城降。郢城之初围也，士民男女近十万口；闭门二百余日，疾疫流肿，死者什七八，积尸床下而寝其上，比屋皆满。茂、元嗣等议出降，使张孜为书与衍。张冲故吏青州治中房长瑜谓孜曰："前使君忠贯昊天，郎君但当坐守画一以荷析薪。若天运不与，当幅巾待命，下从使君。今从诸人之计，非唯郢州士女失高山之望，亦恐彼所不取也。"孜不能用。萧衍以韦叡为江夏太守，行郢府事，收瘗死者而抚其生者，郢人遂安。

诸将欲顿军夏口，衍以为宜乘胜直指建康，车骑谘议参军张弘策、宁远将军庾域亦以为然。衍命众军即日上道。缘江至建康，凡矶、浦、村落，军行宿次，立顿处所，弘策逆为图画，如在目中。

汝南民胡文超起兵于濎阳以应萧衍，求取义阳、安陆等郡以自效。衍又遣军主唐修期攻随郡，皆克之。司州刺史王僧景遣子贞孙为质于衍，司部悉平。

初，东昏侯遣陈伯之镇江州，以为吴子阳等声援。子阳等既败，萧衍谓诸将曰："用兵未必须实力，所听威声耳。今陈虎牙狼狈奔归，寻阳人情，理当恟惧，可传檄而定也。"乃命搜俘囚，得伯之幢主苏隆之，厚加赐与，使说伯之，许即用为安东将军、江州刺史。伯之遣隆之返命，虽许归附，而云"大军未须遽下"。衍曰："伯之此言，意怀首鼠。及其犹豫，急往逼之，计无所出，势不得不降。"乃命邓元起引兵先下，杨公则径掩柴桑，衍与诸将以次进路。元起将至寻阳，伯之收兵退保湖口，留陈虎牙守湓城。选曹郎吴兴沈瑀说伯之迎衍，伯之泣曰："余子在都，不能不爱。"瑀曰："不然。人情匈匈，皆思改计，若不早图，众散难合。"八月丙子，衍至寻阳，伯之束甲请罪。初，新蔡太守席谦父恭穆为镇西司马，为鱼复侯子响所杀。谦从伯之镇寻阳，闻衍东下，曰："我家世忠贞，有殒不二。"伯之杀之。乙卯，以伯之为江州刺史，虎牙为徐州刺史。

鲁休烈、萧璝破刘孝庆等于峡口，任漾之战死。休烈等进至上明，江陵大震。萧颖胄恐，驰告萧衍，令遣杨公则还援根本。衍曰："公则今溯流上江陵，虽至，何能及事？休烈等乌合之众，寻自退散，政须少时持重耳。良须兵力，两弟在雍，指遣往征，不为难至。"颖胄乃遣军主蔡道恭假节屯上明，以拒萧璝。

辛巳，东昏侯以太子左率李居士总督西讨诸军事，屯新亭。

九月乙未，诏萧衍"若定京邑，得以便宜从事"。衍留骁骑将军郑绍叔守寻阳，与陈伯之引兵东下。谓绍叔曰："卿，吾之萧何、寇恂也。前涂不捷，我当其咎；粮运不继，卿任其责。"绍叔流涕拜辞。比克建康，绍叔督江、湘粮运，未尝乏绝。

甲申，东昏侯以李居士为江州刺史，冠军将军王珍国为雍州刺史，建安王宝寅为荆州刺史，辅国将军申胄监郢州，龙骧将军扶风马仙琕监豫州，骁骑将军徐元称监徐州军事。珍国，广之子也。是日，萧衍前军至芜湖，申胄军二万人弃姑孰走，衍进军据之。戊申，东昏侯以后军参军萧璝为司州刺史，前辅国将军鲁休烈为益州刺史。

萧衍之克江、郢也，东昏侯游骋如旧，谓茹法珍曰："须来至白门前，当一决。"衍至近道，乃聚兵为固守之计，简二尚方二冶囚徒以配军，其不可活者，于朱雀门内日斩百余人。

衍遣曹景宗等进顿江宁。丙辰，李居士自新亭选精骑一千至江宁。景宗始至，营垒未立，而师行日久，器甲穿弊。居士望而轻之，鼓噪前薄之。景宗奋击，破之，因乘胜而前，径至皁荚桥。于是王茂、邓元起、吕僧珍进据赤鼻逻，新亭城主江道林引兵出战，众军擒之于阵。衍至新林，命王茂进据越城，邓元起据道士墩，陈伯之据篱门，吕僧珍据白板桥。李居士觇(之)〔知〕僧珍众少，帅锐卒万人直来薄垒。僧珍曰："吾众少，不可逆战，可勿遥射，须至堑里，当并力破之。"俄而皆越堑拔栅。僧珍分人上城，矢石俱发，自帅马步三百人出其后，城上人复逾城而下，内外奋击，居士败走，获其器甲不可胜计。居士请于东昏侯，烧南岸邑屋以开战场，自大航以西，新亭以北皆尽。衍诸弟皆自建康自拔赴军。

冬十月甲戌，东昏侯遣征虏将军王珍国、军主胡虎牙将精兵十万余人陈于朱雀航南，宦官王宝孙持白虎幡督战，开航背水，以绝归路。衍军小却，王茂下马，单刀直前，其甥韦欣庆执铁缠矟以翼之，冲击东军，应时而陷。曹景宗纵兵乘之，吕僧珍纵火焚其营，将士皆殊死战，鼓噪震天地。珍国等众军不能抗，王宝孙切骂诸将、帅，直閤将军席豪发愤突阵而死。豪，骁将也，既死，士卒土崩，赴淮死者无数，积尸与航等，后至者乘之以济。于是东昏侯诸军望之皆溃。衍军长驱至宣阳门，诸将移营稍前。

陈伯之屯西明门，每城中有降人出，伯之辄呼与耳语。衍恐其复怀翻覆，密语伯之曰："闻城中甚忿卿举江州降，欲遣刺客中卿，宜以为虑。"伯之未之信。会东昏侯将郑伯伦来降，衍使伯伦过伯之，谓曰："城中甚忿卿，欲遣信诱卿以封赏，须卿复降，当生割卿手足。卿若不降，复欲遣刺客杀卿。宜深为备。”伯之惧，自是始无异志。

戊寅，东昏宁朔将军徐元瑜以东府城降。青、冀二州刺史桓和入援，屯东宫。己卯，和诈东昏云出战，因以其众来降。光禄大夫张瓌弃石头还宫。李居士以新亭降于衍，琅邪城主张木亦降。壬午，衍镇石头，命诸军攻六门。东昏烧门内营署、官府，驱逼士民，悉入宫城，闭门自守。衍命诸军筑长围守之。

杨公则屯领军府，垒北楼与南掖门相对。尝登楼望战，城中遥见麾盖，以神锋弩射之，矢贯胡床。左右失色，公则曰“几中吾脚”，谈笑如初。东昏夜选勇士攻公则栅，军中惊扰，公则坚卧不起，徐命击之，东昏兵乃退。公则所领皆湘州人，素号怯懦，城中轻之，每出荡，辄先犯公则垒，公则奖厉军士，克获更多。

先是，东昏遣军主左僧庆屯京口，常僧景屯广陵，李奴献屯瓜步，及申胄自姑孰奔归，使屯破墩，以为东北声援。至是，衍遣使晓谕，皆帅其众来降。衍遣弟辅国将军秀镇京口，辅国将军恢镇破墩，从弟宁朔将军景镇广陵。

巴东献武公萧颖胄以萧璝与蔡道恭相持不决，忧愤成疾，十一月壬午，卒。夏侯详秘之，使似其书者假为教命，密报萧衍，衍亦秘之。详征兵雍州，萧伟遣萧憺将兵赴之。璝等闻建康已危，众惧而溃，璝及鲁休烈皆降。乃发颖胄丧，赠侍中、丞相。于是众望尽归于衍。

崔慧景之逼建康也，东昏侯拜蒋子文神为假黄钺、使持节、相国、太宰、大将军、录尚书事、扬州牧、钟山王。及衍至，又尊子文为灵帝，迎神像入后堂，使巫祷祀求福。及城闭，城中军事悉委王珍国，兖州刺史张稷入卫京师，以稷为珍国之副。稷，瓌之弟也。

时城中实甲犹七万人，东昏素好军阵，与黄门、刀敕及宫人于华光殿前习战斗，诈作被创势，使人以板掆去，用为厌胜。常于殿中戎服骑马出入，以金银为铠胄，具装饰以孔翠。昼眠夜起，一如平常。闻外鼓叫声，被大红袍，登景阳楼屋上望之，弩几中之。

始东昏与左右谋，以为陈显达一战即败，崔慧景围城寻走，谓衍兵亦然，敕太官办樵、米为百日调而已。及大桁之败，众情凶惧，茹法珍等恐士民逃溃，故闭城不复出兵。既而长围已立，堑栅严固，然后出荡，屡战不捷。东昏尤惜金钱，不肯赏赐。法珍叩头请之，东昏曰："贼来独取我邪？何为就我求物？"后堂储数百具榜，启为城防，东昏欲留作殿，竟不与。又督御府作三百人精仗，待围解以拟屏除，金银雕镂杂物，倍急于常。众皆怨怠，不为致力。外围既久，城中皆思早亡，莫敢先发。

茹法珍、梅虫儿说东昏曰："大臣不留意，使围不解，宜悉诛之。"王珍国、张稷惧祸。珍国密遣所亲献明镜于萧衍，衍断金以报之。兖州中兵参军冯翊张齐，稷之腹心也，珍国因齐密与稷谋，同弑东昏。齐夜引珍国就稷，造膝定计，齐自执烛，又以计告后閤舍人钱强。十二月丙寅夜，强密令人开云龙门，珍国、稷引兵入殿，御刀丰勇之为内应。东昏在含德殿作笙歌，寝未熟，闻兵入，趋出北户，欲还后宫，门已闭。宦者黄泰平刀伤其膝，仆地，张齐斩之。稷召尚书右仆射王亮等列坐殿前西钟下，令百僚署笺，以黄油裹东昏首，遣国子博士范云等送诣石头。右卫将军王志叹曰："冠虽弊，何可加足！"取庭中树叶挼服之，伪闷，不署名。衍览笺无志名，心嘉之。亮，莹之从弟；志，僧虔之子也。衍与范云有旧，即留参帷幄。王亮在东昏朝以依违取容。萧衍至新林，百僚皆间道送款，亮独不遣。东昏败，亮出见衍。衍曰："颠而不扶，安用彼相。"亮曰："若其可扶，明公岂有今日之举？"城中出者，或被劫剥。杨公则亲帅麾下陈于东掖门，卫送公卿、士民，故出者多由公则营焉。衍使张弘策先入清宫，封府库及图籍。于时城内珍宝委积，弘策禁勒部曲，秋毫无犯。收潘妃及嬖臣茹法珍、梅虫儿、王咺之等四十一人皆属吏。

初，海陵王之废也，王太后出居鄱阳王故第，号宣德宫。己巳，萧衍以宣德太后令追废涪陵王为东昏侯，褚后及太子诵并为庶人。以衍为中书监、大司马、录尚书事、骠骑大将军、扬州刺史，封建安郡公，依晋武陵王遵承制故事，百僚致敬。以王亮为长史。壬申，更封建安王宝寅为鄱阳王。癸酉，以司徒、扬州刺史晋安王宝义为太尉，领司徒。

己卯，衍入屯阅武堂，下令大赦。又下令："凡昏制谬赋淫刑滥役外，可详检前原，悉皆除荡。其主守散失诸所损耗，精立科条，咸从原例。"又下令："通检尚书众曹，东昏时诸诤讼失理及主者淹停不时施行者，精加讯辨，依事议奏。"又下令："收葬义师，掩瘗逆徒之死亡者。"潘妃有国色，衍欲留之，以问侍中领军将军王茂。茂曰："亡齐者此物，留之恐贻外议。"乃缢杀于狱。并诛嬖臣茹法珍等。以宫女二千分赉将士。乙酉，以辅国将军萧宏为中护军。

衍之东下也，豫州刺史马仙琕拥兵不附衍，衍使其故人姚仲宝说之，仙琕先为设酒，乃斩于军门以徇。衍又遣其族叔怀远说之，仙琕曰："大义灭亲。"又欲斩之，军中为请，乃得免。衍至新林，仙琕犹于江西日抄运船。衍围宫城，州郡皆遣使请降，吴兴太守袁昂独拒境不受命。昂，觊之子也。衍使驾部郎考城江革为书与昂曰："根本既倾，枝叶安附？今竭力昏主，未足为忠。家门屠灭，非所谓孝。岂若翻然改图，自招多福。"昂复书曰："三吴内地，非用兵之所，况以偏隅一郡，何能为役？自承麾旆届止，莫不膝袒军门，惟仆一人敢后至者，政以内揆庸素，文武无施，虽欲献心，不增大师之勇；置其愚默，宁沮众军之威。幸藉将军含弘之大，可得从容以礼。窃以一餐微施，尚复投殞；况食人之禄而顿忘一旦，非惟物议不可，亦恐明公鄙之。所以踌躇，未遑荐璧。"昂问时事于武康令北地傅映，映曰："昔元嘉之末，开辟未有，故太尉杀身以明节。司徒当寄托之重，理无苟全，所以不顾夷险，以徇名义。今嗣主昏虐，曾无悛改，荆、雍协举，乘据上流，天人之意可知。愿明府深虑，无取后悔。"及建康平，衍使豫州刺史李元履巡抚东土，敕元履曰："袁昂道素之门，世有忠节，天下须共容之，勿以兵威陵辱。"元履至吴兴，宣衍旨，昂亦不请降，开门撤备而已。仙琕闻台城不守，号泣谓将士曰："我受人任寄，义不容降，君等皆有父母，我为忠臣，君为孝子，不亦可乎？"乃悉遣城内兵出降，余壮士数十，闭门独守。俄而兵入，围之数十重。仙琕令士皆持满，兵不敢近。日暮，仙琕乃投弓曰："诸军但来见取，我义不降。"乃槛送石头。衍释之，使待袁昂至俱入，曰："今天下见二义士。"衍谓仙琕曰："射钩、斩袪，昔人所美，卿勿以杀使、断运自嫌。"仙琕谢曰："小人如失主犬，后主饲之，则复为用矣。"衍笑，皆厚遇之。

丙戌，萧衍入镇殿中。

梁武帝天监元年春正月，齐和帝遣兼侍中席阐文等慰劳建康。

戊戌，迎宣德太后入宫，临朝称制，衍解承制。

壬寅，进大司马衍都督中外诸军事，剑履上殿，赞拜不名。

初，大司马与黄门侍郎范云、南清河太守沈约、司徒右长史任昉同在竟陵王西邸，意好敦密。至是，引云为大司马谘议参军、领录事，约为骠骑司马，昉为记室参军，与参谋议。前吴兴太守谢朏、国子祭酒何胤先皆弃官家居，衍奏征为军咨祭酒，朏、胤皆不至。

大司马内有受禅之志，沈约微扣其端，大司马不应。他日，又进曰："今与古异，不可以淳风期物。士大夫攀龙附凤者皆望有尺寸之功。今童儿牧竖皆知齐祚已终，明公当承其运，天文谶记，又复炳然。天心不可违，人情不可失，苟历数所在，虽欲谦光，亦不可得已。"大司马曰："吾方思之。"约曰："公初建牙樊、沔，此时应思。今王业已成，何所复思？若不早定大业，脱有一人立异，即损威德。且人非金玉，时事难保，岂可以建安之封遗之子孙！若天子还都，公卿在位，则君臣分定，无复异心。君明于上，臣忠于下，岂复有人方更同公作贼？"大司马然之。约出，大司马召范云告之，云对略向约旨。大司马曰："智者乃尔暗同，卿明早将休文更来。"云出语约，约曰："卿必待我。"云许诺，而约先期入。大司马命草具其事，约乃出怀中诏书并诸选置，大司马初无所改。俄而云自外来，至殿门，不得入，徘徊寿光阁外，但云"咄咄！"约出，问曰："何以见处？"约举手向左，云笑曰："不乖所望。"有顷，大司马召云入，叹约才智纵横，且曰："我起兵于今三年矣，功臣诸将，实有其劳，然成帝业者，卿二人也。"

甲寅，诏进大司马位相国、总百揆、扬州牧，封十郡为梁公，备九锡之礼，置梁百司，去录尚书之号，骠骑大将军如故。二月辛酉，梁公始受命。

丙寅，诏梁国选诸要职，悉依天朝之制。于是以沈约为吏部尚书兼右仆射，范云为侍中。

丙戌，诏梁公增封十郡，进爵为王。癸巳，受命，赦国内及府州所统殊死以下。

齐和帝东归，至姑孰。丙辰，下诏禅位于梁。

夏四月辛酉，宣德太后令曰："西诏至，帝宪章前代，敬禅神器于梁，明可临轩，遣使恭授玺绂，未亡人归于别宫。"壬戌，发策，遣兼太保尚书令亮等奉皇帝玺绶诣梁宫。丙寅，梁王即皇帝位于南郊，大赦，改元。是日追赠兄懿为丞相，封长沙王，谥曰宣武，葬礼依晋安平献王故事。

丁卯，奉和帝为巴陵王，宫于姑孰，优崇之礼，皆仿齐初。奉宣德太后为齐文帝妃，王皇后为巴陵王妃，齐世王、侯封爵悉从降省，唯宋汝阴王不在除例。

追尊皇考为文皇帝，庙号太祖；皇妣为献皇后。追谥妃郗氏为德皇后。封文武功臣车骑将军夏侯详等十五人为公、侯。立皇弟中护军宏为临川王，南徐州刺史秀为安成王，雍州刺史伟为建安王，左卫将军恢为鄱阳王，荆州刺史憺为始兴王。以宏为扬州刺史。

戊辰，巴陵王卒。时上欲以南海郡为巴陵国，徙王居之。沈约曰："古今殊事，魏武所云'不可慕虚名而受实祸'。"上颔之，乃遣所亲郑伯禽诣姑孰，以生金进王。王曰："我死不须金，醇酒足矣。"乃饮，沉醉，伯禽就折杀之。以谢沐县公宝义为巴陵王，奉齐祀。宝义幼有废疾，不能言，故独得全。

齐南康侯子恪及弟祁阳侯子范尝因事入见，上从容谓曰：

"天下公器,非可力取,苟无期运,虽项籍之力终亦败亡。宋孝武性猜忌,兄弟粗有令名者皆鸩之,朝臣以疑似枉死者相继。然或疑而不能去,或不疑而卒为患。如卿祖以材略见疑,而无如之何。湘东以庸愚不疑,而子孙皆死其手。我于时已生,彼岂知我应有今日!固知有天命者非人所害。我初平建康,人皆劝我除去卿辈以壹物心。我于时依而行之,谁谓不可?正以江左以来,代谢之际,必相屠灭,感伤和气,所以国祚不长。又齐、梁虽云革命,事异前世,我与卿兄弟虽复绝服,宗属未远,齐业之初,亦共甘苦,情同一家,岂可遽如行路之人。卿兄弟果有天命,非我所杀;若无天命,何忽行此?适足示无度量耳。且建武涂炭卿门,我起义兵,非惟自雪门耻,亦为卿兄弟报仇。卿若能在建武、永元之世,拨乱反正,我岂得不释戈推奉邪!我自取天下于明帝家,非取之于卿家也。昔刘子舆自称成帝子,光武言:'假使成帝更生,天下亦不复可得,况子舆乎?'曹志,魏武帝之孙,为晋忠臣。况卿今日犹是宗室,我方坦然相期,卿无复怀自外之意。小待,自当知我寸心。"子恪兄弟凡十六人皆仕梁,子恪、子范、子质、子显、子云、子晖并以才能知名,历官清显,各以寿终。

南北交兵

齐和帝中兴元年〔冬十一月〕,魏镇南将军元英上书曰:"萧宝卷骄纵日甚,虐害无辜。其雍州刺史萧衍东伐秣陵,扫土兴兵,顺流而下,唯有孤城,更无重卫。乃皇天授我之日,旷载一逢之秋,此而不乘,将欲何待?臣乞躬帅步骑三万,直指沔阴,据襄阳之城,断黑水之路。昏虐君臣,自相鱼肉,我居上流,威震遐迩。长驱南出，进拔江陵，则三楚之地一朝可收，岷、蜀之道自成断绝。又命扬、徐二州声言俱举，建业穷蹙，鱼游釜中，可以齐文轨而大同，混天地而为一。伏惟陛下独决圣心，无取疑议，此期脱爽，并吞无日。”事寝不报。

车骑大将军源怀上言：“萧衍内侮，宝卷孤危，广陵、淮阴等戍皆观望得失。斯实天启之期，并吞之会，宜东西齐举，以成席卷之势。若使萧衍克济，上下同心，岂惟后图之难，亦恐扬州危逼。何则？寿春之去建康才七百里，山川水陆，皆彼所谙。彼若内外无虞，君臣分定，乘舟藉水，倏忽而至，未易当也。今宝卷都邑有土崩之忧，边城无继援之望，廓清江表，正在今日。”魏主乃以任城王澄为都督淮南诸军事、镇南大将军、开府仪同三司、扬州刺史，使为经略，既而不果。怀，贺之子也。

东豫州刺史田益宗上表曰：“萧氏乱常，君臣交争，江外州镇，中外为两，东西抗峙，已淹岁时。民庶穷于转输，甲兵疲于战斗，事救于目前，力尽于麾下，无暇外维州镇，纲纪庶方，藩城棋立，孤存而已。不乘机电扫，廓彼蛮疆，恐后之经略，未易于此。且寿春虽平，三面仍梗，镇守之宜，实须豫设。义阳差近淮源，利涉津要，朝廷行师，必由此道。若江南一平，有事淮外，须乘夏水泛长，列舟长淮。师赴寿春，须从义阳之北，便是居我喉要，在虑弥深。义阳之灭，今实时矣。度彼不过须精卒一万二千，然行师之法，贵张形势，请使两荆之众西拟随、雍，扬〔州〕之卒顿于建安，得捍三关之援；然后二豫之军直据南关，对抗延头，遣一都督总诸军节度，季冬进师，迄于春末，不过十旬，克之必矣。”

元英又奏称：“今宝卷骨肉相残，藩镇鼎立。义阳孤绝，密迩王土，内无兵储之固，外无粮援之期。此乃欲焚之鸟，不可去薪；

授首之寇，岂容缓斧。若失此不取，岂惟后举难图，亦恐更为深患。今豫州刺史司马悦已戒严垂发，东豫州刺史田益宗兵守三关，请遣军司为之节度。”魏主乃遣直寝羊灵引为军司。益宗遂入寇。建宁太守黄天赐与益宗战于赤亭，天赐败绩。

梁武帝天监元年春二月辛丑，杀齐邵陵王宝攸、晋熙王宝嵩、桂阳王宝贞。梁王将杀齐诸王，防守犹未急。鄱阳王宝寅家阉人颜文智与左右麻拱等密谋，穿墙夜出宝寅，具小船于江岸，着乌布襦，腰系千许钱，潜赴江侧，蹑屩徒步，足无完肤。防守者至明追之，宝寅诈为钓者，随流上下十余里，追者不疑。待散，乃度西岸，投民华文荣家。文荣与其族人天龙、惠连弃家将宝寅遁匿山涧，赁驴乘之，昼伏宵行，抵寿阳之东城。魏戍主杜元伦驰告扬州刺史任城王澄，以车马侍卫迎之。宝寅时年十六，徒步憔悴，见者以为掠卖生口。澄待以客礼，宝寅请丧君斩衰之服，澄遣人晓示情礼，赍丧兄齐衰之服给之。澄帅官僚赴吊，宝寅居处有礼，一同极哀之节。寿阳多其故义，皆受慰唁，唯不见夏侯一族，以夏侯详从梁王故也。澄深器重之。

三月，齐和帝下诏禅位于梁王。

二年春三月，萧宝寅伏于魏阙之下，请兵伐梁，虽暴风大雨，终不暂移。会陈伯之降魏，亦请兵自效。魏主乃引八坐、门下入定议。夏四月癸未朔，以宝寅为都督东扬等三州诸军事、镇东将军、扬州刺史、丹杨公、齐王，礼赐甚厚，配兵一万，令屯东城；以伯之为都督淮南诸军事、平南将军、江州刺史，屯阳石，俟秋冬大举。宝寅明当拜命，其夜恸哭至晨。魏人又听宝寅募四方壮勇，得数千人，以颜文智、华文荣等六人皆为将军、军主。宝寅志性雅重，过期犹绝酒肉，惨形悴色，蔬食粗衣，未尝嬉笑。六月，魏扬州刺史任城王澄表称："萧衍频断东关，欲令巢湖泛溢以灌淮南诸戍。吴、楚便水，且灌且掠，淮南之地，将非国有。寿阳去江五百余里，众庶惶惶，并惧水害。脱乘民之愿，攻敌之虚，豫勒诸州，纂集士马，首秋大集，应机经略，虽混壹不能必果，江西自是无虞矣。"丙戌，魏发冀、定、瀛、相、并、济六州二万人，马一千五百匹，令仲秋之中毕会淮南，并寿阳先兵(一)〔三〕万，委澄经略，萧宝寅、陈伯之皆受澄节度。

秋八月庚子，魏以镇南将军元英都督征义阳诸军事。司州刺史蔡道恭闻魏军将至，遣骁骑将军杨由帅城外居民三千余家保贤首山，为三栅。冬十月，元英勒诸军围贤首栅，栅民任马驹斩由降魏。

任城王澄命统军党法宗、傅竖眼、太原王神念等分兵寇东关、大岘、淮陵、九山，高祖珍将三千骑为游军，澄以大军继其后。竖眼，灵越之子也。魏人拔关要、颍川、大岘三城，白塔、牵城、清溪皆溃。徐州刺史司马明素将兵三千救九山，徐州长史潘伯邻据淮陵。宁朔将军王燮保焦城，党法宗等进拔焦城，破淮陵，十一月壬午，擒明素，斩伯邻。

先是，南梁太守冯道根戍阜陵，初到，修城隍，远斥候，如敌将至，众颇笑之。道根曰："怯防勇战，此之谓也。"城未毕，党法宗等众二万奄至城下，众皆失色。道根命大开门，缓服登城，选精锐二百人出与魏兵战，破之。魏人见其意思闲暇，战又不利，遂引去。道根将百骑击高祖珍，破之。魏诸军粮运绝，引退。以道根为豫州刺史。

乙酉，将军吴子阳与魏元英战于白沙，子阳败绩。

三年春正月，萧宝寅行及汝阴，东城已为梁所取，乃屯寿阳栖贤寺。二月戊子，将军姜庆真乘魏任城王澄在外，袭寿阳，据其外郭。长史韦缵仓猝失图，任城太妃孟氏勒兵登陴，先守要便，激厉文武，安慰新旧，劝以赏罚，将士咸有奋志。太妃亲巡城守，不避矢石。萧宝寅引兵至，与州军合击之，自四鼓战至下晡，庆真败走。韦缵坐免官。

任城王澄攻钟离，上遣冠军将军张惠绍等将兵五千送粮诣钟离，澄遣平远将军刘思祖等邀之。丁酉，战于邵阳，大败梁兵，俘惠绍等十将，杀虏士卒殆尽。思祖，芳之从子也。尚书论思祖功，应封千户侯，侍中领右卫将军元晖求二婢于思祖，不得，事遂寝。晖，素之孙也。

上遣平西将军曹景宗、后军王僧炳等帅步骑三万救义阳。僧炳将二万人据凿岘，景宗将万人为后继。元英遣冠军将军元逞等据樊城以拒之。三月壬申，大破僧炳于樊城，俘斩四千余人。

魏诏任城王澄，以"四月淮水将涨，舟行无碍，南军得时，勿昧利以取后悔"。会大雨，淮水暴涨，澄引兵还寿阳。魏军还既狼狈，失亡四千余人。中书侍郎齐郡贾思伯为澄军司，居后为殿，澄以其儒者，谓之必死，及至，大喜曰："'仁者必有勇'，于军司见之矣。"思伯托以失道，不伐其功。有司奏夺澄开府，仍降三阶。上以所获魏将士请易张惠绍于魏，魏人归之。

夏五月，魏人围义阳，城中兵不满五千人，食才支半岁。魏军攻之，昼夜不息，刺史蔡道恭随方抗御，皆应手摧却，相持百余日，前后斩获不可胜计。魏军惮之，将退。会道恭疾笃，乃呼从弟骁骑将军灵恩、兄子尚书郎僧勰及诸将佐谓曰："吾受国厚恩，不能攘灭寇贼，今所苦转笃，势不支久。汝等当以死固节，无令吾没有遗恨。”众皆流涕。道恭卒，灵恩摄行州事，代之城守。

秋七月，魏人闻蔡道恭卒，攻义阳益急，短兵日接。曹景宗顿凿岘不进，但耀兵游猎而已。上复遣宁朔将军马仙琕救义阳。仙琕转战而前，兵势甚锐。元英结垒于士雅山，分命诸将伏于四山，示之以弱。仙琕乘胜直抵长围，掩英营，英伪北以诱之，至平地，纵兵击之。统军傅永擐甲执槊，单骑先入，唯军主蔡三虎副之，突陈横过。梁兵射永，洞其左股，永拔箭复入。仙琕大败，一子战死，仙琕退走。英谓永曰：“公伤矣，且还营。”永曰：“昔汉祖扪足，不欲人知。下官虽微，国家一将，奈何使贼有伤将之名。”遂与诸军追之，尽夜而返。时年七十余矣，军中莫不壮之。仙琕复帅万余人进击英，英又破之，杀将军陈秀之。仙琕知义阳危急，尽锐决战，一日三交，皆大败而返。蔡灵恩势穷，八月乙西，降于魏。三关戍将闻之，辛酉，亦弃城走。

英使司马陆希道为露版，嫌其不精，命傅永改之。永不增文彩，直为之陈列军事处置形要而已。英深赏之，曰：“观此经算，虽有金城汤池不能守矣。”初，南安惠王以预穆泰之谋，追夺爵邑，及英克义阳，乃复立英为中山王。

御史中丞任昉奏弹曹景宗，上以其功臣，寝而不治。

卫尉郑绍叔忠于事上，外所闻知，纤豪无隐。每为上言事，善则推功于上，不善则引咎归己，上以是亲之。诏于南义阳置司州，移镇关南，以绍叔为刺史。绍叔立城隍，缮器械，广田积谷，招集流散，百姓安之。

魏置郢州于义阳，以司马悦为刺史。上遣马仙琕筑竹敦、麻阳二城于三关南，司马悦遣兵攻竹敦，拔之。

四年春二月，上谋伐魏。壬午，遣卫尉卿杨公则将宿卫兵塞洛口。八月壬寅，魏中山王英寇雍州。杨公则至洛口，与魏豫州长史石荣战，斩之。甲寅，将军姜庆真与魏战于羊石，不利，公则退屯马头。九月己巳，杨公则等与魏扬州刺史元嵩战，公则败绩。

冬十月丙午，上大举伐魏，以扬州刺史临川王宏都督北讨诸军事，尚书右仆射柳惔为副，王公以下各上国租及田谷以助军。宏军于洛口。

五年夏四月庚戌，魏以中山王英为征南将军、都督扬徐二州诸军事，帅众十余万以拒梁军，指授诸节度，所至以便宜从事。

江州刺史王茂将兵数万侵魏荆州，诱魏边民及诸蛮更立宛州，遣其所署宛州刺史雷豹狼等袭取魏河南城。魏遣平南将军杨大眼都督诸军击茂，辛酉，茂战败，失亡二千余人。大眼进攻河南城，茂逃还。大眼追至汉水，攻拔五城。魏征虏将军宇文福寇司州，俘千余口而去。

五月辛未，太子右卫率张惠绍等侵魏徐州，拔宿预，执城主马成龙。乙亥，北徐州刺史昌义之拔梁城。豫州刺史韦叡遣长史王超等攻小岘，未拔。叡行围栅，魏出数百人陈于门外，叡欲击之，诸将皆曰："向者轻来，未有战备，徐还授甲，乃可进耳。"叡曰："不然。魏城中二千余人，足以固守，今无故出人于外，必其骁勇者也，苟能挫之，其城自拔。"众犹迟疑，叡指其节曰："朝廷授此，非以为饰。韦叡法不可犯也。"遂进击之，士皆殊死战，魏兵败走，因急攻之，中宿而拔，遂至合肥。

先是，右军司马胡略等攻合肥，久未下。叡按山川，夜帅众堰肥水，顷之堰成水通，舟舰继至。魏筑东西小城夹合肥，叡先攻二城，魏将杨灵胤帅众五万奄至。众惧不敌，请奏益兵。叡笑曰："贼至城下，方求益兵，将何所及？且吾求益兵，彼亦益兵。兵贵用奇，岂在众也。"遂击灵胤，破之。叡使军主王怀静筑城于岸以守堰，魏攻拔之，城中千余人皆没。魏人乘胜至堤下，兵势甚盛，诸将欲退还巢湖，或欲保三叉。叡怒曰："宁有此邪！"命取伞扇麾幢，树之堤下，示无动志。魏人来凿堤，叡亲与之争，魏兵却，因筑垒于堤以自固。叡起斗舰，高与合肥城等，四面临之，城中人皆哭。守将杜元伦登城督战，中弩死，辛巳，城溃，俘斩万余级，获牛马以万数。

叡体素羸，未尝跨马，每战常乘板舆督厉将士，勇气无敌。昼接宾旅，夜半起，算军书，张灯达曙。抚循其众，常如不及，故投募之士争归之。所至顿舍馆宇，藩墙皆应准绳。诸军进至东陵，有诏班师。去魏城既近，诸将恐其追蹑，叡悉遣辎重居前，身乘小舆殿后，魏人服叡威名，望之不敢逼，全军而还。于是迁豫州治合肥。

壬午，魏遣尚书元遥南拒梁兵。丁亥，庐江太守闻喜裴邃克魏羊石城，庚寅，又克霍丘城。六月庚子，青冀二州刺史桓和克朐山城。

张惠绍与假徐州刺史宋黑水陆俱进，趣彭城，围高冢戍。魏武卫将军奚康生将兵救之，丁未，惠绍兵不利，黑战死。

秋七月丙寅，桓和击魏兖州，拔固城。戊子，徐州刺史王伯敖与魏中山王英战于阴陵，伯敖兵败，失亡五千余人。

己丑，魏发定、冀、瀛、相、并、肆六州十万人以益南行之兵。上遣将军角念将兵一万屯蒙山，招纳兖州之民，降者甚众。是时将军萧及屯固城，桓和屯孤山。魏邢峦遣统军樊鲁攻和，别将元恒攻及，统军毕祖朽攻念。壬寅，鲁大破和于孤山，恒拔固城，祖朽击念走之。

己酉，魏诏平南将军安乐王诠督后发诸军赴淮南。诠，长乐之子也。

将军蓝怀恭与魏邢峦战于睢口，怀恭败绩，峦进围宿预。怀恭复于清南筑城，峦与平南将军杨大眼合攻之，九月癸酉，拔之，斩怀恭，杀获万计。张惠绍弃宿预，萧炳弃淮阳，遁还。

临川王宏以帝弟将兵，器械精新，军容甚盛，北人以为百数十年所未之有。军次洛口，前军克梁城，诸将欲乘胜深入，宏性懦怯，部分乖方。魏诏邢峦引兵渡淮，与中山王英合攻梁城，宏闻之，惧，召诸将议旋师。吕僧珍曰："知难而退，不亦善乎？"宏曰："我亦以为然。"柳惔曰："自我大众所临，何城不服，何谓难乎？"裴邃曰："是行也，固敌是求，何难之避？"马仙琕曰："王安得亡国之言！天子扫境内以属王，有前死一尺，无却生一寸。"昌义之怒，须发尽磔，曰："吕僧珍可斩也！岂有百万之师出未逢敌，望风遽退，何面目得见圣主乎？"朱僧勇、胡辛生拔剑而（退）〔起〕，曰："欲退自退，下官当前向取死。"议者罢出，僧珍谢诸将曰："殿下昨来风动，意不在军，深恐大致沮丧，故欲全师而返耳。"宏不敢遽违群议，停军不前。魏人知其不武，遗以巾帼，且歌之曰："不畏萧娘与吕姥，但畏合肥有韦虎。"虎谓韦叡也。僧珍叹曰："使始兴、吴平为帅而佐之，岂有为敌人所侮如是乎！"欲遣裴邃分军取寿阳，大众停洛口，宏固执不听，令军中曰："人马有前行者斩。"于是将士人怀愤怒。魏奚康生驰遣杨大眼谓中山王英曰："梁人自克梁城已后，久不进军，其势可见，必畏我也。王若进据洛水，彼自奔败。"英曰："萧临川虽騃，其下有良将韦、裴之属，未可轻也。宜且观形势，勿与交锋。"

张惠绍号令严明，所至独克。军于下邳，下邳人多欲降者，惠绍谕之曰："我若得城，诸卿皆是国人；若不能克，徒使诸卿失乡里，非朝廷吊民之意也。今且安堵复业，勿妄自辛苦。"降人咸悦。

己丑夜，洛口暴风雨，军中惊，临川王宏与数骑逃去。将士求宏不得，皆散归，弃甲投戈，填满水陆，捐弃病者及羸老，死者近五万人。宏乘小船济江，夜至白石垒，叩城门求入。临汝侯渊猷登城谓曰："百万之师，一朝鸟散，国之存亡，未可知也。恐奸人乘间为变，城不可夜开。"宏无以对，乃缒食馈之。渊猷，渊藻之弟也。时昌义之军梁城，闻洛口败，与张惠绍皆引兵退。

魏主诏中山王英乘胜平荡东南，逐北至马头，攻拔之，城中粮储，魏悉迁之归北。议者咸曰："魏运米北归，当不复南向。"上曰："不然。此必欲进兵，为诈计耳。"乃命修钟离城，敕昌义之为战守之备。

冬十月，英进围钟离，魏主诏邢峦引兵会之。峦上表，以为："南军虽野战非敌，而城守有余。今尽锐攻钟离，得之则所利无几，不得则亏损甚大。且介在淮外，借使束手归顺，犹恐无粮难守，况杀士卒以攻之乎？又征南士卒，从戎二时，疲弊死伤，不问可知。虽有乘胜之资，惧无可用之力。若臣愚见，谓宜修复旧戍，抚循诸州，以俟后举，江东之衅，不患其无。"诏曰："济淮掎角，事如前敕，何容犹尔盘桓，方有此请！可速进军。"峦又表，以为："今中山进军钟离，实所未解。若为得失之计，不顾万全，直袭广陵，出其不备，或未可知。若正欲以八十日粮取钟离城者，臣未之前闻也。彼坚城自守，不与人战，城堑水深，非可填塞，空坐至春，士卒自弊。若遣臣赴彼，从何致粮？夏来之兵，不赍冬服,脱遇冰雪,何方取济?臣宁荷怯懦不进之责,不受败损空行之罪。钟离天险,朝贵所具,若有内应,则所不知,如其无也,必无克状。若信臣言,愿赐臣停。若谓臣惮行,求还臣所领兵,乞尽付中山,任其处分,臣止以单骑随之东西。臣屡更为将,颇知可否,臣既谓难,何容强遣。"乃召峦还,更命镇东将军萧宝寅与英同围钟离。侍中卢昶素恶峦,与侍中领右卫将军元晖共谮之,使御史中尉崔亮弹峦在汉中掠人为奴婢。峦以汉中所得美女赂晖,晖言于魏主曰:"峦新有大功,不当以赦前小事案之。"魏主以为然,遂不问。

丁酉,梁兵围义阳者夜遁,魏郢州刺史娄悦追击,破之。

十一月乙丑,大赦。诏右卫将军曹景宗都督诸军二十万救钟离。上敕景宗顿道人洲,俟众军齐集俱进。景宗固启求先据邵阳洲尾,上不许。景宗欲专其功,违诏而进,值暴风猝起,颇有溺者,复还守先顿。上闻之曰:"景宗不进,盖天意也。若孤军独往,城不时立,必致狼狈。今破贼必矣。"

六年春正月,魏中山王英与平东将军杨大眼等众数十万攻钟离。钟离城北阻淮水,魏人于邵阳洲两岸为桥树栅数百步,跨淮通道。英据南岸攻城,大眼据北岸立城,以通粮运。城中众才三千人,昌义之督帅将士,随方抗御。魏人以车载土填堑,使其众负土随之,严骑蹙其后,人有未及回者,因以土迮之,俄而堑满。冲车所撞,城土辄颓,义之用泥补之,冲车虽入而不能坏。魏人昼夜苦攻,分番相代,坠而复升,莫有退者。一日战数十合,前后杀伤万计,魏人死者与城平。

二月,魏主召英使还,英表称:"臣志殄逋寇,而月初已来,霖雨不止,若三月晴霁,城必可克。愿少赐宽假。"魏主复赐诏曰:

"彼土蒸湿,无宜久淹。势虽必取,乃将军之深计,兵久力殆,亦朝廷之所忧也。"英犹表称必克,魏主遣步兵校尉范绍诣英议攻取形势。绍见钟离城坚,劝英引还,英不从。

上命豫州刺史韦叡将兵救钟离,受曹景宗节度。叡自合肥取直道,由阴陵大泽行,值涧谷,辄飞桥以济师。人畏魏兵盛,多劝叡缓行。叡曰:"锺离今凿穴而处,负户而汲,车驰卒奔,犹恐其后,而况缓乎,魏人已堕吾腹中,卿曹勿忧也。"旬日至邵阳。上豫敕曹景宗曰:"韦叡,卿之乡望,宜善敬之。"景宗见叡,礼甚谨,上闻之曰:"二将和,师必济矣。"

景宗与叡进顿邵阳洲,叡于景宗营前二十里夜掘长堑,树鹿角,截洲为城,去魏城百余步。南梁太守冯道根,能走马步地,计马足以赋功,比晓而营立。魏中山王英大惊,以杖击地曰:"是何神也!"景宗等器甲精新,军容甚盛,魏人望之夺气。景宗虑城中危惧,募军士言文达等潜行水底,赍敕入城,城中始知有外援,勇气百倍。

杨大眼勇冠军中,将万余骑来战,所向皆靡。叡结车为陈,大眼聚骑围之,叡以强弩二千,一时俱发,洞甲穿中,杀伤甚众。矢贯大眼右臂,大眼退走。明旦,英自帅众来战。叡乘素木舆,执白角如意以麾军,一日数合,英乃退。魏师复夜来攻城,飞矢雨集,叡子黯请下城以避箭,叡不许。军中惊,叡于城上厉声呵之,乃定。牧人过淮北伐刍藁者,皆为杨大眼所略。曹景宗募勇敢士千余人,于大眼城南数里筑垒,大眼来攻,景宗击却之。垒成,使别将赵草守之,有抄掠者,皆为草所获,是后始得纵刍牧。

上命景宗等豫装高舰,使与魏桥等,为火攻之计。令景宗与叡各攻一桥,叡攻其南,景宗攻其北。三月,淮水暴涨六七尺,叡使冯道根与庐江太守裴邃、秦郡太守李文钊等乘斗舰竞发，击魏洲上军尽殪。别以小船载草，灌之以膏，从而焚其桥，风怒火盛，烟尘晦冥，敢死之士，拔栅斫桥，水又漂疾，倏忽之间，桥栅俱尽。道根等皆身自搏战，军人奋勇，呼声动天地，无不一当百，魏军大溃。英见桥绝，脱身弃城走，大眼亦烧营去。诸垒相次土崩，悉弃其器甲，争投水死者十余万，斩首亦如之。叡遣报昌义之，义之悲喜，不暇答语，但叫曰："更生！更生！"诸军逐北至濊水上，英单骑入梁城。缘淮百余里，尸相枕藉，生擒五万人，收其资粮、器械山积，牛马驴骡不可胜计。

义之德景宗及叡，请二人共会，设钱二十万，官赌之。景宗掷得雉；叡徐掷得卢，遽取一子反之，曰："异事。"遂作塞。景宗与群帅争先告捷，叡独居后，世尤以此贤之。诏增景宗、叡爵邑，义之等受赏各有差。

秋八月，魏有司奏："中山王英经算失图，齐王萧宝寅等守桥不固，皆处以极法。"己亥，诏英、宝寅免死，除名为民；杨大眼徙营州为兵。以中护军李崇为征南将军、扬州刺史。

七年秋九月庚子，魏郢州司马彭珍等叛魏，潜引梁兵趋义阳，三关戍主侯登等以城来降。郢州刺史娄悦婴城自守，魏以中山王英都督南征诸军事，将步骑三万出汝南以救之。

冬十月，魏悬瓠军主白早生杀豫州刺史司马悦，自号平北将军，求援于司州刺史马仙琕。时荆州刺史安成王秀为都督，仙琕签求应赴。参佐咸谓宜待台报。秀曰："彼待我以自存，援之宜速。待敕虽旧，非应急也。"即遣兵赴之。上亦诏仙琕救早生。仙琕进顿楚王城，遣副将齐苟儿以兵二千助守悬瓠。诏以早生为司州刺史。

魏以尚书邢峦行豫州事，将兵击白早生。魏主问之曰："卿言早生走也？守也？何时可平？"对曰："早生非有深谋大智，正以司马悦暴虐，乘众怒而作乱，民迫于凶威，不得已而从之。纵使梁兵入城，水路不通，粮运不继，亦成禽耳。早生得梁之援，溺于利欲，必守而不走。若临以王师，士民必翻然归顺，不出今年，当传首京师。"魏主悦，命峦先发，使中山王英继之。峦帅骑八百，倍道兼行，五日至鲍口。丙子，早生遣其大将胡孝智将兵七千，离城二百里逆战。峦奋击，大破之，乘胜长驱至悬瓠。早生出城逆战，又破之，因渡汝水，围其城。诏加峦都督南讨诸军事。

丁丑，魏镇东参军成景儁杀宿豫戍主严仲贤以城来降。时魏郢、豫二州自悬瓠以南至于安隆诸城皆没，唯义阳一城为魏坚守。蛮帅田益宗帅群蛮以附魏，魏以为东豫州刺史。上以车骑大将军、开府仪同三司、五千户郡公招之，益宗不从。十一月庚寅，魏遣安东将军杨椿将兵四万攻宿豫。魏主闻邢峦屡捷，命中山王英趣义阳。英以众少，累表请兵，弗许。英至悬瓠，辄与峦共攻之。十二月己未，齐苟儿等开门出降，斩白早生及其党数十人。英乃引兵前趋义阳。宁朔将军张道凝先屯楚王城，癸亥，弃城走，英追击，斩之。

魏义阳太守狄道辛祥与娄悦共守义阳，将军胡武城、陶平虏攻之，祥夜出袭其营，擒平虏，斩武城，由是州境获全。论功当赏，娄悦耻功出其下，间之于执政，赏遂不行。

八年春正月，魏中山王英至义阳，将取三关，先策之曰："三关相须如左右手，若克一关，两关不待攻而破。攻难不如攻易，宜先攻东关。"又恐其并力于东，乃使长史李华帅五统向西关以分其兵势，自督诸军向东关。

先是，马仙琕使云骑将军马广屯长薄，军主胡文超屯松岘。丙申，英至长薄，戊戌，长薄溃，马广遁入武阳，英进围之。上遣冠军将军彭瓮生、骠骑将军徐元季将兵援武阳，英故纵之使入城，曰："吾观此城形势易取。"瓮生等既入，英促兵攻之，六日而拔，虏三将及士卒七千余人。进攻广岘，太子左卫率李元履弃城走。又攻西关，马仙琕亦弃城走。

上使南郡太守韦叡将兵救仙琕。叡至安陆，增筑城二丈余，更开大堑，起高楼。众颇讥其怯，叡曰："不然。为将当有怯时，不可专勇。"中山王英急追马仙琕，将复邵阳之耻，闻叡至，乃退。上亦有诏罢兵。

初，魏主遣中书舍人鲖阳董绍慰劳叛城，白早生袭而囚之，送于建康。魏主既克悬瓠，命于齐苟儿等四将之中分遣二人，敕扬州为移，以易绍及司马悦首。移书未至，领军将军吕僧珍与绍言，爱其文义，言于上，上遣主书霍灵超谓绍曰："今听卿还，令卿通两家之好，彼此息民，岂不善也。"因召见，赐衣物，令舍人周捨慰劳之，且曰："战争多年，民物涂炭，吾是以不耻先言，与魏朝通好。比亦有书，全无报者，卿宜备申此意。今遣传诏霍灵秀送卿至国，迟有嘉问。"又谓绍曰："卿知所以得不死不？今者获卿，乃天意也。夫立君以为民也，凡在民上，岂可不思此乎？若欲通好，今以宿豫还彼，彼当以汉中见归。"绍还魏言之，魏主不从。

魏伐柔然

晋〔孝〕武帝太元十六年。初，柔然部人世服于代，其大人郁久闾地粟袁卒，部落分为二，长子匹候跋继父居东边，次子缊纥提别居西边。秦王坚灭代,柔然附于刘卫辰。

及魏王珪即位,攻击高车等,诸部率皆服从,独柔然不事魏。〔冬十月〕戊戌,珪引兵击之,柔然举部遁走,珪追奔六百里。诸将因张衮言于珪曰:"贼远粮尽,不如早还。"珪问诸将:"若杀副马,为三日食,足乎?"皆曰:"足。"乃复倍道追之,及于大(碛)〔碛〕南床山下,大破之,虏其半部。匹候跋及别部帅屋击各收余众遁走,珪遣长孙嵩、长孙肥追之。珪谓将佐曰:"卿曹知吾前问三日粮意乎?"曰:"不知也。"珪曰:"柔然驱畜产奔走数日,至水必留,我以轻骑追之,计其道里,不过三日及之矣。"皆曰:"非所及也。"嵩追斩屋击于平望川。肥追匹候跋至涿邪山,匹候跋举众降。获缊纥提之子曷多汗、兄子社仑、斛律等宗党数百人。缊纥提将奔刘卫辰,珪追及之,缊纥提亦降。珪悉徙其部众于云中。

十九年冬十月,柔然曷多汗弃其父,与社仑帅众西走。魏长孙肥追之,及于上郡跋那山,斩曷多汗。社仑收其余众数百奔匹候跋,匹候跋处之南鄙。社仑袭匹候跋杀之。匹候跋子启跋、吴颉等皆奔魏。社仑掠五原以西诸部,走度漠北。

安帝元兴元年春正月戊子,魏材官将军和突攻黜弗、素古延等诸部,破之。初,魏主珪遣北部大人贺狄干献马千匹求昏于秦,秦王兴闻珪已立慕容后,止狄干而绝其昏。没弈干、黜弗、素古延,皆秦之属国也,而魏攻之,由是秦、魏有隙。庚寅,珪大阅士马,命并州诸郡积谷于平阳之乾壁以备秦。

柔然社仑方睦于秦,遣将救黜弗、素古延。辛卯,和突逆击,大破之。社仑帅其部落远遁漠北,夺高车之地而居之。斛律部帅倍侯利击社仑,大为所败,倍侯利奔魏。社仑于是西北击匈奴遗种日拔也鸡，大破之，遂吞并诸部，士马繁盛，雄于北方。其地西至焉耆，东接朝鲜，南临大漠，旁侧小国皆羁属焉。自号豆代可汗。始立约束，以千人为军，军有将；百人为幢，幢有帅。攻战先登者赐以虏获，畏懦者以石击其首而杀之。

十二月，柔然可汗社仑闻珪伐秦，自参合陂侵魏，至豺山，及善无北泽，魏常山王遵以万骑追之，不及而还。

三年夏四月，柔然可汗社仑从弟悦代大那谋杀社仑，不克，奔魏。

义熙二年夏四月，柔然社仑侵魏边。

五年十二月，柔然侵魏。

六年春正月，魏长孙嵩将兵伐柔然。夏五月，魏长孙嵩至漠北而还，柔然追围之于牛川。壬申，魏主嗣北击柔然，柔然可汗社仑闻之，遁走，道死。其子度拔尚幼，部众立社仑弟斛律，号蔼苦盖可汗。嗣引兵还参合陂。

十年。初，社仑之徙高车也，高车人叱洛侯为之乡导，以并诸部，社仑德之，以为大人。步鹿真与社仑之子社拔共至叱洛侯家，淫其少妻，妻告步鹿真曰："叱洛侯欲奉大檀为主。"大檀者，社仑季父仆浑之子也，领别部镇西境，素得众心。步鹿真归而发兵围叱洛侯，叱洛侯自杀。遂引兵袭大檀，大檀逆击，破之，执步鹿真及社拔，杀之，自立为可汗，号牟汗纥升盖可汗。

斛律至和龙，燕王跋赐斛律爵上谷侯，馆之辽东，待以客礼，纳其女为昭仪。斛律上书请还其国，跋曰："今弃国万里，又无内应，若以重兵相送则馈运难继，兵少则不足成功，如何可还。"斛律固请，曰："不烦重兵，愿给三百骑送至敕勒，国人必欣然来迎。"跋乃遣单于前辅万陵帅骑三百送之。陵惮远役，至黑山，杀斛律而还。大檀亦遣使献马三千匹、羊万口于燕。

十二月丙戌朔，柔然可汗大檀侵魏。丙申，魏主嗣北击之。大檀走，遣奚斤等追之，遇大雪，士卒冻死及堕指者什二三。

宋营阳王景平元年春正月，柔然寇魏边。三月戊辰，魏筑长城，自赤城西至五原，延袤二千余里，备置戍卒，以备柔然。

八月，柔然寇河西，河西王蒙逊命世子政德击之。政德轻骑进战，为柔然所杀。

文帝元嘉元年秋八月，柔然纥升盖可汗闻魏太宗殂，将六万骑入云中，杀掠吏民，攻拔盛乐宫。魏世祖自将轻骑讨之，三日二夜至云中。纥升盖引骑围魏主五十余重，骑逼，马首相次如堵；将士大惧，魏主颜色自若，众情乃安。纥升盖以弟子於陟斤为大将，魏人射杀之，纥升盖惧，遁去。尚书令刘絜言于魏主曰："大檀自恃其众，必将复来。请俟收田毕，大发兵为二道，东西并进以讨之。"魏主然之。

十二月，魏主命安集将军长孙翰、安北将军尉眷北击柔然，魏主自将屯柞山。柔然北遁，诸军追之，大获而还。翰，肥之子也。

二年冬十月癸卯，魏主大举伐柔然，五道并进。长孙翰等从东道出黑漠，廷尉卿长孙道生等出白、黑二漠之间，魏主从中道，东平公娥清出栗园，奚斤等从西道出尔寒山。诸军至漠南，舍辎重，轻骑，赍十五日粮，度漠击之。柔然部落大惊，绝迹北走。

四年夏五月，魏主命龙骧将军代人陆俟督诸军镇大碛，以备柔然。秋七月，柔然寇云中，闻魏已克统万，乃遁去。

五年秋八月，魏主如广宁观温泉。柔然纥升盖可汗遣其子将万余骑寇魏边，魏主自广宁还，追之不及。

六年夏四月，魏主将击柔然，治兵于南郊，先祭天，然后部勒行陈。内外群臣皆不欲行，保太后固止之，独崔浩劝之。尚书令刘絜等共推太史令张渊、徐辩使言于魏主曰："今兹己巳，三阴之岁，岁星袭月，太白在西方，不可举兵。北伐必败，虽克，不利于上。"群臣因共赞之曰："渊等少时尝谏苻坚南伐，坚不从而败，所言无不中，不可违也。"魏主意不快，诏浩与渊、辩论难于前。

浩诘渊、辩曰："阳为德，阴为刑，故日食修德，月食修刑。夫王者用刑，小则肆诸市朝，大则陈诸原野。今出兵以讨有罪，乃所以修刑也。臣窃观天文，比年以来，月行掩昴，至今犹然。其占'三年，天子大破旄头之国'。蠕蠕、高车，旄头之众也，愿陛下勿疑。"渊、辩复曰："蠕蠕荒外无用之物，得其地不可耕而食，得其民不可臣而使，轻疾无常，难得而制；有何汲汲而劳士马以伐之？"浩曰："渊、辩言天道，犹是其职，至于人事形势，尤非其所知。此乃汉世常谈，施之于今，殊不合事宜。何则？蠕蠕本国家北边之臣，中间叛去。今诛其元恶，收其良民，令复旧役，非无用也。世人皆谓渊、辩通解数术，明决成败，臣请试问之。属者统万未亡之前，有无败征？若其不知，是无术也；知而不言，是不忠也。"时赫连昌在坐，渊等自以未尝有言，惭不能对。魏主大悦。

既罢，公卿或尤浩曰："今南寇方伺国隙，而舍之北伐。若蠕蠕远遁，前无所获，后有强寇，将何以待之？"浩曰："不然。今不先破蠕蠕，则无以待南寇。南人闻国家克统万以来，内怀恐惧，故扬声动众以卫淮北。比吾破蠕蠕，往还之间，南寇必不动也。且彼步我骑，彼能北来，我亦南往，在彼甚困，于我未劳。况南北殊俗，水陆异宜，设使国家与之河南，彼亦不能守也。何以言之？

以刘裕之雄杰，吞并关中，留其爱子，辅以良将，精兵数万，犹不能守，全军覆没，号哭之声，至今未已。况义隆今日君臣，非裕时之比。主上英武，士马精强，彼若果来，譬如以驹犊斗虎狼也，何惧之有？蠕蠕恃其绝远，谓国家力不能制，自宽日久；故夏则散众放畜，秋肥乃聚，背寒向温，南来寇抄。今掩其不备，必望尘骇散。牡马护牝，牝马恋驹，驱驰难制，不得水草，不过数日，必聚而困弊，可一举而灭也。暂劳永逸，时不可失，患在上无此意。今上意已决，奈何止之。”寇谦之谓浩曰：“蠕蠕果可克乎？”浩曰：“必克。但恐诸将琐琐，前后顾虑，不能乘胜深入，使不全举耳。”

先是，帝因魏使者还告魏主曰：“汝趣归我河南地，不然，将尽我将士之力。”魏主方议伐柔然，闻之大笑，谓公卿曰：“龟鳖小竖，自救不暇，夫何能为。就使能来，若不先灭蠕蠕，乃是坐待寇至，腹背受敌，非良策也。吾行决矣。”

庚寅，魏主发平城，使北平王长孙嵩、广陵公楼伏连居守。魏主自东道向黑山，使平阳王长孙翰自西道向大娥山，同会柔然之庭。

五月丁未，魏主至漠南，舍辎重，帅轻骑兼马袭击柔然，至栗水。柔然纥升盖可汗先不设备，民畜满野，惊怖散走，莫相收摄。纥升盖烧庐舍，绝迹西走，莫知所之。其弟匹黎先主东部，闻有魏寇，帅众欲就其兄，遇长孙翰，翰邀击，大破之，杀其大人数百。

六月，柔然纥升盖可汗既走，部落四散，窜伏山谷，杂畜布野，无人收视。魏主循栗水西行至菟园水分军搜讨，东西五千里，南北三千里，俘斩甚众。高车诸部乘魏兵势，钞掠柔然。柔然种类前后降魏者三十余万落，获戎马百余万匹，畜产、车庐，弥漫山泽，亡虑数百万。

魏主循弱水西行，至涿邪山，诸将虑深入有伏兵，劝魏主留止。寇谦之以崔浩之言告魏主，魏主不从。秋七月，引兵东还。至黑山，以所获班赐将士有差。既而得降人言："可汗先被病，闻魏兵至，不知所为，乃焚穹庐，以车自载，将数百人入南山。民畜窘聚，方六十里，无人统领，相去百八十里，追兵不至，乃徐西遁，唯此得免。"后闻凉州贾胡言："若复前行二日，则尽灭之矣。"魏主深悔之。

纥升盖可汗愤悒而卒，子吴提立，号敕连可汗。

八月，魏主至漠南，闻高车东部屯巳尼陂，人畜甚众，去魏军千余里，遣左仆射安原等将万骑击之。高车诸部迎降者数十万落，获马牛千百余万。冬十月，魏主还平城，徙柔然、高车降附之民于漠南，东至濡源，西暨五原阴山，三千里中，使之耕牧，而收其贡赋。命长孙翰、刘絜、安原及侍中代人古弼同镇抚之。自是魏之民间马牛羊及毡皮为之价贱。魏主加崔浩侍中、特进、抚军大将军，以赏其谋画之功。

八年夏六月，魏之边吏获柔然逻者二十余人，魏主赐衣服而遣之，柔然感悦。闰月乙未，柔然敕连可汗遣使诣魏，魏主厚礼之。

魏主如漠南。十一月丙辰，北部敕勒莫弗库若干帅所部数万骑，驱鹿数百万头，诣魏主行在。魏主大猎，以赐从官。十二月丁丑，还宫。

十一年春(正)〔二〕月，魏主以西海公主妻柔然敕连可汗，又纳其妹为夫人，遣颍川王提往逆之。丁卯，敕连遣其异母兄秃鹿傀送妹，并献马二千匹，魏主以其妹为左昭仪。提，曜之子也。

十三年冬十一月,柔然与魏绝和亲,犯魏边。

十五年夏五月丙申,魏主如五原。秋七月,自五原北伐柔然,命乐平王丕督十五将出东道,永昌王健督十五将出西道,魏主自出中道。至浚稽山,复分中道为二,陈留王崇从大泽向涿邪山,魏主从浚稽北向天山,西登白皐,不见柔然而还。时漠北大旱,无水草,人马多死。

十六年。魏主伐河西。六月,使大将军长乐王嵇敬、辅国大将军建宁王崇将二万人屯漠南,以备柔然。

十九年冬十月甲申,柔然遣使诣建康。

二十年九月辛巳,魏主如漠南。甲辰,舍辎重,以轻骑袭柔然。分军为四道,乐安王范、建宁王崇各统十五将出东道,乐平王丕督十五将出西道,魏主出中道,中山王辰督十五将为后继。魏主至鹿浑谷,遇敕连可汗。太子晃言于魏主曰:"贼不意大军猝至,宜掩其不备,速进击之。"尚书令刘絜固谏,以为:"贼营中尘盛,其众必多。出至平地,恐为所围,不如须诸军大集,然后击之。"晃曰:"尘之盛者,由军士惊怖扰乱故也,何得营上而有此尘乎?"魏主疑之,不急击。柔然遁去,追至石水,不及而还。既而获柔然候骑,曰:"柔然不觉魏军至,上下惶骇,引众北走,经六七日,知无追者,始乃徐行。"魏主深恨之。自是军国大事,皆与太子谋之。

司马楚之别将兵督军粮,镇北将军封沓亡降柔然,说柔然令击楚之以绝军食。俄而军中有告失驴耳者,诸将莫晓其故,楚之曰:"此必贼遣奸人入营觇伺,割驴耳以为信耳。贼至不久,宜急为之备。"乃伐柳为城,以水灌之令冻。城立而柔然至,冰坚滑,不可攻,乃散走。

二十一年春二月辛未，魏中山王辰、内都坐大官薛辨、尚书奚眷等八将，坐击柔然后期，斩于都南。

初，魏尚书令刘絜久典机要，恃宠自专，魏主心恶之。及将袭柔然，絜谏曰："蠕蠕迁徙无常，前者出师，劳而无功，不如广农积谷，以待其来。"崔浩固劝魏主行，魏主从之。絜耻其言不用，欲败魏师。魏主与诸将期会鹿浑谷，絜矫诏易其期。帝至鹿浑谷，欲击柔然，絜谏止之，使待诸将。帝留鹿浑谷六日，诸将不至，柔然遂远遁，追之不及。军还，经漠中，粮尽，士卒多死。絜阴使人惊魏军，劝帝委军轻还，帝不从。絜以军出无功，请治崔浩之罪。帝曰："诸将失期，遇贼不击，浩何罪也？"浩以絜矫诏事白帝，帝至五原，收絜囚之。帝之北行也，絜私谓所亲曰："若车驾不返，吾当立乐平王。"絜闻尚书右丞张嵩家有图谶，问曰："刘氏应王，继国家后，吾有姓名否？"嵩曰："有姓无名。"帝闻之，命有司穷治，索嵩家，得谶书，事连南康公狄邻。絜、嵩、邻皆夷三族，死者百余人。

九月丁未，魏主如漠南，将袭柔然，柔然敕连可汗远遁，乃止。敕连寻卒，子吐贺真立，号处罗可汗。

二十二年秋八月，魏主如阴山之北，发诸州兵三分之一，各于其州戒严，以须后命。徙诸种杂民五千余家于北边，令就北畜牧，以饵柔然。

二十五年秋八月，西域般悦国，去平城万有余里，遣使诣魏，请与魏东西合击柔然。魏主许之，中外戒严。

十二月，魏太子朝于行宫，遂从伐柔然。至受降城，不见柔然，因积粮于城内，置戍而还。

二十六年春正月戊辰朔，魏主飨群臣于漠南。甲戌，复伐柔然。高凉王那出东道,略阳王羯儿出西道,魏主与太子出涿邪山,行数千里。柔然处罗可汗恐惧,远遁。

九月,魏主伐柔然,高凉王那出东道,略阳王羯儿出中道。柔然处罗可汗悉国中精兵围那数十重,那掘堑坚守,相持数日。处罗数挑战,辄为那所败。以那众少而坚,疑大军将至,解围夜去。那引兵追之,九日九夜,处罗益惧,弃辎重,逾穹隆岭远遁。那收其辎重,引军还,与魏主会于广泽。略阳王羯儿收柔然民畜九百余万。自是柔然衰弱,屏迹不敢犯魏塞。冬十二月戊申,魏主还平城。

〔孝〕武帝大明二年冬十月甲戌,魏主北巡,欲伐柔然,至阴山,会雨雪,魏主欲还。太尉尉眷曰:“今动大众以威北敌,去都不远而车驾遽还,虏必疑我有内难。将士虽寒,不可不进。”魏主从之。辛卯,军于车仑山。

十一月,魏主自将骑十万、车十五万两击柔然,度大漠,旌旗千里。柔然处罗可汗远遁,其别部乌朱驾颓等帅数千落降于魏。魏主刻石纪功而还。

八年秋七月,柔然处罗可汗卒,子予成立,号曰受罗部真可汗,改元永康。部真帅众侵魏,辛丑,魏北镇游军击破之。

明帝泰始六年夏六月,柔然部真可汗侵魏,魏主引群臣议之。尚书右仆射南平公目辰曰:“若车驾亲征,京师危惧,不如持重固守。虏悬军深入,粮运无继,不久自退,遣将追击,破之必矣。”给事中张白泽曰:“蠢尔荒愚,轻犯王略,若銮舆亲行,必望麾崩败,岂可坐而纵敌。以万乘之尊,婴城自守,非所以威服四夷也。”魏主从之。白泽,衮之孙也。

魏主使京兆王子推等督诸军出西道,任城王云等督诸军出东道，汝阴王赐等督诸军为前锋，陇西王源贺等督诸军为后继，镇西将军吕罗汉等掌留台事。诸将会魏主于女水之滨，与柔然战，柔然大败。乘胜逐北，斩首五万级，降者万余人，获戎马器械不可胜计。旬有九日，往返六千余里。改女水曰武川。司徒东安王刘尼坐昏醉，军阵不整，免官。壬申，还至平城。

（冬十月）〔是岁〕，柔然攻于阗，于阗遣使者素目伽奉表诣魏求救。魏主命公卿议之，皆曰："于阗去京师几万里。蠕蠕唯习野掠，不能攻城；若其可攻，寻已亡矣，虽欲遣师，势无所及。"魏主以议示使者，使者亦以为然。乃诏之曰："朕应急敕诸军以拯汝难，但去汝遐阻，必不能救当时之急，汝宜知之。朕今练甲养士，一二岁间，当躬帅猛将，为汝除患。汝其谨修警候，以待大举。"

七年冬十月，〔魏〕诏太尉源贺都督三道诸军屯于漠南。先是，魏每岁秋、冬发军，三道并出，以备柔然，春中乃还。贺以为："往来疲劳，不可支久。请募诸州镇武健者三万余人，筑三城以处之，使冬则讲武，春则耕种。"不从。

泰豫元年春二月，柔然侵魏，上皇遣将击之，柔然走。东部敕勒叛奔柔然，上皇自将追之，至石碛，不及而还。

秋七月，柔然部帅无卢真将三万骑寇魏敦煌，镇将尉多侯击走之。多侯，眷之子也。又寇晋昌，守将薛奴击走之。

冬十月，柔然侵魏，及五原，十一月，上皇自将讨之。将度漠，柔然北走数千里，上皇乃还。

苍梧王元徽元年十二月壬子，柔然侵魏，柔玄镇二部敕勒应之。

二年夏五月，柔然遣使来聘。

秋七月癸巳，柔然寇魏敦煌，尉多侯击破之。尚书奏："敦煌僻远，介居西、北二强寇之间，恐不能自固，请内徙就凉州。"群臣集议皆以为然。给事中昌黎韩秀，独以为："敦煌之置，为日已久。虽逼强寇，人习战斗，纵有草窃，不为大害。循常置戍，足以自全；而能隔阂西、北二虏，使不得相通。今徙就凉州，不唯有蹙国之名，且姑臧去敦煌千有余里，防逻甚难，二虏必有交通窥阙之志。若骚动凉州，则关中不得安枕。又士民或安土重迁，招引外寇，为国深患，不可不虑也。"乃止。

齐高帝建元元年。上之辅宋也，遣骁骑将军王洪范使柔然，约与共攻魏。洪范自蜀出吐谷浑，历西域乃得达。至是柔然十余万骑寇魏，至塞上而还。

三年秋七月，柔然别帅他稽帅众降魏。九月辛未，柔然主遣使来聘，与上书，谓上为"足下"，自称曰"吾"，遗上师子皮袴褶，约共伐魏。

武帝永明三年冬十二月，柔然犯魏塞，魏任城王澄帅众拒之，柔然遁去。澄，云之子也。是岁，柔然部真可汗卒，子豆仑立，号伏名敦可汗，改元太平。

四年春正月壬午，柔然寇魏边。三月丙申，柔然遣使者牟提如魏。时敕勒叛柔然，柔然伏名敦可汗自将讨之，追奔至西漠。魏左仆射穆亮等请乘虚击之，中书监高闾曰："秦、汉之世，海内一统，故可远征匈奴。今南有吴寇，何可舍之深入虏庭？"魏主曰："兵者凶器，圣人不得已而用之。先帝屡出征伐者，以有未宾之虏故也。今朕承太平之业，奈何无故动兵革乎！"厚礼其使者而归之。冬十二月，柔然寇魏边。

五年秋七月，柔然伏名敦可汗残暴，其臣侯医垔石洛候数谏止之，且劝其与魏和亲。伏名敦怒，族诛之，由是部众离心。八月，柔然寇魏边，魏以尚书陆叡为都督，击柔然，大破之。叡，丽之子也。

初，高车阿伏至罗有部落十余万，役属柔然。伏名敦之侵魏也，阿伏至罗谏，不听。阿伏至罗怒，与从弟穷奇帅部落西走，至前部西北，自立为王，国人号曰“候娄匐勒”，夏言天子也。号穷奇曰“候倍”，夏言太子也。二人甚亲睦，分部而立，阿伏至罗居北，穷奇居南。伏名敦追击之，屡为阿伏至罗所败，乃引众东徙。

六年冬十二月，柔然伊吾戍主高羔子帅众三千以城附魏。

七年冬十二月，柔然别帅叱吕(勒)〔勤〕帅众降魏。

八年(冬十二月)。高车阿伏至罗及穷奇遣使如魏，请为天子讨除蠕蠕。魏主赐以绣袴褶及杂彩百匹。

十年秋八月乙未，魏以怀朔镇将阳平王颐、镇北大将军陆叡皆为都督，督十二将，步骑十万，分为三道以击柔然。中道出黑山，东道趣士卢河，西道趣侯延河。军过大碛，大破柔然而还。

初，柔然伏名敦可汗与其叔父那盖分道击高车阿伏至罗，伏名敦屡败，那盖屡胜。国人以那盖为得天助，乃杀伏名敦而立那盖，号候其伏代库者可汗，改元大安。

和帝中兴元年秋七月乙巳，柔然犯魏边。

梁武帝天监三年秋九月，柔然侵魏之沃野及怀朔镇。诏车骑大将军源怀出行北边，指授规略，随须征发，皆以便宜从事。怀至云中，柔然遁去。怀以为用夏制夷，莫如城郭。还至恒、代，案视诸镇左右要害之地，可以筑城置戍之处，欲东西为九城，及储粮积仗之宜，犬牙相救之势，凡五十八条，表上之，曰：“今定鼎成周，去北遥远，代表诸国，颇或外叛。仍遭旱饥，戎马甲兵十分阙八。谓宜准旧镇，东西相望，令形势相接，筑城置戍，分兵要害，劝农积粟，警急之日，随便翦讨。彼游骑之寇，终不敢攻城，亦不敢越城南出。如此北方无忧矣。”魏主从之。

五年冬十月，柔然库者可汗卒，子伏图立，号佗汗可汗，改元始平。戊申，佗汗遣使者纥奚勿六跋如魏请和。魏主不报其使，谓勿六跋曰：“蠕蠕远祖社仑，乃魏之叛臣，往者包容，暂听通使。今蠕蠕衰微不及畴昔，大魏之德方隆周、汉，正以江南未平，少宽北略，通和之事，未容相许。若修藩礼，款诚昭著者，当不尔孤也。”

七年。初，显祖之世，柔然万余户降魏，置之高平、薄骨律二镇。及太和之末，叛走略尽，唯千余户在。太中大夫王通请徙置淮北以绝其叛，诏太仆卿杨椿持节往徙之。椿上言：“先朝处之边徼，所以招附殊俗，且别异华戎也。今新附之户甚众，若旧者见徙，新者必不自安，是驱之使叛也。且此属衣毛食肉，乐冬便寒，南土湿热，往必歼尽。进失归附之心，退无藩卫之益。置之中夏，或生后患，非良策也。”不从，遂徙于济州缘河处之。及京兆王愉之乱，皆浮河赴愉，所在钞掠，如椿之言。

柔然佗汗可汗复遣纥奚勿六跋献貂裘于魏，魏主弗受，报之如前。

初，高车侯倍穷奇为嚈哒所杀，执其子弥俄突而去，其众分散，或奔魏，或奔柔然。魏主遣羽林监河南孟威抚纳降户，置于高平镇。高车王阿伏至罗残暴，国人杀之，立其宗人跋利延。嚈哒奉弥俄突以伐高车，国人杀跋利延迎弥俄突而立之。弥俄突与佗汗可汗战于蒲类海，不胜，西走三百余里。佗汗军于伊吾北山。会高昌王麹嘉求内徙于魏，时孟威为龙骧将军，魏主遣威发凉州兵三千人迎之，至伊吾，佗汗见威军，怖而遁去。弥俄突闻其离骇，追击，大破之，杀佗汗于蒲类海北，割其发送于威，且遣使入贡于魏。魏主使东城子于亮报之，赐遗甚厚。高昌王嘉失期不至，威引兵还。

佗汗可汗子醜奴立，号豆罗伏跋豆伐可汗，改元建昌。

十五年。柔然伏跋可汗壮健，善用兵。是岁，西击高车，大破之，执其王弥俄突，系其足于驽马，顿曳杀之，漆其头为饮器。邻国先羁属柔然后叛去者，伏跋皆击灭之，其国复强。

十六年冬十二月，柔然伏跋可汗遣俟(近)〔斤〕尉比建等请和于魏，用敌国之礼。

十七年春二月，魏主引见柔然使者，让之以藩礼不备，议依汉待匈奴故事，遣使报之。司农少卿张伦上表，以为："太祖经启帝图，日有不暇，遂令竖子游魂一方，亦由中国多虞，急诸华而缓夷狄也。高祖方事南辕，未遑北伐。世宗述遵遗志，虏使之来，受而弗答。以为大明临御，国富兵强，抗敌之礼，何惮而为之，何求而行之？今虏虽慕德而来，亦欲观我强弱。若使王人衔命虏庭，与为昆弟，恐非祖宗之意也。苟事不获已，应为制诏，示以上下之仪，命宰臣致书，谕以归顺之道，观其从违，徐以恩威进退之，则王者之体正矣。岂可以戎狄兼并而遽亏典礼乎！"不从。伦，白泽之子也。

普通元年。初，柔然佗汗可汗纳伏名敦之妻候吕陵氏，生伏跋可汗及阿那瓌等六子。伏跋既立，忽亡其幼子祖惠，求募不能得。有巫地万言"祖惠今在天上，我能呼之"。乃于大泽中施帐幄，祀天神。祖惠忽在帐中自云"恒在天上"。伏跋大喜，号地万为圣女，纳为可贺敦。地万既挟左道，复有姿色，伏跋敬而爱之，信用其言，干乱国政。如是积岁，祖惠浸长，语其母曰："我常在地万家，未尝上天。上天者，地万教我也。”其母具以状告伏跋，伏跋曰：“地万能前知未然，勿为谗也。”既而地万惧，谮祖惠于伏跋而杀之。候吕陵氏遣其大臣具列等绞杀地万，伏跋怒，欲诛具列等。会阿至罗入寇，伏跋击之，军败而还。候吕陵氏与大臣共杀伏跋，立其弟阿那瓌为可汗。阿那瓌立十日，其族兄示发帅众数万击之。阿那瓌战败，与其弟乙居伐轻骑奔魏。示发杀候吕陵氏及阿那瓌二弟。

柔然可汗阿那瓌将至魏，魏主使司空京兆王继、侍中崔光等相次迎之，赐劳甚厚。〔冬十月〕，魏主引见阿那瓌于显阳殿，因置宴，置阿那瓌位于亲王之下。宴将罢，阿那瓌执启立于座后，诏引至御座前，阿那瓌再拜言曰：“臣以家难，轻来诣阙，本国臣民，皆已逃散。陛下恩隆天地，乞兵送还本国，诛翦叛逆，收集亡散，臣当统帅遗民，奉事陛下。言不能尽，别有启陈。”仍以启授中书舍人常景以闻。景，爽之孙也。

十一月己亥，魏立阿那瓌为朔方公、蠕蠕王，赐以衣服、轺车，禄恤仪卫，一如亲王。时魏方强盛，于洛水桥南御道东作四馆，道西立四里，有自江南来降者处之金陵馆，三年之后赐宅于归正里；自北夷降者处燕然馆，赐宅于归德里；自东夷降者处扶桑馆，赐宅于慕化里；自西夷降者处崦嵫馆，赐宅于慕义里。及阿那瓌入朝，以燕然馆处之。阿那瓌屡求返国，朝议异同不决，阿那瓌以金百斤赂元义，遂听北归。十二月壬子，魏敕怀朔都督简锐骑二千护送阿那瓌达境首，观机招纳。若彼迎候，宜赐缯帛车马礼饯而返，如不容受，听还阙庭。其行装资遣，付尚书量给。

二年春正月，魏发近郡兵万五千人，使怀朔镇将杨钧将之，送柔然可汗阿那瓌返国。尚书右丞张普惠上疏，以为：“蠕蠕久为边患，今兹天降丧乱，荼毒其心，盖欲使之知有道之可乐，革面稽首以奉大魏也。陛下宜安民恭己以悦服其心。阿那瓌束身归命，抚之可也。乃更先自劳扰，兴师郊甸之内，投诸荒裔之外，救累世之勍敌，资天亡之丑虏，臣愚未见其可也。此乃边将贪窃一时之功，不思兵为凶器，王者不得已而用之。况今旱暵方甚，圣慈降膳，乃以万五千人使杨钧为将，而欲定蠕蠕，干时而动，其可济乎？脱(其)〔有〕颠覆之变，杨钧之肉其足食乎！宰辅专好小名，不图安危大计，此微臣所以寒心者也。且阿那瓌之不还，负何信义，臣贱不及议，文书所过，不敢不陈。"弗听。阿那瓌辞于西堂，诏赐以军器、衣被、杂采、粮畜，事事优厚，命侍中崔光等劳遣于外郭。

阿那瓌之南奔也，其从父兄婆罗门帅众数万人讨示发，破之。示发奔地豆干，地豆干杀之，国人推婆罗门为弥偶可社句可汗。杨钧表称："柔然已立君长，恐未肯以杀兄之人郊迎其弟。轻往虚返，徒损国威，自非广加兵众，无以送其入北。"二月，魏人使旧尝奉使柔然者牒云具仁往谕婆罗门，使迎阿那瓌。

夏四月，魏牒云具仁至柔然，婆罗门殊骄慢，无逊避心，责具仁礼敬，具仁不屈。婆罗门乃遣大臣丘升头等将兵二千随具仁迎阿那瓌。五月，具仁还镇，具道其状，阿那瓌惧，不敢进，上表请还洛阳。

初，高车王弥俄突死，其众悉归嚈哒。后数年，嚈哒遣弥俄突弟伊匐帅余众还国。伊匐击柔然可汗婆罗门，大破之。婆罗门帅十部落诣凉州，请降于魏。柔然余众数万相帅迎阿那瓌，阿那瓌启称"本国大乱，姓姓别居，迭相钞掠。当今北人鹄望待拯，乞依前恩，赐给精兵一万，送臣碛北，抚定荒民"。诏付中书门下博议。凉州刺史袁翻以为:“自国家都洛以来,蠕蠕、高车迭相吞噬,始则蠕蠕授首,既而高车被擒。今高车自奋于衰微之中,克雪仇耻,诚由种类繁多,终不能相灭。自二虏交斗,边境无尘数十年矣,此中国之利也。今蠕蠕两主相继归诚,虽戎狄禽兽终无纯固之节,然存亡继绝,帝王本务。若弃而不受,则亏我大德;若纳而抚养,则损我资储;或全徙内地,则非直其情不顺,亦恐终为后患,刘、石是也。且蠕蠕尚存,则高车犹有内顾之忧,未暇窥窬上国;若其全灭,则高车跋扈之势,岂易可知。今蠕蠕虽乱,而部落犹众,处处棋布,以望旧主,高车虽强,未能尽服也。愚谓蠕蠕二主,并宜存之,居阿那瓌于东,处婆罗门于西,分其降民,各有攸属。阿那瓌所居非所经见,不敢臆度;婆罗门请修西海故城以处之。西海在酒泉之北,去高车所居金山千余里,实北虏往来之冲要,土地沃衍,大宜耕稼。宜遣一良将,配以兵仗,监护婆罗门,因令屯田,以省转输之劳。其北则临大碛,野兽所聚,使蠕蠕射猎,彼此相资,足以自固。外以辅蠕蠕之微弱,内亦防高车之畔(涣)〔援〕,此安边保塞之长计也。若婆罗门能收离聚散,复兴其国者,渐令北转,徙度流沙,则是我之外藩,高车勍敌,西北之虞,可以无虑。如其奸回返覆,不过为逋逃之寇,于我何损哉?”朝议是之。

九月,柔然可汗俟匿伐诣怀朔镇请兵,且迎阿那瓌。俟匿伐,阿那瓌之兄也。冬十月,录尚书事高阳王雍等奏:“怀朔镇北吐若奚泉,原野平沃,请置阿那瓌于吐若奚泉,婆罗门于故西海郡,各令帅部落,收集离散。阿那瓌所居既在境外,宜少优遣,婆罗门不得比之。其婆罗门未降以前蠕蠕归化者,宜悉令州镇部送怀朔镇以付阿那瓌。”诏从之。

三年冬十二月，柔然阿那瓌求粟为种，魏与之万石。

婆罗门帅部落叛魏，亡归嚈哒。魏以平西府长史代人费穆兼尚书右丞西北道行台，将兵讨之，柔然遁去。穆谓诸将曰："戎狄之性，见敌即走，乘虚复出。若不使之破胆，终恐疲于奔命。"乃简练精骑，伏于山谷，以步兵之羸者为外营。柔然果至，奋击，大破之。婆罗门为凉州军所擒，送洛阳。

四年春二月，柔然大饥，阿那瓌帅其众入魏境，表求赈给。己亥，魏以尚书左丞元孚为行台尚书，持节抚谕柔然。孚，谭之孙也。将行，表陈便宜，以为："蠕蠕久来强大，昔在代京，常为重备。今天祚大魏，使彼自乱亡，稽首请服。朝廷鸠其散亡，礼送令返，宜因此时，善思远策。昔汉宣之世，呼韩款塞，汉遣董忠、韩昌领边郡士马送出朔方，因留卫助。又光武时，亦使中郎将段彬置安集掾史，随单于所在，参察动静。今宜略依旧事。借其闲地，听其田牧，粗置官属，示相慰抚。严戒边兵，因令防察，使亲不至矫诈，疏不容反叛，最策之得者也。"魏人不从。

柔然俟匿伐入朝于魏。

夏四月，魏元孚持白虎幡劳阿那瓌于柔玄、怀荒二镇之间。阿那瓌众号三十万，阴有异志，遂拘留孚，载以辒车。每集其众，坐孚东厢，称为行台，甚加礼敬。引兵而南，所过剽掠，至平城，乃听孚还。有司奏孚辱命，抵罪。甲申，魏遣尚书令李崇、左仆射元纂帅骑十万击柔然。阿那瓌闻之，驱良民二千、公私马牛羊数十万北遁。崇追之三千余里，不及而还。纂使铠曹参军于谨帅骑二千追柔然，至郁对原，前后十七战，屡破之。谨，忠之从曾孙也。

六年春三月，柔然王阿那瓌为魏讨破六韩拔陵，魏遣牒云具仁赍杂物劳赐之。阿那瓌勒众十万，自武川西向沃野，屡破拔陵兵。夏四月，魏主复遣中书舍人冯儁劳赐阿那瓌。阿那瓌部落浸强，自称敕连头兵豆伐可汗。

大通元年夏四月己酉，柔然头兵可汗遣使入贡于魏，且请讨群贼。魏人畏其反覆，诏以盛暑，且俟后敕。

二年夏四月，柔然头兵可汗数入贡于魏，魏诏头兵赞拜不名，上书不称臣。

大同元年(冬十二月)。柔然头兵可汗求婚于东魏，丞相欢以常山王妹兰陵公主妻之。柔然数侵魏，魏使中书舍人库狄峙奉使至柔然，与约和亲，由是柔然不复为寇。

三年秋九月，柔然为魏侵东魏三堆，丞相欢击之，柔然退走。

四年。初，柔然头兵可汗始得返国，事魏尽礼。及永安以后，雄据北方，礼渐骄倨，虽信使不绝，不复称臣。头兵尝至洛阳，心慕中国，乃置侍中、黄门等官。后得魏汝阳王典签淳于覃，亲宠任事，以为秘书监，使典文翰。及两魏分裂，头兵转不逊，数为边患。魏丞相泰以新都关中，方有事山东，欲结婚以抚之，以舍人元翌女为化政公主，妻头兵弟塔寒。又言于魏主，请废乙弗后纳头兵之女。二月甲辰，以乙弗后为尼，使扶风王孚迎头兵女为后。头兵遂留东魏使者元整，不报其使。

三月，柔然送悼后于魏，车七百乘，马万匹，驼二千头。至黑盐池，遇魏所遣卤簿仪卫。柔然营幕，户席皆东向，扶风王孚请正南面，后曰："我未见魏主，固柔然女也。魏仗南面，我自东向。"丙子，立皇后郁久闾氏。

六年。魏文后既为尼，居别宫，悼后犹忌之，乃以其子武都王戊为秦州刺史，使文后随之官。魏主虽限大计，而恩好不忘，密令养发,有追还之意。会柔然举国渡河南侵,时颇有言柔然以悼后故兴师者,帝曰:“岂有兴百万之众,为一女子邪? 虽然,致人此言,朕亦何颜以见将帅!”乃遣中常侍曹宠赍手敕赐文后自尽。文后泣谓宠曰:“愿至尊千万岁,天下康宁,死无恨也!”遂自杀,凿麦积崖而葬之,号曰寂陵。夏,丞相泰召诸军屯沙苑以备柔然。右仆射周惠达发士马守京城,堑诸街巷,召雍州刺史王罴议之,罴不应召,谓使者曰:“若蠕蠕至渭北者,王罴自帅乡里破之,不烦国家兵马,何为天子城中作如此惊扰? 由周家小儿恇怯致此。”柔然至夏州而退。未几,悼后遇疾殂。

十一年夏六月,魏与柔然头兵可汗谋连兵伐东魏,丞相欢患之,遣行台郎中杜弼使于柔然,为世子澄求婚。头兵曰:“高王自娶则可。”欢犹豫未决。娄妃曰:“国家大计,愿勿疑也。”世子澄、尉景亦劝之。欢乃遣镇南将军慕容俨聘之,号曰蠕蠕公主。秋八月,欢亲迎于下馆,公主至,娄妃避正室以处之。欢跪而拜谢,妃曰:“彼将觉之,愿绝勿顾。”头兵使其弟秃突佳来送女,且报娉,仍戒曰:“待见外孙乃归。”公主性严毅,终身不肯华言。欢尝病,不得往,秃突佳怨恚,欢舆疾就之。

元帝承圣元年春正月,突厥土门袭击柔然,大破之。头兵可汗自杀,其太子菴罗辰及阿那瓌从弟登注俟利、登注子库提并帅众奔齐,余众复立登注次子铁伐为主。

二年春二月,齐主送柔然可汗铁伐之父登注及兄库提还其国。铁伐寻为契丹所杀,国人立登注为可汗。登注复为其大人阿富提所杀,国人立库提。三月,柔然别部又立阿那瓌叔父邓叔子为可汗。突厥乙息记击破邓叔子于沃野北木赖山。冬十一月己未,突厥复攻柔然,柔然举国奔齐。

三年春三月，柔然可汗菴罗辰叛齐，齐主自将出击，大破之，庵罗辰父子北走。

夏四月，柔然寇齐肆州。齐主自晋阳讨之，至恒州，柔然散走。帝以二千余骑为殿，宿黄瓜堆。柔然别部数万骑奄至，帝安卧，平明乃起，神色自若，指画形势，纵兵奋击；柔然披靡，因溃围而出。柔然走，追击之，伏尸二十余里，获菴罗辰妻子，虏三万余口，令都督善无高阿那肱帅骑数千塞其走路。时柔然军犹盛，阿那肱以兵少，请益，帝更减其半。阿那肱奋击，大破之。菴罗辰超越岩谷，仅以身免。

丁未，齐主复自击柔然，大破之。

五月，柔然乙旃达官寇魏广武，柱国李弼追击，破之。

六月，柔然帅余众东徙，且欲南寇，齐主帅轻骑邀之于金川。柔然闻之，远遁，营州刺史灵丘王峻设伏击之，获其名王数十人。

敬帝绍泰元年夏六月丁卯，齐主如晋阳。壬申，自将击柔然。秋七月己卯，至白道，留辎重，帅轻骑五千追柔然，壬午，及之于怀朔镇。齐主亲犯矢石，频战，大破之，至于沃野，获其酋长及生口二万余，牛羊数十万。壬辰，还晋阳。

冬十二月，突厥木杆可汗击柔然主邓叔子，灭之，叔子收其余烬奔魏。木杆恃其强，请尽诛邓叔子等于魏，使者相继于道。太师泰收叔子以下三千余人付其使者，尽杀之于青门外。

通鉴纪事本末卷第二十二

肇忠用事

齐东昏侯永元元年夏六月戊辰，魏追尊皇妣高氏为文昭皇后，配飨高祖，增修旧冢，号终宁陵。追赐后父飏爵勃海公，谥曰敬，以其嫡孙猛袭爵。封后兄肇为平原公，肇弟显为澄城公。三人同日受封。魏主素未识诸舅，始赐衣帻引见，皆惶惧失措。数日之间，富贵赫奕。

和帝中兴元年。魏主时年十六，不能亲决庶务，委之左右。于是倖臣茹皓、赵郡王仲兴、上谷寇猛、赵郡赵脩、南阳赵邕及外戚高肇等始用事，魏政浸衰。

梁武帝天监元年冬十二月，魏陈留公主寡居，仆射高肇、秦州刺史张彝皆欲尚之。公主许彝而不许肇，肇怒，谮彝于魏主，彝坐沉废累年。

二年冬十一月，魏主纳高肇兄偃之女为贵嫔。

三年。魏冠军将军茹皓，以巧思有宠于帝，常在左右，传可门下奏事，弄权纳贿，朝野惮之，北海王详亦附焉。皓娶尚书令高肇从妹，皓妻之姊为详从父安定王燮之妃。详烝于燮妃，由是与皓益相昵狎。直閤将军刘胄本详所引荐,殿中将军常季贤以善养马,陈扫静掌栉,皆得幸于帝,与皓相表里,卖权势。

高肇本出高丽,时望轻之。帝既黜六辅,诛咸阳王禧,专委事于肇。肇以在朝亲族至少,乃邀结朋援,附之者旬月超擢,不附者陷以大罪。尤忌诸王,以详位居其上,欲去之,独执朝政,乃谮之于帝,云详与皓、胄、季贤、扫静谋为逆乱。夏四月,帝夜召中尉崔亮入禁中,使弹奏详贪淫奢纵,及皓等四人怙权贪横,收皓等系南台,遣虎贲百人围守详第。又虑详惊惧逃逸,遣左右郭翼开金墉门驰出谕旨,示以中尉弹状。详曰:"审如中尉所纠,何忧也?正恐更有大罪横至耳。人与我物,我实受之。"诘朝,有司奏处皓等罪,皆赐死。

帝引高阳王雍等五王入议详罪。详单车防卫,送华林园,母妻随入,给小奴弱婢数〔人〕,围守甚严,内外不通。五月丁未朔,下诏宥详死,免为庶人。顷之,徙详于太府寺,围禁弥急,母妻皆还南第,五日一来视之。详暴卒,诏有司以礼殡葬。

先是,典事史元显献鸡雏,四翼四足,诏以问侍中崔光。光上表曰:"汉元帝初元中,丞相府史家雌鸡伏子,渐化为雄,冠距鸣将。永光中,有献雄鸡生角。刘向以为:'鸡者小畜,主司时起居人,小臣执事为政之象也。竟宁元年,石显伏辜,此其效也。'灵帝光和元年,南宫寺雌鸡欲化为雄,但头冠未变,诏以问议郎蔡邕,对曰:'头为元首,人君之象也。今鸡一身已变,未至于头,而上知之,是将有其事而不遂成之象也。若应之不精,政无所改,头冠或成,为患滋大。'是后黄巾破坏四方,天下遂大乱。今之鸡状虽与汉不同,而其应颇相类,诚可畏也。臣以向、邕言推之,翼足众多,亦群下相扇助之象,雏而未大,足羽差小,亦其势尚微，易制御也。臣闻灾异之见，皆所以示吉凶，明君睹之而惧，乃能致福，暗主观之而慢，所以致祸。或者今亦有自贱而贵，关预政事，如前世石显之比者邪？愿陛下进贤黜佞，则妖弭庆集矣。”后数日，皓等伏诛，帝愈重光。

高肇说帝，使宿卫队主帅羽林虎贲守诸王第，殆同幽禁。彭城王勰切谏，不听。

五年。魏主委任高肇，疏薄宗室，好桑门之法，不亲政事。

六年。高贵嫔有宠而妒，高肇势倾中外。后暴疾而殂，人皆归咎高氏，宫禁事秘，莫能详也。

七年春三月戊子，魏皇子昌卒，侍御师王显失于疗治，时人皆以为承高肇之意也。

秋七月甲午，魏立高贵嫔为皇后。尚书令高肇益贵重用事。肇多变更先朝旧制，减削封秩，抑黜勋人，由是怨声盈路。群臣宗室皆卑下之，唯度支尚书元匡与肇抗衡，先自造棺置听事，欲舆棺诣阙论肇罪恶，自杀以切谏。肇闻而恶之。会匡与太常刘芳议权量事，肇主芳议，匡遂与肇喧竞，表肇指鹿为马。御史中尉王显奏弹匡诬毁宰相，有司处匡死刑，诏恕死，降为光禄大夫。

初，魏主为京兆王愉纳于后之妹为妃，愉不爱，爱妾李氏，生子宝月。于后召李氏入宫，捶之。愉骄奢贪纵，所为多不法。帝召愉入禁中推案，杖愉五十，出为冀州刺史。愉自以年长而势位不及二弟，潜怀愧恨。又身与妾屡被顿辱，高肇数谮愉兄弟，愉不胜忿。癸亥，杀长史羊灵引、司马李遵，诈称得清河王怿密疏，云“高肇弑逆”。遂为坛于信都之南，即皇帝位，大赦，改元建平，立李氏为皇后。法曹参军崔伯骥不从，愉杀之。在北州镇皆疑魏朝有变，定州刺史安乐王诠具以状告之，州镇乃安。乙丑，魏以尚书李平为都督北讨诸军、行冀州事，以讨愉。平，崇之从父弟也。

魏高后之立也，彭城武宣王勰固谏，魏主不听。高肇由是怨之，数谮勰于魏主，魏主不之信。勰荐其舅潘僧固为长乐太守，京兆王愉之反，胁僧固与之同，肇因诬勰北与愉通，南招蛮贼。彭城郎中令魏偃、前防阁高祖珍希肇提擢，构成其事。肇令侍中元晖以闻，晖不从。又令左卫元珍言之。帝以问晖，晖明勰不然。又以问肇，肇引魏偃、高祖珍为证，帝乃信之。戊戌，召勰及高阳王雍、广阳王嘉、清河王怿、广平王怀、高肇俱入宴。勰妃李氏方产，固辞不赴。中使相继召之，不得已，与妃诀而登车。入东掖门，度小桥，牛不肯进，击之良久，更有使者责勰来迟，乃去牛，人挽而进。宴于禁中，至夜，皆醉，各就别所消息。俄而元珍引武士赍毒酒而至，勰曰："吾无罪，愿一见至尊，死无恨。"元珍曰："至尊何可复见？"勰曰："至尊圣明，不应无事杀我，乞与告者一对曲直。"武士以刀镮筑之，勰大言曰："冤哉，皇天！忠而见杀。"武士又筑之，勰乃饮毒酒，武士就杀之。向晨，以褥裹尸，载归其第，云"王因醉而薨"。李妃号哭，大言曰："高肇枉理杀人，天道有灵，汝安得良死！"魏主举哀于东堂，赠官、葬礼皆优厚加等。在朝贵贱，莫不丧气，行路士女皆流涕曰："高令公枉杀贤王。"由是中外恶之益甚。

京兆王愉不能守信都，癸卯，烧门，携李氏及其四子从百余骑突走。李平入信都，斩愉所置冀州牧韦超等，遣统军叔孙头追执愉，置信都，以闻。群臣请诛愉，魏主弗许，命锁送洛阳，申以家人之训。行至野王，高肇密使人杀之。诸子至洛，魏主皆赦之。

魏主将屠李氏，中书令崔光谏曰："李氏方妊，刑至刳胎，乃桀、纣所为，酷而非法。请俟产毕，然后行刑。"从之。

李平捕愉余党千余人，将尽杀之。录事参军高颢曰："此皆胁从，前既许之原免矣，宜为表陈。"平从之，皆得免死。颢，祐之孙也。济州刺史高植帅州军击愉有功，当封，植不受，曰："家荷重恩，为国致效，乃其常节，何敢求赏。"植，肇之子也。加李平散骑常侍。高肇及中尉王显素恶平，显弹平在冀州隐截官口，肇奏除平名。

十一年春正月丙辰，魏以车骑大将军、尚书令高肇为司徒，清河王怿为司空，广平王怀进号骠骑大将军，加仪同三司。肇虽登三司，犹自以去要任，怏怏形于言色，见者嗤之。尚书右丞高绰、国子博士封轨，素以方直自业，及肇为司徒，绰送迎往来，轨竟不诣肇。绰顾不见轨，乃遽归，叹曰："吾平生自谓不失规矩，今日举措，不如封生远矣。"绰，允之孙；轨，懿之族孙也。

清河王怿有才学闻望，惩彭城之祸，因侍宴，谓肇曰："天子兄弟讵有几人，而翦之几尽。昔王莽头秃，藉渭阳之资，遂篡汉室。今君身曲，亦恐终成乱阶。"会大旱，肇擅录囚徒，欲以收众心。怿言于魏主曰："昔季氏旅于泰山，孔子疾之，诚以君臣之分，宜防微杜渐，不可渎也。减膳、录囚，乃陛下之事，今司徒行之，岂人臣之义乎？明君失之于上，奸臣窃之于下，祸乱之基，于此在矣。"帝笑而不应。

十四年春正月，魏世宗殂，太子诩即位。先是，高肇擅权，尤忌宗室有时望者，太子太保任城王澄数为肇所谮，惧不自全，乃终日酣饮，所为如狂，朝廷机要无所关豫。及世宗殂，肇拥兵于外，朝野不安。领军将军于忠与门下议，以"肃宗幼，未能亲政，宜使太保高阳王雍入居西柏堂，省决庶政，以任城王澄为尚书令，总摄百揆”，奏皇后，请即敕授。王显素有宠于世宗，恃势使威，为世所疾，恐不为澄等所容，与中常侍孙伏连等密谋寝门下之奏，矫皇后令，以高肇录尚书事，以显与勃海公高猛同为侍中。于忠等闻之，托以侍疗无效，执显于禁中，下诏削爵任。显临执呼冤，直閤以刀镮撞其掖下，送右卫府，一宿而死。庚申，下诏如门下所奏，百官总己听于二王，中外悦服。

二月庚辰，尊皇后为皇太后。魏主称名为书，告哀于高肇，且召之还。肇承变忧惧，朝夕哭泣，至于羸悴。归至瀍涧，家人迎之，不与相见。辛巳，至阙下，衰服号哭，升太极殿尽哀。高阳王雍与于忠密谋，伏直寝邢豹等十余人于舍人省下，肇哭毕，引入西庑，清河诸王皆窃言目之。肇入省，豹等搤杀之。下诏暴其罪恶，称肇自尽，自余亲党悉无所问，削除职爵，葬以士礼。逮昏，于厕门出尸归其家。

魏于忠既居门下，又总宿卫，遂专朝政，权倾一时。

魏尚书裴植，自谓人门不后王肃，以朝廷处之不高，意常怏怏，表请解官隐嵩山，世宗不许，深怪之。及为尚书，志气骄满，每谓人曰：“非我须尚书，尚书亦须我。”每入参议论，好面讥毁群官。又表征南将军田益宗，言：“华夷异类，不应在百世衣冠之上。”于忠、元昭见之切齿。

尚书左仆射郭祚，冒进不已，自以东宫师傅，列辞尚书，望封侯、仪同。诏以祚为都督雍岐华三州诸军事、征西将军、雍州刺史。

祚与植皆恶于忠专横，密劝高阳王雍使出之。忠闻之，大怒，令有司诬奏其罪。尚书奏：“羊祉告植姑子皇甫仲达，云‘受植旨,诈称被诏,帅合部曲,欲图于忠'。臣等穷治,辞不伏引,然众证明昞,准律当死。众证虽不见植,皆言'仲达为植所使,植召仲达责问而不告列'。推论情状,不同之理不可分明,不得同之常狱,有所降减,计同仲达处植死刑。植亲帅城众,附从王化,依律上议,乞赐裁处。"忠矫诏曰:"凶谋既尔,罪不当恕。虽有归化之诚,无容上议,亦不须待秋分。"八月乙亥,植与郭祚及都水使者杜陵韦儁皆赐死。儁,祚之昏家也。忠又欲杀高阳王雍,崔光固执不从,乃免雍官,以王还第。朝野冤愤,莫不切齿。

庚寅,魏以车骑大将军于忠为尚书令、特进,加仪同三司。

自郭祚等死,诏令生杀皆出于忠,王公畏之,重足胁息。太后既亲政,乃解忠侍中、领军、崇训卫尉,止为仪同三司、尚书令。后旬余,太后引门下侍官于崇训宫,问曰:"忠在端右,声望何如?"咸曰:"不称厥任。"乃出忠为都督冀定瀛三州诸军事、征北大将军、冀州刺史。

初,魏于忠用事,自言世宗许其优转,太傅雍等皆不敢违,加忠车骑大将军。忠又自谓新故之际,有定社稷之功,讽百僚令加己赏;雍等议封忠常山郡公。忠又难于独受,乃讽朝廷同在门下者皆加封邑。雍等不得已,复封崔光为博平县公,而尚书元昭等上诉不已。太后敕公卿再议,太傅怿等上言:"先帝升遐,奉迎乘舆,侍卫省闼,乃臣子常职,不容以此为功。臣等前议,授忠茅土,正以畏其威权,苟免暴戾故也。若以功过相除,悉不应赏,请皆追夺。"崔光亦奉送章绶茅土,表十余上,太后从之。

高阳王雍上表自劾,称:"臣初入柏堂,见诏旨之行一由门下,臣出君行,深知不可而不能禁。于忠专权,生杀自恣,而臣不能违。忠规欲杀臣,赖在事执拒。臣欲出忠于外,在心未行,返为忠废。忝官尸禄，孤负恩私，请返私门，伏听司败。”太后以忠有保护之功，不问其罪。

十五年春二月，魏中尉元匡奏弹于忠：“幸国大灾，专擅朝命，裴、郭受冤，宰辅黜辱。又自矫旨为仪同三司、尚书令，领崇训卫尉，原其此意，欲以无上自处。既事在恩后，宜加显戮。请遣御史一人，就州行决。自去岁世宗晏驾以后，皇太后未亲览以前，诸不由阶级，或发门下诏书，或由中书宣敕，擅相拜授者，已经恩宥，正可免罪，并宜追夺。”太后令曰：“忠已蒙特原，无宜追罪，余如奏。”

夏四月，魏胡太后追思于忠之功，曰：“岂宜以一谬弃其余勋。”复封忠为灵寿县公。

十七年春三月辛未，魏灵寿武敬公于忠卒。

邢峦寇巴西

梁武帝天监四年。初，谯国夏侯道迁以辅国将军从裴叔业镇寿阳，为南谯太守，与叔业有隙，单骑奔魏。魏以道迁为骁骑将军，从王肃镇寿阳，使道迁守合肥。肃卒，道迁弃戍来奔，从梁、秦二州刺史庄丘黑镇南郑，以道迁为长史，领汉中太守。黑卒，诏以都官尚书王珍国为刺史，未至，道迁阴与军主考城江(忱)〔悦〕之等谋降魏。

先是，魏仇池镇将杨灵珍叛魏来奔，朝廷以为征虏将军、假武都王，助戍汉中，有部曲六百余人，道迁惮之。上遣左右吴公之等使南郑，道迁遂杀使者，发兵击灵珍父子，斩之，并使者首送于魏。白马戍主尹天宝闻之，引兵击道迁，败其将庞树，遂围南郑。道迁求救于氐王杨绍先、杨集起、杨集义，皆不应，集义弟集朗独引兵救道迁，击天宝，杀之。魏以道迁为平南将军、豫州刺史、丰县侯。又以尚书邢峦为镇西将军、都督征梁汉诸军事，将兵赴之。道迁受平南，辞豫州，且求公爵，魏主不许。

春二月，魏邢峦至汉中，击诸城戍，所向摧破。晋寿太守王景胤据石亭，峦遣统军李义珍击走之。魏以峦为梁秦二州刺史。巴西太守庞景民据郡不下，郡民严玄思聚众自称巴州刺史附于魏，攻景民，斩之。杨集起、集义闻魏克汉中而惧，闰月，帅群氐叛魏，断汉中粮道，峦屡遣军击破之。

夏四月，冠军将军孔陵等将兵二万戍深杭，鲁方达戍南安，任僧褒等戍石同以拒魏。邢峦遣统军王足将兵击之，所至皆捷，遂入剑阁。陵等退保梓潼，足又进击，破之。梁州十四郡地，东西七百里，南北千里，皆入于魏。

初，益州刺史当阳侯邓元起，以母老乞归，诏征为右卫将军，以西昌侯渊藻代之。渊藻，懿之子也。夏侯道迁之叛也，尹天宝驰使报元起。及魏寇晋寿，王景胤等并遣告急。众劝元起急救之，元起曰："朝廷万里，军不猝至，若寇贼侵淫，方须扑讨，董督之任，非我而谁？何事匆匆救之。"诏假元起都督征讨诸军事，救汉中，而晋寿已陷。萧渊藻将至，元起营还装，粮储器械，取之无遗。渊藻入城，恨之，又求其良马，元起曰："年少郎子，何用马为？"渊藻恚，因醉，杀之。元起麾下围城，哭，且问故，渊藻曰："天子有诏。"众乃散。遂诬以反，上疑焉。元起故吏广汉罗研诣阙讼之，上曰："果如我所量也。"使让渊藻曰："元起为汝报仇，汝为仇报仇？忠孝之道如何？"乃贬渊藻号为冠军将军，赠元起征西将军，谥曰忠侯。

李延寿论曰：元起勤乃胥附，功惟辟土，劳之不图，祸机先陷。冠军之贬，于罚已轻，梁之政刑，于斯为失。私戚之端，自斯而启，年之不永，不亦宜乎。

益州民焦僧护聚众数万作乱，萧渊藻年未弱冠，集僚佐议自击之。或陈不可，渊藻大怒，斩于阶侧。乃乘平肩舆巡行贼垒，贼弓乱射，矢下如雨，从者举楯御矢，渊藻命去之。由是人心大安，击僧护等，皆平之。

秋八月庚戌，秦梁二州刺史鲁方达与魏王足统军纪洪雅、卢祖迁战，败，方达等十五将皆死。壬子，王景胤等又与祖迁战，败，景胤等二十四将皆死。

冬十一月，魏王足围涪城，蜀人震恐，益州城戍降魏者什二三，民自上名籍者五万余户。邢峦表于魏主，请乘胜取蜀，以为："建康、成都相去万里，陆行既绝，惟资水路，水军西上，非周年不达，益州外无军援，一可图也。顷经刘季连反，邓元起攻围，资储空竭，吏民无复固守之志，二可图也。萧渊藻裙屐少年，未洽治务，宿昔名将，多见囚戮，今之所任，皆左右少年，三可图也。蜀之所恃，唯在剑阁，今既克南安，已夺其险，据彼境内，三分已一；自南安向涪，方轨无碍，前军累败，后众丧魄，四可图也。渊藻是萧衍骨肉至亲，必无死理，若克涪城，渊藻安肯城中坐而受困，必将望风逃去；若其出斗，庸、蜀士卒驽怯，弓矢寡弱，五可图也。臣内省文吏，不习军旅，赖将士竭力，频有薄捷。既克重阻，民心怀服，瞻望涪、益，旦夕可屠，正以兵少粮匮，未宜前出，今若不取，后图便难。况益州殷实，户口十万，比寿春、义阳，其利三倍。朝廷若欲进取，时不可失；若欲保境宁民，则臣居此无事，乞归侍养。"魏主诏以："平蜀之举，当更听后敕。寇难未夷，何得以养亲为辞！”峦又表称：“昔邓艾、钟会帅十八万众，倾中国资储，仅能平蜀，所以然者，斗实力也。况臣才非古人，何宜以二万之众而希平蜀？所以敢者，正以据得要险，士民慕义，此往则易，彼来则难，任力而行，理有可克。今王足已逼涪城，脱得涪，则益州乃成擒之物，但得之有早晚耳。且梓潼已附，民户数万，朝廷岂可不守？又剑阁天险，得而弃之，良可惜矣。臣诚知战伐危事，未易可为。自军度剑阁以来，鬓发中白，日夜战惧，何可为心。所以勉强者，既得此地而自退不守，恐负陛下之爵禄故也。且臣之意算，正欲先取涪城，以渐而进。若得涪城，则中分益州之地，断水陆之冲，彼外无援军，孤城自守，何能复持久哉！臣今欲使军军相次，声势连接，先为万全之计，然后图功，得之则大利，不得则自全。又巴西、南郑相距千四百里，去州迢遰，恒多扰动。昔在南之日，以其统绾势难，曾立巴州，镇静夷獠，梁州藉利，因而表罢。彼土民望，严、蒲、何、杨，非唯一族，虽率居山谷，而豪右甚多，文学风流，亦为不少。但以去州既远，不获仕进，至于州纲，无由厕迹，是以郁快，多生异图。比道迁建义之始，严玄思自号巴州刺史，克城以来，仍使行事。巴西广袤千里，户余四万，若于彼立州，镇摄华獠，则大帖民情，从垫江已还，不劳征伐，自为国有。”魏主不从。

先是，魏主以王足行益州刺史。上遣天门太守张齐将兵救益州，未至，魏主更以梁州军司泰山羊祉为益州刺史。王足闻之，不悦，辄引兵还，遂不能定蜀。久之，足自魏来奔。邢峦在梁州，接豪右以礼，抚小民以惠，州人悦之。峦之克巴西也，使军主李仲迁守之。仲迁溺于酒色，费散兵储，公事咨承，无能见者，峦忿之切齿。仲迁惧，谋叛，城人斩其首，以城来降。

五年春正月，杨集义围魏关城，邢峦使建武将军傅竖眼讨之，集义逆战，击破之。乘胜逐北，壬申，克武兴，执杨绍先，送洛阳。杨集起、杨集义亡走，遂灭其国，以为武兴镇，又改为东益州。

杨集起兄弟相率降魏。

梁魏争淮堰

梁武帝天监十二年夏五月，寿阳久雨，大水入城，庐舍皆没。魏扬州刺史李崇勒兵泊于城上，水增未已，乃乘船附于女墙，城不没者二板。将佐劝崇弃寿阳保北山，崇曰："吾忝守藩岳，德薄致灾。淮南万里，系于吾身，一旦动足，百姓瓦解，扬州之地，恐非国物。吾岂爱一身，取愧王尊，但怜此士民无辜同死。可结筏随高，人规自脱，吾必与此城俱没，幸诸君勿言。"

扬州治中裴绚帅城南民数千家泛舟南走，避水高原。谓崇还北，因自称豫州刺史，与别驾郑祖起等送任子来请降。马仙琕遣兵赴之。

崇闻绚叛，未测虚实，遣国侍郎韩方兴单舸召之。绚闻崇在，怅然惊恨，报曰："比因大水颠狈，为众所推。今大计已尔，势不可追，恐民非公民，吏非公吏，愿公早行，无犯将士。"崇遣从弟宁朔将军神等将水军讨之，绚战败，神追拔其营。绚走，为村民所执，还至尉升湖，曰："吾何面见李公乎！"乃投水死。绚，叔业之兄孙也。郑祖起等皆伏诛。崇上表以水灾求解州任，魏主不许。

崇沉深宽厚，有方略，得士众心。在寿春十年，常养壮士数千人，寇来无不摧破，邻敌谓之“卧虎”。上屡设反间以疑之，又授崇车骑大将军、开府仪同三司、万户郡公，诸子皆为县侯。而魏主素知其忠笃，委信不疑。

十三年冬十月，魏降人王足陈计，求堰淮水以灌寿阳。上以为然，使水工陈承伯、材官将军祖暅视地形，咸谓“淮内沙土漂轻不坚实，功不可就”。上弗听，发徐、扬民率二十户取五丁以筑之，假太子右卫率康绚都督淮上诸军事，并护堰作于钟离。役人及战士合二十万，南起浮山，北抵巉石，依岸筑土，合脊于中流。

十四年春三月，魏左仆射郭祚表称：“萧衍狂悖，谋断川渎，役苦民劳，危亡已兆。宜命将出师，长驱扑讨。”魏诏平南将军杨大眼督诸军镇荆山。夏四月，浮山堰成而复溃。或言蛟龙能乘风雨破堰，其性恶铁，乃运东西冶铁器数千万斤沉之，亦不能合。乃伐树为井干，填以巨石，加土其上。缘淮百里内，木石无巨细皆尽，负檐者肩上皆穿，夏日疾疫，死者相枕，蝇虫昼夜声合。

秋九月，左游击将军赵祖悦袭魏西硖石，据之以逼寿阳；更筑外城，徙缘淮之民以实城内。将军田道龙等散攻诸戍，魏扬州刺史李崇分遣诸将拒之。癸亥，魏遣假镇南将军崔亮攻西硖石，又遣镇东将军萧宝寅决淮堰。

冬十二月己酉，魏崔亮至硖石，赵祖悦逆战而败，闭城自守，亮进围之。

是冬寒甚，淮、泗尽冻，浮山堰士卒死者什七八。

十五年春正月，魏崔亮攻硖石未下，与李崇约水陆并进，崇屡违期不至。胡太后以诸将不壹，乃以吏部尚书李平为使持节、镇军大将军兼尚书右仆射，将步骑二千赴寿阳，别为行台，节度诸军，如有乖异，以军法从事。萧宝寅遣轻车将军刘智文等渡淮攻破三垒。二月乙巳，又败将军垣孟孙等于淮北。李平至硖石，督李崇、崔亮等刻日水陆进攻，无敢乖互，战屡有功。

上使左卫将军昌义之将兵救浮山，未至，康绚已击魏兵，却之。上使义之与直閤王神念溯淮救硖石。崔亮遣将军博陵崔延伯守下蔡，延伯与别将伊瓮生夹淮为营。延伯取车轮去辋，削锐其辐，两两接对，揉竹为𫄨，贯连相属，并十余道，横水为桥，两头施大鹿卢，出没随意，不可烧斫。既断赵祖悦走路，又令战舰不通，义之、神念屯梁城不得进。李平部分水陆攻硖石，克其外城。乙丑，祖悦出降，斩之，尽俘其众。

胡太后赐崔亮书，使乘胜深入。平部分诸将，水陆并进，攻浮山堰。亮违平节度，以疾请还，随表辄发。平奏处亮死刑，太后令曰："亮去留自擅，违我经略，虽有小捷，岂免大咎。但吾摄御万机，庶几恶杀，可特听以功补过。"魏师遂还。

三月，魏论西硖石之功，辛未，以李崇为骠骑将军，加仪同三司；李平为尚书右仆射；崔亮进号镇北将军。亮与平争功于禁中，太后以亮为殿中尚书。

魏萧宝寅在淮堰，上为手书诱之，使袭彭城，许送其国庙及室家诸从还北。宝寅表上其书于魏朝。

夏四月，淮堰成，长九里，下广一百四十丈，上广四十五丈，高二十丈，树以杞柳，军垒列居其上。

或谓康绚曰："四渎，天所以节宣其气，不可久塞。若凿湫东注，则游波宽缓，堰得不坏。"绚乃开湫东注。又纵反间于魏曰："梁人所惧开湫，不畏野战。"萧宝寅信之，凿山深五丈，开湫北注，水日夜分流犹不减，魏军竟罢归。水之所及，夹淮方数百里。李崇作浮桥于硖石戍间，又筑魏昌城于八公山东南，以备寿阳城坏，居民散就冈垄。其水清澈，俯视庐舍冢墓，了然在下。

初，堰起于徐州境内，刺史张豹子宣言，谓己必掌其事；既而康绚以他官来监作，豹子甚惭。俄而敕豹子受绚节度，豹子遂谮绚与魏交通。上虽不纳，犹以事毕，征绚还。

秋八月，康绚既还，张豹子不复修淮堰。九月丁丑，淮水暴涨，堰坏，其声如雷，闻三百里，缘淮城戍村落十余万口皆漂入海。初，魏人患淮堰，以任城王澄为上将军、大都督南讨诸军事，勒众十万，将出徐州来攻堰。尚书右仆射李平以为“不假兵力，终当自坏”。及闻破，太后大喜，赏平甚厚，澄遂不行。

元乂幽后

梁武帝天监九年春三月丙戌，魏皇子诩生，大赦。诩母胡充华，临泾人，父国珍袭武始伯。充华初选入掖庭，同列以故事祝之曰：“愿生诸王、公主，勿生太子。”充华曰：“妾之志异于诸人，奈何畏一身之死而使国家无嗣乎？”及有娠，同列劝去之，充华不可，私自誓曰：“若幸而生男，次第当长，男生身死，所不憾也。”既而生诩，先是，魏主频丧皇子，年渐长，深加慎护，择良家宜子者以为乳保，养于别宫，皇后、充华皆不得近。

十一年冬十月乙亥，魏立皇子诩为太子，始不杀其母。

十二年秋八月，魏主幸东宫，以中书监崔光为太子少傅。

十四年春正月甲寅，魏主有疾，丁巳，殂于式乾殿。侍中、中书监、太子少傅崔光，侍中领军将军于忠，詹事王显，中庶子代人侯刚迎太子诩于东宫，即皇帝位。高后欲杀胡贵嫔，中给事谯郡刘腾以告侯刚，刚以告于忠。忠问计于崔光，光使置贵嫔于别所，严加守卫，由是贵嫔深德四人。

二月庚辰，尊皇后为皇太后。己亥，尊胡贵嫔为皇太妃。三月甲辰朔，以高太后为尼，徙居金墉城瑶光寺，非大节庆，不得入宫。

秋八月丙子，魏尊胡太妃为皇太后，居崇训宫。于忠领崇训卫尉，刘腾为崇训太仆，加侍中，侯刚为侍中、抚军将军。又以太后父国珍为光禄大夫。

魏江阳王继之子乂娶胡太后妹，以乂为通直散骑侍郎，乂妻为新平郡君，仍拜女侍中。群臣奏请皇太后临朝称制，九月乙未，灵太后始临朝听政。太后聪悟，颇好读书属文，射能中针孔，政事皆出手笔自决。加胡国珍侍中，封安定公。

十五年秋九月，魏胡太后数幸宗戚勋贵之家。侍中崔光表谏曰："礼'诸侯非问疾吊丧而入诸臣之家，谓之君臣为谑'。不言王后夫人，明无适臣家之义。夫人，父母在有归宁，没则使卿宁。汉上官皇后将废昌邑，霍光，外祖也，亲为宰辅，后犹御武帐以接群臣，示男女之别也。今帝族方衍，勋贵增迁，祇请遂多，将成彝式。愿陛下简息游幸，则率土属赖，含生仰悦矣。"

十七年秋(七)〔八〕月，魏宦者刘腾，手不解书，而多奸谋，善揣人意。胡太后以其保护之功，累迁至侍中、右光禄大夫，遂干预政事，纳赂为人求官，无不效者。河间王琛，简之子也，为定州刺史，以贪纵著名。及罢州还，太后诏曰："琛在定州，唯不将中山宫来，自余无所不致，何可更复叙用?"遂废于家。琛乃求为腾养息，赂腾金宝巨万计。腾为之言于太后，得兼都官尚书，出为秦州刺史。会腾疾笃，太后欲及其生而贵之，九月癸未朔，以腾为卫将军，加仪同三司。

普通元年。魏太傅侍中、清河文献王怿，美风仪，胡太后逼而幸之。然素有才能，辅政多所匡益，好文学，礼敬士人，时望甚重。侍中领军将军元乂在门下，兼总禁兵，恃宠骄恣，志欲无极，怿每裁之以法，乂由是怨之。卫将军、仪同三司刘腾，权倾内外，吏部希腾意，奏用腾弟为郡，人资乖越，怿抑而不奏，腾亦怨之。龙骧府长史宋维，弁之子也，怿荐为通直郎，浮薄无行。乂许维以富贵，使告司染都尉韩文殊父子谋作乱立怿。怿坐禁止，案验，无反状，得释。维当反坐，乂言于太后曰："今诛维，后有真反者，人莫敢告。"乃黜维为昌平郡守。

乂恐怿终为己害，乃与刘腾密谋，使主食中黄门胡定自列，云"怿货定使毒魏主，若己得为帝，许定以富贵"。帝时年十一，信之。秋七月丙子，太后在嘉福殿，未御前殿，乂奉帝御显阳殿，腾闭永巷门，太后不得出。怿入，遇乂于含章殿后，乂厉声不听怿入。怿曰："汝欲反邪？"乂曰："乂不反，正欲缚反者耳。"命宗士及直斋执怿衣袂，将入含章东省，使人防守之。腾称诏集公卿议，论怿大逆。众咸畏乂，无敢异者。唯仆射新泰文贞公游肇抗言，以为不可，终不下署。

乂、腾持公卿议入奏，俄而得可，夜中杀怿。于是诈为太后诏，自称有疾，还政于帝。幽太后于北宫宣光殿，宫门昼夜长闭，内外断绝，腾自执管籥，帝亦不得省见，裁听传食而已。太后服膳俱废，不免饥寒，乃叹曰："养虎得噬，我之谓矣。"乂使中常侍酒泉贾粲侍帝书，密令防察动止。乂遂与太师高阳王雍等同辅政，帝谓乂为姨父。乂与腾表里擅权，乂为外御，腾为内防，常直禁省，共裁刑赏，政无巨细，决于二人，威振内外，百僚重迹。朝野闻怿死，无不丧气，胡夷为之剺面者数百人。游肇愤邑而卒。

魏相州刺史中山文庄王熙，英之子也，与弟给事黄门侍郎略、司徒祭酒纂，皆为清河王怿所厚，闻怿死，起兵于邺，上表欲诛元乂、刘腾。纂亡奔邺。后十日，长史柳元章等帅城人鼓噪而入，杀其左右，执熙、纂并诸子置于高楼。八月甲寅，元乂遣尚书左丞卢同就斩熙于邺街，并其子弟。

熙好文学，有风义，名士多与之游。将死，与故知书曰："吾与弟并蒙皇太后知遇，兄据大州，弟则入侍，殷勤言色，恩同慈母。今皇太后见废北宫，太傅清河王横受屠酷，主上幼年，独在前殿。君亲如此，无以自安，故帅兵民欲建大义于天下。但智力浅短，旋见囚执，上惭朝廷，下愧相知。本以名义干心，不得不尔，流肠碎首，复何言哉！凡百君子，各敬尔仪，为国为身，善勖名节。"闻者怜之。熙首至洛阳，亲故莫敢视，前骁骑将军刁整独收其尸而藏之。

二年。魏元乂、刘腾之幽胡太后也，右卫将军奚康生预其谋，乂以康生为抚军大将军、河南尹，仍使之领左右。康生子难当娶侍中左卫将军侯刚女，刚子，乂之妹夫也，乂以康生通姻，深相委托，三人率多俱宿禁中，时或迭出，以难当为千牛备身。康生性粗武，言气高下，乂稍惮之，见于颜色，康生亦微惧不安。

〔二月〕甲午，魏主朝太后于西林园，文武侍坐，酒酣迭舞。康生乃为力士儛，及折旋之际，每顾视太后，举手蹈足，瞋目颔首，为执杀之势，太后解其意而不敢言。日暮，太后欲携帝宿宣光殿，侯刚曰："至尊已朝讫，嫔御在南，何必留宿？"康生曰："至尊陛下之儿，随陛下将东西，更复访谁！"群臣莫敢应，太后自起，援帝臂下堂而去。康生大呼，唱万岁。帝前入閤，左右竞相排，閤不得闭。康生夺难当千牛刀，斫直后元思辅，乃得定。帝既升宣光殿，左右侍臣俱立西阶下。康生乘酒势将出处分，为乂所执，锁于门下。光禄勋贾粲绐太后曰："侍官怀恐不安，陛下宜亲安慰。"太后信之，适下殿，粲即扶帝出东序，前御显阳殿，还闭太后于宣光殿。至晚，乂不出，令侍中、黄门、仆射、尚书等十余人，就康生所讯其事，处康生斩刑，难当绞刑。乂与刚并在内，矫诏决之。康生如奏，难当恕死从流。难当哭辞父，康生慷慨不悲，曰："我不反死，汝何哭也？"时已昏暗，有司驱康生赴市，斩之。尚食典御奚混与康生同执刀入内，亦坐绞。难当以侯刚婿，得留百余日，竟流安州。久之，乂使行台卢同就杀之。

以刘腾为司空。八坐、九卿常旦造腾宅，参其颜色，然后赴省府，亦有历日不能见者。公私属请，唯视货多少。舟车之利，山泽之饶，所在榷酤，刻剥六镇，交通互市，岁入利息以巨万万计。逼夺邻舍以广其居，远近苦之。

四年春三月，魏司空刘腾卒。宦官为腾义息重服者四十余人，衰绖送葬者以百数，朝贵送葬者塞路满野。

六年。初，魏刘腾既卒，胡太后及魏主左右防卫微缓。元乂亦自宽，时出游于外，留连不返，其所亲谏，乂不纳。太后察知之。去秋，太后对帝谓群臣曰："今隔绝我母子，不听往来，复何用我为？我当出家，修道于嵩山闲居寺耳。"因欲自下发。帝及群臣叩头泣涕，殷勤苦请，太后声色愈厉。帝乃宿于嘉福殿，积数日，遂与太后密谋黜乂。然帝深匿形迹，太后有忿恚，欲得往来显阳之言，皆以告乂。又对乂流涕，叙太后欲出家，忧怖之心日有数四。乂殊不以为疑，乃劝帝从太后所欲。于是太后数御显阳殿，二宫无复禁碍。乂举元法僧为徐州，法僧反，太后数以为言，乂深愧悔。

丞相高阳王雍虽位居乂上，而深畏惮之。会太后与帝游洛水，雍邀二宫幸其第。日晏，帝与太后至雍内室，从者皆不得入，遂相与定图乂之计。于是太后谓乂曰："元郎若忠于朝廷，无反心，何故不去领军，以余官辅政？"乂甚惧，免冠求解领军。乃以乂为骠骑大将军、开府仪同三司、尚书令、侍中，领左右。

魏元乂虽解兵权，犹总任内外，殊不自意有废黜之理。胡太后意犹豫未决，侍中穆绍劝太后速去之。绍，亮之子也。潘嫔有宠于魏主，宦官张景嵩说之，云"乂欲害嫔"，嫔泣诉于帝曰："乂非独欲杀妾，又将不利于陛下。"帝信之，因乂出宿，解乂侍中。明旦，乂将入宫，门者不纳。夏四月辛卯，太后复临朝摄政，下诏追削刘腾官爵，除乂名为民。

清河国郎中令韩子熙上书为清河王怿讼冤，乞诛元乂等，曰："昔赵高柄秦，令关东鼎沸。今元乂专魏，使四方云扰。开逆之端，起于宋维，成祸之末，良由刘腾。宜枭首洿宫，斩骸沉族，以明其罪。"太后命发刘腾之墓，露散其骨，籍没家赀，尽杀其养子。以子熙为中书舍人。子熙，麒麟之孙也。

乂之解领军也，太后以乂党与尚强，未可猝制，乃以侯刚代乂为领军以安其意。寻出刚为冀州刺史，加仪同三司。未至州，黜为征虏将军，卒于家。太后欲杀贾粲，以乂党多，恐惊动内外，乃出粲为济州刺史，寻追杀之，籍没其家。唯乂以妹夫，未忍行诛。

先是，给事黄门侍郎元顺以刚直忤乂意，出为齐州刺史。太后征还，为侍中。侍坐于太后，乂妻在太后侧，顺指之曰："陛下奈何以一妹之故，不正元乂之罪，使天下不得伸其冤愤。"太后嘿然。顺，澄之子也。他日，太后从容谓侍臣曰："刘腾、元乂昔邀朕求铁券，冀得不死，朕赖不与。”韩子熙曰：“事关生杀，岂系铁券？且陛下昔虽不与，何解今日不杀。”太后怃然。未几，有告乂及弟爪谋诱六镇降户反于定州，又招鲁阳诸蛮侵扰伊阙，欲为内应。得其手书，太后犹未忍杀之。群臣固执不已，魏主亦以为言，太后乃从之，赐乂及弟爪死于家，犹赠乂骠骑大将军、仪同三司、尚书令。江阳王继废于家，病卒。前幽州刺史卢同坐乂党除名。

太后颇事妆饰，数出游幸，元顺面谏曰：“礼，妇人夫没自称未亡人，首去珠玉，衣不文采。陛下母临天下，年垂不惑，修饰过甚，何以仪刑后世？”太后惭而还宫，召顺，责之曰：“千里相征，岂欲众中见辱邪！”顺曰：“陛下不畏天下之笑，而耻臣之一言乎？”

顺与穆绍同直，顺因醉入其寝所。绍拥被而起，正色让顺曰：“身二十年侍中，与卿先君亟连职事，纵卿方进用，何宜相排突也？”遂谢事还家，诏谕久之，乃起。

六镇之叛

梁武帝普通四年夏四月甲申，魏遣尚书令李崇击柔然阿那瓌，崇长史钜鹿魏兰〔根〕说崇曰：“昔缘边初置诸镇，地广人稀，或征发中原强宗子弟，或国之肺腑，寄以爪牙。中年以来，有司号为‘府户’，役同厮养，官婚班齿，致失清流。而本来族类，各居荣显，顾瞻彼此，理当愤怨。宜改镇立州，分置郡县，凡是府户，悉免为民，入仕次叙，一准其旧，文武兼用，威恩并施。此计若行，国家庶无北顾之虑矣。”崇为之奏闻，事寝，不报。

初，元乂既幽胡太后，常入直于魏主所居殿侧，曲尽佞媚，帝由是宠信之。乂出入禁中，恒令勇士持兵以自先后。时出休于千秋门外，施木栏楯，使腹心防守以备窃发，士民求见者，遥对之而已。其始执政之时，矫情自饰，以谦勤接物，时事得失，颇以关怀。既得志，遂自骄慢，嗜酒好色，贪吝宝贿，与夺任情，纪纲坏乱。父京兆王继尤贪纵，与其妻子各受赂遗，请属有司，莫敢违者。乃至郡县小吏亦不得公选，牧守、令长率皆贪污之人。由是百姓困穷，人人思乱。

武卫将军于景，忠之弟也，谋废乂，乂黜为怀荒镇将。及柔然入寇，镇民请粮，景不肯给，镇民不胜忿，遂反，执景杀之。未几沃野镇民破六韩拔陵聚众反，杀镇将，改元真王，诸镇华夷之民往往响应。拔陵引兵南侵，遣别帅卫可孤围武川镇，又攻怀朔镇。尖山贺拔度拔及其三子允、胜、岳皆有材勇，怀朔镇将杨钧擢度拔为统军，三子为军主，以拒之。

五年春三月，魏以临淮王彧都督北讨诸军事，讨破六韩拔陵。夏四月，高平镇民赫连恩等反，推敕勒酋长胡琛为高平王，攻高平镇以应拔陵。魏将卢祖迁击破之，琛北走。

卫可孤攻怀朔镇经年，外援不至，杨钧使贺拔胜诣临淮王彧告急。胜募敢死少年十余骑，夜伺隙溃围出，贼骑追及之，胜曰："我贺拔破胡也。"贼不敢逼。胜见彧于云中，说之曰："怀朔被围，旦夕沦陷。大王今顿兵不进，怀朔若陷，则武川亦危，贼之锐气百倍，虽有良、平，不能为大王计矣。"彧许为出师。胜还，复突围而入。钧复遣胜出觇武川，武川已陷。胜驰还，怀朔亦溃，胜父子俱为可孤所虏。

五月，临淮王彧与破六韩拔陵战于五原，兵败，彧坐削除官爵。安北将军陇西李叔仁又败于白道，贼势日盛。

魏主引丞相、令、仆、尚书、侍中、黄门于显阳殿，问之曰："今寇连恒、朔，逼近金陵，计将安出？"吏部尚书元脩义请遣重臣督军镇恒、朔以捍寇，帝曰："去岁阿那瓌叛乱，遣李崇北征，崇上表求改镇为州，朕以旧章难革，不从其请。寻崇此表，开镇户非冀之心，致有今日之患。但既往难追，聊复略论耳。然崇贵戚重望，器识英敏，意欲还遣崇行，何如？"仆射萧宝寅等皆曰："如此，实合群望。"崇曰："臣以六镇遐僻，密迩寇戎，欲以慰悦彼心，岂敢导之为乱？臣罪当就死，陛下赦之。今更遣臣北行，正是报恩改过之秋。但臣年七十，加之疲病，不堪军旅，愿更择贤材。"帝不许。脩义，天赐之子也。

臣光曰：李崇之表，乃所以销祸于未萌，制胜于无形。魏肃宗既不能用，及乱生之日，曾无愧谢之言，乃更以为崇罪。彼不明之君，乌可与谋哉？诗云："听言则对，诵言如醉，匪用其良，覆俾我悖！"其是之谓矣。

(夏四月)壬申，加崇使持节、开府仪同三司、北讨大都督，命抚军将军崔暹、镇军将军广阳王深皆受崇节度。深，嘉之子也。

六月，魏自破六韩拔陵之反，二夏、豳、凉寇盗蜂起。秦州刺史李彦，政刑残虐，在下皆怨。是月，城内薛珍等聚党突入州门，擒彦杀之，推其党莫折大提为帅，大提自称秦王。魏遣雍州刺史元志讨之。

初，南秦州豪右杨松柏兄弟数为寇盗，刺史博陵崔遊诱之使降，引为主簿，接以辞色，使说下群氐，既而因宴会尽收斩之，由是所部莫不猜惧。遊闻李彦死，自知不安，欲逃去，未果。城民张长命、韩祖香、孙掩等攻遊，杀之，以城应大提。大提遣其党卜胡袭高平，克之，杀镇将赫连略、行台高元荣。大提寻卒，子念生自称天子，置百官，改元天建。

秋七月甲寅，魏遣吏部尚书元脩义兼尚书仆射，为西道行台，帅诸将讨莫折念生。

崔暹违李崇节度，与破六韩拔陵战于白道，大败，单骑走还。拔陵并力攻崇，崇力战不能御，引还云中，与之相持。广阳王深上言："先朝都平城，以北边为重，盛简亲贤，拥麾作镇，配以高门子弟，以死防遏，非唯不废仕宦，乃更独得复除，当时人物，忻慕为之。太和中，仆射李冲用事，凉州土人悉免厮役。帝乡旧门，仍防边戍，自非得罪当世，莫肯与之为伍。本镇驱使，但为虞候、白直，一生推迁，不过军主。然其同族留京师者，得上品通官，在镇者即为清途所隔，或多逃逸。乃峻边兵之格，镇人不听，浮游在外，于是少年不得从师，长者不得游宦，独为匪人，言之流涕。自定鼎伊、洛，边任益轻，唯底滞凡才，乃出为镇将，转相模习，专事聚敛。或诸方奸吏，犯罪配边，为之指踪，政以贿立，边人无不切齿。及阿那瓌背恩纵掠，发奔命追之，十五万众度沙漠，不日而还。边人见此援师，遂自意轻中国。尚书令臣崇求改镇为州，抑亦先觉，朝廷未许，而高阙戍主御下失和，拔陵杀之，遂相帅为乱，攻城掠地，所过夷灭，王师屡北，贼党日盛。此段之举，指望销平，而崔暹只轮不返，臣崇与臣逡巡复路，相与还次云中，将士之情，莫不解体。今日所虑，非止西北，将恐诸镇寻亦如此，天下之事，何易可量！"书奏，不省。诏征崔暹系廷尉，暹以女妓、田园赂元乂，卒得不坐。

丁丑，莫折念生遣其都督杨伯年等攻仇鸠、河池二戍，东益州刺史魏子建遣将军伊祥等击破之，斩首千余级。东益州本氐王杨绍先之国，将佐皆以城民劲勇，二秦反者皆其族类，请先收其器械。子建曰："城民数经行陈，抚之足以为用，急之则腹背为患。"乃悉召城民慰谕之，既而渐分其父兄子弟外戍诸郡，内外相顾，卒无叛者。子建，兰根之族兄也。

八月，魏员外散骑侍郎李苗上书曰："凡食少兵精利于速战，粮多卒众事宜持久。今陇贼猖狂，非有素蓄，虽据两城，本无德义。其势在于疾攻，日有降纳，迟则人情离沮，坐待崩溃。夫飙至风举，逆者求万一之功；高壁深垒，王师有全制之策。但天下久泰，人不晓兵，奔利不相待，逃难不相顾，将无法令，士非教习，不思长久之计，各有轻敌之心。如令陇东不守，汧军败散，则两秦遂强，三辅危弱，国之右臂，于斯废矣。宜勒大将坚壁勿战，别命偏裨帅精兵数千出麦积崖，以袭其后，则汧岐之下，群妖自散。"魏以苗为统军，与别将淳于诞俱出梁、益，隶魏子建。未至，莫折念生遣其弟高阳王天生将兵下陇。甲午，都督元志与战于陇口，志兵败，弃众东保岐州。

东西部敕勒皆叛魏，附于破六韩拔陵。魏主始思李崇及广阳王深之言。丙申，下诏："诸州镇军贯非有罪配隶者，皆免为民。"改镇为州，以怀朔镇为朔州，更命朔州曰云州。遣兼黄门侍郎郦道元为大使，抚慰六镇。时六镇已尽叛，道元不果行。先是，代人迁洛者多为选部所抑，不得仕进。及六镇叛，元义乃用代来寒人为传诏以慰悦之。

戊戌，莫折念生遣都督窦双攻魏盘头郡，东益州刺史魏子建遣将军窦念祖击破之。

九月，魏西道行台元脩义得风疾，不能治军。壬申，魏以尚书左仆射齐王萧宝寅为西道行台大都督，帅诸将讨莫折念生。

冬十月，胡琛遣其将宿勤明达寇豳、夏、北华三州。壬午，魏遣都督北海王颢帅诸将讨之。颢，详之子也。

魏广阳王深上言："今六镇尽叛，高车二部亦与之同，以此疲兵击之，必无胜理。不若选练精兵守恒州诸要，更为后图。"遂与李崇引兵还平城。崇谓诸将曰："云中者，白道之冲，贼之咽喉，若此地不全，则并、肆危矣。当留一人镇之，谁可者？"众举费穆，崇乃请穆为朔州刺史。

贺拔度拔父子及武川宇文肱纠合乡里豪杰，共袭卫可孤，杀之。度拔寻与铁勒战，死。

莫折天生进攻魏岐州，十一月戊申，陷之，执都督元志及刺史裴芬之，送莫折念生，杀之。念生又使卜胡等寇泾州，败光禄大夫薛峦于平凉东。峦，安都之孙也。

高平人攻杀卜胡，共迎胡琛。

十二月壬辰，魏以京兆王继为太师、大将军、都督西道诸军，以讨莫折念生。

魏魏子建招谕南秦诸氐，稍稍降附，遂复六郡十二戍，斩贼帅韩祖香。魏以子建兼尚书，为行台，刺史如故，梁、巴、二益、二秦诸州皆受节度。

莫折念生遣兵攻凉州，城民赵天安复执刺史以应之。

六年春正月，莫折天生军于黑水，兵势甚盛。魏以岐州刺史崔延伯为征西将军、西道都督，帅众五万讨之。延伯与行台萧宝寅军于马嵬。延伯素骁勇，宝寅趣之使战，延伯曰："明晨为公参贼勇怯。"乃选精兵数千，西渡黑水，整陈向天生营，宝寅军于水东，遥为继援。延伯直抵天生营下，扬威胁之，徐引兵还。天生见延伯众少，开营争逐之，其众多于延伯十倍，蹙延伯于水次，宝寅望之失色。延伯自为后殿,不与之战,使其众先渡,部伍严整,天生兵不敢击。须臾,渡毕,延伯徐渡,天生之众亦引还。宝寅喜曰:“崔君之勇,关、张不如。”延伯曰:“此贼非老奴敌也。明公但安坐,观老奴破之。”癸亥,延伯勒兵出,宝寅举军继其后。天生悉众逆战,延伯身先士卒,陷其前锋,将士尽锐竞进,大破之,俘斩十余万,追奔至小陇,岐、雍及陇东皆平。将士稽留采掠,天生遂塞陇道,由是诸军不能进。

宝寅破宛川,俘其民以为奴婢,以美女十人赏岐州刺史魏兰根。兰根辞曰:“此县介于强寇,不能自立,故附从以救死。官军之至,宜矜而抚之,奈何助贼为虐,翦以为贱役乎?”悉求其父兄而归之。

二月壬辰,莫折念生遣都督杨鲊等攻仇池郡,行台魏子建击破之。

夏四月,胡琛据高平,遣其大将万俟醜奴、宿勤明达等寇魏泾州,将军卢祖迁、伊瓮生讨之,不克。萧宝寅、崔延伯既破莫折天生,引兵会祖迁等于安定,甲卒十二万,铁马八千,军威甚盛。醜奴军于安定西北七里,时以轻骑挑战,大兵未交,辄委走。延伯恃其勇,且新有功,遂唱议为先驱击之。别造大盾,内为锁柱,使壮士负而趋,谓之“排城”,置辎重于中,战士在外,自安定北缘原北上。将战,有贼数百骑诈持文书,云是降簿,且乞缓师。宝寅、延伯未及阅视,宿勤明达引兵自东北至,降贼自西竞下,覆背击之。延伯上马奋击,逐北径抵其营。贼皆轻骑,延伯军杂步卒,战久疲乏,贼乘间得入排城,延伯遂大败,死伤近二万人。宝寅收众,退保安定。延伯自耻其败,乃缮甲兵,募骁勇,复自安定西进,去贼七里结营。壬辰,不告宝寅,独出袭贼,大破之,俄顷,平其数栅。贼见军士采掠散乱，复还击之，魏兵大败，延伯中流矢卒，士卒死者万余人。时大寇未平，复失骁将，朝野为之忧恐。于是贼势愈盛，而群臣自外来者，太后问之，皆言贼弱，以求悦媚，由是将帅求益兵者往往不与。

（夏）六月，破六韩拔陵围魏广阳王深于五原，军主贺拔胜募二百人开东门出战，斩首百余级，贼稍退。深拔军向朔州，胜常为殿。

云州刺史费穆招抚离散，四面拒敌。时北境州镇皆没，唯云中一城独存。久之，道路阻绝，援军不至，粮仗俱尽，穆弃城南奔尔朱荣于秀容。既而诣阙请罪，诏原之。

长流参军于谨言于广阳王深曰："今寇盗蜂起，未易专用武力胜也。谨请奉大王之威命，谕以祸福，庶几稍可离也。"深许之。谨兼通诸国语，乃单骑诣叛胡营，见其酋长，开示恩信，于是西部铁勒酋长乜列河等将三万余户南诣深降。深欲引兵至折敷岭迎之，谨曰："破六韩拔陵兵势甚盛，闻乜列河等来降，必引兵邀之，若先据险要，未易敌也。不若以乜列河饵之，而伏兵以待之，必可破也。"深从之。拔陵果引兵邀击乜列河，尽俘其众；伏兵发，拔陵大败，复得乜列河之众而还。

柔然头兵可汗大破破六韩拔陵，斩其将孔雀等。拔陵避柔然，南徙渡河。将军李叔仁以拔陵稍逼，求援于广阳王深，深帅众赴之，贼前后降附者二十万人。深与行台元纂表"乞于恒州北别立郡县，安置降户，随宜赈（赉）〔贷〕，息其乱心"。魏朝不从，诏黄门侍郎杨置分处之于冀、定、瀛三州就食。深谓纂曰："此辈复为乞活矣。"

秋八月，魏柔玄镇民杜洛周聚众反于上谷，改元真王，攻没郡县，高欢、蔡儁、尉景及段荣、安定彭乐皆从之。洛周围魏燕州刺史博陵崔秉。九月丙辰，魏以幽州刺史常景兼尚书为行台，与幽州都督元谭讨之。景，爽之孙也。自卢龙塞至军都关皆置兵守险，谭屯居庸关。

初，敕勤酋长斛律金事怀朔镇将杨钧为军主，行兵用匈奴法，望尘知马步多少，嗅地知军远近。及破六韩拔陵反，金拥众归之，拔陵署金为王。既而知拔陵终无所成，乃诣云州降，仍稍引其众南出黄瓜堆，为杜洛周所破，脱身归尔朱荣，荣以为别将。

七年春正月，魏安州石离、穴城、斛(鹽)〔盐〕三戍兵反，应杜洛周，众合二万，洛周自松岍赴之。行台常景使别将崔仲哲屯军都关以邀之，仲哲战没。元谭军夜溃，魏以别将李琚代谭为都督。仲哲，秉之子也。

五原降户鲜于脩礼等帅北镇流民反于定州之左城，改元鲁兴。

夏四月，杜洛周南出，钞掠蓟城，魏常景遣统军梁仲礼击破之。丁未，都督李琚与洛周战于蓟城之北，败没。常景帅众拒之，洛周引还上谷。

六月，杜洛周遣都督王曹纥真等将兵掠蓟南，秋七月丙午，行台常景遣都督于荣等击之于栗园，大破之，斩曹纥真及将卒三千余级。洛周帅众南趣范阳，景与荣等又破之。

八月癸巳，贼帅元洪业斩鲜于脩礼，请降于魏。贼党葛荣复杀洪业自立。

九月，葛荣既得杜洛周之众，北趣瀛州，自称天子，国号齐，改元广安。甲申，魏行台常景破杜洛周，斩其武川王贺拔文兴等，捕虏四百人。

天水民吕伯度，本莫折念生之党也，后更据显亲以拒念生；已而不胜，亡归胡琛，琛以为大都督、秦王，资以士马，使击念生。伯度屡破念生军，复据显亲，乃叛琛，东引魏军。念生窘迫，乞降于萧宝寅，宝寅使行台左丞崔士和据秦州。魏以伯度为泾州刺史，封平秦郡公。大都督元脩义停军陇口，久不进，念生复反，执士和送胡琛，于道杀之。久之，伯度为万俟醜奴所杀，贼势益盛，宝寅不能制。胡琛与莫折念生交通，事破六韩拔陵浸慢，拔陵遣其臣费律至高平，诱琛，斩之，醜奴尽并其众。

冬十一月，杜洛周围范阳，戊戌，民执魏幽州刺史王延年、行台常景送洛周，开门纳之。

大通元年春正月，魏分定、相二州四郡置殷州，以北道行台博陵崔楷为刺史。楷表称"州今新立，尺刃斗粮，皆所未有，乞资以兵粮"。诏付外量闻，竟无所给。或劝楷留家，单骑之官，楷曰："吾闻食人之禄者忧人之忧。若吾独往，则将士谁肯用志哉！"遂举家之官。葛荣逼州城，或劝减弱小以避之，楷遣幼子及一女夜出，既而悔之，曰："人谓吾心不固，亏忠而全爱也。"遂命追还。贼至，强弱相悬，又无守御之具。楷抚勉将士以拒之，莫不争奋，皆曰："崔公尚不惜百口，吾属何爱一身！"连战不息，死者相枕，终无叛志。辛未，城陷，楷执节不屈，荣杀之，遂围冀州。

魏萧宝寅出兵累年，将士疲弊。秦贼击之，宝寅大败于泾州，收散兵万余人，屯逍遥园，东秦州刺史潘义渊以汧城降贼。莫折念生进逼岐州，城人执刺史魏兰根应之。豳州刺史毕祖晖战没，行台羊深弃城走，北海王颢军亦败。贼帅胡引祖据北华州，叱干麒麟据豳州以应天生，关中大扰。雍州刺史杨椿募兵得七千余人，帅以拒守，诏加椿侍中兼尚书右仆射，为行台，节度关西诸将。北地功曹毛鸿宾引贼抄掠渭北,雍州录事参军杨侃将兵三千掩击之,鸿宾惧,请讨贼自效,遂擒送宿勤乌过仁。乌过仁者,明达之兄子也。莫折天生乘胜寇雍州,萧宝寅部将羊侃隐身堑中射之,应弦而毙,其众遂溃。侃,祉之子也。

魏右民郎阳平路思令上疏,以为:“师出有功,在于将帅,得其人则六合唾掌可清,失其人则三河方为战地。窃以比年将帅多宠贵子孙,衔杯跃马,志逸气浮,轩眉攘腕,以攻战自许。及临大敌,忧怖交怀,雄图锐气,一朝顿尽。乃令羸弱在前以当寇,强壮居后以卫身,兼复器械不精,进止无节,以当负险之众,敌数战之虏,欲其不败,岂可得哉!是以兵知必败,始集而先逃;将帅畏敌,迁延而不进。国家谓官爵未满,屡加宠命,复疑赏赉之轻,日散金帛。帑藏空竭,民财殚尽,遂使贼徒益甚,生民雕弊,凡以此也。夫德可感义夫,恩可劝死士。今若黜陟幽明,赏罚善恶,简练士卒,缮修器械,先遣辩士晓以祸福,如其不悛,以顺讨逆,如此则何异励萧斧而伐朝菌,鼓洪炉而燎毛发哉。”弗听。

二月,秦贼据魏潼关。

三月甲子,魏主诏将西讨,中外戒严。会秦贼西走,复得潼关。戊辰,诏回驾北讨,其实皆不行。

葛荣久围信都,魏以金紫光禄大夫源子邕为北讨大都督,以救之。

魏萧宝寅之败也,有司处以死刑,诏免为庶人。雍州刺史杨椿有疾,求解,复以宝寅为都督雍泾等四州诸军事、征西将军、雍州刺史、开府仪同三司、西讨大都督,自关以西皆受节度。椿还乡里,其子昱将适洛阳,椿谓之曰:“当今雍州刺史亦无逾宝寅者,但其上佐,朝廷应遣心膂重人,何得任其牒用?此乃圣朝百虑之一失也。且宝寅不藉刺史为荣，吾观其得州，喜悦特甚，至于赏罚云为，不依常宪，恐有异心。汝今赴京师，当以吾此意启二圣，并白宰辅，更遣长史、司马、防城都督，欲安关中，正须三人耳，如不遣，必成深忧。”昱面启魏主及太后，皆不听。

秋七月，魏相州刺史乐安王鉴与北道都督裴衍共救信都。鉴幸魏多故，阴有异志，遂据邺叛，降葛荣。

八月，魏遣都督源子邕、李神轨、裴衍攻邺。子邕行及汤阴，乐安王鉴遣弟斌之夜袭子邕营，不克。子邕乘胜进围邺城，丁未，拔之，斩鉴，传首洛阳，改姓拓跋氏。魏因遣子邕、裴衍讨葛荣。

九月，秦州城民杜粲杀莫折念生阖门皆尽，粲自行州事。南秦州城民辛琛亦自行州事，遣使诣萧宝寅请降。魏复以宝寅为尚书令，还其旧封。

萧宝寅之败于泾州也，或劝之归罪洛阳，或曰不若留关中立功自效。行台都令史河间冯景曰：“拥兵不还，此罪将大。”宝寅不从，自念出师累年，糜费不赀，一旦覆败，内不自安；魏朝亦疑之。

中尉郦道元素名严猛，司州牧汝南王悦嬖人丘念弄权纵恣，道元收念付狱。悦请之于胡太后，太后敕赦之，道元杀之，并以劾悦。

时宝寅反状已露，悦乃奏以道元为关右大使。宝寅闻之，谓为取己，甚惧。长安轻薄子弟，复劝使举兵。宝寅以问河东柳楷，楷曰：“大王，齐明帝子，天下所属。今日之举，实允人望。且谣言‘鸾生十子九子毈，一子不毈关中乱’。乱者治也，大王当治关中，何所疑？”道元至阴盘驿，宝寅遣其将郭子恢攻杀之，收殡其尸，表言白贼所害。又上表自理，称为杨椿父子所谮。

宝寅行台郎中武功苏湛卧病在家，宝寅令湛从母弟开府属天水姜俭说湛曰："元略受萧衍旨，欲见剿除，道元之来，事不可测。吾不能坐受死亡，今须为身计，不复作魏臣矣。死生荣辱，与卿共之。"湛闻之，举声大哭。俭遽止之曰："何得便尔？"湛曰："我百口今屠灭，云何不哭？"哭数十声，徐谓俭曰："为我白齐王，王本以穷鸟投人，赖朝廷假王羽翼，荣宠至此。属国步多虞，不能竭忠报德，乃欲乘人间隙，信惑行路无识之语，欲以羸败之兵守关问鼎。今魏德虽衰，天命未改。且王之恩义未洽于民，但见其败，未见有成。苏湛不能以百口为王族灭。"宝寅复使谓曰："我救死，不得不尔。所以不先相白者，恐沮吾计耳。"湛曰："凡谋大事，当得天下奇才与之从事，今但与长安博徒谋之，此有成理不？湛恐荆棘必生于斋阁，愿赐骸骨还乡里，庶得病死，下见先人。"宝寅素重湛，且知其不为己用，听还武功。

冬十月甲寅，宝寅自称齐帝，改元隆绪，赦其所部，置百官。都督长史毛遐，鸿宾之兄也，与鸿宾帅氐、羌起兵于马祇栅以拒宝寅。宝寅遣大将军卢祖迁击之，为遐所杀。宝寅方祀南郊，行即位礼，未毕，闻败色变，不暇整部伍，狼狈而归。以姜俭为尚书左丞，委以心腹。文安周惠达为宝寅使，在洛阳，有司欲收之，惠达逃归长安，宝寅以惠达为光禄勋。

丹杨王萧赞闻宝寅反，惧而出走，趣白鹿山，至河桥，为人所获。魏主知其不预谋，释而慰之。行台郎封伟伯等与关中豪桀谋举兵诛宝寅，事泄而死。

魏以尚书仆射长孙稚为行台，以讨宝寅。

正平民薛凤贤(及)〔反〕，宗人薛脩义亦聚众河东，分据盐池，攻围蒲坂，东西连结，以应宝寅。诏都督宗正珍孙讨之。

十一月，葛荣围魏信都，自春及冬，冀州刺史元孚帅励将士，昼夜拒守，粮储既竭，外无救援，己丑，城陷。荣执孚，逐出居民，冻死者什六七。孚兄祐为防城都督，荣大集将士，议其生死。孚兄弟各自引咎，争相为死，都督潘绍等数百人，皆叩头请就法以活使君。荣曰："此皆魏之忠臣义士。"于是同禁者五百人皆得免。

魏以源子邕为冀州刺史，将兵讨荣。裴衍表请同行，诏许之。子邕上言："衍行，臣请留；臣行，请留衍。若逼使同行，败在旦夕。"不许。十二月戊申，行至阳平东北漳水曲，荣帅众十万击之，子邕、衍俱败死。

相州吏民闻冀州已陷，子邕等败，人不自保。相州刺史恒农李神志气自若，抚勉将士，大小致力，葛荣尽锐攻之，卒不能克。

二年春正月，魏北道行台杨津守定州城，居鲜于脩礼、杜洛周之间，迭来攻围。津蓄薪粮，治器械，随机拒击，贼不能克。津潜使人以铁券说贼党，贼党有应津者遗津书曰："贼所以围城，正为取北人耳。城中北人宜尽杀之，不然必为患。"津悉收北人内子城中而不杀，众无不感其仁。及葛荣代脩礼统众，使人说津，许以为司徒，津斩其使，固守三年。杜洛周围之，魏不能救。津遣其子遁突围出，诣柔然头兵可汗求救。遁日夜泣请，头兵遣其从祖吐豆发帅精骑一万南出，前锋至广昌，贼塞隘口，柔然遂还。己丑，津长史李裔引贼入，执津，欲烹之，既而舍之。瀛州刺史元宁以城降洛周。

萧宝寅围冯翊，未下。长孙稚军至恒农，行台左丞杨侃谓稚曰："昔魏武与韩遂、马超据潼关相拒，遂、超之才，非魏武敌也，然而胜负久不决者，扼其险要故也。今贼守御已固，虽魏武复生，无以施其智勇。不如北取蒲坂，渡河而西，入其腹心，置兵死地，则华州之围不战自解，潼关之守必内顾而走，支节既解，长安可坐取也。若愚计可取，愿为明公前驱。”稚曰：“子之计则善矣，然今薛脩义围河东，薛凤贤据安邑，宗正珍孙守虞坂不得进，如何可往？”侃曰：“珍孙行陈一夫，因缘为将，可为人使，安能使人？河东治在蒲坂，西逼河漘，封疆多在郡东。脩义驱帅士民，西围郡城，其父母妻子皆留旧村，一旦闻官军来至，皆有内顾之心，必望风自溃矣。”稚乃使其子彦与侃帅骑兵自恒农北渡，据石锥壁，侃声言：“今且停此以待步兵，且观民情向背。命送降名者各自还村，俟台军举三烽，当亦举烽相应。其无应烽者，乃贼党也，当进击屠之，以所获赏军。”于是村民转相告语，虽实未降者，亦诈举烽，一宿之间，火光遍数百里。贼围城者不测其故，各自散归。脩义亦逃还，与凤贤俱请降。丙子，稚克潼关，遂入河东。

萧宝寅遣其将侯终德击毛遐。会郭子恢等屡为魏军所败，终德因其势挫，还军袭宝寅。至白门，宝寅始觉，丁丑，与终德战，败，携其妻南阳公主及其少子，帅麾下百余骑自后门出，奔万俟醜奴。醜奴以宝寅为太傅。

二月，葛荣击杜洛周，杀之，并其众。

三月癸未，葛荣陷魏沧洲，执刺史薛庆之，居民死者什八九。

夏六月，葛荣军乏食，遣其仆射任褒将兵南掠至沁水，魏以元天穆为大都督东北道诸军事，帅宗正珍孙等讨之。前幽州平北府主簿河间邢杲，帅河北流民十万余户反于青州之北海，自称汉王，改元天统。戊申，魏以征东将军李叔仁为车骑大将军、仪同三司，帅众讨之。辛亥，魏主诏曰：“朕当亲御六戎，扫静燕、代。”以大将军尔朱荣为左军，上党王天穆为前军，司徒杨椿为右军，司空穆绍为后军。葛荣退屯相州之北。

秋七月，万俟醜奴自称天子，置百官。会波斯国献师子于魏，醜奴留之，改元神兽。

八月，葛荣引兵围邺，众号百万，游兵已过汲郡，所至残掠。尔朱荣启求讨之。九月，尔朱荣召从子肆州刺史天光留镇晋阳，曰："我身不得至处，非汝无以称我心。"自帅精骑七千，马皆有副，倍道兼行，东出滏口，以侯景为前驱。葛荣为盗日久，横行河北，尔朱荣众寡非敌，议者谓无取胜之理。葛荣闻之，喜见于色，令其众曰："此易与耳，诸人俱办长绳，至则缚取。"自邺以北，列陈数十里，箕张而进。尔朱荣潜军山谷，为奇兵，分督将已上三人为一处，处有数百骑，令所在扬尘鼓噪，使贼不测多少。又以人马逼战，刀不如棒，勒军士赍袖棒一枚置于马侧，至战时虑废腾逐，不听斩级，以棒棒之而已。分命壮勇所向冲突，号令严明，战士同奋。尔朱荣身自陷阵，出于贼后，表里合击，大破之，于阵擒葛荣，余众悉降。以贼徒既众，若即分割，恐其疑惧，或更结聚。乃下令各从所乐，亲属相随，任所居止。于是群情大喜，登即四散，数十万众，一朝散尽。待出百里之外，乃始分道押领，随便安置，咸得其宜。擢其渠帅，量才授任，新附者咸安，时人服其处分机速。以槛车送葛荣赴洛，冀、定、沧、瀛、殷五州皆平。时上党王天穆军于朝歌之南，穆绍、杨椿犹未发，而葛荣已灭，乃皆罢兵。

乙亥，魏大赦，改元永安。

辛巳，以尔朱荣为大丞相、都督河北畿外诸军事，以杨椿为太保，城阳王徽为司徒。

冬十月丁亥，葛荣至洛，魏主御阊阖门引见，斩于都市。

十二月，葛荣余党韩楼复据幽州反，北边被其患。尔朱荣以抚军将军贺拔胜为大都督，镇中山。楼畏胜威名，不敢南出。

中大通元年三月壬戌，魏诏上党王天穆讨邢杲。夏四月辛丑，破邢杲于济南。杲降，送洛阳，斩之。

秋九月，尔朱荣使大都督尖山侯渊讨韩楼于蓟，配卒甚少，骑止七百。或以为言，荣曰："侯渊临机设变，是其所长；若总大众，未必能用。今以此众击此贼，必能取之。"渊遂广张军声，多设供具，亲帅数百骑深入楼境。去蓟百余里，值贼帅陈周马步万余，渊潜伏以乘其背，大破之，虏其卒五千余人。寻还其马仗，纵令入城。左右谏曰："既获贼众，何为复资遣之？"渊曰："我兵既少，不可力战，须为奇计以离间之，乃可克也。"渊度其已至，遂帅骑夜进，昧旦，叩其城门。韩楼果疑降卒为渊内应，遂走，追擒之。幽州平。以渊为平州刺史，镇范阳。

先是，魏使征东将军刘灵助兼尚书左仆射，慰劳幽州流民于濮阳顿丘，因帅流民北还，与侯渊共灭韩楼，仍以灵助行幽州事，加车骑将军，又为幽平营安四州行台。

万俟醜奴攻魏东秦州，拔之，杀刺史高子朗。

二年春正月，万俟醜奴侵扰关中，魏尔朱荣遣武卫将军贺拔岳讨之。岳私谓其兄胜曰："醜奴，勍敌也，今攻之不胜固有罪，胜之谗嫉将生。"胜曰："然则奈何？"岳曰："愿得尔朱氏一人为帅而佐之。"胜为之言于荣，荣悦，以尔朱天光为使持节、都督二雍二岐诸军事、骠骑大将军、雍州刺史，以岳为左大都督，又以征西将军代郡侯莫陈悦为右大都督，并为天光之副以讨之。

天光初行，唯配军士千人，发洛阳以西路次民马以给之。时赤水蜀贼断路，诏侍中杨侃先行慰谕，并税其马，蜀持疑不下。军至潼关，天光不敢进，岳曰："蜀贼鼠窃，公尚迟疑，若遇大敌，将何以战?"天光曰："今日之事，一以相委。"岳遂进击蜀于渭北，破之，获马二千匹，简其壮健以充军士，又税民马合万余匹。以军士尚少，淹留未进。荣怒，遣骑兵参军刘贵乘驿至军中责天光，杖之一百，以军士三千人助之。

三天，醜奴自将其众围岐州，遣其大行台尉迟菩萨、仆射万俟仵自武功南渡渭，攻围趣栅，天光使贺拔岳将千骑救之。菩萨等已拔栅而还，岳故杀掠其吏民以挑之。菩萨帅步骑二万至渭北，岳以轻骑数十自渭南与菩萨隔水而语，称扬国威。菩萨令省事传语，岳怒曰："我与菩萨语，卿何人也?"射杀之。明日复引百余骑隔水与贼语，稍引而东，至水浅可涉之处，岳即驰马东出。贼以为走，乃弃步兵，轻骑南渡渭追岳，岳依横冈设伏兵以待之。贼半渡冈东，岳还兵击之，贼败走。岳下令："贼下马者勿杀。"贼悉投马，俄获三千人，马亦无遗，遂擒菩萨。仍渡渭北，降步卒万余，并收其辎重。醜奴闻之，弃岐州北走安定，置栅于平亭，天光方自雍至岐，与岳合。

夏四月，天光至汧、渭之间，停军牧马，宣言"天时将热，未可行师，俟秋凉更图进止"，获醜奴觇候者纵遣之。醜奴信之，散众耕于细川，使其太尉侯伏侯元进将兵五千，据险立栅，其余千人已下为栅者甚众。天光知其势分，晡时，密严诸军，相继俱发。黎明，围元进大栅，拔之，所得俘囚，一皆纵遣，诸栅闻之皆降。天光昼夜径进，抵安定城下，贼泾州刺史侯幾长贵以城降。醜奴弃平亭走，欲趣高平，天光遣贺拔岳轻骑追之。丁卯，及于平凉。贼未成列，直閤代郡侯莫陈崇单骑入贼中，于马上生擒醜奴，因大呼，众皆披靡，无敢当者，后骑益集，贼众崩溃，遂大破之。天光进逼高平，城中执送萧宝寅以降。

甲戌，魏以关中平，大赦。万俟醜奴、萧宝寅至洛阳，置阊阖门外都街之中，士女聚观凡三日。丹杨王萧赞表请宝寅之命，吏部尚书李神儁、黄门侍郎高道穆素与宝寅善，欲左右之，言于魏主曰："宝寅叛逆，事在前朝。"会应诏王道习自外至，帝问道习在外所闻，对曰："唯闻李尚书、高黄门与萧宝寅周款，并居得言之地，必能全之。且二人谓宝寅叛逆在前朝，宝寅为醜奴太傅，岂非陛下时邪？贼臣不翦，法欲安施。"帝乃赐宝寅死于驼牛署，斩醜奴于都市。

（夏）六月，万俟醜奴既败，自泾、豳以西至灵州，贼党皆降于魏。唯所署行台万俟道洛帅众六千逃入山中，不降。时高平大旱，尔朱天光以马乏草，退屯城东五十里，遣都督长孙邪利帅二百人行原州事以镇之。道洛潜与城民通谋，掩袭邪利，并其所部皆杀之。天光帅诸军赴之，道洛出战而败，帅其众西入牵屯山，据险自守。尔朱荣以天光失邪利，不获道洛，复遣使杖之一百，以诏书黜天光为抚军将军、雍州刺史，降爵为侯。

天光追击道洛于牵屯，道洛败走，入陇，归略阳贼帅王庆云。道洛骁果绝伦，庆云得之，甚喜，谓大事可济，遂称帝于水洛城，置百官，以道洛为大将军。

秋七月，天光帅诸军入陇，至水洛城，庆云、道洛出战，天光射道洛中臂，失弓还走，拔其东城。贼并兵趣西城，城中无水，众渴乏。有降者言："庆云、道洛欲突走。"天光恐失之，乃遣人招谕庆云，使早降，曰："若未能自决，当听诸人，今夜共议，明晨早报。"庆云等冀得小缓，因待夜突出，乃报曰："请俟明日。"天光因使谓曰："知须水，今相为小退，任取涧水饮之。"贼众悦，无复走心。天光密使军士多作木枪，各长七尺，昏后绕城布列，要路加厚，又伏人枪中，备其冲突，兼令密缚长梯于城北。其夜，庆云、道洛果驰马突出，遇枪，马各伤倒，伏兵起，即时擒之。军士缘梯入城，余众皆出城南，遇枪而止，穷窘乞降。丙子，天光悉收其仗而坑之，死者万七千人，分其家口。于是三秦、河、渭、瓜、凉、鄯州皆降。

天光顿军略阳。诏复天光官爵，寻加侍中、仪同三司。以贺拔岳为泾州刺史，侯莫陈悦为渭州刺史。秦州城民谋杀刺史骆超，南秦州城民谋杀刺史辛显，超、显皆觉之，走归天光，天光遣兵讨平之。

步兵校尉宇文泰从贺拔岳入关，以功迁征西将军，行原州事。时关、陇雕弊，泰抚以恩信，民皆感悦，曰："早遇宇文使君，吾辈岂从乱乎？"

元颢入洛

梁武帝天监八年秋九月辛巳，魏封故北海王详子颢为北海王。

大通二年春正月癸亥，魏以北海王颢为骠骑大将军、开府仪同三司、相州刺史。

夏四月，魏北海王颢将之相州，至汲郡，闻葛荣南侵及尔朱荣纵暴，阴为自安之计，盘桓不进。以其舅殷州刺史范遵行相州事，代前刺史李神守邺。行台甄密知颢有异志，相帅废遵，复推李神摄州事，遣兵迎颢，且察其变。颢闻之，帅左右来奔。

冬十月，帝以魏北海王颢为魏王，遣东宫直阁将军陈庆之将兵送之还北。

元颢取魏铚城而据之。

中大通元年夏四月，魏元天穆将击邢杲，以北海王颢方入寇，集文武议之。众皆曰："杲众强盛，宜以为先。"行台尚书薛琡曰："邢杲兵众虽多，鼠窃狗偷，非有远志。颢帝室近亲，来称义举，其势难测，宜先去之。"天穆以诸将多欲击杲，又魏朝亦以颢为孤弱不足虑，命天穆等先定齐地，还师击颢，遂引兵东出。

颢与陈庆之乘虚自铚城进拔荥城，遂至梁国。魏丘大千有众七万，分筑九城以拒之。庆之攻之，自旦至申，拔其三垒，大千请降。颢登坛燔燎，即帝位于睢阳城南，改元孝基。

五月丁巳，魏以东南道大都督杨昱镇荥阳，尚书仆射尔朱世隆镇虎牢，侍中尔朱世承镇崿坂。乙丑，内外戒严。

戊辰，北海王颢克梁国。颢以陈庆之为卫将军、徐州刺史，引兵而西。杨昱拥众七万，据荥阳，庆之攻之，未拔。颢遣人说昱使降，昱不从。元天穆与骠骑将军尔朱吐没儿将大军前后继至，梁士卒皆恐。庆之解鞍秣马，谕将士曰："吾至此以来，屠城略地，实为不少。君等杀人父兄，掠人子女，亦无算矣。天穆之众，皆是仇雠。我辈众才七千，虏众三十余万，今日之事，唯有必死乃可得生耳。虏骑多，不可与之野战，当及其未尽至，急攻取其城而据之。诸君勿或狐疑，自取屠脍。"乃鼓之，使登城，将士即相帅蚁附而入，癸酉，拔荥阳，执杨昱。诸将三百余人伏颢帐前请曰："陛下渡江三千里，无遗镞之费，昨荥阳城下，一朝杀伤五百余人。愿乞杨昱以快众意。"颢曰："我在江东闻梁主言，初举兵下都，袁昂为吴郡不降，每称其忠节。杨昱忠臣，奈何杀之？

此外唯卿等所取。”于是斩昱所部统帅三十七人，皆刳其心而食之。俄而天穆等引兵围城，庆之帅骑三千背城力战，大破之，天穆、吐没儿皆走。庆之进击虎牢，尔朱世隆弃城走，获魏东中郎将辛纂。

魏主将出避颢，未知所之。或劝之长安，中书舍人高道穆曰：“关中荒残，何可复往？颢士众不多，乘虚深入，由将帅不得其人，故能至此。陛下若亲帅宿卫，高募重赏，背城一战，臣等竭其死力，破颢孤军必矣。或恐胜负难期，则车驾不若渡河，征大将军天穆、大丞相荣各使引兵来会，掎角进讨，旬月之间，必见成功，此万全之策也。”魏主从之。甲戌，魏主北行，夜至河内郡北，命高道穆于烛下作诏书数十纸，布告远近，于是四方始知魏主所在。乙亥魏主入河内。

临淮王彧、安丰王延明帅百僚，封府库，备法驾迎颢。丙子，颢入洛阳宫，改元建武，大赦。以陈庆之为侍中、车骑大将军，增邑万户。杨椿在洛阳，椿弟顺为冀州刺史，兄子侃为北中郎将，从魏主在河北。颢意忌椿，而以其家世显重，恐失人望，未敢诛也。或劝椿出亡，椿曰：“吾内外百口，何所逃匿？正当坐待天命耳。”

颢后军都督侯暄守睢阳为后援，魏行台崔孝芬、大都督刁宣驰往围暄，昼夜急攻。戊寅，暄突走，擒斩之。

上党王天穆等帅众四万攻拔大梁，分遣费穆将兵二万攻虎牢，颢使陈庆之击之。天穆畏颢，将北渡河，谓行台郎中济阴温子昇曰：“卿欲向洛，为随我北渡？”子昇曰：“主上以虎牢失守，致此狼狈。元颢新入，人情未安，今往击之，无不克者。大王平定京邑，奉迎大驾，此桓、文之举也。舍此北渡，窃为大王惜之。”天穆善之而不能用，遂引兵渡河。费穆攻虎牢，将拔，闻天穆北渡，自以无后继，遂降于庆之。庆之进击大梁、梁国，皆下之。庆之以数千之众，自发铚县至洛阳，凡取三十二城，四十七战，所向皆克。

颢使黄门郎祖莹作书遗魏主曰："朕泣请梁朝，誓在复耻，正欲问罪于尔朱，出卿于桎梏。卿托命豺狼，委身虎口，假获民地，本是荣物，固非卿有。今国家隆替，在卿与我。若天道助顺，则皇魏再兴；脱或不然，在荣为福，于卿为祸。卿宜三复，富贵可保。"

颢既入洛，自河以南州郡多附之。齐州刺史、沛郡王欣集文武议所从，曰："北海、长乐俱帝室近亲，今宗祐不移，我欲受赦，诸君意何如?"在坐莫不失色。军司崔光韶独抗言曰："元颢受制于梁，引寇仇之兵以覆宗国，此魏之贼臣乱子也，岂唯大王家事所宜切齿，下官等皆荷朝眷，未敢仰从。"长史崔景茂等皆曰："军司议是。"欣乃斩颢使。光韶，亮之从父弟也。于是襄州刺史贾思同、广州刺史郑先护、南兖州刺史元暹亦不受颢命。思同，思伯之弟也。颢以冀州刺史元孚为东道行台、彭城郡王，孚封送其书于魏主。阳平王敬先起兵于河桥以讨颢，不克而死。

魏以侍中、车骑将军、尚书右仆射尔朱世隆为使持节、行台、仆射、大将军、相州刺史，镇邺城。

魏主之出也，单骑而去，侍卫后宫皆按堵如故。颢一旦得之，号令己出，四方人情想其风政。而颢自谓天授，遽有骄怠之志，宿昔宾客近习，咸见宠待，干扰政事，日夜纵酒，不恤军国，所从南兵，陵暴市里，朝野失望。高道穆兄子儒自洛阳出从魏主，魏主问洛中事，子儒曰："颢败在旦夕，不足忧也。"

尔朱荣闻魏主北出，即时驰传，见魏主于长子，行，且部分。

魏主即日南还，荣为前驱，旬日之间，兵众大集，资粮器仗相继而至。六月壬午，魏大赦。

荣既南下，并、肆不安，乃以尔朱天光为并、肆等九州行台，仍行并州事。天光至晋阳，部分约勒，所部皆安。

己丑，费穆至洛阳，颢引入，责以河阴之事而杀之。颢使都督宗正珍孙与河内太守元袭据河内。尔朱荣攻之，上党王天穆引兵会之，壬寅，拔其城，斩珍孙及袭。

魏北海王颢既得志，密与临淮王彧、安丰王延明谋叛梁。以事难未平，藉陈庆之兵力，故外同内异，言多猜忌。庆之亦密为之备，说颢曰："今远来至此，未服者尚多，彼若知吾虚实，连兵四合，将何以御之？宜启天子，更请精兵，并敕诸州有南人没此者悉须部送。"颢欲从之，延明曰："庆之兵不出数千，已自难制；今更增其众，宁肯复为人用乎？大权一去，动息由人，魏之宗庙，于斯坠矣。"颢乃不用庆之言。又虑庆之密启，乃表于上曰："今河北、河南一时克定，唯尔朱荣尚敢跋扈，臣与庆之自能擒讨。州郡新服，正须绥抚，不宜更复加兵，摇动百姓。"上乃诏诸军继进者皆停于境上。

洛中南兵不满一万，而羌胡之众十倍。军副马佛念谓庆之曰："将军威行河、洛，声震中原，功高势重，为魏所疑，一旦变生不测，可无虑乎？不若乘其无备，杀颢据洛，此千载一时也。"庆之不从。颢先以庆之为徐州刺史，因固求之镇。颢心惮之，不遣，曰："主上以洛阳之地全相任委，忽闻舍此朝寄，欲往彭城，谓君遽取富贵，不为国计，非徒有损于君，恐仆并受其责。"庆之不敢复言。

尔朱荣与颢相持于河上。庆之守北中城，颢自据南岸。庆之三日十一战，杀伤甚众。有夏州义士为颢守河中渚，阴与荣通谋，求破桥立效，荣引兵赴之。及桥破，荣应接不逮，颢悉屠之，荣怅然失望。又以安丰王延明缘河固守，而北军无船可渡，议欲还北，更图后举。黄门郎杨侃曰："大王发并州之日，已知夏州义士之谋指来应之邪？为欲广施经略匡复帝室乎？夫用兵者何尝不散而更合，疮愈更战。况今未有所损，岂可以一事不谐，而众谋顿废乎？今四方颙颙，视公此举。若未有所成，遽复引归，民情失望，各怀去就，胜负所在，未可知也。不若征发民材，多为桴筏，间以舟楫，缘河布列，数百里中，皆为渡势，首尾既远，使颢不知所防，一旦得渡，必立大功。"高道穆曰："今乘舆飘荡，主忧臣辱。大王拥百万之众，辅天子而令诸侯，若分兵造筏，所在散渡，指掌可克。奈何舍之北归，使颢复得完聚，征兵天下。此所谓养虺成蛇，悔无及矣。"荣曰："杨黄门已陈此策，当相与议之。"刘灵助言于荣曰："不出十日，河南必平。"伏波将军正平杨㯹与其族居马渚，自言有小船数艘，求为乡导。戊辰，荣命车骑将军尔朱兆与大都督贺拔胜缚材为筏，自马渚西硖石夜渡，袭击颢子领军将军冠受，擒之。安丰王延明之众闻之，大溃。颢失据，帅麾下数百骑南走，陈庆之收步骑数千，结阵东还，颢所得诸城，一时复降于魏。尔朱荣自追陈庆之，会嵩高水涨，庆之军士死散略尽，乃削须发为沙门，间行出汝阴，还建康，犹以功除右卫将军，封永兴县侯。

中军大都督兼领军大将军杨津入宿殿中，扫洒宫庭，封闭府库，出迎魏主于北邙，流涕谢罪，帝慰劳之。庚午，帝入居华林园，大赦。以尔朱兆为车骑大将军、仪同三司。北来军士及随驾文武诸立义者加五级，河北执事之官及河南立义者加二级。壬申，加大丞相荣天柱大将军，增封通前二十万户。

北海王颢自轘辕南出至临颍，从骑分散，临颍县卒江丰斩之，癸酉，传首洛阳。临淮王彧复自归于魏主，安丰王延明携妻子来奔。

乙亥，魏主宴劳尔朱荣、上党王天穆及北来督将于都亭，出宫人三百、缯锦杂彩数万匹，班赐有差，凡受元颢爵赏阶复者，悉追夺之。

元魏之乱

梁武帝天监十八年春正月，魏征西将军平陆文侯张彝之子仲瑀上封事，求铨削选格，排抑武人，不使豫清品。于是喧谤盈路，立榜大巷，克期会集，屠害其家，彝父子晏然不以为意。二月庚午，羽林、虎贲近千人，相帅至尚书省诟骂，求仲瑀兄左民郎中始均不获，以瓦石击省门。上下慑惧，莫敢禁讨。遂持火掠道中薪蒿，以杖石为兵器，直造其第，曳彝堂下，捶辱极意，唱呼动地，焚其第舍。始均逾垣走，复还拜贼，请其父命，贼就殴击，生投之火中。仲瑀重伤走免，彝仅有余息，再宿而死。远近震骇。胡太后收掩羽林、虎贲凶强者八人斩之，其余不复穷治。乙亥，大赦以安之，因令武官得依资入选。识者知魏之将乱矣。

初，燕燕郡太守高湖奔魏，其子谧为侍御史，坐法徙怀朔镇，世居北边，遂习鲜卑之俗。谧孙欢，沉深有大志，家贫，执役在平城，富人娄氏女见而奇之，遂嫁焉。始有马，得给镇为函使。至洛阳，见张彝之死，还家，倾赀以结客。或问其故，欢曰："宿卫相帅焚大臣之第，朝廷惧其乱而不问。为政如此，事可知矣，财物岂可常守邪?”欢与怀朔省事云中司马子如、秀容刘贵、中山贾显智、户曹史咸阳孙腾、外兵史怀朔侯景、狱掾善无尉景、广宁蔡儁特相友善,并以任侠雄于乡里。

普通五年。秀容酋长尔朱荣,羽健之玄孙也。荣神机明决,御众严整。时四方兵起,荣阴有大志,散其畜牧资财,招合骁勇,结纳豪杰,于是侯景、司马子如、贾显度及五原段荣、太安窦泰皆往依之。显度,显智之兄也。

六年。初,郑羲之兄孙俨为司徒胡国珍行参军,私得幸于太后,人未之知。萧宝寅西讨,以俨为开府属。太后再摄政,俨请奉使还朝,太后留之,拜谏议大夫、中书舍人,领尚食典御,昼夜禁中。每休沐,太后尝遣宦者随之,俨见其妻,唯得言家事而已。中书舍人乐安徐纥粗有文学,先以谄事赵脩,坐徙枹罕。后还,复除中书舍人,又谄事清河王怿;怿死,出为雁门太守。还洛,复谄事元乂。乂败,太后以纥为怿所厚,复召为中书舍人。纥又谄事郑俨,俨以纥有智数,仗为谋主。纥以俨有内宠,倾身承接,共相表里,势倾内外,号为“徐、郑”。俨累迁至中书令、车骑将军;纥累迁至给事黄门侍郎,仍领舍人,总摄中书、门下之事,军国诏令莫不由之。纥有机辩强力,终日治事,略无休息,不以为劳。时有急诏,令数吏执笔,或行或卧,人别占之,造次俱成,不失事理。然无经国大体,专好小数,见人矫为恭谨,远近辐凑附之。给事黄门侍郎袁翻、李神轨皆领中书舍人,为太后所信任,时人云神轨亦得幸于太后,众莫能明也。

大通二年春二月,魏灵太后再临朝以来,嬖倖用事,政事纵弛,威恩不立,盗贼蜂起,封疆日蹙。魏肃宗年浸长,太后自以所为不谨,恐左右闻之于帝,凡帝所爱信者,太后辄以事去之,务为壅蔽，不使帝知外事。通直散骑常侍昌黎谷士恢有宠于帝，使领左右，太后屡讽之，欲用为州，士恢怀宠，不愿出外，太后乃诬以罪而杀之。有蜜多道人，能胡语，帝常置左右，太后使人杀之于城南，而诈悬赏购贼。由是母子之间，嫌隙日深。

是时，车骑将军、仪同三司、并肆汾广恒云六州讨虏大都督尔朱荣兵势强盛，魏朝惮之。高欢、段荣、尉景、蔡儁先在杜洛周党中，欲图洛周不果，逃奔葛荣，又亡归尔朱荣。刘贵先在尔朱荣所，屡荐欢于荣，荣见其憔悴，未之奇也。欢从荣之马厩，厩有悍马，荣命欢翦之，欢不加羁绊而翦之，竟不蹄啮。起谓荣曰："御恶人亦犹是矣。"荣奇其言，坐欢于床下，屏左右，访以时事。欢曰："闻公有马十二谷，色别为群，畜此竟何用也？"荣曰："但言尔意。"欢曰："今天子暗弱，太后淫乱，嬖孽擅命，朝政不行。以明公雄武，乘时奋发，讨郑俨、徐纥之罪，以清帝侧，霸业可举鞭而成，此贺六浑之意也。"荣大悦，语自日中至夜半乃出，自是每参军谋。

并州刺史元天穆，孤之五世孙也，与荣善，荣兄事之。荣常与天穆及帐下都督贺拔岳密谋，欲举兵入洛，内诛嬖幸，外清群盗，二人皆劝成之。

荣上书，以"山东群盗方炽，冀、定覆没，官军屡败，请遣精骑三千东援相州"。太后疑之，报以"念生枭戮，宝寅就擒，醜奴请降，关、陇已定。费穆大破群蛮，绛、蜀渐平。又北海王颢帅众二万出镇相州，不须出兵"。荣复上书，以为："贼势虽衰，官军屡败，人情危怯，恐实难用。若不更思方略，无以万全。臣愚以为蠕蠕主阿那瓌荷国厚恩，未应忘报，宜遣发兵东趣下口以蹑其背，北海之军严加警备以当其前。臣麾下虽少，辄尽力命，自井陉以北，滏口以西，分据险要，攻其肘腋。葛荣虽并洛周，威恩未著，人类差异，形势可分。”遂勒兵，召集义勇，北捍马邑，东塞井陉。徐纥说太后以铁券间荣左右，荣闻而恨之。

魏肃宗亦恶俨、纥等，逼于太后，不能去，密诏荣举兵内向，欲以胁太后。荣以高欢为前锋，行至上党，帝复以私诏止之。俨、纥恐祸及己，阴与太后谋酖帝，癸丑，帝暴殂。甲寅，太后立皇女为帝，大赦。既而下诏称："潘充华本实生女。故临洮王宝晖世子钊，体自高祖，宜膺大宝。百官文武加二阶，宿卫加三阶。”乙卯，钊即位。钊始生三岁，太后欲久专政，故贪其幼而立之。

尔朱荣闻之，大怒，谓元天穆曰："主上晏驾，春秋十九，海内犹谓之幼君。况今奉未言之儿以临天下，欲求治安，其可得乎？吾欲帅铁骑赴哀山陵，翦诛奸佞，更立长君，何如？”天穆曰："此伊、霍复见于今矣。”乃抗表称："大行皇帝背弃万方，海内咸称酖毒致祸。岂有天子不豫，初不召医，贵戚大臣皆不侍侧，安得不使远近怪愕？又以皇女为储两，虚行赦宥，上欺天地，下惑朝野。已乃选君于孩提之中，实使奸竖专朝，隳乱纲纪，此何异掩目捕雀，塞耳盗钟。今群盗沸腾，邻敌窥窬，而欲以未言之儿镇安天下，不亦难乎！愿听臣赴阙，参预大议，问侍臣帝崩之由，访禁卫不知之状，以徐、郑之徒付之司败，雪同天之耻，谢远近之怨，然后更择宗亲以承宝祚。”荣从弟世隆时为直阁，太后遣诣晋阳慰谕荣。荣欲留之，世隆曰："朝廷疑兄，故遣世隆来。今留世隆，使朝廷得预为之备，非计也。”乃遣之。

三月，尔朱荣与元天穆议，以彭城武宣王有忠勋，其子长乐王子攸素有令望，欲立之。又遣从子天光及亲信奚毅、仓头王相入洛，与尔朱世隆密议。天光见子攸，具论荣心，子攸许之。天光等还晋阳，荣犹疑之，乃以铜为显祖诸子孙各铸像，唯长乐王像成。荣乃起兵发晋阳，世隆逃出，会荣于上党。灵太后闻之。甚惧，悉召王公等入议，宗室大臣皆疾太后所为，莫肯致言。徐纥独曰："尔朱荣小胡，敢称兵向阙，文武宿卫足以制之。但守险要，以逸待劳，彼悬军千里，士马疲弊，破之必矣。"太后以为然，以黄门侍郎李神轨为大都督，帅众拒之。别将郑季明、郑先护将兵守河桥，武卫将军费穆屯小平津。先护，俨之从祖兄弟也。

荣至河内，复遣王相密至洛，迎长乐王子攸。夏四月丙申，子攸与兄彭城王劭、弟霸城公子正潜自高渚渡河。丁酉，会荣于河阳，将士咸称万岁。戊戌，济河，子攸即帝位。以劭为无上王，子正为始平王。以荣为侍中、都督中外诸军事、大将军、尚书令、领军将军、领左右，封太原王。

郑先护素与敬宗善，闻帝即位，与郑季明开城纳之。李神轨至河桥，闻北中不守，即遁还。费穆弃众先降于荣。徐纥矫诏夜开殿门，取骅骝厩御马十匹东奔兖州，郑俨亦走还乡里。太后尽召肃宗后宫皆令出家，太后亦自落发。荣召百官迎车驾，己亥，百官奉玺绶，备法驾，迎敬宗于河桥。庚子，荣遣骑执太后及幼主，送至河阴。太后对荣多所陈说，荣拂衣而起，沉太后及幼主于河。

费穆密说荣曰："公士马不出万人，今长驱向洛，前无横陈，既无战胜之威，群情素不厌服。以京师之众，百官之盛，知公虚实，有轻侮之心。若不大行诛罚，更树亲党，恐公还北之日，未度太行而内变作矣。"荣心然之，谓所亲慕容绍宗曰："洛中人士繁盛，骄侈成俗，不加芟翦，终难制驭。吾欲因百官出迎悉诛之，何如?”绍宗曰:“太后荒淫失道,嬖倖弄权,殽乱四海,故明公兴义兵以清朝廷。今无故歼夷多士,不分忠佞,恐大失天下之望,非长策也。”荣不听,乃请帝循河西至淘渚,引百官于行宫西北,云欲祭天。百官既集,列胡骑围之,责以天下丧乱,肃宗暴崩,皆由朝臣贪虐,不能匡弼,因纵兵杀之,自丞相高阳王雍、司空元钦、仪同三司义阳王略以下死者二千余人。前黄门郎王遵业兄弟居父丧,其母,敬宗之从母也,相帅出迎,俱死。遵业,慧龙之孙也,隽爽涉学,时人惜其才而讥其躁。有朝士百余人后至,荣复以胡骑围之,令曰:“有能为禅文者免死。”侍御史赵元则出应募,遂使为之。荣又令其军士言“元氏既灭,尔朱氏兴”,皆称万岁。荣又遣数十人拔刀向行宫,帝与无上王劭、始平王子正俱出帐外。荣先遣并州人郭罗刹、西部高车叱烈杀鬼侍帝侧,诈言防卫,抱帝入帐,余人即杀劭及子正,又遣数十人迁帝于河桥,置之幕下。

帝忧愤无计,使人谕旨于荣曰:“帝王迭兴,盛衰无常。今四方瓦解,将军奋袂而起,所向无前,此乃天意,非人力也。我本相投,志在全生,岂敢妄希天位?将军见逼,以至于此。若天命有归,将军宜时正尊号。若推而不居,存魏社稷,亦当更择亲贤而辅之。”时都督高欢劝荣称帝,左右多同之,荣疑未决。贺拔岳进曰:“将军首举义兵,志除奸逆,大勋未立,遽有此谋,正可速祸,未见其福。”荣乃自铸金为像,凡四铸不成。功曹参军燕郡刘灵助善卜筮,荣信之,灵助言“天时人事未可”。荣曰:“若我不吉,当迎天穆立之。”灵助曰:“天穆亦不吉,唯长乐王有天命耳。”荣亦精神恍惚,不自支持,久而方寤,深自愧悔,曰:“过误若是,唯当以死谢朝廷。”贺拔岳请杀高欢以谢天下,左右皆曰:“欢虽复愚疏，言不思难。今四方多事，须藉武将，请舍之，收其后效。”荣乃止。夜四更，复迎帝还营，荣望马首叩头请死。

荣所从胡骑杀朝士既多，不敢入洛城，即欲向北为迁都之计。荣狐疑甚久，武卫将军汎礼固谏。辛丑，荣奉帝入城，帝御太极殿，下诏大赦，改元建义。从太原王将士普加五阶，在京文官二阶，武官三阶，百姓复租役三年。时百官荡尽，存者皆窜匿不出，唯散骑常侍山伟一人拜赦于阙下。洛中士民草草，人怀异虑，或云荣欲纵兵大掠，或云欲迁都晋阳；富者弃宅，贫者襁负，率皆逃窜，什不存一二。直卫空虚，官守旷废。荣乃上书称：“大兵交际，难可齐壹，诸王朝贵，横死者众，臣今粉躯不足塞咎。乞追赠亡者，微申私责。无上王请追尊为无上皇帝，自余死于河阴者诸王赠三司，三品赠令、仆，五品赠刺史，七品已下及白民赠郡、镇，死者无后听继，即授封爵。又遣使者循城劳问。”诏从之，于是朝士稍出，人心粗安。封无上王之子韶为彭城王。

荣犹执迁都之议，帝亦不能违。都官尚书元谌争之，以为不可。荣怒曰：“何关君事，而固执也。且河阴之役，君应知之。”谌曰：“天下事当与天下论之，奈何以河阴之酷而恐元谌！谌，国之宗室，位居常伯，生既无益，死复何损，正使今日碎首流肠，亦无所惧。”荣大怒，欲抵谌罪，尔朱世隆固谏乃止。见者莫不震悚，谌颜色自若。后数日，帝与荣登高，见宫阙壮丽，列树成行，乃叹曰：“臣昨愚暗，有北迁之意。今见皇居之盛，熟思元尚书言，深不可夺。”由是罢迁都之议。庚戌，魏赐尔朱荣子义罗爵梁郡王。

五月丁巳朔，魏加尔朱荣北道大行台。尔朱荣入见魏主于明光殿，重谢河桥之事，誓言无复贰心。帝自起止之，因复为荣誓，言无疑心。荣喜，因求酒饮之，熟醉。帝欲诛之，左右苦谏乃止，即以床舆向中常侍省。荣夜半方寤，遂达旦不眠，自此不复禁中宿矣。

荣女先为肃宗嫔，荣欲敬宗立以为后，帝疑未决。给事黄门侍郎祖莹曰："昔文公在秦，怀嬴入侍。事有反经合义，陛下独何疑焉？"帝遂从之，荣意甚悦。

荣举止轻脱，喜驰射，每入朝见，更无所为，唯戏上下马。于西林园宴射，恒请皇后出观，并召王公、妃主共在一堂。每见天子射中，辄自起舞叫，将相卿士悉皆盘旋，乃至妃主亦不免随之举袂。及酒酣耳热，必自匡坐唱虏歌，日暮罢归，与左右连手踏地，唱回波乐而出。性甚严暴，喜愠无恒，刀槊弓矢，不离于手，每有瞋嫌，即行击射，左右恒有死忧。尝见沙弥重骑一马，荣即令相触，力穷不复能动，遂使傍人以头相击，死而后已。

辛酉，荣还晋阳，帝饯之于邙阴。荣令元天穆入洛阳，加天穆侍中、录尚书事、京畿大都督兼领军将军，以行台郎中桑乾朱瑞为黄门侍郎兼中书舍人，朝廷要官悉用其腹心为之。

魏员外散骑常侍高乾，祐之从子也，与弟敖曹、季式皆喜轻侠，与魏主有旧。尔朱荣之向洛也，逃奔齐州，闻河阴之乱，遂集流民，起兵于河、济之间，受葛荣官爵，频破州军。魏主使元欣谕旨，乾等乃降，以乾为给事黄门侍郎兼武卫将军，敖曹为通直散骑侍郎。荣以乾兄弟前为叛乱，不应复居近要，魏主乃听解官归乡里。敖曹复行抄掠，荣诱执之，与薛脩义同拘于晋阳。敖曹名昂，以字行。

秋七月乙丑，魏加尔朱荣柱国大将军、录尚书事。

初，宇文肱从鲜于脩礼攻定州，战死于唐河。其子泰在脩礼军中，脩礼死，从葛荣。葛荣败，尔朱荣爱泰之才，以为统军。

辛巳，以尔朱荣为大丞相、都督河北畿外诸军事。荣子平昌公文殊、乐昌公文畅并进爵为王。

中大通二年秋八月，魏尔朱荣虽居外藩，遥制朝政，树置亲党，布列魏主左右，伺察动静，大小必知。魏主虽受制于荣，然性勤政事，朝夕不倦，数亲览辞讼，理冤狱。荣闻之，不悦。帝又与吏部尚书李神儁议清治选部，荣尝关补曲阳县令，神儁以阶悬，不奏，别更拟人。荣大怒，即遣所补者往夺其任。神儁惧而辞位，荣使尚书左仆射尔朱世隆摄选。荣启北人为河南诸州，帝未之许。太宰天穆入见面论，帝犹不许。天穆曰："天柱既有大功，为国宰相，若请普代天下官，恐陛下亦不得违之，如何启数人为州，遽不用也。"帝正色曰："天柱若不为人臣，朕亦须代。如其犹存臣节，无代天下百官之理。"荣闻之，大恚恨，曰："天子由谁得立，今乃不用我语！"

尔朱皇后性妒忌，屡致忿恚。帝遣尔朱世隆语以大理，后曰："天子由我家置立，今便如此。我父本即自作，今亦复决。"世隆曰："止自不为，若本自为之，臣今亦封王矣。"

帝既外逼于荣，内迫皇后，恒怏怏不以万乘为乐，唯幸寇盗未息，欲使与荣相持。及关、陇既定，告捷之日，乃不甚喜。谓尚书令临淮王彧曰："即今天下便是无贼。"彧见帝色不悦，曰："臣恐贼平之后，方劳圣虑。"帝畏余人怪之，还以他语乱之曰："然。抚宁荒余，弥成不易。"荣见四方无事，奏称："参军许周劝臣取九锡，臣恶其言，已斥遣令去"。荣时望得殊礼，故以意讽朝廷。帝实不欲与之，因称叹其忠。

荣好猎，不舍寒暑，列围而进，令士卒必齐壹，虽遇险阻，不得违避，一鹿逸出，必数人坐死。有一卒见虎而走，荣谓曰："汝畏死邪？"即斩之。自是每猎，士卒如登战场。尝见虎在穷谷中，荣令十余人空手搏之，毋得损伤，死者数人，卒擒得之，以此为乐。其下甚苦之。太宰天穆从容谓荣曰："大王勋业已盛，四方无事，唯宜修政养民，顺时搜狩，何必盛夏驰逐，感伤和气？"荣攘袂曰："灵后女主，不能自正，推奉天子，乃人臣常节。葛荣之徒，本皆奴才，乘时作乱，譬如奴走，擒获即已。顷来受国大恩，未能混壹海内，何得遽言勋业？如闻朝士犹自宽纵，今秋欲与兄戒勒士马，校猎嵩高，令贪污朝贵，入围搏虎。仍出鲁阳，历三荆，悉拥生蛮，北填六镇，回军之际，扫平汾胡。明年，简练精骑，分出江、淮，萧衍若降，乞万户侯；如其不降，以数千骑径渡缚取。然后与兄奉天子巡四方，乃可称勋耳。今不频猎，兵士懈怠，安可复用也！"

城阳王徽之妃，帝之舅女；侍中李彧，延寔之子，帝之姊婿也。徽、彧欲得权宠，恶荣为己害，日毁荣于帝，劝帝除之。帝惩河阴之难，恐荣终难保，由是密有图荣之意。侍中杨侃、尚书右仆射元罗亦预其谋。

会荣请入朝，欲视皇后娩乳，徽等劝帝因其入刺杀之。唯胶东侯李侃晞、济阴王晖业言："荣若来，必当有备，恐不可图。"又欲杀其党与，发兵拒之。帝疑未定，而洛阳人怀忧惧，中书侍郎邢子才之徒已避之东出，荣乃遍与朝士书，相任去留。中书舍人温子昇以书呈帝，帝恒望其不来，及见书，以荣必来，色甚不悦。子才名劭，以字行，峦之族弟也。时人多以字行者，旧史皆因之。

武卫将军奚毅，建义初往来通命，帝每期之甚重，然犹以荣所亲信，不敢与之言情。毅曰："若必有变，臣宁死陛下，不能事契胡。"帝曰:"朕保天柱无异心,亦不忘卿忠款。"

尔朱世隆疑帝欲为变,乃为匿名书自榜其门,云"天子与杨侃、高道穆等为计,欲杀天柱",取以呈荣。荣自恃其强,不以为意,手毁其书,唾地曰:"世隆无胆,谁敢生心?"荣妻北乡长公主亦劝荣不行,荣不从。

是月,荣将四五千骑发并州,时人皆言荣反,又云天子必当图荣。九月,荣至洛阳,帝即欲杀之,以太宰天穆在并州,恐为后患,故忍未发,并召天穆。有人告荣,云帝欲图之,荣即具奏。帝曰:"外人亦言王欲害我,岂可信之?"于是荣不自疑,每入谒帝,从人不过数十,又皆挺身不持兵仗。帝欲止,城阳王徽曰:"纵不反,亦何可耐,况不可保邪?"

先是,长星出中台,扫大角。恒州人高荣祖颇知天文,荣问之,对曰:"除旧布新之象也。"荣甚悦。荣至洛阳,行台郎中李显和曰:"天柱至,那无九锡,安须王自索也?亦是天子不见机。"都督郭罗察曰:"今年真可作禅文,何但九锡。"参军褚光曰:"人言并州城上有紫气,何虑天柱不应之。"荣下人皆陵侮帝左右,无所忌惮,故其事皆上闻。

奚毅又见帝,求间,帝即下明光殿与语,知其至诚,乃召城阳王徽及杨侃、李彧告以毅语。荣小女适帝兄子陈留王宽,荣尝指之曰:"我终当得此婿力。"徽以白帝,曰:"荣虑陛下终为己患,脱有东宫,必贪立孩幼,若皇后不生太子,则立陈留耳。"帝梦手把刀自割落十指,恶之,告徽及杨侃。徽曰:"蝮蛇螫手,壮士解腕,割指亦是其类,乃吉祥也。"

戊子,天穆至洛阳,帝出迎之。荣与天穆并从入西林园谯射,荣奏曰:"近来侍官皆不习武,陛下宜将五百骑出猎,因省辞讼。”先是奚毅言荣欲因猎挟天子移都，由是帝益疑之。

辛卯，帝召中书舍人温子昇告以杀荣状，并问以杀董卓事，子昇具通本末。帝曰：“王允若即赦凉州人，必不应至此。”良久，语子昇曰：“朕之情理，卿所具知，死犹须为，况不必死。吾宁为高贵乡公死，不为常道乡公生。”帝谓杀荣、天穆，即赦其党，皆应不动。应诏王道习曰：“尔朱世隆、司马子如、朱元龙特为荣所委任，具知天下虚实，谓不宜留。”徽及杨侃皆曰：“若世隆不全，仲远、天光岂有来理。”帝亦以为然。徽曰：“荣腰间尝有刀，或能狼戾伤人，临事愿陛下起避之。”乃伏侃等十余人于明光殿东。其日，荣与天穆并入，坐食未讫，起出，侃等从东阶上殿，见荣、天穆已至中庭，事不果。

壬辰，帝忌日。癸巳，荣忌日。甲午，荣暂入，即诣陈留王家饮酒，极醉，遂言病动，频日不入。帝谋颇泄，世隆又以告荣，且劝其速发。荣轻帝，以为无能为，曰：“何匆匆？”

预帝谋者皆惧，帝患之。城阳王徽曰：“以生太子为辞，荣必入朝，因此毙之。”帝曰：“后怀孕始九月，可乎？”徽曰：“妇人不及期而产者多矣，彼必不疑。”帝从之。戊戌，帝伏兵于明光殿东序，声言皇子生，遣徽驰骑至荣第告之。荣方与上党王天穆博，徽脱荣帽，欢舞盘旋，兼殿内文武传声趣之，荣遂信之，与天穆俱入朝。帝闻荣来，不觉失色，中书舍人温子昇曰：“陛下色变。”帝连索酒饮之。帝令子昇作赦文，既成，执以出，遇荣自外入，问：“是何文书？”子昇颜色不变，曰：“敕。”荣不取视而入。帝在东序下西向坐，荣、天穆在御榻西北南向坐。徽入，始一拜，荣见光禄少卿鲁安、典御李侃晞等抽刀从东户入，即起趋御坐。帝先横刀膝下，遂手刃之，安等乱斫，荣与天穆同时俱死。荣子菩提及车骑将军尔朱阳睹等三十人从荣入宫，亦为伏兵所杀。帝得荣手板，上有数牒启，皆左右去留人名，非其腹心者悉在出限。帝曰："竖子若过今日，遂不可制。"于是内外喜噪，声满洛阳城，百僚入贺。帝登阊阖门，下诏大赦。遣武卫将军奚毅、前燕州刺史崔渊将兵镇北中。是夜，尔朱世隆奉北乡长公主帅荣部曲焚西阳门出屯河阴。

卫将军贺拔胜与荣党田怡等闻荣死，奔赴荣第。时宫殿门犹未加严防，怡等议即攻门，胜止之曰："天子既行大事，必当有备，吾等众少，何可轻尔，但得出城，更为他计。"怡乃止。及世隆走，胜遂不从，帝甚嘉之。朱瑞虽为荣所委，而善处朝廷之间，帝亦善遇之，故瑞从世隆走而中道逃还。

荣素厚金紫光禄大夫司马子如，荣死，自宫中突出至荣第，弃家随荣妻子走出城。世隆即欲还北，子如曰："兵不厌诈。今天下恟恟，唯强是视，当此之际，不可以弱示人，若亟北走，恐变生肘腋。不如分兵守河桥，遣军向京师，出其不意，或可成功。假使不得所欲，亦足示有余力，使天下畏我之强，不敢叛散。"世隆从之。己亥，攻河桥，擒奚毅等，杀之，据北中城。魏朝大惧，遣前华阳太守段育慰谕之，世隆斩首以徇。

魏以雍州刺史尔朱天光为侍中、仪同三司，以司空杨津为都督并肆等九州诸军事、骠骑大将军、并州刺史兼尚书令、北道大行台，经略河、汾。

荣之入洛也，以高敖曹自随，禁于驼牛署。荣死，帝引见，劳勉之。兄乾自东冀州驰赴洛阳，帝以乾为河北大使，敖曹为直阁将军，使归招集乡曲，为表里形援。帝亲送之于河桥，举酒指水曰："卿兄弟冀部豪杰，能令士卒致死，京城倘有变，可为朕河上一扬尘。”乾垂涕受诏，敞曹援剑起舞，誓以必死。

冬十月癸卯朔，世隆遣尔朱拂律归将胡骑一千，皆白服，来至郭下，索太原王尸。帝升大夏门望之，遣主书牛法尚谓之曰："太原王立功不终，阴图衅逆，王法无亲，已正刑书。罪止荣身，余皆不问，卿等若降，官爵如故。"拂律归曰："臣等从太原王入朝，忽致冤酷，今不忍空归。愿得太原王尸，生死无恨。"因涕泣，哀不自胜，群胡皆恸哭，声振城邑。帝亦为之怆然。遣侍中朱瑞赍铁券赐世隆。世隆谓瑞曰："太原王功格天地，赤心奉国，长乐不顾信誓，枉加屠害。今日两行铁字，何足可信？吾为太原王报仇，终无降理。"瑞还白帝，帝即出库物置城西门外，募敢死之士以讨世隆，一日即得万人，与拂律归等战于郭外。拂律归等生长戎旅，洛阳之人不习战斗，屡战不克。甲辰，以前车骑大将军李叔仁为大都督，帅众讨世隆。

戊申，皇子生，大赦。以中书令魏兰根兼尚书左仆射，为河北行台，定、相、殷三州皆禀兰根节度。

尔朱氏兵犹在城下，帝集群臣博议，皆恇惧，不知所出。通直散骑常侍李苗奋衣起曰："今小贼唐突如此，朝廷有不测之危，正是忠臣烈士效节之日。臣虽不武，请以一旅之众，为陛下径断河桥。"城阳王徽、高道穆皆以为善，帝许之。乙卯，苗募人从马渚上流，乘船夜下，去桥数里，纵火船焚河桥，倏忽而至。尔朱氏兵在南岸者，望之，争桥北渡，俄而桥绝，溺死者甚众。苗将百许人泊于小渚以待南援，官军不至，尔朱氏就击之，左右皆尽，苗赴水死。帝伤惜之，赠车骑大将军、仪同三司，封河阳侯，谥曰忠烈。世隆亦收兵北遁。丙辰，诏行台源子恭将步骑一万出西道，杨昱将募士八千出东道以讨之。子恭仍镇太行丹谷，筑垒以防之。世隆至建州，刺史陆希质闭城拒守。世隆攻拔之，杀城中人无遗类，以肆其忿，唯希质走免。

诏以前东荆州刺史元显恭为晋州刺史，兼尚书左仆射、西道行台。

魏东徐州刺史广牧斛斯椿素依附尔朱荣，荣死，椿惧，弃州归汝南王悦。

汾州刺史尔朱兆闻荣死，自汾州帅骑据晋阳。世隆至长子，兆来会之。壬申，共推太原太守行并州事长广王晔即皇帝位，大赦，改元建明。晔，英之弟子也。以兆为大将军，进爵为王；世隆为尚书令，赐爵乐平王，加太傅、司州牧；又以荣从弟度律为太尉，赐爵常山王；世隆兄天柱长史彦伯为侍中；徐州刺史仲远为车骑大将军兼尚书左仆射、三徐州大行台。仲远亦起兵向洛阳。

尔朱天光之克平凉也，宿勤明达请降，既而复叛北走，天光遣贺拔岳讨之，明达奔东夏。岳闻尔朱荣死，不复穷追，还泾州以待天光。天光与侯莫陈悦亦下陇，与岳谋引兵向洛。魏敬宗使朱瑞慰谕天光，天光与岳谋，欲令帝外奔而更立宗室，乃频启云："臣实无异心，唯欲仰奉天颜，以申宗门之罪。"又使其下僚属启云："天光密有异图，愿思胜算以防之。"

范阳太守卢文伟诱平州刺史侯渊出猎，闭门拒之。渊屯于郡南，为荣举哀，勒兵南向，进至中山，行台仆射魏兰根邀击之，为渊所败。

敬宗以城阳王徽兼大司马、录尚书事，总统内外。徽意谓荣既死，枝叶自应散落，及尔朱世隆等兵四起，党众日盛。徽忧怖不知所出，性多忌嫉，不欲人居己前，每独与帝谋议，群臣有献策者，徽辄劝帝不纳。且曰："小贼何虑不平。"又靳惜财货，赏赐率皆薄少,或多而中减,或与而复追,故徒有糜费而恩不感物。

十一月癸酉朔,敬宗以车骑将军郑先护为大都督,与行台杨昱共讨尔朱仲远。

乙亥,以司徒长孙稚为太尉,临淮王彧为司徒。

丙子,进雍州刺史广宗公尔朱天光爵为王。长广王亦以天光为陇西王。

尔朱仲远攻西兖州,丁丑,拔之,擒刺史王衎。衎,肃之兄子也。癸未,敬宗以右卫将军贺拔胜为东征都督。壬辰,又以郑先护兼尚书左仆射,为行台,与胜共讨仲远。戊戌,诏罢魏兰根行台,以定州刺史薛昙尚兼尚书,为北道行台。郑先护疑贺拔胜,置之营外。庚子,胜与仲远战于滑台东,兵败,降于仲远。

初,尔朱荣尝从容问左右曰:“一日无我,谁可主军?”皆称尔朱兆。荣曰:“兆虽勇于战斗,然所将不过三千骑,多则乱矣。堪代我者,唯贺六浑耳。”因戒兆曰:“尔非其匹,终当为其穿鼻。”乃以高欢为晋州刺史。及兆引兵向洛,遣使召欢,欢遣长史孙腾诣兆,辞以“山蜀未平,今方攻讨,不可委去,致有后忧。定蜀之日,当隔河为掎角之势”。兆不悦曰:“还白高晋州,吾得吉梦,梦与吾先人登高丘,丘旁之地耕之已熟,独余马蔺,先人命吾拔之,随手而尽。以此观之,往无不克。”腾还报,欢曰:“兆狂愚如是,而敢为悖逆,吾势不得久事尔朱矣。”

十二月壬寅朔,尔朱兆攻丹谷,都督崔伯凤战死,都督史仵龙开壁请降,源子恭退走。兆轻兵倍道兼行,从河桥西涉渡。先是,敬宗以大河深广,谓兆未能猝济,是日,水不没马腹。甲辰,暴风,黄尘涨天,兆骑叩宫门,宿卫乃觉,弯弓欲射,矢不得发,一时散走。华山王鸷,斤之玄孙也,素附尔朱氏。帝始闻兆南下,欲自帅诸军讨之，鸷说帝曰：“黄河万仞，兆安得渡？”帝遂自安。及兆入宫，鸷复约止卫兵，不使斗。帝步出云龙门外，遇城阳王徽乘马走，帝屡呼之，不顾而去。兆骑执帝，锁于永宁寺楼上。帝寒甚，就兆求头巾，不与。兆营于尚书省，用天子金鼓，设刻漏于庭。扑杀皇子，污辱嫔御妃主，纵兵大掠，杀司空临淮王彧、尚书左仆射范阳王诲、青州刺史李延寔等。

城阳王徽走至山南，抵前洛阳令寇祖仁家。祖仁一门三刺史，皆徽所引拔，以有旧恩，故投之。徽赍金百斤、马五十匹，祖仁利其财，外虽容纳，而私谓子弟曰：“如闻尔朱兆购募城阳王，得之者封千户侯。今日富贵至矣。”乃怖徽，云“官捕将至”，令其逃于他所，使人于路邀杀之，送首于兆，兆亦不加勋赏。兆梦徽谓己曰：“我有金二百斤、马百匹在祖仁家，卿可取之。”兆既觉，意所梦为实，即掩捕祖仁，征其金、马。祖仁谓人密告，望风款服，云“实得金百斤、马五十匹”。兆疑其隐匿，依梦征之，祖仁家旧有金三十斤、马三十匹，尽以输兆。兆犹不信，发怒，执祖仁，悬首高树，大石坠足，捶之至死。

尔朱世隆至洛阳，兆自以为己功，责世隆曰：“叔父在朝日久，耳目应广，如何令天柱受祸！”按剑瞋目，声色甚厉。世隆逊辞拜谢，然后得已，由是深恨之。尔朱仲远亦自滑台至洛。

戊申，魏长广王大赦。

尔朱荣之死也，敬宗诏河西贼帅纥豆陵步蕃使袭秀容。及兆入洛，步蕃南下，兵势甚盛，故兆不暇久留，亟还晋阳以御之，使尔朱世隆、度律、彦伯等留镇洛阳。甲寅，兆迁敬宗于晋阳，兆自于河梁监阅财资。高欢闻敬宗向晋阳，帅骑东巡，（以）〔欲〕邀之，不及，因与兆书，为陈祸福，不宜害天子，受恶名。兆怒，不纳。尔朱天光轻骑入洛，见世隆等，即还雍州。

初，敬宗恐北军不利，欲为南走之计，托云征蛮，以高道穆为南道大行台。未及发而兆入洛，道穆托疾去，世隆杀之。主者请追李苗封赠，世隆曰："当时众议，更一二日即欲纵兵大掠，焚烧郭邑，赖苗之故，京师获全。天下之善一也，不宜复追。"

尔朱荣之死也，世隆等征兵于大宁太守代人房谟，谟不应，前后斩其三使，遣弟毓诣洛阳。及兆得志，其党建州刺史是兰安定执谟系州狱，郡中蜀人闻之，皆叛。安定给谟弱马，令军前慰劳，诸贼见谟，莫不遥拜。谟先所乘马，安定别给将士，战败，蜀人得之，谓谟遇害，莫不悲泣，善养其马，不听人乘之，儿童、妇女竞投草粟，皆言"此房公马也"。尔朱世隆闻之，舍其罪，以为其府长史。

北道大行台杨津，以众少，留邺召募，欲自滏口入并州。会尔朱兆入洛，津乃散众，轻骑还朝。

尔朱世隆与兄弟密谋，虑长广王母卫氏干预朝政，伺其出行，遣数十骑如劫盗者于京巷杀之，寻悬榜以千万钱募贼。

甲子，尔朱兆缢敬宗于晋阳三级佛寺，并杀陈留王宽。

是月，纥豆陵步蕃大破尔朱兆于秀容，南逼晋阳。兆惧，使人召高欢并力。僚属皆劝欢勿应召，欢曰："兆方急，保无他虑。"遂行。欢所亲贺拔焉过儿请缓行以弊之，欢往往逗留，辞以河无桥，不得渡。步蕃兵日盛，兆屡败，告急于欢，欢乃往从之。兆时避步蕃南出，步蕃至平乐郡，欢与兆进兵合击，大破之，斩步蕃于石鼓山，其众退走。兆德欢，相与誓为兄弟，将数十骑诣欢，通夜宴饮。

初，葛荣部众流入并、肆者二十余万，为契胡陵暴，皆不聊生，大小二十六反，诛夷者半，犹谋乱不止。兆患之，问计于欢。欢曰："六镇反残，不可尽杀，宜选王腹心使统之，有犯者罪其帅，则所罪者寡矣。"兆曰："善。谁可使者？"贺拔允时在坐，请使欢领之。欢拳殴其口，折一齿，曰："平生天柱时，奴辈伏处分如鹰犬。今日天下事取舍在王，而阿鞠泥敢僭易妄言，请杀之。"兆以欢为诚，遂以其众委焉。欢以兆醉，恐醒而悔之，遂出宣言："受委统州镇兵，可集汾东受号令。"乃建牙阳曲川，陈部分。军士素恶兆而乐属欢，莫不皆至。

居无何，又使刘贵请兆，以"并、肆频岁霜旱，降户掘田鼠而食之，面无谷色，徒污人境内，请令就食山东，待温饱更受处分"。兆从其议。长史慕容绍宗谏曰："不可。方今四方纷扰，人怀异望。高公雄才盖世，复使握大兵于外，譬如借蛟龙以云雨，将不可制矣。"兆曰："有香火重誓，何虑邪？"绍宗曰："亲兄弟尚不可信，何论香火。"时兆左右已受欢金，因称绍宗与欢有旧隙，兆怒，囚绍宗，趣欢发。欢自晋阳出滏口，道逢北乡长公主自洛阳来，有马三百匹，尽夺而易之。兆闻之，乃释绍宗而问之。绍宗曰："此犹是掌握中物也。"兆乃自追欢，至襄垣，会漳水暴涨，桥坏，欢隔水拜曰："所以借公主马，非有他故，备山东盗耳。王信公主之谗，自来赐追，今不辞渡水而死，恐此众便叛。"兆自陈无此意，因轻马渡水，与欢坐幕下陈谢，授欢刀，引颈使欢斫之。欢大哭曰："自天柱之薨，贺六浑更何所仰！但愿大家千万岁，以申力用耳。今为旁人所构间，大家何忍复出此言！"兆投刀于地，复斩白马与欢为誓，因留宿夜饮。尉景伏壮士欲执兆，欢啮臂止之，曰："今杀之，其党必奔归聚结，兵饥马瘦，不可与敌，若英雄乘之而起，则为害滋甚，不如且置之。兆虽骁勇，凶悍无谋，不足图也。"

旦日，兆归营，复召欢。欢将上马诣之，孙腾牵欢衣，欢乃止。兆隔水肆骂，驰还晋阳。兆腹心念贤领降户家属别为营，欢伪与之善，观其佩刀，因取杀之。士众感悦，益愿附从。

斛斯椿复弃汝南王悦奔魏。

三年春正月，魏右仆射郑先护闻洛阳不守，士众逃散，遂来奔。丙申，以先护为征北大将军。

魏自敬宗被囚，宫室空近百日。尔朱世隆镇洛阳，商旅流通，盗贼不作。世隆兄弟密议，以长广王疏远，又无人望，欲更立近亲。仪同三司广陵王恭，羽之子也，好学有志度，正光中领给事黄门侍郎，以元乂擅权，托喑病居龙华佛寺，无所交通。永安末，有白敬宗，言"王阳喑，将有异志"，恭惧，逃于上洛山，洛州刺史执送之，系治久之，以无状获免。关西大行台郎中薛孝通说尔朱天光曰："广陵王，高祖犹子，夙有令望，沉晦不言，多历年所，若奉以为主，必天人允叶。"天光与世隆等谋之，疑其实喑，使尔朱彦伯潜往敦谕，且胁之，恭乃曰："天何言哉！"世隆等大喜。孝通，聪之子也。

二月己巳，长广王至邙山南，世隆等为之作禅文，使泰山太守辽西窦瑗执鞭独入，启长广王曰："天人之望皆在广陵，愿行尧、舜之事。"遂署禅文。广陵王奉表三让，然后即位，大赦，改元普泰。黄门侍郎邢子才为赦文，叙敬宗枉杀太原王荣之状，节闵帝曰："永安手翦强臣，非为失德，直以天未厌乱，故逢成济之祸耳。"因顾左右取笔，自作赦文，直言："门下：朕以寡德，运属乐推，思与亿兆，同兹大庆，肆眚之科，一依常式。"帝闭口八年，至是乃言，中外欣然以为明主，望致太平。

庚午，诏以"三皇称'皇'，五帝称'帝'，三代称'王'，盖递为冲挹。自秦以来，竞称‘皇帝’，予今但称‘帝’，亦已褒矣。”加尔朱世隆仪同三司，赠尔朱荣相国、晋王，加九锡。世隆使百官议荣配飨，司直刘季明曰：“若配世宗，于时无功；若配孝明，亲害其母；若配庄帝，为臣不终：以此论之，无所可配。”世隆怒曰：“汝应死。”季明曰：“下官既为议首，依礼而言，不合圣心，翦戮唯命。”世隆亦不之罪。以荣配高祖庙廷。又为荣立庙于首阳山，因周公旧庙而为之，以为荣功可比周公。庙成，寻为火所焚。

尔朱兆以不预废立之谋，大怒，欲攻世隆，世隆使尔朱彦伯往谕之，乃止。

初，敬宗使安东将军史仵龙、平北将军杨文义各领兵三千守太行岭，侍中源子恭镇河内。及尔朱兆南向，仵龙、文义帅众先降，由是子恭之军望风亦溃，兆遂乘胜直入洛阳。至是，尔朱世隆论仵龙、文义之功，各封千户侯。魏主曰：“仵龙、文义于王有功，于国无勋。”竟不许。尔朱仲远镇滑台，表用其下都督为西兖州刺史。先用后表，诏答曰：“已能近补，何劳远闻？”

幽、安、营、并四州行台刘灵助自谓方术可以动人，又推算知尔朱氏将衰，乃起兵，自称燕王、开府仪同三司、大行台，声言为敬宗复仇，且妄述图谶，云“刘氏当王”，由是幽、瀛、沧、冀之民多从之。从之者夜举火为号，不举火者诸村共屠之。引兵南至博陵之安国城。

尔朱兆遣监军孙白鹞至冀州，托言调发民马，欲俟高乾兄弟送马而收之。乾等知之，与前河内太守封隆之等合谋，潜部勒壮士，袭据信都，杀白鹞，执刺史元嶷。乾等欲推其父翼行州事，翼曰：“和集乡里，我不如封皮。”乃奉隆之行州事，为敬宗举哀，将士皆缟素，升坛誓众，移檄州郡，共讨尔朱氏，仍受刘灵助节度。

隆之，磨奴之族孙也。

殷州刺史尔朱羽生将五千人袭信都，高敖曹不暇擐甲，将十余骑驰击之。乾在城中缒下五百人，追救未及，敖曹已交兵，羽生败走。敖曹马矟绝世，左右无不一当百，时人比之项籍。

高欢屯壶关大王山，六旬，乃引兵东出，声言讨信都。信都人皆惧，高乾曰："吾闻高晋州雄略盖世，其志不居人下。且尔朱无道，弑君虐民，正是英雄立功之会，今日之来，必有深谋，吾当轻马迎之，密参意旨，诸君勿惧也。"乃将十余骑与封隆之子子绘潜谒欢于滏口，说欢曰："尔朱酷逆，痛结人神，凡曰有知，莫不思奋。明公威德素著，天下倾心，若兵以义立，则屈强之徒不足为明公敌矣。鄗州虽小，户口不减十万，谷秸之税，足济军资，愿公熟思其计。"乾辞气慷慨，欢大悦，与之同帐寝。

初，河南太守赵郡李显甫，喜豪侠，集诸李数千家于殷州西山，方五六十里，居之。显甫卒，子元忠继之。家素富，多出贷求利，元忠悉焚契免责，乡人甚敬之。时盗贼蜂起，清河有五百人西戍，还，经赵郡，以路梗，共投元忠。元忠遣奴为导，曰："若逢贼，但道李元忠遣。"如言，贼皆舍避。及葛荣起，元忠帅宗党作垒以自保，坐大槲树下，前后斩违命者凡三百人。贼至，元忠辄击却之。葛荣曰："我自中山至此，连为赵李所破，何以能成大事。"乃悉众攻围，执元忠以随军。贼平，就拜南赵郡太守，好酒无政绩。

及尔朱兆弑敬宗，元忠弃官归，谋举兵讨之。会高欢东出，元忠乘露车，载素筝浊酒以奉迎。欢闻其酒客，未即见之。元忠下车独坐，酌酒，擘脯食之，谓门者曰："本言公招延俊杰，今闻国士到门，不吐哺辍洗，其人可知。还吾刺，勿通也。"门者以告，欢遽见之，引入，觞再行，元忠车上取筝鼓之，长歌慷慨。歌阕，谓欢曰："天下形势可见，明公犹事尔朱邪？"欢曰："富贵皆因彼所致，安敢不尽节。"元忠曰："非英雄也。高乾邕兄弟来未？"时乾已见欢，欢绐之曰："从叔辈粗，何肯来。"元忠曰："虽粗，并解事。"欢曰："赵郡醉矣。"使人扶出，元忠不肯起。孙腾进曰："此君天遣来，不可违也。"欢乃复留与语，元忠慷慨流涕，欢亦悲不自胜。元忠因进策曰："殷州小，无粮仗，不足以济大事。若向冀州，高乾邕兄弟必为明公主人，殷州便以赐委。冀、殷既合，沧、瀛、幽、定自然弭服。唯刘诞黠胡或当乖拒，然非明公之敌。"欢急握元忠手而谢焉。

欢至山东，约勒士卒，丝毫之物不听侵犯，每过麦地，欢辄步牵马。远近闻之，皆称高仪同将兵整肃，益归心焉。

欢求粮于相州刺史刘诞，诞不与，有车营租米，欢掠取之。进至信都，封隆之、高乾等开门纳之。高敖曹时在外略地，闻之，以乾为妇人，遗以布裙。欢使世子澄以子孙礼见之，敖曹乃与俱来。

癸酉，魏封长广王晔为东海王，以青州刺史鲁郡王肃为太师，淮阳王欣为太傅，尔朱世隆为太保，长孙稚为太尉，赵郡王谌为司空，徐州刺史尔朱仲远、雍州刺史尔朱天光并为大将军，并州刺史尔朱兆为天柱大将军。赐高欢爵勃海王，征使入朝。长孙稚固辞太傅，乃以为骠骑大将军、开府仪同三司。尔朱兆辞天柱，曰："此叔父所终之官，我何敢受！"固辞不拜，寻加都督十州诸军事，世袭并州刺史。高欢辞不就征。尔朱仲远徙镇大梁，复加兖州刺史。

尔朱世隆之初为仆射也，畏尔朱荣之威严，深自刻厉，留心几案，应接宾客，有开敏之名。及荣死，无所顾惮，为尚书令，家居视事，坐符台省，事无大小，不先白世隆，有司不敢行。使尚书郎宋游道、邢昕在其听事东西别坐，受纳辞讼，称命施行，公为贪淫，生杀自恣。(及)〔又〕欲收军士之意，泛加阶级，皆为将军，无复员限。自是勋赏之官，大致猥滥，人不复贵。是时，天光专制关右，兆奄有并、汾，仲远擅命徐、兖，世隆居中用事，竞为贪暴。而仲远尤甚，所部富室大族，多诬以谋反，籍没其妇女财物入私家，投其男子于河，如是者不可胜数。自荥阳以东，租税悉入其军，不送洛阳。东南州郡，自牧守以下至士民，畏仲远如豺狼。由是四方之人皆恶尔朱氏，而惮其强，莫敢违也。

己丑，魏以泾州刺史贺拔岳为岐州刺史，渭州刺史侯莫陈悦为秦州刺史，并加仪同三司。

魏使大都督侯渊、骠骑大将军代人叱列延庆讨刘灵助。至固城，渊畏其众，欲引兵西入，据关拒险，以待其变。延庆曰："灵助庸人，假妖术以惑众，大兵一临，彼皆恃其符厌，岂肯戮力致死与吾争胜负哉。不如出营城外，诈言西归，灵助闻之，必自宽纵，然后潜军击之，往则成擒矣。"渊从之，出顿城西，声云欲还。丙申，简精骑一千，夜发，直抵灵助垒，灵助战败，斩之，传首洛阳。初，灵助起兵，自占胜负，曰："三月之末，我必入定州，尔朱氏不久当灭。"及灵助首函入定州，果以是月之末。

夏四月癸丑，魏以高欢为大都督、东道大行台、冀州刺史。

丙寅，魏以侍中、骠骑大将军尔朱彦伯为司徒。

魏高欢将起兵讨尔朱氏，镇南大将军斛律金、军主善无库狄干与欢妻弟娄昭、妻之姊夫段荣皆劝成之。欢乃诈为书，称尔朱兆将以六镇人配契胡为部曲，众皆忧惧。又为并州符，征兵讨步落稽，发万人，将遣之。孙腾与都督尉景为请留五日，如此者再，欢亲送之郊，雪涕执别，众皆号恸，声震郊野。欢乃谕之曰："与尔俱为失乡客，义同一家，不意在上征发乃尔！今直西向已当死，后军期又当死，配国人又当死，奈何？"众曰："唯有反耳。"欢曰："反乃急计，然当推一人为主，谁可者？"众共推欢。欢曰："尔乡里难制，不见葛荣乎？虽有百万之众，曾无法度，终自败灭。今以吾为主，当与前异，毋得陵汉人，犯军令，生死任吾，则可；不然，不能为天下笑。"众皆顿颡曰："死生唯命。"欢乃椎牛飨士，庚申，起兵于信都，亦未敢显言叛尔朱氏也。

会李元忠举兵逼殷州，欢令高乾帅众救之。乾轻骑入见刺史尔朱羽生，与指画军计。羽生与乾俱出，因擒斩之，持羽生首谒欢。欢抚膺曰："今日反决矣。"乃以元忠为殷州刺史，镇广阿。欢于是抗表罪状尔朱氏，尔朱世隆匿之不通。

魏杨播及弟椿、津皆有名德。播刚毅，椿、津谦恭，家世孝友，缌服同爨，男女百口，人无间言。椿、津皆至三公，一门七郡太守，三十二州刺史。敬宗之诛尔朱荣也，播子侃预其谋，城阳王徽、李彧皆其姻戚也。尔朱兆入洛，侃逃归华阴，尔朱天光使侃妇父韦义远招之与盟，许贳其罪。侃曰："彼虽食言，死者不过一人，犹冀全百口。"乃出应之，天光杀之。时椿致仕，与其子昱在华阴，椿弟冀州刺史顺、司空津、顺子东雍州刺史辩、正平太守仲宣皆在洛。秋七月，尔朱世隆诬奏杨氏谋反，请收治之，魏主不许。世隆苦请，帝不得已，命有司检案以闻。壬申夜，世隆遣兵围津第，天光亦遣兵掩椿家于华阴，东西之族，无少长皆杀之，籍没其家。世隆奏云："杨氏实反，与收兵相拒，皆已格杀。"帝惋怅久之，不言而已，朝野闻之，无不痛愤。津子逸为光州刺史，尔朱仲远遣使就杀之。唯津子愔于被收时适出在外，逃匿获免，往见高欢于信都，泣诉家祸，因为言讨尔朱氏之策，欢甚重之，即署行台郎中。

丙戌，魏司徒尔朱彦伯以旱逊位，戊子，以彦伯为侍中、开府仪同三司。彦伯于兄弟中差无过恶。尔朱世隆固让太保，魏主特置仪同三师之官，位次上公之下，庚寅，以世隆为之。斛斯椿谮朱瑞于世隆，世隆杀之。

魏尔朱仲远、度律等闻高欢起兵，恃其强，不以为虑，独尔朱世隆忧之。尔朱兆将步骑二万出井陉，趣殷州，李元忠弃城奔信都。八月丙午，尔朱仲远、度律将兵讨高欢。九月己卯，魏以仲远为太宰。庚辰，以尔朱天光为大司马。

孙腾说高欢曰："今朝廷隔绝，号令无所禀，不权有所立，则众将沮散。"欢疑之，腾再三固请，乃立勃海太守元朗为帝。朗，融之子也。冬十月壬寅，朗即位于信都城西，改元中兴。以欢为侍中、丞相、都督中外诸军〔事〕、大将军、录尚书事、大行台，高乾为侍中、司空，高敖曹为骠骑大将军、仪同三司、冀州刺史，孙腾为尚书左仆射、河北行台，魏兰根为右仆射。

己酉，尔朱仲远、度律与骠骑大将军斛斯椿、车骑大将军仪同三司贺拔胜、车骑大将军贾显智军于阳平。显智名智，以字行，显度之弟也。尔朱兆出井陉，军于广阿，众号十万。高欢纵反间，云"世隆兄弟谋杀兆"，复云"兆与欢同谋杀仲远等"，由是迭相猜贰，徘徊不进。仲远等屡使斛斯椿、贺拔胜往谕兆，兆帅轻骑三百来就仲远，同坐幕下，意色不平，手舞马鞭，长啸凝望，疑仲远等有变，遂趋出，驰还。仲远遣椿、胜等追，晓说之，兆执椿、胜还营。仲远、度律大惧，引兵南遁。兆数胜罪，将斩之，曰：

"尔杀卫可孤,罪一也。天柱薨,尔不与世隆等俱来,而东征仲远,罪二也。我欲杀尔久矣,今复何言?"胜曰:"可孤为国巨患,胜父子诛之,其功不小,反以为罪乎?天柱被戮,以君诛臣,胜宁负王,不负朝廷。今日之事,生死在王。但寇贼密迩,骨肉构隙,自古及今,未有如是而不亡者。胜不惮死,恐王失策。"兆乃舍之。

高欢将与兆战,而畏其众强,以问亲信都督段韶。韶曰:"所谓众者,得众人之死;所谓强者,得天下之心。尔朱氏上弑天子,中屠公卿,下暴百姓,王以顺讨逆,如汤沃雪,何众强之有?"欢曰:"虽然,吾以小敌大,恐无天命不能济也。"韶曰:"韶闻'小能敌大,小道大淫'。'皇天无亲,唯德是辅'。尔朱氏外乱天下,内失英雄心,智者不为谋,勇者不为斗,人心已去,天意安有不从者哉!"韶,荣之子也。辛亥,欢大破兆于广阿,俘其甲卒五千余人。

十一月庚辰,魏高欢引兵攻邺,相州刺史刘诞婴城固守。

四年春正月,魏高欢攻邺,为地道,施柱而焚之,城陷入地。壬午,拔邺,擒刘诞,以杨愔为行台右丞。时军国多事,文檄教令,皆出于愔及开府谘议参军崔㥄。㥄,逞之五世孙也。

二月辛亥,魏安定王追谥敬宗曰武怀皇帝。甲子,以高欢为丞相、柱国、大将军、太师。三月丙寅,以高澄为骠骑大将军。丁丑,安定王帅百官入居于邺。

尔朱兆与尔朱世隆等互相猜阻,世隆卑辞厚礼谕兆,欲使之赴洛,唯其所欲。又请节闵帝纳兆女为后。兆乃悦,并与天光、度律更立誓约,复相亲睦。

斛斯椿阴谓贺拔胜曰:"天下皆怨毒尔朱,而吾等为之用,亡无日矣，不如图之。”胜曰：“天光与兆各据一方，欲尽去之甚难，去之不尽，必为后患，奈何？”椿曰：“此易致耳。”乃说世隆追天光等赴洛，共讨高欢。世隆屡征天光，天光不至，使椿自往邀之，曰：“高欢作乱，非王不能定，岂可坐视宗族夷灭邪？”天光不得已，将东出，问策于雍州刺史贺拔岳。岳曰：“王家跨据三方，士马殷盛，高欢乌合之众，岂能为敌。但能同心戮力，往无不捷；若骨肉相疑，则图存之不暇，安能制人。如下官所见，莫若且镇关中，以固根本，分遣锐师，与众军合势，进可以克敌，退可以自全。”天光不从。闰月壬寅，天光自长安，兆自晋阳，度律自洛阳，仲远自东郡皆会于邺，众号二十万，夹洹水而军。节闵帝以长孙稚为大行台，总督之。

高欢令吏部尚书封隆之守邺，癸丑，出顿紫陌，大都督高敖曹将乡里部曲王桃汤等三千人以从。欢曰：“高都督所将皆汉兵，恐不足集事，欲割鲜卑兵千余人相杂用之，何如？”敖曹曰：“敖曹所将，练习已久，前后格斗，不减鲜卑。今若杂之，情不相洽，胜则争功，退则推罪，不烦更配也。”

庚申，尔朱兆帅轻骑三千夜袭邺城，叩西门，不克而退。壬戌，欢将战，马不满二千，步兵不满三万，众寡不敌，乃于韩陵为圆陈，连系牛驴以塞归道，于是将士皆有死志。兆望见欢，遥责欢以叛己，欢曰：“本所以戮力者，共辅帝室。今天子何在？”兆曰：“永安枉害天柱，我报仇耳。”欢曰：“我昔亲闻天柱计，汝在户前立，岂得言不反邪？且以君杀臣，何报之有？今日义绝矣。”遂战。欢将中军，高敖曹将左军，欢从父弟岳将右军。欢战不利，兆等乘之，岳以五百骑冲其前，别将斛律敦收散卒蹑其后，敖曹以千骑自栗园出横击之，兆等大败，贺拔胜与徐州刺史杜德于阵降欢。兆对慕容绍宗抚膺曰:“不用公言,以至于此!”欲轻骑西走,绍宗反旗鸣角,收散卒成军而去。兆还晋阳,仲远奔东郡。尔朱彦伯闻度律等败,欲自将兵守河桥,世隆不从。

度律、天光将之洛阳,大都督斛斯椿谓都督贾显度、贾显智曰:“今不先执尔朱氏,吾属死无类矣。”乃夜于桑下盟,约倍道先还。世隆使其外兵参军阳叔渊单骑驰赴北中,简阅败众,以次内之。椿至,不得入城,乃诡说叔渊曰:“天光部下皆是西人,闻欲大掠洛邑,迁都长安,宜先内我,以为之备。”叔渊信之。夏四月甲子朔,椿等入据河桥,尽杀尔朱氏之党。度律、天光欲攻之,会大雨昼夜不止,士马疲顿,弓矢不可施,遂西走,至灅波津,为人所擒,送于椿所。椿使行台长孙稚诣洛阳奏状,别使贾显智、张欢帅骑掩袭世隆,执之。彦伯时在禁直,长孙稚于神虎门启陈:“高欢义功既振,请诛尔朱氏。”节闵帝使舍人郭崇报彦伯,彦伯狼狈走出,为人所执,与世隆俱斩于阊阖门外,送其首并度律、天光于高欢。

节闵帝使中书舍人卢辩劳欢于邺,欢使之见安定王,辩抗辞不从,欢不能夺,乃舍之。辩,同之兄子也。

尔朱天光之东下也,留其弟显寿镇长安,召秦州刺史侯莫陈悦欲与之俱东。贺拔岳知天光必败,欲留悦共图显寿以应高欢,计未有所出。宇文泰谓岳曰:“今天光尚近,悦未必有贰心,若以此告之,恐其惊惧。然悦虽为主将,不能制物,若先说其众,必人有留心。悦进失尔朱之期,退恐人情变动,乘此说悦,事无不遂。”岳大喜,即令泰入悦军说之,悦遂与岳共袭长安。泰帅轻骑为前驱,显寿弃城走,追至华阴,擒之。欢以岳为关西大行台,岳以泰为行台左丞,领府司马,事无巨细,皆委之。

辛巳，安定王至邙山。高欢以安定王疏远，使仆射魏兰根慰谕洛邑，且观节闵帝之为人，欲复奉之。兰根以帝神采高明，恐于后难制，与高乾兄弟及黄门侍郎崔㥄共劝欢废之。欢集百官问所宜立，莫有应者，太仆代人綦毋儁盛称节闵帝贤明，宜主社稷，欢欣然是之。㥄作色曰："若言贤明，自可待我高王，徐登大位。广陵既为逆胡所立，何得犹为天子！若从儁言，王师何名义举？"欢遂幽节闵帝于崇训佛寺。

欢入洛阳，斛斯椿谓贺拔胜曰："今天下事，在吾与君耳。若不先制人，将为人所制。高欢初至，图之不难。"胜曰："彼有功于时，害之不祥。比数夜与欢同宿，具序往昔之怀，兼荷兄恩意甚多，何苦惮之。"椿乃止。

欢以汝南王悦，高祖之子，召欲立之，闻其狂暴无常，乃止。时诸王多逃匿，尚书左仆射平阳王脩，怀之子也，匿于田舍，欢欲立之，使斛斯椿求之。椿见脩所亲员外散骑侍郎太原王思政，问王所在，思政曰："须知问意。"椿曰："欲立为天子。"思政乃言之。椿从思政见脩，脩色变，谓思政曰："得无卖我邪？"曰："不也。"曰："敢保之乎？"曰："变态百端，何可保也。"椿驰报欢，欢遣四百骑迎脩入毡帐，陈诚，泣下沾襟。脩让以寡德，欢再拜，脩亦拜。欢出备服御，进汤沐，达夜严警。昧爽，文武执鞭以朝，使斛斯椿奉劝进表。椿入帷门，磬折延首而不敢前，脩令思政取表视之，曰："便不得不称朕矣。"乃为安定王作诏策而禅位焉。

戊子，孝武帝即位于东郭之外，用代都旧制，以黑毡蒙七人，欢居其一。帝于毡上西向拜天毕，入御太极殿，群臣朝贺，升阊阖门大赦，改元太昌。以高欢为大丞相、天柱大将军、太师，世袭定州刺史。庚寅，加高澄侍中、开府仪同三司。

初，欢起兵信都，尔朱世隆知司马子如与欢有旧，自侍中、骠骑大将军出为南岐州刺史。欢入洛，召子如为大行台尚书，朝夕左右，参知军国。广州刺史广宁韩贤素为欢所善，欢入洛，凡尔朱氏所除官爵例皆削夺，唯贤如故。以前御史中尉樊子鹄兼尚书左仆射，为东南道大行台，与徐州刺史杜德追尔朱仲远。仲远已出境，遂攻元树于谯。

丞相欢征贺拔岳为冀州刺史，岳畏欢，欲单马入朝。行台右丞薛孝通说岳曰："高王以数千鲜卑破尔朱百万之众，诚亦难敌。然诸将或素居其上，或与之等夷，虽屈首从之，势非获已。今或在京师，或据州镇，高王除之则失人望，留之则为腹心之疾。且吐万人虽复败走，犹在并州，高王方内抚群雄，外抗勍敌，安能去其巢穴，与公争关中之地乎？今关中豪俊皆属心于公，愿效其智力。公以华山为城，黄河为堑，进可以兼山东，退可以封函谷，奈何欲束手受制于人乎！"言未卒，岳执孝通手曰："君言是也。"乃逊辞为启，而不就征。

壬辰，丞相欢还邺，送尔朱度律、天光于洛阳，斩之。

五月丙申，魏主酖节闵帝于门下外省，诏百司会丧，葬用殊礼。以沛郡王欣为太师，赵郡王谌为太保，南阳王宝炬为太尉，长孙稚为太傅。宝炬，愉之子也。丞相欢固辞天柱大将军，戊戌，许之。己酉，清河王亶为司徒。

侍中河南高隆之本徐氏养子，丞相欢命以为弟，恃欢势，骄狎公卿，南阳王宝炬殴之，曰："镇兵何敢尔！"魏主以欢故，六月丁卯，黜宝炬为骠骑大将军，归第。

魏主避广平武穆王之讳，改谥武怀皇帝曰孝庄皇帝，庙号敬宗。

秋七月庚子，魏复以南阳王宝炬为太尉。

壬寅，魏丞相欢引兵入滏口，大都督库狄干入井陉，击尔朱兆。庚戌，魏主使骠骑大将军、仪同三司高隆之帅步骑十万，会丞相欢于太原，因以隆之为丞相军司。欢军于武乡，尔朱兆大掠晋阳，北走秀容。并州平。欢以晋阳四塞，乃建大丞相府而居之。

冬十一月甲辰，魏杀安定王朗、东海王晔。己酉，以汝南王悦为侍中、大司马。魏主以汝南王悦属近地尊，丁亥，杀之。

十二月，魏主纳丞相欢女为后，命太常卿李元忠纳币于晋阳。欢与之宴，论及旧事，元忠曰："昔日建义，轰轰大乐，比来寂寥无人问。"欢抚掌笑曰："此人逼我起兵。"元忠戏曰："若不与侍中，当更求建义处。"欢曰："建义不虑无，止畏如此老翁不可遇耳。"元忠曰："止为此翁难遇，所以不去。"因捋欢须大笑。欢悉其雅意，深重之。

尔朱兆既至秀容，分兵守隘，出入寇掠。魏丞相欢扬声讨之，师出复止者数四，兆意怠。欢揣其岁首当宴会，遣都督窦泰以精骑驰之，一日一夜行三百里，欢以大军继之。

五年春正月，魏窦泰奄至尔朱兆庭，军人因宴休惰，忽见泰军，惊走，追破之于赤谼岭，众并降散。兆逃于穷山，命左右西河张亮及苍头陈山提斩己首以降，皆不忍。兆乃杀所乘白马，自缢于树。欢亲临，厚葬之。慕容绍宗携尔朱荣妻子及兆余众诣欢降，欢以义故，待之甚厚。

通鉴纪事本末卷第二十三

魏分东西

梁武帝中大通四年。魏高欢之讨尔朱氏也，尔朱仲远来奔。仲远帐下都督乔宁、张子期自滑台诣欢降。欢责之曰："汝事仲远，擅其荣利，盟契百重，许同生死。前仲远自徐州为逆，汝为戎首，今仲远南走，汝复叛之。事天子则不忠，事仲远则无信。犬马尚识饲之者，汝曾犬马之不如！"遂斩之。

五年春正月，魏侍中斛斯椿闻乔宁、张子期之死，内不自安，与南阳王宝炬、武卫将军元毗、王思政密劝魏主图丞相欢。毗，遵之玄孙也。舍人元士弼又言欢受诏不敬，帝由是不悦。椿劝帝置阁内都督部曲，又增武直人数，自直阁已下，员别数百，皆选四方骁勇者充之。帝数出游幸，椿自部勒，别为行陈，由是朝政、军谋，帝专与椿决之。帝以关中大行台贺拔岳拥重兵，密与相结，又出侍中贺拔胜为都督三荆等七州诸军事、荆州刺史，欲倚胜兄弟以敌欢，欢益不悦。

侍中、司空高乾之在信都也，遭父丧，不暇终服。及孝武帝即位，表请解职行丧，诏听解侍中，司空如故。乾虽求退，不谓遽见许，既去内侍，朝政多不关预，居常怏怏。帝既贰于欢，冀乾为己用，尝于华林园宴罢，独留乾谓之曰："司空奕世忠良，今日复建殊效，相与虽则君臣，义同兄弟，宜共立盟约，以敦情契。"殷勤逼之。乾对曰："臣以身许国，何敢有贰。"时事出仓猝，且不谓帝有异图，遂不固辞，亦不以启欢。及帝置部曲，乾乃私谓所亲曰："主上不亲勋贤，而招集群小。数遣元士弼、王思政往来关西，与贺拔岳计议，又出贺拔胜为荆州，外示疏忌，实欲树党，令其兄弟相近，冀据有西方。祸难将作，必及于我。"乃密启欢。欢召乾诣并州面论时事，乾因劝欢受魏禅。欢以袖掩其口曰："勿妄言。今令司空复为侍中，门下之事一以相委。"欢屡启请，帝不许。乾知变难将起，密启欢求为徐州。二月辛酉，以乾为骠骑大将军、开府仪同三司、徐州刺史。

三月，高乾将之徐州，魏主闻其漏泄机事，乃诏丞相欢曰："乾邕与朕私有盟约，今乃反覆两端。"欢闻其与帝盟，亦恶之，即取乾前后数启论时事者遣使封上，帝召乾，对欢使责之。乾曰："陛下自立异图，乃谓臣为反覆。人主加罪，其可辞乎！"遂赐死。帝又密敕东徐州刺史潘绍业杀其弟敖曹。敖曹先闻乾死，伏壮士于路，执绍业，得敕书于袍领，遂将十余骑奔晋阳。欢抱其首哭曰："天子枉害司空。"敖曹兄仲密为光州刺史，帝敕青州断其归路，仲密亦间行奔晋阳。仲密名慎，以字行。

秋七月壬辰，魏以广陵王欣为大司马，赵郡王谌为太师。庚戌，以前司徒贺拔允为太尉。

初，贺拔岳遣行台郎冯景诣晋阳，丞相欢闻岳使至，甚喜，曰："贺拔公讵忆吾邪！"与景歃血，约与岳为兄弟。景还言于岳曰："欢奸诈有余，不可信也。"府司马宇文泰自请使晋阳以观欢之为人，欢奇其状貌曰："此儿视瞻非常。"将留之，泰固求复命，欢既遣而悔之，发驿急追，至关不及而返。

泰至长安，谓岳曰："高欢所以未篡者，正惮公兄弟耳，侯莫陈悦之徒，非所忌也。公但潜为之备，图欢不难。今费也头控弦之骑不下一万，夏州刺史斛拔弥俄突胜兵三千余人，灵州刺史曹泥、河西流民纥豆陵伊利等各拥部众，未有所属。公若移军近陇，扼其要害，震之以威，怀之以惠，可收其士马，以资吾军。西辑氐、羌，北抚沙塞，还军长安，匡辅魏室，此桓、文之功也。"岳大悦，复遣泰诣洛阳请事，密陈其状。魏主喜，加泰武卫将军，使还报。八月，帝以岳为都督雍华等二十州诸军事、雍州刺史，又割心前血，遣使者赍以赐之。岳遂引兵西屯平凉，以牧马为名。斛拔弥俄突、纥豆陵伊利及费也头万俟受洛干、铁勒斛律沙门等皆附于岳，唯曹泥附于欢。秦、南秦、河、渭四州刺史同会平凉，受岳节度。岳以夏州被边要重，欲求良刺史以镇之，众举宇文泰，岳曰："宇文左丞，吾左右手，何可废也？"沉吟累日，卒表用之。

冬十二月，魏丞相欢患贺拔岳、侯莫陈悦之强，右丞翟嵩曰："嵩能间之，使其自相屠灭。"欢遣之。欢又使长史侯景招抚纥豆陵伊利，伊利不从。

六年春正月壬辰，魏丞相欢击伊利于河西，擒之，迁其部落于河东。魏主让之曰："伊利不侵不叛，为国纯臣，王忽伐之，讵有一介行人先请之乎？"

魏贺拔岳将讨曹泥，使都督武川赵贵至夏州与宇文泰谋之。泰曰："曹泥孤城阻远，未足为忧。侯莫陈悦贪而无信，宜先图之。"岳不听，召悦会于高平，与共讨泥。悦既得翟嵩之言，乃谋取岳。岳数与悦宴语，长史武川雷绍谏，不听。岳使悦前行，至河曲，悦诱岳入营，坐论军事，悦阳称腹痛而起，其婿元洪景拔刀斩岳。岳左右皆散走，悦遣人谕之，云“我别受旨，止取一人，诸君勿怖”。众以为然，皆不敢动。而悦心犹豫，不即抚纳，乃还入陇，屯水洛城。岳众散还平凉，赵贵诣悦请岳尸葬之，悦许之。岳既死，悦军中皆相贺，行台郎中薛憕私谓所亲曰：“悦才略素寡，辄害良将，吾属今为人虏矣，何贺之有？”憕，真度之从孙也。

岳众未有所属，诸将以都督武川寇洛年最长，推使总诸军。洛素无威略，不能齐众，乃自请避位。赵贵曰：“宇文夏州英略冠世，远近归心，赏罚严明，士卒用命，若迎而奉之，大事济矣。”诸将或欲南召贺拔胜，或欲东告魏朝，犹豫未决。都督盛乐杜朔周曰：“远水不救近火，今日之事，非宇文夏州无能济者，赵将军议是也。朔周请轻骑告哀，且迎之。”众乃使朔周驰至夏州召泰。

泰与将佐宾客共议去留，前太中大夫颍川韩褒曰：“此天授也，又何疑乎？侯莫陈悦井中蛙耳，使君往，必擒之。”众以为：“悦在水洛，去平凉不远，若已有贺拔公之众，则图之实难，愿且留以观变。”泰曰：“悦既害元帅，自应乘势直据平凉，而退屯水洛，吾知其无能为也。夫难得易失者，时也，若不早赴，众心将离。”

夏州首望都督弥姐元进阴谋应悦，泰知之，与帐下都督高平蔡祐谋执之。祐曰：“元进会当反噬，不如杀之。”泰曰：“汝有大决。”乃召元进等入计事，泰曰：“陇贼逆乱，当与诸人戮力讨之。诸人似有不同者，何也？”祐即被甲持刀直入，瞋目谓诸将曰：“朝谋夕异，何以为人！今日必断奸人首！”举坐皆叩头曰：“愿有所择。”祐乃叱元进，斩之，并诛其党，因与诸将同盟讨悦。泰谓祐曰："吾今以尔为子，尔其以我为父乎？"

泰与帐下轻骑驰赴平凉，令杜朔周帅众先据弹筝峡。时民间惶惧，逃散者多，军士争欲掠之，朔周曰："宇文公方伐罪吊民，奈何助贼为虐乎！"抚而遣之，远近悦附。泰闻而嘉之。朔周本姓赫连，曾祖库多汗避难改焉，泰命复其旧姓，名之曰达。

丞相欢使侯景招抚岳众，泰至安定遇之，谓曰："贺拔公虽死，宇文泰尚存，卿何为者？"景失色，曰："我犹箭耳，唯人所射。"遂还。

泰至平凉，哭岳甚恸，将士皆悲喜。

欢复使侯景与散骑常侍代郡张华原、义宁太守太安王基劳泰，泰不受，欲劫留之，曰"留则共享富贵，不然，命在今日。"华原曰："明公欲胁使者以死亡，此非华原所惧也。"泰乃遣之。基还，言"泰雄杰，请及其未定击灭之"。欢曰："卿不见贺拔、侯莫陈乎？吾当以计拱手取之。"

魏主闻岳死，遣武卫将军元毗慰劳岳军，召还洛阳，并召侯莫陈悦。毗至平凉，军中已奉宇文泰为主。悦既附丞相欢，不肯应召。泰因元毗上表称："臣岳忽罹非命，都督寇洛等令臣权掌军事。奉诏召岳军入京，今高欢之众已至河东，侯莫陈悦犹在水洛，士卒多是西人，顾恋乡邑，若逼令赴阙，悦蹑其后，欢邀其前，恐败国殄民，所损更甚。乞少赐停缓，徐事诱导，渐就东引。"魏主乃以泰为大都督，即统岳兵。

初，岳以东雍州刺史李虎为左厢大都督，岳死，虎奔荆州，说贺拔胜使收岳众，胜不从。虎闻宇文泰代岳统众，乃自荆州还赴之，至阌乡，为丞相欢别将所获，送洛阳。魏主方谋取关中，得虎甚喜，拜卫将军，厚赐之，使就泰。虎，歆之玄孙也。

泰与悦书，责以“贺拔公有大功于朝廷。君名微行薄，贺拔公荐君为陇右行台。又高氏专权，君与贺拔公同受密旨，屡结盟约，而君党附国贼，共危宗庙，口血未干，匕首已发。今吾与君皆受诏还阙，今日进退，唯君是视。君若下陇东迈，吾亦自北道同归；若首鼠两端，吾则指日相见”。

魏主问泰以安秦、陇之策，泰表言：“宜召悦授以内官，或处以瓜、凉一藩，不然，终为后患。”

原州刺史史归素为贺拔岳所亲任，河曲之变，反为悦守。悦遣其党王伯和、成次安将兵二千助归镇原州，泰遣都督侯莫陈崇帅轻骑一千袭之。崇乘夜将十骑直抵城下，余众皆伏于近路。归见骑少，不设备；崇即入，据城门，高平令陇西李贤及弟远穆在城中，为崇内应。于是中外鼓噪，伏兵悉起，遂擒归及次安、伯和等归于平凉。泰表崇行原州事。三月，泰引兵击悦，至原州，众军毕集。

夏四月，魏南秦州刺史陇西李弼说侯莫陈悦曰：“贺拔公无罪而公害之，又不抚纳其众，今奉宇文夏州以来，声言为主报仇，此其势不可敌也。宜解兵谢之，不然，必及祸。”悦不从。

宇文泰引兵上陇，留兄子导为都督，镇原州。泰军令严肃，秋毫无犯，百姓大悦。军出木狭关，雪深二尺，泰倍道兼行，出其不意。悦闻之，退保略阳，留万人守水洛。泰至，水洛即降。泰遣轻骑数百趣略阳，悦退保上邽，召李弼与之拒泰。弼知悦必败，阴遣使诣泰，请为内应。悦弃州城，南保山险。弼谓所部曰：“侯莫陈公欲还秦州，汝辈何不装束？”弼妻，悦之姨也，众咸信之，争趣上邽。弼先据城门以安集之，遂举城降泰，泰即以弼为秦州刺史。其夜，悦出军将战，军自惊溃。悦性猜忌，既败，不听左右近己，与其二弟并子及谋杀岳者七八人弃军迸走，数日之中，槃桓往来，不知所趣。左右劝向灵州依曹泥，悦从之，自乘驴，令左右皆步从，欲自山中趣灵州。宇文泰使原州都督贺拔颖追之，悦望见追骑，缢死于野。

泰入上邽，引薛憕为记室参军。收悦府库，财物山积，泰秋毫不取，皆以赏士卒。左右窃一银瓮以归，泰知而罪之，即剖赐将士。

悦党豳州刺史孙定儿据州不下，有众数万，泰遣都督中山刘亮袭之。定儿以大军远，不为备。亮先竖一纛于近城高岭，自将二千骑驰入城。定儿方置酒，众猝见亮至，骇愕不知所为，亮麾兵斩定儿，遥指城外纛，命二骑曰："出召大军！"城中皆慑服，莫敢动。

先是，故氐王杨绍先乘魏乱逃归武兴，复称王。凉州刺史李叔仁为其民所执，氐、羌、吐谷浑所在蜂起，自南岐至瓜、鄯，跨州据郡者不可胜数。宇文泰令李弼镇原州，夏州刺史拔也恶蚝镇南秦州，渭州刺史可朱浑〔道〕元镇渭州，卫将军赵贵行秦州事，征豳、泾、东秦、岐四州之粟以给军。杨绍先惧，称藩，送妻子为质。

夏州长史于谨言于泰曰："明公据关中险固之地，将士骁勇，土地膏腴。今天子在洛，迫于群凶；若陈明公之恳诚，算时事之利害，请都关右，挟天子以令诸侯，奉王命以讨暴乱，此桓、文之业，千载一时也。"泰善之。

丞相欢闻泰定秦、陇，遣使甘言厚礼以结之。泰不受，封其书，使都督济北张轨献于魏主。斛斯椿问轨曰："高欢逆谋，行路皆知之。人情所恃，唯在西方，未知宇文何如贺拔？"轨曰："宇文公文足经国，武能定乱。”椿曰：“诚如君言，真可恃也。”

魏主命泰发二千骑镇东雍州，助为势援，仍命泰稍引军而东。泰以大都督武川梁御为雍州刺史，使将步骑五千前行。先是，丞相欢遣其都督太安韩轨将兵一万据蒲坂以救侯莫陈悦，雍州刺史贾显度以舟迎之。梁御见显度，说使从泰，显度即出迎御，御入据长安。

魏主以泰为侍中、骠骑大将军、开府仪同三司、关西大都督、略阳县公，承制封拜。泰乃以寇洛为泾州刺史，李弼为秦州刺史，前略阳太守张献为南岐州刺史。南岐州刺史卢待伯不受代，泰遣轻骑袭而擒之。

侍中封隆之言于丞相欢曰：“斛斯椿等今在京师，必构祸乱。”隆之与仆射孙腾争尚魏主妹平原公主，公主归隆之，腾泄其言于椿，椿以白帝。隆之惧，逃还乡里，欢召隆之诣晋阳。会腾带仗入省，擅杀御史，惧罪，亦逃就欢。领军娄昭辞疾归晋阳。帝以斛斯椿兼领军，改置都督及河南、关西诸刺史。华山王鸷在徐州，欢使大都督邸珍夺其管钥。建州刺史韩贤、济州刺史蔡儁，皆欢党也，帝省建州以去贤，使御史举儁罪，以汝阳王叔昭代之。欢上言：“儁勋重，不可解夺。汝阳懿德，当受大藩。臣弟永宝猥任定州，宜避贤路。”帝不听。五月丙子，魏主增置勋府庶子，厢别六百人，又增骑官，厢别二百人。

魏主欲伐晋阳，辛卯，下诏戒严，云欲自将伐梁。发河南诸州兵大阅于洛阳，南临洛水，北际邙山，帝戎服，与斛斯椿临观之。六月丁巳，魏主密诏丞相欢，称：“宇文黑獭、贺拔胜颇有异志，故假称南伐，潜为之备，王亦宜共为形援。读讫燔之。”欢表以为：“荆、雍将有逆谋，臣今潜勒兵马三万自河东渡，又遣恒州刺史库狄干等将兵四万自来违津渡，领军将军娄昭等将兵五万以讨荆州，冀州刺史尉景等将山东兵七万、突骑五万以讨江左，皆勒所部，伏听处分。”帝知欢觉其变，乃出欢表，命群臣议之，欲止欢军。欢亦集并州僚佐共议，还以表闻，仍云：“臣为嬖佞所间，陛下一旦赐疑，臣若敢负陛下，使身受天殃，子孙殄绝。陛下若垂信赤心，使干戈不动，佞臣一二人愿斟量废出。”

丁卯，帝使大都督源子恭守阳胡，汝阳王暹守石济，又以仪同三司贾显智为济州刺史，帅豫州刺史斛斯元寿东趣济州。元寿，椿之弟也。蔡儁不受代，帝愈怒。辛未，帝复录洛中文武议意以答欢，且使舍人温子昇为敕赐欢曰：“朕不劳尺刃，坐为天子，所谓生我者父母，贵我者高王。今若无事背王，规相攻讨，则使身及子孙，还如王誓。近虑宇文为乱，贺拔应之，故戒严，欲与王俱为声援。今观其所为，更无异迹。东南不宾，为日已久，今天下户口减半，未宜穷兵极武。朕既暗昧，不知佞人为谁？顷高乾之死，岂独朕意！王忽对昂言兄枉死，人之耳目何易可轻。如闻库狄干语王云：‘本欲取懦弱者为主，无事立此长君，使其不可驾御。今但作十五日行，自可废之，更立余者。’如此议论，自是王间勋人，岂出佞人之口？去岁封隆之叛，今年孙腾逃去，不罪不送，谁不怪王！王若事君尽诚，何不斩送二首？王虽启云西去，而四道俱进，或欲南度洛阳，或欲东临江左，言之者犹应自怪，闻之者宁能不疑。王若晏然居北，在此虽有百万之众，终无图彼之心。王若举旗南指，纵无匹马只轮，犹欲奋空拳而争死。朕本寡德，王已立之，百姓无知，或谓实可。若为他人所图，则彰朕之恶；假令还为王杀，幽辱齑粉，了无遗恨。本望君臣一体，若合符契，不图今日分疏至此。”

中军将军王思政言于魏主曰："高欢之心，昭然可知。洛阳非用武之地，宇文泰乃心王室，今往就之，还复旧京，何虑不克？"帝深然之，遣散骑侍郎河东柳庆见泰于高平，共论时事。泰请奉迎舆驾，庆复命，帝复私谓庆曰："朕欲向荆州何如？"庆曰："关中形胜，宇文泰才略可依。荆州地非要害，南迫梁寇，臣愚未见其可。"帝又问閤内都督宇文显和，显和亦劝帝西幸。时帝广征州郡兵，东郡太守河东裴侠帅所部诣洛阳，王思政问曰："今权臣擅命，王室日卑。奈何？"侠曰："宇文泰为三军所推，居百二之地，所谓已操戈矛，宁肯授人以柄；虽欲投之，恐无异避汤入火也。"思政曰："然则如何而可？"侠曰："图欢有立至之忧，西巡有将来之虑，且至关右徐思其宜耳。"思政然之，乃进侠于帝，授左中郎将。

初，丞相欢以为洛阳久经丧乱，欲迁都于邺。帝曰："高祖定鼎河、洛，为万世之基。王既功存社稷，宜遵太和旧事。"欢乃止。至是复谋迁都，遣三千骑镇建兴，益河东及济州兵，拥诸州和籴粟，悉运入邺城。帝又敕欢曰："王若厌伏人情，杜绝物议，唯有归河东之兵，罢建兴之戍，送相州之粟，追济州之军，使蔡儁受代，邸珍出徐，止戈散马，各事家业，脱须粮廪，别遣转输，则谗人结舌，疑悔不生，王高枕太原，朕垂拱京洛矣。王若马首南向，问鼎轻重，朕虽不武，为社稷宗庙之计，欲止不能。决在于王，非朕能定，为山止篑，相为惜之。"欢上表极言宇文泰、斛斯椿罪恶。

帝以广宁太守广宁任祥兼尚书左仆射，加开府仪同三司。祥弃官走，渡河，据郡待欢。帝乃敕文武官北来者任其去留，遂下制书数欢咎恶，召贺拔胜赴行在所。胜以问太保掾范阳卢柔，柔曰："高欢悖逆，公席卷赴都，与决胜负，死生以之，上策也。北阻鲁阳，南并旧楚，东连兖、豫，西引关中，带甲百万，观衅而动，中策也。举三荆之地，庇身于梁，功名皆去，下策也。”胜笑而不应。

帝以宇文泰兼尚书仆射，为关西大行台，许妻以冯翊长公主。谓泰帐内都督秦郡杨荐曰：“卿归语行台，遣骑迎我。”以荐为直阁将军。泰以前秦州刺史骆超为大都督，将轻骑一千赴洛，又遣荐与长史宇文测出关候接。

丞相欢召其弟定州刺史琛使守晋阳，命长史崔暹佐之。暹，挺之族孙也。欢勒兵南出，告其众曰：“孤以尔朱擅命，建大义于海内，奉戴主上，诚贯幽明。横为斛斯椿谗构，以忠为逆。今者南迈，诛椿而已。”以高敖曹为前锋。宇文泰亦移檄州郡，数欢罪恶，自将大军发高平，前军屯弘农。贺拔胜军于汝水。

秋七月己丑，魏主亲勒兵十余万屯河桥，以斛斯椿为前驱，陈于邙山之北。椿请帅精骑二千夜渡河掩其劳弊，帝始然之。黄门侍郎杨宽说帝曰：“高欢以臣伐君，何所不至，今假兵于人，恐生他变。椿若渡河，万一有功，是灭一高欢，生一高欢矣。”帝遂敕椿停行。椿叹曰：“顷荧惑入南斗，今上信左右间构，不用吾计，岂天道乎！”宇文泰闻之，谓左右曰：“高欢数日行八九百里，此兵家所忌，当乘便击之。而主上以万乘之重，不能渡河决战，方缘津据守。且长河万里，捍御为难，若一处得渡，大事去矣。”即以大都督赵贵为别道行台，自蒲坂济，趣并州，遣大都督李贤将精骑一千赴洛阳。

帝使斛斯椿与行台长孙稚、大都督颍川王斌之镇虎牢，行台长孙子彦镇陕，贾显智、斛斯元寿镇滑台。斌之，鉴之弟；子彦，稚之子也。欢使相州刺史窦泰趣滑台，建州刺史韩贤趣石济。

窦泰与显智遇于长寿津，显智阴约降于欢，引军退。军司元玄觉之，驰还，请益师，帝遣大都督侯几绍赴之，战于滑台东，显智以军降，绍战死。北中郎将田怙为欢内应，欢潜军至野王，帝知之，斩怙。欢至河北十余里，再遣使口申诚款。帝不报。丙午，欢引军渡河。

魏主问计于群臣，或欲奔梁，或云南依贺拔胜，或云西就关中，或云守洛口死战，计未决。元斌之与斛斯椿争权，弃椿还，绐帝云："高欢兵已至！"丁未，帝遣使召椿还，遂帅南阳王宝炬、清河王亶、广阳王湛，以五千骑宿于瀍西，南阳王别舍沙门惠臻负玺持千牛刀以从。众知帝将西出，其夜，亡者过半，亶、湛亦逃归。湛，深之子也。武卫将军云中独孤信单骑追帝，帝叹曰："将军辞父母，捐妻子而来，'世乱识忠臣'，岂虚言也！"戊申，帝西奔长安，李贤遇帝于崤中。己酉，欢入洛阳，舍于永宁寺，遣领军娄昭等追帝，请帝东还。长孙子彦不能守陕，弃城走。高敖曹帅劲骑追帝至陕西，不及。帝鞭马长骛，糗浆乏绝，三二日间，从官唯饮涧水。至湖城，有王思村民以麦饭壶浆献帝，帝悦，复一村十年。至稠桑，潼关大都督毛鸿宾迎献酒食，从官始解饥渴。

八月甲寅，丞相欢集百官谓曰："为臣奉主，匡救危乱，若处不谏争，出不陪从，缓则耽宠争荣，急则委之逃窜，臣节安在！"众莫能对。兼尚书左仆射辛雄曰："主上与近习图事，雄等不得预闻。及乘舆西幸，若即追随，恐迹同佞党；留待大王，又以不从蒙责，雄等进退无所逃罪。"欢曰："卿等备位大臣，当以身报国。群佞用事，卿等尝有一言谏争乎？使国家之事一朝至此，罪欲何归！"乃收雄及开府仪同三司叱列延庆、兼吏部尚书崔孝芬、都官尚书刘廞、兼度支尚书天水杨机、散骑常侍元士弼，皆杀之。孝芬子司徒从事中郎猷间行入关,魏主使以本官奏门下事。欢推司徒清河王亶为大司马,承制决事,居尚书省。

宇文泰使赵贵、梁御帅甲骑二千奉迎,帝循河西行,谓御曰:"此水东流而朕西上,若得复见洛阳,亲谒陵庙,卿等功也。"帝及左右皆流涕。泰备仪卫迎帝,谒见于东阳驿,免冠流涕曰:"臣不能式遏寇虐,使乘舆播迁,臣之罪也。"帝曰:"公之忠节,著于遐迩。朕以不德,负乘致寇,今日相见,深用厚颜。方以社稷委公,公其勉之。"将士皆呼万岁。遂入长安,以雍州廨舍为宫。大赦。以泰为大将军、雍州刺史兼尚书令,军国之政,咸取决焉。别置二尚书,分掌机事,以行台尚书毛遐、周惠达为之。时军国草创,二人积粮储,治器械,简士马,魏朝赖之。泰尚冯翊长公主,拜驸马都尉。

先是,荧惑入南斗,去而复还,留止六旬。上以谚云"荧惑入南斗,天子下殿走",乃跣而下殿以禳之。及闻魏主西奔,惭曰:"虏亦应天象邪!"

辛酉,魏丞相欢自追迎魏主。戊辰,清河王亶下制大赦。欢至弘农,九月乙巳,使行台仆射元子思帅侍官迎帝。己酉,攻潼关,克之,擒毛鸿宾,进屯华阴长城,龙门都督薛崇礼以城降欢。

贺拔胜使长史元颖行荆州事,守南阳,自帅所部西赴关中。至淅阳,闻欢已屯华阴,欲还,行台左丞崔谦曰:"今帝室颠覆,主上蒙尘,公宜倍道兼行,朝于行在,然后与宇文行台同心戮力,唱举大义,天下孰不望风响应。今舍此而退,恐人人解体,一失事机,后悔何及?"胜不能用,遂还。

欢退屯河东,使行台尚书长史薛瑜守潼关,大都督库狄温守封陵。筑城于蒲津西岸,以薛绍宗为华州刺史,使守之。以高敖曹行豫州事。

欢自发晋阳，至是凡四十启，魏主皆不报。欢乃东还，遣行台侯景等引兵向荆州，荆州民邓诞等执元颖以应景。贺拔胜至，景逆击之，胜兵败，帅数百骑来奔。

魏主之在洛阳也，密遣阁内都督河南赵刚召东荆州刺史冯景昭帅兵入援，兵未及发，魏主西入关。景昭集府中文武议所从，司马冯道和请据州待北方处分。刚曰："公宜勒兵赴行在所。"久之，更无言者。刚抽刀投地曰："公若欲为忠臣，请斩道和；如欲从贼，可速见杀。"景昭感悟，即帅众赴关中。侯景引兵逼穰城，东荆州民杨祖欢等起兵应之，以其众邀景昭于路，景昭战败，刚没蛮中。

冬十月，丞相欢至洛阳，又遣僧道荣奉表于孝武帝曰："陛下若远赐一制，许还京洛，臣当帅勒文武式清宫禁；若返正无日，则七庙不可无主，万国须有所归，臣宁负陛下，不负社稷。"帝亦不答。欢乃集百官耆老，议所立。时清河王亶出入已称警跸，欢丑之，乃托以"孝昌以来，昭穆失序，永安以孝文为伯考，永熙迁孝明于夹室，业丧祚短，职此之由"。遂立清河世子善见为帝，谓亶曰："欲立王，不如立王之子。"亶不自安，轻骑南走，欢追还之。丙寅，孝静帝即位于城东北，时年十一，大赦，改元天平。魏宇文泰进军攻潼关，斩薛瑜，虏其卒七千人，还长安，进位大丞相。东魏行台薛脩义等渡河据杨氏壁。魏司空参军河东薛端纠帅村民击却东魏兵，复取杨氏，丞相泰遣南汾州刺史苏景恕镇之。

丁卯，以信武将军元庆和为镇北将军，帅众伐东魏。

〔庚午，东魏以赵郡王谌为大司马，咸阳王坦为太尉，开府仪同三司〕高盛为司徒，高敖曹为司空。坦，树之弟也。

丞相欢以洛阳西逼西魏,南近梁境,乃议迁邺,书下三日即行。丙子,东魏主发洛阳,四十万户狼狈就道。收百官马,尚书丞郎已上非陪从者,尽令乘驴。欢留后部分,事毕,还晋阳。改司州为洛州,以尚书令元弼为洛州刺史,镇洛阳。以行台尚书司马子如为尚书左仆射,与右仆射高隆之、侍中高岳、孙腾留邺,共知朝政。诏以迁民赀产未立,出粟一百三十万石以赈之。

十一月,兖州刺史樊子鹄据瑕丘以拒东魏,南青州刺史大野拔帅众就之。庚寅,东魏主至邺,居北城相州之廨,改相州刺史为司州牧,魏郡太守为魏尹。是时,六坊之众从孝武帝西行者不及万人,余皆北徙,并给常廪,春秋赐帛以供衣服,乃于常调之外,随丰稔之处,折绢籴粟以供国用。

十二月,魏丞相泰遣仪同李虎、李弼、赵贵击曹泥于灵州。

魏孝武帝复与丞相泰有隙,帝饮酒遇酖而殂,泰奉太宰南阳王宝炬而立之。

东魏高敖曹、侯景兵至荆州,魏荆州刺史独孤信兵少,不敌,与都督杨忠皆来奔。

大同元年春正月戊申朔,魏文帝即位于城西,大赦,改元大统。

魏渭州刺史可朱浑道元先附侯莫陈悦,悦死,丞相泰攻之,不能克,与盟而罢。道元世居怀朔,与东魏丞相欢善,又母兄皆在邺,由是常与欢通。泰欲击之,道元帅所部三千户西北渡乌兰津抵灵州,灵州刺史曹泥资送至云州。欢闻之,遣资粮迎候,拜车骑大将军。

道元至晋阳,欢始闻孝武帝之丧,启请举哀制服。东魏主使群臣议之,太学博士潘崇和以为:"君遇臣不以礼,则无反服,是以汤之民不哭桀,周武之臣不服纣。”国子博士卫既隆、李同轨议,以为:“高后于永熙离绝未彰,宜为之服。”东魏从之。

李虎等攻灵州,凡四旬,曹泥请降。

己酉,魏进丞相略阳公泰为都督中外诸军、录尚书事、大行台,封安定王。泰固辞王爵及录尚书,乃封安定公。以尚书令斛斯椿为太保,广平王赞为司徒。

己巳,东魏以丞相欢为相国,假黄钺,殊礼,固辞。

东魏大行台、尚书司马子如帅大都督窦泰、太州刺史韩轨等攻潼关,魏丞相泰军于霸上。子如与轨回军,从蒲津宵济,攻华州,刺史王罴合战,破之,子如等遂引去。

夏四月,元庆和攻东魏城父。丞相欢遣高敖曹帅三万人趣项,窦泰帅三万人趣城父,侯景帅三万人趣彭城,以任祥为东南道行台仆射,节度诸军。

秋七月,魏下诏数高欢二十罪,且曰:“朕将亲总六军,与丞相扫除凶丑。”欢亦移檄于魏,谓宇文黑獭、斛斯椿为逆徒,且言“今分命诸将,领兵百万,刻期西讨”。

二年春正月甲子,东魏丞相欢自将万骑袭魏夏州,身不火食,四日而至,缚稍为梯,夜入其城,擒刺史斛拔俄弥突,因而用之,留都督张琼将兵镇守,迁其部落五千户以归。

魏灵州刺史曹泥复叛降东魏。

秋七月,魏降将贺拔胜等北还。

冬十二月丁丑,东魏丞相欢督诸军伐魏,遣司徒高敖曹趣上洛,大都督窦泰趣潼关。

三年春正月,东魏丞相欢军蒲坂,造三浮桥,欲渡河。魏丞相泰军广阳,谓诸将曰:“贼掎吾三面,作浮桥以示必渡,此欲缀吾军，使窦泰得西入耳。欢自起兵以来，窦泰常为前锋，其下多锐卒，屡胜而骄，今袭之必克，克泰，则欢不战自走矣。”诸将皆曰：“贼在近，舍而袭远，脱有蹉跌，悔何及也。不如分兵御之。”丞相泰曰：“欢再攻潼关，吾军不出灞上。今大举而来，谓吾亦当自守，有轻我之心，乘此袭之，何患不克？贼虽作浮桥，未能径渡，不过五日，吾取窦泰必矣。”行台左丞苏绰、中兵参军代人达奚武亦以为然。庚戌，丞相泰还长安，诸将意犹异同。丞相泰隐其计，以问族子直事郎中深。深曰：“窦泰，欢之骁将，今大军攻蒲坂，则欢拒守而泰救之，吾表里受敌，此危道也。不如选轻锐潜出小关，窦泰躁急，必来决战，欢持重未即救，我急击，泰必可擒也。擒泰，则欢势自沮，回师击之，可以决胜。”丞相泰喜曰：“此吾心也。”乃声言欲保陇右，辛亥，谒魏主而潜军东出，癸丑旦，至小关。窦泰猝闻军至，自风陵渡，丞相泰出马牧泽，击窦泰，大破之，士众皆尽，窦泰自杀，传首长安。丞相欢以河冰薄，不得赴救，撤浮桥而退。仪同代人薛孤延为殿，一日之中斫十五刀，折，乃得免。丞相泰亦引军还。

高敖曹自商山转斗而进，所向无前，遂攻上洛。郡人泉岳及弟猛略与顺阳人杜窋等谋翻城应之，洛州刺史泉企知之，杀岳及猛略。杜窋走归敖曹，敖曹以为乡导而攻之。敖曹被流矢，通中者三，殒绝良久，复上马，免胄巡城。企固守旬余，二子元礼、仲遵力战拒之，仲遵伤目，不堪复战，城遂陷。企见敖曹曰：“吾力屈，非心服也。”敖曹以杜窋为洛州刺史。敖曹创甚，曰：“恨不见季式作刺史。”丞相欢闻之，即以高季式为济州刺史。

敖曹欲入蓝田关，欢使人告曰：“窦泰军没，人心恐动，宜速还。路险贼盛，拔身可也。”敖曹不忍弃众，力战全军而还，以泉企、泉元礼自随，泉仲遵以伤重不行。企私戒二子曰："吾余生无几，汝曹才器足以立功，勿以吾在东，遂亏臣节。"元礼于路逃还，魏以元礼世袭洛州刺史。

夏五月，魏以贺拔胜为太师。

秋七月，独孤信北还，与杨忠皆至长安。

魏宇文深劝丞相泰取恒农。八月丁丑，泰帅李弼等十二将伐东魏，以北雍州刺史于谨为前锋，攻盘豆，拔之。戊子，至恒农，庚寅，拔之，擒东魏陕州刺史李徽伯，俘其战士八千。

时河北诸城多附东魏，左丞杨檦自言父猛尝为邵郡白水令，知其豪杰，请往说之，以取邵郡。泰许之。檦乃与土豪王覆怜等举兵，收邵郡守程保及县令四人，斩之。表覆怜为郡守，遣谍说谕东魏城堡，旬月之间，归附甚众。

闰九月，东魏丞相欢将兵二十万自壶口趣蒲津，使高敖曹将兵三万出河南。时关中饥，魏丞相泰所将将士不满万人，馆谷于恒农五十余日，闻欢将济河，乃引兵入关，高敖曹遂围恒农。欢右长史薛琡言于欢曰："西贼连年饥馑，故冒死来入陕州，欲取仓粟。今敖曹已围陕城。粟不得出，但置兵诸道，勿与野战，比及麦秋，其民自应饿死，宝炬、黑獭何忧不降？愿勿渡河。"侯景曰："今兹举兵，形势极大，万一不捷，猝难收敛。不如分为二军，相继而进，前军若胜，后军全力；前军若败，后军承之。"欢不从，自蒲津济河。

丞相泰遣使戒华州刺史王罴，罴语使者曰："老罴当道卧，貉子那得过。"欢至冯翊城下，谓罴曰："何不早降？"罴大呼曰："此城是王罴冢，死生在此。欲死者来！"欢知不可攻，乃涉洛，军于许原西。

泰至渭南，征诸州兵，皆未会。欲进击欢，诸将以众寡不敌，请待欢更西以观其势。泰曰："欢若至长安，则人情大扰。今及其远来新至，可击也。"即造浮桥于渭，令军士赍三日粮，轻骑渡渭，辎重自渭南夹渭而西。冬十月壬辰，泰至沙苑，距东魏军六十里。诸将皆惧，宇文深独贺。泰问其故，对曰："欢镇抚河北，甚得众心，以此自守，未易可图。今悬师渡河，非众所欲，独欢耻失窦泰，愎谏而来，所谓忿兵，可一战擒也。事理昭然，何为不贺？愿假深一节，发王罴之兵邀其走路，使无遗类。"泰遣须昌县公达奚武觇欢军，武从三骑，皆效欢将士衣服，日暮，去营数百步，下马潜听，得其军号，因上马历营，若警夜者，有不如法，往往挞之，具知敌之情状而还。

欢闻泰至，癸巳，引兵会之。候骑告欢兵且至，泰召诸将谋之。开府仪同三司李弼曰："彼众我寡，不可平地置阵。此东十里有渭曲，可先据以待之。"泰从之，背水东西为阵，李弼为右拒，赵贵为左拒，命将士皆偃戈于苇中，约闻鼓声而起。晡时，东魏兵至渭曲，都督太安斛律羌举曰："黑獭举国而来，欲一死决，譬如猘狗，或能噬人。且渭曲苇深土泞，无所用力，不如缓与相持，密分精锐径掩长安，巢穴既倾，则黑獭不战成擒矣。"欢曰："纵火焚之何如？"侯景曰："当生擒黑獭以示百姓，若众中烧死，谁复信之？"彭乐盛气请斗，曰："我众贼寡，百人擒一，何忧不克？"欢从之。东魏兵望见魏兵少，争进击之，无复行列。兵将交，丞相泰鸣鼓，士皆奋起，于谨等六军与之合战，李弼等帅铁骑横击之，东魏兵中绝为二，遂大破之。李弼弟檦，身小而勇，每跃马陷阵，隐身鞍甲之中，敌见皆曰："避此小儿。"泰叹曰："胆决如此，何必八尺之躯！"征虏将军武川耿令贵杀伤多，甲裳尽赤，泰曰：

"观其甲裳，足知令贵之勇，何必数级！"彭乐乘醉深入魏阵，魏人刺之肠出，内之复战。丞相欢欲收兵更战，使张华原以簿历营点兵，莫有应者，还白欢曰："众尽去，营皆空矣。"欢犹未肯去。阜城侯斛律金曰："众心离散，不可复用，宜急向河东。"欢据鞍未动，金以鞭拂马，乃驰去。夜，渡河，船去岸远，欢跨橐驼就船，乃得渡，丧甲士八万人，弃铠仗十有八万。丞相泰追欢至河上，选留甲士二万余人，余悉纵归。都督李穆曰："高欢破胆矣，速追之，可获。"泰不听，还军渭南，所征之兵甫至，乃于战所人种柳一株以旌武功。

侯景言于欢曰："黑獭新胜而骄，必不为备，愿得精骑二万，径往取之。"欢以告娄妃，妃曰："设如其言，景岂有还理！得黑獭而失景，何利之有？"欢乃止。

魏加丞相泰柱国、大将军，李弼等十二将皆进爵增邑有差。

高敖曹闻欢败，释恒农，退保洛阳。

己酉，魏行台宫景寿等向洛阳，东魏洛州大都督韩贤击走之。州民韩木兰作乱，贤击破之。一贼匿尸间，贤自按检收铠仗，贼欻起斫之，断胫而卒。

魏复遣行台冯翊王季海与独孤信将步骑二万趣洛阳，洛州刺史李显趣三荆，贺拔胜、李弼围蒲坂。

东魏丞相欢之西伐也，蒲坂民敬珍谓其从祖兄祥曰："高欢迫逐乘舆，天下忠义之士皆欲僔刃于其腹。今又称兵西上，吾欲与兄起兵断其归路，此千载一时也。"祥从之，纠合乡里，数日，有众万余。会欢自沙苑败归，祥、珍帅众邀之，斩获甚众。贺拔胜、李弼至河东，祥、珍帅猗氏等六县十余万户归之，丞相泰以珍为平阳太守，祥为行台郎中。

东魏秦州刺史薛崇礼守蒲坂，别驾薛善，崇礼之族弟也，言于崇礼曰："高欢有逐君之罪，善与兄忝衣冠绪余，世荷国恩，今大军已临，而犹为高氏固守，一旦城陷，函首送长安，署为逆贼，死有余愧。及今归款，犹为愈也。"崇礼犹豫不决。善与族人斩关纳魏师，崇礼出走，追获之。丞相泰进军蒲坂，略定汾、绛，凡薛氏预开城之谋者，皆赐五等爵。善曰："背逆归顺，臣子常节，岂容阖门大小俱叨封邑。"与其弟慎固辞不受。

东魏行晋州事封祖业弃城走，仪同三司薛脩义追至洪洞，说祖业还守，祖业不从。脩义还据晋州，安集固守。魏仪同三司长孙子彦引兵至城下，脩义开府伏甲以待之，子彦不测虚实，遂退走。丞相欢以脩义为晋州刺史。

独孤信至新安，高敖曹引兵北渡河。信逼洛阳，洛州刺史广阳王湛弃城归邺，信遂据金墉城。孝武帝之西迁也，散骑常侍河东裴宽谓诸弟曰："天子既西，吾不可以东附高氏。"帅家属逃于大石岭。独孤信入洛，乃出见之。时洛阳荒废，人士流散，唯河东柳虬在阳城，裴诹之在颍川，信俱征之，以虬为行台郎中，诹之为开府属。

东魏颍州长史贺若统执刺史田迄，举城降魏，魏都督梁迥入据其城。前通直散骑侍郎郑伟起兵陈留，攻东魏梁州，执其刺史鹿永吉。前大司马从事中郎崔彦穆攻荥阳，执其太守苏淑，与广州长史刘志皆降于魏。伟，先护之子也。丞相泰以伟为北徐州刺史，彦穆为荥阳太守。

十一月，东魏行台任祥帅督将尧雄、赵育、是云宝攻颍川，丞相泰使大都督宇文贵、乐陵公辽西怡峰将步骑二千救之。军至阳翟，雄等军已去颍川三十里，祥帅众四万继其后。诸将咸以为

"彼众我寡，不可争锋"。贵曰："雄等谓吾兵少，必不敢进。彼与任祥合兵攻颍川，城必危矣。若贺若统陷没，吾辈坐此何为？今进据颍川，有城可守，又出其不意，破之必矣。"遂疾趋据颍川，背城为阵以待。雄等至，合战，大破之，雄走，赵育请降，俘其士卒万余人，悉纵遣之。任祥闻雄败，不敢进，贵与怡峰乘胜逼之，祥退保宛陵，贵追及，击之，祥军大败。是云宝杀其阳州刺史那椿，以州降魏。魏以贵为开府仪同三司，是云宝、赵育为车骑大将军。都督杜陵韦孝宽攻东魏豫州，拔之，执其行台冯邕。孝宽名叔裕，以字行。丙子，东魏以骠骑大将军仪同三司万俟普为太尉。

十二月，魏行台杨白驹与东魏阳州刺史段粲战于蓼坞，魏师败绩。魏荆州刺史郭鸾攻东魏东荆州刺史清都慕容俨，俨昼夜拒战，二百余日，乘间出击鸾，大破之。时河南诸州多失守，唯东荆获全。河间邢磨纳、范阳卢仲礼、仲礼从弟仲裕等皆起兵海隅以应魏。东魏济州刺史高季式有部曲千余人，马八百匹，铠仗皆备。濮阳民杜灵椿等为盗，聚众近万人，攻城剽野，季式遣骑三百，一战擒之，又击阳平贼路文徒等，悉平之，于是远近肃清。或谓季式曰："濮阳、阳平乃畿内之郡，不奉诏命，又不侵境，何急而使私军远战？万一失利，岂不获罪乎？"季式曰："君何言之不忠也！我与国家同安共危，岂有见贼而不讨乎？且贼知台军猝不能来，又不疑外州有兵击之，乘其无备，破之必矣。以此获罪，吾亦无恨。"

四年春二月，东魏大都督善无贺拔仁攻魏南汾州，刺史韦子粲降之，丞相泰灭子粲之族。东魏大行台侯景等治兵于虎牢，将复河南诸州，魏梁迥、韦孝宽、赵继宗皆弃城西归。侯景攻广州，数旬未拔，闻魏救兵将至，集诸将议之，行洛州事卢勇请进观形势。乃帅百骑至大隗山，遇魏师。日已暮，勇多置幡旗于树颠，夜，分骑为十队，鸣角直前，擒魏仪同三司程华，斩仪同三司王征蛮而还。广州守将骆超遂以城降东魏。丞相欢以勇行广州事。勇，辩之从弟也。于是南汾、颍、豫、广四州复入东魏。

三月辛酉，东魏丞相欢以沙苑之败，请解大丞相，诏许之。顷之，复故。

秋七月，东魏侯景、高敖曹等围魏独孤信于金墉，太师欢帅大军继之。景悉烧洛阳内外官寺、民居，存者什二三。魏主将如洛阳拜园陵，会信等告急，遂与丞相泰俱东，命尚书左仆射周惠达辅太子钦守长安，开府仪同三司李弼、车骑大将军达奚武帅千骑为前驱。八月庚寅，丞相泰至穀城，侯景等欲整陈以待其至，仪同三司太安莫多娄贷文请帅所部击其前锋，景等固止之。贷文勇而专，不受命，与可朱浑道元以千骑前进，夜，遇李弼、达奚武于孝水。弼命军士鼓噪，曳柴扬尘，贷文走，弼追斩之，道元单骑获免，悉俘其众送恒农。

泰进军瀍东，侯景等夜解围去。辛卯，泰帅轻骑追景至河上，景为阵，北据河桥，南属邙山，与泰合战。泰马中流矢，惊逸，遂失所之。泰坠地，东魏兵追及之，左右皆散，都督李穆下马以策抶泰背骂曰："笼东军士，尔曹主何在，而独留此！"追者不疑其贵人，舍之而过。穆以马授泰，与之俱逸。

魏兵复振，击东魏兵，大破之，东魏兵北走。京兆忠武公高敖曹意轻泰，建旗盖以陵阵，魏人尽锐攻之，一军皆没，敖曹单骑走投河阳南城。守将北豫州刺史高永乐，欢之从祖兄子也，与敖曹有怨，闭门不受。敖曹仰呼求绳，不得，拔刀穿阖，未彻而追兵至。敖曹伏桥下，追者见其从奴持金带，问敖曹所在，奴指示之，敖曹知不免，奋头曰："来，与汝开国公！"追者斩其首去。高欢闻之，如丧肝胆，杖高永乐二百，赠敖曹太师、大司马、太尉。泰赏杀敖曹者布绢万段，岁岁稍与之，比及周亡，犹未能足。魏又杀东魏西兖州刺史宋显等，虏甲士万五千人，赴河死者以万数。

初，欢以万俟普尊老，特礼之，尝亲扶上马。其子洛免冠稽首曰："愿出死力以报深恩。"及邙山之战，诸军北渡桥，洛独勒兵不动，谓魏人曰："万俟受洛干在此，能来可来也！"魏人畏之而去，欢名其所营地为回洛。

是日，东、西魏置阵既大，首尾悬远，从旦至未，战数十合，氛雾四塞，莫能相知。魏独孤信、李远居右，赵贵、怡峰居左，战并不利。又未知魏主及丞相泰所在，皆弃其卒先归。开府仪同三司李虎、念贤等为后军，见信等退，即与俱去。泰由是烧营而归，留仪同三司长孙子彦守金墉。

王思政下马，举长矟左右横击，一举辄踣数人。陷阵既深，从者尽死，思政被重创，闷绝，会日暮，敌亦收兵。思政每战常着破衣弊甲，敌不知其将帅，故得免。帐下督雷五安于战处哭求思政，会其已苏，割衣裹创，扶思政上马，夜久，始得还营。

平东将军蔡祐下马步斗，左右劝乘马以备仓猝，祐怒曰："丞相爱我如子，今日岂惜生乎！"帅左右十余人合声大呼，击东魏兵，杀伤甚众。东魏人围之十余重，祐弯弓持满，四面拒之。东魏人募厚甲长刀者直进取之，去祐可三十步，左右劝射之，祐曰："吾曹之命，在此一矢，岂可虚发。"将至十步，祐乃射之，应弦而倒，东魏兵稍却，祐徐引还。

魏主至恒农，守将已弃城走，所虏降卒在恒农者相与闭门拒守，丞相泰攻拔之，诛其魁首数百人。

蔡祐追及泰于恒农，夜，见泰，泰曰："承先，尔来，吾无忧矣。"泰惊不得寝，枕祐股，然后安。祐每从泰战，常为士卒先，战还，诸将皆争功，祐终无所言。泰每叹曰："承先口不言勋。我当代其论叙。"泰留王思政镇恒农，除侍中、东道行台。

魏之东伐也，关中留守兵少，前后所虏东魏士卒散在民间，闻魏兵败，谋作乱。李虎等至长安，计无所出，与太尉王盟、仆射周惠达等奉太子钦出屯渭北。百姓互相剽掠，关中大扰。于是沙苑所虏东魏都督赵青雀、雍州民于伏德等遂反。青雀据长安子城，伏德保咸阳，与咸阳太守慕容思庆各收降卒以拒还兵。长安大城民相帅以拒青雀，日与之战。大都督侯莫陈顺击贼，屡破之，贼不敢出。顺，崇之兄也。

扶风公王罴镇河东，大开城门，悉召军士谓曰："今闻大军失利，青雀作乱，诸人莫有固志。王罴受委于此，以死报恩。有能同心者可共固守。必恐城陷，任自出城。"众感其言，皆无异志。

魏主留阌乡。丞相泰以士马疲弊，不可速进，且谓青雀等乌合，不能为患。曰："我至长安，以轻骑临之，必当面缚。"通直散骑常侍吴郡陆通谏曰："贼逆谋久定，必无迁善之心，蜂虿有毒，安可轻也。且贼诈言东寇将至，今若以轻骑临之，百姓谓为信然，益当惊扰。今军虽疲弊，精锐尚多，以明公之威，总大军以临之，何忧不克？"泰从之，引兵西入。父老见泰至，莫不悲喜，士女相贺。华州刺史宇文导引兵袭咸阳，斩思庆，擒伏德，南渡渭，与泰会，攻青雀，破之。太保梁景睿以疾留长安，与青雀通谋，泰杀之。

东魏太师欢自晋阳将七千骑至孟津，未济，闻魏师已遁，遂济河，遣别将追魏师，至崤，不及而还。欢攻金墉，长孙子彦弃城走，焚城中室屋俱尽，欢毁金墉而还。

东魏之迁邺也，主客郎中裴让之留洛阳。独孤信之败也，让之弟诹之随丞相泰入关，为大行台仓曹郎中。欢囚让之兄弟五人，让之曰："昔诸葛亮兄弟事吴、蜀，各尽其心，况让之老母在此，不忠不孝，必不为也。明公推诚待物，物亦归心；若用猜忌，去霸业远矣。"欢皆释之。

九月，魏主入长安，丞相泰还屯华州。

冬十月，魏归高敖曹、窦泰、莫多娄贷文之首于东魏。

十二月，魏是云宝袭洛阳，东魏洛州刺史王元轨弃城走。都督赵刚袭广州，拔之。于是自襄、广以西城镇复为魏。

初，魏伊川土豪李长寿为防蛮都督，积功至北华州刺史。孝武帝西迁，长寿帅其徒拒东魏，魏以长寿为广州刺史。侯景攻拔其壁，杀之。其子延孙复收集父兵以拒东魏。魏之贵臣广陵王欣、录尚书长孙稚等皆携家往依之，延孙资遣卫送，使达关中。东魏高欢患之，数遣兵攻延孙，不能克。魏以延孙为京南行台、节度河南诸军事、广州刺史。延孙以澄清伊、洛为己任，魏以延孙兵少，更以长寿之婿京兆韦法保为东洛州刺史，配兵数百以助之。法保名祐，以字行。既至，与延孙连兵，置栅于伏流。独孤信之入洛阳也，欲缮修宫室，使外兵郎中天水权景宣帅徒兵三千出采运。会东魏兵至，河南皆叛，景宣间道西走，与李延孙相会，攻孔城，拔之，洛阳以南寻亦西附。丞相泰即留景宣守张白坞，节度东南诸军应关西者。是岁，延孙为其长史杨伯兰所杀，韦法保即引兵据延孙之栅。

东魏将段琛等据宜阳，遣阳州刺史牛道恒诱魏边民。魏南兖州刺史韦孝宽患之，乃诈为道恒与孝宽书，论归款之意，使谍人遗之于琛营，琛果疑道恒。孝宽乘其猜阻，出兵袭之，擒道恒及琛，崤、渑遂清。东道行台王思政以玉壁险要，请筑城自恒农徙镇之，诏加都督汾晋并州诸军事、并州刺史，行台如故。

六年春二月，东魏大行台侯景出三鸦，将复荆州。魏丞相泰遣李弼、独孤信各将五千骑出武关，景乃还。

夏五月乙酉，魏行台宫延和、陕州刺史宫延庆降于东魏，东魏以河北马场为义州以处之。

八年春三月，魏初置六军。

秋八月，东魏丞相欢击魏，入自汾、绛，连营四十里，丞相泰使王思政守玉壁以断其道。欢以书招思政曰："若降，当授以并州。"思政复书曰："可朱浑道元降，何以不得？"冬十月己亥，欢围玉壁，凡九日，遇大雪，士卒饥冻，多死者，遂解围去。魏遣太子钦镇蒲坂。丞相泰出军蒲坂，至皂荚，闻欢退，渡汾追之，不及。十一月，东魏以可朱浑道元为并州刺史。

九年春二月壬申，东魏御史中尉高仲密以虎牢叛，降魏，魏以仲密为侍中、司徒。欢以仲密之叛由崔暹，将杀之，高澄匿暹，为之固请。欢曰："我丐其命，须与苦手。"澄乃出暹，而谓大行台都官郎陈元康曰："卿使崔暹得杖，勿复相见。"元康为之言于欢曰："大王方以天下付大将军，大将军有一崔暹不能免其杖，父子尚尔，况于他人！"欢乃释之。

高季式在永安戍，仲密遣信报之，季式走告欢，欢待之如旧。

魏丞相泰帅诸军以应仲密，以太子少傅李远为前驱，至洛阳，遣开府仪同三司于谨攻柏谷，拔之。三月壬申，围河桥南城。

东魏丞相欢将兵十万至河北，泰退军瀍上，纵火船于上流以烧河桥。斛律金使行台郎中张亮以小艇百余载长锁，伺火船将至，以钉钉之，引锁向岸，桥遂获全。

欢渡河，据邙山为阵，不进者数日。泰留辎重于瀍曲，夜登邙山以袭欢，候骑白欢曰："贼距此四十余里，蓐食干饭而来。"欢曰："自当渴死。"乃正阵以待之。戊申黎明，泰军与欢军遇，东魏彭乐以数千骑为右甄，冲魏军之北垂，所向奔溃，遂驰入魏营。人告彭乐叛，欢甚怒。俄而西北尘起，乐使来告捷，虏魏侍中、开府仪同三司、大都督临洮王柬、蜀郡王荣宗、江夏王昇、钜鹿王阐、谯郡王亮、詹事赵善及督将僚佐四十八人。诸将乘胜击魏，大破之，斩首三万余级。

欢使彭乐追泰，泰窘，谓乐曰："汝非彭乐邪？痴男子，今日无我，明日岂有汝邪？何不急还营，收汝金宝。"乐从其言，获泰金带一囊以归，言于欢曰："黑獭漏刃，破胆矣。"欢虽喜其胜，而怒其失泰，令伏诸地，亲捽其头，连顿之，并数以沙苑之败，举刃将下者三，噤齘良久。乐曰："乞五千骑，复为王取之。"欢曰："汝纵之何意，而言复取邪？"命取绢三千匹压乐背，因以赐之。

明日复战，泰为中军，中山公赵贵为左军，领军若干惠等为右军。中军、右军合击东魏，大破之，悉俘其步卒。欢失马，赫连阳顺下马以授欢，欢上马走，从者步骑七人。追兵至，亲信都督尉兴庆曰："王速去，兴庆腰有百箭，足杀百人。"欢曰："事济，以尔为怀州刺史；若死，用尔子。"兴庆曰："儿小，愿用兄。"欢许之。兴庆拒战，矢尽而死。

东魏军士有逃奔魏者，告以欢所在，泰募勇敢三千人，皆执短兵，配大都督贺拔胜以攻之。胜识欢于行间，执槊与十三骑逐之，驰数里，槊刃垂及，因字之曰："贺六浑，贺拔破胡必杀汝！"

欢气殆绝，河州刺史刘洪徽从傍射胜，中其二骑，武卫将军段韶射胜马，毙之，比副马至，欢已逸去。胜叹曰："今日不执弓矢，天也。"

魏南郢州刺史耿令贵大呼，独入敌中，锋刃乱下，人皆谓已死，俄奋刀而还，如是数四，当令贵前者死伤相继。乃谓左右曰："吾岂乐杀人，壮士除贼，不得不尔。若不能杀贼，又不为贼所伤，何异逐坐人也。"

左军赵贵等五将战不利，东魏兵复振，泰与战，又不利。会日暮，魏兵遂遁，东魏兵追之。独孤信、于谨收散卒自后击之，追兵惊扰，魏诸军由是得全。若干惠夜引去，东魏兵追之。惠徐下马，顾命厨人营食，食毕，谓左右曰："长安死，此中死，有以异乎？"乃建旗鸣角，收散卒徐还。追骑疑有伏兵，不敢逼。泰送入关，屯渭上。

欢进至陕，泰使开府仪同三司达奚武等拒之。行台郎中封子绘言于欢曰："混壹东西，正在今日。昔魏太祖平汉中，不乘胜取巴、蜀，失在迟疑，后悔无及。愿大王不以为疑。"欢深然之。集诸将议进止，咸以为："野无青草，人马疲瘦，不可远追。"陈元康曰："两雄交争，岁月已久。今幸而大捷，天授我也，时不可失，当乘胜追之。"欢曰："若遇伏兵，孤何以济？"元康曰："王前沙苑失利，彼尚无伏；今奔败若此，何能远谋？若舍而不追，必成后患。"欢不从，使刘丰生将数千骑追泰，遂东归。

泰召王思政于玉壁，将使镇虎牢，未至而泰败，乃使守恒农。思政入城，令开门解衣而卧，慰勉将士，示不足畏。后数日，刘丰生至城下，惮之，不敢进，引军还。思政乃修城郭，起楼橹，营农田，积刍粟，由是恒农始有守御之备。

丞相泰求自贬，魏主不许。是役也，魏诸将皆无功，唯耿令贵与太子武卫率王胡仁、都督王文达力战，功多。泰欲以雍、岐、北雍三州授之，以州有优劣，使探筹取之，仍赐胡仁名勇，令贵名豪，文达名傑，用彰其功。于是广募关、陇豪右以增军旅。

高仲密之将叛也，阴遣人扇动冀州豪杰，使为内应。东魏遣高隆之驰驿慰抚，由是得安。高澄密书与隆之曰："仲密枝党与之俱西者，宜悉收其家属，以惩将来。"隆之以为恩旨既行，理无追改，若复收治，示民不信，脱致惊扰，所亏不细，乃启丞相欢而罢之。

夏四月，丞相泰使谍潜入虎牢，令守将魏光固守。侯景获之，改其书云"宜速去"，纵谍入城，光宵遁。景获高仲密妻子送邺，北豫、洛二州复入于东魏。五月壬辰，东魏以克复虎牢，降死罪已下囚，惟不赦高仲密家。丞相欢以高乾有义勋，高昂死王事，季式先自告，皆为之请免。

乙未，以侯景为司空。

中大同元年秋八月，魏徙并州刺史王思政为荆州刺史，使之举诸将可代镇玉壁者。思政举晋州刺史韦孝宽，丞相泰从之。东魏丞相欢悉举山东之众，将伐魏。癸巳，自邺会兵于晋阳。九月，至玉壁，围之，以挑西师，西师不出。

冬十月，东魏丞相欢攻玉壁，昼夜不息，魏韦孝宽随机拒之。城中无水，汲于汾，欢使移汾，一夕而毕。欢于城南起土山，欲乘之以入。城上先有二楼，孝宽缚木接之，令常高于土山以御之。欢使告之曰："虽尔缚楼至天，我当穿地取尔。"乃凿地为十道，又用术士李业兴孤虚法，聚攻其北，北，天险也。孝宽掘长堑邀其地道，选战士屯堑上，每穿至堑，战士辄擒杀之。又于堑外积柴贮火，敌有在地道内者，塞柴投火，以皮排吹之，一鼓皆焦烂。敌以攻车撞城，车之所及，莫不摧毁，无能御者。孝宽缝布为幔，随其所向张之，布既悬空，车不能坏。敌又缚松、麻于竿，灌油加火以烧布，并欲焚楼。孝宽作长钩，利其刃，火竿将至，以钩遥割之，松、麻俱落。敌又于城四面穿地为二十道，其中施梁柱，纵火烧之，柱折，城崩。孝宽随崩处竖木栅以扞之，敌不得入。城外尽攻击之术，而城中守御有余。孝宽又夺据其土山。欢无如之何，乃使仓曹参军祖珽说之曰："君独守孤城，而西方无救，恐终不能全，何不降也？"孝宽报曰："我城池严固，兵食有余。攻者自劳，守者常逸，岂有旬朔之间已须救援，适忧尔众有不返之危。孝宽关西男子，必不为降将军也。"珽复谓城中人曰："韦城主受彼荣禄，或复可尔，自外军民，何事相随入汤火中！"乃射募格于城中，云："能斩城主降者，拜太尉，封开国郡公，赏帛万匹。"孝宽手题书背，返射城外，云："能斩高欢者准此。"珽，莹之子也。东魏苦攻凡五十日，士卒战及病死者七万人，共为一冢。欢智力皆困，因而发疾。有星坠欢营中，士卒惊惧。十一月庚子，解围去。

先是，欢别使侯景将兵趣齐子岭，魏建州刺史杨摽镇车箱，恐其寇邵郡，帅骑御之。景闻摽至，斫木断路六十余里，犹惊而不安，遂还河阳。

庚戌，欢使段韶从太原公洋镇邺。辛亥，征世子澄会晋阳。

魏以韦孝宽为骠骑大将军、开府仪同三司，进爵建忠公。时人以王思政为知人。

十二月己卯，欢以无功，表解都督中外诸军，东魏主许之。

欢之自玉壁归也，军中讹言："韦孝宽以定功弩射杀丞相。"

魏人闻之,因下令曰:"劲弩一发,凶身自殒。"欢闻之,勉坐见诸贵,使斛律金作敕勒歌,欢自和之,哀感流涕。

太清元年春正月丙午,东魏勃海献武王欢卒。

二年夏四月甲戌,东魏遣太尉高岳、行台慕容绍宗、大都督刘丰生等将步骑十万攻魏王思政于颍川。思政令卧鼓偃旗,若无人者。岳恃其众,四面陵城。思政选骁勇开门出战,岳兵败走。岳更筑土山,昼夜攻之,思政随方拒守,夺其土山,置楼堞以助防守。

三年夏四月,东魏高岳等攻魏颍川,不克。大将军澄益兵助之,道路相继,逾年犹不下。山鹿忠武公刘丰生建策,堰洧水以灌之,城多崩颓,岳悉众分休迭进。王思政身当矢石,与士卒同劳苦,城中泉涌,悬釜而炊。太师泰遣大将军赵贵督东南诸州兵救之,自长社以北,皆为陂泽,兵至穰,不得前。东魏人使善射者乘大舰临城射之,城垂陷。燕郡景惠公慕容绍宗与刘丰生临堰视之,见东北尘起,同入舰坐避之。俄而暴风至,远近晦冥,缆(继)〔断〕飘船径向城;城上人以长钩牵船,弓弩乱发,绍宗赴水溺死,丰生游(水)〔上〕向土山,城上人射杀之。

五月,东魏高岳既失慕容绍宗等,志气沮丧,不敢复逼长社城。陈元康言于大将军澄曰:"王自辅政以来,未有殊功,虽破侯景,本非外贼。今颍川垂陷,愿王自以为功。"澄从之。戊寅,自将步骑十万攻长社,亲临作堰,堰三决,澄怒,推负土者及囊并塞之。

六月,长社城中无盐,人病挛肿,死者什八九。大风从西北起,吹水入城,城坏。东魏大将军澄令城中曰:"有能生致王大将军者封侯。若大将军身有损伤,亲近左右皆斩。"王思政帅众据土山，告之曰："吾力屈计穷，唯当以死谢国。"因仰天大哭，西向再拜，欲自刎。都督骆训曰："公常语训等：'汝赍我头出降，非但得富贵，亦完一城人。'今高相既有此令，公独不哀士卒之死乎？"众共执之，不得引决。澄遣通直散骑赵彦深就土山遗以白羽扇，执手申意，牵之以下。澄不令拜，延而礼之。思政初入颍川，将士八千人，及城陷，才三千人，卒无叛者。澄悉散配其将卒于远方，改颍川为郑州，礼遇思政甚重。西閤祭酒卢潜曰："思政不能死节，何足可重！"澄谓左右曰："我有卢潜，乃是更得一王思政。"潜，度世之曾孙也。

初，思政屯襄城，欲以长社为行台治所，遣使者魏仲启陈于太师泰，并致书于淅州刺史崔猷。猷复书曰："襄城控带京洛，实当今之要地，如有动静，易相应接。颍川既邻寇境，又无山川之固，贼若潜来，径至城下。莫若顿兵襄城，为行台之所。颍川置州，遣良将镇守，则表里胶固，人心易安，纵有不虞，岂能为患。"仲见泰，具以启闻，泰令依猷策。思政固请，且约"贼水攻期年、陆攻三年之内，朝廷不烦赴救"。泰乃许之。及长社不守，泰深悔之。猷，孝芬之子也。

侯景之南叛也，丞相泰恐东魏复取景所部地，使诸将分守诸城。及颍川陷，泰以诸城道路阻绝，皆令拔军还。

高氏篡东魏　北齐

梁武帝太清元年。东魏静帝美容仪，旅力过人，能挟石师子逾宫墙，射无不中，好文学，从容沉雅，时人以为有孝文风烈。大将军澄深忌之。始，献武王自病逐君之丑，事静帝礼甚恭，事无大小必以闻，可否听旨。每侍宴，俯伏上寿。帝设法会，乘辇行香，欢执香炉步从，鞠躬屏气，承望颜色，故其下奉帝莫敢不恭。及澄当国，倨慢顿甚，使中书黄门郎崔季舒察帝动静，小大皆令季舒知之。澄与季舒书曰："痴人比复何似？痴势小差未？宜用心检校。"帝尝猎于邺东，驰逐如飞，监卫都督乌那罗受工伐从后呼曰："天子勿走马，大将军嗔。"澄尝侍饮酒，举大觞属帝曰："臣澄劝陛下酒。"帝不胜，忿曰："自古无不亡之国，朕亦何用此生为！"澄怒曰："朕，朕，狗脚朕！"使崔季舒殴帝三拳，奋衣而出。明日，澄使季舒入劳帝，帝亦谢焉，赐季舒绢百匹。

帝不堪忧辱，咏谢灵运诗曰："韩亡子房奋，秦帝鲁连耻。本自江海人，忠义动君子。"常侍侍讲颍川荀济知帝意，乃与祠部郎中元瑾、长秋卿刘思逸、华山王大器、淮南王宣洪、济北王徽等谋诛澄。大器，鸷之子也。帝谬为敕问济曰："欲以何日开讲？"乃诈于宫中作土山，开地道向北城。至千秋门，门者觉地下响，以告澄。澄勒兵入宫，见帝，不拜而坐曰："陛下何意反？臣父子功存社稷，何负陛下邪？此必左右妃嫔辈所为。"欲杀胡夫人及李嫔。帝正色曰："自古唯闻臣反君，不闻君反臣。王自欲反，何乃责我？我杀王则社稷安，不杀则灭亡无日。我身且不暇惜，况于妃嫔！必欲弑逆，缓速在王。"澄乃下床叩头，大啼谢罪。于是酣饮，夜久乃出。居三日，幽帝于含章堂。壬辰，烹济等于市。

初，济少居江东，博学能文。与上有布衣之旧，知上有大志，然负气不服，常谓人曰："会于盾鼻上磨墨檄之。"上甚不平。及即位，或荐之于上，上曰："人虽有才，乱俗好反，不可用也。"济上书谏上崇信佛法，为塔寺奢费，上大怒，欲集朝众斩之。朱异密告之，济逃奔东魏。澄为中书监，欲用济为侍读，献武王曰：

"我爱济,欲全之,故不用济。济入宫,必败。"澄固请,乃许之。及败,侍中杨遵彦谓之曰:"衰暮何苦复尔?"济曰:"壮气在耳。"因下辨曰:"自伤年纪摧颓,功名不立,故欲挟天子,诛权臣。"澄欲宥其死,亲问之曰:"荀公何意反?"济曰:"奉诏诛高澄,何谓反?"有司以济老病,鹿车载诣东市,并焚之。

澄疑谘议温子昇知瑾等谋,方使之作献武王碑,既成,饿于晋阳狱,食弊襦而死。弃尸路隅,没其家口,太尉长史宋游道收葬之。澄谓游道曰:"吾近书与京师诸贵,论及朝士,以卿僻于朋党,将为一病。今乃知卿真是重故旧尚节义之人,天下人代卿怖者,是不知吾心也。"九月辛丑,澄还晋阳。

三年夏四月甲辰,东魏进大将军勃海王澄位相国,封齐王,加殊礼。丁未,澄入朝于邺,固辞,不许。澄召将佐密议之,皆劝澄宜膺朝命;独散骑常侍陈元康以为未可,澄由是嫌之,崔暹乃荐陆元规为大行台郎以分元康之权。

秋七月,东魏大将军澄诣邺,辞爵位殊礼,且请立太子。澄谓济阴王晖业曰:"比读何书?"晖业曰:"数寻伊、霍之传,不读曹、马之书。"

八月辛卯,东魏立皇子长仁为太子。

勃海文襄王高澄以其弟太原公洋次长,意常忌之。洋深自晦匿,言不出口,常自贬退,与澄言,无不顺从。澄轻之,常曰:"此人亦得富贵,相书亦何可解。"洋为其夫人赵郡李氏营服玩小佳,澄辄夺取之。夫人或恚未与,洋笑曰:"此物犹应可求,兄须,何容吝惜。"澄或愧不取,洋即受之,亦无饰让。每退朝还第,辄闭阁静坐,虽对妻子,能竟日不言。或时袒跣奔跃,夫人问其故,洋曰:"为尔漫戏。"其实盖欲习劳也。

澄获(衡)〔徐〕州刺史兰钦子京,以为膳奴,钦请赎之,不许。京屡自诉,澄杖之,曰:"更诉,当杀汝。"京与其党六人谋作乱。澄在邺,居北城东柏堂,嬖琅邪公主,欲其往来无间,侍卫者常遣出外。辛卯,澄与散骑常侍陈元康、吏部尚书侍中杨愔、黄门侍郎崔季舒屏左右,谋受魏禅,署拟百官。兰京进食,澄却之,谓诸人曰:"昨夜梦此奴斫我,当急杀之。"京闻之,置刀盘下,冒言进食,澄怒曰:"我未索食,何为遽来!"京挥刀曰:"来杀汝!"澄自投伤足,入于床下,贼去床,弑之。愔狼狈走出,遗一靴,季舒匿于厕中。元康以身蔽澄,与贼争刀,被伤,肠出。库(真)〔直〕王纮冒刃御贼,纥奚舍乐斗死。时变起仓猝,内外震骇。太原公洋在城东双堂,闻之,神色不变,指麾部分,入讨群贼,斩而脔之。徐出,言曰:"奴反,大将军被伤,无大苦也。"内外莫不惊异。洋秘不发丧。陈元康手书辞母,口占使功曹参军祖珽作书陈便宜,至夜而卒。洋殡之第中,诈云出使,虚除元康中书令,以王纮为领左右都督。纮,基之子也。

勋贵以重兵皆在并州,劝洋早如晋阳,洋从之。夜,召大将军督护太原唐邕,使部分将士,镇遏四方。邕支配须臾而毕,洋由是重之。

癸巳,洋讽东魏主以立太子大赦。澄死问渐露,东魏主窃谓左右曰:"大将军今死,似是天意,威权当复归帝室矣。"洋留太尉高岳、太保高隆之、开府仪同三司司马子如、侍中杨愔守邺,余勋贵皆自随。甲午,入谒东魏主于昭阳殿,从甲士八千人,登阶者二百余人,皆攘袂扣刃,若对严敌。令主者传奏曰:"臣有家事,须诣晋阳。"再拜而出。东魏主失色,目送之曰:"此人又似不相容,朕不知死在何日!"晋阳旧臣宿将素轻洋,及至,大会文武，神彩英畅，言辞敏洽，众皆大惊。澄政令有不便者，洋皆改之。

简文帝大宝元年春正月戊辰，东魏进太原公高洋位丞相、都督中外诸军、录尚书事、大行台、齐郡王。三月庚申，东魏进丞相洋爵为齐王。

东魏齐王洋之为开府也，勃海高德政为管记，由是亲昵，言无不尽。金紫光禄大夫丹杨徐之才、北平太守广宗宋景业皆善图谶，以为"太岁在午，当有革命"，因德政以白洋，劝之受禅。洋以告娄太妃，太妃曰："汝父如龙，兄如虎，犹以天位不可妄据，终身北面。汝独何人，欲行舜、禹之事乎？"洋以告之才，之才曰："正为不及父兄，故宜早升尊位耳。"洋铸像卜之而成，乃使开府仪同三司段韶问肆州刺史斛律金。金来见洋，固言不可，以宋景业首陈符命，请杀之。洋与诸贵议于太妃前，太妃曰："吾儿懦直，必无此心，高德政乐祸教之耳。"洋以人心不壹，使高德政如邺察公卿之意，未还。洋拥兵而东，至平都城，召诸勋贵议之，莫敢对。长史杜弼曰："关西国之勍敌，若受魏禅，恐彼挟天子自称义兵而东向，王何以待之？"徐之才曰："今与王争天下者，彼亦欲为王所为，纵其屈强，不过随我称帝耳。"弼无以应。高德政至邺，讽公卿，莫有应者。司马子如逆洋于辽阳，固言未可。洋欲还，仓丞李集曰："王来为何事，而今欲还？"洋伪使于东门杀之，而别令赐绢十匹，送还晋阳。自是居常不悦。徐之才、宋景业等日陈阴阳杂占，云宜早受命。高德政亦敦劝不已。洋使术士李密卜之，遇大横，曰："汉文之卦也。"又使宋景业筮之，遇乾之鼎，曰："乾，君也，鼎，五月卦也，宜以仲夏受禅。"或曰："五月不可入官，犯之，终于其位。"景业曰："王为天子，无复下期，岂得不终于其位乎!"洋大悦,乃发晋阳。

高德政录在邺诸事,条进于洋,洋令左右陈山提驰驿赍事条,并密书与杨愔。是月,山提至邺,杨愔即召太常卿邢劭等议撰仪注,秘书监魏收草九锡、禅让、劝进诸文,引魏宗室诸王入北宫,留于东斋。甲寅,东魏进洋位相国,总百揆,备九锡。洋行至前亭,所乘马忽倒,意甚恶之,至平都城,不复肯进。高德政、徐之才苦请曰:"山提先去,恐其漏泄。"即命司马子如、杜弼驰驿续入,观察物情。子如等至邺,众人以事势已决,无敢异言。洋至邺,召夫赍筑具集城南。高隆之请曰:"用此何为?"洋作色曰:"我自有事,君何问为,欲族灭邪!"隆之谢而退。于是作圜丘,备法物。

丙辰,司空潘乐、侍中张亮、黄门郎赵彦深等求入启事,东魏孝静帝在昭阳殿见之。亮曰:"五行递运,有始有终,齐王圣德钦明,万方归仰,愿陛下远法尧、舜。"帝敛容曰:"此事推挹已久,谨当逊避。"又曰:"若尔,须作制书。"中书郎崔劼、裴让之曰:"制已作讫。"使侍中杨愔进之。东魏主既署,曰:"居朕何所?"愔对曰:"北城别有馆宇。"乃下御坐,步就东廊,咏范蔚宗后汉书赞曰:"献生不辰,身播国屯,终我四百,永作虞宾。"所司请发,帝曰:"古人念遗簪弊履,朕欲与六宫别,可乎?"高隆之曰:"今日天下犹陛下之天下,况在六宫。"帝步入与妃嫔已下别,举宫皆哭。赵国李嫔诵陈思王诗云:"王其爱玉体,俱享黄发期。"直长赵道德以故犊车一乘候于东閤,帝登车,道德超上抱之,帝叱之曰:"朕自畏天顺人,何物奴敢逼人如此!"道德犹不下。出云龙门,王公百僚拜辞,高隆之洒泣。遂入北城,居司马子如南宅,遣太尉彭城王韶等奉玺绶,禅位于齐。

戊午，齐王即皇帝位于南郊，大赦，改元天保。自魏敬宗以来，百官绝禄，至是始复给之。己未，封东魏主为中山王，待以不臣之礼。追尊齐献武王为献武皇帝，庙号太祖，后改为高祖；文襄王为文襄皇帝，庙号世宗。辛酉，尊王太后娄氏为皇太后。乙丑，降魏朝封爵有差，其宣力霸朝及西南投化者，不在降限。

夏六月，齐主封宗室高岳等十人，功臣库狄干等七人皆为王。癸未，封弟浚为永安王，淹为平阳王，浟为彭城王，演为常山王，涣为上党王，淯为襄城王，湛为长广王，湝为任城王，湜为高阳王，济为博陵王，凝为新平王，润为冯翊王，洽为汉阳王。

二年。齐主每出入，常以中山王自随，王妃太原公主恒为之尝饮食，护视之。冬十二月，齐主饮公主酒，使人鸩中山王，杀之，并其三子，谥王曰魏孝静皇帝，葬于邺西漳北。其后齐主忽掘其陵，投梓宫于漳水。齐主初受禅，魏神主悉寄于七帝寺，至是亦取焚之。

彭城公元韶以高氏婿，宠遇异于诸元。开府仪同三司美阳公元晖业以位望隆重，又志气不伦，尤为齐主所忌，从齐主在晋阳。晖业于宫门外骂韶曰："尔不及一老妪。负玺与人，何不击碎之！我出此言，知即死，尔亦讵得几时！"齐主闻而杀之，及临淮公元孝友，皆凿汾水冰，沉其尸。孝友，彧之弟也。齐主尝剃元韶鬓须，加之粉黛以自随，曰"吾以彭城为嫔御"，言其懦弱如妇人也。

宇文篡西魏　后周

梁武帝中大通六年。魏孝武帝闺门无礼，从妹不嫁者三人，皆封公主。平原公主明月，南阳王宝炬之同产也，从帝入关，丞相泰使元氏诸王取明月杀之。帝不悦，或时弯弓，或时椎案，由是复与泰有隙。冬闰十二月癸巳，帝饮酒，遇酖而殂。泰与群臣议所立，多举广平王赞。赞，孝武之兄子也。侍中濮阳王顺于别室垂涕谓泰曰："高欢逼逐先帝，立幼主以专权，明公宜反其所为。广平冲幼，不如立长君而奉之。"泰乃奉太宰南阳王宝炬而立之。顺，素之曾孙也。殡孝武帝于草堂佛寺，谏议大夫宋球恸哭呕血，浆粒不入口者数日，泰以其名儒，不之罪也。

大同八年。魏丞相泰妻冯翊公主生子觉。

太清二年夏五月，魏以丞相泰为太师。

元帝承圣二年春二月，魏太师泰去丞相、大行台，为都督中外诸军事。冬十一月，魏尚书元烈谋杀宇文泰，事泄，泰杀之。

三年。魏主自元烈之死，有怨言，密谋诛太师泰。临淮王育、广平王赞垂涕切谏，不听。泰诸子皆幼，兄子章武公导、中山公护皆出镇，唯以诸婿为心膂，大都督清河公李基、义城公李晖、常山公于翼俱为武卫将军，分掌禁兵。基，远之子；晖，弼之子；翼，谨之子也。由是魏主谋泄，泰废魏主，置之雍州，立其弟齐王廓，去年号，称元年，复姓拓跋氏，九十九姓改为单者，皆复其旧。魏初统国三十六，大姓九十九，后多灭绝。泰乃以诸将功高者为三十六国，次者为九十九姓，所将士卒亦改从其姓。

夏四月庚戌，魏太师泰酖杀废帝。

敬帝绍泰元年。魏宇文泰讽淮安王育上表，请如古制，降爵为公，于是宗室诸王皆降为公。

太平元年春正月丁丑，魏初建六官，以宇文泰为太师、大冢宰。

夏四月，魏太师泰尚孝武妹冯翊公主，生略阳公觉，姚夫人生宁都公毓。毓于诸子最长，娶大司马独孤信女。泰将立嗣，谓公卿曰："孤欲立子以嫡，恐大司马有疑，如何？"众默然，未有言者。尚书左仆射李远曰："夫立子以嫡不以长。略阳公为世子，公何所疑？若以信为嫌，请先斩之。"遂拔刀而起，泰亦起曰："何至于是？"信又自陈解，远乃止。于是群公并从远议。远出外，拜谢信曰："临大事，不得不尔。"信亦谢远曰："今日赖公决此大议。"遂立觉为世子。

太师泰北巡。秋八月，泰北渡河。

冬十月，魏安定文公宇文泰还至牵屯山而病，驿召中山公护。护至泾州，见泰，泰谓护曰："吾诸子皆幼，外寇方强，天下之事，属之于汝，宜努力以成吾志。"乙亥，卒于云阳。护还长安，发丧。泰能驾御英豪，得其力用，性好质素，不尚虚饰，明达政事，崇儒好古，凡所施设，皆依仿三代而为之。丙子，世子觉嗣位，为太师、柱国、大冢宰，出镇同州，时年十五。

中山公护名位素卑，虽为泰所属，而群公各图执政，莫肯服从。护问计于大司寇于谨，谨曰："谨早蒙先公非常之知，恩深骨肉，今日之事，必以死争之。若对众定策，公必不得让。"明日，群公会议，谨曰："昔帝室倾危，非安定公无复今日。今公一旦违世，嗣子虽幼，中山公亲其兄子，兼受顾托，军国之事理须归之。"辞色抗厉，众皆悚动。护曰："此乃家事，护虽庸昧，何敢有辞。"谨素与泰等夷，护常拜之。至是，谨起而言曰："公若统理军国，谨等皆有所依。"遂再拜，群公迫于谨，亦再拜，于是众议始定。护纲纪内外，抚循文武，人心遂安。

十二月，魏封世子觉为周公。

魏宇文护以周公幼弱，欲早使正位，以定人心。庚子，以魏恭帝诏禅位于周，使大宗伯赵贵持节奉册，济北公迪致皇帝玺绂；恭帝出居大司马府。

陈高祖永定元年春正月辛丑，周公即天王位，柴燎告天，朝百官于露门，追尊王考文公为文王，妣为文后，大赦。封魏恭帝为宋公。以木德承魏水，行夏之时，服色尚黑。以李弼为太师，赵贵为太傅，独孤信为太保，中山公护为大司马。

二月，周人杀魏恭帝。

秋八月，晋公护废周王为略阳公，迎立岐州刺史宁都公毓。后月余，护弑略阳公。事见宇文护逆节。

二年秋九月甲申，周封少师元罗为韩国公，以绍魏后。

三年秋八月，周御正中大夫崔猷建议，以为："圣人沿革，因时制宜。今天子称王，不足以威天下，请遵秦、汉旧制称皇帝，建年号。"己亥，周王始称皇帝，追尊文王曰文皇帝，改元武成。

侯景之乱

梁武帝中大同元年。东魏司徒、河南大将军、大行台侯景，右足偏短，弓马非其长，而多谋算。诸将高敖曹、彭乐等皆勇冠一时，景常轻之，曰："此属皆如豕突，势何所至！"景尝言于丞相高欢："愿得兵三万，横行天下，要须济江缚取萧衍老公，以为太平寺主。"欢使将兵十万，专制河南，杖任若己之半体。

景素轻高澄，尝谓司马子如曰："高王在，吾不敢有异。王没，吾不能与鲜卑小儿共事。"子如掩其口。及欢疾笃，澄诈为欢书以召景。先是，景与欢约曰："今握兵在远，人易为诈，所赐书

(背)〔皆〕请加微点。”欢从之。景得书,无点,辞不至。又闻欢疾笃,用其行台郎颍川王伟计,遂拥兵自固。

欢谓澄曰:“我虽病,汝面更有余忧,何也?”澄未及对,欢曰:“岂非忧侯景叛邪?”对曰:“然。”欢曰:“景专制河南十四年矣,常有飞扬跋扈之志,顾我能畜养,非汝所能驾御也。今四方未定,勿遽发哀。库狄干鲜卑老公,斛律金敕勒老公,并性遒直,终不负汝。可朱浑道元、刘丰生远来投我,必无异心。潘相乐本作道人,心和厚,汝兄弟当得其力。韩轨少戆,宜宽借之。彭乐心腹难得,宜防护之。堪敌侯景者,唯有慕容绍宗,我故不贵之,留以遗汝。”又曰:“段孝先忠亮仁厚,智勇兼备,亲戚之中,唯有此子,军旅大事,宜共筹之。”又曰:“邙山之战,吾不用陈元康之言,留患遗汝,死不瞑目。”相乐,广宁人也。

太清元年春正月丙午,东魏勃海献武王欢卒。侯景自念已与高氏有隙,内不自安。辛亥,据河南叛归于魏,颍川刺史司马世云以城应之。景诱执豫州刺史高元成、襄州刺史李密、广州刺史怀朔暴显等。遣军士二百人载仗暮入西兖州,欲袭取之,刺史邢子才觉之,掩捕,尽获之,因散檄东方诸州,各为之备,由是景不能取。

诸将皆以为景之叛由崔暹,澄不得已,欲杀暹以谢景。陈元康谏曰:“今虽四海未清,纲纪已定。若以数将在外,苟悦其心,枉杀无辜,亏废刑典,岂直上负天神,何以下安黎庶?晁错前事,愿公慎之。”澄乃止。遣司空韩轨督诸军讨景。

二月,魏以开府仪同三司若干惠为司空,侯景为太傅、河南大行台、上谷公。庚辰,景又遣其行台郎中丁和来,上表言:“臣与高澄有隙,请举函谷以东,瑕丘以西,豫、广、颍、荆、襄、兖、南兖、济、东豫、洛、阳、北荆、北扬等十三州内附，唯青、徐数州，仅须折简。且黄河以南，皆臣所职，易同反掌。若齐、宋一平，徐事燕、赵。”上召群臣廷议。尚书仆射谢举等皆曰：“顷岁与魏通和，边境无事，今纳其叛臣，窃谓非宜。”上曰：“虽然，得景则塞北可清，机会难得，岂宜胶柱！”

是岁正月乙卯，上梦中原牧守皆以地来降，举朝称庆。旦，见中书舍人朱异，告之，且曰：“吾为人少梦，若有梦必实。”异曰：“此乃宇内混壹之兆也。”及丁和至，称景定计以正月乙卯，上愈神之。然意犹未决，尝独言：“我国家如金瓯，无一伤缺，今忽受景地，讵是事宜？脱致纷纭，悔之何及。”朱异揣知上意，对曰：“圣明御宇，南北归仰，正以事无机会，未达其心。今侯景分魏土之半以来，自非天诱其衷，人赞其谋，何以至此？若拒而不纳，恐绝后来之望。此诚易见，愿陛下无疑。”上乃定议纳景。壬午，以景为大将军，封河南王，都督河南北诸军事、大行台，承制如邓禹故事。平西谘议参军周弘正善占候，前此谓人曰：“国家数年后当有兵起。”及闻纳景，曰：“乱阶在此矣。”

三月甲辰，遣司州刺史羊鸦仁督兖州刺史桓和、仁州刺史湛海珍等将兵三万趣悬瓠，运粮食应接侯景。

夏五月，高澄遣武卫将军元柱等将数万众昼夜兼行以袭侯景，遇景于颍川北，柱等大败。景以羊鸦仁等军犹未至，乃退保颍川。

东魏司徒韩轨等围侯景于颍川。景惧，割东荆、北兖州、鲁阳、长社四城赂魏以求救。尚书左仆射于谨曰：“景少习兵，奸诈难测，不如厚其爵位，以观其变，未可遣兵也。”荆州刺史王思政以为“若不因机进取，后悔无及”。即以荆州步骑万余从鲁阳关向阳翟。丞相泰闻之，加景大将军兼尚书令，遣太尉李弼、仪同三司赵贵将兵一万赴颍川。景恐上责之，遣中兵参军柳昕奉启于上，以为："王旅未接，死亡交急，遂求援关中，自救目前。臣既不安于高氏，岂见容于宇文，但螯手解腕，事不得已，本图为国，愿不赐咎。臣获其力，不容即弃，今以四州之地，为饵敌之资，已令宇文遣人入守。自豫州以东，齐海以西，悉臣控压，见有之地，尽归圣朝。悬瓠、项城、徐州、南兖，事须迎纳。愿陛下速敕境上，各置重兵，与臣影响，不使差互。"上报之曰："大夫出境，尚有所专，况始创奇谋，将建大业，理须适事而行，随方以应。卿诚心有本，何假词费。"

六月，东魏韩轨等围颍川，闻魏李弼、赵贵等将至，己巳，引兵还邺。侯景欲因会，执弼与贵，夺其军。贵疑之，不往。贵欲诱景入营而执之，弼止之。羊鸦仁遣长史邓鸿将兵至汝水，弼引兵还长安。王思政入据颍川。景阳称略地，引军出屯悬瓠。

景复乞兵于魏，丞相泰使同轨防主韦法保及都督贺兰愿德等将兵助之。大行台左丞蓝田王悦言于泰曰："侯景之于高欢，始敦乡党之情，终定君臣之契，任居上将，位重台司。今欢始死，景遽外叛，盖所图甚大，终不为人下故也。且彼既能背德于高氏，岂肯尽节于朝廷？今益之以势，援之以兵，窃恐朝廷贻笑将来也。"泰乃召景入朝。

景阴谋叛魏，事计未成，厚抚韦法保等，冀为己用，外示亲密无猜间。每往来诸军间，侍从至少，魏军中名将，皆身自造诣。同轨防长史裴宽谓法保曰："侯景狡诈，必不肯入关，欲托款于公，恐未可信。若伏兵斩之，此亦一时之功也。如其不尔，即应深为之防，不得信其诳诱，自贻后悔。"法保深然之，不敢图景，但自为备而已。寻辞还所镇。王思政亦觉其诈,密召贺兰願德等还,分布诸军,据景七州、十二镇。景果辞不入朝,遗丞相泰书曰:“吾耻与高澄雁行,安能比肩大弟!”泰乃遣行台郎中赵士宪悉召前后所遣诸军援景者。景遂决意来降。魏将任约以所部千余人降于景。泰以所授景使持节、太傅、大将军兼尚书令、河南大行台、都督河南诸军事回授王思政。思政并让不受,频使敦谕,唯受都督河南诸军事。

秋七月庚申,羊鸦仁入悬瓠城。甲子,诏更以悬瓠为豫州,寿春为南豫州,改合肥为合州。以鸦仁为司、豫二州刺史,镇悬瓠;西阳太守羊思达为殷州刺史,镇项城。

八月乙丑,下诏大举伐东魏,遣南豫州刺史贞阳侯渊明、南兖州刺史南康王会理分督诸将。渊明,懿之子;会理,续之子也。始,上欲以鄱阳王范为元帅,朱异取急在外,闻之,遽入曰:“鄱阳雄豪盖世,得人死力,然所至残暴,非吊民之材。且陛下昔登北顾亭以望,谓江右有反气,骨肉为戎首,今日之事,尤宜详择。”上默然,曰:“会理何如?”对曰:“陛下得之矣。”会理懦而无谋,所乘襻舆,施版屋,冠以牛皮。上闻,不悦。贞阳侯渊明时镇寿阳,屡请行,上许之。会理自以皇孙,复为都督,自渊明已下,殆不对接。渊明与诸将密告朱异,追会理还,遂以渊明为都督。

或告东魏大将军澄,云“侯景有北归之志”,会景将蔡道遵北归,言“景颇知悔过”。景母及妻子皆在邺,澄乃以书谕之,语以阖门无恙。若还,许以豫州刺史终其身,还其宠妻、爱子,所部文武更不追摄。景使王伟复书曰:“今已引二邦,扬旌北讨,熊豹齐奋。克复中原,幸自取之,何劳恩赐?昔王陵附汉,母在不归,太上囚楚,乞羹自若,矧伊妻子,而可介意!脱谓诛之有益,欲止不能，杀之无损，徒复坑戮，家累在君，何关仆也。”戊子，诏以景录行台尚书事。

九月，上命萧渊明堰泗水于寒山以灌彭城，俟得彭城，乃进军与侯景掎角。癸卯，渊明军于寒山，去彭城十八里，断流立堰。侍中羊侃监作堰，再旬而成。东魏徐州刺史太原王则婴城固守，侃劝渊明乘水攻彭城，不从。诸将与渊明议军事，渊明不能对，但云“临时制宜”。

冬十一月，东魏大将军澄使大都督高岳救彭城，欲以金门郡公潘乐为副。陈元康曰：“乐缓于机变，不如慕容绍宗，且先王之命也。公但推赤心于斯人，景不足忧也。”时绍宗在外，澄欲召见之，恐其惊叛。元康曰：“绍宗知元康特蒙顾待，新使人来饷金；元康欲安其意，受之而厚答其书，保无异也。”乙酉，以绍宗为东南道行台，与岳、乐偕行。初，景闻韩轨来，曰：“啖猪肠儿何能为？”闻高岳来，曰：“兵精人凡。”诸将无不为所轻者。及闻绍宗来，叩鞍有惧色，曰：“谁教鲜卑儿解遣绍宗来！若然，高王定未死邪？”

澄以廷尉卿杜弼为军司，摄行台左丞，临发，问以政事之要，可为戒者，使录一二条。弼请口陈之，曰：“天下大务，莫过赏罚。赏一人使天下之人喜，罚一人使天下之人惧，苟二事不失，自然尽美。”澄大悦，曰：“言虽不多，于理甚要。”

绍宗帅众十万据橐驼岘，羊侃劝贞阳侯渊明乘其远来击之，不从。旦日，又劝出战，亦不从。侃乃帅所领出屯堰上。

丙午，绍宗至城下，引步骑万人攻潼州刺史郭凤营，矢下如雨。渊明醉不能起，命诸将救之，皆不敢出。北兖州刺史胡贵孙谓谯州刺史赵伯超曰：“吾属将兵而来，本欲何为，今遇敌而不战乎？”伯超不能对。贵孙独帅麾下与东魏战，斩首二百级。伯超拥众数千不敢救，谓其下曰：“虏盛如此，与战必败。不如全军早归，可以免罪。”皆曰：“善。”遂遁还。

初，侯景常戒梁人曰：“逐北勿过二里。”绍宗将战，以梁人轻悍，恐其众不能支，一一引将卒谓之曰：“我当阳退，误吴儿使前，尔击其背。”东魏兵实败走，梁人不用景言，乘胜深入。魏将卒以绍宗之言为信，争共掩击之，梁兵大败，贞阳侯渊明及胡贵孙、赵伯超等皆为东魏所虏，失亡士卒数万人。羊侃结阵徐还。

上方昼寝，宦者张僧胤白朱异启事，上骇之，遽起升舆，至文德殿阁。异曰：“韩山失律。”上闻之，恍然将坠床，僧胤扶而就坐，乃叹曰：“吾得无复为晋家乎！”

郭凤退保潼州，慕容绍宗进围之。十二月甲子朔，凤弃城走。

东魏使军司杜弼作檄移梁朝曰：“皇家垂统，光配彼天，唯彼吴越，独阻声教。元首怀止戈之心，上宰薄兵车之命，遂解縶南冠，喻以好睦。虽嘉谋长算，爰自我始，罢战息民，彼获其利。侯景竖子，自生猜贰，远托关、陇，依凭奸伪，逆主定君臣之分，伪相结兄弟之亲，岂曰无恩，终成难养，俄而易虑，亲寻干戈。衅暴恶盈，侧首无托，以金陵逋逃之薮，江南流寓之地，甘辞卑礼，进孰图身，诡言浮说，抑可知矣。而伪朝大小，幸灾忘义，主荒于上，臣蔽于下，连结奸恶，断绝邻好，征兵保境，纵盗侵国。盖物无定方，事无定势，或乘利而受害，或因得而更失。是以吴侵齐境，遂得句践之师，赵纳韩地，终有长平之役。矧乃鞭挞疲民，侵轶徐部，筑垒拥川，舍舟徼利。是以援枹秉麾之将，拔拒投石之士，含怒作色，如赴私仇。彼连营拥众，依山傍水，举螳螂之斧，被蛣蜣之甲，当穷辙以待轮，坐积薪而候燎。及锋刃暂交，埃尘且接，已亡戟弃戈，土崩瓦解，掬指舟中，衿甲鼓下，同宗异姓，缧绁相望。曲直既殊，强弱不等，获一人而失一国，见黄雀而忘深阱，智者所不为，仁者所不向。诚既往之难逮，犹将来之可追。侯景以鄙俚之夫，遭风云之会，位班三事，邑启万家，揣身量分，久当止足。而周章向背，离披不已，夫岂徒然，意亦可见。彼乃授之以利器，诲之以慢藏，使其势得容奸，时堪乘便。今见南风不竞，天亡有征，老贼奸谋，将复作矣。然推坚强者难为功，摧枯朽者易为力，计其虽非孙、吴猛将，燕、赵精兵，犹是久涉行阵，曾习军旅，岂同剽轻之师，不比危脆之众。拒此则作气不足，攻彼则为势有余，终恐尾大于身，踵粗于股，倔强不掉，狼戾难驯，呼之则反速而衅小，不征则叛迟而祸大。会应遥望廷尉，不肯为臣，自据淮南，亦欲称帝。但恐楚国亡猿，祸延林木，城门失火，殃及池鱼，横使江、淮士子，荆、扬人物，死亡矢石之下，夭折雾露之中。彼梁主操行无闻，轻险有素，射雀论功，荡舟称力，年既老矣，耄又及之，政散民流，礼崩乐坏。加以用舍乖方，废立失所，矫情动俗，饰智惊愚，毒螫满怀，妄敦戒业，躁竞盈胸，谬治清净。灾异降于上，怨讟兴于下，人人厌苦，家家思乱，履霜有渐，坚冰且至。传险躁之风俗，任轻薄之子孙，朋党路开，兵权在外。必将祸生骨肉，衅起腹心，强弩冲城，长戈指阙。徒探雀鷇，无救府藏之虚；空请熊蹯，讵延晷刻之命。外崩中溃，今实其时，鹬蚌相持，我乘其敝。方使骏骑追风，精甲辉日，四七并列，百万为群，以转石之形，为破竹之势。当使钟山渡江，青盖入洛，荆棘生于建业之宫，麋鹿游于姑苏之馆。但恐革车之所轥轹，剑骑之所蹂践，杞梓于焉倾折，竹箭以此摧残。若吴之王孙，蜀之公子，归款军门，委命下吏，当即授客卿之秩，特加骠骑之号。凡百君子，勉求多福。”其后梁室祸败，皆如弼言。

侯景围谯城不下，退攻城父，拔之。壬申，遣其行台左丞王伟等诣建康说上曰：“邺中文武合谋，召臣共讨高澄，事泄，澄幽元善见于金墉，杀诸元六十余人。河北物情，俱念其主，请立元氏一人以从人望，如此则陛下有继绝之名，臣景有立功之效，河之南北，为圣朝之郑、莒，国之男女，为大梁之臣妾。”上以为然，乙亥下诏，以太子舍人元贞为咸阳王，资以兵力，使还北主魏，须渡江，许即位，仪卫以乘舆之副给之。贞，树之子也。

萧渊明至邺，东魏主升阊阖门受俘，让而释之，送于晋阳，大将军澄待之甚厚。

慕容绍宗引军击侯景，景辎重数千两，马数千匹，士卒四万人，退保涡阳。绍宗士卒十万，旗甲耀日，鸣鼓长驱而进。景使谓之曰：“公等为欲送客，为欲定雌雄邪？”绍宗曰：“欲与公决胜负。”遂顺风布阵。景闭垒，俟风过乃出。绍宗曰：“侯景多诡计，好乘人背。”使备之，果如其言。景命战士皆被短甲，执短刀，入东魏阵，但低视，斫人胫马足。东魏兵遂败，绍宗坠马，仪同三司刘丰生被伤，显州刺史张遵业为景所擒。

绍宗、丰生俱奔谯城，裨将斛律光、张恃显尤之，绍宗曰：“吾战多矣，未见如景之难克者也。君辈试犯之！”光等被甲将出，绍宗戒之曰：“勿渡涡水。”二人军于水北，光轻骑射之。景临涡水谓光曰：“尔求勋而来，我惧死而去。我，汝之父友，何为射我？汝岂自解不渡水南，慕容绍宗教汝也。”光无以应。景使其徒田迁射光马，洞胸，光易马隐树，又中之，退入于军。景擒恃显，既而舍之。光走入谯城，绍宗曰：“今定何如，而尤我也？”光，金之子也。

开府仪同三司段韶夹涡而军，潜于上风纵火，景帅骑入水，出而却走，草湿，火不复然。

侯景与东魏慕容绍宗相持数月，景食尽，司马世云降于绍宗。

二年春正月己亥，慕容绍宗以铁骑五千夹击侯景。景诳其众曰："汝辈家属已为高澄所杀。"众信之。绍宗遥呼曰："汝辈家属并完，若归，官勋如旧。"被发向北斗为誓。景士卒不乐南渡，其将暴显等各帅所部降于绍宗。景众大溃，争赴涡水，水为之不流。景与腹心数骑自硖石济淮，稍收散卒，得步骑八百人，南过小城，人登陴诟之曰："跛奴，欲何为邪！"景怒，破城杀诟者而去。昼夜兼行，追军不敢逼。使谓绍宗曰："景若就禽，公复何用？"绍宗乃纵之。

甲辰，豫州刺史羊鸦仁以东魏军渐逼，称运粮不继，弃悬瓠，还义阳。殷州刺史羊思达亦弃项城走，东魏人皆据之。上怒，责让鸦仁。鸦仁惧，启申后期，顿军淮上。

侯景既败，不知所适。时鄱阳王范除南豫州刺史，未至。马头戍主刘神茂素为监州事韦黯所不容，闻景至，故往候之。景问曰："寿阳去此不远，城池险固，欲往投之，韦黯其纳我乎？"神茂曰："黯虽据城，是监州耳。王若驰至近郊，彼必出迎，因而执之，可以集事。得城之后，徐以启闻，朝廷喜王南归，必不责也。"景执其手曰："天教也。"神茂请帅步骑百人先为乡导。壬子，景夜至寿阳城下，韦黯以为贼也，授甲登陴。景遣其徒告曰："河南王战败来投此镇，愿速开门。"黯曰："既不奉敕，不敢闻命。"景谓神茂曰："事不谐矣。"神茂曰："黯懦而寡智，可说下也。"乃遣寿阳徐思玉入见黯曰："河南王为朝廷所重，君所知也。今失利来投，何得不受？"黯曰："吾之受命，唯知守城。河南自败，何预吾事。"思玉曰："国家付君以阃外之略，今君不肯开城，若魏追兵来至，河南为魏所杀，君岂能独守？纵使或存，何颜以见朝廷？"黯然之。思玉出报，景大悦曰："活我者卿也。"癸丑，黯开门纳景，景遣其将分守四门，诘责黯，将斩之；既而抚手大笑，置酒极欢。黯，睿之子也。

朝廷闻景败，未得审问；或云景与将士尽没，上下咸以为忧。侍中太子詹事何敬容诣东宫，太子曰："淮北始更有信，侯景定得身免，不如所传。"敬容对曰："得景遂死，深为朝廷之福。"太子失色，问其故，敬容曰："景翻覆叛臣，终当乱国。"太子于玄圃自讲老、庄，敬容谓学士吴孜曰："昔西晋祖尚玄虚，使中原沦于胡羯。今东宫复尔，江南亦将为戎乎？"

甲寅，景遣仪同三司于子悦驰以败闻，并自求贬削，优诏不许。景复求资给，上以景兵新破，未忍移易，乙卯，即以景为南豫州牧，本官如故。更以鄱阳王范为合州刺史，镇合肥。光禄大夫萧介上表谏曰："窃闻侯景以涡阳败绩，只马归命，陛下不悔前祸，复敕容纳。臣闻凶人之性不移，天下之恶一也。昔吕布杀丁原以事董卓，终诛董而为贼；刘牢反王恭以归晋，还背晋以构妖。何者？狼子野心，终无驯狎之性，养虎之喻，必见饥噬之祸。侯景以凶狡之才，荷高欢卵翼之遇，位忝台司，任居方伯，然而高欢坟土未干，即还反噬。逆力不逮，乃复逃死关西；宇文不容，故复投身于我。陛下前者所以不逆细流，正欲比属国降胡以讨匈奴，冀获一战之效耳。今既亡师失地，直是境上之匹夫。陛下爱匹夫而弃与国，臣窃不取也。若国家犹待其更鸣之晨，岁暮之效，臣窃惟侯景必非岁暮之臣。弃乡国如脱屣，背君亲如遗芥，岂知远慕圣德，为江、淮之纯臣乎？事迹显然，无可致惑。臣朽老疾侵，不应干预朝政，但楚囊将死，有城郢之忠，卫鱼临亡，亦有尸谏之节。臣忝为宗室遗老，敢忘刘向之心！”上叹息其忠，然不能用。介，思话之孙也。

二月，东魏杀其南兖州刺史石长宣，讨侯景之党也，其余为景所胁从者，皆赦之。

东魏既得悬瓠、项城，悉复旧境。大将军澄数遗书移，复求通好，朝廷未之许。澄谓贞阳侯渊明曰：“先王与梁主和好十有余年。闻彼礼佛文云‘奉为魏主，并及先王’，此乃梁主厚意。不谓一朝失信，致此纷扰，知非梁主本心，当是侯景扇动耳，宜遣使咨论。若梁主不忘旧好，吾亦不敢违先王之意。诸人并即遣归，侯景家属亦当同遣。”渊明乃遣省事夏侯僧辩奉启于上，称：“勃海王弘厚长者，若更通好，当听渊明还。”上得启，流涕，与朝臣议之。右卫将军朱异、御史中丞张绾等皆曰：“静寇息民，和实为便。”司农卿傅岐独曰：“高澄何事须和，必是设间，故命贞阳遣使，欲令侯景自疑。景意不安，必图祸乱。若许通好，正堕其计中。”异等固执宜和，上亦厌用兵，乃从异言，赐渊明书曰：“知高大将军礼汝不薄，省启，甚以慰怀。当别遣行人，重敦邻睦。”

僧辩还，过寿阳，侯景窃访知之，摄问，具服。乃写答渊明之书，陈启于上曰：“高氏心怀鸩毒，怨盈北土，人愿天从，欢身殒越。子澄嗣恶，讨灭待时，所以昧此一胜者，盖天荡澄心，以盈凶毒耳。澄苟行合天心，腹心无疾，又何急急奉璧求和？岂不以秦兵扼其喉，胡骑迫其背，故甘辞厚币，取安大国。臣闻一日纵敌，数世之患，何惜高澄一竖，以弃亿兆之心。窃以北魏安强，莫过天监之始，钟离之役，匹马不归。当其强也，陛下尚伐而取之；及其弱也，反虑而和之。舍已成之功，纵垂死之虏，使其假命强梁，以遗后世，非直愚臣扼腕，实亦志士痛心。昔伍相奔吴，楚邦卒灭；陈平去项，刘氏用兴。臣虽才劣古人，心同往事。诚知高澄忌贾在翟，恶会居秦，求盟请和，冀除其患。若臣死有益，万殒无辞，唯恐千载，有秽良史。”景又致书于朱异，饷金三百两；异纳金而不通其启。

己卯，上遣使吊澄。景又启曰：“臣与高氏衅隙已深，仰凭威灵，期雪仇耻。今陛下复与高氏连和，使臣何地自处？乞申后战，宣畅皇威。”上报之曰：“朕与公大义已定，岂有成而相纳，败而相弃乎！今高氏有使求和，朕亦更思偃武。进退之宜，国有常制。公但清静自居，无劳虑也。”景又启曰：“臣今蓄粮聚众，秣马潜戈，指日计期，克清赵、魏，不容军出无名，故愿以陛下为主耳。今陛下弃臣遐外，南北复通，将恐微臣之身，不免高氏之手。”上又报曰：“朕为万乘之主，岂可失信于一物。想公深得此心，不劳复有启也。”

景乃诈为邺中书，求以贞阳侯易景。上将许之，舍人傅岐曰：“侯景以穷归义，弃之不祥。且百战之余，宁肯束手受絷！”谢举、朱异曰：“景奔败之将，一使之力耳。”上从之，复书曰：“贞阳旦至，侯景夕返。”景谓左右曰：“我固知吴老公薄心肠。”王伟说景曰：“今坐听亦死，举大事亦死，唯王图之。”于是始为反计，属城居民悉召募为军士，辄停责市估及田租，百姓子女悉以配将士。

夏五月，上遣建康令谢挺、散骑常侍徐陵聘于东魏，复修前好。陵，摛之子也。

秋八月，侯景自至寿阳，征求无已，朝廷未尝拒绝。景请娶于王、谢，上曰："王、谢门高非偶，可于朱、张以下访之。"景恚曰："会将吴儿女配奴。"又启求锦万匹为军人作袍，中领军朱异议以青布给之。又以台所给仗多不能精，启请东冶锻工，欲更营造，敕并给之。景以安北将军夏侯夔之子譒为长史，徐思玉为司马，譒遂去"夏"称"侯"，托为族子。

上既不用景言，与东魏和亲，是后景表疏稍稍悖慢。又闻徐陵等使魏，反谋益甚。元贞知景有异志，累启还朝。景谓曰："河北事虽不果，江南何虑失之，何不小忍？"贞惧，逃归建康，具以事闻。上以贞为始兴内史，亦不问景。

临贺王正德，所至贪暴不法，屡得罪于上，由是愤恨，阴养死士，储米积货，幸国家有变。景知之。正德在北，与徐思玉相知，景遣思玉致笺于正德曰："今天子年尊，奸臣乱国，以景观之，计日祸败。大王属当储贰，中被废黜，四海业业，归心大王，景虽不敏，实思自效。愿王允副苍生，鉴斯诚款。"正德大喜曰："侯公之意，暗与吾同，天授我也。"报之曰："朝廷之事，如公所言。仆之有心，为日久矣。今仆为其内，公为其外，何有不济？机事在速，今其时矣。"

鄱阳王范密启景谋反。时上以边事专委朱异，动静皆关之，异以为必无此理。上报范曰："景孤危寄命，譬如婴儿，仰人乳哺，以此事势，安能反乎？"范重陈之曰："不早翦扑，祸及生民。"上曰："朝廷自有处分，不须汝深忧也。"范复请自以合肥之众讨之，上不许。朱异谓范使曰："鄱阳王遂不许朝廷有一客。"自是范启，异不复为通。

景邀羊鸦仁同反，鸦仁执其使以闻。异曰："景数百叛虏何能为?”敕以使者付建康狱,俄解遣之。景益无所惮,启上曰:“若臣事是实,应罹国宪。如蒙照察,请戮鸦仁。”景又上言:“高澄狡猾,宁可全信!陛下纳其诡语,求与连和,臣亦窃所笑也。臣宁堪粉骨,投命仇门,乞江西一境,受臣控督。如其不许,即帅甲骑临江上,向闽、越,非唯朝廷自耻,亦是三公旰食。”上使朱异宣语,答景使曰:“譬如贫家,畜十客五客,尚能得意,朕唯有一客,致有忿言,亦朕之失也。”益加赏赐锦彩钱布,信使相望。

戊戌,景反于寿阳,以诛中领军朱异、少府卿徐驎、太子右卫率陆验、制局监周石珍为名。异等皆以奸佞骄贪,蔽主弄权,为时人所疾,故景托以兴兵。驎、验,吴郡人。石珍,丹杨人。驎、验迭为少府丞,以苛刻为务,百贾怨之,异尤与之昵,世人谓之“三蠹”。

司农卿傅岐,梗直士也,尝谓异曰:“卿任参国钧,荣宠如此。比日所闻,鄙秽狼藉,若使圣主发悟,欲免得乎!”异曰:“外间谤讟,知之久矣,心苟无愧,何恤人言?”岐谓人曰:“朱彦和将死矣。恃谄以求容,肆辩以拒谏,闻难而不惧,知恶而不改,天夺其鉴,其能久乎!”

景西攻马头,遣其将宋子仙东攻木栅,执戍主曹璆等。上闻之,笑曰:“是何能为,吾折棰笞之。”敕购斩景者封三千户公,除州刺史。甲辰,诏以合州刺史鄱阳王范为南道都督,北徐州刺史封山侯正表为北道都督,司州刺史柳仲礼为西道都督,通直散骑常侍裴之高为东道都督,以侍中、开府仪同三司邵陵王纶持节董督众军以讨景。正表,宏之子;仲礼,庆远之孙;之高,邃之兄子也。

九月,侯景闻台军讨之,问策于王伟。伟曰:“邵陵若至,彼众我寡，必为所困。不如弃淮南，决志东向，帅轻骑直掩建康。临贺反其内，大王攻其外，天下不足定也。兵贵拙速，宜即进路。”景乃留外弟中军大都督王显贵守寿阳，癸未，诈称游猎出，寿阳人不之觉。冬十月庚寅，景扬声趣合肥，而实袭谯州，助防董绍先开城降之，执刺史丰城侯泰。泰，范之弟也，先为中书舍人，倾财以事时要，超授谯州刺史。至州，遍发民丁，使担腰舆、扇、伞等物，不限士庶；耻为之者，重加杖责，多输财者，即纵免之，由是人皆思乱。及侯景至，人无战心，故败。

庚子，诏遣宁远将军王质帅众三千巡江防遏。景攻历阳太守庄铁，丁未，铁以城降。因说景曰：“国家承平岁久，人不习战，闻大王举兵，内外震骇，宜乘此际，速趋建康，可兵不血刃而成大功。若使朝廷徐得为备，内外小安，遣羸兵千人直据采石，大王虽有精甲百万，不得济矣。”景乃留仪同三司田英、郭骆守历阳，以铁为导，引兵临江。江上镇戍相次启闻。上问讨景之策于都官尚书羊侃，侃请：“以二千人急据采石，令邵陵王袭取寿阳，使景进不得前，退失巢穴，乌合之众，自然瓦解。”朱异曰：“景必无渡江之志。”遂寝其议。侃曰：“今兹败矣！”

戊申，以临贺王正德为平北将军、都督京师诸军事，屯丹杨郡。正德遣大船数十艘，诈称截荻，密以济景。景将济，虑王质为梗，使谍视之。会临川太守陈昕启称：“采石急须重镇，王质水军轻弱，恐不能济。”上以昕为云旗将军，代质戍采石，征质知丹杨尹事。昕，庆之之子也。质去采石，而昕犹未下渚。谍告景云“质已退”，景使折江东树枝为验，谍如言而返。景大喜曰：“吾事办矣。”己酉，自横江济于采石，有马数百匹，兵八千人。是夕，朝廷始命戒严。

景分兵袭姑孰，执淮南太守文成侯宁。南津校尉江子一帅舟师千余人，欲于下流邀景，其副童桃生家在江北，与其徒先溃走，子一收余众步还建康。子一，子四之兄也。

太子见事急，戎服入见上，禀受方略。上曰："此自汝事，何更问为？内外军悉以付汝。"太子乃停中书省，指挥军事，物情惶骇，莫有应募者。朝廷犹不知临贺王正德之情，命正德屯朱雀门，宁国公大临屯新亭，太府卿韦黯屯六门，缮修宫城，为受敌之备。大临，大器之弟也。

己酉，景至慈湖，建康大骇，御街人更相劫掠，不复通行。赦东西冶、尚方钱署及建康系囚，以扬州刺史宣城王大器都督城内诸军事，以羊侃为军师将军副之，南浦侯推守东府，西丰公大春守石头，轻车长史谢禧、始兴太守元贞守白下，韦黯与右卫将军柳津等分守宫城诸门及朝堂。推，秀之子；大春，大临之弟；津，仲礼之父也。摄诸寺库公藏钱，聚之德阳堂，以充军实。

庚戌，侯景至板桥，遣徐思玉来求见上，实欲观城中虚实。上召问之，思玉诈称叛景请间陈事。上将屏左右，舍人高善宝曰："思玉从贼中来，情伪难测，安可使独在殿上。"朱异侍坐，曰："徐思玉岂刺客邪！"思玉出景启，言"异等弄权，乞带甲入朝，除君侧之恶"。异甚惭悚。景又请遣了事舍人出相领解，上遣中书舍人贺季、主书郭宝亮随思玉劳景于板桥。景北面受敕，季曰："今者之举何名？"景曰："欲为帝也。"王伟进曰："朱异等乱政，除奸臣耳。"景既出恶言，遂留季，独遣宝亮还宫。

百姓闻景至，竞入城，公私混乱，无复次第。羊侃区分防拟，皆以宗室间之。军人争入武库，自取器甲，所司不能禁，侃命斩数人，方止。是时梁兴四十七年，境内无事，公卿在位及闾里士大夫罕见甲兵，贼至猝迫，公私骇震。宿将已尽，后进少年并出在外，军旅指撝，一决于侃。侃胆力俱壮，太子深仗之。

辛亥，景至朱雀桁南，太子以临贺王正德守宣阳门，东宫学士新野庾信守朱雀门，帅宫中文武三千余人营桁北。太子命信开大桁以挫其锋，正德曰："百姓见开桁，必大惊骇，可且安物情。"太子从之。俄而景至，信帅众开桁，始除一舶，见景军皆着铁面，退隐于门。信方食甘蔗，有飞箭中门柱，信手甘蔗应弦而落，遂弃军走。南塘游军沈子睦，临贺王正德之党也，复闭桁渡景。太子使王质将精兵三千援信，至领军府，遇贼，未阵而走。正德帅众于张侯桥迎景，马上交揖，既入宣阳门，望阙而拜，歔欷流涕，随景渡淮。景军皆着青袍，正德军并着绛袍碧里，既与景合，悉反其袍。景乘胜至阙下，城中恟惧，羊侃诈称得射书，云"邵陵王、西昌侯援兵已至近路"，众乃少安。西丰公大春弃石头奔京口，谢禧、元贞弃白下走，津主彭文粲等以石头城降景，景遣其仪同三司于子悦守之。

壬子，景列兵绕台城，幡旗皆黑，射启于城中，曰："朱异等蔑弄朝权，轻作威福，臣为所陷，欲加屠戮。陛下若诛朱异等，臣则敛辔北归。"上问太子："有是乎？"对曰："然。"上将诛之；太子曰："贼以异等为名耳，今日杀之，无救于急，适足贻笑将来。俟贼平，诛之未晚。"上乃止。

景绕城既匝，百道俱攻，鸣鼓吹唇，喧声震地。纵火烧大司马、东西华诸门。羊侃使凿门上为窍，下水沃火。太子自捧银鞍，往赏战士。直阁将军朱思帅战士数人逾城出外洒水，久之方灭。贼又以长柯斧斫东掖门，门将开，羊侃凿扇为孔，以槊刺杀二人，斫者乃退。景据公车府，正德据左卫府，景党宋子仙据东宫，范桃棒据同泰寺。景取东宫妓数百分给军士。东宫近城，景众登其墙射城内。至夜，景于东宫置酒奏乐，太子遣人焚之，台殿及所聚图书皆尽。景又烧乘黄厩、士林馆、太府寺。癸丑，景作木驴数百攻城，城上投石碎之。景更作尖项木驴，石不能破。羊侃使作雉尾炬，灌以膏蜡，丛掷焚之，俄尽。景又作登城楼，高十余丈，欲临射城中。侃曰："车高堑虚，彼来必倒，可卧而观之。"及车动，果倒。

景攻既不克，士卒死伤多，乃筑长围以绝内外，又启求诛朱异等。城中亦射赏格出外曰："有能送景首者，授以景位，并钱一亿万，布、绢各万匹。"朱异、张绾议出兵击之，上问羊侃。侃曰："不可。今出人若少，不足破贼，徒挫锐气。若多，则一旦失利，门隘桥小，必大致失亡。"异等不从，使千余人出战，锋未及交，退走，争桥赴水死者太半。

侃子鷟为景所获，执至城下，以示侃。侃曰："我倾宗报主，犹恨不足，岂计一子，幸早杀之！"数日，复持来，侃谓鷟曰："久以汝为死矣，犹在邪？"引弓射之。景以其忠义，亦不之杀。

庄铁虑景不克，托称迎母，与左右数十人趣历阳，先遣书给田英、郭骆曰："侯王已为台军所杀，国家使我归镇。"骆等大惧，弃城奔寿阳。铁入城，不敢守，奉其母奔寻阳。

十一月戊午朔，刑白马，祀蚩尤于太极殿前。

临贺王正德即帝位于仪贤堂，下诏称："普通已来，奸邪乱政，上久不豫，社稷将危。河南王景释位来朝，猥用朕躬，绍兹宝位。可大赦，改元正平。"立其世子见理为皇太子，以景为丞相，妻以女，并出家之宝货悉助军资。

于是景营于阙前，分其兵二千人攻东府，南浦侯推拒之，三日不克。景自往攻之，矢石雨下。宣城王防閤许伯众潜引景众登城，辛酉，克之。杀南浦侯推及城中战士三千人，载其尸聚于杜姥宅，遥语城中人曰："若不早降，正当如此。"

景声言上已晏驾，虽城中亦以为然。壬戌，太子请上巡城，上幸大司马门，城上闻跸声，皆鼓噪流涕，众心粗安。

江子一之败还也，上责之。子一拜谢曰："臣以身许国，常恐不得其死，今所部皆弃臣去，臣以一夫安能击贼？若贼遂能至此，臣誓当碎身以赎前罪，不死阙前，当死阙后。"癸亥，子一启太子，与弟尚书左丞子四、东宫主帅子五帅所领百余人开承明门出战。子一直抵贼营，贼伏兵不动。子一呼曰："贼辈何不速出？"久之，贼骑出，夹攻之。子一径前，引槊刺贼，从者莫敢继，贼解其肩而死。子四、子五相谓曰："与兄俱出，何面独旋！"皆免胄赴贼，子四中稍洞胸而死；子五伤脰，还至堑，一恸而绝。

景初至建康，谓朝夕可拔，号令严整，士卒不敢侵暴。及屡攻不克，人心离沮。景恐援兵四集，一旦溃去，又食石头常平诸仓既尽，军中乏食，乃纵士卒掠夺民米及金帛、子女。是后米一升直七八万钱，人相食，饿死者什五六。

乙丑，景于城东西起土山，驱迫士民，不限贵贱，乱加殴捶，疲羸者因杀以填山，号哭动地。民不敢窜匿，并出从之，旬日间众至数万。城中亦筑土山以应之，太子、宣城王以下皆亲负土，执畚锸。于山上起芙蓉层楼，高四丈，饰以锦罽，募敢死士二千人，厚衣袍铠，谓之"僧腾客"，分配二山，昼夜交战不息。会大雨，城内土山崩，贼乘之，垂入，苦战不能禁。羊侃令多掷火，为火城以断其路，徐于内筑城，贼不能进。

景募人奴降者悉免为良，得朱异奴，以为仪同三司，异家资产悉与之。奴乘良马，衣锦袍，于城下仰诉异曰："汝五十年仕宦，方得中领军。我始事侯王，已为仪同矣。"于是三日之中，群奴出就景者以千数，景皆厚抚以配军，人人感恩，为之致死。

荆州刺史湘东王绎闻景围台城，丙寅，戒严，移檄所督湘州刺史河东王誉、雍州刺史岳阳王詧、江州刺史当阳公大心、郢州刺史南平王恪等发兵入援。大心，大器之弟；恪，伟之子也。

朱异遗景书，为陈祸福。景报书，并告城中士民，以为："梁自近岁以来，权倖用事，割剥齐民，以供嗜欲。如曰不然，公等试观今日国家池苑，王公第宅，僧尼寺塔；及在位庶僚，姬姜百室，仆从数千，不耕不织，锦衣玉食；不夺百姓，从何得之？仆所以趋赴阙庭，指诛权佞，非倾社稷。今城中指望四方入援，吾观王侯、诸将，志在全身，谁能竭力致死，与吾争胜负哉！长江天险，二曹所叹，吾一苇航之，日明气净。自非天人允协，何能如是？幸各三思，自求元吉。"

景又奉启于东魏主，称："臣进取寿春，暂欲停憩。而萧衍识此运终，自辞宝位。臣军未入其国，已投同泰舍身。去月二十九日，届此建康。江海未苏，干戈暂止，永言故乡，人马同恋。寻当整辔，以奉圣颜。臣之母、弟，久谓屠灭，近奉明敕，始承犹在。斯乃陛下宽仁，大将军恩念，臣之弱劣，知何仰报。今辄赍启迎臣母、弟、妻、儿，伏愿圣慈，特赐裁放。"

己巳，湘东王绎遣司马吴晔、天门太守樊文皎等将兵发江陵。

陈昕为景所擒，景与之极饮，使昕收集部曲欲用之。昕不可，景使其仪同三司范桃棒囚之。昕因说桃棒，使帅所部袭杀王伟、宋子仙诣城降。桃棒从之，潜遣昕夜缒入城。上大喜，敕镌银券赐桃棒曰："事定之日，封汝河南王，即有景众，并给金帛女乐。"太子恐其诈，犹豫不决，上怒曰："受降常理，何忽致疑！"太子召公卿会议，朱异、傅岐曰："桃棒降，必非谬。桃棒既降，贼景必惊，乘此击之，可大破也。"太子曰："吾坚城自守以俟外援，援兵既至，贼岂足平，此万全策也。今开门纳桃棒，桃棒之情，何易可知？万一为变，悔无所及。社稷事重，须更详之。"异曰："殿下若以社稷之急，宜纳桃棒；如其犹豫，非异所知。"太子终不能决。桃棒又使昕启曰："今止将所领五百人，若至城门，皆自脱甲，乞朝廷开门赐容。事济之后，保擒侯景。"太子见其恳切，愈疑之。朱异拊膺曰："失此，社稷事去矣！"俄而桃棒为部下所告，景拉杀之。陈昕不知，如期而出，景邀得之，逼使射书城中曰："桃棒且轻将数十人先入。"景欲衷甲随之，昕不肯，期以必死，乃杀之。

景使萧见理与仪同三司卢晖略戍东府，见理凶险，夜与群盗剽劫于大桁，中流矢而死。

邵陵王纶行至钟离，闻侯景已渡采石，纶昼夜兼道，旋军入援。济江，中流风起，人马溺者什一二。遂帅宁远将军西丰公大春、新涂公大成、永安侯确、安南侯骏、前谯州刺史赵伯超、武州刺史萧弄璋等步骑三万，自京口西上。大成，大春之弟；确，纶之子；骏，懿之孙也。

景遣军至江乘拒纶军。赵伯超曰："若从黄城大路，必与贼遇。不如径指钟山，突据广莫门，出贼不意，城围必解矣。"纶从之。夜行失道，迂二十余里，庚辰旦，营于蒋山。景见之大骇，悉送所掠妇女、珍货于石头，具舟欲走。分兵三道攻纶，纶与战，破之。时山巅寒雪，乃引军下爱敬寺。景陈兵于覆舟山北，乙酉，纶进军玄武湖侧，与景对陈，不战。至暮，景更约明日会战，纶许之。安南侯骏见景军退，以为走，即与壮士逐之。景旋军击之，骏败，走趣纶军。赵伯超望见，亦引兵走。景乘胜追击之；诸军皆溃。纶收余兵近千人，入天保寺，景追之，纵火烧寺。纶奔朱方，士卒践冰雪，往往堕足。景悉收纶辎重，生擒西丰公大春、安前司马庄丘慧、主帅霍俊等而还。丙戌，景陈所获纶军首虏铠仗及大春等于城下，使言曰："邵陵王已为乱兵所杀。"霍俊独曰："王小失利，已全军还京口。城中但坚守，援军寻至。"贼以刀殴其背，俊辞色弥厉，景义而释之，临贺王正德杀之。

是日晚，鄱阳王范遣其世子嗣与西豫州刺史裴之高、建安太守赵凤举各将兵入援，军于蔡洲，以待上流诸军。范以之高督江右援军事。景悉驱南岸居民于水北，焚其庐舍，大街已西，扫地俱尽。

北徐州刺史封山侯正表镇钟离，上召之入援，正表托以船粮未集，不进。景以正表为南兖州刺史，封南郡王。正表乃于欧阳立栅以断援军，帅众一万，声言入援，实欲袭广陵。密书诱广陵令刘询，使烧城为应。询以告南兖州刺史南康王会理。十二月，会理使询帅步骑千人夜袭正表，大破之，正表走还钟离。询收其兵粮，归就会理，与之入援。

癸巳，侍中、都官尚书羊侃卒，城中益惧。侯景大造攻具，陈于阙前，大车高数丈，一车二十轮。丁酉，复进攻城，以虾蟆车运土填堑。

湘东王绎遣世子方等将步骑一万入援建康，庚子，发公安。绎又遣竟陵太守王僧辩将舟师万人出自汉川，载粮东下。方等有俊才，善骑射，每战亲犯矢石，以死节自任。

壬寅，侯景以火车焚台城东南楼。材官吴景有巧思，于城内构地为楼，火才灭，新楼即立，贼以为神。景因火起，潜遣人于其下穿城，城将崩，乃觉之。吴景于城内更筑迂城，状如却月以拟之，兼掷火焚其攻具，贼乃退走。

太子遣洗马元孟恭将千人自大司马门出荡，孟恭与左右奔降于景。

己酉，景土山稍逼城楼，柳津命作地道以取其土，外山崩，压贼且尽。又于城内作飞桥，悬罩二土山上。景众见飞桥迥出，崩腾而走。城内掷雉尾炬，焚其东山，楼栅荡尽，贼积死于城下。乃弃土山不复修，自焚其攻具。材官将军宋嶷降于景，教之引玄武湖水以灌台城，阙前皆为洪流。

上征衡州刺史韦粲为散骑常侍，以都督长沙欧阳頠监州事。粲，放之子也。还至庐陵，闻侯景乱，粲简阅部下，得精兵五千，倍道赴援。至豫章，闻景已出横江，粲就内史刘孝仪谋之。孝仪曰："必如此，当有敕，岂可轻信人言，妄相惊动，或恐不然。"时孝仪置酒，粲怒，以杯抵地曰："贼已渡江，便逼宫阙，水陆俱断，何暇有报？假令无敕，岂得自安。韦粲今日何情饮酒！"即驰马出部分。将发，会江州刺史当阳公大心遣使邀粲，粲乃驰往见大心曰："上游藩镇，江州去京最近，殿下情计诚宜在前。但中流任重，当须应接，不可阙镇。今宜且张声势，移镇湓城，遣偏将赐随，于事便足。"大心然之，遣中兵柳昕帅兵二千人随粲。粲至南洲，外弟司州刺史柳仲礼亦帅步骑万余人至横江，粲即送粮仗赡给之，并散私金帛以赏其战士。

西豫州刺史裴之高自张公洲遣船渡仲礼，丙辰夜，粲、仲礼及宣猛将军李孝钦、前司州刺史羊鸦仁、南陵太守陈文彻合军屯新林王游苑。粲议推仲礼为大都督，报下流众军，裴之高自以年位耻居其下，议累日不决。粲抗言于众曰："今者同赴国难，义在除贼。所以推柳司州者，正以久捍边疆，先为侯景所惮，且士马精锐，无出其前。若论位次，柳在粲下，语其年齿，亦少于粲，直以社稷之计，不得复论。今日形势，贵在将和，若人心不同，大事去矣。裴公朝之旧德，岂应复挟私情以沮大计，粲请为诸军解之。"乃单舸至之高营，切让之，曰："今二宫危逼，猾寇滔天，臣子当戮力同心，岂可自相矛楯。豫州必欲立异，锋镝便有所归。"之高垂泣致谢，遂推仲礼为大都督。

宣城内史杨白华遣其子雄将郡兵继至，援军大集，众十余万，缘淮树栅，景亦于北岸树栅以应之。

裴之高与弟之横以舟师一万屯张公洲。景囚之高弟侄子孙，临水陈兵，连锁列于阵前，以鼎镬刀锯随其后，谓曰："裴公不降，今即烹之。"之高召善射者使射其子，再发，皆不中。

景帅步骑万人于后渚挑战，仲礼欲出击之。韦粲曰："日晚我劳，未可战也。"仲礼乃坚壁不出，景亦引退。

湘东王绎将锐卒三万发江陵，留其子绥宁侯方诸居守，谘议参军刘之迡等三上笺请留，答教不许。鄱阳王范遣其将梅伯龙攻王显贵于寿阳，克其罗城。攻中城，不克而退，范益其众，使复攻之。

丙辰晦，柳仲礼夜入韦粲营，部分众军。旦日会战，诸将各有据守。令粲顿青塘，粲以青塘当石头中路，贼必争之，颇惮之。仲礼曰："青塘要地，非兄不可，若疑兵少，当更遣军相助。"乃使直阁将军刘叔胤助之。

三年春正月丁巳朔，柳仲礼自新亭徙营大桁。会大雾，韦粲军迷失道，比及青塘，夜已过半，立栅未合，侯景望见之，亟帅锐卒攻粲。粲使军主郑逸逆击之，命刘叔胤以舟师截其后。叔胤畏懦，不敢进，逸遂败。景乘胜入粲营，左右牵粲避贼，粲不动，叱子弟力战，遂与子尼及三弟助、警、构、从弟昂皆战死，亲戚死者数百人。仲礼方食，投箸被甲，与其麾下百骑驰往救之，与景战于青塘，大破之，斩首数百级，沉淮水死者千余人。仲礼稍将及景，而贼将支伯仁自后斫仲礼中肩，马陷于淖，贼聚稍刺之，骑将郭山石救之得免。仲礼被重疮，会稽人惠蹄吮疮断血，故得不死。自是景不敢复济南岸，仲礼亦气衰，不复言战矣。

邵陵王纶复收散卒，与东扬州刺史临城公大连、新淦公大成等自东道并至。庚申，列营于桁南，亦推柳仲礼为大都督。大连，大临之弟也。

朝野以侯景之祸共尤朱异，异惭愤发疾，庚申，卒。故事，尚书官不以为赠，上痛惜异，特赠尚书右仆射。

甲子，湘东世子方等及王僧辩军至。

己巳，太子迁居永福省。高州刺史李迁仕、天门太守樊文皎将援兵万余人至城下。台城与援军信命久绝，有羊车儿献策作纸鸱，系以长绳，写敕于内，放以从风，冀达众军，题云"得鸱送援军，赏银百两"。太子自出太极殿前乘西北风纵之。贼怪之，以为厌胜，射而下之。援军募人能入城送启者，鄱阳世子嗣左右李朗请先受鞭，诈为得罪，叛投贼，因得入城。城中方知援兵四集，举城鼓噪。上以朗为直阁将军，赐金遣之。朗缘钟山之后，宵行昼伏，积日乃达。

癸未，鄱阳世子嗣、永安侯确、庄铁、羊鸦仁、柳敬礼、李迁仕、樊文皎将兵渡淮，攻东府前栅，焚之，侯景退。众军营于青溪之东，迁仕、文皎帅锐卒五千独进深入，所向摧靡。至菰首桥东，景将宋子仙伏兵击之，文皎战死，迁仕遁还。敬礼，仲礼之弟也。

仲礼神情傲狠，陵蔑诸将，邵陵王纶每日执鞭至门，亦移时弗见，由是与纶及临城公大连深相仇怨。大连又与永安侯确有隙，诸军互相猜阻，莫有战心。援军初至，建康士民扶老携幼以候之，才过淮，即纵兵剽掠。由是士民失望，贼中有谋应官军者，闻之，亦止。

临贺王记室吴郡顾野王起兵讨侯景，二月己丑，引兵来至。

初，台城之闭也，公卿以食为念，男女贵贱并出负米，得四十万斛，收诸府藏，钱帛五十万亿，并聚德阳堂，而不备薪刍、鱼盐。至是，坏尚书省为薪。撤荐，剉以饲马；荐尽，又食以饭。军士无膎，或煮铠、熏鼠、捕雀而食之。御甘露厨有干苔，味酸碱，分给战士。军人屠马于殿省间，杂以人肉，食者必病。侯景众亦饥，抄掠无所获。东城有米，可支一年，援军断其路。又闻荆州兵将至，景甚患之。王伟曰："今台城不可猝拔，援兵日盛，吾军乏食，若伪且求和以缓其势，东城之米足支一年，因求和之际，运米入石头，援军必不得动。然后休士息马，缮修器械，伺其懈怠击之，一举可取也。"景从之，遣其将任约、于子悦至城下，拜表求和，乞复先镇。太子以城中穷困，白上，请许之。上怒曰："和不如死！"太子固请曰："侯景围逼已久，援军相仗不战，宜且许其和，更为后图。"上迟回久之，乃曰："汝自图之，勿令取笑千载。"遂报许之。景乞割江右四州之地，并求宣城王大器出送，然后济江。中领军傅岐固争曰："岂有贼举兵围宫阙，而更与之和乎！此特欲却援军耳。戎狄兽心，必不可信。且宣城嫡嗣之重，国命所系，岂可为质！"上乃以大器之弟石城公大款为侍中，出质于景。又敕诸军不得复进，下诏曰："善兵不战，止戈为武。可以景为大丞相、都督江西四州诸军事，豫州牧、河南王如故。"己亥，设坛于西华门外，遣仆射王克、上甲侯韶、吏部郎萧瑳与于子悦、任约、王伟登坛共盟。太子詹事柳津出西华门，景出栅门，遥相对，更杀牲歃血为盟。既盟，而景长围不解，专修铠仗，托云"无船，不得即发"，又云"恐南军见蹑"，遣石城公还台求宣城王出送，邀求稍广，了无去志。太子知其诈言，犹羁縻不绝。韶，懿之孙也。

庚子，前南兖州刺史南康王会理、前青冀二州刺史湘潭侯退、西昌侯世子彧，众合三万，至于马印洲。景虑其自白下而上，启云："请敕北军聚还南岸，不尔，妨臣济江。"太子即勒会理自白下城移军江潭苑。退，恢之子也。

辛丑，以邵陵王纶为司空，鄱阳王范为征北将军，柳仲礼为侍中、尚书右仆射。景以于子悦、任约、傅士悊皆为仪同三司，夏侯譒为豫州刺史，董绍先为东徐州刺史，徐思玉为北徐州刺史，王伟为散骑常侍。上以伟为侍中。

乙卯，景又启曰："适有西岸信至，高澄已得寿阳、钟离，臣今无所投足，求借广陵并谯州，俟得寿阳，即奉还朝廷。"又云："援军既在南岸，须于京口渡江"。太子并答许之。癸卯，大赦。

庚戌，景又启曰："永安侯确、直阁赵威方频隔栅见诟，云'天子自与汝盟，我终当破汝'。乞召侯及威方入，即当引路。"上遣吏部尚书张绾召确，辛亥，以确为广州刺史，威方为盱眙太守。确累启固辞，不入，上不许。确先遣威方入城，因欲南奔。邵陵王纶泣谓确曰："围城既久，圣上忧危，臣子之情，切于汤火，故欲且盟而遣之，更申后计。成命已决，何得拒违？"时台使周石珍、东宫主书左法生在纶所，确谓之曰："侯景虽云欲去，而不解长围,意可见也。今召仆入城,何益于事。”石珍曰:“敕旨如此,郎那得辞。”确意尚坚,纶大怒,谓赵伯超曰:“谯州为我斩之,持其首去!”伯超挥刃眄确曰:“伯超识君侯,刀不识也。”确乃流涕入城。

上常蔬食,及围城日久,上厨蔬茹皆绝,乃食鸡子。纶因使者暂通,上鸡子数百枚,上手自料简,歔欷哽咽。

湘东王绎军于郢州之武城,湘州刺史河东王誉军于青草湖,信州刺史桂阳王慥军于西峡口,托云“俟四方援兵”,淹留不进。中记室参军萧贲,骨鲠士也,以绎不早下,心非之,尝与绎双六,食子未下,贲曰:“殿下都无下意。”绎深衔之。及得上敕,绎欲旋师,贲曰:“景以人臣,举兵向阙,今若放兵,未及渡江,童子能斩之矣,必不为也。大王以十万之众,未见贼而退,奈何?”绎不悦,未几,因事杀之。慥,懿之孙也。侯景运东府米入石头,既毕,王伟闻荆州军退,援军虽多,不相统壹,乃说景曰:“王以人臣,举兵围守宫阙,逼辱妃、主,残秽宗庙,擢王之发,不足数罪。今日持此,欲安所容身乎?背盟而捷,自古多矣,愿且观其变。”临贺王正德亦谓景曰:“大功垂就,岂可弃去。”景遂上启,陈上十失,且曰:“臣方事睽违,所以冒陈谠直。陛下崇饰虚诞,恶闻实录,以妖怪为嘉祯,以天谴为无咎。敷演六艺,排摈前儒,王莽之法也。以铁为货,使轻重无常,公孙之制也。烂羊镌印,朝章鄙杂,更始、赵伦之化也。豫章以所天为血仇,邵陵以父存而冠布,石虎之风也。修建浮图,百度糜费,使四民饥馁,笮融、姚兴之代也。”又言:“建康宫室崇侈,陛下唯与主书参断万机,政以贿成,诸阉豪盛,众僧殷实。皇太子珠玉是好,酒色是耽,吐言止于轻薄,赋咏不出桑中。邵陵所在残破,湘东群下贪纵,南康、定襄之属皆如沐猴而冠耳。亲为孙侄，位则藩屏，臣至百日，谁肯勤王？此而灵长，未之有也。昔鬻拳兵谏，王卒改善，今日之举，复奚罪乎！伏愿陛下小惩大戒，放谗纳忠，使臣无再举之忧，陛下无婴城之辱，则万姓幸甚。”

上览启，且惭且怒。三月丙辰朔，立坛于太极殿前，告天地，以景违盟，举烽鼓噪。

初，闭城之日，男女十余万，擐甲者二万余人，被围既久，人多身肿气急，死者什八九，乘城者不满四千人，率皆羸喘，横尸满路，不可瘗埋，烂汁满沟，而众心犹望外援。柳仲礼唯聚妓妾置酒作乐，诸将日往请战，仲礼不许。安南侯骏说邵陵王纶曰：“城危如此，而都督不救，若万一不虞，殿下何颜自立于世？今宜分军为三道，出贼不意攻之，可以得志。”纶不从。柳津登城谓仲礼曰：“汝君父在难，不能竭力，百世之后，谓汝为何？”仲礼亦不以为意。上问策于津，对曰：“陛下有邵陵，臣有仲礼，不忠不孝，贼何由平！”

戊午，南康王会理与羊鸦仁、赵伯超等进营于东府城北，约夜渡军。既而鸦仁等晓犹未至，景众觉之，营未立，景使宋子仙击之，赵伯超望风退走。会理等兵大败，战及溺死者五千人。景积其首于阙下，以示城中。

景又使于子悦求和，上使御史中丞沈浚至景所。景实无去志，谓浚曰：“今天时方热，军未可动，乞且留京师立效。”浚发愤责之，景不对，横刀叱之。浚曰：“负恩忘义，违弃诅盟，固天地所不容！沈浚五十之年，常恐不得死所，何为以死相惧邪！”因径去不顾，景以其忠直舍之。

于是景决石阙前水，百道攻城，昼夜不息。邵陵世子坚屯太阳门，终日蒱饮，不恤吏士，其书佐董勋、熊昙朗恨之。丁卯夜向晓，勋、昙朗于城西北楼引景众登城，永安侯确力战不能却，乃排闼入启上，云“城已陷”。上安卧不动，曰：“犹可一战乎？”对曰：“不可。”上叹曰：“自我得之，自我失之，亦复何恨！”因谓确曰：“汝速去，语汝父，勿以二宫为念。”因使慰劳在外诸军。

俄而景遣王伟入文德殿奉谒，上命褰帘开户引伟入。伟拜呈景启，称：“为奸佞所蔽，领众入朝，惊动圣躬，今诣阙待罪。”上问：“景何在？可召来。”景入见于太极东堂，以甲士五百人自卫。景稽颡殿下，典仪引就三公榻。上神色不变，问曰：“卿在军中日久，无乃为劳。”景不敢仰视，汗流被面。又曰：“卿何州人，而敢至此，妻子犹在北邪？”景皆不能对。任约从旁代对曰：“臣景妻子皆为高氏所屠，唯以一身归陛下。”上又问：“初渡江有几人？”景曰：“千人。”“围台城几人？”曰：“十万。”“今有几人？”曰：“率土之内，莫非己有。”上俯首不言。

景复至永福省见太子，太子亦无惧容。侍卫皆惊散，唯中庶子徐摛、通事舍人陈郡殷不害侧侍。摛谓景曰：“侯王当以礼见，何得如此！”景乃拜。太子与言，又不能对。

景退，谓其厢公王僧贵曰：“吾常跨鞍对陈，矢刃交下，而意气安缓，了无怖心。今见萧公，使人自慑，岂非天威难犯？吾不可以再见之。”于是悉撤两宫侍卫，纵兵掠乘舆、服御、宫人皆尽。收朝士、王侯送永福省，使王伟守武德殿，于子悦屯太极东堂。矫诏大赦，自加大都督、中外诸军、录尚书事。

建康士民，逃难四出。太子洗马萧允至京口，端居不行，曰：“死生有命，如何可逃。祸之所来，皆生于利；苟不求利，祸从何生？”

己巳，景遣石城公大款以诏命解外援军。柳仲礼召诸将议之，邵陵王纶曰："今日之命，委之将军。"仲礼熟视不对。裴之高、王僧辩曰："将军拥众百万，致宫阙沦没，正当悉力决战，何所多言！"仲礼竟无一言，诸军乃随方各散。南兖州刺史临城公大连、湘东世子方等、鄱阳世子嗣、北兖州刺史湘潭侯退、吴郡太守袁君正、晋陵太守陆经等各还本镇。君正，昂之子也。邵陵王纶奔会稽，仲礼及弟敬礼、羊鸦仁、王僧辩、赵伯超并开营降，军士莫不叹愤。仲礼等入城，先拜景而后见上，上不与言。仲礼见父津，津恸哭曰："汝非我子，何劳相见！"

湘东王绎使全威将军会稽王琳送米二十万石以馈军，至姑孰，闻台城陷，沉米于江而还。

景命烧台内积尸，病笃未绝者亦聚而焚之。

庚子，诏征镇、牧守可复本任。景留柳敬礼、羊鸦仁，而遣柳仲礼归司州，王僧辩归竟陵。初，临贺王正德与景约，平城之日，不得全二宫。及城开，正德帅众挥刀欲入，景先使其徒守门，故正德不果入。景更以正德为侍中、大司马，百官皆复旧职。正德入见上，拜且泣，上曰："'啜其泣矣，何嗟及矣！'"秦郡、阳平、盱眙三郡皆降景，景改阳平为北沧州，改秦郡为西兖州。

侯景以仪同三司萧邕为南徐州刺史，代西昌侯渊藻镇京口。又遣其将徐相攻晋陵，陆经以郡降之。

侯景以前临江太守董绍先为江北行台，使赍上手敕召南兖州刺史南康王会理。壬午，绍先至广陵，众不满二百，皆积日饥疲，会理士马甚盛。僚佐说会理曰："景已陷京邑，欲先除诸藩，然后篡位。若四方拒绝，立当溃败，奈何委全州之地以资寇手！不如杀绍先，发兵固守，与魏连和，以待其变。"会理素懦，即以城授之。绍先既入，众莫敢动。会理弟通理请先还建康，谓其姊曰："事既如此，岂可阖家受毙，前途亦思立效，但未知天命如何耳。"绍先悉收广陵文武、部曲、铠仗、金帛，遣会理单马还建康。

湘潭侯退与北兖州刺史定襄侯祗出奔东魏。侯景以萧弄璋为北兖州刺史，州民发兵拒之。景遣直閤将军羊海将兵助之，海以其众降东魏，东魏遂据淮阴。祗，伟之子也。

癸未，侯景遣于子悦等将羸兵数百东略吴郡。新城戍主戴僧逖有精甲五千，说太守袁君正曰："贼今乏食，台中所得，不支一旬，若闭关拒守，立可饿死。"土豪陆映公等恐不能胜而资产被掠，皆劝君正迎之。君正素怯，载米及牛酒郊迎。子悦执君正，掠夺财物、子女，东人皆立堡拒之。景又以任约为南道行台，镇姑孰。

夏四月，湘东世子方等至江陵，湘东王绎始知台城不守，命于江陵四旁七里树木为栅，掘堑三重而守之。

上虽外为侯景所制，而内甚不平。景欲以宋子仙为司空，上曰："调和阴阳，安用此物！"景又请以其党二人为便殿主帅，上不许。景不能强，心甚惮之。太子入，泣谏，上曰："谁令汝来？若社稷有灵，犹当克复；如其不然，何事流涕！"景使其军士入直省中，或驱驴马，带弓刀，出入宫庭。上怪而问之，直閤将军周石珍对曰："侯丞相甲士。"上大怒，叱石珍曰："是侯景，何谓丞相！"左右皆惧。是后上所求多不遂志，饮膳亦为所裁节，忧愤成疾。太子以幼子大圆属湘东王绎，并翦爪发以寄之。五月丙辰，上卧净居殿，口苦，索蜜，不得，再曰："荷！荷！"遂殂。年八十六。景秘不发丧，迁殡于昭阳殿，迎太子于永福省，使如常入朝。王伟、陈庆皆侍太子，太子呜咽流涕，不敢泄声，殿外文武皆莫之知。

辛巳，发高祖丧，升梓宫于太极殿。是日，太子即皇帝位，大赦。侯景出屯朝堂，分兵守卫。

壬午，诏北人在南为奴婢者皆免之，所免万计。景或更加超擢，冀收其力。

高祖之末，建康士民服食、器用争尚豪华，粮无半年之储，常资四方委输，自景作乱，道路断绝，数月之间，人至相食，犹不免饿死，存者百无一二。贵戚、豪族皆自出采稆，填委沟壑，不可胜纪。

癸未，景遣仪同三司来亮入宛陵，宣城太守杨白华诱而斩之。甲申，景遣其将李贤明攻之，不克。景又遣中军侯子鉴入吴郡，以厢公苏单于为吴郡太守，遣仪同宋子仙等将兵东屯钱塘，新城戍主戴僧逷据县拒之。御史中丞沈浚避难东归，至吴兴，太守张嵊与之合谋，举兵讨景。嵊，稷之子也。东扬州刺史临城公大连亦据州不受景命，景号令所行，唯吴郡以西，南陵以北而已。

六月丁亥，立宣城王大器为皇太子。

壬辰，封皇子大心为寻阳王，大款为江陵王，大临为南海王，大连为南郡王，大春为安陆王，大成为山阳王，大封为宜都王。

宋子仙围戴僧逷，不克。丙午，吴盗陆缉等起兵袭吴郡，杀苏单于，推前淮南太守文成侯宁为主。

临贺王正德怨侯景卖己，密书召鄱阳王范，使以兵入。景遮得其书，癸丑，缢杀正德。景以仪同三司郭元建为尚书仆射、北道行台、总江北诸军事，镇新秦；封元罗等诸元十余人皆为王。景爱永安侯确之勇，常置左右。邵陵王纶潜遣人呼之，确曰："景轻佻，一夫力耳。我欲手刃之，正恨未得其便。卿还启家王，勿以确为念。”景与确游钟山，引弓射鸟，因欲射景，弦断不发，景觉而杀之。

侯景以赵威方为豫章太守，江州刺史寻阳王大心遣军拒之，擒威方，系州狱，威方逃还建康。

陆缉等竞为暴掠，吴人不附，宋子仙自钱塘旋军击之。壬戌，缉弃城奔海盐，子仙复据吴郡。戊辰，侯景置吴州于吴郡，以安陆王大春为刺史。

鄱阳王范闻建康不守，戒严，欲入。僚佐或说之曰："今魏人已据寿阳，大王移足，则虏骑必窥合肥。前贼未平，后城失守，将若之何？不如待四方兵集，使良将将精卒赴之，进不失勤王，退可固本根。"范乃止。会东魏大将军澄遣西兖州刺史李伯穆逼合肥，又使魏收为书谕范。范方谋讨侯景，藉东魏为援，乃帅战士二万出东关，以合州输伯穆，并遣谘议刘灵护送二子勤、广为质于东魏以乞师。范屯濡须以待上游之军，遣世子嗣将千余人守安乐栅。上游〔诸〕军皆不下，范粮乏，采菰稗菱藕以自给。勤、广至邺，东魏人竟不为出师。范进退无计，乃溯流西上，军于枞阳。景出屯姑孰，范将裴之悌以众降之。之悌，之高之弟也。

秋八月甲申朔，侯景遣其中军都督侯子鉴等击吴兴。

侯景以宋子仙为司徒，郭元建为尚书左仆射，与领军任约等四十人并开府仪同三司，仍诏"自今开府仪同不须更加将军"。是后开府仪同至多，不可复记矣。

鄱阳王范自枞阳遣信告江州刺史寻阳王大心，大心遣信邀之。范引兵诣江州，大心以湓城处之。

吴兴兵力寡弱，张嵊书生，不闲军旅。或劝嵊效袁君正以郡迎侯子鉴。嵊叹曰："袁氏世济忠贞，不意君正一旦隳之。吾岂不知吴郡既没，吴兴势难久全。但以身许国，有死无贰耳。”九月癸丑朔，子鉴军至吴兴，嵊战败，还府，整服安坐，子鉴执送建康。侯景嘉其守节，欲活之，嵊曰：“吾忝任专城，朝廷倾危，不能匡复，今日速死为幸。”景犹欲存其一子，嵊曰：“吾一门已在鬼录，不就尔虏求恩！”景怒，尽杀之。并杀沈浚。

冬十月，宋子仙自吴郡趣钱塘。刘神茂自吴兴趣富阳，前武州刺史富阳孙国恩以城降之。

十一月乙卯，葬武皇帝于脩陵，庙号高祖。

百济遣使入贡，见城阙荒圮，异于向来，哭于端门。侯景怒，录送庄严寺，不听出。

壬戌，宋子仙急攻钱塘，戴僧遏降之。

宋子仙乘胜渡浙江，至会稽。邵陵王纶闻钱塘已败，出奔鄱阳，鄱阳内史开建侯蕃以兵拒之。范进击蕃，破之。

南郡王大连为东扬州刺史。时会稽丰沃，胜兵数万，粮仗山积，东人惩侯景残虐，咸乐为用，而大连朝夕酣饮，不恤军事。司马东阳留异凶狡残暴，为众所患，大连悉以军事委之。十二月庚寅，宋子仙攻会稽，大连弃城走，异奔还乡里，寻以其众降于子仙。大连欲奔鄱阳，异为子仙乡导，追及大连于信安，执送建康，大连犹醉不之知。帝闻之，引帷自蔽，掩袂而泣。于是三吴尽没于景，公侯在会稽者俱南度岭。景以留异为东阳太守，收其妻子为质。

邵陵王纶进至九江，寻阳王大心以江州让之，纶不受，引兵西上。

简文帝大宝元年春正月，始兴太守陈霸先发兵讨侯景。事见萧勃据岭南。

广陵人来嶷说前广陵太守祖皓曰："董绍先轻而无谋，人情不附，袭而杀之，此壮士之任耳。今欲纠帅义勇，奉戴府君，若其克捷，可立桓、文之勋，必天未悔祸，犹足为梁室忠臣。"皓曰："此仆所愿也。"乃相与纠合勇士，得百余人。癸酉，袭广陵，斩南兖州刺史董绍先，据城，驰檄远近，推前太子舍人萧勔为刺史。乙亥，景遣郭元建帅众奄至，皓婴城固守。

二月，侯景遣任约、于(度)〔庆〕等帅众二万攻诸藩。

侯景遣侯子鉴帅舟师八千，自帅徒兵一万攻广陵，三日，克之。执祖皓，缚而射之，箭遍体，然后车裂以徇。城中无少长皆埋之于地，驰马射而杀之。以子鉴为南兖州刺史，镇广陵。景还建康。

宣城内史杨白华进据安吴，侯景遣于子悦等帅众攻之，不克。

侯景纳上女溧阳公主，甚爱之。三月甲申，景请上禊宴于乐游苑，帐饮三日。上还宫，景与公主共据御床，南面并坐，群臣文武列坐侍宴。

鄱阳世子嗣与任约战于三章，约败走，嗣因徙镇三章，谓之安乐栅。

夏四月丙午，侯景请上幸西州。上御素辇，侍卫四百余人，景浴铁数千，翼卫左右。上闻丝竹，凄然泣下，命景起舞，景亦请上起舞。酒阑坐散，上抱景于床曰："我念丞相。"景曰："陛下如不念臣，臣何得至此。"逮夜乃罢。

时江南连年旱蝗，江、扬尤甚，百姓流亡，相与入山谷、江、湖，采草根、木叶、菱芡而食之，所在皆尽，死者蔽野。富室无食，皆鸟面鹄形，衣罗绮，怀金玉，俯伏床帷，待命听终。千里绝烟，人迹罕见，白骨成聚，如丘陇焉。

景性残酷，于石头立大碓，有犯法者捣杀之。常戒诸将曰："破栅平城，当净杀之，使天下知吾威名。"故诸将每战胜，专以焚掠为事，斩刈人如草芥，以资戏笑。由是百姓虽死，终不附之。又禁人偶语，犯者刑及外族。为其将帅者悉称"行台"，来降附者悉称"开府"，其亲寄隆重者曰"左右厢公"，勇力兼人者曰"库直都督"。

侯景召宋子仙还京口。

湘东王绎自去岁闻高祖之丧，以长沙未下，故匿之。壬寅，始发丧，刻檀为高祖像，置于百福殿，事之甚谨，动静必咨焉。绎以为天子制于贼臣，不肯从大宝之号，犹称太清四年。丙午，绎下令大举讨侯景，移檄远近。

鄱阳王范至湓城，以晋熙为晋州，遣其世子嗣为刺史。江州郡县，多辄改易。寻阳王大心政令所行，不出一郡。大心遣兵击庄铁，嗣与铁素善，请发兵救之，范遣侯瑱帅精甲五千助铁。由是二镇互相猜忌，无复讨贼之志。大心使徐嗣徽帅众二千，筑垒稽亭以备范，市籴不通，范数万之众，无所得食，多饿死。范愤恚，疽发于背，五月乙卯，卒。其众秘不发丧，奉范弟安南侯恬为主，有众数千人。

丙辰，侯景以元思虔为东道大行台，镇钱塘。丁巳，以侯子鉴为南兖州刺史。

六月，侯景以羊鸦仁为五兵尚书。庚子，鸦仁出奔江西，将赴江陵，至东莞，盗疑其怀金，邀杀之。

湘东王绎以〔陈〕霸先为豫州刺史，领豫章内史。

初，东魏遣仪同武威牒云洛等迎鄱阳世子嗣，使镇皖城。嗣未及行，任约军至，洛等引去。嗣遂失援，出战，败死。约遂略地至湓城，寻阳王大心遣司马韦质出战而败。帐下犹有战士千余人，咸劝大心走保建州，大心不能用，戊辰，以江州降约。先是，大心使前太子洗马韦臧镇建昌，有甲士五千，闻寻阳不守，欲帅众奔江陵，未发，为麾下所杀。臧，粲之子也。于庆略地至豫章，侯瑱力屈，降之，庆送瑱于建康。景以瑱同姓，待之甚厚，留其妻子及弟为质，遣瑱随庆徇蠡南诸郡，以瑱为湘州刺史。

初，巴山人黄法氍有勇力，侯景之乱，合徒众保乡里。太守贺诩下江州，命法氍监郡事。法氍屯新淦，于庆自豫章分兵袭新淦，法氍败之。陈霸先使周文育进军击庆，法氍引兵会之。

邵陵王纶闻任约将至，使司马蒋思安将精兵五千袭之，约众溃。思安不设备，约收兵袭之，思安败走。

秋九月，任约进寇西阳、武昌。初，宁州刺史彭城徐文盛募兵数万人讨侯景，湘东王绎以为秦州刺史，使将兵东下，与约遇于武昌。绎以庐陵王应为江州刺史，以文盛为长史，行府州事，督诸将拒之。应，续之子也。邵陵王纶引齐兵未至，移营马栅，距西阳八十里，任约闻之，遣仪同叱罗〔子〕通等将铁骑二百袭之，纶不为备，策马亡走。时湘东王绎亦与齐连和，故齐人观望，不助纶。定州刺史田祖龙迎纶，纶以祖龙为绎所厚，惧为所执，复归齐昌。行至汝南，魏所署汝南城主李素，纶之故吏也，开城纳之。任约遂据西阳、武昌。

裴之高帅子弟部曲千余人至夏首，湘东王绎召之，以为新兴、永宁二郡太守。又以南平王恪为武州刺史，镇武陵。

初，邵陵王纶以衡阳王献为齐州刺史，镇齐昌，任约击擒之，送建康，杀之。献，畅之孙也。

乙亥，进侯景位相国，封二十郡为汉王，加殊礼。冬十月乙未，侯景自加宇宙大将军、都督六合诸军事，以诏文呈上。上惊曰："将军乃有宇宙之号乎？"

十一月丁卯，徐文盛军贝矶，任约帅水军逆战，文盛大破之，斩叱罗子通、赵威方，仍进军大举口。侯景遣宋子仙等将兵二万助约，以约守西阳，久不能进，自出屯晋熙。

南康王会理以建康空虚，与太子左卫将军柳敬礼、西乡侯劝、东乡侯勔谋起兵诛王伟。安乐侯乂理出奔长芦，集众得千余人。建安侯贲、中宿世子子邕知其谋，以告伟。伟收会理、敬礼、劝、勔及会理弟祁阳侯通理，俱杀之。乂理为左右所杀。钱塘褚冕以会理故旧，捶掠千计，终无异言，会理隔壁谓之曰："褚郎，卿岂不为我致此。卿虽忍死明我，我心实欲杀贼！"冕竟不服，景乃宥之。劝，昺之子；贲，正德之弟子；子邕，憺之孙也。

帝自即位以来，景防卫甚严，外人莫得进见，唯武林侯谘及仆射王克、舍人殷不害并以文弱得出入卧内，帝与之讲论而已。及会理死，克、不害惧祸，稍自疏。谘独不离帝，朝请无绝。景恶之，使其仇人刁戌刺杀谘于广莫门外。帝之即位也，景与帝登重云殿，礼佛为誓，云："自今君臣两无猜贰，臣固不负陛下，陛下亦不得负臣。"及会理谋泄，景疑帝知之，故杀谘。帝自知不久，指所居殿谓殷不害曰："庞涓当死此下。"

景自帅众讨杨白华于宣城，白华力屈而降，景以其北人，全之，以为左民尚书，诛其兄子彬以报来亮之怨。十二月丙子朔，景封建安侯贲为竟陵王，中宿世子子邕为随王，仍赐姓侯氏。

侯景还建康。

二年春正月，新吴余孝顷举兵拒侯景，景遣于庆攻之，不克。

庚戌，湘东王绎遣护军将军尹悦、安东将军杜幼安、巴州刺史王珣将兵二万自江夏趣武昌，受徐文盛节度。

张彪遣其将赵稜围钱塘，孙凤围富春，侯景遣仪同三司田迁、赵伯超救之，稜、凤败走。稜，伯超之兄子也。

侯景以王克为太师，宋子仙为太保，元罗为太傅，郭元建为太尉，张化仁为司徒，任约为司空，王伟为尚书左仆射，索超世为右仆射。景置三公官，动以十数，仪同尤多。以子仙、元建、化仁为佐命元功，伟、超世为谋主，于子悦、彭儁主击断，陈庆、吕季略、卢晖略、丁和等为爪牙。梁人为景用者，则故将军赵伯超、前制局监周石珍、内监严亶、邵陵王记室伏知命。自余王克、元罗及侍中殷不害、太常周弘正等，景从人望，加以尊位，非腹心之任也。

北兖州刺史萧邕谋降魏，侯景杀之。

三月乙卯，徐文盛等克武昌，进军芦洲。

任约告急，侯景自帅众西上，携太子大器从军以为质，留王伟居守。闰月，景发建康，自石头至新林，舳舻相接。约分兵袭破定州刺史田祖龙于齐安。壬寅，景军至西阳，与徐文盛夹江筑垒。癸卯，文盛击破之，射其右丞库狄式和坠水死，景遁走还营。

夏四月，郢州刺史萧方诸，年十五，以行事鲍泉和弱，常侮易之，或使伏床，骑背为马。恃徐文盛在近，不复设备，日以蒲酒为乐。侯景闻江夏空虚，乙巳，使宋子仙、任约帅精骑四百，由淮内袭郢州。丙午，大风疾雨，天色晦冥，有登陴望见贼者告泉曰："虏骑至矣。"泉曰："徐文盛大军在下，贼何因得至？当是王珣军人还耳。"既而走告者稍众，始命闭门，子仙等已入城。方诸方踞泉腹，以五色彩辫其髯。见子仙至，方诸迎拜，泉匿于床下。

子仙俯窥，见泉素髯间彩，惊愕，遂擒之，及司马虞豫，送于景所。景因便风，中江举帆，遂越文盛等军，丁未，入江夏。文盛众惧而溃，与长沙王韶等逃归江陵。王珣、杜幼安以家在江夏，遂降于景。

湘东王绎以王僧辩为大都督，帅巴州刺史丹杨淳于量、定州刺史杜龛、宣州刺史王綝、郴州刺史裴之横东击景，徐文盛以下并受节度。戊申，僧辩等军至巴陵，闻郢州已陷，因留戍之。绎遗僧辩书曰："贼既乘胜，必将西下，不劳远击，但守巴丘，以逸待劳，无虑不克。"又谓僚佐曰："景若水步两道，直指江陵，此上策也。据夏首，积兵粮，中策也。悉力攻巴陵，下策也。巴陵城小而固，僧辩足可委任。景攻城不拔，野无所掠，暑疫时起，食尽兵疲，破之必矣。"乃命罗州刺史徐嗣徽自岳阳，武州刺史杜崱自武陵引兵会僧辩。

景使丁和将兵五千守夏首，宋子仙将兵一万为前驱，趣巴陵，分遣任约直指江陵，景帅大兵水步继进。于是缘江戍逻望风请服，景拓逻至于隐矶。僧辩乘城固守，偃旗卧鼓，安若无人。壬戌，景众济江，遣轻骑至城下，问："城内为谁？"答曰："王领军。"骑曰："何不早降？"僧辩曰："大军但向荆州，此城自当非碍。"骑去，顷之，执王珣等至城下，使说其弟琳。琳曰："兄受命讨贼，不能死难，曾不内惭，翻欲赐诱！"取弓射之，珣惭而退。景肉薄百道攻城，城中鼓噪，矢石雨下，景士卒死者甚众，乃退。僧辩遣轻兵出战，凡十余返，皆捷。景被甲在城下督战，僧辩着绶、乘舆、奏鼓吹巡城，景望之，服其胆勇。

五月，侯景昼夜攻巴陵，不克，军中食尽，疾疫，死伤太半。湘东王绎遣晋州刺史萧惠正将兵援巴陵，惠正辞不堪，举胡僧祐自代。僧祐时坐谋议忤旨系狱，绎即出之，拜武猛将军，令赴援。戒之曰："贼若水战，但以大舰临之，必克。若欲步战，自可鼓棹直就巴丘，不须交锋也。"僧祐至湘浦，景遣任约帅锐卒五千据白塉以待之。僧祐由他路西上，约谓其畏己，急追之，及于芊口，呼僧祐曰："吴儿，何不早降，走何所之？"僧祐不应，潜引兵至赤沙亭。会信州刺史陆法和至，与之合军。法和有异术，先隐于江陵百里洲，衣食居处，一如苦行沙门，或豫言吉凶，多中，人莫能测。侯景之围台城也，或问之曰："事将何如？"法和曰："凡人取果，宜待熟时，不撩自落。"固问之，法和曰："亦克，亦不克。"及任约向江陵，法和自请击之，绎许之。

壬寅，约至赤亭。六月甲辰，僧祐、法和纵兵击之，约兵大溃，杀溺死者甚众，禽约送江陵。景闻之，乙巳，焚营宵遁。以丁和为郢州刺史，留宋子仙等，众号二万，戍郢城。别将支化仁镇鲁山，范希荣行江州事，仪同三司任延和、晋州刺史夏侯威生守晋州。景与麾下兵数千顺流而下。丁和以大石磕杀鲍泉及虞预，沉于黄鹤矶。任约至江陵，绎赦之。徐文盛坐怨望，下狱，死。巴州刺史余孝顷遣兄子僧重将兵救鄱阳，于庆退走。

绎以王僧辩为征东将军、尚书令，胡僧祐等皆进位号，使引兵东下。陆法和请还，既至，谓绎曰："侯景自然平矣，蜀贼将至，请守险以待之。"乃引兵屯峡口。庚申，王僧辩至汉口，先攻鲁山，擒支化仁，送江陵。辛酉，攻郢州，克其罗城，斩首千级。宋子仙退据金城，僧辩四面起土山攻之。

豫州刺史荀朗自巢湖出濡须邀景，破其后军，景奔归，船前后相失。太子船入枞阳浦，船中腹心皆劝太子因此入北，太子曰："自国家丧败，志不图生，主上蒙尘，宁忍违离左右。吾今若去，乃是叛父，非避贼也。”因涕泗呜咽，即命前进。

甲子，宋子仙等困蹙，乞输郢城，身还就景。王僧辩伪许之，命给船百艘以安其意。子仙谓为信然，浮舟将发，僧辩命杜龛帅精勇千人攀堞而上，鼓噪奄进，水军主宋遥帅楼船，暗江云合。子仙且战且走，至白杨浦，大破之，周铁虎生擒子仙及丁和，送江陵，杀之。

秋七月乙亥，湘东王绎以长沙王韶监郢州事。丁亥，侯景还至建康。于庆自鄱阳还豫章，侯瑱闭门拒之，庆走江州，据郭默城。绎以瑱为兖州刺史，景悉杀瑱子弟。

辛丑，王僧辩乘胜下湓城，陈霸先帅所部三万人将会之，屯于巴丘。西军乏食，霸先有粮五十万石，分三十万以资之。八月壬寅朔，王僧辩前军袭于庆，庆弃郭默城走。范希荣亦弃寻阳城走，晋熙王僧振等起兵围郡城，僧辩遣沙州刺史丁道贵助之。任延和等弃城走。湘东王绎命僧辩且顿寻阳，以待诸军之集。

初，景既克建康，常言：“吴儿怯弱，易以掩取，当须拓定中原，然后为帝。”景尚帝女溧阳公主，嬖之，妨于政事。王伟屡谏，景以告主，主有恶言，伟恐为所谗，因说景除帝。及景自巴陵败归，猛将多死，自恐不能久存，欲早登大位。王伟曰：“自古移鼎，必须废立，既示我威权，且绝彼民望。”景从之，使前寿光殿学士谢昊为诏书，以为“弟侄争立，星辰失次，皆由朕非正绪，召乱致灾。宜禅位于豫章王栋。”使吕季略赍入，逼帝书之。栋，欢之子也。

戊午，景遣卫尉卿彭儁等帅兵入殿，废帝为晋安王，幽于永福省，悉撤内外侍卫，使突骑左右守之，墙垣悉布枳棘。庚申，下诏迎豫章王栋。栋时幽拘，廪饩甚薄，仰蔬茹为食。方与妃张氏锄葵，法驾奄至，栋惊，不知所为，泣而升辇。

景杀哀太子大器、寻阳王大心、西阳王大钧、建平王大球、义安王大昕及王侯在建康者二十余人。太子神明端嶷，于景党未尝屈意，所亲窃问之，太子曰："贼若于事义未须见杀，吾虽陵慢呵叱，终不敢言。若见杀时至，虽一日百拜，亦无所益。"又曰："殿下今居困厄，而神貌怡然，不贬平日，何也？"太子曰："吾自度死日必在贼前，若诸叔能灭贼，贼必先见杀，然后就死。若其不然，贼亦杀我以取富贵，安能以必死之命为无益之愁乎？"及难，太子颜色不变，徐曰："久知此事，嗟其晚耳。"刑者将以衣带绞之，太子曰："此不能见杀！"命取系帐绳绞之而绝。

壬戌，栋即帝位，大赦，改元天正。太尉郭元建闻之，自秦郡驰还，谓景曰："主上先帝太子，既无愆失，何得废之？"景曰："王伟劝吾，云'早除民望'，吾故从之，以安天下。"元建曰："吾挟天子令诸侯，犹惧不济，无故废之，乃所以自危，何安之有！"景欲迎帝复位，以栋为太孙，王伟曰："废立大事，岂可数改邪！"乃止。

乙丑，景又使使杀南海王大临于吴郡，南郡王大连于姑孰，安陆王大春于会稽，高唐王大壮于京口。以太子妃赐郭元建，元建曰："岂有皇太子妃乃为人妾乎？"竟不与相见，听使入道。丙寅，追尊昭明太子为昭明皇帝，豫章安王为安皇帝。以刘神茂为司空。

王伟说侯景弑太宗以绝众心，景从之。冬十月壬寅夜，伟与左卫将军彭儁、王修纂进酒于太宗。太宗极饮，既醉而寝。伟乃出，儁进土囊，修纂坐其上而殂。伟撤户扉为棺，迁殡于城北酒库中，谥曰明皇帝，庙号高宗。

司空、东道行台刘神茂闻侯景自巴丘败还，阴谋叛景，吴中士大夫咸劝之，乃与仪同三司尹思合、刘归义、王晔、云麾将军元頵等据东阳以应江陵，遣頵及别将李占下据建德江口。张彪攻永嘉，克之。新安民程灵洗起兵，据郡以应神茂。于是浙江以东皆附江陵。湘东王绎以灵洗为谯州刺史，领新安太守。

十一月，侯景以赵伯超为东道行台，据钱塘；以田迁为军司，据富春；以李庆绪为中军都督，谢答仁为右厢都督，李遵为左厢都督，以讨刘神茂。

己卯，加侯景九锡，汉国置丞相以下官。己丑，豫章王栋禅位于景，景即皇帝位于南郊。还，登太极殿，其党数万，皆吹唇呼噪而上。大赦，改元太始。封栋为淮阴王，并其二弟桥、樛同锁于密室。

王伟请立七庙，景曰："何谓七庙?"伟曰："天子祭七世祖考。"并请七世讳，景曰："前世吾不复记，唯记我父名标。且彼在朔州，那得来啖此。"众咸笑之。景党有知景祖名乙羽周者，自外皆王伟制其名位，追尊父标为元皇帝。

景之作相也，以西州为府，文武无尊卑皆引接。及居禁中，非故旧不得见，由是诸将多怨望。景好独乘小马，弹射飞乌，王伟每禁止之，不许轻出。景郁郁不乐，更成失志，曰："吾无事为帝，与受摈不殊。"

十二月丁未，谢答仁、李庆绪攻建德，擒元頵、李占送建康，景截其手足以徇，经月乃死。

元帝承圣元年春正月，湘东王命王僧辩等东击侯景，二月庚子，诸军发寻阳，舳舻数百里。陈霸先帅甲士三万，舟舰二千，自南江出湓口，会僧辩于白茅湾，筑坛歃血，共读盟文，流涕慷慨。癸卯，僧辩使侯瑱袭南陵、鹊头二戍，克之。戊申，僧辩等军于大雷。丙辰，发鹊头。戊午，侯子鉴还至战鸟，西军奄至，子鉴惊惧，奔还淮南。

侯景仪同三司谢答仁攻刘神茂于东阳，程灵洗、张彪皆勒兵将救之，神茂欲专其功，不许，营于下淮。或谓神茂曰："贼长于野战，下淮地平，四面受敌，不如据七里濑，贼必不能进。"不从。神茂偏裨多北人，不与神茂同心，别将王晔、郦通并据外营，降于答仁，刘归义、尹思合等弃城走。神茂孤危，辛未，亦降于答仁，答仁送之建康。

癸酉，王僧辩等至芜湖，侯景守将张黑弃城走。景闻之，甚惧，下诏赦湘东王绎、王僧辩之罪，众咸笑之。侯子鉴据姑孰南洲以拒西师，景遣其党史安和等将兵二千助之。三月己巳朔，景下诏欲自至姑孰，又遣人戒子鉴曰："西人善水战，勿与争锋。往年任约之败，良为此也。若得步骑一交，必当可破，汝但结营岸上，引船入浦以待之。"子鉴乃舍舟登岸，闭营不出。僧辩等停军芜湖十余日，景党大喜，告景曰："西师畏吾之强，势将遁矣，不击且失之。"景乃复命子鉴为水战之备。

丁丑，僧辩至姑孰，子鉴帅步骑万余人渡洲，于岸挑战，又以鵃䑠千艘载战士。僧辩麾细船皆令退缩，留大舰夹泊两岸。子鉴之众谓水军欲退，争出趋之。大舰断其归路，鼓噪大呼，合战中江，子鉴大败，士卒赴水死者数千人。子鉴仅以身免，收散卒走还建康，据东府。僧辩留虎臣将军庄丘慧达镇姑孰，引军而前，历阳戍迎降。景闻子鉴败，大惧，涕下覆面，引衾而卧，良久方起，叹曰："误杀乃公！"

庚辰，僧辩督诸军至张公洲，辛巳，乘潮入淮，进至禅灵寺前。景召石头津主张宾，使引淮中舣艕及海艟，以石缒之，塞淮口。缘淮作城，自石头至于朱雀街，十余里中楼堞相接。僧辩问计于陈霸先，霸先曰："前柳仲礼数十万兵隔水而坐，韦粲在青溪，竟不渡岸，贼登高望之，表里俱尽，故能覆我师徒。今围石头，须渡北岸。诸将若不能当锋，霸先请先往立栅。"壬午，霸先于石头西落星山筑栅，众军次连八城，直出石头西北。景恐西州路绝，自帅侯子鉴等亦于石头东北筑五城以遏大路。景使王伟等守台城。乙酉，景杀湘东世子方诸、前平东将军杜幼安。

刘神茂至建康，丙戌，景命为大剉碓，先进其足，寸寸斩之，以至于头。留异外同神茂而潜通于景，故得免祸。

丁亥，王僧辩进军招提寺北，侯景帅众万余人，铁骑八百余匹，陈于西州之西。陈霸先曰："我众贼寡，应分其兵势，以强制弱；何故聚其锋锐，令致死于我？"乃命诸将分处置兵。景冲将军王僧志阵，僧志小缩，霸先遣将军安陆徐度将弩手二千横截其后，景兵乃却。霸先与王琳、杜龛等以铁骑乘之，僧辩以大军继进，景兵败，退据其栅。龛，岸之兄子也。景仪同三司卢晖略守石头城，开北门降，僧辩入据之。景与霸先殊死战，景帅百余骑，弃矟执刀，左右冲阵。阵不动，众遂大溃，诸军逐北至西明门。

景至阙下，不敢入台，召王伟责之曰："尔令我为帝，今日误我！"伟不能对，绕阙而藏。景欲走，伟执鞚谏曰："自古岂有叛天子邪？宫中卫士犹足一战，弃此，将欲安之？"景曰："我昔败贺拔胜，破葛荣，扬名河、朔，渡江平台城，降柳仲礼如反掌，今日天亡我也！"因仰观石阙，叹息久之。以皮囊盛其江东所生二子，挂之鞍后，与房世贵等百余骑东走，欲就谢答仁于吴。侯子鉴、王伟、陈庆奔朱方。

僧辩命裴之横、杜龛屯杜姥宅，杜崱入据台城。僧辩不戢军士，剽掠居民，男女裸露，自石头至于东城，号泣满道。是夜，军士遗火，焚太极殿及东西堂，宝器、羽仪、辇辂无遗。

戊子，僧辩命侯瑱等帅精甲五千追景。王克、元罗等帅台内旧臣迎僧辩于道，僧辩劳克曰："甚苦，事夷狄之君。"克不能对。又问："玺绂何在？"克良久曰："赵平原持去。"僧辩曰："王氏百世卿族，一朝而坠。"僧辩迎太宗梓宫升朝堂，帅百官哭踊如礼。

己丑，僧辩等上表劝进，且迎都建业。湘东王答曰："淮海长鲸，虽云授首；襄阳短狐，未全革面。太平玉烛，尔乃议之。"

庚寅，南兖州刺史郭元建、秦郡戍主郭正买、阳平戍主鲁伯和、行南徐州事郭子仲并据城降。

僧辩之发江陵也，启湘东王曰："平贼之后，嗣君万福，未审何以为礼？"王曰："六门之内，自极兵威。"僧辩曰："讨贼之谋，臣为己任，成济之事，请别举人。"王乃密谕宣猛将军朱买臣，使为之所。及景败，太宗已殂。豫章王栋及二弟桥、樛相扶出于密室，逢杜崱于道，为去其锁。二弟曰："今日始免横死矣。"栋曰："倚伏难知，吾犹有惧。"辛卯，遇朱买臣，呼之就船共饮，未竟，并沉于水。

僧辩遣陈霸先将兵向广陵受郭元建等降，又遣使者往安慰之。诸将多私使别索马仗，会侯子鉴渡江至广陵，谓元建等曰："我曹，梁之深仇，何颜复见其主。不若投北，可得还乡。"遂皆降齐。霸先至欧阳，齐行台辛術已据广陵。

王伟与侯子鉴相失，直渎戍主黄公喜获之，送建康。王僧辩问曰："卿为贼相，不能死节，而求活草间邪？"伟曰："废兴，命也。使汉帝早从伟言，明公岂有今日。"尚书左丞虞骘尝为伟所辱，乃唾其面。伟曰："君不读书，不足与语。"骘惭而退。僧辩命罗州刺史徐嗣徽镇朱方。

壬辰，侯景至晋陵，得田迁余兵，因驱掠居民，东趋吴郡。

谢答仁讨刘神茂还，至富阳，闻侯景败走，帅万人欲北出侯之，赵伯超据钱塘拒之。侯景进至嘉兴，闻伯超叛之，乃退据吴。己酉，侯瑱追及景于松江。景犹有船二百艘，众数千人，瑱进击，败之，擒彭儁、田迁、房世贵、蔡寿乐、王伯醜。瑱生剖儁腹，抽其肠，儁犹不死，手自收之，乃斩之。

景与腹心数十人单舸走，推堕二子于水，将入海，瑱遣副将焦僧度追之。景纳羊侃之女为小妻，以其兄鹍为库直都督，待之甚厚。鹍随景东走，与景所亲王元礼、谢葳蕤密图之。葳蕤，答仁之弟也。景下海，欲向蒙山。己卯，景昼寝，鹍语海师："此中何处有蒙山，汝但听我处分。"遂直向京口。至胡豆洲，景觉，大惊，问岸上人，云"郭元建犹在广陵"，景大喜，将依之。鹍拔刀，叱海师向京口，因谓景曰："吾等为王效力多矣，今至于此，终无所成，欲就乞头以取富贵。"景未及答，白刃交下。景欲投水，鹍以刀斫之。景走入船中，以佩刀抉船底，鹍以矟刺杀之。尚书右仆射索超世在别船，葳蕤以景命召而执之。南徐州刺史徐嗣徽斩超世，以盐纳景腹中，送其尸于建康。僧辩传首江陵，截其手，使谢葳蕤送于齐。暴景尸于市，士民争取食之，并骨皆尽，溧阳公主亦预食焉。初，景之五子在北齐，世宗剥其长子面而烹之，幼者〔皆〕下蚕室。齐显祖即位，梦猕猴坐其御床，乃尽烹之。赵伯超、谢答仁皆降于侯瑱，瑱并田迁等送建康。王僧辩斩房世贵于市，送王伟、吕季略、周石珍、严亶、赵伯超、伏知命于江陵。

丁巳，湘东王下令解严。乙丑，葬简文帝于庄陵，庙号太宗。

侯景之败也，以传国玺自随，使其侍中兼平原太守赵思贤掌之，曰："若我死，宜沉于江，勿令吴儿复得之。"思贤自京口济江，遇盗，从者弃之草间。至广陵，以告郭元建。元建取之，以与辛術，壬申，術送之至邺。

五月庚午，司空南平王恪等复劝进，湘东王犹不受，遣侍中丰城侯泰等谒山陵，修复庙、社。戊寅，侯景首至江陵，枭之于市三日，煮而漆之，以付武库。

庚辰，以南平王恪为扬州刺史。甲申，以王僧辩为司徒、镇卫将军，封长宁公；陈霸先为征虏将军、开府仪同三司，封长城县侯。

乙酉，诛侯景所署尚书仆射王伟、左民尚书吕季略、少府周石珍、舍人严亶于市。赵伯超、伏知命饿死于狱。以谢答仁不失礼于太宗，特宥之。王伟于狱中上五百言诗，湘东王爱其才，欲宥之。有嫉之者言于王曰："前日伟作檄文甚佳。"王求而视之，檄云："项羽重瞳，尚有乌江之败；湘东一目，宁为赤县所归。"王大怒，钉其舌于柱，剜腹脔肉而杀之。

丁亥，下令，以"王伟等既死，自余衣冠旧贵，被逼偷生，猛士勋豪，和光苟免者，皆不问"。

通鉴纪事本末卷第二十四

梁氏乱亡　陈霸先篡梁

梁武帝中大通三年夏四月乙巳，昭明太子统卒。五月丙申，立太子母弟晋安王纲为皇太子。朝野多以为不顺，司议侍郎周弘正尝为晋安王主簿，乃奏记曰："谦让道废，多历年所。伏惟明大王殿下，天挺将圣，四海归仁，是以皇上发德音，以大王为储副。意者愿闻殿下抗目夷上仁之义，执子臧大贤之节，逃玉舆而弗乘，弃万乘如脱屣，庶改浇竞之俗，以大吴国之风。古有其人，今闻其语，能行之者，非殿下而谁？使无为之化复生于遂古，让王之道不坠于来叶，岂不盛欤！"王不能从。六月癸丑，立华容公欢为豫章王，其弟枝江公誉为河东王，曲阿公詧为岳阳王。上以人言不息，故封欢兄弟以大郡，用慰其心。

中大同元年。上年高，诸子心不相下，互相猜忌。邵陵王纶为丹杨尹，湘东王绎在江州，武陵王纪在益州，皆权侔人主。太子纲恶之，尝选精兵以卫东宫。八月，以纶为南徐州刺史。冬十月乙亥，以前东扬州刺史岳阳王詧为雍州刺史。上舍詧兄弟而立太子纲，内常愧之，宠亚诸子。以会稽人物殷阜，故用詧兄弟迭为东扬州以慰其心，詧兄弟亦内怀不平。詧以上衰老，朝多秕政，遂蓄聚货财，折节下士，招募勇敢，左右至数千人。以襄阳形胜之地，梁业所基，遇乱可以图大功；乃克己为政，抚循士民，数施恩惠，延纳规谏，所部称治。

太清三年。初，上以河东王誉为湘州刺史，徙湘州刺史张缵为雍州刺史，代岳阳王詧。缵恃其才望，轻誉少年，迎候有阙。誉至，检括州府付度事，留缵不遣。闻侯景作乱，颇陵蹙缵。缵恐为所害，轻舟夜遁，将之雍部，复虑詧拒之。缵与湘东王绎有旧，欲因之以杀誉兄弟，乃如江陵。及台城陷，诸王各还州镇，誉自湖口归湘州。桂阳王慥以荆州督府留军江陵，欲待绎至拜谒，乃还信州。缵遗绎书曰："河东戴樯上水，欲袭江陵，岳阳在雍，共谋不逞。"江陵游军主朱荣亦遣使告绎，云"桂阳留此，欲应誉、詧"。绎惧，凿船，沉米，斩缆，自蛮中步道驰归江陵，囚慥，杀之。

湘东王绎之入援也，令所督诸州皆发兵，雍州刺史岳阳王詧遣府司马刘方贵将兵出汉口，绎召詧使自行，詧不从。方贵潜与绎相知，谋袭襄阳。未发，会詧以他事召方贵，方贵以为谋泄，遂据樊城拒命，詧遣军攻之。绎厚资遣张缵使赴镇，缵至大堤，詧已拔樊城，斩方贵。缵至襄阳，詧推迁未去，但以城西白马寺处之。詧犹总军府之政，闻台城陷，遂不受代。助防杜岸绐缵曰："观岳阳势不容使君，不如且往西山以避祸。"岸既襄阳豪族，兄弟九人皆以骁勇著名。缵乃与岸结盟，着妇人衣，乘青布舆逃入西山。詧使岸将兵追擒之，缵乞为沙门，更名法缵，詧许之。

夏五月丙辰，上殂。辛巳，太子即皇帝位。

六月，上甲侯韶自建康出奔江陵，称受高祖密诏征兵，以湘东王绎为侍中、假黄钺、大都督中外诸军事、司徒、承制，自余藩镇并加位号。

湘州刺史河东王誉骁勇得士心，湘东王绎将讨侯景，遣使督其粮众，誉曰："各自军府，何忽隶人！"使者三返，誉不与。湘东王世子方等请讨之，绎乃以少子安南侯方矩为湘州刺史，使方等将精卒二万送之。方等将行，谓所亲曰："是行也，吾必死之。死得其所，吾复奚恨。"

湘东世子方等军至麻溪，河东王誉将七千人击之，方等军败，溺死。安南侯方矩收余众还江陵，湘东王绎无戚容。

西江督护陈霸先起兵讨侯景。

湘东王绎遣竟陵太守王僧辩、信州刺史东海鲍泉击湘州，分给兵粮，刻日就道。僧辩以竟陵部下未尽至，欲俟众集然后行，与泉入白绎，求申期日。绎疑僧辩观望，案剑厉声曰："卿惮行拒命，欲同贼邪？今唯有死耳。"因斫僧辩，中其左髀，闷绝，久之方苏，即送狱。泉震怖，不敢言。僧辩母徒行流涕入谢，自陈无训，绎意解，赐以良药，故得不死。丁卯，鲍泉独将兵伐湘州。

秋八月己亥，鲍泉军于石椁寺，河东王誉逆战而败。辛丑，又败于橘洲，战及溺死者万余人。誉退保长沙，泉引军围之。

九月，河东王誉告急于岳阳王詧，詧留谘议参军济阳蔡大宝守襄阳，帅众二万、骑二千伐江陵以救湘州。湘东王绎大惧，遣左右就狱中问计于王僧辩。僧辩具陈方略，绎乃赦之，以为城中都督。乙卯，詧至江陵，作十三营以攻之。会大雨，平地水深四尺，詧军气沮。绎与新兴太守杜崱有旧，密邀之。乙丑，崱与兄岌、岸、弟幼安、兄子龛各帅所部降于绎。岸请以五百骑袭襄阳，昼夜兼行，去襄阳三十里，城中觉之，蔡大宝奉詧母龚保林登城拒战。察闻之，夜遁，弃粮食、金帛、铠仗于湕水，不可胜纪。张缵病足，詧载以随军。及败走，守者恐为追兵所及，杀之，弃尸而去。詧至襄阳，岸奔广平，依其兄南阳太守巘。

湘东王绎以鲍泉围长沙久不克，怒之，以平南将军王僧辩代为都督，数泉十罪，命舍人罗重懽与僧辩偕行。泉闻僧辩来，愕然曰："得王竟陵来助我，贼不足平。"拂席待之。僧辩入，背泉而坐，曰："鲍郎，卿有罪，令旨使我锁卿，卿勿以故意见期。"使重懽宣令，锁之床侧。泉为启自申，且谢淹缓之罪，绎怒解，遂释之。

冬十一月，岳阳王詧使将军薛晖攻广平，拔之，获杜岸，送襄阳。詧拔其舌，鞭其面，支解而烹之。又发其祖父墓，焚其骸而扬之，以其头为漆碗。

詧既与湘东王绎为敌，恐不能自存，遣使求援于魏，请为附庸。丞相泰令东閤祭酒荣权使于襄阳。绎使司州刺史柳仲礼镇竟陵以图詧，詧惧，遣其妃王氏及世子嶚为质于魏。丞相泰欲经略江、汉，以开府仪同三司杨忠都督三荆等十五州诸军事，镇穰城。仲礼至安陆，安陆太守沈勰以城降之。仲礼留长史马岫与其弟子礼守之，帅众一万趣襄阳。泰遣杨忠及行台仆射长孙俭将兵击仲礼以救詧。魏杨忠将至义阳，太守马伯符以下溠城降之，忠以伯符为乡导。伯符，岫之子也。十二月，魏杨忠拔随郡，执太守桓和。

简文帝大宝元年春正月，陈霸先进军南康，湘东王绎承制授霸先明威将军、交州刺史。

魏杨忠围安陆，柳仲礼驰归救之。诸将恐仲礼至则安陆难下，请急攻之。忠曰："攻守势殊，未可猝拔。若引日劳师，表里受敌，非计也。南人多习水军，不闲野战，仲礼师在近路，吾出其不意，以奇兵袭之，彼怠我奋，一举可克。克仲礼则安陆不攻自拔，诸城可传檄定也。”乃选骑二千，衔枚夜进，败仲礼于漴头，获仲礼及其弟子礼，尽俘其众。马岫以安陆，别将王叔孙以竟陵，皆降于忠。于是汉东之地尽入于魏。

二月，魏杨忠乘胜至石城，欲进逼江陵，湘东王绎遣舍人庾恪说忠曰：“詧来伐叔而魏助之，何以使天下归心？”忠遂停湕北。绎遣舍人王孝祀等送子方略为质以求和，魏人许之。绎与忠盟曰：“魏以石城为封，梁以安陆为界，请同附庸，并送质子，贸迁有无，永敦邻睦。”忠乃还。

邵陵王纶欲救河东王誉而兵粮不足，乃致书于湘东王绎曰：“天时地利不及人和，况乎手足肱支岂可相害！今社稷危耻，创巨痛深，唯应剖心尝胆，泣血枕戈，其余小忿，或宜容贯。若外难未除，家祸仍构，料今访古，未或不亡。夫征战之理，唯求克胜，至于骨肉之战，愈胜愈酷，捷则非功，败则有丧，劳兵损义，亏失多矣。侯景之军所以未窥江外者，良为藩屏盘固，宗镇强密。弟若陷洞庭，不戢兵刃，雍州疑迫，何以自安，必引进魏军以求形援。弟若不安，家国去矣。必希解湘州之围，存社稷之计。”绎复书，陈誉过恶不赦，且曰：“詧引杨忠来相侵逼，颇遵谈笑，用却秦军，曲直有在，不复自陈。临湘旦平，暮便即路。”纶得书，投之于案，慷慨流涕曰：“天下之事，一至于斯！湘州若败，吾亡无日矣。”

夏四月，邵陵王纶在郢州，以听事为正阳殿，内外斋阁悉加题署。其部下陵暴军府，郢州将佐莫不怨之。谘议参军江仲举，南平王恪之谋主也，说恪图纶。恪惊曰：“若我杀邵陵，宁静一镇，荆、益兄弟必皆内喜，海内若平，则以大义责我矣。且巨逆未枭，骨肉相残，自亡之道也。卿且息之。”仲举不从，部分诸将，刻日将发，谋泄，纶压杀之。恪狼狈往谢，纶曰：“群小所作，非由兄也。凶党已毙，兄勿深忧。”

王僧辩急攻长沙，辛巳，克之。执河东王誉，斩之，传首江陵，湘东王绎反其首而葬之。绎以僧辩为左卫将军，加侍中、镇西长史。

六月，魏人欲令岳阳王詧发哀嗣位，詧辞不受。丞相泰使荣权册命詧为梁王，始建台，置百官。秋七月辛酉，梁王詧入朝于魏。

邵陵王纶大修铠仗，将讨侯景。湘东王绎恶之。八月甲午，遣左卫将军王僧辩、信州刺史鲍泉等帅舟师一万，东趣江、郢，声言拒任约，且云迎邵陵王还江陵，授以湘州。九月，王僧辩军至鹦鹉洲，郢州司马刘龙虎等潜送质于僧辩。邵陵王纶闻之，遣其子威正侯礩将兵击之，龙虎败，奔于僧辩。纶以书责僧辩曰：“将军前年杀人之侄，今岁伐人之兄，以此求荣，恐天下不许。”僧辩送书于湘东王绎，绎命进军。辛酉，纶集其麾下于西园，涕泣言曰：“我本无他，志在灭贼，湘东常谓与之争帝，遂尔见伐。今日欲守则交绝粮储，欲战则取笑千载，不容无事受缚，当于下流避之。”麾下壮士争请出战，纶不从，与礩自仓门登舟北出。僧辩入据郢州。绎以南平王恪为尚书令、开府仪同三司，世子方诸为郢州刺史，王僧辩为领军将军。

纶遇镇东将军裴之高于道，之高之子畿掠其军器，纶与左右轻舟奔武昌涧饮寺，僧法馨匿纶于岩穴之下。纶长史韦质、司马姜律等闻纶尚存，驰往迎之，说七栅流民以求粮仗。纶出营巴水，流民八九千人附之，稍收散卒，屯于齐昌。遣使请降于齐，齐以纶为梁王。岳阳王詧还襄阳。

冬十一月甲子，南平王恪帅文武拜笺推湘东王绎为相国，总百揆，绎不许。十二月，邵陵王纶在汝南，修城池，集士卒，将图安陆。魏安州刺史马祐以告丞相泰，泰遣杨忠将万人救安陆。

二年春正月，魏杨忠围汝南，李素战死。二月乙亥，城陷，执邵陵携王纶，杀之，投尸江岸，岳阳王詧取而葬之。

齐遣散骑常侍曹文皎使于江陵，湘东王绎使兼散骑常侍王子敏报之。三月己未，齐以湘东王绎为梁相国，建梁台，总百揆，承制。

岳阳王詧闻侯景克郢州，遣蔡大宝将兵一万进据武宁，遣使至江陵，诈称赴援。众议欲答以侯景已破，令其退军。湘东王绎曰："今语以退军，是趣之令进也。"乃使谓大宝曰："岳阳累启连和，不相侵犯，卿那忽据武宁？今当遣天门太守胡僧祐精甲二万、铁马五千顿湕水，待时进军。"詧闻之，召其军还。僧祐，南阳人也。

秋八月，侯景废帝为晋安王，下诏迎豫章王栋，壬戌，栋即帝位。九月己亥，湘东王绎以尚书令王僧辩为江州刺史，江州刺史陈霸先为东扬州刺史。冬十月壬寅，侯景弑太宗。王僧辩等闻太宗殂，丙辰，启湘东王绎，请上尊号，绎弗许。十一月乙亥，王僧辩〔等〕复上表劝进，湘东王绎不许。己丑，豫章王栋禅位于侯景，景封栋为淮阴王。

元帝承圣元年春三月乙丑，王僧辩等上表劝进，且迎都建业，不许。辛卯，宣猛将军朱买臣沉豫章王栋于水。

夏四月，王僧辩启陈霸先镇京口。五月庚午，司空南平王恪等复劝进，湘东王犹不受。庚辰，以南平王恪为扬州刺史。甲申，以王僧辩为司徒、镇卫将军，封长宁公；陈霸先为征虏将军、开府仪同三司，封长城县侯。齐主使其散骑常侍曹文皎等来聘，湘东王使散骑常侍柳晖等报之。

齐主使潘乐、郭元建将兵围秦郡，行台尚书辛术谏曰："朝廷与湘东王信使不绝。阳平，侯景之土，取之可也。今王僧辩已遣严超达守秦郡，于义何得复争之？且水潦方降，不如班师。"弗从。陈霸先命别将徐度引兵助秦郡固守。齐众七万攻之甚急，王僧辩使左卫将军杜崱救之，霸先亦自欧阳来会。与元建大战于士林，大破之，斩首万余级，生擒千余人。元建收余众北遁，犹以通好，不穷追也。

六月，立安南侯方矩为王太子。

齐政烦赋重，江北之民不乐属齐，其豪杰数请兵于王僧辩，僧辩以与齐通好，皆不许。秋七月，广陵侨人朱盛等潜聚党数千人，谋袭杀齐刺史温仲邕，遣使求援于陈霸先，云已克其外城。霸先使告僧辩，僧辩曰："人之情伪，未易可测，若审克外城，亟须应援，如其不尔，无烦进军。"使未报，霸先已济江，僧辩乃命武州刺史杜崱等助之。会盛等谋泄，霸先因进军围广陵。

九月甲戌，司空南平王恪卒。甲申，以王僧辩为扬州刺史。齐主使告王僧辩、陈霸先曰："请释广陵之围，必归广陵、历阳两城。"霸先引兵还京口，江北之民从霸先济江者万余口。湘东王以霸先为征北大将军、开府仪同三司、南徐州刺史，征霸先世子昌及兄子顼诣江陵，以昌为员外散骑常侍，顼为领直。

公卿、藩镇数劝进于湘东王。十一月丙子，世祖即皇帝位于江陵，改元，大赦。是日帝不升正殿，公卿陪列而已。己卯，立王太子方矩为皇太子,更名元良。皇子方智为晋安王,方略为始安王,方等之子庄为永嘉王。

侯景之乱,州郡太半入魏,自巴陵以下至建康,以长江为限,荆州界北尽武宁,西拒硖口,岭南复为萧勃所据,诏令所行,千里而近,民户著籍者,不盈三万而已。

二年春正月,王僧辩发建康,承制使陈霸先代镇扬州。秋八月,下诏将还建康,领军将军胡僧祐、太府卿黄罗汉、吏部尚书宗懔、御史中丞刘瑴谏曰:"建业王气已尽,与虏正隔一江,若有不虞,悔无及也。且古老相承云:'荆州洲数满百,当出天子。'今枝江生洲,百数已满,陛下龙飞,是其应也。"上令朝臣议之。黄门侍郎周弘正、尚书右仆射王褒曰:"今百姓未见舆驾入建康,谓是列国诸王,愿陛下从四海之望。"时群臣多荆州人,皆曰:"弘正等东人也,志愿东下,恐非良计。"弘正面折之曰:"东人劝东,谓非良计,君等西人欲西,岂成长策。"上笑。又议于后堂,会者五百人,上问之曰:"吾欲还建康,诸卿以为如何?"众莫敢先对。上曰"劝吾去者左袒",左袒者过半。武昌太守朱买臣言于上曰:"建康旧都,山陵所在,荆镇边疆,非王者之宅。愿陛下勿疑,以致后悔。臣家在荆州,岂不愿陛下居此,但恐是臣富贵,非陛下富贵耳。"上使术士杜景豪卜之,不吉,对上曰"未去",退而言曰:"此兆为鬼贼所留也。"上以建康雕残,江陵全盛,意亦安之,卒从僧祐等议。九月庚午,诏王僧辩还镇建康,陈霸先复还京口。

齐主使郭元建治水军二万余人于合肥,将袭建康,纳湘潭侯退,又遣将军邢景远、步大汗萨帅众继之。陈霸先在建康闻之,白上。上诏王僧辩镇姑孰以御之。冬十月己酉,王僧辩至姑孰,遣婺州刺史侯瑱、吴郡太守张彪、吴兴太守裴之横筑垒东关,以待齐师。闰月丁丑,南豫州刺史侯瑱与郭元建战于东关,齐师大败,溺死者万计。湘潭侯退复归于邺,王僧辩还建康。

十一月丙寅,上使侍中王琛使于魏。太师泰阴有图江陵之志,梁王督闻之,益重其贡献。

三年春正月,陈霸先自丹徒济江,围齐广陵,秦州刺史严超达自齐郡进围泾州,南豫州刺史侯瑱、吴郡太守张彪皆出石梁,为之声援。三月己酉,魏侍中宇文仁恕来聘。会齐使者亦至江陵,帝接仁恕不及齐使,仁恕归,以告太师泰。帝又请据旧图定疆境,辞颇不逊,泰曰:"古人有言:'天之所弃,谁能兴之?'其萧绎之谓乎!"荆州刺史长孙俭屡陈攻取之策,泰征俭入朝,问以经略,复命还镇,密为之备。马伯符密使告帝,帝弗之信。夏四月丙寅,上使散骑常侍庾信等聘于魏。

癸酉,以陈霸先为司空。

五月,散骑郎新野庾季才言于上曰:"去年八月丙申,月犯心中星,今月丙戌,赤气干北斗。心为天王,丙主楚分,臣恐建子之月有大兵入江陵,陛下宜留重臣镇江陵,整旆还都,以避其患。假令魏虏侵蹙,止失荆、湘,在于社稷,犹得无虑。"上亦晓天文,知楚有灾,叹曰:"祸福在天,避之何益?"

1730 六月壬午,齐步大汗萨将兵四万趣泾州,王僧辩使侯瑱、张彪自石梁引兵助严超达拒之,瑱、彪迟留不进。将军尹令思将万余人谋袭盱眙。齐冀州刺史段韶将兵讨东方白额于宿预,广陵、泾州皆来告急,诸将患之。韶曰:"梁氏丧乱,国无定主,人怀去就,强者从之。霸先等外托同德,内有离心,诸君不足忧,吾揣之熟矣。"乃留仪同三司敬显携等围宿预,自引兵倍道趣泾州。涂出盱眙，令思不意齐兵猝至，望风退走。韶进击超达，破之，回趣广陵，陈霸先解围走。杜僧明还丹徒，侯瑱、张彪还秦郡。

秋九月乙巳，魏遣柱国常山公于谨、中山公宇文护、大将军杨忠将兵五万入寇，冬十月壬戌，发长安。长孙俭问谨曰："为萧绎之计，将如何？"谨曰："耀兵汉、沔，席卷渡江，直据丹杨，上策也。移郭内居民退保子城，峻其陴堞以待援军，中策也。若难于移动，据守罗郭，下策也。"俭曰："揣绎定出何策？"谨曰："下策。"俭曰："何故？"谨曰："萧氏保据江南，绵历数纪，属中原多故，未遑外略。又以我有齐氏之患，必谓力不能分。且绎懦而无谋，多疑少断，愚民难与虑始，皆恋邑居，所以知其用下策也。"

癸亥，武宁太守宗均告魏兵且至，帝召公卿议之。领军胡僧祐、太府卿黄罗汉曰："二国通好，未有嫌隙，必应不尔。"侍中王琛曰："臣揣宇文容色，必无此理。"乃复使琛使魏。丙寅，于谨至樊、邓，梁王詧帅众会之。丁卯，内外戒严。王琛至石梵，未见魏军，驰书报黄罗汉曰："吾至石梵，境上帖然，前言皆儿戏耳。"帝闻而疑之。

辛未，帝使主书李膺至建康，征王僧辩为大都督、荆州刺史，命陈霸先徙镇扬州。僧辩遣豫州刺史侯瑱帅程灵洗等为前军，兖州刺史杜僧明帅吴明彻等为后军。甲戌，帝夜登凤凰阁，徙倚叹息，曰："客星入翼、轸，今必败矣。"嫔御皆泣。

陆法和闻魏师至，自郢州入汉口，将赴江陵，帝使逆之曰："此自能破贼，但镇郢州，不须动也。"法和还州，垩其城门，着衰绖，坐苇席，终日，乃脱之。

十一月，帝大阅于津阳门外，遇北风暴雨，轻辇还宫。癸未，魏军济汉，于谨令宇文护、杨忠帅精骑先据江津，断东路。甲申，护克武宁，执宗均。是日，帝乘马出城行栅，插木为之，周围六十余里。以领军将军胡僧祐都督城东诸军事，尚书右仆射张绾为之副；左仆射王褒都督城西诸军事，四厢领直元景亮为之副，王公已下各有所守。丙戌，命太子巡行城楼，令居人助运木石。夜，魏军至黄华，去江陵四十里，丁亥，至栅下。戊子，巂州刺史裴畿、畿弟新兴太守机、武昌太守朱买臣、衡阳太守谢答仁开枇杷门出战，裴机杀魏仪同三司胡文伐。畿，之高之子也。

帝征广州刺史王琳为湘州刺史，使引兵入援。丁酉，栅内火，焚数千家及城楼二十五。帝临所焚楼，望魏军济江，四顾叹息。是夜，遂止宫外，宿民家。己亥，移居祇洹寺。于谨令筑长围，中外信命始绝。

庚子，信州刺史徐世谱、晋安王司马任约等筑垒于马头，遥为声援。是夜，帝巡城，犹口占为诗，群臣亦有和者。帝裂帛为书，趣王僧辩，曰："吾忍死待公，可以至矣！"壬寅，还宫。癸卯，出长沙寺。戊申，王褒、胡僧祐、朱买臣、谢答仁等开门出战，皆败还。己酉，帝移居天居寺。癸丑，移居长沙寺。朱买臣按剑进曰："唯斩宗懔、黄罗汉，可以谢天下。"帝曰："曩实吾意，宗、黄何罪？"二人退入众中。

王琳军至长沙，镇南府长史裴政请间道先报江陵，至百里洲，为魏人所获。梁王詧谓政曰："我，武皇帝之孙也，不可为尔君乎？若从我计，贵及子孙，如或不然，腰领分矣。"政诡曰："唯命。"詧锁之至城下，使言曰："王僧辩闻台城被围，已自为帝。王琳孤弱，不复能至。"政告城中曰："援兵大至，各思自勉，吾以间使被禽，当碎身报国！"监者击其口，詧怒，命速杀之。西中郎参军蔡大业谏曰："此民望也，杀之，则荆州不可下矣。"乃释之。

政，之礼之子；大业，大宝之弟也。

时征兵四方，皆未至。甲寅，魏人百道攻城，城中负户蒙楯，胡僧祐亲当矢石，昼夜督战，奖励将士，明行赏罚，众咸致死，所向摧殄，魏不得前。俄而僧祐中流矢死，内外大骇。魏悉众攻栅，反者开西门纳魏师，帝与太子、王褒、谢答仁、朱买臣退保金城，令汝南王大封、晋熙王大圆质于于谨以请和。魏军之初至也，众以王僧辩子侍中顗可为都督，帝不用，更夺其兵，使与左右十人入守殿中。及胡僧祐死，乃用为都督城中诸军事。裴畿、裴机、历阳侯峻皆出降。于谨以机手杀胡文伐，并畿杀之。峻，渊猷之子也。时城南虽破，而城北诸将犹苦战，日暝，闻城陷，乃散。

帝入东阁竹殿，命舍人高善宝焚古今图书十四万卷，将自赴火，宫人左右共止之。又以宝剑击柱令折，叹曰："文武之道，今夜尽矣！"乃使御史中丞王孝祀作降文。谢答仁、朱买臣谏曰："城中兵众犹强，乘暗突围而出，贼必惊，因而薄之，可渡江就任约。"帝素不便走马，曰："事必无成，祇增辱耳。"答仁求自扶。帝以问王褒，褒曰："答仁，侯景之党，岂足可信？成彼之勋，不如降也。"答仁又请守子城，收兵可得五千人，帝然之，即授城中大都督，配以公主。既而召王褒谋之，以为不可。答仁请入不得，欧血而去。于谨征太子为质，帝使王褒送之。谨子以褒善书，给之纸笔，褒乃书曰："柱国常山公家奴王褒。"有顷，黄门郎裴政犯门而出。帝遂去羽仪、文物，白马素衣出东门，抽剑击阖曰："萧世诚一至此乎！"魏军士度堑牵其辔，至白马寺北，夺其所乘骏马，以驽马代之，遣长壮胡人手扼其背以行。逢于谨，胡人牵帝使拜。梁王詧使铁骑拥帝入营，囚于乌幔之下，甚为詧所诘辱。

帝性残忍，且惩高祖宽纵之弊，故为政尚严。及魏师围城，狱中死囚且数千人，有司请释之以充战士。帝不许，悉令棓杀之，事未成而城陷。

十二月丙辰，徐世谱、任约退戍巴陵。于谨逼帝使为书召王僧辩，帝不可。使者曰："王今岂得自由？"帝曰："我既不自由，僧辩亦不由我。"又从长孙俭求宫人王氏、荀氏及幼子犀首，俭并还之。或问："何意焚书？"帝曰："读书万卷，犹有今日，故焚之。"

辛未，帝为魏人所杀。梁王詧遣尚书傅准监刑，以土囊陨之。詧使以布帊缠尸，敛以蒲席，束以白茅，葬于津阳门外。并杀愍怀太子元良、始安王方略、桂阳王大成等。世祖性好书，常令左右读书，昼夜不绝，虽熟睡，卷犹不释，或差误及欺之，帝辄惊寤。作文章，援笔立就。常言"我韬于文士，愧于武夫"，论者以为得言。

魏立梁王詧为梁主，资以荆州之地，延袤三百里，仍取其雍州之地。詧居江陵东城，魏置防主将兵居西城，名曰助防，外示助詧备御，内实防之。以前仪同三司王悦留镇江陵。于谨收府库珍宝及宋浑天仪、梁铜晷表、大玉径四尺及诸法物，尽俘王、公以下及选百姓男女数万口为奴婢，分赏三军，驱归长安，小弱者皆杀之。得免者三百余家，而人马所践及冻死者什二三。

魏师之在江陵也，梁王詧将尹德毅说詧曰："魏虏贪惏，肆其残忍，杀掠士民，不可胜纪。江东之人涂炭至此，咸谓殿下为之。殿下既杀人父兄，孤人子弟，人尽仇也，谁与为国？今魏之精锐尽萃于此，若殿下为设享会，请于谨等为欢，预伏武士，因而毙之，分命诸将，掩其营垒，大歼群丑，俾无遗类。收江陵百姓，抚而安之，文武群寮，随材铨授。魏人慑息，未敢送死，王僧辩之徒折简可致。然后朝服济江，入践皇极，晷刻之间，大功可立。古人云‘天与不取，反受其咎’。愿殿下恢弘远略，勿怀匹夫之行。”詧曰：“卿此策非不善也，然魏人待我厚，未可背德。若遽为卿计，人将不食吾余。”既而阖城长幼被虏，又失襄阳，詧乃叹曰：“恨不用尹德毅之言。”

王僧辩、陈霸先共奉江州刺史晋安王方智为太宰，承制。

王褒、王克、刘毂、宗懔、殷不害及尚书右丞吴兴沈炯至长安，太师泰皆厚礼之。

敬帝绍泰元年春正月壬午朔，邵陵太守刘棻将兵援江陵，至三百里滩，部曲宋文彻杀之，帅其众还据邵陵。

梁王詧即皇帝位于江陵，改元大定。追尊昭明太子为昭明皇帝，庙号高宗，妃蔡氏为昭德皇后，尊其母龚氏为皇太后，立妻王氏为皇后，子岿为皇太子。赏刑制度，并同王者，唯上疏于魏则称臣，奉其正朔。至于官爵，其下亦依梁氏之旧，其勋级则兼用柱国等名。以谘议参军蔡大宝为侍中、尚书令，参掌选事，外兵参军太原王操为五兵尚书。大宝严整有智谋，雅达政事，文辞赡速，后梁主推心任之，以为谋主，比之诸葛孔明，操亦亚之。追赠邵陵王纶太宰，谥曰壮武；河东王誉丞相，谥曰武桓。

齐主使清河王岳将兵攻魏安州以救江陵。岳至义阳，江陵陷，因进军临江，郢州刺史陆法和及仪同三司宋莅举州降之。长史江夏太守王岷不从，杀之。甲午，齐召岳还，使仪同三司清都慕容俨戍郢州。王僧辩遣江州刺史侯瑱攻郢州，任约、徐世谱、宜丰侯循皆引兵会之。

辛丑，齐立贞阳侯渊明为梁主，使其上党王涣将兵送之，徐陵、湛海珍等皆听从渊明归。贞阳侯陷魏事，见侯景之乱。

二月癸丑，晋安王至自寻阳，入居朝堂，即梁王位，时年十三。以太尉王僧辩为中书监、录尚书、骠骑大将军、都督中外诸军事，加陈霸先征西大将军。

齐主先使殿中尚书邢子才驰传诣建康，与王僧辩书，以为："嗣主冲藐，未堪负荷。彼贞阳侯，梁武犹子，长沙之胤，以年以望，堪保金陵，故置为梁王，纳于彼国。卿宜部分舟舻，迎接今主，并心一力，善建良图。"乙卯，贞阳侯渊明亦与僧辩书求迎。僧辩复书曰："嗣主体自宸极，受于文祖。明公傥能入朝，同奖王室，伊、吕之任，佥曰仰归。意在主盟，不敢闻命。"甲子，齐以陆法和为都督荆雍等十州诸军事、太尉、大都督、西南道大行台，又以宋莅为郢州刺史，莅弟簉为湘州刺史。甲戌，上党王涣克谯郡。己卯，渊明又与僧辩书，僧辩不从。

故刘棻主帅赵朗杀宋文彻以邵陵归于王琳。

三月，贞阳侯渊明至东关，散骑常侍裴之横御之。丙戌，齐克东关，斩裴之横，俘数千人。王僧辩大惧，出屯姑孰，谋纳渊明。

夏五月，王琳迎永嘉王庄送之建康。

王僧辩遣使奉启于贞阳侯渊明，定君臣之礼，又遣别使奉表于齐，以子显及显母刘氏、弟子世珍为质于渊明，遣左民尚书周弘正至历阳奉迎，因求以晋安王为皇太子，渊明许之。渊明求度卫士三千，僧辩虑其为变，止受散卒千人。庚子，遣龙舟法驾迎之。渊明与齐上党王涣盟于江北，辛丑，自采石济江。于是梁舆南渡，齐师北返。僧辩疑齐，拥楫中流，不敢就西岸。齐侍中裴英起卫送渊明，与僧辩会于江宁。癸卯，渊明入建康，望朱雀门而哭，道逆者以哭对。丙午，即皇帝位，改元天成。以晋安王为皇太子，王僧辩为大司马，陈霸先为侍中。

六月，齐慕容俨始入郢州，而侯瑱等奄至城下，俨随方备御，瑱等不能克。乘间出击瑱等军，大破之。城中食尽，煮草木根叶及靴皮带角食之，与士卒分甘共苦，坚守半岁，人无异志。贞阳侯渊明立，乃命瑱等解围，瑱还镇豫章。齐人以城在江外，难守，因割以还梁。俨归，望齐主，悲不自胜。齐主呼前执其手，脱帽看发，叹息久之。

吴兴太守杜龛，王僧辩之婿也。僧辩以吴兴为震州，用龛为刺史，又以其弟侍中僧愔为豫章太守。

壬子，齐主以梁国称藩，诏凡梁民悉遣南还。

初，王僧辩与陈霸先共灭侯景，情好甚笃，僧辩为子頠娶霸先女，会僧辩有母丧，未成昏。僧辩居石头城，霸先在京口，僧辩推心待之，頠兄顗屡谏，不听。及僧辩纳贞阳侯渊明，霸先遣使苦争之，往返数四，僧辩不从。霸先窃叹谓所亲曰："武帝子孙甚多，唯孝元能复仇雪耻。其子何罪，而忽废之？吾与王公并处托孤之地，而王公一旦改图，外依戎狄，援立非次，其志欲何所为乎！"乃密具袍数千领及锦彩金银为赏赐之具。会有告齐师大举至寿春将入寇者，僧辩遣记室江旰告霸先，使为之备。霸先因是留旰于京口，举兵袭僧辩。九月壬寅，召部将侯安都、周文育及安陆徐度、钱塘杜稜谋之。稜以为难，霸先惧其谋泄，以手巾绞稜，闷绝于地，因闭于别室。部分将士，分赐金帛，以弟子著作郎云朗镇京口，知留府事，使徐度、侯安都帅水军趋石头，霸先帅马步自江乘罗落会之。是夜，皆发，召杜稜与同行。知其谋者，唯安都等四将，外人皆以为江旰征兵御齐，不之怪也。

甲辰，安都引舟舰将趣石头，霸先控马未进。安都大惧，追霸先骂曰："今日作贼，事势已成，生死须决，在后欲何所望？若败，俱死，后期得免斫头邪！"霸先曰："安都嗔我。"乃进。安都至石头城北，弃舟登岸。石头城北接冈阜，不甚危峻，安都被甲带长刀，军人捧之，投于女垣内，众随而入，进及僧辩卧室，霸先兵亦自南门入。僧辩方视事，外白有兵，俄而兵自内出。僧辩遽走，遇子頠，与俱出閤，帅左右数十人苦战于听事前，力不敌，走登南门楼，拜请求哀。霸先欲纵火焚之，僧辩与頠俱下就执。霸先曰："我有何辜，公欲与齐师赐讨？"且曰："何意全无备？"僧辩曰："委公北门，何谓无备？"是夜，霸先缢杀僧辩父子。既而竟无齐兵，亦非霸先之谲也。前青州刺史新安程灵洗帅所领救僧辩，力战于石头西门，军败，霸先遣使招谕，久之乃降。霸先深义之，以为兰陵太守，使助防京口。乙巳，霸先为檄布告中外，列僧辩罪状，且曰："资斧所指，唯王僧辩父子兄弟，其余亲党，一无所问。"

丙午，贞阳侯渊明逊位，出就邸，百僚上晋安王表，劝进。冬十月己酉，晋安王即皇帝位，大赦，改元，中外文武赐位一等。以贞阳侯渊明为司徒，封建安公。告齐云："僧辩阴图篡逆，故诛之，仍请称臣于齐，永为藩国。"齐遣行台司马恭与梁人盟于历阳。

壬子，加陈霸先尚书令、都督中外诸军事、车骑将军、扬、南徐二州刺史。

杜龛恃王僧辩之势，素不礼于陈霸先，在吴兴，每以法绳其宗族，霸先深怨之。及将图僧辩，密使兄子蒨还长城，立栅以备龛。僧辩死，龛据吴兴拒霸先，义兴太守韦载以郡应之。吴郡太守王僧智，僧辩之弟也，亦据城拒守。陈蒨至长城，收兵才数百人，杜龛遣其将杜泰将精兵五千奄至，将士相视失色，蒨言笑自若，部分益明，众心乃定。泰日夜苦攻，数旬，不克而退。霸先使周文育攻义兴，义兴属县卒皆霸先旧兵，善用弩，韦载收得数十人，系以长锁，命所亲监之。使射文育军，约曰"十发不两中者死"，故每发辄毙一人，文育军稍却。载因于城外据水立栅，相持数旬。杜龛遣其从弟北叟将兵拒战，北叟败，归于义兴。霸先闻文育军不利，辛未，自表东讨，留高州刺史侯安都、石州刺史杜稜宿卫台省。甲戌，军至义兴，丙子，拔其水栅。

谯、秦二州刺史徐嗣徽从弟嗣先，僧辩之甥也。僧辩死，嗣先亡就嗣徽，嗣徽以州入于齐。及陈霸先东讨义兴，嗣徽密结南豫州刺史任约，将精兵五千乘虚袭建康，是日入据石头，游骑至阙下。侯安都闭门藏旗帜，示之以弱，令城中曰："登陴窥贼者斩。"及夕，嗣徽等收兵还石头。安都夜为战备，将旦，嗣徽等又至，安都帅甲士三百开东、西掖门出战，大破之，嗣徽等奔还石头，不敢复逼台城。

陈霸先遣韦载族弟翙赍书谕载，丁丑，载及杜北叟皆降，霸先厚抚之，以翙监义兴郡，引载置左右，与之谋议。霸先卷甲还建康，使周文育讨杜龛，救长城。

将军黄他攻王僧智于吴郡，不克，霸先使宁远将军裴忌助之。忌选所部精兵，轻行倍道，自钱塘直趣吴郡，夜至城下，鼓噪薄之。僧智以为大军至，轻舟奔吴兴。忌入据吴郡，因以忌为太守。

十一月己卯，齐遣兵五千渡江据姑孰，以应徐嗣徽、任约。陈霸先使合州刺史徐度立栅于冶城。庚寅，齐又遣安州刺史翟子崇、楚州刺史刘士荣、淮州刺史柳达摩将兵万人，于胡墅度米三万石、马千匹入石头。霸先问计于韦载，载曰："齐师若分兵先据三吴之路，略地东境，则时事去矣。今可急于淮南因侯景故垒筑城，以通东道转输，分兵绝彼之粮运，使进无所资，则齐将之首旬日可致。"霸先从之。癸未，使侯安都夜袭胡墅，烧齐船千余艘，仁威将军周铁虎断齐运输，擒其北徐州刺史张领州。仍遣韦载于大航筑侯景故垒，使杜稜守之。齐人于仓门水南立二栅，与梁兵相拒。壬辰，齐大都督萧轨将兵屯江北。甲辰，徐嗣徽等攻冶城栅，陈霸先将精甲自西明门出击之，嗣徽等大败，留柳达摩等守城，自往采石迎齐援。十二月癸丑，侯安都袭秦郡，破徐嗣徽栅，俘数百人。收其家，得其琵琶及鹰，遣使送之曰："昨至弟处得此，今以相还。"嗣徽大惧。丙辰，陈霸先对冶城立航，悉渡众军，攻其水南二栅。柳达摩等渡淮置陈，霸先督兵疾战，纵火烧栅，齐兵大败，争舟相挤，溺死者以千数，呼声震天地，尽收其船舰。是日，嗣徽与任约引齐兵水步万余人还据石头，霸先遣兵诣江宁，据要险。嗣徽等水步不敢进，顿江宁浦口，霸先遣侯安都将水军袭破之，嗣徽等单舸脱走，尽收其军资器械。

己未，霸先四面攻石头，城中无水，升水直绢一匹。庚申，达摩遣使请和于霸先，且求质子。时建康虚弱，粮运不继，朝臣皆欲与齐和，请以霸先从子昙朗为质。霸先曰："今在位诸贤欲息肩于齐，若违众议，谓孤爱昙朗，不恤国家，今决遣昙朗，弃之寇庭。齐人无信，谓我微弱，必当背盟。齐寇若来，诸君须为孤力斗也。"乃以昙朗及永嘉王庄、丹阳尹王冲之子珉为质，与齐人盟于城外，将士恣其南北。辛酉，霸先陈兵石头南门，送齐人归北，徐嗣徽、任约皆奔齐。收齐马、仗、船、米不可胜计。齐主诛柳达摩。壬戌，齐和州长史乌丸远自南州奔还历阳。

江宁令陈嗣、黄门侍郎曹朗据姑孰反，霸先命侯安都等讨平之。霸先恐陈昙朗亡窜，自帅步骑至京口迎之。

太平元年春正月癸未，陈霸先使从事中郎江旰说徐嗣徽使南归，嗣徽执旰送齐。

陈蒨、周文育合军攻杜龛于吴兴。龛勇而无谋，嗜酒常醉，其将杜泰阴与蒨等通。龛与蒨等战败，泰因说龛使降，龛然之。其妻王氏曰："霸先仇隙如此，何可求和！"因出私财赏募，复击蒨等，大破之。既而杜泰降于蒨，龛尚醉未觉，蒨遣人负出，于项王寺前斩之。王僧智与其弟豫章太守僧愔俱奔齐。

东扬州刺史张彪素为王僧辩所厚，不附霸先。二月庚戌，陈蒨、周文育轻兵袭会稽，彪兵败，走入若邪山中，茜遣其将吴兴章昭(远)〔达〕追斩之。东阳太守留异馈蒨粮食，霸先以异为缙州刺史。江州刺史侯瑱本事王僧辩，亦拥兵据豫章及江州，不附霸先。霸先以周文育为南豫州刺史，使将兵击湓城，庚申，又遣侯安都、周铁虎将舟师立栅于梁山，以备江州。

癸亥，徐嗣徽、任约袭采石，执戍主明州刺史张怀钧送于齐。

三月戊戌，齐遣仪同三司萧轨、库狄伏连、尧难宗、东方老等与任约、徐嗣徽合兵十万入寇，出栅口，向梁山。陈霸先帐内盟主黄丛逆击，破之，齐师退保芜湖。霸先遣定州刺史沈泰等就侯安都，共据梁山以御之。周文育攻湓城，未克，召之还。夏四月丁巳，霸先如梁山巡抚诸军。侯安都轻兵袭齐行台司马恭于历阳，大破之，俘获万计。

五月，齐人召建安公渊明诈许退师，陈霸先具舟送之。癸未，渊明疽发背，卒。甲申，齐兵发芜湖，庚寅，入丹杨县，丙申，至秣陵故治。陈霸先遣周文育屯方山，徐度顿马牧，杜稜顿大航南以御之。

辛丑，齐人跨淮立桥栅渡兵，夜至方山，徐嗣徽等列舰于青墩，至于七矶，以断周文育归路。文育鼓噪而发，嗣徽等不能制。至旦，反攻嗣徽。嗣徽骁将鲍砰独以小舰殿军，文育乘单舴艋与战，跳入舰中，斩砰，仍牵其舰而还。嗣徽众大骇，因留船芜湖，自丹杨步上。陈霸先追侯安都、徐度皆还。

癸卯，齐兵自方山进及儿塘，游骑至台，建康震骇。帝总禁兵出顿长乐寺，内外纂严。霸先拒嗣徽等于白城，适与周文育会。将战，风急，霸先曰："兵不逆风。"文育曰："事急矣，何用古法？"抽槊上马先进，众军从之，风亦寻转，杀伤数百人。侯安都与嗣徽等战于耕坛南，安都帅十二骑突其阵，破之，生擒齐仪同三司乞伏无劳。霸先潜撤精卒三千配沈泰渡江，袭齐行台赵彦深于瓜步，获舰百余艘，粟万斛。

六月甲辰，齐兵潜至钟山，侯安都与齐将王敬宝战于龙尾，军主张纂战死。丁未，齐师至幕府山，霸先遣别将钱明将水军出江乘，邀击齐人粮运，尽获其船米。齐军乏食，杀马驴食之。庚戌，齐军逾钟山，霸先与众军分顿乐游苑东及覆舟山北，断其冲要。壬子，齐军至玄武湖西北，将据北郊坛，众军自覆舟东移顿坛北，与齐人相对。

会连日大雨，平地水丈余，齐军昼夜坐立泥中，足指皆烂，悬鬲以爨，而台中及潮沟北路燥，梁军每得番易。时四方壅隔，粮运不至，建康户口流散，征求无所。甲寅，少霁，霸先将战，调市人得麦饭，分给军士，士皆饥疲。会陈蒨馈米三千斛、鸭千头，霸先命炊米煮鸭，人人以荷叶裹饭，媲以鸭肉数脔。乙卯未明，蓐食，比晓，霸先帅麾下出莫府山。侯安都谓其部将萧摩诃曰："卿骁勇有名，千闻不如一见。"摩诃对曰："今日令公见之。"及战，安都坠马，齐人围之，摩诃单骑大呼，直冲齐军，齐军披靡，安都乃免。霸先与吴明彻、沈泰等众军首尾齐举，纵兵大战。安都自白下引兵横出其后，齐师大溃，斩获数千人，相蹂藉而死者不可胜计，生擒徐嗣徽及弟嗣宗，斩之以徇，追奔至于临沂。其江乘、摄山、钟山等诸军相次克捷，虏萧轨、东方老、王敬宝等将帅凡四十六人。其军士得窜至江者，缚荻筏以济，中江而溺，流尸至京口，翳水弥岸。唯任约、王僧愔得免。丁巳，众军出南州，烧齐舟舰。

戊午，大赦。己未，解严。军士以赏俘贸酒，一人裁得一醉。庚申，斩齐将萧轨等，齐人闻之，亦杀陈昙朗。霸先启解南徐州以授侯安都。

秋七月丙子，以陈霸先为中书监、司徒、扬州刺史，进爵长城公，余如故。九月，以陈霸先为丞相、录尚书事、镇卫大将军、扬州牧、义兴公。

陈高祖永定元年夏（五）〔六〕月，王琳将攻陈霸先，霸先以侯安都、周文育帅舟师会武昌以击之。事见王琳奔齐。

秋八月甲午，进丞相霸先位太傅，加黄钺、殊礼，赞拜不名。九月辛丑，进丞相为相国，总百揆，封陈公，备九锡，陈国置百司。

冬十月戊辰，进陈公爵为王。辛未，梁敬帝禅位于陈。

陈王使中书舍人刘师知引宣猛将军沈恪勒兵入宫，卫送梁主如别宫。恪排闼见王，叩头谢曰："恪身经事萧氏，今日不忍见此。分受死耳，决不奉命！"王嘉其意，不复逼，更以荡主王僧志代之。乙亥，王即皇帝位于南郊，还宫，大赦，改元。奉梁敬帝为江阴王，梁太后为太妃，皇后为妃。

二年春正月，王琳求援于齐，且请纳梁永嘉王庄以主梁祀。三月，齐发兵援送永嘉王庄于江南，册拜王琳为梁(王)〔丞〕相。琳奉庄即皇帝位。

〔夏四月〕乙丑，上使人害梁敬帝，立梁武林侯咨之子季卿为江阴王。

文帝天嘉元年〔春二月〕，王琳兵败奔齐，御史中丞刘仲威奉永嘉王庄奔齐。

六月，诏葬梁元帝于江宁，车旗礼章悉用梁典。

三年闰二月，后梁主以封疆褊隘，邑居残毁，干戈日用，郁郁不得志，疽发背而殂。葬平陵，谥曰宣皇帝，庙号中宗。太子岿即皇帝位，改元天保。

宣帝太建二年冬十月，永嘉王庄卒于邺。

十〔三〕年〔春三月丁未〕，梁主遣其弟太宰岩入贺于隋。

长城公至德元年夏五月乙巳，梁太子琮入朝于隋。

三年。梁主殂，谥曰孝明皇帝，庙号世宗。太子琮嗣位。

祯明元年秋八月，隋征梁主入朝。梁主帅其群臣二百余人发江陵，庚申，至长安。九月，隋主废梁国，遣尚书左仆射高颎安集遗民，梁中宗、世宗各给守冢十户，拜梁主琮柱国，赐爵莒公。

西魏取蜀

梁简文帝大宝元年。侯景之乱，太尉、益州刺史武陵王纪移告征镇，使世子圆照帅兵三万受湘东王节度。圆照军至巴水，绎授以信州刺史，令屯白帝，未许东下。冬十一月，武陵王纪帅诸军发成都，湘东王绎遣使以书止之曰："蜀人勇悍，易动难安，弟可镇之，吾自当灭贼。"又别纸云："地拟孙、刘，各安境界，情深鲁、卫，书信恒通。"

二年。江安侯圆正为西阳太守，宽和好施，归附者众，有兵一万。〔夏六月〕，湘东王绎欲图之，署为平南将军。及至，弗见，使南平王恪与之饮，醉，因囚之内省，分其部曲，使人告其罪。荆、益之衅，自此起矣。冬十一月，益州长史刘孝胜等劝武陵王纪称帝，纪虽未许，而大造乘舆车服。

元帝承圣元年。益州刺史、太尉武陵王纪颇有武略，在蜀十七年，南开宁州、越嶲，西通资陵、吐谷浑，内修耕桑盐铁之政，外通商贾远方之利，故能殖其财用，器甲殷积，有马八千匹。闻侯景陷台城，湘东王将讨之，谓僚佐曰："七官文士，岂能匡济？"内寝柏殿柱绕节生花，纪以为己瑞。夏四月乙巳，即皇帝位，改元天正。立子圆照为皇太子，圆正为西阳王，圆满为竟陵王，圆普为谯王，圆肃为宜都王。以巴西、梓潼二郡太守永丰侯撝为征西大将军、益州刺史，封秦郡王。司马王僧略、直兵参军徐怦固谏，不从。僧略，僧辩之弟；怦，勉之从子也。

初，台城之围，怦劝纪速入援，纪意不欲行，内衔之。会蜀人费合告怦反，怦有与将帅书，云"事事往，人口具"，纪即以为反征。谓怦曰："以卿旧情，当使诸子无恙。"对曰："生儿悉如殿下，留之何益！"纪乃尽诛之，枭首于市，亦杀王僧略。永丰侯撝叹曰："王事不成矣！善人，国之基也，今先杀之，不亡何待？"

纪征宜封侯谘议参军刘璠为中书侍郎，使者八反，乃至。纪令刘孝胜深布腹心，璠苦求还。中记室韦登私谓璠曰："殿下忍而畜憾，足下不留，将致大祸，孰若共构大厦，使身名俱美哉。"璠正色曰："卿欲缓颊于我邪？我与府侯分义已定，岂以夷险易其心乎？殿下方布大义于天下，终不逞志于一夫。"纪知必不为己用，乃厚礼遣之。秋八月，武陵王纪举兵由外水东下，以永丰侯撝为益州刺史，守成都，使其子宜都王圆肃副之。

二年春二月，上闻武陵王纪东下，使方士画版为纪像，亲钉支体以厌之，又执侯景之俘以报纪。初，纪之举兵，皆太子圆照之谋也。圆照时镇巴东，执留使者，启纪云："侯景未平，宜急进讨，已闻荆镇为景所破。"纪信之，趣兵东下。上甚惧，与魏书曰："'子纠，亲也，请君讨之。'"太师泰曰："取蜀制梁，在兹一举。"诸将咸难之。大将军代人尉迟迥，泰之甥也，独以为可克。泰问以方略，迥曰："蜀与中国隔绝百有余年，恃其险远，不虞我至。若以铁骑兼行袭之，无不克矣。"泰乃遣迥督开府仪同三司原珍等六军，甲士万二千，骑万匹，自散关伐蜀。

夏五月，武陵王纪至巴郡，闻有魏兵，遣前梁州刺史巴西谯淹还军救蜀。初，杨乾运求为梁州刺史，纪以为潼州，杨法琛求黎州刺史，以为沙州，二人皆不悦。乾运兄子略说乾运曰："今侯景初平，宜同心戮力，保国宁民，而兄弟寻戈，此自亡之道也。夫木朽不雕，世衰难佐，不如送款关中，可以功名两全。"乾运然之，令略将二千人镇剑阁，又遣其婿乐广镇安州，与法琛皆潜通于魏。魏太师泰密赐乾运铁券，授骠骑大将军、开府仪同三司、梁州刺史。尉迟迥以开府仪同三司侯吕陵始为前军，至剑阁，略退就乐广，翻城应始，始入据安州。甲戌，迥至涪水，乾运以州降。迥分军守之，进袭成都。时成都见兵不满万人，仓库空竭，永丰侯撝婴城自守，迥围之。谯淹遣江州刺史景欣、幽州刺史赵拔扈援成都，迥使原珍等击走之。

武陵王纪至巴东，知侯景已平，乃自悔，召太子圆照责之。对曰："侯景虽平，江陵未服。"纪亦以既称尊号，不可复为人下，欲遂东进。将卒日夜思归，其江州刺史王开业以为宜还救根本，更思后图，诸将皆以为然。圆照及刘孝胜固言不可，纪从之，宣言于众曰："敢谏者死！"己丑，纪至西陵，军势甚盛，舳舻翳川。护军陆法和筑二城于硖口两岸，运石填江，铁锁断之。

帝赦任约于狱，以为晋安王司马，使助法和拒纪。谓之曰："汝罪不容诛，我不杀汝，本为今日。"因撤禁兵以配之，仍许妻以庐陵王续之女，使宣猛将军刘棻与之俱。

夏六月壬辰，武陵王纪筑连城，攻绝铁锁，陆法和告急相继。上以谢答仁为步兵校尉，配兵使助法和。武陵王纪遣将军侯叡将众七千筑垒，与陆法和相拒。上遣使与纪书，许其还蜀，专制一方。纪不从，报书如家人礼。上复与纪书曰："吾年为一日之长，属有平乱之功，膺此乐推，事归当璧。傥遣使乎，良所迟也。如曰不然，于此投笔。友于兄弟，分形共气，兄肥弟瘦，无复相见之期，让枣推梨，永罢欢愉之日。心乎爱矣，书不尽言。"纪顿兵日久，频战不利，又闻魏寇深入成都，孤危忧懑，不知所为。乃遣其度支尚书乐奉业诣江陵求和，请依前旨还蜀。奉业知纪必败，启上曰："蜀军乏粮，士卒多死，危亡可待。"上遂不许其和。纪以黄金一斤为饼，饼百为箧，至有百箧，银五倍于金，锦罽、缯彩称是。每战，悬示将士，不以为赏。宁州刺史陈智祖请散之以募勇士，弗听，智祖哭而死。有请事者，纪辞疾不见。由是将卒解体。

秋七月辛未，巴东民苻昇等斩峡口城主公孙晃，降于王琳。谢答仁、任约进攻侯叡，破之，拔其三垒；于是两岸十四城俱降。

纪不获退，顺流东下，游击将军南阳樊猛追击之，纪众大溃，赴水死者八千余人，猛围而守之。上密敕猛曰："生还，不成功也。"猛引兵至纪所，纪在舟中绕床而走，以金囊掷猛曰："以此雇卿，送我一见七官。"猛曰："天子何由可见？杀足下，金将安之。"遂斩纪及其幼子圆满。陆法和收太子圆照兄弟三人送江陵。上绝纪属籍，赐姓饕餮氏。下刘孝胜狱，已而释之。上使谓江安侯圆正曰："西军已败，汝父不知存亡。"意欲使其自裁。圆正闻之号哭，称世子不绝声。上频使觇之，知不能死，移送廷尉狱。见圆照曰："兄何乃乱人骨肉，使痛酷如此！"圆照唯云"计误"。上并命绝食于狱，至啮臂啖之，十三日而死，远近闻而悲之。

魏尉迟迥围成都五旬，永丰侯撝屡出战，皆败，乃请降。诸将欲不许，迥曰："降之则将士全，远人悦；攻之则将士伤，远人惧。"遂受之。八月戊戌，撝与宜都王圆肃帅文武诣军门降，迥以礼接之，与盟于益州城北。吏民皆复其业，唯收奴婢及储积以赏将士，军无私焉。魏以撝及圆肃并为开府仪同三司，以迥为大都督益潼等十二州诸军事、益州刺史。

三年。魏加益州刺史尉迟迥督六州，通前十八州，自剑关以南得承制封拜及黜陟。迥明赏罚，布威恩，绥辑新民，经略未附，华夷怀之。

萧勃据岭南

梁武帝太清三年。西江督护陈霸先欲起兵讨侯景，景使人诱广州刺史元景仲，许奉以为主，景仲由是附景，阴图霸先。霸先知之，与成州刺史王怀明等集兵南海，驰檄以讨景仲，曰："元景仲与贼合从，朝廷遣曲阳侯萧勃为刺史，军已顿朝亭。”景仲所部闻之，皆弃景仲而散。秋七月甲寅，景仲缢于阁下。霸先迎定州刺史萧勃镇广州。

前高州刺史兰裕，钦之弟也，与其诸弟扇诱始兴等十郡，攻监衡州事欧阳頠。勃使霸先救之，悉擒裕等，勃因以霸先监始兴郡事。

冬十二月，始兴太守陈霸先结郡中豪杰欲讨侯景，郡人侯安都、张偲等各帅众千余人归之。霸先遣主帅杜僧明将二千人顿于岭上，广州刺史萧勃遣人止之，曰："侯景骁雄，天下无敌。前者援军十万，士马精强，犹不能克，君以区区之众，将何所之？如闻岭北王侯又皆鼎沸，亲寻干戈，以君疏外，讵可暗投。未若且留始兴，遥张声势，保太山之安也。"霸先曰："仆荷国恩，往闻侯景渡江，即欲赴援，遭值元、兰梗我中道。今京都覆没，君辱臣死，谁敢爱命！君侯体则皇枝，任重方岳，遣仆一军，犹贤乎已，乃更止之乎？"乃遣使间道诣江陵，受湘东王绎节度。时南康土豪蔡路养起兵据郡，勃乃以腹心谭世远为曲江令，与路养相结，同遏霸先。

简文帝大宝元年春正月，陈霸先发始兴，至大庾岭，蔡路养将二万人军于南野以拒之。路养妻侄兰陵萧摩诃，年十三，单骑出战，无敌当者。杜僧明马被伤，陈霸先救之，授以所乘马，僧明上马复战，众军因而乘之，路养大败，脱身走。

元帝承圣三年。广州刺史、曲江侯勃自以非上所授，内不自安，上亦疑之。勃启求入朝，五月乙巳，上以王琳为广州刺史，勃为晋州刺史。秋九月，曲江侯勃迁居始兴。

陈高祖永定元年。初，梁世祖以始兴郡为东衡州，以欧阳頠为刺史。久之，徙頠为郢州刺史，萧勃留頠不遣。世祖以王琳代勃为广州刺史，勃遣其将孙荡监广州，尽帅所部屯始兴以避之。頠别据一城，不往谒，闭门自守。勃怒，遣兵袭之，尽收其赀财、马仗，寻赦之，使复其所，与之结盟。江陵陷，頠遂事勃。二月庚午，勃起兵于广州，遣頠及其将傅泰、萧孜为前军。孜，勃之从子也。南江州刺史余孝顷以兵会之。诏平西将军周文育帅诸军讨之。

欧阳頠等出南康。頠屯豫章之苦竹滩，傅泰据蹠口城，余孝顷遣其弟孝励守郡城，自出豫章据石头。巴山太守熊昙朗诱頠共袭高州刺史黄法𣰰，又语法𣰰，约共破頠。且曰："事捷，与我马仗。"遂出军，与頠俱进。至法𣰰城下，昙朗阳败走。法𣰰乘之，頠失援而走，昙朗取其马仗归于巴山。

周文育军少船，余孝顷有船在上牢，文育遣军主焦僧度袭之，尽取以归，仍于豫章立栅。军中食尽，诸将欲退，文育不许，使人间行遗衡州刺史周迪书，约为兄弟。迪得书甚喜，许馈以粮。于是文育分遣老弱乘故船沿流俱下，烧豫章栅，伪若遁去者。孝顷望之，大喜，不复设备。文育由间道兼行据芉韶，芉韶上流则欧阳頠、萧孜，下流则傅泰、余孝顷营，文育据其中间，筑城飨士，頠等大骇。頠退入泥溪，文育遣严威将军周铁虎等袭頠，癸巳，擒之。文育盛陈兵甲，与頠乘舟而宴，巡蹠口城下，使其将丁法洪攻泰，擒之。孜、孝顷退走。

三月庚子，周文育送欧阳頠、傅泰于建康，丞相霸先与頠有旧，释而厚待之。曲江侯勃在南康，闻欧阳頠等败，军中忷惧。甲寅，德州刺史陈法武、前衡州刺史谭世远攻勃，杀之。

夏四月，故曲江侯勃主帅兰敳袭杀谭世远，军主夏侯明彻杀鼓，持勃首降。勃故记室李宝藏奉怀安侯任据广州。萧孜、余孝顷犹据石头，为两城，各居其一，多设船舰，夹水而陈。丞相霸先遣平南将军侯安都助周文育击之。戊戌，安都潜师夜烧其船舰，文育帅水军，安都帅步骑，进攻之，萧孜出降，孝顷逃归新吴，文育等引兵还。丞相霸先以欧阳頠声著南土，复以頠为衡州刺史，使讨岭南。未至，其子纥已克始兴。頠至岭南，诸郡皆降，遂克广州，岭南悉平。五月戊辰，余孝顷遣使诣丞相府乞降。

二年。王琳之引兵东下也，衡州刺史周迪欲自据南川，乃总召所部八郡守宰结盟，齐言入赴。上恐其为变，厚慰抚之。新吴洞主余孝顷遣沙门道林说琳曰："周迪、黄法氍皆依附金陵，阴窥间隙，大军若下，必为后患。不如先定南川，然后东下。孝顷请席卷所部以从下吏。"琳乃遣轻车将军樊猛、平南将军李孝钦、平东将军刘广德将兵八千赴之，使孝顷总督三将，屯于临川故郡，征兵粮于迪，以观其所为。

夏五月癸巳，余孝顷等〔众〕且二万，军于工塘，连八城以逼周迪。迪惧，请和，并送兵粮。樊猛等欲受盟而还。孝顷贪其利，不许，树栅围之。由是猛等与孝顷不协。

秋七月，高州刺史黄法氍、吴兴太守沈恪、宁州刺史周敷合兵救周迪。敷自临川故郡断江口，分兵攻余孝顷别城。樊猛等不救而没。刘广德乘流先下，故获全。孝顷等皆弃舟引兵步走，迪追击，尽擒之，送孝顷及李孝钦于建康，归樊猛于王琳。九月，余孝顷之弟孝劢及子公飏犹据旧栅不下，庚午，诏开府仪同三司周文育都督众军出豫章讨之。

三年夏五月，周文育、周迪、黄法氍共讨余公飏，豫章内史熊昙朗引兵会之，众且万人。文育军于金口，公飏诈降，谋执文育，文育觉之，囚送建康。文育进屯三陂，王琳遣其将曹庆帅二千人救余孝劢。庆分遣主帅常众爱与文育相拒，自帅其众攻周迪及安南将军吴明彻，迪等败，文育退据金口。熊昙朗因其失利，谋杀文育以应众爱，监军孙白象闻其谋，劝文育先之，文育不从。时周迪弃船走，不知所在。乙酉，文育得迪书，自赍以示昙朗，昙朗杀之于座而并其众，因据新淦城。昙朗将兵万人袭周敷，敷击破之，昙朗单骑奔巴山。六月，周文育之讨余孝劢也，帝令南豫州刺史侯安都继之。文育死，安都还，遇王琳将周炅、周协南归，与战，擒之。孝劢弟孝猷帅所部四千家诣安都降。安都进军至左里，击曹庆、常众爱，破之。众爱奔庐山，庚寅，庐山民斩之，传首。

文帝天嘉元年。王琳之东下也，帝征南川兵，江州刺史周迪、高州刺史黄法氍帅舟师将赴之。熊昙朗据城列舰，塞其中路，迪等与周敷共围之。琳败，昙朗部众离心，迪攻拔其城，虏男女万余口。昙朗走入村中，村民斩之。传首建康，尽灭其族。

王琳奔齐　陈伐齐附

梁元帝承圣元年冬十月戊申，湘东王执湘州刺史王琳于殿中，杀其副将殷晏。琳本会稽兵家，其姊妹皆入王宫，故琳少在王左右。琳好勇，王以为将帅。琳倾身下士，所得赏赐，不以入家。麾下万人，多江、淮群盗，从王僧辩平侯景，与杜龛功居第一。在建康，恃宠纵暴，僧辩不能禁。僧辩以宫殿之烧，恐得罪，欲以琳塞责，乃密启王，请诛琳。王以琳为湘州，琳自疑及祸，使长史陆纳帅部曲赴湘州，身诣江陵陈谢，谓纳等曰：“吾若不返，子将安之?”咸曰:“请死之。”相泣而别。至江陵,王下琳吏。

辛酉,以王子方略为湘州刺史,又以廷尉黄罗汉为长史,使与太舟卿张载至巴陵,先据琳军。载有宠于王,而御下峻刻,荆州人疾之如仇。罗汉等至琳军,陆纳及士卒并哭,不肯受命,执罗汉及载。王遣宦者陈旻往谕之,纳对旻刳载腹,抽肠以系马足,使绕而走,肠尽气绝。又脔割,出其心,向之抃舞,焚其余骨。以黄罗汉清谨而免之。纳与诸将引兵袭湘州,时州中无主,纳遂据之。

十一月,湘东王即皇帝位于江陵。陆纳袭击衡州刺史丁道贵于渌口,破之,道贵奔零陵,其众悉降于纳。上闻之,遣使征司徒王僧辩、右卫将军杜崱、平北将军裴之横,与宜丰侯循共讨纳,循军巴陵以待之。

二年春三月,陆纳遣其将吴藏、潘乌黑、李贤明等下据车轮。王僧辩至巴陵,宜丰侯循让都督于僧辩,僧辩弗受。上乃以僧辩、循为东、西都督。夏四月丙申,僧辩军于车轮。陆纳夹岸为城,以拒王僧辩。纳士卒皆百战之余,僧辩惮之,不敢轻进,稍作连城以逼之。纳以僧辩为怯,不设备。五月甲子,僧辩命诸军水陆齐进,急攻之,僧辩亲执旗鼓,宜丰侯循身受矢石,拔其二城。纳众大败,步走,保长沙。

六月,上遣使送王琳,令说谕陆纳。乙未,琳至长沙,僧辩使送示之,纳众悉拜且泣,使谓僧辩曰:“朝廷若赦王郎,乞听入城。”僧辩不许,复送江陵。陆法和求救不已,上欲召长沙兵,恐失陆纳,乃复遣琳,许其入城。琳既入,纳遂降,湘州平,上复琳官爵。秋八月,以湘州刺史王琳为衡州刺史。

三年夏五月乙巳,以王琳为广州刺史。上以琳部众强盛,又得众心，故欲远之。琳与主书广汉李膺厚善，私谓膺曰："琳小人也，蒙官拔擢至此。今天下未定，迁琳岭南，如有不虞，安得琳力。窃揆官意，不过疑琳。琳分望有限，岂与官争为帝乎？何不以琳为雍州刺史，镇武宁，琳自放兵作田，为国御捍。"膺然其言而弗敢启。

冬十一月，魏师围江陵，帝征广州刺史王琳为湘州刺史，使引兵入援。王琳军至长沙，镇南府长史裴政间道先报江陵，为魏人所获。(台)城陷，帝为魏人所杀。事见梁氏乱亡。

敬帝绍泰元年春正月，梁王察即皇帝位于江陵，以莫勇为武州刺史，魏永寿为巴州刺史。

湘州刺史王琳将兵自小桂北下，至蒸城，闻江陵已陷，为世祖发哀，三军缟素，遣别将侯平帅舟师攻后梁。琳屯兵长沙，传檄州郡，为进取之计。长沙王韶及上游诸将皆推琳为盟主。二月，侯平攻后梁巴、武二州，故刘棻主帅赵朗杀宋文彻，以邵陵归于王琳。夏五月庚辰，侯平等擒莫勇、魏永寿。江陵之陷也，永嘉王庄生七年矣，尼法慕匿之，王琳迎庄，送之建康。秋八月辛巳，王琳自蒸城还长沙。冬十月〔癸丑〕，以王琳为车骑将军、开府仪同三司。十二月，以陈霸先从子昙朗及永嘉王庄为质于齐。事见梁氏乱亡。

太平元年春二月，后梁主击侯平于公安，平与长沙王韶引兵还长沙。王琳遣平镇巴州。夏(五)〔六〕月侯平频破后梁军，以王琳兵威不接，更不受指麾。琳遣将讨之，平杀巴州助防吕旬，收其众，奔江州，侯瑱与之结为兄弟。琳军势益衰，乙丑，遣使奉表诣齐，并献驯象。江陵之陷也，琳妻蔡氏、世子毅皆没于魏，琳又献款于魏以求妻、子，亦称臣于梁。

秋七月，魏太师泰遣安州长史钳耳康买使于王琳，琳遣长史席豁报之，且请归世祖及愍怀太子之柩，泰许之。八月，魏以王琳为大将军、长沙郡公。九月甲子，王琳以舟师袭江夏。冬十月壬申，丰城侯泰以州降之。十一月辛丑，丰城侯泰奔齐，齐以为永州刺史。诏征王琳为司空，琳辞不至，留其将潘纯陀监郢州，身还长沙。魏人归其妻子。

陈高祖永定元年春正月，诏以王琳为司空、骠骑大将军。三月甲辰，以司空王琳为湘郢二州刺史。

夏五月，王琳既不就征，大治舟舰，将攻陈霸先。六月戊寅，霸先以开府仪同三司侯安都为西道都督，周文育为南道都督，将舟师二万会武昌以击之。秋八月丁卯，周人归梁世祖柩及诸将家属千余人于王琳。冬十月，梁敬帝禅位于陈。

侯安都至武昌，王琳将樊猛弃城走，周文育自豫章会之。安都闻上受禅，叹曰："吾今兹必败，战无名矣。"时两将俱行，不相统摄，部下交争，稍不相平。军至郢州，琳将潘纯陀于城中遥射官军，安都怒，进军围之。未克，而王琳至弇口，安都乃释郢州悉众诣沌口，留沈泰一军守汉曲。安都遇风不得进，琳据东岸，安都等据西岸，相持数日，乃合战，安都等大败。安都、文育及裨将徐敬成、周铁虎、程灵洗皆为琳所擒，沈泰引军奔归。琳引见诸将，与语，周铁虎辞气不屈，琳杀铁虎而囚安都等，总以一长锁系之，置琳所坐艚下，令所亲宦者王子晋掌视之。琳乃移湘州军府就郢城，又遣其将樊猛袭据江州。

二年春正月，王琳引兵下，至湓城，屯于白水浦，带甲十万。琳以北江州刺史鲁悉达为镇北将军，上亦以悉达为征西将军，各送鼓吹、女乐。悉达两受之，迁延顾望，皆不就。上遣安西将军沈泰袭之，不克。琳欲引军东下，而悉达制其中流，琳遣使说诱，终不从。己亥，琳遣记室宗虩求援于齐，且请纳梁永嘉王庄以主梁祀。

三月，齐发兵援送梁永嘉王庄于江南，册拜王琳为梁丞相、都督中外诸军、录尚书事。琳遣兄子叔宝帅所部十州刺史子弟赴邺。琳奉庄即皇帝位，改元天启。追谥建安公渊明曰闵皇帝。庄以琳为侍中、大将军、中书监，余依齐朝之命。

夏六月己巳，诏司空侯瑱、领军将军徐度帅舟师为前军以讨王琳。秋七月戊戌，上幸石头，送侯瑱等。甲辰，上遣吏部尚书谢哲往谕王琳。哲，朏之孙也。八月，谢哲返命，王琳请还湘州，诏追众军还。癸未，众军至自大雷。

冬十二月，后梁主遣其大将军王操将兵略取王琳之长沙、武陵、南平等郡。

三年春正月，王琳召桂州刺史淳于量。量虽与琳合，而潜通于陈，二月辛酉，以量为开府仪同三司。三月，梁永嘉王庄至郢州，遣使入贡于齐。王琳遣其将雷文策袭后梁监利太守蔡大有，杀之。

夏六月丁酉，上不豫，丙午，殂。冬十月，王琳闻高祖殂，乃以少府卿吴郡孙玚为郢州刺史，总留任，奉梁永嘉王庄出屯濡须口，齐扬州道行台慕容俨帅众临江，为之声援。十一月乙卯，琳寇大雷，诏侯瑱、侯安都及仪同徐度将兵御之。安州刺史吴明彻夜袭湓城，琳遣巴陵太守任忠击明彻，大破之，明彻仅以身免，琳因引兵东下。

文帝天嘉元年春二月，王琳至栅口，侯瑱督诸军出屯芜湖，相持百余日。东关春水稍长，舟舰得通，琳引合肥漅湖之众，舳舻相次而下，军势甚盛。瑱进军虎槛洲，琳亦出船列于江西，隔洲而泊。明日，合战，琳军少却，退保西岸。及夕，东北风大起，吹其舟舰并坏，没于沙中，浪大，不得还浦。及旦风静，琳入浦治船，瑱等亦引军退入芜湖。

周人闻琳东下，遣都督荆襄等五十二州诸军事、荆州刺史史宁将兵数万，乘虚袭郢州，孙玚婴城自守。琳闻之，恐其众溃，乃帅舟师东下，去芜湖十里而泊，击柝闻于陈军。齐仪同三司刘伯球将兵万余人助琳水战，行台慕容恃德之子子会将铁骑二千屯芜湖西岸，为之声势。

丙申，瑱令军中晨炊蓐食以待之。时西南风急，琳自谓得天助，引兵直趣建康。瑱等徐出芜湖蹑其后，西南风翻为瑱用。琳掷火炬以烧陈船，皆反烧其船。瑱发拍以击琳舰，又以牛皮冒蒙冲小船以触其舰，并镕铁洒之。琳军大败，军士溺死者什二三，余皆弃船登岸走，为陈军所杀殆尽。齐步骑在西岸者自相蹂践，并陷于芦荻泥淖中，骑皆弃马脱走，得免者什二三。擒刘伯球、慕容子会，斩获万计，尽收梁、齐军资、器械。琳乘舴艋冒陈走，至湓城，欲收合离散，众无附者，乃与妻妾、左右十余人奔齐。

先是，琳使侍中袁泌、御史中丞刘仲威侍卫永嘉王庄，及败，左右皆散。泌以轻舟送庄达于齐境，拜辞而还，遂来降，仲威奉庄奔齐。泌，昂之子也。樊猛及其兄毅帅部曲来降。

周军初至郢州，孙玚士卒皆死战，周人不能克。既而闻王琳败，陈兵将至，乃解围去。玚遣使举中流之地来降。

二年春正月，齐主使王琳出合肥，召募伧楚，更图进取。合州刺史裴景徽，琳兄珉之婿也，请以私属为乡导。齐主使琳与行台左丞卢潜将兵赴之，琳沉吟不决。景徽恐事泄，挺身奔齐。齐主以琳为骠骑大将军、开府仪同三司、扬州刺史，镇寿阳。

三年春闰二月，齐扬州刺史行台王琳数欲南侵，尚书卢潜以为时事未可。上遣移书寿阳，欲与齐和亲。潜以其书奏齐朝，仍上启且请息兵。齐主许之，遣散骑常侍崔瞻来聘，且归南康愍王昙朗之丧。琳由是与潜有隙，更相表列。齐主征琳赴邺，以潜为扬州刺史，领行台尚书。瞻，㥄之子也。秋七月，上遣使聘齐。冬十一月丁丑，齐遣兼散骑常侍封孝琰来聘。

四年夏六月乙卯，齐主使兼散骑常侍崔子武来聘。

五年夏四月辛卯，齐主使兼散骑常侍皇甫亮来聘。冬十一月戊戌，齐主使兼散骑常侍刘逖来聘。

六年夏六月己巳，齐主使兼散骑常侍王季高来聘。

天康元年夏六月，齐遣兼散骑常侍韦道儒来聘。

临海王光大元年夏四月癸丑，齐遣散骑常侍司马幼之来聘。

二年春正月癸亥，齐主使兼散骑常侍郑大护来聘。

宣帝太建二年春正月戊申，齐使兼散骑常侍裴谳之来聘。冬十月，齐以梁永嘉王庄为开府仪同三司、梁王，许以兴复，竟不果。及齐亡，庄愤邑，卒于邺。

三年春正月丁巳，齐使兼散骑常侍刘环俊来聘。夏四月，齐遣使来聘。

五年春三月，帝谋伐齐，公卿各有异同，唯镇前将军吴明彻决策请行。帝谓公卿曰："朕意已决，卿可共举元帅。"众议以中权将军淳于量位重，共署推之。尚书左仆射徐陵独曰："吴明彻家在淮左，悉彼风俗，将略人才，当今亦无过者。"都官尚书河东裴忌曰："臣同徐仆射。"陵应声曰："非但明彻良将，裴忌即良副也。"壬午，分命众军，以明彻都督征讨诸军事，忌监军事，统众十万伐齐。明彻出秦郡，都督黄法氍出历阳。

夏四月，齐人于秦郡置秦州，州前江浦通涂水，齐人以大木为栅于水中。辛亥，吴明彻遣豫章内史程文季将骁勇拔其栅，克之。文季，灵洗之子也。

齐人议御陈师，开府仪同三司王纮曰："官军比屡失利，人情骚动。若复出顿江、淮，恐北狄、西寇乘弊而来，则世事去矣。莫若薄赋省徭，息民养士，使朝廷协睦，遐迩归心。天下皆当肃清，岂直陈氏而已。"不从。遣军救历阳，庚申，黄法氍击破之。又遣开府仪同三司尉破胡、长孙洪略救秦州。赵彦深私问计于秘书监源文宗曰："吴贼侏张，遂至于此。弟往为秦泾刺史，悉江、淮间情事，今何术以御之？"文宗曰："朝廷精兵，必不肯多付诸将，数千已下，适足为吴人之饵。尉破胡人品，王之所知，败绩之事，匪朝伊夕。国家待遇淮南，失之同于蒿箭。如文宗计者，不过专委王琳，招募淮南三四万人，风俗相通，能得死力，兼令旧将将兵屯于淮北，足以固守。且琳之于项，必不肯北面事之明矣。窃谓此计之上者。若不推赤心于琳，更遣余人掣肘，复成速祸，弥不可为。"彦深叹曰："弟此策诚足制胜千里，但口舌争之十日，已不见从。时事至此，安可尽言？"因相顾流涕。文宗名彪，以字行，子恭之子也。

文宗子师为左外兵郎中，摄祠部，尝白高阿那肱"龙见当雩"。阿那肱惊曰："何处龙见，其色如何？"师曰："龙星初见，礼当雩祭，非真龙也。"阿那肱怒曰："汉儿多事，强知星宿。"遂不祭。师出，窃叹曰："礼既废矣，齐能久乎！"

齐师选长大有膂力者为前队，号苍头、犀角、大力，其锋甚锐，又有西域胡，善射，弦无虚发，众军尤惮之。辛酉，战于吕梁。

将战，吴明彻谓巴山太守萧摩诃曰："若殪此胡，则彼军夺气，君才不减关羽矣。"摩诃曰："愿示其状，当为公取之。"明彻乃召降人有识胡者使指示之，自酌酒以饮摩诃。摩诃饮毕，驰马冲齐军。胡挺身出陈前十余步，彀弓未发，摩诃遥掷铣鋧，正中其额，应手而仆。齐军大力十余人出战，摩诃又斩之。于是齐军大败，尉破胡走，长孙洪略战死。

破胡之出师也，齐人使侍中王琳与之俱。琳谓破胡曰："吴兵甚锐，宜以长策制之，慎勿轻斗。"破胡不从而败。琳单骑仅免，还至彭城，齐人即使之赴寿阳召募以拒陈师，复以卢潜为扬州道行台尚书。

甲子，南谯太守徐槾克石梁城。五月己巳，瓦梁城降。癸酉，阳平郡降。甲戌，徐槾克庐江城。历阳窘蹙乞降，黄法氍缓之，则又拒守。法氍怒，帅卒急攻，丙子，克之，尽杀戍卒。进军合肥，合肥望旗请降，法氍禁侵掠，抚劳戍卒，与之盟而纵之。

己卯，齐北高唐郡降。辛巳，诏南豫州刺史黄法氍徙镇历阳。乙酉，南齐昌太守黄咏克齐昌外城。丙戌，庐陵内史任忠军于东关，克其东西二城，进克蕲城。戊子，又克谯郡城。秦州城降。癸巳，瓜步、胡墅二城降。六月庚子，郢州刺史李综克滠口城。乙巳，任忠克合州外城。庚戌，淮阳、沭阳郡并弃城走。癸丑，程文季攻齐泾州，拔之。乙卯，宣毅司马湛陀克新蔡城。癸亥，黄法氍克合州。吴明彻进攻仁州，甲子，克之。

秋七月戊辰，齐遣尚书左丞陆骞将兵二万救齐昌，出自巴、蕲，遇西阳太守汝南周炅。炅留羸弱设疑兵以当之，身帅精锐由间道邀其后，大破之。己巳，征北大将军吴明彻军至峡口，克其北岸城，南岸守者弃城走。周炅克巴州。淮北绛城及谷阳士民并杀其戍主以城降。齐巴陵王王琳与扬州刺史王贵显保寿阳外郭，吴明彻以琳初入，众心未固，丙戌，乘夜攻之，城溃。齐兵退据相国城及金城。八月乙未，山阳城降。壬寅，盱眙城降。壬子，戎昭将军徐敬辩克海安城。青州东海城降。戊午，平固侯敬泰等克晋州。九月甲子，阳平城降。壬申，高阳太守沈善庆克马头城。甲戌，齐安城降。丙子，左卫将军樊毅克广陵楚子城。

冬十月，吴明彻攻寿阳，堰肥水以灌城，城中多病肿泄，死者什六七。齐行台右仆射琅邪皮景和等救寿阳，以尉破胡新败，怯懦不敢前，屯于淮口。敕使屡促之，然始渡淮，众数十万，去寿阳三十里，顿军不进。诸将皆惧，曰："坚城未拔，大援在近，将若之何？"明彻曰："兵贵神速，而彼结营不进，自挫其锋，吾知其不敢战，明矣。"乙巳，躬擐甲胄，四面疾攻，一鼓拔之，生擒王琳、王贵显、卢潜及扶风王可朱浑孝裕、尚书左丞李騊駼，送建康。景和北遁，尽收其驼马辎重。

琳体貌闲雅，喜怒不形于色。强记内敏，军府佐吏千数，皆能识其姓名。刑罚不滥，轻财爱士，得将卒心。虽失地流寓在邺，齐人皆重其忠义。及被擒，故麾下将卒多在明彻军中，见者皆歔欷，不能仰视，争为请命及致资给。明彻恐其为变，遣使追斩之于寿阳东二十里，哭者声如雷。有一叟以酒脯来祭，哭尽哀，收其血而去。田夫野老，知与不知，闻者莫不流涕。

齐穆提婆、韩长鸾闻寿阳陷，握槊不辍，曰："本是彼物，从其取去。"齐主闻之，颇以为忧。提婆等曰："假使国家尽失黄河以南，犹可作一龟兹国。更可怜人生如寄，唯当行乐，何用愁为？"左右嬖臣因共赞和之，帝即大喜，酣饮鼓舞，仍使于黎阳临河筑城戍。

丁未，齐遣兵万人至颍口，樊毅击走之。辛亥，遣兵援苍陵，又破之。齐主以皮景和全军而还，赏之，除尚书令。丙辰，诏以寿阳复为豫州，以黄城为司州。以明彻为都督豫合等六州诸军事、车骑大将军、豫州刺史，遣谒者萧淳风就寿阳册命，于城南设坛，士卒二十万，陈旗鼓戈甲。明彻登坛拜受，成礼而退，将卒荣之。上置酒，举杯属徐陵曰："赏卿知人。"陵避席曰："定策圣衷，非臣力也。"以黄法氍为征西大将军、合州刺史。

戊午，湛陀克齐昌城。十一月甲戌，淮阴城降。庚辰，威虏将军刘桃枝克朐山城。辛巳，樊毅克济阴城。己丑，鲁广达攻齐南徐州，克之，以广达为北徐州刺史，镇其地。

齐北徐州民多起兵以应陈，逼其州城，祖珽命不闭城门，禁人不得出衢路，城中寂然。反者不测其故，疑人走城空，不设备。珽忽令鼓噪震天，反者皆惊走。既而复结陈向城，珽令录事参军王君植将兵拒之，自乘马临阵左右射。反者先闻其盲，谓其必不能出，忽见之，大惊。穆提婆欲令城陷，不遣援兵，珽且战且守，十余日，反者竟散走。

诏悬王琳首于建康市。故吏梁骠骑仓曹参军朱玚致书徐陵求其首，曰："窃以典午将灭，徐广为晋家遗老；当涂已谢，马孚称魏室忠臣。梁故建宁公琳，当离乱之辰，总方伯之任，天厌梁德，尚思匡继，徒蕴包胥之志，终遘苌弘之眚，至使身没九泉，头行千里。伏惟圣恩博厚，明诏爰发。赦王经之哭，许田横之葬。不使寿春城下，唯传报葛之人；沧洲岛上，独有悲田之客。"陵为之启上。十二月壬辰朔，诏琳首皆还其亲属。玚瘗琳于八公山侧，义故会葬者数千人。玚间道奔齐，别议迎葬，寻有寿阳人茅智胜等五人密送其柩于邺。齐赠琳开府仪同三司、录尚书事，谥曰忠武王，给辒辌车以葬之。

齐显祖狂暴　常山王篡立附

梁敬帝绍泰元年。初，齐平秦王归彦幼孤，高祖令清河昭武王岳养之，岳情礼甚薄，归彦心衔之。及显祖即位，归彦为领军大将军，大被宠遇；岳谓其德己，更倚赖之。岳屡将兵立功，有威名，而性豪侈，好酒色，起第于城南，厅事后开巷。归彦谮之于帝曰："清河僭拟宫禁，制为永巷，但无阙耳。"帝由是恶之。帝纳倡妇薛氏于后宫，岳先尝因其姊迎之至第。帝夜游于薛氏家，其姊为父乞司徒。帝大怒，悬其姊，锯杀之。让岳以奸，岳不服。帝益怒，十一月乙亥，使归彦鸩岳。岳自诉无罪，归彦曰："饮之则家全。"饮之而卒，葬赠如礼。薛嫔有宠于帝，久之帝忽思其与岳通，无故斩首，藏之于怀，出东山宴饮。劝酬始合，忽探出其首，投于柈上，支解其尸，弄其髀为琵琶，一座大惊。帝方收取，对之流涕曰："佳人难再得！"载尸以出，被发步哭而随之。

太平元年。齐发丁匠三十余万修广三台宫殿。齐显祖之初立也，留心政术，务存简靖，坦于任使，人得尽力。又能以法驭下，或有违犯，不容勋戚，内外莫不肃然。至于军国机策，独决怀抱，每临行陈，亲当矢石，所向有功。数年之后，渐以功业自矜，遂嗜酒淫泆，肆行狂暴。或身自歌舞，尽日通宵。或散发胡服，杂衣锦彩。或袒露形体，涂傅粉黛。或乘牛、驴、橐驼、白象，不施鞍勒。或令崔季舒、刘桃枝负之而行，担胡鼓拍之。勋戚之第，朝夕临幸，游行市里，街坐巷宿，或盛夏日中暴身，或隆冬去衣驰走，从者不堪，帝居之自若。三台构木高二十七丈，两栋相距二百余尺，工匠危怯，皆系绳自防，帝登脊疾走，殊无怖畏；时复雅儛，折旋中节，傍人见者莫不寒心。尝于道上问妇人曰："天子何如？"曰："颠颠痴痴，何成天子。"帝杀之。

娄太后以帝酒狂，举杖击之曰："如此父生如此儿。"帝曰："即当嫁此老母与胡。"太后大怒，遂不言笑。帝欲太后笑，自匍匐，以身举床，坠太后于地，颇有所伤。既醒，大惭恨，使积柴炽火，欲入其中。太后惊惧，亲自持挽，强为之笑曰："向汝醉耳。"帝乃设地席，命平秦王归彦执杖，口自责数，脱背就罚。谓归彦曰："杖不出血，当斩汝。"太后前自抱之，帝流涕苦请，乃笞脚五十，然后衣冠拜谢，悲不自胜。因是戒酒，一旬，又复如初。

帝幸李后家，以鸣镝射后母崔氏，骂曰："吾醉时尚不识太后，老婢何事！"马鞭乱击一百有余。虽以杨愔为宰相，使进厕筹，以马鞭鞭其背，流血浃袍。尝欲以小刀剺其腹，崔季舒托俳言曰："老小公子恶戏。"因掣刀去之。又置愔于棺中，载以輀车。又尝持槊走马，以拟左丞相斛律金之胸者三，金立不动，乃赐帛千段。

高氏妇女，不问亲疏，多与之乱，或以赐左右，又多方苦辱之。彭城王浟太妃尔朱氏，魏敬宗之后也，帝欲蒸之，不从，手刃杀之。故魏乐安王元昂，李后之姊婿也，其妻有色，帝数幸之，欲纳为昭仪。召昂，令伏，以鸣镝射之百余下，凝血垂将一石，竟至于死。后啼不食，乞让位于姊，太后又以为言，帝乃止。

又尝于众中召都督韩哲，无罪，斩之。作大镬、长锯、剉、碓之属，陈之于庭，每醉，辄手杀人，以为戏乐。所杀者多令支解，或焚之于火，或投之于水。杨愔乃简邺下死囚，置之仗内，谓之供御囚，帝欲杀人，辄执以应命，三月不杀则宥之。开府参军裴谓之上书极谏，帝谓杨愔曰："此愚人，何敢如是！"对曰："彼欲陛下杀之，以成名于后世耳。"帝曰："小人。我且不杀尔，焉得名！"帝与左右饮，曰："乐哉。"都督王纮曰："有大乐，亦有大苦。"帝曰："何谓也？"对曰："长夜之饮，不寤国亡身陨，所谓大苦。"帝缚纮，欲斩之，思其有救世宗之功，乃舍之。

帝游宴东山，以关、陇未平，投杯震怒，召魏收于前，立为诏书，宣示远近，将事西行。魏人震恐，常为度陇之计，然实未行。一日，泣谓群臣曰："黑獭不受我命，奈何？"都督刘桃枝曰："臣得三千骑，请就长安擒之以来。"帝壮之，赐帛千匹。赵道德进曰："东西两国，强弱力均，彼可擒之以来，此亦可擒之以往。桃枝妄言，应诛，陛下奈何滥赏！"帝曰："道德言是。"回绢赐之。帝乘马欲下峻岸，入于漳，道德揽辔回之。帝怒，将斩之。道德曰："臣死不恨，当于地下启先帝，论此儿酣酗颠狂，不可教训。"帝默然而止。他日，帝谓道德曰："我饮酒过，须痛杖我。"道德挟之，帝走。道德逐之曰："何物人，为此举止！"

典御丞李集面谏，比帝于桀、纣。帝令缚置流中，沈没久之，复令引出，谓曰："吾何如桀、纣？"集曰："向来弥不及矣。"帝又令沉之，引出，更问，如此数四，集对如初。帝大笑曰："天下有如此痴人，方知龙逄、比干未是俊物。"遂释之。顷之，又被引入见，似有所谏，帝令将出要斩。其或斩或赦，莫能测焉。内外憯憯，各怀怨毒，而素能默识强记，加以严断，群下战栗，不敢为非。又能委政杨愔，愔总摄机衡，百度修敕，故时人皆言主昏于上，政清于下。

秋八月庚申，齐主将西巡，百官辞于紫陌，帝使槊骑围之，曰："我举鞭，即杀之。"日晏，帝醉不能起。黄门郎是连子畅曰：

“陛下如此，群臣不胜恐怖。”帝曰：“大怖邪？若然，勿杀。”遂如晋阳。

冬十二月，齐自西河总秦戍筑长城，东至于海，前后所筑东西凡三千余里。

陈高祖永定元年秋七月，河南、北大蝗。齐主问魏郡丞崔叔瓒曰：“何故致蝗？”对曰：“五行志，土功不时，蝗虫为灾。今外筑长城，内兴三台，殆以此乎？”齐主大怒，使左右殴之，擢其发，以溷沃其头，曳足以出。叔瓒，季舒之兄也。

初，齐有术士言“亡高者黑衣”，故高祖每出，不欲见沙门。显祖在晋阳，问左右：“何物最黑？”对曰：“无过于漆。”帝以上党王涣于兄弟第七，使库直都督破六韩伯升之邺征涣。涣至紫陌桥，杀伯升而逃，浮河南渡，至济州，为人所执，送邺。

帝之为太原公也，与永安王浚偕见世宗，帝有时洟出，浚责帝左右曰：“何不为二兄拭鼻？”帝心衔之。及即位，浚为青州刺史，聪明矜恕，吏民悦之。浚以帝嗜酒，私谓亲近曰：“二兄因酒败德，朝臣无敢谏者，大敌未灭，吾甚以为忧。欲乘驿至邺面谏，不知用吾言不？”或密以白帝，帝益衔之。浚入朝，从幸东山，帝裸裎为乐。浚进谏曰：“此非人主所宜。”帝不悦。浚又于屏处召杨愔，讥其不谏。帝时不欲大臣与诸王交通，愔惧，奏之。帝大怒，曰：“小人由来难忍。”遂罢酒还宫。浚寻还州，又上书切谏。诏征浚，浚惧祸，谢疾不至。帝遣驰驿收浚，老幼泣送者数千人。至邺，与上党王涣皆盛以铁笼，置于北城地牢，饮食溲秽，共在一所。

二年冬十(一)月，齐三台成，更命铜爵曰金凤，金虎曰圣应，冰井曰崇光。〔十一月〕甲午，齐主至邺，大赦。齐主游三台，戏以槊刺都督尉子辉，应手而毙。

常山王演以帝沉湎，忧愤形于颜色。帝觉之，谓曰："但令汝在，我何为不纵乐。"演唯啼泣拜伏，竟无所言。帝亦大悲，抵杯于地曰："汝似嫌我如是，自今敢进酒者斩之。"因取所御杯尽坏弃。未几，沉湎益甚，或于诸贵戚家角力批拉，不限贵贱，唯演至，则内外肃然。演又密撰事条，将谏，其友王晞以为不可，演不从，因间极言，遂逢大怒。演性颇严，尚书郎中剖断有失，辄加捶楚，令史奸慝即考竟。帝乃立演于前，以刀镮拟胁，召被演罚者，临以白刃，求演之短，咸无所陈，乃释之。晞，昕之弟也。帝疑演假辞于晞以谏，欲杀之。王私谓晞曰："王博士，明日当作一条事，为欲相活，亦图自全，宜深体勿怪。"乃于众中杖晞二十。帝寻发怒，闻晞得杖，以故不杀，髡鞭配甲坊。居三年，演又因谏争被殴挞，闭口不食。太后日夜涕泣，帝不知所为，曰："傥小儿死，奈我老母何！"于是数往问演疾，谓曰："努力强食，当以王晞还汝。"乃释晞，令诣演。演抱晞曰："吾气息惙然，恐不复相见。"晞流涕曰："天道神明，岂令殿下遂毙此舍。至尊亲为人兄，尊为人主，安可与计。殿下不食，太后亦不食，殿下纵不自惜，独不念太后乎？"言未卒，演强坐而饭，晞由是得免徒，还为王友。及演录尚书事，除官者皆诣演谢，去必辞。晞言于演曰："受爵天朝，拜恩私第，自古以为不可，宜一切约绝。"演从之。久之，演从容谓晞曰："主上起居不恒，卿宜耳目所具，吾岂可以前逢一怒，遂尔结舌。卿宜为撰谏草，吾当伺便极谏。"晞遂条十余事以呈，因谓演曰："今朝廷所恃者唯殿下，乃欲学匹夫耿介，轻一朝之命。狂药令人不自觉，刀箭岂复议亲疏，一旦祸出理外，将奈殿下家业何？奈皇太后何？"演歔欷不自胜，曰："乃至是乎？"明日见晞曰："吾长夜久思，今遂息意。"即命火，对晞焚之。后复承间苦谏，帝使力士反接，拔白刃注颈，骂曰："小子何如是？谁教汝？"演曰："天下噤口，非臣谁敢有言？"帝趣杖，乱捶之数十，会醉卧，得解。帝亵黩之游遍于宗戚，所往留连，唯至常山第，多无适而去。尚书左仆射崔暹屡谏，演谓暹曰："今太后不敢致言，吾兄弟杜口，仆射独能犯颜，内外深相感愧。"

太子殷自幼温裕开朗，礼士好学，关览时政，甚有美名。帝尝嫌太子得汉家性质，不似我，欲废之。帝登金凤台，召太子，使手刃囚。太子恻然有难色，再三不断其首。帝大怒，亲以马鞭捶之，太子由是气悸语吃，精神昏扰。帝因酣宴，屡云："太子性懦，社稷事重，终当传位常山。"太子少傅魏收谓杨愔曰："太子国之根本，不可动摇。至尊三爵之后，每言传位常山，令臣下疑贰。若其实也，当决行之。此言非所以为戏，恐徒使国家不安。"愔以收言白帝，帝乃止。帝既残忍，有司讯囚，莫不严酷，或烧犁耳，使立其上，或烧车釭，使以臂贯之，既不胜苦，皆至诬服。唯三公郎中武强苏琼，历职中外，所至皆以宽平为治。时赵州及清河屡有人告谋反者，前后皆付琼推检，事多申雪。尚书崔昂谓琼曰："若欲立功名，当更思余理。数雪反逆，身命何轻？"琼正色曰："所雪者冤枉耳，不纵反逆也。"昂大惭。帝怒临漳令嵇晔、舍人李文师，以赐臣下为奴。中书侍郎彭城郑颐私诱祠部尚书王昕曰："自古无朝士为奴者。"昕曰："'箕子为之奴。'"颐以白帝曰："王元景比陛下于纣。"帝衔之。顷之，帝与朝臣酣饮，昕称疾不至，帝遣骑执之，见方摇膝吟咏，遂斩于殿前，投尸漳水。

齐主北筑长城，南助萧庄，士马死者以数十万计。重以修筑台殿，赐与无节，府藏之积，不足以供，乃减百官之禄，撤军人常廪，并省州郡县镇戍之职，以节费用焉。

十二月，齐主如北城，因视永安简平王浚、上党刚肃王涣于地牢。帝临穴讴歌，令浚等和之，浚等惶怖且悲，不觉声颤。帝怆然为之下泣，将赦之。长广王湛素与浚不睦，进曰："猛虎安可出穴！"帝默然。浚等闻之，呼湛小字曰："步落稽，皇天见汝！"帝亦以浚与涣皆有雄略，恐为后害，乃自刺涣，又使壮士刘桃枝就笼乱刺。槊每下，浚、涣辄以手扯折之，号哭呼天，于是薪火乱投，烧杀之，填以土石。后出之，皮发皆尽，尸色如炭，远近为之痛愤。

三年春二月丙戌，齐主于甘露寺禅居深观，唯军国大事乃以闻。尚书右仆射崔暹卒，齐主幸其第哭之，谓其妻李氏曰："颇思暹乎？"对曰："思之。"帝曰："然则自往省之。"因手斩其妻，掷首墙外。

夏闰四月，齐高德政与杨愔同为相，愔常忌之。齐主酣饮，德政数强谏，齐主不悦，谓左右曰："高德政恒以精神凌逼人。"德政惧，称疾，欲自退。帝谓杨愔曰："我大忧德政病。"对曰："陛下若用为冀州刺史，病当自差。"帝从之。德政见除书，即起。帝大怒，召德政谓曰："闻尔病，我为尔针。"亲以小刀刺之，血流沾地。又使曳下，斩去其足，刘桃枝执刀不敢下，帝责桃枝曰："尔头即堕地。"桃枝乃斩其足之三指。帝怒不解，囚德政于门下，其夜，以毡舆送还家。明旦，德政妻出珍宝满四床，欲以寄人。帝奄至其宅，见之，怒曰："我内府犹无是物。"诘其所从得，皆诸元赂之，遂曳出斩之。妻出拜，又斩之，并其子伯坚。

五月，齐太史奏："今年当除旧布新。"齐主问于特进彭城公元韶曰："汉光武何故中兴？"对曰："为诛诸刘不尽。"于是齐主悉杀诸元厌之。癸未，诛始平公元世哲等二十五家，囚韶等十九家。韶幽于地牢，绝食，啖衣袖而死。

秋七月，齐显祖将如晋阳，乃尽诛诸元，或祖父为王，或身尝贵显，皆斩于东市。其婴儿投于空中，承之以槊。前后死者凡七百二十一人，悉弃尸漳水，剖鱼者往往得人爪甲，邺下为之久不食鱼。使元黄头与诸囚自金凤台各乘纸鸱以飞，黄头独能至紫陌乃堕，仍付御史中丞毕义云饿杀之。唯开府仪同三司元蛮、祠部郎中元文遥等数家获免。蛮，继之子，常山王演之妃父。文遥，遵之五世孙也。定襄令元景安，虔之玄孙也，欲请改姓高氏，其从兄景皓曰："安有弃其本宗而从人之姓者乎？丈夫宁可玉碎，何能瓦全。"景安以其言白帝，帝收景皓诛之，赐景安姓高氏。

齐显祖嗜酒成疾，不复能食，自知不能久，谓李后曰："人生必有死，何足致惜！但怜正道尚幼，人将夺之耳。"又谓常山王演曰："夺则任汝，慎勿杀也。"尚书令开封王杨愔、领军大将军平秦王归彦、侍中广汉燕子献、黄门侍郎郑颐皆受遗诏辅政。冬十月甲午，殂。癸卯，发丧，群臣号哭，无下泪者，唯杨愔涕泗呜咽。太子殷即位，大赦。庚戌，尊皇太后为太皇太后，皇后为皇太后。

辛未，齐显祖之丧至邺。

文帝天嘉元年。齐高阳王湜以滑稽便辟有宠于显祖，常在左右，执杖以挞诸王，太皇太后深衔之。及显祖殂，湜有罪，太皇太后杖之百余，正月癸亥，卒。

齐主自晋阳还至邺。

二月己亥，齐以常山王演为太师、录尚书事，以长广王湛为大司马，并省录尚书事。

齐显祖之丧，常山王演居禁中护丧事，娄太后欲立之而不果。太子即位，乃就朝列。以天子谅阴，诏演居东馆，欲奏之事，皆先咨决。杨愔等以演与长广王湛位地亲逼，恐不利于嗣主，心忌之。居顷之，演出归第，自是诏敕多不关预。或谓演曰："鸷鸟离巢，必有探卵之患。今日王何宜屡出？"中山太守杨休之诣演，演不见。休之谓王友王晞曰："昔周公朝读百篇书，夕见七十士，犹恐不足。录王何所嫌疑，乃尔拒绝宾客。"

先是，显祖之世，群臣人不自保，及济南王立，演谓王晞曰："一人垂拱，吾曹亦保优闲。"因言："朝廷宽仁，真守文良主。"王晞曰："先帝时，东宫委一胡人傅之。今春秋尚富，骤览万机，殿下宜朝夕先后，亲承音旨，而使他姓出纳诏命，大权必有所归，殿下虽欲守藩，其可得邪？借令得遂冲退，自审家祚得保灵长乎？"演默然久之，曰："何以处我？"晞曰："周公抱成王摄政七年，然后复子明辟，惟殿下虑之。"演曰："我何敢自比周公！"晞曰："殿下今日地望，欲不为周公得邪？"演不应。显祖常使胡人康虎儿保护太子，故晞言及之。

齐主将发晋阳，时议谓常山王必当留守根本之地。执政欲使常山王从帝之邺，留长广王镇晋阳，既而又疑之，乃敕二王俱从至邺。外朝闻之，莫不骇愕。又敕以王晞为并州长史。演既行，晞出郊送之。演恐有觇察，命晞还城，执晞手曰："努力自慎！"因跃马而去。

平秦王归彦总知禁卫，杨愔宣敕留从驾五千兵于西中，阴备非常。至邺数日，归彦乃知之，由是怨愔。

领军大将军可朱浑天和，道元之子也，尚帝姑东平公主，每曰："若不诛二王，少主无自安之理。"燕子献谋处太皇太后于北宫，使归政皇太后。

又自天保八年已来，爵赏多滥，杨愔欲加澄汰，乃先自表解开府及开封王，诸叨窃恩荣者皆从黜免。由是嬖宠失职之徒，尽归心二叔。平秦王归彦初与杨、燕同心，既而中变，尽以疏忌之迹告二王。

侍中宋钦道，弁之孙也，显祖使在东宫，教太子以吏事。钦道面奏帝，称“二叔威权既重，宜速去之”。帝不许，曰：“可与令公共详其事。”

愔等议出二王为刺史，以帝慈仁，恐不可所奏，乃通启皇太后，具述安危。宫人李昌仪，即高仲密之妻也，李太后以其同姓，甚相昵爱，以启示之，昌仪密启太皇太后。

愔等又议不可令二王俱出，乃奏以长广王湛镇晋阳，以常山王演录尚书事。二王既拜职，乙巳，于尚书省大会百僚。愔等将赴之，散骑常侍兼中书侍郎郑颐止之，曰：“事未可量，不宜轻脱。”愔曰：“吾等至诚体国，岂常山拜职有不赴之理？”

长广王湛，旦伏家僮数十人于录尚书后室，仍与席上勋贵贺拔仁、斛律金等数人相知约曰：“行酒至愔等，我各劝双杯，彼必致辞。我一曰‘执酒’，二曰‘执酒’，三曰‘何不执’，尔辈即执之。”及宴，如之。愔大言曰：“诸王反逆，欲杀忠良邪？尊天子，削诸侯，赤心奉国，何罪之有？”常山王演欲缓之，湛曰：“不可。”于是拳杖乱殴，愔及天和、钦道皆头面血流，各十人持之。燕子献多力，头又少发，狼狈排众走出门，斛律光逐而擒之。子献叹曰：“丈夫为计迟，遂至于此。”使太子太保薛孤延等执颐于尚药局。颐曰：“不用智者言至此，岂非命也。”

二王与平秦王归彦、贺拔仁、斛律金拥愔等唐突入云龙门，见都督叱利骚，招之，不进，使骑杀之。开府仪同三司成休宁抽刃呵演，演使归彦谕之，休宁厉声不从。归彦久为领军，素为军士所服，皆弛仗，休宁方叹息而罢。演入至昭阳殿，湛及归彦在朱华门外。帝与太皇太后并出，太皇太后坐殿上，皇太后及帝侧立。演以砖叩头，进言曰："臣与陛下骨肉至亲，杨遵彦等欲独擅朝权，威福自己，自王公已下皆重足屏气，共相唇齿，以成乱阶，若不早图，必为宗社之害。臣与湛为国事重，贺拔仁、斛律金惜献武皇帝之业，共执遵彦等入宫，未敢刑戮。专辄之罪，诚当万死。"时庭中及两庑卫士二千余人，皆被甲待诏，武卫娥永乐武力绝伦，素为显祖所厚，叩刀仰视，帝不睨之。帝素吃讷，仓猝不知所言。太皇太后令却仗，不退。又厉声曰："奴辈即今头落。"乃退。永乐内刀而泣。太皇太后因问："杨郎何在？"贺拔仁曰："一眼已出。"太皇太后怆然曰："杨郎何所能为，留使岂不佳邪？"乃让帝曰："此等怀逆，欲杀我二子，次将及我，尔何为纵之？"帝犹不能言。太皇太后怒且悲，曰："岂可使我母子受汉老妪斟酌！"太后拜谢。太皇太后又为太后誓言："演无异志，但欲去逼而已。"演叩头不止。太后谓帝："何不安慰尔叔？"帝乃曰："天子亦不敢为叔惜，况此汉辈。但丐儿命，儿自下殿去，此属任叔父处分。"遂皆斩之。

长广王湛以郑颐昔尝谗己，先拔其舌，截其手而杀之。演令平秦王归彦引侍卫之士向华林园，以京畿军士入守门阁，斩娥永乐于园。

太皇太后临愔丧哭曰："杨郎忠而获罪。"以御金为之一眼，亲内之，曰："以表我意。"演亦悔杀之。于是下诏罪状愔等，且曰："罪止一身，家属不问。"顷之，复簿录五家，王晞固谏，乃各没一房，孩幼尽死，兄弟皆除名。以中书令赵彦深代杨愔总机务。鸿胪少卿阳休之私谓人曰："将涉千里，杀骐驎而策蹇驴，可悲之甚也。”

戊申，演为大丞相、都督中外诸军、录尚书事，湛为太傅、京畿大都督，段韶为大将军，平阳王淹为太尉，平秦王归彦为司徒，彭城王浟为尚书令。

齐大丞相演如晋阳，既至，谓王晞曰：“不用卿言，几至倾覆。今君侧虽清，终当何以处我？”晞曰：“殿下往时位地，犹可以名教出处。今日事势，遂关天时，非复人理所及。”演奏赵郡王叡为左长史，王晞为司马。

三月甲寅，诏“军国之政皆申晋阳，禀大丞相规算”。

秋七月，齐丞相演以王晞儒缓，恐不允武将之意，每夜载入，昼则不与语。尝进晞密室，谓曰：“比王侯诸贵，每见敦迫，言我违天不祥，恐当或有变起。吾欲以法绳之，何如？”晞曰：“朝廷比者疏远亲戚，殿下仓猝所行，非复人臣之事。芒刺在背，上下相疑，何由可久？殿下虽欲谦退，秕糠神器，实恐违上玄之意，坠先帝之基。”演曰：“卿何敢发此言？须致卿于法。”晞曰：“天时人事，皆无异谋，是以敢冒犯斧钺，抑亦神明所赞耳。”演曰：“拯难匡时，方俟圣哲，吾何敢私议，幸勿多言。”丞相从事中郎陆杳将出使，握晞手，使之劝进。晞以杳言告演，演曰：“若内外咸有此意，赵彦深朝夕左右，何故初无一言？”晞乃以事隙密问彦深，彦深曰：“我比亦惊此声论，每欲陈闻，则口噤心悸。弟既发端，吾亦当昧死一披肝胆。”因共劝演。

演遂言于太皇太后。赵道德曰：“相王不效周公辅成王，而欲骨肉相夺，不畏后世谓之篡邪？”太皇太后曰：“道德之言是也。”未几，演又启云：“天下人心未定，恐奄忽变生，须早定名位。”太皇太后乃从之。

八月壬午，太皇太后下令，废齐主为济南王，出居别宫。以常山王演入纂大统。且戒之曰："勿令济南有他也。"

肃宗即皇帝位于晋阳，大赦，改元皇建。太皇太后还称皇太后。皇太后称文宣皇后，宫曰昭信。

乙酉，诏绍封功臣，礼赐耆老，延访直言，褒赏死事，追赠名德。

帝谓王晞曰："卿何为自同外客，略不可见？自今假非局司，但有所怀，随宜作一牒，俟少隙即径进也。"因敕与尚书阳休之、鸿胪卿崔劼等三人，每日职务罢，并入东廊，共举录历代礼乐、职官及田市、征税，或不便于时而相承施用，或自古为利而于今废坠，或道德高俊久在沉沦，或巧言眩俗妖邪害政者，悉令详思，以渐条奏。朝晡给御食，毕景听还。

帝识度沉敏，少居台阁，明习吏事，即位尤自勤励，大革显祖之弊，时人服其明而讥其细。群臣进言，帝皆从容受纳。

戊子，以长广王湛为右丞相，平阳王淹为太傅，彭城王浟为大司马。

冬十一月辛亥，立世子百年为太子。百年时才五岁。

二年。齐主之谋诛杨、燕也，许以长广王湛为太弟，既而立太子百年，湛心不平。帝在晋阳，湛居守于邺。散骑常侍高元海，高祖之从孙也，留典机密。帝以领军代人库狄伏连为幽州刺史，以斛律光之弟羡为领军，以分湛权。湛留伏连，不听羡视事。

先是，济南闵悼王常在邺，望气者言邺中有天子气，平秦王归彦恐济南王复立，为己不利，劝帝除之。帝乃使归彦至邺，征济南王如晋阳。湛内不自安，问计于高元海。元海曰："皇太后万福，至尊孝友异常，殿下不须异虑。"湛曰："此岂我推诚之意邪？"元海乞还省，一夜思之，湛即留元海于后堂。元海达旦不眠，唯绕床徐步。夜漏未尽，湛遽出，曰："神算如何？"元海曰："有三策，恐不堪用耳。请殿下如梁孝王故事，从数骑入晋阳，先见太后求哀，后见主上，请去兵权，以死为限，不干朝政，必保太山之安。此上策也。不然，当具表云'威权太盛，恐取谤众口'，请青、齐二州刺史，沉靖自居，必不招物议。此中策也。"更问下策，曰："发言即恐族诛。"固逼之，元海曰："济南世嫡，主上假太后令而夺之。今集文武示以征济南之敕，执斛律丰乐，斩高归彦，尊立济南，号令天下，以顺讨逆，此万世一时也。"湛大悦。然性怯，狐疑未能用，使术士郑道谦等卜之，皆曰："不利举事，静则吉。"有林虑令潘子密，晓占候，潜谓湛曰："宫车当晏驾，殿下为天下主。"湛拘之于内以候之。又令巫觋卜之，多云"不须举兵，自有大庆"。湛乃奉诏，令数百骑送济南王至晋阳。九月，帝使人酖之，济南王不从，乃扼杀之。帝寻亦悔之。

冬十月，齐肃宗出畋，有兔惊马，坠地绝肋。娄太后视疾，问济南所在者三，齐主不对。太后怒曰："杀之邪？不用吾言，死其宜矣！"遂去不顾。十一月甲辰，诏以"嗣子冲眇，可遣尚书右仆射赵郡王叡谕旨，征长广王湛统兹大宝。"又与湛书曰："百年无罪，汝可以乐处置之，勿效前人也。"是日，殂于晋阳宫。临终言："恨不见太后山陵。"

颜之推论曰：孝昭天性至孝，而不知忌讳，乃至于此，良由不学之所为也。

赵郡王叡先使黄门侍郎王松年驰至邺，宣肃宗遗命。湛犹疑其诈，使所亲先诣殡所，发而视之，使者复命，湛喜，驰赴晋阳，使河南王孝瑜先入宫，改易禁卫。癸丑，世祖即皇帝位于南宫，大赦,改元太宁。立太子百年为乐陵王。

三年春正月乙亥,齐主至邺。辛巳,祀南郊。壬午,享太庙。丙戌,立妃胡氏为皇后,子纬为皇太子。后,魏兖州刺史安定胡延之之女也。戊子,齐大赦。己亥,以冯翊王润为尚书左仆射。闰二月丁未,齐以太宰平阳王淹为青州刺史,太傅平秦王归彦为太宰、冀州刺史。

归彦为肃宗所厚,恃势骄盈,陵侮贵戚。世祖即位,侍中、开府仪同三司高元海、御史中丞毕义云、黄门郎高乾和数言其短,且云:"归彦威权震主,必为祸乱。"帝亦寻其反覆之迹,渐忌之。伺归彦还家,召魏收于帝前作诏草,除归彦冀州,使乾和缮写,昼日,仍敕门司不听归彦辄入宫。时归彦纵酒为乐,经宿不知。至明,欲参,至门知之,大惊而退。及通名谢,敕令早发,别赐钱帛等物甚厚,又敕督将悉送至清阳宫。拜辞而退,莫敢与语,唯赵郡王叡与之久语,时无闻者。

秋七月,齐平秦王归彦至冀州,内不自安,欲待齐主如晋阳,乘虚入邺。其郎中令吕思礼告之。诏大司马段韶、司空娄叡讨之。归彦于南境置私驿,闻大军将至,即闭城拒守。长史宇文仲鸾等不从,皆杀之。归彦自称大丞相,有众四万。齐主以都官尚书封子绘,冀州人,祖父世为本州刺史,得人心,使乘传至信都,巡城,谕以祸福。吏民降者相继,城中动静,大小皆知之。归彦登城大呼云:"孝昭皇帝初崩,六军百万,悉在臣手,投身向邺,奉迎陛下。当时不反,今日岂反邪?正恨高元海、毕义云、高乾和诳惑圣上,疾忌忠良,但为杀此三人,即临城自刎。"既而城破,单骑北走,至交津,获之,锁送邺。乙未,载以露车,衔木面缚,刘桃枝临之以刃,击鼓随之,并其子孙十五人皆弃市。命封子绘行冀州事。齐主知归彦前谮清河王岳，以归彦家良贱百口赐岳家，赠岳太师。

丁酉，以段韶为太傅，娄叡为司徒，平阳王淹为太宰，斛律光为司空，赵郡王叡为尚书令，河间王孝琬为左仆射。

五年夏六月，齐主杀乐陵王百年。时白虹围日再重，又横贯而不达，赤星见，齐主欲以百年厌之。会博陵人贾德胄教百年书，百年尝作数"敕"字，德胄封以奏之。帝发怒，使召百年。百年自知不免，割带玦留与其妃斛律氏，见帝于凉风堂。使百年书"敕"字，验与德胄所奏相似，遣左右乱捶之，又令曳之绕堂行且捶，所过血皆遍地，气息将尽，乃斩之，弃诸池，池水尽赤。妃把玦哀号不食，月余亦卒，玦犹在手，拳不可开，其父光自擘之乃开。

安成王篡立 顼

陈文帝天嘉元年。江陵之陷也，长城世子昌及中书侍郎顼皆没于长安。高祖即位，屡请之于周，周人许而不遣。高祖殂，周人乃遣昌还。以王琳之难，居于安陆。琳败，昌发安陆，将济江，致书于上，辞甚不逊。上不怿，召侯安都从容谓曰："太子将至，须别求一藩为归老之地。"安都曰："自古岂有被代天子？臣愚，不敢奉诏。"因请自迎昌。于是群臣上表，请加昌爵命。春二月庚戌，以昌为骠骑将军、湘州牧，封衡阳王。三月甲戌，衡阳献王昌入境，诏主书、舍人缘道迎候；丙子，济江，中流陨之，使以溺告。侯安都以功进爵清远公。

初，高祖遣荥阳毛喜从安成王顼诣江陵，梁世祖以喜为侍郎，没于长安，与昌俱还，因进和亲之策。上乃使侍中周弘正通好于周。

二年夏六月乙酉,周主使御正殷不害来聘。冬十一月,周人许归安成王顼,使司会上士京兆杜杲来聘。上悦,即遣使报之,并赂以黔中地及鲁山郡。

三年春正月丁未,周以安成王顼为柱国大将军,遣杜杲送之南归。三月丙子,安成王顼至建康,诏以为中书监、中卫将军。上谓杜杲曰:“家弟今蒙礼遣,实周朝之惠,然鲁山不返,亦恐未能及此。”杲对曰:“安成,长安一布衣耳,而陈之介弟也,其价岂止一城而已哉。本朝敦睦九族,恕己及物,上遵太祖遗旨,下思继好之义,是以遣之南归。今乃云以寻常之土易骨肉之亲,非使臣之所敢闻也。”上甚惭,曰:“前言戏之耳。”待杲之礼有加焉。顼妃柳氏及子叔宝犹在穰城,上复遣毛喜如周请之,周人皆归之。

天康元年夏四月,上不豫,台阁众事,并令尚书仆射到仲举、五兵尚书孔奂共决之。奂,琇之之曾孙也。疾笃,奂、仲举与司空尚书令扬州刺史安成王顼、吏部尚书袁枢、中书舍人刘师知入侍医药。枢,君正之子也。太子伯宗柔弱,上忧不能守位,谓顼曰:“吾欲遵太伯之事。”顼拜伏泣涕,固辞。上又谓仲举、奂等曰:“今三方鼎峙,四海事重,宜须长君。朕欲近则晋成,远隆殷法,卿等宜遵此意。”孔奂流涕对曰:“陛下御膳违和,痊复非久。皇太子春秋鼎盛,圣德日跻,安成王介弟之尊,足为周旦。若有废立之心,臣等愚,诚不敢闻诏。”上曰:“古之遗直,复见于卿。”乃以奂为太子詹事。

臣光曰:夫臣之事君,宜将顺其美,正救其恶。孔奂在陈,处腹心之重任,决社稷之大计,苟以世祖之言为不诚,则当如窦婴面辨，爰盎廷争，防微杜渐，以绝觊觎之心。以为诚邪，则当请明下诏书，宣告中外，使世祖有宋宣之美，高宗无楚灵之恶。不然，谓太子嫡嗣，不可动摇，欲保辅而安全之，则当尽忠竭节，以死继之，如晋之荀息，赵之肥义。奈何于君之存，则逆探其情而求合焉，及其既没，则权臣移国而不能救，嗣主失位而不能死。斯乃奸谀之尤者，而世祖谓之遗直，以托六尺之孤，岂不悖哉！

癸酉，上殂，太子即位，大赦。五月庚寅，以安成王顼为骠骑大将军、司徒、录尚书、都督中外诸军事。

临海王光大元年。初，高祖为梁(州)〔相〕，用刘师知为中书舍人。师知涉学工文，练习仪体，历世祖朝，虽位宦不迁，而委任甚重，与扬州刺史安成王顼、尚书仆射到仲举同受遗诏辅政。师知、仲举恒居禁中，参决众事，顼与左右三百人入居尚书省。师知见顼地望权势为朝野所属，心忌之，与尚书左丞王暹等谋出顼于外，众犹豫，未敢先发。东宫通事舍人殷不佞，素以名节自任，又受委东宫，乃驰诣相府，矫敕谓顼曰："今四方无事，王可还东府经理州务。"

顼将出，中记室毛喜驰入见顼曰："陈有天下日浅，国祸继臻，中外危惧。太后深惟至计，令王入省，共康庶绩，今日之言，必非太后之意。宗社之重，愿王三思，须更闻奏，无使奸人得肆其谋。今出外即受制于人，譬如曹爽，愿作富家翁，其可得邪？"顼遣喜与领军将军吴明彻筹之。明彻曰："嗣君谅闇，万机多阙。殿下亲实周、邵，当辅安社稷，愿留中勿疑。"

顼乃称疾，召刘师知，留之与语，使毛喜先入言于太后。太后曰："今伯宗幼弱，政事并委二郎。此非我意。"喜又言于帝，帝曰："此自师知等所为，朕不知也。"喜出，以报顼。顼因囚师知，自入见太后及帝，(以)〔极〕陈师知之罪，仍自草敕请画，以师知付廷尉，其夜，于狱中赐死。以到仲举为金紫光禄大夫。王暹、殷不佞并付治。不佞，不害之弟也，少有孝行，顼雅重之，故独得不死，免官而已。王暹伏诛。自是国政尽归于顼。

右卫将军会稽韩子高，镇领军府，在建康诸将中士马最盛，与仲举通谋。事未发，毛喜请简人马配子高，并赐铁炭，使修器甲。顼惊曰："子高谋反，方欲收执，何为更如是邪?"喜曰："山陵始毕，边寇尚多，而子高受委前朝，名为杖顺，若收之，恐不时授首，或能为人患。宜推心安诱，使不自疑，伺间图之，一壮士之力耳。"顼深然之。仲举既废归私第，心不自安。子郁，尚世祖妹信(都)〔义〕长公主，除南康内史，未之官。子高亦自危，求出为衡、广诸镇。郁每乘小舆，蒙妇人衣，与子高谋。会前上虞令陆昉及子高军主告其谋反。顼在尚书省，因召文武在位议立皇太子。平旦，仲举、子高入省，皆执之，并郁送廷尉，下诏于狱赐死，余党一无所问。

癸丑，以东扬州刺史始兴王伯茂为中卫大将军、开府仪同三司。伯茂，帝之母弟也。刘师知、韩子高之谋，伯茂皆预之，司徒顼恐扇动中外，故以为中卫，专使之居禁中，与帝游处。

夏四月，湘州刺史华皎闻韩子高死，内不自安，缮甲聚徒，抚循所部，启求广州以卜朝廷之意。司徒顼伪许之，而诏书未出。皎遣使潜引周兵，又自归于梁，以其子玄响为质。五月癸巳，顼以丹杨尹吴明彻为湘州刺史。

司徒顼遣吴明彻帅舟师三万趣郢州，丙申，遣征南大将军淳于量帅舟师五万继之，又遣冠武将军杨文通从安成步道出茶陵，巴山太守黄法慧从宜阳出澧陵，共袭华皎，并与江州刺史章昭达、郢州刺史程灵洗合谋进讨。六月壬寅，以司空徐度为车骑将军，总督建康诸军，步道趣湘州。

华皎使者至长安，梁王亦上书言状，且乞师。周人议出师应之，司会崔猷曰："前岁东征，死伤过半。比虽循抚，疮痍未复。今陈氏保境息民，共敦邻好，岂可利其土地，纳其叛臣，违盟约之信，兴无名之师乎？"晋公护不从。闰六月戊寅，遣襄州总管卫公直督柱国陆通、大将军田弘、权景宣、元定等将兵助之。

秋八月，华皎遣使诱章昭达，昭达执送建康。又诱程灵洗，灵洗斩之。皎以武州居其心腹，遣使诱都督陆子隆，子隆不从，遣兵攻之，不克。巴州刺史戴僧朔等并隶于皎，长沙太守曹庆等本隶皎下，遂为之用。司徒顼恐上流守宰皆附之，乃曲赦湘、巴二州。九月乙巳，悉诛皎家属。

梁以皎为司空，遣其柱国王操将兵二万会之。周权景宣将水军，元定将陆军，卫公直总之，与皎俱下。淳于量军夏口，直军鲁山，使元定以步骑数千围郢州。皎军于白螺，与吴明彻等相持。徐度、杨文通由岭路袭湘州，尽获其所留军士家属。

皎自巴陵与周、梁水军顺流乘风而下，军势甚盛，战于沌口。量、明彻募军中小舰，多赏金银，令先出当西军大舰受其拍。西军诸舰发拍皆尽，然后量等以大舰拍之，西军舰皆碎，没于中流。西军又以舰载薪，因风纵火，俄而风转自焚，西军大败。皎与戴僧朔单舸走，过巴陵，不敢登岸，径奔江陵，卫公直亦奔江陵。

元定孤军，进退无路，斫竹开径，且战且引，欲趣巴陵。巴陵已为徐度等所据，度等遣使伪与结盟，许纵之还国。定信之，解仗就度，度执之，尽俘其众，并擒梁大将军李广。定愤恚而卒。

皎党曹庆等四十余人并伏诛。唯以岳阳太守章昭裕，昭达之弟，杜阳太守曹宣，高祖旧臣，衡阳内史汝阴任忠，尝有密启，皆宥之。

吴明彻乘胜攻梁河东，拔之。

周卫公直归罪于梁柱国殷亮，梁王知非其罪，然不敢违，遂诛之。

周与陈既交恶，周沔州刺史裴宽白襄州总管，请益戍兵，并迁城于羊蹄山以避水。总管兵未至，程灵洗舟师奄至城下。会大雨，水暴涨，灵洗引大舰临城发拍，击楼堞皆碎，矢石昼夜攻之三十余日。陈人登城，宽犹帅众执短兵拒战，又二日，乃擒之。

二年春正月己亥，安成王顼进位太傅，领司徒，加殊礼。冬十一月，始兴王伯茂以安成王顼专政，意甚不平，屡肆恶言。甲寅，以太皇太后令诬帝，云“与刘师知、华皎等通谋”。且曰：“文皇知子之鉴，事等帝尧；传弟之怀，又符太伯。今可还申曩志，崇立贤君。”遂废帝为临海王，以安成王入纂。又下令黜伯茂为温麻侯，置诸别馆，安成王使盗邀之于道，杀之车中。

宣帝太建元年春正月甲午，安成王即皇帝位，改元，大赦。复太皇太后为皇太后，皇太后为文皇后。立妃柳氏为皇后，世子叔宝为太子。封皇子叔陵为始兴王，奉昭烈王祀。乙未，上谒太庙。丁酉，以尚书仆射沈钦为左仆射，度支尚书王劢为右仆射。劢，份之孙也。

周陈之叛

梁敬帝绍泰元年。初，晋安民陈羽，世为闽中豪姓，其子宝应多权诈，郡中畏服。侯景之乱，晋安太守宾化侯云以郡让羽，羽老，但治郡事，令宝应典兵。时东境荒馑，而晋安独丰衍，宝应数自海道出，寇抄临安、永嘉、会稽，或载米粟与之贸易，由是能致富强。侯景平，世祖因以羽为晋安太守。及陈霸先辅政，羽求传郡于宝应，霸先许之。

太平元年。初，侯景之乱，临川民周续起兵郡中，始兴王毅以郡让之而去。续部将皆郡中豪族，多骄横，续裁制之，诸将皆怨，相与杀之。续宗人迪，勇冠军中，众推为主。迪素寒微，恐郡人不服，以同郡周敷族望高显，折节交之，敷亦事迪甚谨。迪据上塘，敷据故郡，朝廷以迪为衡州刺史，领临川内史。时民遭侯景之乱，皆弃农业，群聚为盗，唯迪所部独务农桑，各有赢储，政教严明，征敛必至，余郡乏绝者皆仰以取给。迪性质朴，不事威仪，居常徒跣，虽外列兵卫，内有女伎，挼绳破篾，傍若无人，讷于言语而襟怀信实，临川人皆附之。

陈武帝永定元年。诏给事黄门侍郎萧乾招谕闽中。时熊昙朗在豫章，周迪在临川，留异在东阳，陈宝应在晋安，共相连结，闽中豪帅往往立砦以自保。上患之，使干谕以祸福，豪帅皆帅众请降，即以乾为建安太守。乾，子范之子也。

文帝天嘉二年。初，高祖以帝女丰安公主妻留异之子贞臣，征异为南徐州刺史，异迁延不就。帝即位，复以异为缙州刺史，领东阳太守。异屡遣其长史王澌入朝，澌每言朝廷虚弱。异信之，虽外示臣节，恒怀两端，与王琳自鄱阳信安岭潜通使往来。琳败，上遣左卫将军沈恪代异，实以兵袭之。异出军下淮以拒恪。恪与战而败，退还钱塘，异复上表逊谢。时众军方事湘、郢，乃降诏书慰谕，且羁縻之。异知朝廷终将讨己，乃以兵戍下淮及建德，以备江路。十二月丙午，诏司空、南徐州刺史侯安都讨之。

三年春二月，帝征江州刺史周迪出镇湓城，又征其子入朝。迪趑且顾望，并不至。其余南江酋帅私署令长，多不受召，朝廷未暇致讨，但羁縻之。豫章太守周敷独先入朝，进号安西将军，给鼓吹一部，赐以女妓、金帛，令还豫章。迪以敷素出己下，深不平之，乃阴与留异相结，遣其弟方兴将兵袭敷，敷与战，破之。又遣其兄子伏甲船中，诈为贾人，欲袭湓城。未发，事觉，寻阳太守监江州事晋陵华皎遣兵逆击之，尽获其船仗。上以闽州刺史陈宝应之父为光禄大夫，子女皆受封爵，命宗正编入属籍。而宝应以留异女为妻，阴与异合。

虞荔弟寄流寓闽中，荔思之成疾，上为荔征之，宝应留不遣。寄常从容讽以逆顺，宝应辄引他语以乱之。宝应尝使人读汉书，卧而听之，至蒯通说韩信曰："相君之背，贵不可言。"蹶然起坐，曰："可谓智士。"寄曰："通一说杀三士，何足称智？岂若班彪王命，识所归乎！"寄知宝应不可谏，恐祸及己，乃着居士服，居东山寺阳称足疾。宝应使人烧其屋，寄安卧不动。亲近将扶之出，寄曰："吾命有所悬，避将安往？"纵火者自救之。

三月丁丑，以安右将军吴明彻为江州刺史，督高州刺史黄法氍、豫章太守周敷共讨周迪。

留异始谓台军必自钱塘上，既而侯安都步由诸暨出永康，异大惊，奔桃枝岭，于岩口竖栅以拒之。安都为流矢所中，血流至踝，乘舆指麾，容止不变。因其山势，迮而为堰，会潦水涨满，安都引船入堰，起楼舰与异城等，发拍碎其楼堞。异与其子忠臣脱身奔晋安，依陈宝应。安都虏其妻及余子，尽收铠仗而还。

异党向文政据新安，上以贞毅将军程文季为新安太守，帅精甲三百径往攻之。文政战败，遂降。文季，灵洗之子也。

秋九月，吴明彻至临川攻周迪，不能克。丁亥，诏安成王顼代之。

四年春正月甲申，周迪众溃，脱身逾岭奔晋安，依陈宝应。官军克临川，获迪妻子。宝应以兵资迪，留异又遣子忠臣随之。虞寄与宝应书，以十事谏之，曰："自天厌梁德，英雄互起，人人自以为得之，然夷凶翦乱，四海乐推者，陈氏也，岂非历数有在，惟天所授乎？一也。以王琳之强，侯瑱之力，进足以摇荡中原，争衡天下，退足以屈强江外，雄张偏隅。然或命一旅之师，或资一士之说，琳则瓦解冰泮，投身异域，瑱则厥角稽颡，委命阙廷。斯又天假之威而除其患。二也。今将军以藩戚之重，东南之众，尽忠奉上，戮力勤王，岂不勋高窦融，宠过吴芮，析圭判野，南面称孤乎？三也。圣朝弃瑕忘过，宽厚得人，至于余孝顷、潘纯陀、李孝钦、欧阳頠等，悉委以心腹，任以爪牙，胸中豁然，曾无纤芥。况将军衅非张绣，罪异毕谌，当何虑于危亡，何失于富贵？四也。方今周、齐邻睦，境外无虞，并兵一向，匪朝伊夕，非刘、项竞逐之机，楚、赵连从之势，何得雍容高拱，坐论西伯哉？五也。且留将军狼顾一隅，亟经摧衄，声实亏丧，胆气衰沮。其将帅首鼠两端，唯利是视，孰能被坚执锐，长驱深入，系马埋轮，奋不顾命，以先士卒者乎？六也。将军之强，孰如侯景？将军之众，孰如王琳？武皇灭侯景于前，今上摧王琳于后，此乃天时，非复人力。且兵革已后，民皆厌乱，其孰能弃坟墓，捐妻子，出万死不顾之计，从将军于白刃之间乎？七也。历观前古，子阳、季孟倾覆相寻，余善、右渠危亡继及，天命可畏，山川难恃。况将军欲以数郡之地，当天下之兵，以诸侯之资，拒天子之命，强弱逆顺，可得侔乎？八也。且非我族类，其心必异；不爱其亲，岂能及物。留将军身縻国爵，子尚王姬，犹且弃天属而弗顾，背明君而孤立，危急之日，岂能同忧共患，不背将军者乎？至于师老力屈，惧诛利赏，必有韩智晋阳之谋，张陈井陉之势。九也。北军万里远斗，锋不可当。将军自战其地，人多顾后，众寡不敌，将帅不侔。师以无名而出，事以无机而动，以此称兵，未知其利。十也。为将军计，莫若绝亲留氏，遣子入质，释甲偃兵，一遵诏旨。方今藩维尚少，皇子幼冲，凡预宗枝，皆蒙宠树；况以将军之地，将军之才，将军之名，将军之势，而克修藩服，北面称臣，宁与刘泽同年而语其功业哉！寄感恩怀德，不觉狂言，斧钺之诛，其甘如荠。"宝应览书大怒。或谓宝应曰："虞公病势渐笃，言多错谬。"宝应意乃小释，亦以寄民望，故优容之。

秋九月，周迪复越东兴岭为寇，辛未，诏护军章昭达将兵讨之。冬十一月辛酉，章昭达大破周迪。迪脱身潜窜山谷，民相与匿之，虽加诛戮，无肯言者。十二月，章昭达进军度岭趣建安，讨陈宝应，诏益州刺史余孝顷督会稽、东阳、临海、永嘉诸军自东道会之。

五年冬十月，周迪复出东兴，宣城太守钱肃镇东兴，以城降迪。吴州刺史陈详将兵击之，详兵大败，迪众复振。南豫州刺史西丰脱侯周敷帅所部击之，至定川，与迪对垒。迪绐敷曰："吾昔与弟戮力同心，岂规相害。今愿伏罪还朝，因弟披露心腑，先乞挺身共盟。"敷许之，方登坛，为迪所杀。

陈宝应据建安、晋安二郡，水陆为栅，以拒章昭达。昭达与战不利，因据上流，命军士伐木为筏，施拍其上。会大雨，江涨，昭达放筏冲宝应水栅，尽坏之，又出兵攻其步军。方合战，上遣将军余孝顷自海道适至，并力乘之。十一月己丑，宝应大败，逃至莆口，谓其子曰："早从虞公计，不至今日。"昭达追擒之，并擒留异及其族党，送建康，斩之。异子贞臣以尚主得免。宝应宾客皆死。

上闻虞寄尝谏宝应，命昭达礼遣诣建康。既见，劳之曰："管宁无恙。"以为衡阳王掌书记。

六年秋七月，上遣都督程灵洗自鄱阳别道击周迪，破之。迪与麾下十余人窜于山穴中，日月浸久，从者亦稍苦之。后遣人潜出临川市鱼鲑，临川太守骆牙执之，令取迪自效，因使腹心勇士随之入山。其人诱迪出猎，勇士伏于道傍，出斩之。丙戌，传首至建康。

宇文护逆节

陈高祖永定元年春二月，周楚公赵贵、卫公独孤信故皆与太祖等夷，及晋公护专政，皆怏怏不服。贵谋杀护，信止之。开府仪同三司宇文盛告之，丁亥，贵入朝，护执而杀之，免信官。三月，周晋公护以赵景公、独孤信名重，不欲显诛之，己酉，逼令自杀。夏四月，周仪同三司齐轨谓御正中大夫薛善曰："军国之政，当归天子，何得犹在权门？"善以告晋公护，护杀之，以善为中外府司马。

周孝愍帝性刚果，恶晋公护之专权。司会李植，自太祖时为相府司录，参掌朝政，军司马孙恒亦久居权要。及护执政，植、恒恐不见容，乃与宫伯乙弗凤、贺拔提等共谮之于周王。植、恒曰："护自诛赵贵以来，威权日盛，谋臣宿将，争往附之，大小之政，皆决于护。以臣观之,将不守臣节,愿陛下早图之。”王以为然。凤、提曰:“以先王之明,犹委植、恒以朝政,今以事付二人,何患不成?且护常自比周公,臣闻周公摄政七年,陛下安能七年邑邑如此乎?”王愈信之,数引武士于后园讲习,为执缚之势。植等又引宫伯张光洛同谋,光洛以告护。护乃出植为梁州刺史,恒为潼州刺史,欲散其谋。后王思植等,每欲召之,护泣谏曰:“天下至亲,无过兄弟,若兄弟尚相疑,他人谁可信者?太祖以陛下富于春秋,属臣后事,臣情兼家国,实愿竭其股肱。若陛下亲览万机,威加四海,臣死之日,犹生之年。但恐除臣之后,奸回得志,非唯不利陛下,亦将倾覆社稷,使臣无面目见太祖于九泉。且臣既为天子之兄,位至宰相,尚复何求?愿陛下勿信谗人之言,疏弃骨肉。”王乃止不召,而心犹疑之。

凤等益惧,密谋滋甚,刻日召群公入宴,因执护诛之。张光洛又以告护。护乃召柱国贺兰祥、领军尉迟纲等谋之,祥等劝护废立。时纲总领禁兵,(及)〔护〕遣纲入宫召凤等议事,及至,以次执送护第,因罢散宿卫兵。王方悟,独在内殿,令宫人执兵自守。护遣贺兰祥逼王逊位,幽于旧第。悉召公卿会议,废王为略阳公,迎立岐州刺史宁都公毓。公卿皆曰:“此公之家事,敢不唯命是听。”乃斩凤等于门外,孙恒亦伏诛。

时李植父柱国大将军远镇弘农,护召远及植还朝。远疑有变,沉吟久之,乃曰:“大丈夫宁为忠鬼,安可作叛臣邪!”遂就征。至长安,护以远功名素重,犹欲全之,引与相见,谓之曰:“公儿遂有异谋,非止屠戮护身,乃是倾危宗社。叛臣贼子,理宜同疾,公可早为之所。”乃以植付远。远素爱植,植又口辩,自陈初无此谋。远谓为信然,诘朝,将植谒护。护谓植已死,左右曰“植亦在门”，护大怒曰：“阳平公不信我！”乃召入，仍命远同坐，令略阳公与植相质于远前。植辞穷，谓略阳公曰：“本为此谋，欲安社稷，利至尊耳。今日至此，何事云云。”远闻之，自投于床曰：“若尔，诚合万死。”于是护乃害植，并逼远令自杀。植弟叔诣、叔谦、叔让亦死，余子以幼得免。初，远弟开府仪同三司穆知植非保家之主，每劝远除之，远不能用。及远临刑，泣谓穆曰：“吾不用汝言，以至此。”穆当从坐，以前言获免，除名为民，及其子弟亦免官。植弟淅州刺史基尚义归公主，当从坐，穆请以二子代基命，护两释之。后月余，护弑略阳公，黜王后元氏为尼。癸亥，宁都公自岐州至长安，甲子，即天王位，大赦。

二年春正月，周以晋公护为太师。夏四月，周以太师护为雍州牧。

三年春正月己酉，周太师护上表归政，周王始亲万机，军旅之事，护犹总之。

周处士韦敻，孝宽之兄也，志尚夷简，魏、周之际，十征不屈。周太祖甚重之，不夺其志，世宗礼敬尤厚，号曰“逍遥公”。晋公护延之至第，访以政事。护盛修第舍，敻仰视堂，叹曰：“酣酒嗜音，峻宇雕墙，有一于此，未或不亡。”护不悦。

文帝天嘉元年夏四月，周世宗明敏有识量，晋公护惮之，使膳部中大夫李安置毒于糖䭔而进之。帝颇觉之。庚子，大渐，口授遗诏五百余言，且曰：“朕子年幼，未堪当国。鲁公，朕之介弟，宽仁大度，海内共闻，能弘我周家，必此子也。”辛丑，殂。鲁公幼有器质，特为世宗所亲爱，朝廷大事，多与之参议。性深沉，有远识，非因顾问，终不辄言。世宗每叹曰：“夫人不言，言必有中。”壬寅，鲁公即皇帝位，大赦。

二年春正月戊申，周改元保定，以大冢宰护为都督中外诸军事，令五府总于天官，事无巨细，皆先断后闻。

四年春二月辛酉，周诏："大冢宰晋国公，亲则懿昆，任当元辅，自今诏诰及百司文书，并不得称公名。"护抗表固让。

宣帝太建四年。初，周太祖为魏相，立左右十二军，总属相府。太祖殂，皆受晋公护处分，凡所征发，非护书不行。护第屯兵侍卫，盛于宫阙。诸子、僚属皆贪残恣横，士民患之。周主深知晦匿，无所关预，人不测其浅深。护问稍伯大夫庾季才曰："比日天道何如？"季才对曰："荷恩深厚，敢不尽言。顷上台有变，公宜归政天子，请老私门。此则享期颐之寿，受旦、奭之美，子孙常为藩屏。不然，非复所知。"护沉吟久之，曰："吾本志如此，但辞未获免耳。公既王官，可依朝例，无烦别参寡人也。"自是疏之。

卫公直，帝之母弟也，深昵于护。及沌口之败，坐免官，由是怨护，劝帝诛之，冀得其位。帝乃密与直及右宫伯中大夫宇文神举、内史下大夫太原王轨、右侍上士宇文孝伯谋之。神举，显和之子；孝伯，安化公深之子也。

帝每于禁中见护，常行家人礼，太后赐护坐，帝立侍于旁。丙辰，护自同州还长安，帝御文安殿见之。因引护入含仁殿谒太后，且谓之曰："太后春秋高，颇好饮酒，虽屡谏，未蒙垂纳。兄今入朝，愿更启请。"因出怀中酒诰授之，曰："以此谏太后。"护既入，如帝所戒读酒诰；未毕，帝以玉珽自后击之，护踣于地。帝令宦者何泉以御刀斫之，泉惶惧，斫不能伤。卫公直匿于户内，跃出，斩之。时神举等皆在外，更无知者。

帝召宫伯长孙览等，告以护已诛，令收护子柱国谭公会、大将军莒公至、崇业公静、正平公乾嘉及其弟乾基、乾光、乾蔚、乾祖、乾威并柱国北地侯龙恩、龙恩弟大将军万寿、大将军刘勇、中外府司录尹公正、袁杰、膳部下大夫李安等，于殿中杀之。览，稚之孙也。

初，护既杀赵贵等，诸将多不自安。侯龙恩为护所亲，其从弟开府仪同三司植谓龙恩曰："主上春秋既富，安危系于数公。若多所诛戮以自立威权，岂唯社稷有累卵之危，恐吾宗亦缘此而败。兄安得知而不言。"龙恩不能从。植又承间言于护曰："公以骨肉之亲，当社稷之寄，愿推诚王室，拟迹伊、周，则率土幸甚。"护曰："我誓以身报国，卿岂谓吾有他志邪？"又闻其先与龙恩言，阴忌之。植以忧卒。及护败，龙恩兄弟皆死，高祖以植为忠，特免其子孙。大司马兼小冢宰、雍州牧齐公宪，素为护所亲任，赏罚之际，皆得参预，权势颇盛。护欲有所陈，多令宪闻奏，其间或有可不，宪虑主相嫌隙，每曲而畅之，帝亦察其心。及护死，召宪入，宪免冠拜谢，帝慰勉之，使诣护第收兵符及诸文籍。卫公直素忌宪，固请诛之，帝不许。护世子训为蒲州刺史，是夜，帝遣柱国越公盛乘传征训，至同州，赐死。昌城公深使突厥未还，遣开府仪同三司宇文德赍玺书就杀之。护长史代郡叱罗协、司录弘农冯迁及所亲任者，皆除名。

丁巳，大赦，改元。以宇文孝伯为车骑大将军，与王轨并加开府仪同三司。初，孝伯与帝同日生，太祖爱之，养于第中，幼与帝同学。及即位，欲引致左右，托言欲与孝伯讲习旧经，故护弗之疑也，以为右侍上士，出入卧内，预闻机务。孝伯为人，沈正忠谅，朝政得失，外间细事，无不使帝闻之。

帝阅护书记，有假托符命妄造异谋者，皆坐诛。唯得庾季才书两纸,盛言纬候灾祥,宜返政权,帝赐季才粟三百石,帛二百段,迁太中大夫。

癸亥,以尉迟迥为太师,柱国窦炽为太傅,李穆为太保,齐公宪为大冢宰,卫公直为大司徒,陆通为大司马,柱国辛威为大司寇,赵公招为大司空。时帝始亲览朝政,颇事威刑,虽骨肉无所宽借。齐公宪虽迁冢宰,实夺之权。又谓宪侍读裴文举曰:“昔魏末不纲,太祖辅政;及周室受命,晋公复执大权,积习生常,愚者谓法应如是。岂有年三十天子,而可为人所制乎!诗云:‘夙夜匪懈,以事一人。’一人,谓天子耳。卿虽陪侍齐公,不得遽同为臣,欲死于所事。宜辅以正道,劝以义方,辑睦我君臣,协和我兄弟,勿令自致嫌疑。”文举咸以白宪,宪指心抚几曰:“吾之夙心,公宁不知。但当尽忠竭节耳,知复何言。”卫公直性浮诡贪很,意望大冢宰,既不得,殊怏怏,更请为大司马,欲据兵权。帝揣知其意,曰:“汝兄弟长幼有序,岂可返居下列。”由是用为大司徒。

夏四月庚寅,周追尊略阳公为孝闵皇帝。

周伐齐　周齐争宜阳附

陈文帝天嘉四年。初,周人欲与突厥木杆可汗连兵伐齐,许纳其女为后,遣御伯大夫杨荐及左武伯太原王庆往结之。齐人闻之惧,亦遣使求昏于突厥,赂遗甚厚。木杆贪齐币重,欲执荐等送齐。荐知之,责木杆曰:“太祖昔与可汗共敦邻好,蠕蠕部落数千来降,太祖悉以付可汗使者,以快可汗之意。如何今日遽欲背恩忘义,独不愧鬼神乎?”木杆惨然良久,曰:“君言是也。吾意决矣，当相与共平东贼，然后送女。”荐等复命。

公卿请发十万人击齐，柱国杨忠独以为得万骑足矣。戊子，遣忠将步骑一万，与突厥自北道伐齐。又遣大将军达奚武帅步骑三万自南道出平阳，期会于晋阳。

冬十二月，周杨忠拔齐二十余城。齐人守陉岭之隘，忠击破之。突厥木杆、地头、步离三可汗以十万骑会之。己丑，自恒州三道俱入。时大雪数旬，南北千余里，平地数尺。齐主自邺倍道赴之，戊午，至晋阳。斛律光将步骑三万屯平阳。己未，周师及突厥逼晋阳，齐主畏其强，戎服帅宫人欲东走避之。赵郡王叡、河间王孝琬叩马谏。孝琬请委叡部分，必得严整。帝从之，命六军进止皆取叡节度，而使并州刺史段韶总之。

五年春正月庚申，齐主登北城，军容甚整。突厥咎周人曰：“尔言齐乱，故来伐之。今齐人眼中亦有铁，何可当邪！”

周人以步卒为前锋，从西山下，去城二里许。诸将咸欲逆击之，段韶曰：“步卒力势，自当有限。今积雪既厚，逆战非便。不如陈以待之，彼劳我逸，破之必矣。”既至，齐悉其锐兵鼓噪而出。突厥震骇，引上西山，不肯战，周师大败而还。突厥引兵出塞，纵兵大掠，自晋阳以往七百余里，人畜无遗。段韶追之，不敢逼。突厥还至陉岭，冻滑，乃铺毡以度，胡马寒瘦，膝已下皆无毛，比至长城，马死且尽，截槊杖之以归。

达奚武至平阳，未知忠退。斛律光与书曰：“鸿鹄已翔于寥廓，罗者犹视于沮泽。”武得书，亦还。光逐之入周境，获二千余口而还。

光见帝于晋阳，帝以新遭大寇，抱光头而哭。任城王湝进曰：“何至于此？”乃止。

初，齐显祖之世，周人常惧齐兵西渡，每至冬月，守河椎冰。及世祖即位，嬖幸用事，朝政渐紊，齐人椎冰以备周兵之逼。斛律光忧之曰："国家常有吞关、陇之志，今日至此，而唯玩声色乎！"

初，周太祖之从贺拔岳在关中也，遣人迎晋公护于晋阳。护母阎氏及周主之姑皆留晋阳，齐人以配中山宫。及护用事，遣间使入齐求之，莫知音息。齐遣使者至玉壁，求通互市。护欲访求母、姑，使司马下大夫尹公正至玉壁，与之言，使者甚悦。勋州刺史韦孝宽获关东人，复纵之，因致书，为言西朝欲通好之意。是时，周人以前攻晋阳不得志，谋与突厥再伐齐。齐主闻之，大惧，许遣护母西归，且求通好，先遣其姑归。

秋八月，周遣柱国杨忠将兵会突厥伐齐，至北河而还。九月，突厥寇齐幽州，众十余万，入长城，大掠而还。

周皇姑之归也，齐主遣人为晋公护母作书，言护幼时数事，又寄其所着锦袍，以为信验。且曰："吾属千载之运，逢大齐之德，矜老开恩，许得相见。禽兽草木，母子相依，吾有何罪，与汝分离。今复何福，还望见汝。言此悲喜，死而更苏。世间所有，求皆可得，母子异国，何处可求？假汝贵极王公，富过山海，有一老母，八十之年，飘然千里，死亡旦夕，不得一朝暂见，不得一日同处，寒不得汝衣，饥不得汝食，汝虽穷荣极盛，光耀世间，于吾何益？吾今日之前，汝既不得申其供养，事往何论。今日以后，吾之残命，唯系于汝尔。戴天履地，中有鬼神，勿云冥昧，而可欺负。"

护得书，悲不自胜，复书曰："区宇分崩，遭遇灾祸，违离膝下，三十五年。受形禀气，皆知母子，谁同萨保，如此不孝。子为公侯，母为俘隶，暑不见母暑，寒不见母寒，衣不知有无，食不知饥饱，泯如天地之外，无由暂闻。分怀冤酷，终此一生，死若有知，冀奉见于泉下耳。不谓齐朝解网，惠以德音，磨敦、四姑，并许矜放。初闻此旨，魂爽飞越，号天叩地，不能自胜。齐朝霈然之恩，既已沾洽，有家有国，信义为本，伏度来期，已应有日。一得奉见慈颜，永毕生愿。生死肉骨，岂过今恩，负山戴岳，未足胜荷。”

齐人留护母，使更与护书，邀护重报，往返再三。时段韶拒突厥军于塞下，齐主遣黄门徐世荣乘传赍周书问韶。韶以：“周人反覆，本无信义，比晋阳之役，其事可知。护外托为相，其实主也。既为母请和，不遣一介之使。若据移书，即送其母，恐示之以弱。不如且外许之，待和亲坚定，然后遣之未晚。”齐主不听，即遣之。阎氏至周，举朝称庆，周主为之大赦。

突厥自幽州还，留屯塞北，更集诸部兵，遣使告周，欲与共击齐如前约。闰月乙巳，突厥寇齐幽州。晋公护新得其母，未欲伐齐。又恐负突厥约，更生边患，不得已，征二十四军及左右厢散隶秦、陇、巴、蜀之兵并羌胡内附者凡二十万人。冬十月甲子，周主授护斧钺于庙廷。丁卯，亲劳军于沙苑。癸酉，还宫。护军至潼关，遣柱国尉迟迥帅精兵十万为前锋，趣洛阳，大将军权景宣帅山南之兵趣悬瓠，少师杨檦出轵关。十一月，周晋公护进屯弘农。甲午，尉迟迥围洛阳，雍州牧齐公宪、同州刺史达奚武、泾州总管王雄军于邙山。

初，周杨檦为邵州刺史，镇捍东境二十余年，数与齐战，未尝不捷，由是轻之。既出轵关，独引兵深入，又不设备。甲辰，齐太尉娄叡将兵奄至，大破檦军，檦遂降齐。权景宣围悬瓠，十二月，齐豫州道行台豫州刺史太原王士良、永州刺史萧世怡并以城降之。景宣使开府郭彦守豫州，谢彻守永州，送士良、世怡及降卒千人于长安。

周人为土山地道以攻洛阳，三旬不克。晋公护命诸将堑断河阳路，遏齐救兵，然后同攻洛阳。诸将以为齐兵必不敢出，唯张斥候而已。齐遣兰陵王长恭、大将军斛律光救洛阳，畏周兵之强，未敢进。齐主召并州刺史段韶谓曰："洛阳危急，今欲遣王救之。突厥在北，复须镇御，如何？"对曰："北虏侵边，事等疥癣，今西邻窥逼，乃腹心之病，请奉诏南行。"齐主曰："朕意亦尔。"乃令韶督精骑一千发晋阳。丁巳，齐主亦自晋阳赴洛阳。

段韶自晋阳行，五日济河，会连日阴雾，壬戌，韶至洛阳，帅帐下三百骑与诸将登邙阪，观周军形势。至大和谷，与周军遇，韶即驰告诸营，追集骑士，结阵以待之。韶为左军，兰陵王长恭为中军，斛律光为右军。周人不意其至，皆恟惧。韶遥谓周人曰："汝宇文护才得其母，遽来为寇，何也？"周人曰："天遣我来，有何可问。"韶曰："天道赏善罚恶，当遣汝送死来耳。"周人以步兵在前，上山逆战。韶且战且却以诱之。待其力弊，然后下马击之。周师大败，一时瓦解，投坠溪谷死者甚众。

兰陵王长恭以五百骑突入周军，遂至金墉城下。城上人弗识，长恭免胄示之面，乃下弩手救之。周师在城下者亦解围遁去，委弃营幕，自邙山至谷水三十里中，军资、器械，弥满川泽。唯齐公宪、达奚武及庸忠公王雄在后，勒兵拒战。

王雄驰马冲斛律光陈，光退走，雄追之。光左右皆散，惟余一奴一矢。雄按槊不及光者丈余，谓光曰："吾惜尔不杀，当生将尔见天子。"光射雄中额，雄抱马走，至营而卒。军中益惧。

齐公宪拊循督励，众心小安。至夜，收军。宪欲待明更战，达奚武曰："洛阳军散，人情震骇，若不因夜速还，明日欲归不得。武在军久，备见形势，公少年未经事，岂可以数营士卒委之虎口乎！"乃还。权景宣亦弃豫州走。

丁卯，齐主至洛阳。己巳，以段韶为太宰，斛律光为太尉，兰陵王长恭为尚书令。壬申，齐主如虎牢，遂自滑台如黎阳，丙子，至邺。

杨忠引兵出沃野，应接突厥，军粮不给，诸军忧之，计无所出。忠乃招诱稽胡酋长咸在坐，诈使河州刺史王杰勒兵鸣鼓而至，曰："大冢宰已平洛阳，欲与突厥共讨稽胡之不服者。"坐者皆惧，忠慰谕而遣之。于是诸胡相帅馈输，军粮填积。属周师罢归，忠亦还。

晋公护本无将略，是行也又非本心，故无功，与诸将稽首谢罪。周主慰劳罢之。

六年五月，突厥遣使至齐，始与齐通。

宣帝太建元年秋八月庚辰，盗杀周孔城防主，以其地入齐。九月辛卯，周遣齐公宪与柱国李穆将兵趣宜阳，筑崇德等五城。冬十二月，周齐公宪等围齐宜阳，绝其粮道。

二年春正月，齐太傅斛律光将步骑三万救宜阳，屡破周军，筑统关、丰化二城以通宜阳粮道而还。周军追之，光纵击，又破之，获其开府仪同三司宇文英、梁景兴。二月己巳，齐以斛律光为右丞相、并州刺史，又以任城王湝为太师，贺拔仁录尚书事。

周、齐争宜阳，久不决。勋州刺史韦孝宽谓其下曰："宜阳一城之地，不足损益，两国争之，劳师弥年。彼岂无智谋之士，若弃崤东来图汾北，我必失地。今宜速于华谷及长秋筑城以杜其意，脱其先我,图之实难。”乃画地形,且陈其状。晋公护谓使者曰:“韦公子孙虽多,数不满百,汾北筑城,遣谁守之?”事遂不行。齐斛律光果出晋州道,于汾北筑华谷、龙门二城。光至汾东,与孝宽相见,光曰:“宜阳小城,久劳争战。今既舍彼,欲于汾北取偿,幸勿怪也。”孝宽曰:“宜阳彼之要冲,汾北我之所弃,我弃彼取,其偿安在?君辅翼幼主,位望隆重,不抚循百姓,而极武穷兵,苟贪寻常之地,涂炭疲弊之民,窃为君不取也。”光进围定阳,筑南汾城以逼之。周人释宜阳之围以救汾北。晋公护问计于齐公宪,宪曰:“兄宜暂出同州以为声势,宪请以精兵居前,随机攻取。”护从之。

三年春正月,齐斛律光筑十三城于西境,马上以鞭指画而成,拓地五百里,而未尝伐功。又与周韦孝宽战于汾北,破之。齐公宪督诸将东拒齐师。三月,周齐公宪自龙门渡河,斛律光退保华容,宪攻拔其新筑五城。齐太宰段韶、兰陵王长恭将兵御周师,攻柏谷城,拔之而还。

夏四月,周陈公纯等取齐宜阳等九城,齐斛律光将步骑五万赴之。

五月,周晋公护使中外府参军郭荣城于姚襄城南、定阳城西,齐段韶引兵袭周师,破之。六月,韶围定阳城,周汾州刺史杨敷固守不下。韶急攻之,屠其外城。时韶卧病,谓兰陵王长恭曰:“此城三面重涧,皆无走路,唯虑东南一道耳,贼必从此出,宜简精兵专守之,此必成擒。”长恭乃令壮士千余人伏于东南涧口。城中粮尽,齐公宪总兵救之,惮韶,不敢进。敷帅见兵突围夜走,伏兵击擒之,尽俘其众。乙巳,齐取周汾州及姚襄城,唯郭荣所筑城独存。敷,愔之族子也。

齐斛律光与周师战于宜阳城下，取周建安等四戍，捕虏千余人而还。军未至邺，齐主敕使散兵，光以军士多有功者，未得慰劳，乃密通表，请遣使宣旨，军仍且进，齐朝发使迟留。军还，将至紫陌，光乃驻营待使。帝闻光军已逼，心甚恶之，亟令舍人召光入见，然后宣劳散兵。

吐谷浑盛衰

晋元帝建武元年。河南王吐谷浑卒。吐谷浑者，慕容廆之庶兄也，父涉归，分户一千七百以隶之。及廆嗣位，二部马斗，廆遣使让吐谷浑曰："先公分建有别，奈何不相远异，而令马有斗伤。"吐谷浑怒曰："马是六畜，斗乃其常，何至怒及于人？欲远别甚易，恐后会为难耳。今当去汝万里之外。"遂帅其众西徙。廆悔之，遣其长史乙那娄冯追谢之。吐谷浑曰："先公尝称卜筮之言，云'吾二子皆当强盛，祚流后世'。我孽子也，理无并大。今因马而别，殆天意乎！"遂不复还，西傅阴山而居。属永嘉之乱，因度陇而西，据洮水之西，极于白兰，地方数千里。鲜卑谓兄为阿干，廆追思之，为之作阿干之歌。吐谷浑有子六十人，长子吐延嗣。吐延长大有勇力，羌胡皆畏之。

成帝咸和四年。河南王吐延，雄勇多猜忌，羌酋姜聪刺之。吐延不抽剑，召其将纥拕埿，使辅其子叶延，保于白兰，抽剑而死。叶延孝而好学，以为"礼，公孙之子得以王父字为氏"，乃自号其国曰吐谷浑。

穆帝永和七年。吐谷浑叶延卒，子辟奚立。

简文帝咸安元年。吐谷浑王辟奚闻杨纂败，五月，遣使献马千匹、金银五百斤于秦。秦以辟奚为安远将军、漒川侯。辟奚，叶延之子也，好学，仁厚而无威断，三弟专恣，国人患之。长史钟恶地，西漒羌豪也，谓司马乞宿云曰："三弟纵横，势出王右，几亡国矣。吾二人位为元辅，岂得坐而视之？诘朝月望，文武并会，吾将讨焉。王之左右皆吾羌子，转目一顾，必可擒也。"宿云请先白王，恶地曰："王仁而无断，白之必不从，万一事泄，吾属无类矣。事已出口，何可中变！"遂于坐收三弟杀之。辟奚惊怖，自投床下，恶地、宿云趋而扶之，曰："臣昨梦先王(刺)〔敕〕臣，云'三弟将为逆，不可不讨'，故诛之耳。"辟奚由是发病恍惚，命世子视连曰："吾祸及同生，何以见之于地下！国事大小，任汝治之，吾余年残命，寄食而已。"遂以忧卒。

视连立，不饮酒、游畋者七年，军国之事，委之将佐。钟恶地谏，以为人主当自娱乐，建威布德。视连泣曰："孤自先世以来，以仁孝忠恕相承。先王念友爱之不终，悲愤而亡。孤虽纂业，尸存而已，声色游娱，岂所安也。威德之建，当付之将来耳。"

孝武帝太元十五年。吐谷浑视连遣使献见于金城王乾归，乾归拜视连沙州牧、白兰王。

秋九月，吐谷浑视连卒，子视罴立。视罴以其父祖慈仁，为四邻所侵侮，乃督厉将士，欲建功业。冬十月，金城王乾归遣使拜视罴沙州牧、白兰王，视罴不受。

安帝隆安二年九月，西秦王乾归遣秦州牧益州、武卫将军慕兀、冠军将军翟瑥帅骑二万伐吐谷浑。〔冬十月〕，西秦乞伏益州与吐谷浑王视罴战于度周川，视罴大败，走保白兰山，遣子宕岂为质于西秦以请和，西秦王乾归以宗女妻之。

四年夏四月，吐谷浑视罴卒，世子树洛干方九岁，弟乌纥堤立，妻树洛干之母念氏，生慕璝、慕延。乌纥堤懦弱荒淫，不能治国，念氏专制国事，有胆智，国人畏服之。

义熙元年春正月，乞伏乾归击吐谷浑大孩，大破之，俘万余口而还。大孩走死胡园。视罴世子树洛干帅其余众数千家奔莫何川，自称车骑大将军、大单于、吐谷浑王。树洛干轻徭薄赋，信赏必罚，吐谷浑复兴，沙、漒诸戎皆附之。

八年春二月，河南王乾归击吐谷浑阿若干于赤水，降之。

九年夏四月，河南王炽盘遣安北将军乌地延、冠军将军翟绍击吐谷浑别统句旁于泾勒川，大破之。秋七月，河南王炽盘击吐谷浑支旁于长柳川，虏旁及其民五千余户而还。九月，河南王炽磐击吐谷浑别统掘逵于渴浑川，大破之，虏男女二万三千。冬十月，掘逵帅其余众降于炽磐。

十三年春二月，西秦安东将军木弈干击吐谷浑树洛干，破其弟阿柴于尧杆川，俘五千余口而还。树洛干走保白兰山，惭愤发疾，将卒，谓阿柴曰："吾子拾虔幼弱，今以大事付汝。"树洛干卒，阿柴立，自称骠骑将军、沙州刺史。谥树洛干曰武王。阿柴稍用兵侵并其旁小种，地方数千里，遂为强国。

宋武帝永初二年夏四月，吐谷浑王阿柴遣使降秦，秦王炽盘以阿柴为征西大将军、开府仪同三司、安州牧、白兰王。

营阳王景平元年〔春二月〕，吐谷浑王阿柴遣使入贡。〔庚辰〕，诏以阿柴为督塞表诸军事、安西将军、沙州刺史、浇河公。

文帝元嘉元年冬十月，吐谷浑威王阿柴卒。阿柴有子二十人。疾病，召诸子弟谓之曰："先公车骑，以大业之故，舍其子拾虔而授孤，孤敢私于纬代而忘先君之志乎！我死，汝曹当奉慕璝为主。"纬代者，阿柴之长子。慕璝者，阿柴之母弟，叔父乌纥堤之子也。

阿柴又命诸子各献一箭，取一箭授其弟慕利延，使折之。慕利延折之。又取十九箭使折之，慕利延不能折。阿柴乃谕之曰："汝曹知之乎？孤则易折，众则难摧。汝曹当戮力一心，然后可以保国宁家。"言终而卒。慕璝亦有才略，抚纳秦、凉失业之民及氐、羌杂种至五六百落，部众转盛。

三年秋九月，吐谷浑掘逵等帅部众二万余落叛秦，奔昴川，附于吐谷浑王慕璝。

六年冬十二月，吐谷浑王慕璝遣使入贡。

七年春正月癸巳，以吐谷浑王慕璝为征西将军、沙州刺史、陇西公。夏(四)〔六〕月，吐谷浑王慕璝将其众万八千袭秦定连，秦辅国大将军段晖等击走之。

八年秋八月，吐谷浑王慕璝遣侍郎谢太宁奉表于魏，请送赫连定。己丑，魏以慕璝为大将军、西秦王。

九年春三月壬申，吐谷浑王慕璝送赫连定于魏，魏人杀之。慕瑰上表曰："臣俘擒僭逆，献捷王府，爵秩虽崇而土不增廓，车旗既饰而财不周赏；愿垂鉴察。"魏主下其议。公卿以为："慕瑰所致，唯定而已，塞外之民，皆为己有，而贪求无厌，不可许也。"魏主乃诏曰："西秦王所得金城、枹罕、陇西之地，朕即与之，乃是裂土，何须复廓。西秦款至，绵绢随使疏数，临时增益，非一赐而止也。"自是慕璝贡使至魏者稍简。〔夏六月〕，吐谷浑王慕瑰遣其司马赵叙入贡，且来告捷。乙未，以吐谷浑王慕瑰为都督西秦河沙三州诸军事、征西大将军、西秦河二州刺史，进爵陇西王，且命慕璝悉归南方将士先没于夏者，得百五十余人。

十三年冬十二月，吐谷浑惠王慕璝卒，弟慕利延立。

十四年秋九月丁酉，魏主遣使者拜吐谷浑王慕利延为镇西大将军、仪同三司，改封西平王。

十五年春二月丁未，以吐谷浑王慕利延为都督西秦河沙三州诸军事、镇西大将军、西秦河二州刺史、陇西王。

十六年夏六月己酉，改封陇西王吐谷浑慕利延为河南王。冬十二月，吐谷浑王慕利延闻魏克凉州，大惧，帅众西遁，逾沙漠。魏主以其兄慕璝有擒赫连定之功，遣使抚谕之，慕利延乃还故地。

二十一年夏六月，吐谷浑王慕利延兄子纬世与魏使者谋降魏，慕利延杀之。是月，纬世弟叱力延等八人奔魏，魏以叱力延为归义王。

秋八月，吐谷浑叱力延等请师于魏以讨吐谷浑王慕利延，魏主使晋王伏罗督诸军击之。

魏晋王伏罗至乐都，引兵从间道袭吐谷浑，至大母桥。吐谷浑王慕利延大惊，逃奔白兰，慕利延兄子拾寅奔河西，魏军斩首五千余级。慕利延从弟伏念等帅万三千部落降于魏。

二十二年夏四月庚戌，魏主遣征西大将军高凉王那等击吐谷浑王慕利延于白兰，秦州刺史代人封敕文、安远将军乙乌头击慕利延兄子什归于枹罕。〔秋七月〕，吐谷浑什归闻魏军将至，弃城夜遁。八月丁亥，封敕文入枹罕，分徙其民千家还上邽，留乙乌头守枹罕。万度归至敦煌，留辎重，以轻骑五千度流沙，袭鄯善。壬辰，鄯善王真达面缚出降。度归留军屯守，与真达诣平城。西域复通。壬寅，魏高凉王那军至宁头城，吐谷浑王慕利延拥其部落西度流沙。吐谷浑慕璝之子被囊逆战，那击破之。被囊遁走，中山公杜丰帅精骑追之，度三危，至雪山，生擒被囊及吐谷浑什归、乞伏炽磐之子成龙，皆送平城。慕利延遂西入于阗，杀其王，据其地，死者数万人。

二十三年。吐谷浑复还旧土。

二十七年〔夏六月〕，吐谷浑王慕利延为魏所逼，上表求入保越巂。上许之，慕利延竟不至。

二十九年秋九月，吐谷浑王慕利延卒，树洛干之子拾寅立，始居伏罗川，遣使来请命，〔亦请命〕于魏。丁亥，以拾寅为安西将军、西秦河沙三州刺史、河南王。魏以拾寅为镇西大将军、沙州刺史、西平王。

〔孝〕武帝大明四年。吐谷浑王拾寅两受宋、魏爵命，居止出入，拟于王者，魏人忿之。定阳侯曹安表："拾寅今保白兰，若分军出其左右，必走保南山，不过十日，人畜乏食，可一举而定。"六月甲午，魏遣征西大将军阳平王新成等督统万、高平诸军出南道，南郡公中山李惠等督凉州诸军出北道，以击吐谷浑。秋七月，魏军至西平，吐谷浑王拾寅走保南山。九月，魏军济河追之，会疾疫，引还，获杂畜二十余万。

明帝泰始六年春二月，魏主遣征西大将军上党王长孙观击吐谷浑。夏四月戊申，魏长孙观与吐谷浑王拾寅战于曼头山，拾寅败走。遣别驾康盘龙入贡，魏主囚之。

苍梧王元徽元年。吐谷浑王拾寅寇魏浇河。夏四月戊申，魏以司空长孙观为大都督，发兵讨之。秋八月庚申，魏长孙观入吐谷浑境，刍其秋稼。吐谷浑王拾寅窘急请降，遣子斤入侍。自是岁修职贡。

齐高帝建元三年。吐谷浑王拾寅卒，世子度易侯立。冬十月戊子朔，以度易侯为西秦河二州刺史、河南王。

武帝永明八年秋八月，河南王度易侯卒，乙酉，以其世子伏连筹为秦河二州刺史，遣振武将军丘冠先拜授，且吊之。伏连筹逼冠先使拜，冠先不从，伏连筹推冠先坠崖而死。上厚赐其子雄，敕以丧委绝域，不可复寻，仕进无嫌。

九年。初，魏主召吐谷浑王伏连筹入朝，伏连筹辞疾不至，辄修洮阳、泥和二城，置戍兵焉。二月乙亥，魏枹罕镇将长孙百年请击二戍，魏主许之。五月，魏长孙百年攻洮阳、泥和二戍，克之，俘三千余人。

十年。魏文明太后之丧，使人告于吐谷浑。吐谷浑王伏连筹拜命不恭，群臣请讨之，魏主不许。又请还其贡物。帝曰："贡物乃人臣之礼。今而不受，是弃绝之，彼虽欲自新，其路无由矣。"因命归洮阳、泥和之俘。秋七月庚申，吐谷浑遣其世子贺虏头入朝于魏。诏以伏连筹为都督西垂诸军事、西海公、吐谷浑王，遣兼员外散骑常侍张礼使于吐谷浑。伏连筹谓礼曰："曩者宕昌常自称名而见谓为大王，今忽称仆，又拘执使人，欲使偏师往问，何如？"礼曰："君与宕昌皆为魏藩，比辄兴兵攻之，殊违臣节。离京师之日，宰辅有言，以为君能自知其过，则藩业可保，若其不悛，祸难将至矣。"伏连筹默然。

东昏侯永元二年。吐谷浑王伏连筹事魏尽礼，而居其国置百官，皆如天子之制，称制于其邻国。魏主遣使责而宥之。

梁武帝天监三年秋九月，以吐谷浑王伏连筹为西秦河二州刺史、河南王。

大同六年冬十一月，吐谷浑自莫折念生之乱，不通于魏。伏连筹〔卒〕，子夸吕立，始称可汗，居伏俟城。其地东西三千里，南北千余里。官有王、〔公〕、仆射、尚书、郎中、将军之号。是岁，始遣使假道柔然，聘于东魏。

元帝承圣二年夏四月，吐谷浑可汗夸吕，虽通使于魏，而寇抄不息。宇文泰将骑三万，逾陇至姑臧讨之。夸吕惧，请服。既而复通使于齐。凉州刺史史宁觇知其还，袭之于赤泉，获其仆射乞伏触状。

敬帝太平元年秋九月，突厥木杆可汗假道于凉州以袭吐谷浑，魏太师泰使凉州刺史史宁帅骑随之，至番禾，吐谷浑觉之，奔南山。木杆将分兵追之，宁曰："树敦、贺真二城，吐谷浑之巢穴也，拔其本根，余众自散。"木杆从之。木杆从北道趣贺真，宁从南道趣树敦。吐谷浑可汗夸吕在贺真，使其征南王将数千人守树敦。木杆破贺真，获夸吕妻子，宁破树敦，虏征南王，还，与木杆会于青海，木杆叹宁勇决，赠遗甚厚。

陈武帝永定元年春正月，吐谷浑为寇于周，攻凉、鄯、河三州。秦州都督遣渭州刺史于翼赴援，翼不从。僚属咸以为言，翼曰："攻取之术，非夷俗所长。此寇之来，不过钞掠边牧耳，掠而无获，势将自走。劳师以往，必无所及。翼揣之已了，幸勿复言。"数日，问至，果如翼所策。

文帝天康元年夏五月，吐谷浑龙涸王莫昌帅部落附于周，以其地为扶州。

宣帝太建八年春二月辛酉，周主命太子巡抚西土，因伐吐谷浑。秋八月，周太子伐吐谷浑，至伏俟城而还。

十三年秋八月，吐谷浑寇凉州，隋主遣行军元帅乐安公元谐等步骑数万击之。谐击破吐谷浑于丰利山，又败其太子可博汗于青海，俘斩万计。吐谷浑震骇，其王侯三十人，各帅所部来降。吐谷浑可汗夸吕帅亲兵远遁。隋主以其高宁王移兹裒为河南王，使统降众；以元谐为宁州刺史，留行军总管贺娄子干镇凉州。

长城公至德元年夏四月庚午，吐谷浑寇隋临洮。洮州刺史皮子信出战，败死。汶州总管梁远击走之。又寇廓州，州兵击走之。

夏六月庚辰，隋行军总管梁远破吐谷浑于尔汗山。

二年夏四月，隋上大将军贺娄子干发五州兵击吐谷浑，杀男女万余口，二旬而还。帝以陇西频被寇掠，而俗不设村坞，命子干勒民为堡，仍营田积谷。子干上书曰："陇西、河右，土旷民稀，边境未宁，不可广佃。比见屯田之所，获少费多，虚役人功，卒逢践暴，屯田疏远者请皆废省。但陇右之民，以畜牧为事，若更屯聚，弥不自安。但使镇戍连接，烽堠相望，民虽散居，必谓无虑。"帝从之。以子干晓习边事，丁巳，以为榆关总管。

四年。吐谷浑可汗夸吕在位百年，屡因喜怒废杀太子。后太子惧，谋执夸吕而降，请兵于隋边吏。秦州总管河间王弘请以兵应之，隋主不许。太子谋泄，为夸吕所杀，复立其少子嵬王诃为太子。叠州刺史杜粲请因其衅而讨之，隋主又不许。是岁，嵬王诃复惧诛，谋帅部落万五千户降隋，遣使诣阙，请兵迎之。隋主曰："浑贼风俗，特异人伦，父既不慈，子复不孝。朕以德训人，何有成其恶逆乎！"乃谓使者曰："父有过失，子当谏争，岂可潜谋非法，受不孝之名。溥天之下，皆朕臣妾，各为善事，即称朕心。嵬王既欲归朕，唯教嵬王为臣子之法，不可远遣兵马，助为恶事。"嵬王诃乃止。

祯明二年。吐谷浑禆王拓跋木弥请以千余家降隋。隋主曰："溥天之下，皆是朕臣，朕之抚育，俱存仁孝。浑贼惛狂，妻子怀怖，并思归化，自救危亡。然叛夫背父，不可收纳。又其本意，正自避死，今若违拒，又复不仁。若更有音信，但宜慰抚，任其自拔，不须出兵应接。其妹夫及甥欲来，亦任其意，不劳劝诱也。”

隋文帝开皇十一年春二月戊午，吐谷浑遣使入贡。吐谷浑可汗夸吕闻陈亡，大惧，遁逃保险，不敢为寇。夸吕卒，子世伏立，使其兄子无素奉表称藩，并献方物，请以女备后庭。上谓无素曰："若依来请，他国闻之，必当相效，何以拒之。朕情存安养，各令遂性，岂可聚敛子女以实后宫乎！"竟不许。

十六年冬十一月，帝以光化公主妻吐谷浑可汗世伏。世伏上表，请称公主为天后，上不许。

十七年。吐谷浑大乱，国人杀世伏，立其弟伏允为主，遣使陈废立之事，并谢专命之罪，且请依俗尚主。上从之，自是朝贡岁至。

炀帝大业四年秋七月，裴矩说铁勒，使击吐谷浑，大破之。吐谷浑可汗伏允东走，入西平境内，遣使请降求救。帝遣安德王雄出浇河，许公宇文述出西平迎之。述至临羌城，吐谷浑畏述兵盛，不敢降，帅众西遁。述引兵追之，拔曼头、赤水二城，斩三千余级，获其王公以下二百人，虏男女四千口而还。伏允南奔雪山，其故地皆空，东西四千里，南北二千里，皆为隋有，置郡、县、镇、戍，天下轻罪徙居之。

五年夏四月癸亥，上出临津关，渡黄河，至西平，陈兵讲武，将击吐谷浑。五月，吐谷浑可汗伏允帅众保覆袁川，帝分命内史元寿南屯金山，兵部尚书段文振北屯雪山，太仆卿杨义臣东屯琵琶峡，将军张寿西屯泥岭，四面围之。伏允以数十骑遁出，遣其名王诈称伏允，保车我真山。壬辰，诏右屯卫大将军张定和往捕之。定和轻其众少，不被甲，挺身登山，吐谷浑伏兵射杀之。其亚将柳武建击吐谷浑，破之。甲午，吐谷浑仙头王穷蹙，帅男女十余万口来降。六月丁酉，遣左光禄大夫梁默等追讨伏允，兵败，为伏允所杀。卫尉卿彭城刘权出伊吾道击吐谷浑，至青海，虏获千余口，乘胜追奔，至伏俟城。

初，吐谷浑伏允使其子顺来朝，帝留顺不遣。伏允败走，无以自资，帅数千骑客于党项。帝立顺为可汗，送至玉门，令统其余众，以其大宝王尼洛周为辅。至西平，其部下杀洛周，顺不果入而还。

通鉴纪事本末卷第二十五

周灭齐

陈文帝天嘉三年。齐主之为长广王也，清都和士开以善握槊、弹琵琶有宠，辟为开府行参军，及即位，累迁给事黄门侍郎。

四年。齐侍中、开府仪同三司和士开有宠于齐主，齐主外朝视事，或在内宴赏，须臾之间，不得不与士开相见，或累日不归，一日数入，或放还之后，俄顷即追，未至之间，连骑督趣。奸谄百端，宠爱日隆，前后赏赐，不可胜纪。每侍左右，言辞容止，极诸鄙亵，以夜继昼，无复君臣之礼。常谓帝曰："自古帝王，尽为灰土，尧舜、桀纣，竟复何异？陛下宜及少壮，极意为乐，纵横行之，一日取快，可敌千年。国事尽付大臣，何虑不办，无为自勤约也。"帝大悦。于是委赵彦深掌官爵，元文遥掌财用，唐邕掌外、骑兵，信都冯子琮、胡长粲掌东宫。帝三四日一视朝，书数字而已，略无所言，须臾罢入。长粲，僧敬之子也。

帝使士开与胡后握槊，河南康献王孝瑜谏曰："皇后天下之母，岂可与臣下接手。"孝瑜又言："赵郡王叡，其父死于非命，不可亲近。"由是叡及士开共谮之。士开言"孝瑜奢僭"，叡言"山东唯闻河南王，不闻有陛下”。帝由是忌之。孝瑜窃与尔朱御女言，帝闻之，大怒。夏六月庚申，顿饮孝瑜酒三十七杯。孝瑜体肥大，腰带十围，帝使左右娄子彦载以出，酖之于车，至西华门，烦躁投水而绝。赠太尉、录尚书事。诸侯在宫中者，莫敢举声，唯河间王孝琬大哭而出。

六年。齐著作郎祖珽有文学，多技艺，而疏率无行。尝为高祖中外府功曹，因宴失金叵罗，于珽髻上得之。又坐诈盗官粟三千石，鞭二百，配甲坊。显祖时，珽为秘书丞，盗华林遍略，及有他赃，当绞，除名为民。显祖虽憎其数犯法，而爱其才伎，令直中书省。世祖为长广王，珽为胡桃油献之，因言“殿下有非常骨法，孝徵梦殿下乘龙上天”。王曰：“若然，当使兄大富贵。”及即位，擢拜中书侍郎，迁散骑常侍。与和士开共为奸谄。

珽私说士开曰：“君之宠幸，振古无比，宫车一日晚驾，欲何以克终？”士开因从问计，珽曰：“宜说主上，云文襄、文宣、孝昭之子俱不得立，今宜令皇太子早践大位，以定君臣之分。若事成，中宫、少主必皆德君，此万全计也。请君微说主上令粗解，珽当自外上表论之。”士开许诺。会有彗星见，太史奏云：“彗，除旧布新之象，当有易主。”珽于是上书言：“陛下虽为天子，未为极贵，宜传位东宫，且以上应天道。”并上魏显祖禅子故事。齐主从之，丙子，使太宰段韶持节奉皇帝玺绶，传位于太子纬。太子即皇帝位于晋阳宫，大赦，改元天统。又诏以太子妃斛律氏为皇后。于是群公上世祖尊号为太上皇帝，军国大事咸以闻。使黄门侍郎冯子琮、尚书左丞胡长粲辅导少主，出入禁中，专典敷奏。子琮，胡后之妹夫也。祖珽拜秘书监，加仪同三司，大被亲宠，见重二宫。

齐世祖之为长广王也，数为显祖所捶，心常衔之。显祖每见祖珽，常呼为贼，故珽亦怨之。且欲求媚于世祖，乃说世祖曰："文宣狂暴，何得称'文'？既非创业，何得称'祖'？若文宣为祖，陛下万岁后当何所称？"帝从之。己丑，改谥太祖献武皇帝为神武皇帝，庙号高祖，献明皇后为武明皇后。令有司更议文宣谥号。十二月庚午，齐改谥文宣皇帝为景烈皇帝，庙号威宗。

天康元年冬十二月，齐河间王孝琬怨执政，为草人而射之。和士开、祖珽谮之于上皇曰："草人以拟圣躬也。又前突厥至并州，孝琬脱兜鍪抵地，云：'我岂老妪，须着此物！'此言属大家也。又魏世谣言'河南种谷河北生，白杨树端金鸡鸣'。河南、北者，河间也。孝琬将建金鸡大赦耳。"上皇颇惑之。会孝琬得佛牙，置第内，夜有光。上皇闻之，使搜之，得填库槊幡数百。上皇以为反具，收讯。诸姬有陈氏者，无宠，诬孝琬，云"孝琬常画陛下像而哭之"，其实世宗像也。上皇怒，使武卫赫连辅玄倒鞭挞之。孝琬呼叔。上皇曰："何敢呼我为叔！"孝琬曰："臣神武皇帝嫡孙，又襄皇帝嫡子，魏孝静皇帝之甥，何为不得呼叔？"上皇愈怒，折其两胫而死。安德王延宗哭之，泪赤。又为草人鞭而讯之，曰："何故杀我兄？"奴告之，上皇覆延宗于地，马鞭鞭之二百，几死。

临海王光大元年。齐秘书监祖珽与黄门侍郎刘逖友善，珽欲求宰相，乃疏赵彦深、元文遥、和士开罪状，令逖奏之，逖不敢通。彦深等闻之，先诣上皇自陈。上皇大怒，执珽，诘之，珽因陈士开、文遥、彦深等朋党弄权、卖官、鬻狱事。上皇曰："尔乃诽谤我。"珽曰："臣不敢诽谤陛下取人女。"上皇曰："我以其饥馑，收养之耳。"珽曰："何不开仓振给，乃买入后宫乎？"上皇益怒，以刀环筑其口，鞭杖乱下，将扑杀之。珽呼曰："陛下勿杀臣，臣为陛下合金丹。"遂得少宽。珽曰："陛下有一范增不能用。"上皇又怒，曰："尔自比范增，以我为项羽邪？"珽曰："项羽布衣，帅乌合之众，五年而成霸业。陛下藉父兄之资，才得至此，臣以为项羽未易可轻。"上皇愈怒，令以土塞其口。珽且吐且言，乃鞭二百，配甲坊，寻徙光州，敕令牢掌。别驾张奉福曰："牢者，地牢也。"乃置地牢中，桎梏不离身，夜以芜菁子为烛，眼为所熏，由是失明。

二年。齐尚书左仆射徐之才善医，上皇有疾，之才疗之，既愈，中书监和士开欲得次迁，乃出之才为兖州刺史。夏五月癸卯，以尚书右仆射胡长仁为左仆射，和士开为右仆射。长仁，太上皇后之兄也。冬十月辛巳，齐以士开为左仆射，中书监唐邕为右仆射。

十一月，齐上皇疾作，驿追徐之才，未至。辛未，疾亟，以后事属和士开，握其手曰："勿负我也！"遂殂于士开之手。明日，之才至，复遣还州。士开秘丧，三日不发。黄门侍郎冯子琮问其故，士开曰："神武、文襄之丧，皆秘不发。今至尊年少，恐王公有贰心者，意欲尽追集于凉风堂，然后与公议之。"士开素忌太尉、录尚书事赵郡王叡及领军娄定远，子琮恐其矫遗诏出叡于外，夺定远禁兵，乃说之曰："大行先已传位于今上，群臣富贵者，皆至尊父子之恩，但令在内贵臣一无改易，王公必无异志。世异事殊，岂得与霸朝相比？且公不出宫门已数日，升遐之事，行路皆传，久而不举，恐有他变。"士开乃发丧。丙子，大赦。戊寅，尊太上皇后为皇太后。

侍中、尚书左仆射元文遥，以冯子琮胡太后之妹夫，恐其赞太后干预朝政，与赵郡王叡、和士开谋，出子琮为郑州刺史。

宣帝太建元年春二月，齐以司空徐显秀为太尉，并省尚书令娄定远为司空。初，侍中、尚书右仆射和士开为世祖所亲狎，出入卧内，无复期度，遂得幸于胡后。及世祖殂，齐主以士开受顾托，深委任之，威权益盛，与娄定远及录尚书事赵彦深、侍中尚书左仆射元文遥、开府仪同三司唐邕、领军綦连猛、高阿那肱、度支尚书胡长粲俱用事，时号“八贵”。太尉赵郡王叡、大司马冯翊王润、安德王延宗与娄定远、元文遥皆言于齐主，请出士开为外任。会胡太后觞朝贵于前殿，叡面陈士开罪失，云：“士开先帝弄臣，城狐社鼠，受纳货赂，秽乱宫掖。臣等义无杜口，冒死陈之。”太后曰：“先帝在时，王等何不言？今日欲欺孤寡邪？且饮酒，勿多言。”叡等词色愈厉。仪同三司安吐根曰：“臣本商胡，得在诸贵行末，既受厚恩，岂敢惜死。不出士开，朝野不定。”太后曰：“异日论之，王等且散。”叡等或投冠于地，或拂衣而起。明日，叡等复诣云龙门，令文遥入奏之，三返，太后不听。左丞相段韶使胡长粲传太后言曰：“梓宫在殡，事太匆匆，欲王等更思之。”叡等遂皆拜谢。长粲复命，太后曰：“成妹母子家者，兄之力也。”厚赐叡等，罢之。

太后及齐主召问士开，对曰：“先帝于群臣之中，待臣最厚。陛下谅暗始尔，大臣皆有觊觎，今若出臣，正是翦陛下羽翼。宜谓叡等，云‘文遥与臣，俱受先帝任用，岂可一去一留？并可用为州，且出纳如旧。待过山陵，然后遣之’。叡等谓臣真出，心必喜之。”帝及太后然之，告叡等如其言。乃以士开为兖州刺史，文遥为西兖州刺史。葬毕，叡等促士开就路。太后欲留士开过百日，叡不许。数日之内，太后数以为言。有中人知太后密旨者，谓叡曰："太后意既如此，殿下何宜苦违？"叡曰："吾受委不轻。今嗣主幼冲，岂可使邪臣在侧？不守之以死，何面戴天！"遂更见太后，苦言之。太后令酌酒赐叡，叡正色曰："今论国家大事，非为卮酒。"言讫，遽出。

士开载美女、珠帘诣娄定远，谢曰："诸贵欲杀士开，蒙王力，特全其命，用为方伯。今当奉别，谨上二女子，一珠帘。"定远喜，谓士开曰："欲还入不？"士开曰："在内久不自安，今得出，实遂本志，不愿更入。但乞王保护，长为大州刺史足矣。"定远信之。送至门，士开曰："今当远出，愿得一辞觐二宫。"定远许之。士开由是得见太后及帝，进说曰："先帝一旦登遐，臣愧不能自死。观朝贵意势，欲以陛下为乾明。臣出之后，必有大变，臣何面目见先帝于地下！"因恸哭。帝、太后皆泣。问："计安出？"士开曰："臣已得入，复何所虑，正须数行诏书耳。"于是诏出定远为青州刺史，责赵郡王叡以不臣之罪。

旦日，叡将复入谏，妻、子咸止之。叡曰："社稷事重，吾宁死事先皇，不忍见朝廷颠沛。"至殿门，又有人谓曰："殿下勿入，恐有变。"叡曰："吾上不负天，死亦无恨。"入见太后，太后复以为言，叡执之弥固。出至永巷，遇兵，执送华林园雀离佛院，令刘桃枝拉杀之。叡久典朝政，清正自守，朝野冤惜之。复以士开为侍中、尚书左仆射。定远归士开所遗，加以余珍赂之。

齐主年少，多嬖宠。武卫将军高阿那肱，素以谄佞为世祖及和士开所厚，世祖多令在东宫侍齐主，由是有宠，累迁并省尚书令，封淮阴王。

世祖简都督二十人使侍卫东宫，昌黎韩长鸾预焉。齐主独亲爱长鸾。长鸾名凤，以字行，累迁侍中、领军，总知内省机密。

宫婢陆令萱者，其夫汉阳骆超坐谋叛诛，令萱配掖庭，子提婆亦没为奴。齐主之在襁褓，令萱保养之。令萱巧黠，善取媚，有宠于胡太后，宫掖之中，独擅威福，封为郡君，和士开、高阿那肱皆为之养子。齐主以令萱为女侍中。令萱引提婆入侍齐主，朝夕戏狎，累迁至开府仪同三司、武卫大将军。宫人穆舍利者，斛律后之从婢也，有宠于齐主。令萱欲附之，乃为之养母，荐为弘德夫人，因令提婆冒姓穆氏。然和士开用事最久，诸幸臣皆依附之以固其宠。

齐主思祖珽，就流囚中除海州刺史。珽乃遗陆媪弟仪同三司悉达书曰："赵彦深心腹阴沉，欲行伊、霍事，仪同姊弟岂得平安！何不早用智士邪？"和士开亦以珽有胆略，欲引为谋主，乃弃旧怨，虚心待之，与陆媪言于帝曰："襄、宣、昭三帝之子，皆不得立。今至尊独在帝位者，祖孝徵之力也。人有功，不可不报。孝徵心行虽薄，奇略出人，缓急可使。且其人已盲，必无反心，请呼取，问以筹策。"齐主从之，召入，为秘书监，加开府仪同三司。士开谮尚书令陇东王胡长仁骄恣，出为齐州刺史。长仁怨愤，谋遣刺客杀士开。事觉，士开与珽谋之，珽引汉文帝诛薄昭故事，遂遣使就州赐死。

二年秋七月甲寅，齐以中领军和士开为尚书令，赐爵淮阳王。士开威权日盛，朝士不知廉耻者，或为之假子，与富商大贾同在伯仲之列。

三年春二月壬寅，齐以兰陵王长恭为太尉，赵彦深为司空，和士开录尚书事，徐之才为尚书令，唐邕为左仆射，吏部尚书冯子琮为右仆射，仍摄选。子琮素谄附士开，至是，自以太后亲属，且典选，颇擅引用人，不复启禀，由是与士开有隙。

夏四月壬午，齐以琅邪王俨为太保。琅邪王俨以和士开、穆提婆等专横奢纵，意甚不平。二人相谓曰："琅邪王眼光奕奕，数步射人，向者暂对，不觉汗出。吾辈见天子奏事尚不然。"由是忌之，乃出俨居北宫，五日一朝，不得无时见太后。

俨之除太保也，余官悉解，犹带中丞及京畿。士开等以北城有武库，欲移俨于外，然后夺其兵权。治书侍御史王子宜与俨所亲开府仪同三司高舍洛、中常侍刘辟强说俨曰："殿下被疏，正由士开间构，何可出北宫入民间也！"俨谓侍中冯子琮曰："士开罪重，儿欲杀之，何如？"子琮心欲废帝而立俨，因劝成之。

俨令子宜表弹士开罪，请禁推。子琮杂他文书奏之，齐主不审省而可之。俨诳领军库狄伏连曰："奉敕，令领军收士开。"伏连以告子琮，且请覆奏。子琮曰："琅邪受敕，何必更奏？"伏连信之，发京畿军士伏于神虎门外，并戒门者不听士开入。秋七月庚午旦，士开依常早参，伏连前执士开手曰："今有一大好事。"王子宜授以一函，云："有敕，令王向台。"因遣军士护送，俨遣都督冯永洛就台斩之。

俨本意唯杀士开，其党因逼俨曰："事既然，不可中止。"俨遂帅京畿军士三千余人屯千秋门。帝使刘桃枝将禁兵八十人召俨，桃枝遥拜，俨命反缚，将斩之，禁兵散走。帝又使冯子琮召俨，俨辞曰："士开昔来实合万死，谋废至尊，剃家家发为尼，臣为是矫诏诛之。尊兄若欲杀臣，不敢逃罪。若赦臣，愿遣姊姊来迎，臣即入见。"姊姊，谓陆令萱也，俨欲诱出杀之，令萱执刀在帝后，闻之战栗。

帝又使韩长鸾召俨。俨将入，刘辟彊牵衣谏曰："若不斩穆提婆母子，殿下无由得入。"广宁王孝珩、安德王延宗自西来，曰："何不入？"辟彊曰："兵少。"延宗顾众而言曰："孝昭帝杀杨遵彦止八十人。今有数千，何谓少？"帝泣启太后曰："有缘，复见家家；无缘，永别。"乃急召斛律光，俨亦召之。

光闻俨杀士开，抚掌大笑曰："龙子所为，固自不似凡人。"入见帝于永巷。帝帅宿卫者步骑四百，授甲，将出战。光曰："小儿辈弄兵，与交手即乱。鄙谚云'奴见大家心死'，至尊宜自至千秋门，琅邪必不敢动。"帝从之。

光步道，使人走出曰："大家来。"俨徒骇散。帝驻马桥上遥呼之，俨犹立不进，光就谓曰："天子弟杀一夫，何所苦？"执其手，强引以前，请于帝曰："琅邪王年少，肠肥脑满，轻为举措，稍长自不复然，愿宽其罪。"帝拔俨所带刀镮，乱筑辫头，良久，乃释之。收库狄伏连、高舍洛、王子宜、刘辟彊、都督翟显贵，于后园支解，暴之都街。帝欲尽杀俨府文武职吏，光曰："此皆勋贵子弟，诛之，恐人心不安。"赵彦深亦曰："春秋责帅。"于是罪之各有差。

太后责问俨，俨曰："冯子琮教儿。"太后怒，遣使就内省以弓弦绞杀子琮，使内参以库车载尸归其家。自是太后常置俨于宫中，每食必自尝之。

九月，齐祖珽说陆令萱出赵彦深为兖州刺史。齐主以珽为侍中。陆令萱说帝曰："人称琅邪王聪明雄勇，当今无敌。观其相表，殆非人臣。自专杀以来，常怀恐惧，宜早为之计。"幸臣何洪珍等亦请杀之。帝未决，以食舆密迎珽，问之。珽称"周公诛管叔，季友酖庆父"。帝乃携俨之晋阳，使右卫大将军赵元侃诱俨执之。元侃曰："臣昔事先帝，见先帝爱王。今宁就死，不忍行此。"帝出元侃为豫州刺史。庚午，帝启太后曰："明旦欲与仁威早出猎。”夜四鼓，帝召俨，俨疑之。陆令萱曰：“兄呼，儿何为不去？”俨出至永巷，刘桃枝反接其手。俨呼曰：“乞见家家、尊兄。”桃枝以袖塞其口，反袍蒙头，负出，至大明宫，鼻血满面，拉杀之，时年十四。裹之以席，埋于室内。帝使启太后，太后临哭，十余声，即拥入殿。遗腹四男，皆幽死。冬十月，罢京畿府入领军。

齐胡太后出入不节，与沙门统昙献通，诸僧至有戏呼昙献为太上皇者。齐主闻太后不谨而未之信，后朝太后，见二尼，悦而召之，乃男子也。于是昙献事亦发，皆伏诛。己亥，帝自晋阳奉太后还邺，至紫陌，遇大风。舍人魏僧伽习风角，奏言：“即时当有暴逆事。”帝诈云“邺中有变”，弯弓缠弰，驰入南城，遣宦者邓长颙幽太后于北宫，仍敕内外诸亲皆不得与胡太后相见。太后或为帝设食，帝亦不敢尝。

四年春二月庚寅，齐以侍中祖珽为左仆射。初，胡太后既幽于北宫，珽欲以陆令萱为太后，为令萱言魏保太后故事。且谓人曰：“陆虽妇人，然实雄杰，自女娲以来未之有也。”令萱亦谓珽为国师、国宝，由是得仆射。

齐尚书左仆射祖珽势倾朝野，左丞相咸阳王斛律光恶之，遥见，辄骂曰：“多事乞索小人，欲行何计！”又尝谓诸将曰：“边境消息，兵马处分，赵令恒与吾辈参论。盲人掌机密以来，全不与吾辈语，正恐误国家事耳。”光尝在朝堂垂帘坐，珽不知，乘马过其前，光怒曰：“小人乃敢尔！”后珽在内省，言声高慢，光适过，闻之，又怒。珽觉之，私赂光从奴问之。奴曰：“自公用事，相王每夜抱膝叹曰：‘盲人入，国必破矣。’”

穆提婆求娶光庶女，不许。齐主赐提婆晋阳田，光言于朝曰：“此田，神武帝以来常种禾，饲马数千匹，以拟寇敌。今赐提婆,无乃阙军务也。”由是祖、穆皆怨之。

斛律后无宠,珽因而间之。光弟羡为都督、幽州刺史、行台尚书令,亦善治兵,士马精强,鄣候严整,突厥畏之,谓之“南可汗”。光长子武都为开府仪同三司、梁兖二州刺史。

光虽贵极人臣,性节俭,不好声色,罕接宾客,杜绝馈饷,不贪权势。每朝廷会议,常独后言,言辄合理。或有表疏,令人执笔,口占之,务从省实。行兵,仿其父金之法,营舍未定,终不入幕。或竟日不坐,身不脱介胄,常为士卒先。士卒有罪,唯大杖挞背,未尝妄杀,众皆争为之死。自结发从军,未尝败北,深为邻敌所惮。周勋州刺史韦孝宽密为谣言曰:“百升飞上天,明月照长安。”又曰:“高山不推自崩,槲木不扶自举。”令谍人传之于邺,邺中小儿歌之于路。珽因续之曰:“盲老公背受大斧,饶舌老母不得语。”使其妻兄郑道盖奏之。帝以问珽,珽与陆令萱皆曰:“实闻有之。”珽因解之曰:“百升者,斛也。盲老公,谓臣也,与国同忧。饶舌老母,似谓女侍中陆氏也。且斛律累世大将,明月声震关西,丰乐威行突厥,女为皇后,男尚公主,谣言甚可畏也。”帝以问韩长鸾,长鸾以为不可,事遂寝。

珽又见帝,请间,唯何洪珍在侧。帝曰:“前得公启,即欲施行,长鸾以为无此理。”珽未对,洪珍进曰:“若本无意则可,既有此意而不决行,万一泄露,如何?”帝曰:“洪珍言是也。”然犹未决。会丞相府佐封士让密启云:“光前西讨还,敕令散兵,光引兵逼帝城,将行不轨,事不果而止。家藏弩甲,奴僮千数,每遣使往丰乐、武都所,阴谋往来。若不早图,恐事不可测。”帝遂信之,谓何洪珍曰:“人心亦大灵,我前疑其欲反,果然。”帝性怯,恐即有变,令洪珍驰召祖珽告之。欲召光,恐其不从命,珽请“遣使赐以骏马，语云‘明日将游东山，王可乘此同行’。光必入谢，因而执之。”帝如其言。

六月戊辰，光入至凉风堂，刘桃枝自后扑之，不仆。顾曰：“桃枝常为如此事。我不负国家。”桃枝与三力士以弓弦罥其颈，拉而杀之。血流于地，刬之，迹终不灭。于是下诏称其谋反，并杀其子开府仪同三司世雄、仪同三司恒伽。

祖珽使二千石郎邢祖信簿录光家。珽于都省问所得物，祖信曰：“得弓十五，宴射箭百，刀七，赐槊二。”珽厉声曰：“更得何物？”曰：“得枣杖二十束，拟奴仆与人斗者，不问曲直，即杖之一百。”珽大惭，乃下声曰：“朝廷已加重刑，郎中何宜为雪。”及出，人尤其抗直。祖信慨然曰：“贤宰相尚死，我何惜余生！”齐主遣使就州斩斛律武都。又遣中领军贺拔伏恩乘驿捕斛律羡，仍以洛州行台仆射中山独孤永业代羡，与大将军鲜于桃枝发定州骑卒续进。伏恩等至幽州，门者白：“使人衷甲，马有汗，宜闭城门。”羡曰：“敕使岂可疑拒。”出见之，伏恩执而杀之。初，羡常以盛满为惧，表解所职，不许。临刑叹曰：“富贵如此，女为皇后，公主满家，常使三百兵，何得不败？”及其五子伏护、世达、世迁、世辨、世酋皆死。周主闻光死，为之大赦。

祖珽与侍中高元海共执齐政。元海妻，陆令萱之甥也，元海数以令萱密语告珽。珽求为领军，齐主许之。元海密言于帝曰：“孝徵汉人，两目又盲，岂可为领军！”因言珽与广宁王孝珩交结，由是中止。珽求见，自辨，且言：“臣与元海素嫌，必元海谮臣。”帝弱颜，不能讳，以实告之。珽因言元海与司农卿尹子华等结为朋党。又以元海所泄密语告令萱，令萱怒，出元海为郑州刺史，子华等皆被黜。珽自是专主机衡，总知骑兵、外兵事，内外亲戚皆得显位。帝常令中要人扶侍出入，直至永巷，每同御榻论决政事，委任之重，群臣莫比。

秋八月庚午，齐废皇后斛律氏为庶人。初，齐胡太后自愧失德，欲求悦于齐主，乃饰其兄长仁之女置宫中，令帝见之，帝果悦，纳为昭仪。又斛律后废，陆令萱欲立穆夫人。太后欲立胡昭仪，力不能遂，乃卑辞厚礼以求令萱，结为姊妹。令萱亦以胡昭仪宠幸方隆，不得已，与祖珽白帝立之。戊子，立皇后胡氏。

冬十月，齐陆令萱欲立穆昭仪为皇后，每私谓齐主曰："岂有男为皇太子，而身为婢妾者乎？"胡后有宠于帝，不可离间，令萱乃使人行厌蛊之术，旬朔之间，胡后精神恍惚，言笑无恒，帝渐畏而恶之。令萱一旦忽以皇后服御衣被穆昭仪，又别造宝帐，爰及枕席器玩，莫非珍奇。坐昭仪于帐中，谓帝曰："有一圣女出，将大家看之。"及见昭仪，令萱乃曰："如此人不作皇后，遣何物人作？"帝纳其言，甲午，立穆氏为右皇后，以胡氏为左皇后。

十二月，齐胡后之立，非陆令萱意，令萱一旦于太后前作色而言曰："何物亲侄，作如此语。"太后问其故，令萱曰："不可道。"固问之，乃曰："语大家云：'太后行多非法，不可以训。'"太后大怒，呼后出，立剃其发，送还家。辛丑，废胡后为庶人。然齐主犹思之，每致物以通意。自是令萱与其子侍中穆提婆势倾内外，卖官、鬻狱，聚敛无厌。每一赐与，动倾府藏。令萱则自太后以下皆受其指麾，提婆则唐邕之徒皆重迹屏气，杀生与夺，唯意所欲。

五年春正月戊寅，齐以并省尚书令高阿那肱录尚书事，总知外兵及内省机密，与侍中城阳王穆提婆、领军大将军昌黎王韩长鸾共处衡轴，号曰"三贵"，蠹国害民，日月滋甚。长鸾弟万岁、子宝行、宝信并开府仪同三司，万岁仍兼侍中，宝行、宝信皆尚公主。每群臣旦参，帝常先引长鸾顾访，出后，方引奏事官。若不视事，内省有急事，皆附长鸾奏闻，军国要密，无不经手。尤疾士人，朝夕宴私，唯事谮诉。常带刀走马，未尝安行，瞋目张拳，有啖人之势。朝士咨事，莫敢仰视，动致呵叱。每骂云："汉狗大不可耐，唯须杀之！"

齐自和士开用事以来，政体隳紊。及祖珽执政，颇收举才望，内外称美。珽复欲增损政务，沙汰人物，官号服章，并依故事。又欲黜诸阉竖及群小辈，为致治之方。陆令萱、穆提婆议颇同异。珽乃讽御史中丞丽伯律，令劾主书王子冲纳赂。知其事连提婆，欲使赃罪相及，望因此并坐及令萱。犹恐齐主溺于近习，欲引后党为援，乃请以胡后兄君瑜为侍中、中领军，又征君瑜兄梁州刺史君璧，欲以为御史中丞。令萱闻而怀怒，百方排毁，出君瑜为金紫光禄大夫，解中领军，君璧还镇梁州。胡后之废，颇亦由此。释王子冲不问。

珽日以益疏，诸宦者更共谮之。帝以问陆令萱，令萱悯嘿不对。三问，乃下床拜曰："老婢应死。老婢始闻和士开言孝徵多才博学，意谓善人，故举之。比来观之，大是奸臣。人实难知，老婢应死。"帝令韩长鸾检案，长鸾素恶珽，得其诈出敕受赐等十余事。帝以尝与之重誓，故不杀，解珽侍中、仆射，出为北徐州刺史。珽求见帝，长鸾不许，遣人推出柏閤。珽坐，不肯行，长鸾令牵曳而出。

癸巳，齐以领军穆提婆为尚书左仆射，侍中、中书监段孝言为右仆射。孝言，韶之弟也。初，祖珽执政，引孝言为助，除吏部尚书。孝言凡所进擢，非贿则旧，求仕者或于广会膝行跪伏，公自陈请，孝言气色扬扬，以为己任，随事酬许。将作丞崔成忽于众中抗言曰："尚书，天下尚书，岂独段家尚书也！"孝言无辞以应，唯厉色遣下而已。既而与韩长鸾等共构祖珽，逐而代之。

冬十月，齐国子祭酒张雕以经授齐主为侍读，帝甚重之。雕与宠胡何洪珍相结，穆提婆、韩长鸾等恶之。洪珍荐雕为侍中，加开府仪同三司，奏度支事，大为帝所委信，常呼"博士"。雕自以出于微贱，致位大臣，欲立效以报恩，论议抑扬，无所回避，省宫掖不急之费，禁约左右骄纵之臣，数讥切宠要，献替帷幄，帝亦深倚仗之。雕遂以澄清为己任，意气甚高，贵幸皆侧目，阴谋陷之。

尚书左丞封孝琰，隆之之弟子也，与侍中崔季舒皆为祖珽所厚。孝琰尝谓珽曰："公是衣冠宰相，异于余人。"近习闻之，大以为恨。会齐主将如晋阳，季舒与张雕议，以为："寿阳被围，大军出拒之，信使往还，须禀节度。且道路小人，或相惊恐，以为大驾向并州，畏避南寇。若不启谏，恐人情骇动。"遂与从驾文官连名进谏。时贵臣赵彦深、唐邕、段孝言等意有异同，季舒与争，未决。长鸾遽言于帝曰："诸汉官连名总署，声云谏幸并州，其实未必不反，宜加诛戮。"辛丑，齐主悉召已署名者集含章殿，斩季舒、雕、孝琰及散骑常侍刘逖、黄门侍郎裴泽、郭遵于殿庭，家属皆徙北边，妇女配奚官，幼男下蚕室，没入赀产。癸卯，遂如晋阳。

六年春正月，齐主还邺。秋八月，齐主如晋阳。

七年春正月，齐主还邺。

二月，齐主言语涩呐，不喜见朝士，自非宠私昵狎，未尝交语。性懦，不堪人视，虽三公、令、录奏事，莫得仰视，皆略陈大指，惊走而出。承世祖奢泰之余，以为帝王当然。后宫皆宝衣玉食，一裙之费，至直万匹，竞为新巧，朝衣夕弊。盛修宫苑，穷极壮丽，所好不常，数毁又复。百工土木，无时休息，夜则然火照作，寒则以汤为泥。凿晋阳西山为大像，一夜然油万盆，光照宫中。每有灾异、寇盗，不自贬损，唯多设斋，以为修德。好自弹琵琶，为无愁之曲，近侍和之者以百数，民间谓之“无愁天子”。于华林园立贫儿村，帝自衣蓝缕之服，行乞其间以为乐。又写筑西鄙诸城，使人衣黑衣攻之，帝自帅内参拒斗。宠任陆令萱、穆提婆、高阿那肱、韩长鸾等宰制朝政，宦官邓长颙、陈德信、胡儿何洪珍等并参预机权，各引亲党，超居显位。官由财进，狱以贿成，竞为奸谄，蠹政害民。旧苍头刘桃枝等皆开府、封王，其余宦官、胡儿、歌舞人、见鬼人、官奴婢等滥得富贵者殆将万数，庶姓封王者以百数，开府千余人，仪同无数，领军一时至二十人，侍中、中常侍数十人。乃至狗马及鹰亦有仪同、郡君之号，有斗鸡号开府，皆食其干禄。诸嬖幸朝夕娱侍左右，一戏之赏，动逾巨万。既而府藏空竭，乃赐二三郡或六七县，使之卖官取直。由是为守令者，率皆富商大贾，竞为贪纵，赋繁役重，民不聊生。

周高祖谋伐齐，命边镇益储偫，加戍卒。齐人闻之，亦增修守御。柱国于翼谏曰：“疆埸相侵，互有胜负，徒损兵储，无益大计。不如解严继好，使彼懈而无备，然后乘间出其不意，一举可取也。”周主从之。

韦孝宽上疏陈三策。其一曰：“臣在边积年，颇见间隙，不因际会，难以成功。是以往岁出军，徒有劳费，功绩不立，由失机会。何者？长淮之南，旧为沃土，陈氏以破亡余烬，犹能一举平之，齐人历年赴救，丧败而返。内离外叛，计尽力穷，仇敌有衅，不可失也。今大军若出轵关，方轨而进，兼与陈氏共为掎角，并令广州义旅出自三鵶，又募山南骁锐沿河而下，复遣北山稽胡，绝其并、晋之路。凡此诸军,仍令各募关、河之外劲勇之士,厚其爵赏,使为前驱。岳动川移,雷骇电激,百道俱进,并趋虏庭。必当望旗奔溃,所向摧殄,一戎大定,实在此机。”其二曰:“若国家更为后图,未即大举,宜与陈人分其兵势。三鵶以北,万春以南,广事屯田,预为贮积,募其骁悍,立为部伍。彼既东南有敌,戎马相持,我出奇兵,破其疆埸。彼若兴师赴援,我则坚壁清野,待其去远,还复出师。常以边外之军,引其腹心之众。我无宿舂之费,彼有奔命之劳,一二年中,必自离叛。且齐氏昏暴,政出多门,鬻狱、卖官,唯利是视,荒淫酒色,忌害忠良,阖境嗷然,不胜其弊。以此而观,覆亡可待。然后乘间电扫,事等摧枯。”其三曰:“昔勾践亡吴,尚期十载,武王取纣,犹烦再举。今若更存遵养,且复相时,臣谓宜还崇邻好,申其盟约,安民和众,通商惠工,蓄锐养威,观衅而动。斯乃长策远驭,坐自兼并也。”书奏,周主引开府仪同三司伊娄谦入内殿,从容谓曰:“朕欲用兵,何者为先?”对曰:“齐氏沉溺倡优,耽昏麹糵。其折冲之将斛律明月,已毙于谗口。上下离心,道路以目,此易取也。”帝大笑。三月丙辰,使谦与小司寇元卫聘于齐以观衅。

先是,周主独与齐王宪及内史王谊谋伐齐,又遣纳言卢韫乘驲三诣安州总管于翼问策,余人皆莫之知。秋七月丙子,始召大将军以上于大德殿告之。丁丑,下诏伐齐,以柱国陈王纯、荥阳公司马消难、郑公达奚震为前三军总管,越王盛、周昌公侯莫陈崇、赵王招为后三军总管。齐王宪帅众二万趋黎阳,随公杨坚、广宁公薛回将舟师三万自渭入河,梁公侯莫陈芮帅众二万守太行道,申公李穆帅众三万守河阳道,常山公于翼帅众二万出陈、汝。谊,盟之兄孙;震,武之子也。

周主将出河阳，内史上士宇文弢曰："齐氏建国，于今累世，虽曰无道，藩镇之位，尚有其人。今之出师，要须择地。河阳冲要，精兵所聚，尽力攻围，恐难得志。如臣所见，出于汾曲，戍小山平，攻之易拔，用武之地，莫过于此。"民部中大夫天水赵煚曰："河南洛阳，四面受敌，纵得之不可以守。请从河北，直指太原，倾其巢穴，可一举而定。"遂伯下大夫鲍宏曰："我强齐弱，我治齐乱，何忧不克？但先帝往日屡出洛阳，彼既有备，每用不捷。如臣计者，进兵汾、潞，直掩晋阳，出其不虞，似为上策。"周主皆不从。宏，泉之弟也。

壬午，周主帅众六万直指河阴，杨素请帅其父麾下先驱，周主许之。

八月，周师入齐境，禁伐树践稼，犯者皆斩。丁未，周主攻河阴大城，拔之。齐王宪拔武济，进围洛口，拔东西二城，纵火船焚浮桥，桥绝。齐永桥大都督太安傅伏自永桥夜入中潬城。周人既克南城，围中潬，二旬不下。洛州刺史独孤永业守金墉，周主自攻之，不克。永业通夜办马槽二千，周人闻之，以为大军且至而惮之。

九月，齐右丞相高阿那肱自晋阳将兵拒周师。至河阳，会周主有疾，辛酉夜，引兵还。水军焚其舟舰。傅伏谓行台乞伏贵和曰："周师疲弊，愿得精骑二千追击之，可破也。"贵和不许。

齐王宪、于翼、李穆所向克捷，降拔三十余城，皆弃而不守。唯以王药城要害，令仪同三司韩正守之，正寻以城降齐。戊寅，周主还长安。

八年秋九月，周主谓群臣曰："朕去岁属有疾疹，遂不得克平逋寇。前入齐境，备见其情，彼之行师，殆同儿戏。况其朝廷昏乱，政由群小，百姓嗷然，朝不谋夕。天与不取，恐贻后悔。前出河外，直为拊背，未扼其喉。晋州本高欢所起之地，镇摄要重，今往攻之，彼必来援，吾严军以待，击之必克。然后乘破竹之势，鼓行而东，足以穷其巢穴，混同文轨。”诸将多不愿行。帝曰：“机不可失。有沮吾军者，当以军法裁之。”

冬十月己酉，周主自将伐齐，以越王盛、杞公亮、随公杨坚为右三军，谯王俭、大将军窦泰、广化公丘崇为左三军，齐王宪、陈王纯为前军。亮，导之子也。

丙辰，齐主猎于祁连池。癸亥，还晋阳。先是，晋州行台左丞张廷儁公直勤敏，储偫有备，百姓安业，疆埸无虞。诸嬖幸恶而代之，由是公私烦扰。

周主至晋州，军于汾曲，遣齐王宪将精骑二万守雀鼠谷，陈王纯步骑二万守千里径，郑公达奚震步骑一万守统军川，大将军韩明步骑五千守齐子岭，焉氏公尹升步骑五千守鼓钟镇，凉城公辛韶步骑五千守蒲津关，赵王招步骑一万自华谷攻齐汾州诸城，柱国宇文盛步骑一万守汾水关。

遣内史王谊监诸军攻平阳城，齐行台仆射海昌王尉相贵婴城拒守。相贵，相愿之兄也。甲子，齐集兵晋祠。庚午，齐主自晋阳帅诸军趣晋州。周主日自汾曲至城下督战，城中窘急。庚午，行台左丞侯子钦出降于周。壬申，晋州刺史崔景嵩守北城，夜，遣使请降于周，王轨帅众应之。未明，周将北海段文振杖槊与数十人先登，与景嵩同至尉相贵所，拔佩刀劫之。城上鼓噪，齐兵大溃，遂克晋州，虏相贵及甲士八千人。

齐主方与冯淑妃猎于天池，晋州告急者，自旦至午，驿马三至。右丞相高阿那肱曰：“大家正为乐。边鄙小小交兵，乃是常事,何急奏闻?”至暮,使更至,云“平阳已陷”,乃奏之。齐主将还,淑妃请更杀一围,齐主从之。

周齐王宪攻拔洪洞、永安二城,更图进取。齐人焚桥守险,军不得进,乃屯永安。使永昌公椿屯鸡栖原,伐柏为庵以立营。椿,广之弟也。

癸酉,齐主分军万人向千里径,又分军出汾水关,自帅大军上鸡栖原。宇文盛遣人告急,齐王宪自救之。齐师退,盛追击,破之。俄而椿告齐师稍逼,宪复还救之,与齐对阵,至夜不战。会周主召宪还,宪引兵夜去。齐人见柏菴在,不之觉,明日,始知之。齐主使高阿那肱将前军先进,仍节度诸军。

甲戌,周以上开府仪同大将军安定梁士彦为晋州刺史,留精兵一万镇之。

十一月己卯,齐主至平阳。周主以齐兵新集,声势甚盛,且欲西还以避其锋。开府仪同大将军宇文忻谏曰:“以陛下之圣武,乘敌人之荒纵,何患不克?若使齐得令主,君臣协力,虽汤、武之势,未易平也。今主暗臣愚,士无斗志,虽有百万之众,实为陛下奉耳。”军正京兆王韶曰:“齐失纪纲,于兹累世,天奖周室,一战而扼其喉。取乱侮亡,正在今日。释之而去,臣所未谕。”周主虽善其言,竟引军还。忻,贵之子也。

周主留齐王宪为后拒,齐师追之,宪与宇文忻各将百骑与战,斩其骁将贺兰豹子等,齐师乃退。宪引军渡汾,追及周主于玉壁。

齐师遂围平阳,昼夜攻之。城中危急,楼堞皆尽,所存之城,寻仞而已。或短兵相接,或交马出入,外援不至,众皆震惧。梁士彦忼慨自若,谓将士曰:“死在今日,吾为尔先。”于是勇烈齐奋，呼声动地，无不一当百。齐师少却，乃令妻妾、军民、妇女昼夜修城，三日而就。周主使齐王宪将兵六万屯涑川，遥为平阳声援。齐人作地道攻平阳，城陷十余步，将士乘势欲入。齐主敕且止，召冯淑妃观之。淑妃妆点，不时至，周人以木拒塞之，城遂不下。旧俗相传，晋州城西石上有圣人迹。淑妃欲往观之。齐主恐弩矢及桥，乃抽攻城木造远桥。齐主与淑妃度桥，桥坏，至夜乃还。

癸巳，周主还长安。甲午，复下诏，以齐人围晋州，更帅诸军击之。丙申，纵齐降人使还。丁酉，周主发长安。壬寅，济河，与诸军合。十二月丁未，周主至高显，遣齐王宪帅所部先向平阳。戊申，周主至平阳。庚戌，诸军总集，凡八万人，稍进，逼城置陈，东西二十余里。

先是，齐人恐周师猝至，于城南穿堑，自乔山属于汾水。齐主大出兵，陈于堑北。周主命齐王宪驰往观之，宪复命曰："易与耳，请破之而后食。"周主悦，曰："如汝言，吾无忧矣。"周主乘常御马，从数人巡阵，所至辄呼主帅姓名慰勉之。将士喜于见知，咸思自奋。将战，有司请换马。周主曰："朕独乘良马，欲何之？"周主欲薄齐师，碍堑而止。自旦至申，相持不决。齐主谓高阿那肱曰："战是邪？不战是邪？"阿那肱曰："吾兵虽多，堪战者不过十万，疾伤及绕城樵爨者复三分居一。昔攻玉壁，援军来即退。今日将士岂胜神武时邪？不如勿战，却守高梁桥。"安吐根曰："一撮许贼，马上刺取，掷着汾水中耳。"齐主意未决。诸内参曰："彼亦天子，我亦天子。彼尚能远来，我何为守堑示弱？"齐主曰："此言是也。"于是填堑南引。周主大喜，勒诸军击之。

兵才合，齐主与冯淑妃并骑观战。东偏小却，淑妃怖曰："军败矣!”录尚书事城阳王穆提婆曰:“大家去!大家去!”齐主即以淑妃奔高梁桥。开府仪同三司奚长谏曰:“半进半退,战之常体。今兵众全整,未有亏伤,陛下舍此安之?马足一动,人情骇乱,不可复振。愿速还安慰之。”武卫张常山自后至,亦曰:“军寻收讫,甚完整,围城兵亦不动。至尊宜回。不信臣言,乞将内参往视。”齐主将从之,穆提婆引齐主肘曰:“此言难信。”齐主遂以淑妃北走。齐师大溃,死者万余人,军资器械,数百里间委弃山积。安德王延宗独全军而还。

齐主至洪洞,淑妃方以粉镜自玩,后声乱,唱贼至,于是复走。先是,齐主以淑妃为有功勋,将立为左皇后,遣内参诣晋阳取皇后服御袆翟等。至是,遇于中涂,齐主为按辔,命淑妃着之,然后去。

辛亥,周主入平阳。梁士彦见周主,持周主须而泣曰:“臣几不见陛下。”周主亦为之流涕。

周主以将士疲倦,欲引还。士彦叩马谏曰:“今齐师遁散,众心皆动,因其惧而攻之,其势必举。”周主从之,执其手曰:“余得晋州,为平齐之基,若不固守,则大事不成。朕无前忧,唯虑后变,汝善为我守之。”遂帅诸将追齐师。诸将固请西还,周主曰:“纵敌患生。卿等若疑,朕将独往。”诸将乃不敢言。癸丑,至汾水关。

齐主入晋阳,忧惧不知所之。甲寅,齐大赦。齐主问计于朝臣,皆曰:“宜省赋息役,以慰民心。收遗兵,背城死战,以安社稷。”齐主欲留安德王延宗、广宁王孝珩守晋阳,自向北朔州。若晋阳不守,则奔突厥。群臣皆以为不可,帝不从。

开府仪同三司贺拔伏恩等宿卫近臣三十余人西奔周军,周主封赏各有差。高阿那肱所部兵尚一万，守高壁，余众保洛女砦。周主引军向高壁，阿那肱望风退走。齐王宪攻洛女砦，拔之。有军士告称阿那肱遣臣招引西军，齐主令侍中斛律孝卿检校，孝卿以为妄。还，至晋阳，阿那肱腹心复告阿那肱谋反，又以为妄，斩之。

乙卯，齐主诏安德王延宗、广宁王孝珩募兵。延宗入见，齐主告以欲向北朔州，延宗泣谏，不从，密遣左右先送皇太后、太子于北朔州。

丙辰，周主与齐王宪会于介休。齐开府仪同三司韩建业举城降，以为上柱国，封郇公。

是夜，齐主欲遁去，诸将不从。丁巳，周师至晋阳。齐主复大赦，改元隆化。以安德王延宗为相国、并州刺史，总山西兵。谓曰："并州兄自取之，儿今去矣。"延宗曰："陛下为社稷勿动。臣为陛下出死力战，必能破之。"穆提婆曰："至尊计已成，王不得辄沮。"齐主乃夜斩五龙门而出，欲奔突厥，从官多散。领军梅胜郎叩马谏，乃回向邺。时唯高阿那肱等十余骑从，广宁王孝珩、襄城王彦道继至，得数十人与俱。

穆提婆西奔周军。陆令萱自杀，家属皆诛没。周主以提婆为柱国、宜州刺史。下诏谕齐群臣曰："若妙尽人谋，深达天命，官荣爵赏，各有加隆。或我之将卒逃逸彼朝，无问贵贱，皆从荡涤。"自是齐臣降者相继。

初，齐高祖为魏丞相，以唐邕典外兵曹，太原白建典骑兵曹，皆以善书计、工簿帐受委任。及齐受禅，诸司咸归尚书，唯二曹不废，更名二省。邕官至录尚书事，建官至中书令，常典二省，世称"唐、白"。邕兼领度支，与高阿那肱有隙，阿那肱谮之。齐主敕侍中斛律孝卿总知骑兵度支。孝卿事多专决,不复询禀。邕自以宿旧习事,为孝卿所轻,意甚郁郁。及齐主还邺,邕遂留晋阳。并州将帅请于安德王延宗曰:“王不为天子,诸人实不能为王出死力。”延宗不得已,戊午,即皇帝位。下诏曰:“武平孱弱,政由宫竖,斩关夜遁,莫知所之。王公卿士,猥见推逼,今祗承宝位。”大赦,改元德昌。以晋昌王唐邕为宰相,齐昌王莫多娄敬显、沭阳王和阿干子、右卫大将军段畅、开府仪同三司韩骨胡等为将帅。敬显,贷文之子也。众闻之,不召而至者前后相属。延宗发府藏及后宫美女以赐将士,籍没内参十余家。齐主闻之,谓近臣曰:“我宁使周得并州,不欲安德得之。”左右曰:“理然。”延宗见士卒,皆亲执手称名,流涕呜咽,众争为死。童儿女子,亦乘屋攘袂,投砖石以御敌。

己未,周主至晋阳。庚申,齐主入邺。

周军围晋阳,四合如黑云。安德王延宗命莫多娄敬显、韩骨胡拒城南,和阿干子、段畅拒城东,自帅众拒齐王宪于城北。延宗素肥,前如偃,后如伏,人常笑之。至是,奋大槊往来督战,劲捷若飞,所向无前。和阿干子、段畅以千骑奔周军。周主攻东门,际昏,遂入之,进焚佛寺。延宗、敬显自门入,夹击之,周师大乱,争门,相填压,塞路不得进。齐人从后斫刺,死者二千余人。周主左右略尽,自拔无路。承御上士张寿牵马首,贺拔伏恩以鞭拂其后,崎岖得出。齐人奋击,几中之。城东道厄曲,伏恩及降者皮子信导之,仅得免,时已四更。延宗谓周主为乱兵所杀,使于积尸中求长鬣者,不得。时齐人既捷,入坊饮酒,尽醉卧,延宗不复能整。

周主出城,饥甚,欲遁去,诸将亦多劝之还。宇文忻勃然进曰："陛下自克晋州，乘胜至此。今伪主奔波，关东响振，自古行兵，未有若斯之盛。昨日破城，将士轻敌，微有不利，何足为怀。丈夫当死中求生，败中取胜。今破竹之势已成，奈何弃之而去？"齐王宪、柱国王谊亦以为去必不免，段畅等又盛言城内空虚。周主乃驻马，鸣角收兵，俄顷复振。辛酉旦，还攻东门，克之。延宗战力屈，走至城北，周人擒之。周主下马执其手，延宗辞曰："死人手，何敢迫至尊。"周主曰："两国天子，非有怨恶，直为百姓来耳。终不相害，勿怖也。"使复衣帽而礼之。唐邕等皆降于周。独莫多娄敬显奔邺，齐主以为司徒。延宗初称尊号，遣使修启于瀛州刺史任城王湝曰："至尊出奔，宗庙事重，群公劝迫，权主号令。事宁，终归叔父。"湝曰："我人臣，何容受此启。"执使者送邺。壬戌，周主大赦，消除齐制，收礼文武之士。

初，伊娄谦聘于齐，其参军高遵以情输于齐，齐人拘之于晋阳。周主既克晋阳，召谦劳之，执遵付谦，任其报复。谦顿首请赦之，周主曰："卿可聚众唾面，促其知愧。"谦曰："以遵之罪，又非唾面可责。"帝善其言而止。谦待遵如初。

> 臣光曰：赏有功，诛有罪，此人君之任也。高遵奉使异国，漏泄大谋，斯叛臣也。周高祖不自行戮，乃以赐谦，使之复怨，失政刑矣。孔子谓以德报怨者何以报德。为谦者，宜辞而不受，归诸有司，以正典刑。乃请而赦之，以成其私名，美则美矣，亦非公义也。

齐主命立重赏以募战士，而竟不出物。广宁王孝珩请"使任城王湝将幽州道兵入土门，扬声趣并州，独孤永业将洛州道兵入潼关，扬声趣长安，臣请将京畿兵出滏口，鼓行逆战。敌闻南北有兵，自然逃溃"。又请出宫人、珍宝赏将士。齐主不悦。斛律孝卿请齐主亲劳将士，为之撰辞，且曰："宜忼慨流涕，以感激人心。"齐主既出，临众，将令之，不复记所受言，遂大笑，左右亦笑。将士怒曰："身尚如此，吾辈何急。"皆无战心。于是自大丞相已下，太宰、三师、大司马、大将军、三公等官，并增员而授，或三或四，不可胜数。

朔州行台仆射高劢将兵侍卫太后、太子，自土门道还邺。时宦官仪同三司苟子溢犹恃宠纵暴，民间鸡彘，纵鹰犬搏噬取之。劢执以徇，将斩之。太后救之，得免。或谓劢曰："子溢之徒，言成祸福，独不虑后患邪？"劢攘袂曰："今西寇已据并州，达官率皆委叛，正坐此辈浊乱朝廷。若得今日斩之，明日受诛，亦无所恨。"劢，岳之子也。甲子，齐太后至邺。

丙寅，周主出齐宫中珍宝、服玩及宫女二千人班赐将士，加立功者官爵各有差。周主问高延宗以取邺之策，辞曰："此非亡国之臣所及。"强问之，乃曰："若任城王据邺，臣不能知。若今主自守，陛下兵不血刃。"癸酉，周师趣邺，命齐王宪先驱，以上柱国陈王纯为并州总管。

齐主引诸贵臣入朱雀门，赐酒食，问以御周之策。人人异议，齐主不知所从。是时，人情恟惧，莫有斗心，朝士出降，昼夜相属。高劢曰："今之叛者，多是贵人，至于卒伍，犹未离心。请追五品已上家属置之三台，因胁之以战，若不捷，则焚台。此曹顾惜妻子，必当死战。且王师频北，贼徒轻我，今背城一决，理必破之。"齐主不能用。望气者言，当有革易。齐主引尚书令高元海等议，依天统故事，禅位皇太子。

九年春正月乙亥朔，齐太子恒即皇帝位，生八年矣，改元承光，大赦。尊齐主为太上皇帝，皇太后为太皇太后，皇后为太上皇后。以广宁王孝珩为太宰。

司徒莫多娄敬显、领军大将军尉相愿谋伏兵千秋门，斩高阿那肱，立广宁王孝珩。会阿那肱自他路入朝，不果。孝珩求拒周师，谓阿那肱等曰："朝廷不赐遣击贼，岂不畏孝珩反邪？孝珩若破宇文邕，遂至长安反，亦何预国家事？以今日之急，犹如此猜忌邪！"高、韩恐其为变，出孝珩为沧州刺史。相愿拔佩刀斫柱叹曰："大事去矣，知复何言！"

齐主使长乐王尉世辩帅千余骑觇周师，出滏口，登高阜西望，遥见群乌飞起，谓是西军旗帜，即驰还，比至紫陌桥，不敢回顾。于是黄门侍郎颜之推、中书侍郎薛道衡、侍中陈德信等劝上皇往河外募兵，更为经略。若不济，南投陈国。从之。丁丑，太皇太后、太上皇后自邺先趣济州；癸未，幼主亦自邺东行。己丑，周师至紫陌桥。

壬辰，周师至邺城下。癸巳，围之，烧城西门。齐人出战，周师奋击，大破之。齐上皇从百骑东走，使武卫大将军慕容三藏守邺宫。周师入邺，齐王公以下皆降。三藏犹拒战，周主引见，礼之，拜仪同大将军。三藏，绍宗之子也。领军大将军渔阳鲜于世荣，齐高祖旧将也。周主先以马脑酒钟遗之，世荣得即碎之。周师入邺，世荣在三台前鸣鼓不辍，周人执之。世荣不屈，乃杀之。周主执莫多娄敬显，数之曰："汝有死罪三：前自晋阳走邺，携妾弃母，不孝也；外为伪朝戮力，内实通启于朕，不忠也；送款之后，犹持两端，不信也。用心如此，不死何待！"遂斩之。使将军尉迟勤追齐主。

甲午，周主入邺。齐国子博士长乐熊安生博通五经，闻周主入邺，遽令扫门。家人怪而问之，安生曰："周帝重道尊儒，必将见我。”俄而周主幸其家，不听拜，亲执其手，引与同坐，赏赐甚厚，给安车驷马以自随。又遣小司马唐道和就中书侍郎李德林宅宣旨慰谕，曰：“平齐之利，唯在于尔。”引入宫，使内史宇文昂访问齐朝风俗、政教、人物善恶，即留内省，三宿乃归。

乙未，齐上皇渡河入济州。是日，幼主禅位于大丞相任城王湝。又为湝诏尊上皇为无上皇，幼主为(宋)〔守〕国天王。令侍中斛律孝卿送禅文及玺绂于瀛州，孝卿即诣邺。周主诏：“去年大赦所未及之处，皆从赦例。”

齐洛州刺史独孤永业有甲士三万，闻晋州败，请出兵击周，奏寝不报，永业愤慨。又闻并州陷，乃遣子须达请降于周。周以永业为上柱国，封应公。丙申，周以越王盛为相州总管。

齐上皇留胡太后于济州，使高阿那肱守济州关，觇候周师，自与穆后、冯淑妃、幼主、韩长鸾、邓长颙等数十人奔青州。使内参田鹏鸾西出，参伺动静；周师获之，问：“齐主何在？”绐云：“已去，计当出境。”周人疑其不信，捶之，每折一支，辞色愈厉，竟折四支而死。上皇至青州，即欲入陈。而高阿那肱密召周师，约生致齐主，屡启云：“周师尚远，已令烧断桥路。”上皇由是淹留自宽。周师至关，阿那肱即降之。周师奄至青州，上皇囊金，系于鞍后，与后、妃、幼主等十余骑南走。己亥，至南邓村，尉迟勤追及，尽擒之，并胡太后送邺。

庚子，周主诏：“故斛律光、崔季舒等宜追加赠谥，并为改葬，子孙各随荫叙录，家口田宅没官者并还之。”周主指斛律光名曰：“此人在，朕安得至邺！”辛丑，诏：“齐之东山、南园、三台，并可毁撤。瓦木诸物可用者悉以赐民，山园之田，各还其主。”二月丙午，周主宴从官将士于齐太极殿，颁赏有差。

丁未，高纬至邺，周主降阶，以宾礼见之。齐广宁王孝珩至沧州，以五千人会任城王湝于信都，共谋匡复，召募得四万余人。周主使齐王宪、柱国杨坚击之。令高纬为手书招湝，湝不从。宪军至赵州，湝遣二谍觇之，候骑执以白宪。宪集齐旧将，遍示之，谓曰："吾所争者大，不在汝曹。今纵汝还，仍充吾使。"乃与湝书曰："足下谍者为候骑所拘，军中情实，具诸执事。战非上计，无待卜疑，守乃下策，或未相许。已勒诸军，分道并进，相望非远，冯轼有期。'不俟终日'，所望知机也。"

宪至信都，湝陈于城南以拒之。湝所署领军尉相愿诈出略陈，遂以众降。相愿，湝心腹也，众皆骇惧，湝杀相愿妻子。明日复战，宪击破之，俘斩三万人，执湝及广宁王孝珩。宪谓湝曰："任城王何苦至此？"湝曰："下官神武皇帝之子，兄弟十五人，幸而独存。逢宗社颠覆，今日得死，无愧坟陵。"宪壮之，命归其妻子。又亲为孝珩洗疮傅药，礼遇甚厚。孝珩叹曰："自神武皇帝以外，吾诸父兄弟，无一人至四十者，命也。嗣君无独见之明，宰相非柱石之寄，恨不得握兵符，受斧钺，展我心力耳。"齐王宪善用兵，多谋略，得将士心。齐人惮其威声，皆望风沮溃；刍牧不扰，军无私焉。

周主以齐降将封辅相为北朔州总管。北朔州，齐之重镇，士卒骁勇。前长史赵穆等谋执辅相迎任城王湝于瀛州，不果，乃迎定州刺史范阳王绍义。绍义至马邑，自肆州以北二百八十余城皆应之。绍义与灵州刺史袁洪猛引兵南出，欲取并州。至新兴，而肆州已为周守，前队二仪同以所部降周。周兵击显州，执刺史陆琼，复攻拔诸城。绍义还保北朔州。周东平公神举将兵逼马邑，绍义战败，北奔突厥，犹有众三千人。绍义令曰："欲还者从其意。"于是辞去者太半。突厥佗钵可汗常谓齐显祖为英雄天子,以绍义重踝,似之,甚见爱重,凡齐人在北者悉以隶之。

于是齐之行台、州、镇唯东雍州行台傅伏、营州刺史高宝宁不下,其余皆入于周。凡得州五十,郡一百六十二,县三百八十,户三百三万二千五百。高宝宁者,齐之疏属,有勇略,久镇和龙,甚得夷夏之心。周主于河阳、幽、青、南兖、豫、徐、北朔、定置总管府,相、并二州各置宫及六府官。乙卯,周主自邺西还。

周主之擒尉相贵也,招齐东雍州刺史傅伏,伏不从。齐人以伏为行台右仆射。周主既克并州,复遣韦孝宽招之,令其子以上大将军、武乡公告身及金、马脑二酒钟赐伏为信。伏不受,谓孝宽曰:"事君有死无贰。此儿为臣不能竭忠,为子不能尽孝,人所仇疾,愿速斩之,以令天下。"周主自邺还,至晋州,遣高阿那肱等百余人临汾水,召伏。伏出军,隔水见之,问:"至尊今何在?"阿那肱曰:"已被擒矣。"伏仰天大哭,帅众入城,于听事前北面哀号,良久,然后降。周主见之曰:"何不早下?"伏流涕对曰:"臣三世为齐臣,食齐禄,不能自死,羞见天地。"周主执其手曰:"为臣当如此。"乃以所食羊肋骨赐伏,曰:"骨亲肉疏,所以相付。"遂引使宿卫,授上仪同大将军。敕之曰:"若亟与公高官,恐归附者心动。努力事朕,勿忧富贵。"他日,又问:"前救河阴得何赏?"对曰:"蒙一转,授特进、永昌郡公。"周主谓高纬曰:"朕三年教战,决取河阴。正为傅伏善守,城不可动,遂敛军而退。公当时赏功,何其薄也!"

夏四月乙巳,周主至长安,置高纬于前,列其王、公等于后,车舆、旗帜、器物,以次陈之。备大驾,布六军,奏凯乐,献俘于太庙。观者皆称万岁。戊申,封高纬为温公,齐之诸王三十余人皆受封爵。周主与齐君臣饮酒，令温公起舞。高延宗悲不自持，屡欲仰药，其傅婢禁止之。

周主以李德林为内史上士，自是诏诰格式及用山东人物，并以委之。帝从容谓群臣曰："我常日唯闻李德林名，复见其为齐朝作诏书移檄，正谓是天上人，岂言今日得其驱使。"神武公纥豆陵毅对曰："臣闻麒麟凤皇，为王者瑞，可以德感，不可力致。麒麟凤皇，得之无用，岂如德林，为瑞且有用哉！"帝大笑曰："诚如公言。"

五月己丑，周主祭方丘。诏以："路寝会义、崇信、含仁、云和、思齐诸殿，皆晋公护专政时所为，事穷壮丽，有逾清庙，悉可毁撤。雕斫之物，并赐贫民。缮造之宜，务从卑朴。"戊戌，又诏："并、邺诸堂〔殿〕壮丽者准此。"

臣光曰：周高祖可谓善处胜矣。他人胜则益奢，高祖胜而愈俭。

十月，周人诬温公高纬与宜州刺史穆提婆谋反，并其宗族皆赐死。众人多自陈无之，高延宗独攘袂泣而不言，以椒塞口而死。唯纬弟仁英以清狂，仁雅以喑疾得免，徙于蜀。其余亲属，不杀者散配西土，皆死于边裔。周主以高湝妻卢氏赐其将斛斯徵。卢氏蓬首垢面，长斋，不言笑。徵放之，乃为尼。齐后、妃贫者，至以卖烛为业。

十二月，高宝宁自黄龙上表劝进于高绍义，绍义遂称皇帝，改元武平，以宝宁为丞相。突厥佗钵可汗举兵助之。

十年夏六月，周高祖殂。闰月，齐范阳王绍义闻周高祖殂，以为天助。幽州人卢昌期起兵据范阳，迎绍义，绍义引突厥兵赴之。周遣柱国东平公神举将兵讨昌期。绍义闻幽州总管出兵在外，欲乘虚袭蓟，神举遣大将军宇文恩将四千人救之，半为绍义所杀。会神举克范阳，擒昌期，绍义闻之，素衣举哀，还入突厥。高宝宁帅夷夏数万骑救范阳，至潞水，闻昌期死，还据和龙。

十一年春二月，突厥佗钵可汗请和于周，周主以赵王招女为千金公主，妻之。且命执送高绍义，佗钵不从。

十二年夏六月，周遣建威侯贺若谊赂佗钵可汗，且说之以求高绍义。佗钵伪与绍义猎于南境，使谊执之。谊，敦之弟也。秋七月甲申，绍义至长安，徙之蜀。久之，病死于蜀。

杨坚篡周

陈临海王光大二年秋七月壬寅，周随桓公杨忠卒，子坚袭爵。坚为开府仪同三司。

宣帝太建四年夏四月癸巳，周立皇子鲁公赟为太子，大赦。

五年秋九月壬午，周太子赟纳妃杨氏。妃，大将军随公坚之女也。太子好昵近小人，左宫正宇文孝伯言于周主曰："皇太子四海所属，而德声未闻，臣忝宫官，实当其责。且春秋尚少，志业未成，请妙选正人，为其师友，调护圣质，犹望日就月将。如或不然，悔无及矣。"帝敛容曰："卿世载鲠直，竭诚所事。观卿此言，有家风矣。"孝伯拜谢曰："非言之难，受之难也。"帝曰："正人岂复过卿。"于是以尉迟运为右宫正。运，迥之弟子也。

帝尝问万年县丞南阳乐运曰："卿言太子何如人？"对曰："中人。"帝顾谓齐公宪曰："百官佞我，皆称太子聪明睿智。唯运所言忠直耳。"因问运中人之状，对曰："如齐桓公是也。管仲相之则霸，竖貂辅之则乱，可与为善，可与为恶。"帝曰："我知之矣。”乃妙选宫官以辅之，仍擢运为京兆丞。太子闻之，意甚不悦。

七年。大将军杨坚姿相奇伟。畿伯下大夫长安来和尝谓坚曰：“公眼如曙星，无所不照，当王有天下。愿忍诛杀。”

周主待坚素厚。齐王宪言于帝曰：“普六茹坚，相貌非常，臣每见之，不觉自失。恐非人下，请早除之。”帝亦疑之，以问来和。和诡对曰：“随公止是守节人，可镇一方，若为将领，阵无不破。”

八年秋八月，周太子伐吐谷浑，至伏俟城而还。宫尹郑译、王端等，皆有宠于太子。太子在军中多失德，译等皆预焉。军还，王轨等言之于周主。周主怒，杖太子及译等，仍除译等名，宫官亲幸者咸被谴。太子复召译，戏狎如初。译因曰：“殿下何时可得据天下？”太子悦，益昵之。译，俨之兄孙也。

周主遇太子甚严，每朝见，进止与群臣无异，虽隆寒、盛暑，不得休息。以其嗜酒，禁酒不得至东宫。有过，辄加捶挞。尝谓之曰：“古来太子被废者几人，余儿岂不堪立邪？”乃敕东宫官属录太子言语动作，每月奏闻。太子畏帝威严，矫情修饰，由是过恶不上闻。

王轨尝与小内史贺若弼言：“太子必不克负荷。”弼深以为然，劝轨陈之。轨后因侍坐，言于帝曰：“皇太子仁孝无闻，恐不了陛下家事。愚臣短暗，不足可信。陛下恒以贺若弼有文武奇才，亦常以此为忧。”帝以问弼，对曰：“皇太子养德春宫，未闻有过。”既退，轨让弼曰：“平生言论，无所不道，今者对扬，何得乃尔反覆？”弼曰：“此公之过也。太子国之储副，岂易发言。事有蹉跌，便至灭族。本谓公密陈臧否，何得遂至昌言？”轨默然久之，乃曰：“吾专心国家，遂不存私计。向者对众，良实非宜。”

后轨因内宴上寿，捋帝须曰："可爱好老公，但恨后嗣弱耳。"先是，帝问右宫伯宇文孝伯曰："吾儿比来何如？"对曰："太子比惧天威，更无过失。"罢酒，帝责孝伯曰："公常语我云，太子无过，今轨有此言，公为诳矣。"孝伯再拜曰："臣闻父子之际，人所难言。臣知陛下不能割慈忍爱，遂尔结舌。"帝知其意，默然久之，乃曰："朕已委公矣，公其勉之。"

王轨骤言于帝曰："皇太子非社稷主。普六茹坚貌有反相。"帝不悦，曰："必天命有在，将若之何？"杨坚闻之，甚惧，深自晦匿。

帝深以轨等言为然，但汉王赞次长，又不才，余子皆幼，故得不废。

十年夏五月癸巳，帝不豫。六月丁酉朔，帝疾甚，还长安，是夕殂，年三十六。

戊戌，太子即位，尊皇后阿史那氏为皇太后。宣帝始立，即逞奢欲。大行在殡，曾无戚容，扪其杖痕，大骂曰："死晚矣！"阅视高祖宫人，逼为淫欲。超拜吏部下大夫郑译为开府仪同大将军、内史中大夫，委以朝政。

己未，葬武皇帝于孝陵，庙号高祖。既葬，诏内外公除帝及六宫，皆议即吉。京兆郡丞乐运上疏，以为"葬期既促，事讫即除，太为汲汲"。帝不从。

帝以齐炀王宪属尊望重，忌之。谓宇文孝伯曰："公能为朕图齐王，当以其官相授。"孝伯叩头曰："先帝遗诏，不许滥诛骨肉。齐王，陛下之叔父，功高德茂，社稷重臣。陛下若无故害之，臣又顺旨曲从，则臣为不忠之臣，陛下为不孝之子矣。"帝不怿，由是疏之。乃与开府仪同大将军于智、郑译等密谋之，使智就宅候宪，因告宪有异谋。

甲子，帝遣宇文孝伯语宪，欲以宪为太师，宪辞让。又使孝伯召宪曰："晚与诸王俱入。"既至殿门，宪独被引进。帝先伏壮士于别室，至，即执之。宪自辨理，帝使于智证宪，宪目光如炬，与智相质。或谓宪曰："以王今日事势，何用多言？"宪曰："死生有命，宁复图存，但老母在堂，恐留兹恨耳。"因掷笏于地。遂缢之。帝召宪僚属，使证成宪罪。参军勃海李纲誓之以死，终无桡辞。有司以露车载宪尸而出，故吏皆散，唯李纲抚棺号恸，躬自瘗之，哭拜而去。

又杀上大将军王兴、上开府仪同大将军独孤熊、开府仪同大将军豆卢绍，皆素与宪亲善者也。帝既诛宪而无名，乃云与兴等谋反，时人谓之"伴死"。以于智为柱国，封齐公以赏之。

闰月乙亥，周主立妃杨氏为皇后。秋七月壬戌，以亳州总管杨坚为上柱国、大司马。

十一年春正月癸巳，周主受朝于露门，始与群臣服汉、魏衣冠。大赦，改元大成。置四辅官，以大冢宰越王盛为大前疑，相州总管蜀公尉迟迥为大右弼，申公李穆为大左辅，大司马随公杨坚为大后承。

周主之初立也，以高祖刑书要制为太重而除之，又数行赦宥。京兆郡丞乐运上疏，以为："虞书所称'眚灾肆赦'，谓过误为害，当缓赦之。吕刑云'五刑之疑有赦'，谓刑疑从罚，罚疑从免也。谨寻经典，未有罪无轻重，溥天大赦之文。大尊岂可数施非常之惠，以肆奸宄之恶乎？"帝不纳。既而民轻犯法，又自以奢淫多过失，恶人规谏，欲为威虐，慑服群下。乃更为刑经圣制，用法益深，大醮于正武殿，告天而行之。密令左右伺察群臣，小有过失，辄行诛谴。

又居丧才逾年，即恣声乐，鱼龙百戏，常陈殿前，累日继夜，不知休息。多聚美女以实后宫，增置位号，不可详录。游宴沉湎，或旬日不出，群臣请事者，皆因宦者奏之。于是乐运舆榇诣朝堂，陈帝八失：其一，以为："大尊比来事多独断，不参诸宰辅，与众共之。"其二，"搜美女以实后宫，仪同以上女不许辄嫁，贵贱同怨。"其三，"大尊一入后宫，数日不出，所须闻奏，多附宦者。"其四，"下诏宽刑，未及半年，更严前制。"其五，"高祖斫雕为朴，崩未逾年，而遽穷奢丽。"其六，"徭赋下民，以奉俳优、角抵。"其七，"上书字误者即治其罪，杜献书之路。"其八，"玄象垂诫，不能咨诹善道，修布德政。""若不革兹八事，臣见周庙不血食矣。"帝大怒，将杀之。朝臣恐惧，莫有救者。内史中大夫洛阳元岩叹曰："臧洪同死，人犹愿之，况比干乎？若乐运不免，吾将与之俱毙。"乃诣阁请见，曰："乐运不顾其死，欲以求名，陛下不如劳而遣之，以广圣度。"帝颇感悟。明日，召运谓曰："朕昨夜思卿所奏，实为忠臣。"赐御食而罢之。

癸卯，周立皇子阐为鲁王。戊午，周主至洛阳，立鲁王阐为皇太子。

二月，周徐州总管王轨闻郑译用事，自知及祸，谓所亲曰："吾昔在先朝，实申社稷至计，今日之事，断可知矣。此州控带淮南，邻接强寇，欲为身计，易如反掌。但忠义之节不可亏违，况荷先帝厚恩，岂可以获罪于嗣主，遽忘之邪！正可于此待死，冀千载之后，知吾此心耳。"

周主从容问译曰："我脚杖痕，谁所为也？"对曰："事由乌丸轨、宇文孝伯。"因言轨捋须事。帝使内史杜庆信就州杀轨，元岩不肯署诏。御正中大夫颜之仪切谏，帝不听，岩进继之，脱巾顿颡，三拜三进。帝曰："汝欲党乌丸轨邪？"岩曰："臣非党轨，正恐滥诛失天下之望。"帝怒，使阉竖搏其面。轨遂死，岩亦废于家。远近知与不知，皆为轨流涕。之仪，之推之弟也。

周主之为太子也，上柱国尉迟运为宫正，数进谏，不用。又与王轨、宇文孝伯、宇文神举皆为高祖所亲待，太子疑其同毁己。及轨死，运惧，私谓孝伯曰："吾徒必不免祸，为之奈何？"孝伯曰："今堂上有老母，地下有武帝，为臣为子，知欲何之？且委质事人，本徇名义，谏而不入，死焉可逃！足下若为身计，宜且远之。"于是运求出为秦州总管。他日，帝托以齐王宪事让孝伯曰："公知齐王谋反，何以不言？"对曰："臣(不)知齐王忠于社稷，为群小所谮，言必不用，所以不言。且先帝付嘱微臣，唯令辅导陛下。今谏而不从，实负顾托。以此为罪，是所甘心。"帝大惭，俯首不语，命将出，赐死于家。

时宇文神举为并州刺史，帝遣使就州酖杀之。尉迟运至秦州，亦以忧死。

辛巳，周宣帝传位于太子阐，大赦，改元大象。自称天元皇帝，所居称天台，冕二十四旒，车服旗鼓皆倍于前王之数。皇帝称正阳宫，置纳言、御正、诸卫等官，皆准天台。尊皇太后为天元皇太后。

天元既传位，骄侈弥甚，务自尊大，无所顾惮，国之仪典，率情变更。每对臣下自称为"天"，用樽、彝、珪、瓒以饮食，令群臣朝天台者致斋三日，清身一日。既自比上帝，不欲群臣同己，常自带绶，及冠通天冠，加金附蝉，顾见侍臣弁上有金蝉及王公有绶者，并令去之。不听人有"天"、"高"、"上"、"大"之称，官名有犯，皆改之。改姓高者为姜，九族称“高祖”者为“长祖”。又令天下车皆以浑木为轮。禁天下妇人不得施粉黛，自非宫人，皆黄眉墨妆。

每召侍臣论议，唯欲兴造变革，未尝言及政事。游戏无常，出入不节，羽仪仗卫，晨出夜还，陪侍之官，皆不堪命。自公卿以下，常被楚挞。每捶人皆以百二十为度，谓之“天杖”；其后又加至二百四十，宫人内职亦如之。后、妃、嫔、御虽被宠幸，亦多杖背。于是内外恐怖，人不自安，皆求苟免，莫有固志，重足累息，以逮于终。

夏五月辛亥，以襄国郡为赵国，济南郡为陈国，武当、安富二郡为越国，上党郡为代国，新野郡为滕国，邑各万户，令赵王招、陈王纯、越王盛、代王达、滕王逌并之国。

随公杨坚私谓大将军汝南公庆曰：“天元实无积德，视其相貌，寿亦不长。又诸藩微弱，各令就国，曾无深根固本之计，羽翮既翦，何能及远哉！”秋七月庚寅，周以杨坚为大前疑。

己酉，周尊天元帝太后李氏为天皇太后。壬子，改天元皇后朱氏为天皇后，立妃元氏为天右皇后，陈氏为天左皇后，凡四后云。

十二年春二月乙丑，周天元改制为天制，敕为天敕。壬午，尊天元皇太后为天元上皇太后，天皇太后为天元圣皇太后。癸未，诏杨后与三后皆称“太皇后”，司马后直称“皇后”。

行军总管杞公亮，天元之从祖兄也。其子西阳公温妻尉迟氏，蜀公迥之孙，有美色，以宗妇入朝，天元饮之酒，逼而淫之。亮闻之，惧。三月，军还至豫州，密谋袭韦孝宽并其众，推诸父为主，鼓行而西。亮国官茹宽知其谋，先告孝宽，孝宽潜设备。亮夜将数百骑袭孝宽营，不克而走。戊子，孝宽追斩之，温亦坐诛。天元即召其妻入宫，拜长贵妃。时周师寇淮南，韦孝宽为行军元帅。

周天元如同州，增候正、前驱、式道为三百六十重，自应门至于赤岸泽，数十里间，幡旗相蔽，音乐俱作。又令虎贲持钑马上，称警跸。乙未，改同州宫为成天宫。庚子，还长安。诏天台侍卫之官，皆着五色及红、紫、绿衣，以杂色为缘，名曰"品色衣"，有大事，与公服间服之。壬寅，诏内外命妇皆执笏，其拜宗庙及天台皆俯伏如男子。

天元将立五皇后，以问小宗伯狄道辛彦之。对曰："皇后与天子敌体，不宜有五。"太学博士西城何妥曰："昔帝喾四妃，虞舜二妃，先代之数，何常之有。"帝大悦，免彦之官。甲辰，诏曰："坤仪比德，土数惟五，四太皇后外，可增置天中太皇后一人。"于是以陈氏为天中太皇后，尉迟妃为天左太皇后。又造下帐五，使五后各居其一，实宗庙祭器于前，自读祝版而祭之。又以五辂载妇人，自帅左右步从。又好倒悬鸡及碎瓦于车上，观其号呼以为乐。

夏五月，周杨后性柔婉，不妒忌，四皇后及嫔、御等咸爱而仰之。天元昏暴滋甚，喜怒乖度，尝谴后，欲加之罪。后进止详闲，辞色不挠，天元大怒，遂赐后死，逼令引诀。后母独孤氏诣阁陈谢，叩头流血，然后得免。

后父前大疑坚，位望隆重，天元忌之。尝因忿谓后曰："必族灭尔家！"因召坚，谓左右曰："色动，即杀之。"坚至，神明自若，乃止。内史上大夫郑译与坚少同学，奇坚相表，倾心相结。坚既为帝所忌，情不自安，尝在永巷私于译曰："久愿出藩，公所悉也，愿少留意。"译曰:"以公德望,天下归心。欲求多福,岂敢忘也。谨即言之。"

天元将遣译入寇,译请元帅。天元曰:"卿意如何?"对曰:"若定江东,自非懿戚重臣,无以镇抚。可令随公行,且为寿阳总管以督军事。"天元从之。己丑,以坚为扬州总管,使译发兵会寿阳。将行,会坚暴有足疾,不果行。

甲午夜,天元备法驾,幸天兴宫。乙未,不豫而还。小御正博陵刘昉素以狡谄得幸于天元,与御正中大夫颜之仪并见亲信。天元召昉、之仪入卧内,欲属以后事,天元喑,不复能言。昉见静帝幼冲,以杨坚后父有重名,遂与领内史郑译、御饰大夫柳裘、内史大夫杜陵韦谟、御正下士朝那皇甫绩谋引坚辅政。坚固辞,不敢当。昉曰:"公若为,速为之;不为,昉自为也。"坚乃从之,称受诏居中侍疾。裘,惔之孙也。

是日,帝殂,秘不发丧。昉、译矫诏以坚总知中外兵马事。颜之仪知非帝旨,拒而不从。昉等草诏署讫,逼之仪连署,之仪厉声曰:"主上升遐,嗣子冲幼,阿衡之任,宜在宗英。方今赵王最长,以亲以德,合膺重寄。公等备受朝恩,当思尽忠报国,奈何一旦欲以神器假人?之仪有死而已,不能诬罔先帝。"昉等知不可屈,乃代之仪署而行之。诸卫既受敕,并受坚节度。

坚恐诸王在外生变,以千金公主将适突厥为辞,征赵、陈、越、代、滕五王入朝。坚索符玺,颜之仪正色曰:"此天子之物,自有主者,宰相何故索之?"坚大怒,命引出,将杀之,以其民望,出为西边郡守。

丁未,发丧。静帝入居天台,罢正阳宫。大赦。停洛阳宫作。庚戌,尊阿史那太后为太皇太后,李太后为太帝太后,杨后为皇太后，朱后为帝太后，其陈后、元后、尉迟后并为尼。以汉王赞为上柱国、右大丞相，尊以虚名，实无所综理。以杨坚为假黄钺、左大丞相，秦王贽为上柱国。百官总己以听于左丞相。

坚初受顾命，使邗国公杨惠谓御正下大夫李德林曰："朝廷赐令总文武事，经国任重。今欲与公共事，必不得辞。"德林曰："愿以死奉公。"坚大喜。始，刘昉、郑译议以坚为大冢宰，译自摄大司马，昉又求小冢宰。坚私问德林曰："欲何以见处？"德林曰："宜作大丞相、假黄钺、都督中外诸军事，不尔，无以压众心。"及发丧，即依此行之。以正阳宫为丞相府。

时众情未壹，坚引司武上士卢贲置左右。将之东宫，百官皆不知所从。坚潜令贲部伍仗卫，因召公卿谓曰："欲求富贵者宜相随。"往往偶语，欲有去就，贲严兵而至，众莫敢动。出崇阳门，至东宫，门者拒不纳。贲谕之，不去，瞋目叱之，门者遂却，坚入。贲遂典丞相府宿卫。贲，辩之弟子也。以郑译为丞相府长史，刘昉为司马，李德林为府属。二人由是怨德林。

内史下大夫勃海高颎，明敏有器局，习兵事，多计略，坚欲引之入府，遣杨惠谕意。颎承旨，欣然曰："愿受驱驰。纵令公事不成，颎亦不辞灭族。"乃以为相府司录。

时汉王赞居禁中，每与静帝同帐而坐。刘昉饰美妓进赞，赞甚悦之。昉因说赞曰："大王，先帝之弟，时望所归，孺子幼冲，岂堪大事。今先帝初崩，群情尚扰，王且归第，待事宁后，入为天子，此万全计也。"赞年少，性识庸下，以为信然，遂从之。

坚革宣帝苛酷之政，更为宽大，删略旧律，作刑书要制，奏而行之。躬履节俭，中外悦之。

坚夜召太史中大夫庾季才，问曰："吾以庸虚，受兹顾命。天时人事,卿以为何如?”季才曰:“天道精微,难可意察。窃以人事卜之,符兆已定。季才纵言不可,公岂复得为箕、颍之事乎?”坚默然久之,曰:“诚如君言。”独孤夫人亦谓坚曰:“大事已然,骑虎之势,必不得下,勉之。”

坚以相州总管尉迟迥位望素重,恐有异图,使迥子魏安公惇奉诏书召之会葬。壬子,以上柱国韦孝宽为相州总管,又以小司徒叱列长义为相州刺史,先命赴邺,孝宽续进。

陈王纯时镇齐州,坚使门正上士崔彭征之。彭以两骑往止传舍,遣人召纯。纯至,彭请屏左右,密有所道,遂执而锁之,因大言曰:“陈王有罪,诏征入朝,左右不得辄动!”其从者愕然而去。彭,楷之孙也。六月,五王皆至长安。

周尉迟迥知丞相坚将不利于帝室,谋举兵讨之。韦孝宽至朝歌,迥遣其大都督贺兰贵赍书候韦孝宽。孝宽留贵与语以审之,疑其有变,遂称疾徐行。又使人至相州求医药,密以伺之。孝宽兄子艺为魏郡守,迥遣艺迎孝宽。孝宽问迥所为,艺党于迥,不以实对。孝宽怒,将斩之,艺惧,悉以迥谋语孝宽。孝宽携艺西走,每至亭驿,尽驱传马而去,谓驿司曰:“蜀公将至,宜速具酒食。”迥寻遣仪同大将军梁子康将数百骑追孝宽,追者至驿,辄逢盛馔,又无马,遂迟留不进。孝宽与艺由是得免。

坚又令候正破六韩裒诣迥谕旨,密与总管府长史晋昶等书,令为之备。迥闻之,杀昶及裒,集文武士民,登城北楼令之曰:“杨坚藉后父之势,挟幼主以作威福,不臣之迹,暴于行路。吾与国舅甥,任兼将相,先帝处吾于此,本欲寄以安危。今欲与卿等纠合义勇,以匡国庇民,何如?”众咸从命。迥乃自称大总管,承制置官司。时赵王招入朝,留少子在国,迥奉以号令。

甲子，坚发关中兵，以韦孝宽为行军元帅，郕公梁士彦、乐安公元谐、化政公宇文忻、濮阳公武川宇文述、武乡公崔弘度、清河公杨素、陇西公李询等皆为行军总管，以讨迥。弘度，楷之孙；询，穆之兄子也。

初，宣帝使计部中大夫杨尚希抚慰山东，至相州，闻宣帝殂，与尉迟迥发丧。尚希出，谓左右曰："蜀公哭不哀而视不安，将有他计。吾不去，惧及于难。"遂夜从捷径而遁。迟明，迥觉，追之不及，遂归长安。坚遣尚希督宗兵三千人镇潼关。

雍州牧毕剌王贤与五王谋杀坚，事泄，坚杀贤并其三子，掩五王之谋不问，以秦王贽为大冢宰，杞公椿为大司徒。庚子，以柱国梁睿为益州总管。

周青州总管尉迟勤，迥之弟子也。初得迥书，表送之，寻亦从迥。迥所统相、卫、黎、洺、贝、赵、冀、瀛、沧，勤所统青、齐、胶、光、莒等州皆从之，众数十万。荥州刺史邵公胄、申州刺史李惠、东楚州刺史费也利进、潼州刺史曹孝远各据本州，徐州总管司录席毗罗据兖州，前东平郡守毕义绪据兰陵，皆应迥。怀县永桥镇将纥豆陵惠以城降迥。迥使其所署大将军石逊攻建州，建州刺史宇文弁以州降之。又遣西道行台韩长业攻拔潞州，执刺史赵威，署城人郭子胜为刺史。纥豆陵惠袭陷钜鹿，遂围恒州。上大将军宇文威攻汴州，莒州刺史乌丸尼等帅青、齐之众围沂州。大将军檀让攻拔曹、亳二州，屯兵梁郡。席毗罗众号八万，军于蕃城，攻陷昌虑、下邑。李惠自申州攻永州，拔之。

迥遣使招大左辅并州刺史李穆，穆锁其使，封上其书。穆子士荣以穆所居天下精兵处，阴劝穆从迥，穆深拒之。坚使内史大夫柳裘诣穆为陈利害，又使穆子左侍上士浑往布腹心。穆使浑奉尉斗于坚曰："愿执威柄以尉安天下。"又以十三镮金带遗坚。十三环金带者，天子之服也。坚大悦，遣浑诣韦孝宽述穆意。穆兄子崇为怀州刺史，初欲应迥。后知穆附坚，慨然太息曰："阖家富贵者数十人，值国有难，竟不能扶倾继绝，复何面目处天地间乎！"不得已，亦附于坚。迥子谊为朔州刺史，穆执送长安。又遣兵讨郭子胜，擒之。

迥招徐州总管源雄、东郡守于仲文，皆不从。雄，贺之曾孙；仲文，谨之孙也。迥遣宇文胄自石济，宇文威自白马济河，二道攻仲文。仲文弃郡走还长安，迥杀其妻子。迥遣檀让徇地河南，丞相坚以仲文为河南道行军总管，使诣洛阳发兵讨让，命杨素讨宇文胄。

丁未，周以丞相坚都督中外诸军事。

郧州总管司马消难亦举兵应迥。己酉，周以柱国王谊为行军元帅以讨消难。

广州刺史于顗，仲文之兄也，与总管赵文表不协。诈得心疾，诱文表，手杀之，因昌言文表与尉迟迥通谋。坚以迥未平，因劳勉之，即拜吴州总管。

赵僭王招谋杀坚，邀坚过其第，坚赍酒肴就之。招引入寝室，招子员、贯及妃弟鲁封等皆在左右，佩刀而立，又藏刃于帷席之间，伏壮士于室后。坚左右皆不得从，唯从祖弟开府仪同大将军弘、大将军元胄坐于户侧。胄，顺之孙也。弘、胄皆有勇力，为坚腹心。酒酣，招以佩刀刺瓜连啖坚，欲因而刺之。元胄进曰："相府有事，不可久留。"招诃之曰："我与丞相言，汝何为者！"叱之使却。胄瞋目愤气，扣刀入卫。招赐之酒，曰："吾岂有不善之意邪？卿何猜警如是！"招伪吐，将入后阁，胄恐其为变，扶令上坐，如此再三。招称喉干，命胄就厨取饮，胄不动。会滕王逌后至，坚降阶迎之。胄耳语曰："事势大异，可速去。"坚曰："彼无兵马，何能为？"胄曰："兵马皆彼物，彼若先发，大事去矣。胄不辞死，恐死无益。"坚复入坐。胄闻室后有被甲声，遽请曰："相府事殷，公何得如此。"因扶坚下床趋去。招将追之，胄以身蔽户，招不得出。坚及门，胄自后至。招恨不时发，弹指出血。壬子，坚诬招与越野王盛谋反，皆杀之，及其诸子。赏赐元胄，不可胜计。周室诸王数欲伺隙杀坚，都督临泾李圆通常保护之，由是得免。

周韦孝宽军至永桥城，诸将请先攻之，孝宽曰："城小而固，若攻而不拔，损我兵威。今破其大军，此何能为？"于是引军壁于武陟。尉迟迥遣其子魏安公惇帅众十万入武德，军于沁东。会沁水涨，孝宽与迥隔水相持不进。

孝宽长史李询密启丞相坚云："梁士彦、宇文忻、崔弘度并受尉迟迥饷金，军中慅慅，人情大异。"坚深以为忧，与内史上大夫郑译谋代此三人者。李德林曰："公与诸将皆国家贵臣，未相服从，今正以挟令之威控御之耳。前所遣者疑其乖异，后所遣者安知其能尽腹心邪？又，取金之事，虚实难明。今一旦代之，或惧罪逃逸。若加縻縶，则自郧公以下莫不惊疑。且临敌易将，此燕、赵之所以败也。如愚所见，但遣公一腹心，明于智略，素为诸将所信服者，速至军所，使观其情伪。纵有异意，必不敢动，动亦能制之矣。"坚大悟曰："公不发此言，几败大事。"乃命少内史崔仲方往监诸军，为之节度。仲方，猷之子也，辞以父在山东。又命刘昉、郑译，昉辞以未尝为将，译辞以母老。坚不悦。府司录高颎请行，坚喜，遣之。颎受命亟发，遣人辞母而已。自是坚措置军事，皆与李德林谋之。时军书日以百数，德林口授数人，文意百端，不加治点。

司马消难以郧、随、温、应、土、顺、沔、儇、岳九州及鲁山等八镇来降，遣其子永为质以求援。八月己未，诏以消难为大都督、总督九州八镇诸军事、司空，赐爵随公。庚申，诏镇西将军樊毅进督沔、汉诸军事，南豫州刺史任忠帅众趣历阳，超武将军陈慧纪为前军都督，趣南兖州。

周益州总管王谦亦不附丞相坚，起巴、蜀之兵以攻始州。梁睿至汉川不得进，坚即以睿为行军元帅以讨谦。

梁世宗使中书舍人柳庄奉书入周，丞相坚执庄手曰："孤昔以开府从役江陵，深蒙梁主殊眷。今主幼时艰，猥蒙顾托。梁主奕叶委诚朝廷，当相与共保岁寒。"时诸将竞劝梁主举兵，与尉迟迥连谋，以为"进可以尽节周氏，退可以席卷山南"。梁主疑未决。会庄至，具道坚语，且曰："昔袁绍、刘表、王凌、诸葛诞皆一时雄杰，据要地，拥强兵，然功业莫就，祸不旋踵者，良由魏、晋挟天子，保京都，仗大顺以为名故也。今尉迟迥虽曰旧将，昏耄已甚。司马消难、王谦，常人之下者，非有匡合之才。周朝将相，多为身计，竞效节于杨氏。以臣料之，迥等终当覆灭，随公必移周祚。未若保境息民，以观其变。"梁主深然之，众议遂止。

高颎至军，为桥于沁水。尉迟惇于上流纵火筏，颎豫为土狗以御之。惇布阵二十余里，麾兵小却，欲待孝宽军半渡而击之。孝宽因其却，鸣鼓齐进。军既渡，颎命焚桥，以绝士卒反顾之心。惇兵大败，单骑走，孝宽乘胜进追至邺。

庚午，迥与惇及惇弟西都公祐悉将其卒十三万陈于城南，迥别统万人皆绿巾锦袄，号曰"黄龙兵"。迥弟勤帅众五万，自青州赴迥，以三千骑先至。迥素习军旅，老犹被甲临阵，其麾下兵皆关中人，为之力战。孝宽等军不利而却。邺中士民观战者数万人，行军总管宇文忻曰："事急矣，吾当以诡道破之。"乃先射观者，观者皆走，转相腾藉，声如雷霆。忻乃传呼曰："贼败矣！"众复振，因其扰而乘之，迥军大败，走保邺城。孝宽纵兵围之，李询及思安伯代人贺娄子干先登。

崔弘度妹，先适迥子为妻，及邺城破，迥窘迫升楼，弘度直上龙尾追之。迥弯弓，将射弘度，弘度脱兜鍪谓迥曰："颇相识不？今日各图国事，不得顾私。以亲戚之情，谨遏乱兵，不许侵辱。事势如此，早为身计，何所待也？"迥掷弓于地，骂左丞相极口而自杀。弘度顾其弟弘升曰："汝可取迥头。"弘升斩之。军士在小城中者，孝宽尽坑之。勤、惇、祐东走青州，未至，开府仪同大将军郭衍追获之。丞相坚以勤初有诚款，特不之罪。李惠先自缚归罪，坚复其官爵。

迥末年衰耄，及起兵，以小御正崔达拏为长史。达拏，暹之子也，文士无筹略，举措多失，凡六十八日而败。

于仲文军至蓼堤，去梁郡七里。檀让拥众数万，仲文以羸师挑战而伪北，让不设备，仲文还击，大破之，生获五千余人，斩首七百级。进攻梁郡，迥守将刘子宽弃城走。仲文进击曹州，获迥所署刺史李仲康。檀让以余众屯成武，仲文袭击，破之，遂拔成武。迥将席毗罗众十万，屯沛县，将攻徐州。其妻子在金乡，仲文遣人诈为毗罗使者，谓金乡城主徐善净曰："檀让明日午时至金乡，宣蜀公令，赏赐将士。"金乡人皆喜。仲文简精兵伪建迥旗帜，倍道而进。善净望见，以为檀让，出迎谒。仲文执之，遂取金乡。诸将多劝屠其城，仲文曰："此城乃毗罗起兵之所，当宽其妻子，其兵自归。如即屠之，彼望绝矣。”众皆称善。于是毗罗恃众来薄官军，仲文设伏击之，毗罗军大溃，争投洙水死，水为之不流。获檀让，槛送京师。斩毗罗，传首。

韦孝宽分兵讨关东叛者，悉平之。坚徙相州于安阳，毁邺城及邑居。分相州置毛州、魏州。

梁主闻迥败，谓柳庄曰："若从众人之言，社稷已不守矣。"

丞相坚之初得政也，待黄公刘昉、沛公郑译甚厚，赏赐不可胜计，委以心膂，言无不从，朝野倾属，称为"黄、沛"。二人皆恃功骄恣，溺于财利，不亲职务。及辞监军，坚始疏之，恩礼渐薄。高颎自军所还，宠遇日隆。时王谦、司马消难未平，坚忧之，忘寝与食。而昉逸游纵酒，相府事多遗落。坚乃以高颎代昉为司马，不忍废译，阴敕官属不得白事于译。译犹坐听事，无所关预，惶惧，顿首求解职，坚犹以恩礼慰勉之。

周王谊帅四总管至郧州，司马消难拥其众，以鲁山、甑山二镇来奔。

九月庚戌，以随世子勇为洛州总管、东京小冢宰，总统旧齐之地。壬子，以左丞相坚为大丞相，罢左、右丞相之官。

冬十月，周丞相坚杀陈惑王纯及其子。周梁睿将步骑二十万讨王谦。谦分命诸将据险拒守，睿奋击，屡破之，蜀人大骇。谦遣其将达奚惎、高阿那肱、乙弗虔等帅众十万攻利州，堰江水以灌之。城中战士不过二千，总管昌黎豆卢勣昼夜拒守，凡四旬，时出奇兵击惎等，破之。会梁睿至，惎等遁去。睿自剑阁入，进逼成都。谦令达奚惎、乙弗虔城守，亲帅精兵五万，背城结阵。睿击之，谦战败，将入城，惎、虔以城降。谦将麾下三十骑走新都，新都令王宝执之。戊寅，睿斩谦及高阿那肱，剑南平。

十二月甲子，周以大丞相坚为相国，总百揆，去都督中外、大冢宰之号，进爵为王，以安陆等二十郡为随国。赞拜不名，备九锡之礼。坚受王爵、十郡而已。

十三年春二月甲寅，隋王始受相国、百揆、九锡之命，建台，置官。丙辰，诏进王妃独孤氏为王后，世子勇为太子。开府仪同大将军庾季才劝隋王宜以今月甲子应天受命。太傅李穆、开府仪同大将军卢贲亦劝之。于是周主下诏，逊居别宫。甲子，命兼太傅杞公椿奉册，大宗伯赵煚奉皇帝玺绂，禅位于隋。隋王冠远游冠，受册玺，改服纱帽、黄袍，入御临光殿，服衮冕，如元会之仪。大赦，改元开皇。命有司奉册祀于南郊。遣少冢宰元孝矩代太子勇镇洛阳。孝矩名矩，以字行，天赐之孙也，女为太子妃。

少内史崔仲方劝隋主除周六官，依汉、魏之旧，从之。置三师、三公及尚书、门下、内史、秘书、内侍五省，御史、都水二台，太常等十一寺，左、右卫等十二府，以分司统职。又置上柱国至都督十一等勋官，以酬勤劳，特进至朝散大夫七等散官，以加文武官之有德声者。改侍中为纳言。以相国司马高颎为尚书左仆射，兼纳言，相国司录京兆虞庆则为内史监，兼吏部尚书，相国内郎李德林为内史令。

乙丑，追尊皇考为武元皇帝，庙号太祖，皇妣吕氏为元明皇后。丙寅，修庙、社。立王后独孤氏为皇后，王太子勇为皇太子。丁卯，以大将军赵煚为尚书右仆射。己巳，封周静帝为介公，周氏诸王皆降爵为公。

初，刘、郑矫诏以隋主辅政，杨后虽不预谋，然以嗣主幼冲，恐权在他族，闻之甚喜。后知其父有异图，意颇不平，形于言色。及禅位，愤惋逾甚。隋主内甚愧之，改封乐平公主。久之，欲夺其志，公主誓不许，乃止。

隋主与周载下大夫北平荣建绪有旧，隋主将受禅，建绪为息州刺史，将之官，隋主谓曰："且踌躇，当共取富贵。"建绪正色曰："明公此旨，非仆所闻。"及即位来朝，帝谓之曰："卿亦悔不？"建绪稽首曰："臣位非徐广，情类杨彪。"帝笑曰："朕虽不晓书语，亦知卿此言不逊。"

上柱国窦毅之女闻隋受禅，自投堂下，抚膺太息曰："恨我不为男子，救舅氏之患！"毅及襄阳公主掩其口，曰："汝勿妄言，灭吾族。"毅由是奇之。及长，以适唐公李渊。渊，昞之子也。

虞庆则劝隋主尽灭宇文氏，高颎、杨惠亦依违从之。李德林固争，以为不可。隋主作色曰："君书生，不足与议此。"于是周太祖孙谯公乾恽、冀公绚、闵帝子纪公湜、明帝子酆公贞、宋公实、高祖子汉公赞、秦公贽、曹公允、道公充、蔡公兑、荆公元、宣帝子莱公衎、郢公术皆死。德林由是品位不进。

五月，隋主潜害周静帝，葬于恭陵，以其族人洛为嗣。

始兴王谋逆

陈宣帝太建十三年冬十二月，始兴王叔陵，太子之次弟也，与太子异母，母曰彭贵人。叔陵为江州刺史，性苛刻狡险。新安王伯固以善谐谑，有宠于上及太子，叔陵疾之，阴求其过失，欲中之以法。叔陵入为扬州刺史，事务多关涉。省阁执事，承意顺旨，即讽上进用之，微致违忤，必抵以大罪，重者至殊死。伯固惮之，乃谄求其意。叔陵好发古冢，伯固好射雉，常相从郊野，大相款狎，因密图不轨。伯固为侍中，每得密语，必告叔陵。

十四年春正月己酉，上不豫，太子与始兴王叔陵、长沙王叔坚并入侍疾。叔陵阴有异志，命典药吏曰："切药刀甚钝，可砺之。"甲寅，上殂。仓猝之际，叔陵命左右于外取剑。左右弗悟，取朝服、木剑以进，叔陵怒。叔坚在侧，闻之，疑有变，伺其所为。乙卯，小敛，太子哀哭俯伏。叔陵抽剉药刀斫太子，中项，太子闷绝于地。母柳皇后走来救之，又斫后数下。乳媪吴氏自后掣其肘，太子乃得起。叔陵持太子衣，太子自奋得免。叔坚手搤叔陵，夺去其刀，仍牵就柱，以其褶袖缚之。时吴媪已扶太子避贼，叔坚求太子所在，欲受生杀之命。叔陵多力，奋袖得脱，突走出云龙门，驰车还东府。召左右断青溪道，赦东城囚以充战士，散金帛赏赐，又遣人往新林追其所部兵。仍自被甲，著白布帽，登城西门，招募百姓。又召诸王将帅，莫有至者，唯新安王伯固单马赴之，助叔陵指挥。叔陵兵可千人，欲据城自守。

时众军并缘江防守，台内空虚。叔坚白柳后，使太子舍人河内司马申以太子命召右卫将军萧摩诃入见，受敕，帅马步数百趣东府，屯城西门。叔陵惶恐，遣记室韦谅送其鼓吹与摩诃，谓之曰："事捷，必以公为台鼎。"摩诃绐报之曰："须王心膂节将自来，方敢从命。"叔陵遣其所亲戴温、谭骐驎诣摩诃，摩诃执以送台，斩其首，徇东城。

叔陵自知不济，入内，沉其妃张氏及宠妾七人于井，帅步骑数百自小航渡，欲趣新林，乘舟奔隋。行至白杨路，为台军所邀。伯固见兵至，旋避入巷，叔陵驰骑拔刃追之，伯固复还，叔陵部下多弃甲溃去。摩诃马容陈智深迎刺叔陵僵仆，陈仲华就斩其首，伯固为乱兵所杀，自寅至巳乃定。叔陵诸子并赐死，伯固诸子宥为庶人。韦谅及前衡阳内史彭暠、谘议参军兼记室郑信、典签俞公喜并伏诛。翯，叔陵舅也。信、谅有宠于叔陵，常参谋议。谅，粲之子也。丁巳，太子即皇帝位，大赦。

癸亥，以长沙王叔坚为骠骑将军、开府仪同三司、扬州刺史；萧摩诃为车骑将军、南徐州刺史，封绥远公；始兴王叔陵家金帛累巨万，悉以赐之。以司马申为中书通事舍人。

乙丑，尊皇后为皇太后。时帝病创，卧承香殿，不能听政。太后居柏梁殿，百司众务，皆决于太后，帝创愈乃归政焉。丁卯，封皇弟叔重为始兴王，奉昭烈王祀。秋九月丙午，以长沙王叔坚为司空，将军、刺史如故。

长城公至德元年。初，上病创，不能视事，政无大小，皆决于长沙王叔坚，权倾朝廷。叔坚颇骄纵，上由是忌之。都官尚书山阴孔范、中书舍人施文庆皆恶〔叔〕坚而有宠于上，日夕求其短，构之于上。上乃即叔坚骠骑将军本号，用三司之仪，出为江州刺史，以祠部尚书江总为吏部尚书。秋八月，长沙王叔坚未之江州，复留为司空，实夺之权。冬十二月丙辰，司空长沙王叔坚免。叔坚既失恩，心不自安，乃为厌媚，醮日月以求福。或上书告其事，帝召叔坚，囚于西省，将杀之，令近侍宣敕数之。叔坚对曰："臣之本心，非有他故，但欲求亲媚耳。臣既犯天宪，罪当万死。臣死之日，必见叔陵，愿宣明诏，责之于九泉之下。"帝乃赦之，免官而已。

隋灭陈

陈宣帝太建十三年春，隋主既受周禅，三月戊子，以上开府仪同三司贺若弼为吴州总管，镇广陵；和州刺史河南韩擒虎为庐州总管，镇庐江。隋主有并吞江南之志，问将帅于高颎，颎荐弼与擒虎，故置于南边，使潜为经略。

长城公至德二年。上于光昭殿前起临春、结绮、望仙三阁，各高数十丈，连延数十间，其牕牖、壁带、县楣、栏槛皆以沉、檀为之，饰以金玉，间以珠翠，外施珠帘，内有宝床、宝帐，其服玩瑰丽，近古所未有。每微风暂至，香闻数里。其下积石为山，引水为池，杂植奇花异卉。

上自居临春阁，张贵妃居结绮阁，龚、孔二贵嫔居望仙阁，并复道交相往来。又有王、李二美人，张、薛二淑媛，袁昭仪、何婕妤、江修容并有宠，迭游其上。以宫人有文学者袁大舍等为女学士。仆射江总虽为宰辅，不亲政务，日与都官尚书孔范、散骑常侍王瑳等文士十余人，侍上游宴后庭，无复尊卑之序，谓之"狎客"。上每饮酒，使诸妃嫔及女学士与狎客共赋诗，互相赠答，采其尤艳丽者，被以新声，选宫女千余人习而歌之，分部迭进。其曲有玉树后庭花、临春乐等，大略皆美诸妃嫔之容色。君臣酣歌，自夕达旦，以此为常。

张贵妃名丽华，本兵家女，为龚贵嫔侍儿，上见而说之，得幸，生太子深。贵妃发长七尺，其光可鉴，性敏慧，有神彩，进止闲华，每瞻视眄睐，光采溢目，照映左右。善候人主颜色，引荐诸宫女，后宫咸德之，竞言其善。又有厌魅之术，常置淫祀于宫中，聚女巫鼓舞。上怠于政事，百司启奏，并因宦者蔡脱儿、李善度进请。上倚隐囊，置张贵妃于膝上，共决之。李、蔡所不能记者，贵妃并为条疏，无所遗脱。因参访外事，人间有一言一事，贵妃必先知白之。由是益加宠异，冠绝后庭。宦官近习，内外连结，援引宗戚，纵横不法，卖官、鬻狱，货赂公行。赏罚之命，不出于外。大臣有不从者，因而谮之。于是孔、张之权，熏灼四方，大臣执政，皆从风谄附。

孔范与孔贵嫔结为兄妹。上恶闻过失，每有恶事，孔范必曲为文饰，称扬赞美，由是宠遇优渥，言听计从。群臣有谏者，辄以罪斥之。中书舍人施文庆，颇涉书史，尝事上于东宫，聪敏强记，明闲吏职，心算口占，应时条理，由是大被亲幸。又荐所善吴兴沈客卿、阳惠朗、徐哲、暨慧景等，云有吏能，上皆擢用之，以客卿为中书舍人。客卿有口辩，颇知朝廷典故，兼掌金帛局。旧制，军人、士人并无关市之税。上盛修宫室，穷极耳目，府库虚空，有所兴造，恒苦不给，客卿奏请不问士、庶，并责关市之征，而又增重其旧。于是以阳惠朗为太市令，暨慧景为尚书金、仓都令史。二人家本小吏，考校簿领，豪厘不差。然皆不达大体，督责苛碎，聚敛无厌，士民嗟怨。客卿总督之，每岁所入，过于常格数十倍。上大悦，益以施文庆为知人，尤加亲重，小大众事，无不委任。转相汲引，珥貂蝉者五十人。

孔范自谓文武才能，举朝莫及，从容白上曰："外间诸将，起自行伍，匹夫敌耳。深见远虑，岂其所知。"上以问施文庆，文庆畏范，亦以为然，司马申复赞之。自是将帅微有过失，即夺其兵，分配文吏。夺任忠部曲以配范及蔡征。由是文武解体，以至覆灭。

三年。初，北地傅縡以庶子事上于东宫，及即位，迁秘书监、右卫将军兼中书通事舍人，负才使气，人多怨之。施文庆、沈客卿共谮縡受高丽使金，上收縡下狱。縡于狱中上书曰："夫君人者，恭事上帝，子爱下民，省嗜欲，远谄佞，未明求衣，日旰忘食，是以泽被区宇，庆流子孙。陛下顷来酒色过度，不虔郊庙大神，专媚淫昏之鬼。小人在侧，宦竖弄权，恶忠直若仇雠，视生民如草芥。后宫曳绮绣，厩马余菽粟，百姓流离，僵尸蔽野。货贿公行，帑藏损耗，神怒民怨，众叛亲离。臣恐东南王气，自斯而尽。”书奏，上大怒。顷之，意稍解，遣使谓縡曰：“我欲赦卿，卿能改过不？”对曰：“臣心如面。臣面可改，则臣心可改。”上益怒，令宦者李善庆穷治其事，遂赐死狱中。上每当郊祀，常称疾不行，故縡言及之。

祯明元年。初，隋主受禅以来，与陈邻好甚笃，每获陈谍，皆给衣马礼遣之，而高宗犹不禁侵掠。故太建之末，隋师入寇。会高宗殂，隋主即命班师，遣使赴吊，书称姓名顿首。帝答之益骄，书末云：“想彼统内如宜，此宇宙清泰。”隋主不悦，以示朝臣。上柱国杨素以为“主辱臣死”，再拜请罪。

隋主问取陈之策于高颎，对曰：“江北地寒，田收差晚，江南水田早熟。量彼收获之际，微征士马，声言掩袭，彼必屯兵守御，足得废其农时。彼既聚兵，我便解甲。再三若此，彼以为常，后更集兵，彼必不信。犹豫之顷，我乃济师，登陆而战，兵气益倍。又，江南土薄，舍多茅竹，所有储积，皆非地窖。密遣行人，因风纵火，待彼修立，复更烧之，不出数年，自可财力俱尽。”隋主用其策，陈人始困。

于是杨素、贺若弼及光州刺史高劢、虢州刺史崔仲方等争献平江南之策。仲方上书曰：“今唯须武昌以下，蕲、和、滁、方、吴、海等州，更帖精兵，密营度计。益、信、襄、荆、基、郢等州，速造舟楫，多张形势，为水战之具。蜀、汉二江是其上流，水路冲要，必争之所。贼虽于流头、荆门、延洲、公安、巴陵、隐矶、夏首、蕲口、湓城置船，然终聚汉口、峡口，以水战大决。若贼必以上流有军，令精兵赴援者，下流诸将即须择便横渡。如拥众自卫，上江水军鼓行以前。彼虽恃九江、五湖之险，非德无以为固，徒有三吴、百越之兵，无恩不能自立矣。”隋主以仲方为基州刺史。

及受萧岩等降，隋主益忿，谓高颎曰：“我为民父母，岂可限一衣带水不拯之乎！”命大作战船。人请密之，隋主曰：“吾将显行天诛，何密之有！”使投其柹于江曰：“若彼惧而能改，吾复何求？”

杨素在永安，造大船，名曰“五牙”，上起楼五层，高百余尺，左右前后置六拍竿，并高五十尺，容战士八百人。次曰“黄龙”，置兵百人。自余平乘、舴艋等，各有等差。

晋州刺史皇甫绩将之官，稽首言陈有三可灭。帝问其状，对曰：“大吞小，一也。以有道伐无道，二也。纳叛臣萧岩，于我有词，三也。陛下若命将出师，臣愿展丝发之效。”隋主劳而遣之。

时江南妖异特众，临平湖草久塞，忽然自开。帝恶之，乃自卖于佛寺为奴以厌之。又于建康造大皇寺，起七级浮图，未毕，火从中起而焚之。

吴兴章华，好学，善属文，朝臣以华素无伐阅，竞排诋之，除大市令。华郁郁不得志，上书极谏，略曰：“昔高祖南平百越，北诛逆虏。世祖东定吴会，西破王琳。高宗克复淮南，辟地千里。三祖之功勤亦至矣。陛下即位，于今五年，不思先帝之艰难，不知天命之可畏。溺于嬖宠，惑于酒色，祠七庙而不出，拜三妃而临轩。老臣宿将，弃之草莽，谄佞谗邪，升之朝廷。今疆埸日蹙，隋军压境，陛下如不改弦易张，臣见麋鹿复游于姑苏矣。”帝大怒，即日斩之。先是，隋征梁主入朝，梁叔父安平王岩、弟义兴王瓛来奔。

二年春正月，遣散骑常侍袁雅等聘于隋，又遣散骑常侍九江周罗睺将兵屯峡口，侵隋峡州。三月甲戌，隋遣兼散骑常侍程尚贤等来聘。戊寅，隋下诏曰："陈叔宝据手掌之地，恣溪壑之险，劫夺闾阎，资产俱竭，驱逼内外，劳役弗已。穷奢极侈，俾昼作夜。斩直言之客，灭无罪之家。欺天造恶，祭鬼求恩。盛粉黛而执干戈，曳罗绮而呼警跸。自古昏乱，罕或能比。君子潜逃，小人得志。天灾地孽，物怪人妖。衣冠钳口，道路以目。重以背德违言，摇荡疆埸，昼伏夜游，鼠窃狗盗。天之所覆，无非朕臣，每关听览，有怀伤恻。可出师授律，应机诛殄，在斯一举，永清吴越。"又送玺书暴帝二十恶，仍散写诏书三十万纸，遍谕江外。

冬十月己未，隋置淮南行省于寿春，以晋王广为尚书令。帝遣兼散骑常侍王琬、兼通直散骑常侍许善心聘于隋。隋人留于客馆，琬等屡请还，不听。甲子，隋以出师，有事于太庙。命晋王广、秦王俊、清河公杨素皆为行军元帅。广出六合，俊出襄阳，素出永安，荆州刺史刘仁恩出江陵，蕲州刺史王世积出蕲春，庐州总管韩擒虎出庐州，吴州总管贺若弼出广陵，青州总管弘农燕荣出东海。凡总管九十，兵五十一万八千，皆受晋王节度。东接沧海，西距巴、蜀，旌旗舟楫，横亘数千里。以左仆射高颎为晋王元帅长史，右仆射王韶为司马，军中事皆取决焉。区处支度，无所凝滞。

十一月丁卯，隋主亲饯将士。乙亥，至定城，陈师誓众。十二月，隋军临江。高颎谓行台吏部郎中薛道衡曰："今兹大举，江东必可克乎？"道衡曰："克之。尝闻郭璞有言'江东分王三百年，复与中国合'，今此数将周，一也。主上恭俭勤劳，叔宝荒淫骄侈，二也。国之安危，在所寄任，彼以江总为相，唯事诗酒，拔小人施文庆，委以政事，萧摩诃、任蛮奴为大将，皆一夫之用耳，三也。我有道而大，彼无德而小，量其甲士不过十万，西自巫峡，东至沧海，分之则势悬而力弱，聚之则守此而失彼，四也。席卷之势，事在不疑。”颎忻然曰：“得君言成败之理，令人豁然。本以才学相期，不意筹略乃尔。”

秦王俊督诸军屯汉口，为上流节度。诏以散骑常侍周罗睺都督巴峡缘江诸军事以拒之。杨素引舟师下三峡，军至流头滩。将军戚昕以青龙百余艘、兵数千人守狼尾滩，地势险峭，隋人患之。素曰：“胜负大计，在此一举。若昼日下船，彼见我虚实，滩流迅激，制不由人，则吾失其便。不如以夜掩之。”素亲帅黄龙数千艘衔枚而下，遣开府仪同三司王长袭引步卒自南岸击昕别栅，大将军刘仁恩帅甲骑自北岸趣白沙，迟明而至，击之，昕败走。悉俘其众，劳而遣之，秋毫不犯。素帅水军东下，舟舻被江，旌甲曜日。素坐平乘大船，容貌雄伟，陈人望之皆惧，曰：“清河公即江神也。”江滨镇戍闻隋军将至，相继奏闻，施文庆、沈客卿并抑而不言。

初，上以萧岩、萧瓛，梁之宗室，拥众来奔，心忌之，故远散其众，以岩为东扬州刺史，瓛为吴州刺史，使领军任忠出守吴兴郡，以襟带二州。使南平王嶷镇江州，永嘉王彦镇南徐州。寻召二王赴明年元会，命缘江诸防船舰悉从二王还都，为威势以示梁人之来者。由是江中无一斗船，上流诸州兵皆阻杨素军，不得至。

湘州刺史晋熙王叔文，在职既久，大得人和，上以其据有上流，阴忌之。自度素与群臣少恩，恐不为用，无可任者，乃擢施文庆为都督、湘州刺史，配以精兵二千，欲令西上，仍征叔文还朝。文庆深喜其事，然惧出外之后，执事者持己短长，因进其党沈客卿以自代。

未发间，二人共掌机密。护军将军樊毅言于仆射袁宪曰："京口、采石俱是要地，各须锐兵五千，并出金翅二百，缘江上下，以为防备。"宪及骠骑将军萧摩诃皆以为然，乃与文武群臣共议，请如毅策。施文庆恐无兵从己，废其述职，而客卿又利文庆之任，己得专权，俱言于朝曰："必有论议，不假面陈，但作文启，即为通奏。"宪等以为然，二人赍启入白。帝曰："此是常事，边城将帅足以当之。若出人船，必恐惊扰。"

及隋军临江，间谍骤至，宪等殷勤奏请，至于再三。文庆曰："元会将逼，南郊之日，太子多从，今若出兵，事便废阙。"帝曰："今且出兵。若北边无事，因以水军从郊，何为不可？"又曰："如此则声闻邻境，便谓国弱。"后又以货动江总，总内为之游说，帝重违其意，而迫群官之请，乃令付外详议。总又抑宪等，由是议久不决。帝从容谓侍臣曰："王气在此。齐兵三来，周师再来，无不摧败。彼何为者邪？"都官尚书孔范曰："长江天堑，古以为限隔南北，今日虏军岂能飞渡邪？边将欲作功劳，妄言事急。臣每患官卑，虏若渡江，臣定作太尉公矣。"或妄言北军马死，范曰："此是我马，何为而死？"帝笑以为然，故不为深备，奏伎纵酒，赋诗不辍。

隋文帝开皇九年春正月乙丑朔，陈主朝会群臣，大雾四塞，入人鼻，皆辛酸，陈主昏睡，至晡时乃寤。是日，贺若弼自广陵引兵济江。先是，弼以老马多买陈船而匿之，买弊船五六十艘，置于渎内。陈人觇之，以为内国无船。弼又请缘江防人每交代之际，必集广陵，于是大列旗帜，营幕被野。陈人以为隋兵大至，急发兵为备，既知防人交代，其众复散。后以为常，不复设备。又使兵缘江时猎，人马喧噪。故弼之济江，陈人不觉。韩擒虎将五百人自横江宵济采石，守者皆醉，遂克之。晋王广帅大军屯六合镇桃叶山。

丙寅，采石戍主徐子建驰启告变。丁卯，召公卿入议军旅。戊辰，陈主下诏曰："犬羊陵纵，侵窃郊畿，蜂虿有毒，宜时扫定。朕当亲御六师，廓清八表，内外并可戒严。"以骠骑将军萧摩诃、护军将军樊毅、中领军鲁广达并为都督，司空司马消难、湘州刺史施文庆并为大监军。遣南豫州刺史樊猛帅舟师出白下，散骑常侍皋文奏将兵镇南豫州。重立赏格，僧、尼、道士尽令执役。

庚午，贺若弼攻拔京口，执南徐州刺史黄恪。弼军令严肃，秋毫不犯，有军士于民间酤酒者，弼立斩之。所俘获六千余人，弼皆释之，给粮劳遣，付以敕书，令分道宣谕。于是所至风靡。

樊猛在建康，其子巡摄行南豫州事。辛未，韩擒虎进攻姑孰，半日拔之，执巡及其家口。皋文奏败还。江南父老素闻擒虎威信，来谒军门者昼夜不绝。

鲁广达之子世真在新蔡，与其弟世雄及所部降于擒虎，遣使致书招广达。广达时屯建康，自劾，诣廷尉请罪。陈主慰劳之，加赐黄金，遣还营。樊猛与左卫将军蒋元逊将青龙八十艘于白下游弈，以御六合兵。陈主以猛妻子在隋军，惧有异志，欲使镇东大将军任忠代之，令萧摩诃徐谕猛，猛不悦，陈主重伤其意而止。

于是，贺若弼自北道，韩擒虎自南道并进，缘江诸戍望风尽走。弼分兵断曲阿之冲而入。陈主命司徒豫章王叔英屯朝堂，萧摩诃屯乐游苑，樊毅屯耆阇寺，鲁广达屯白土冈，忠武将军孔范屯宝田寺。己卯，任忠自吴兴入赴，仍屯朱雀门。

辛未，贺若弼进据钟山，顿白土冈之东。晋王广遣总管杜彦与韩擒虎合军，步骑二万屯于新林。蕲州总管王世积以舟师出九江，破陈将纪瑱于蕲口，陈人大骇，降者相继。晋王广上状，帝大悦，宴赐群臣。

时建康甲士尚十余万人。陈主素怯懦，不达军事，唯昼夜啼泣，台内处分，一以委施文庆。文庆既知诸将疾己，恐其有功，乃奏曰："此等怏怏，素不伏官，迫此事机，那可专信？"由是诸将凡有启请，率皆不行。

贺若弼之攻京口也，萧摩诃请将兵逆战，陈主不许。及弼至钟山，摩诃又曰："弼悬军深入，垒堑未坚，出兵掩袭，可以必克。"又不许。陈主召摩诃、任忠等于内殿议军事，忠曰："兵法，客贵速战，主贵持重。今国家足食足兵，宜固守台城，缘淮立栅，北军虽来，勿与交战。分兵断江路，无令彼信得通。给臣精兵一万，金翅三百艘，下江径掩六合。彼大军必谓其渡江将士已被俘获，自然挫气。淮南土人与臣旧相知悉，今闻臣往，必皆景从。臣复扬声欲往徐州，断彼归路，则诸军不击自去。待春水既涨，上江周罗睺等众军必沿流赴援，此良策也。"陈主不能从。明日，欻然曰："兵久不决，令人腹烦，可呼萧郎一出击之。"任忠叩头苦请勿战。孔范又奏："请作一决，当为官勒石燕然。"陈主从之，谓摩诃曰："公可为我一决。"摩诃曰："从来行阵，为国为身，今日之事，兼为妻子。"陈主多出金帛赋诸军以充赏。甲申，使鲁广达陈于白土冈，居诸军之南，任忠次之，樊毅、孔范又次之，萧摩诃军最在北。诸军南北亘二十里，首尾进退不相知。

贺若弼将轻骑登山，望见众军，因驰下，与所部七总管杨牙、员明等甲士凡八千，勒阵以待之。陈主通于萧摩诃之妻，故摩诃初无战意。唯鲁广达以其徒力战，与弼相当。隋师退走者数四，弼麾下死者二百七十三人，弼纵烟以自隐，窘而复振。陈兵得人头，皆走献陈主求赏。弼知其骄惰，更引兵趣孔范。范兵暂交即走，陈诸军顾之，骑卒乱溃，不可复止，死者五千人。员明擒萧摩诃送于弼，弼命牵斩之，摩诃颜色自若，乃释而礼之。

任忠驰入台，见陈主言败状，曰："官好住，臣无所用力矣。"陈主与之金两縢，使募人出战。忠曰："陛下唯当具舟楫，就上流众军，臣以死奉卫。"陈主信之，敕忠出部分，令宫人装束以待之，怪其久不至。时韩擒虎自新林进军，忠已帅数骑迎降于石子冈。领军蔡徵守朱雀航，闻擒虎将至，众惧而溃。忠引擒虎军直入朱雀门，陈人欲战，忠挥之曰："老夫尚降，诸君何事？"众皆散走。于是城内文武百司皆遁出，唯尚书仆射袁宪在殿中，尚书令江总等数人居省中。陈主谓袁宪曰："我从来接遇卿不胜余人，今日但以追愧。非唯朕无德，亦是江东衣冠道尽。"

陈主遑遽，将避匿，宪正色曰："北兵之入，必无所犯。大事如此，陛下去欲安之？臣愿陛下正衣冠，御正殿，依梁武帝见侯景故事。"陈主不从，下榻驰去，曰："锋刃之下，未可交当，吾自有计。"从宫人十余出后堂景阳殿，将自投于井，宪苦谏，不从。后阁舍人夏侯公韵以身蔽井，陈主与争，久之，乃得入。既而军人窥井，呼之不应，欲下石，乃闻叫声。以绳引之，惊其太重，及出，乃与张贵妃、孔贵嫔同束而上。沈后居处如常。太子深年十五，闭合而坐，舍人孔伯鱼侍侧。军士叩阁而入，深安坐，劳之曰："戎旅在涂，不至劳也。"军士咸致敬焉。时陈人宗室王侯在建康者百余人，陈主恐其为变，皆召入，令屯朝堂，使豫章王叔英总督之，又阴为之备。及台城失守，相帅出降。

贺若弼乘胜至乐游苑，鲁广达犹督余兵苦战不息，所杀获数百人。会日暮，乃解甲，面台再拜恸哭，谓众曰："我身不能救国，负罪深矣。"士卒皆涕泣歔欷，遂就擒。诸门卫皆走，弼夜烧北掖门入。闻韩擒虎已得陈叔宝，呼视之，叔宝惶惧，流汗股栗，向弼再拜。弼谓之曰："小国之君，当大国之卿，拜乃礼也。入朝不失作归命侯，无劳恐惧。"既而耻功在韩擒虎后，与擒虎相诟，挺刃而出，欲令蔡徵为叔宝作降笺，命乘骡车归己，事不果。弼置叔宝于德教殿，以兵卫守。

高颎先入建康，颎子德弘为晋王广记室，广使德弘驰诣颎所，令留张丽华。颎曰："昔太公蒙面以斩妲己，今岂可留丽华！"乃斩之于青溪。德弘还报，广变色曰："昔人云无德不报，我必有以报高公矣。"由是恨颎。

丙戌，晋王广入建康，以施文庆受委不忠，曲为谄佞以蔽耳目，沈客卿重赋厚敛以悦其上，与太市令阳慧朗、刑法监徐析、尚书都令史暨慧皆为民害，斩于石阙下，以谢三吴。使高颎与元帅府记室裴矩收图籍，封府库，资财一无所取，天下皆称广，以为贤。矩，让之之弟子也。

广以贺若弼先期决战，违军令，收以属吏。上驿召之，诏广曰："平定江表，弼与韩擒虎之力也。"赐物万段。又赐弼与擒虎诏，美其功。

开府仪同三司王颁，僧辩之子也，夜发陈高祖陵，焚骨取灰，投水而饮之。既而自缚归罪于晋王广，广以闻，上命赦之。诏陈高祖、世祖、高宗陵，总给五户分守之。

上遣使以陈亡告许善心，善心衰服号哭于西阶之下，藉草东向坐三日，敕书唁焉。明日，有诏就馆，拜通直散骑常侍，赐衣一袭。善心哭尽哀，入房改服，复出北面立，垂泣，再拜受诏。明日，乃朝，伏泣于殿下，悲不能兴。上顾左右曰："我平陈国，唯获此人。既能怀其旧君，即我之诚臣也。"敕以本官直门下省。

陈水军都督周罗睺与郢州刺史荀法尚守江夏，秦王俊督三十六总管水陆十余万屯汉口，不得进，相持逾月。陈荆州刺史陈慧纪遣南康内史吕忠肃屯岐亭，据巫峡，于北岸凿岩，缀铁锁三条，横截上流，以遏隋船，忠肃竭其私财以充军用。杨素、刘仁恩奋兵击之，四十余战，忠肃守险力争，隋兵死者五千余人，陈人尽取其鼻以求功赏。既而隋师屡捷，获陈之士卒，三纵之。忠肃弃栅而遁，素徐去其锁。忠肃复据荆门之延洲，素遣巴蜑千人，乘五牙四艘，以拍竿碎其十余舰，遂大破之，俘甲士二千余人，忠肃仅以身免。陈信州刺史顾觉屯安蜀城，弃城走。陈慧纪屯公安，悉烧其储蓄，引兵东下。于是巴陵以东无复城守者。陈慧纪帅将士三万人，楼船千余艘，沿江而下，欲入援建康，为秦王俊军所拒，不得前。是时，陈晋熙王叔文罢湘(汉)〔州〕，还，至巴州，慧纪推叔文为盟主。而叔文已帅巴州刺史毕宝等致书请降于俊，俊遣使迎劳之。会建康平，晋王广命陈叔宝手书招上江诸将，使樊毅诣周罗睺，陈慧纪子正业诣慧纪谕指。时诸城皆解甲，罗睺乃与诸将大临三日，放兵散，然后诣俊降。陈慧纪亦降，上江皆平。杨素下至汉口，与俊会。王世积在蕲口，闻陈已亡，移书告谕江南诸郡，于是江州司马黄偲弃城走，豫章等诸郡太守皆诣世积降。

癸巳，诏遣使者巡抚陈州郡。二月乙未，废淮南行台省。

陈吴州刺史萧瓛能得物情，陈亡，吴人推瓛为主。右卫大将军武川宇文述帅行军总管元契、张默言等讨之。落丛公燕荣以舟师自东海至，亦受述节度。陈永新侯陈君范自晋陵奔瓛，并军拒述。述军且至，瓛立栅于晋陵城东，留兵拒述，遣其将王褒守吴州，自义兴入太湖，欲掩述后。述进破其栅，回兵击瓛，大破之。又遣兵别道袭吴州，王褒衣道士服弃城走。瓛以余众保包山，燕荣击破之。瓛将左右数人匿民家，为人所执。述进至奉公埭，陈东扬州刺史萧岩以会稽降，与瓛皆送长安，斩之。

杨素之下荆门也，遣别将庞晖将兵略地，南至湘州，城中将士，莫有固志，刻日请降。刺史岳阳王叔慎，年十八，置酒会文武僚吏。酒酣，叔慎叹曰："君臣之义，尽于此乎！"长史谢基伏而流涕。湘州助防遂兴侯正理在坐，乃起曰："主辱臣死，诸君独非陈国之臣乎？今天下有难，实致命之秋也。纵其无成，犹见臣节，青门之外，有死不能。今日之机，不可犹豫，后应者斩！"众咸许诺，乃刑牲结盟，仍遣人诈奉降书于庞晖。晖信之，克期而入，叔慎伏甲待之。晖至，执之以徇，并其众皆斩之。叔慎坐于射堂，招合士众，数日之中，得五千人。衡阳太守樊通、武州刺史邬居业皆请举兵助之。隋所除湘州刺史薛胄将兵适至，与行军总管刘仁恩共击之。叔慎遣其将陈正理与樊通拒战，兵败。胄乘胜入城，擒叔慎，仁恩破邬居业于横桥，亦擒之，俱送秦王俊，斩于汉口。

岭南未有所附，数郡共奉高凉郡太夫人冼氏为主，号"圣母"，保境拒守。诏遣柱国韦洸等安抚岭外，陈豫章太守徐璒据南康拒之，洸等不得进。晋王广遣陈叔宝遗夫人书，谕以国亡，使之归隋。夫人集首领数千人，尽日恸哭，遣其孙冯魂帅众迎洸。洸击斩徐璒，入至广州，说谕岭南，诸州皆定。表冯魂为仪同三司，册冼氏为宋康郡夫人。洸，敻之子也。

衡州司马任瓌劝都督王勇据岭南，求陈氏子孙立以为帝。

勇不能用，以所部来降，瓌弃官去。瓌，忠之弟子也。

于是陈国皆平，得州三十，郡一百，县四百。诏建康城邑宫室，并平荡耕垦，更于石头城置蒋州。晋王广班师，留王韶镇石头，委以后事。

三月己巳，陈叔宝与其王公百司发建康，诣长安，大小在路，五百里累累不绝。帝命权分长安士民宅以俟之，内外修整，遣使迎劳，陈人至者如归。夏四月(辛)〔己〕亥，帝幸骊山亲劳旋师。乙巳，诸军凯入，献俘于太庙。陈叔宝及诸王、侯、将、相并乘舆服御、天文图籍等以次行列，仍以铁骑围之，从晋王广、秦王俊入，列于庙廷。拜广为太尉，赐辂车、乘马、衮冕之服、玄圭、白璧。丙午，帝坐广阳门观，引陈叔宝于前，及太子、诸王二十八人，司空司马消难以下至尚书郎凡二百余人，帝使纳言宣诏劳之。次使内史令宣诏，责以君臣不能相辅，乃至灭亡。叔宝及其群臣并愧惧，伏地屏息，不能对。既而宥之。

初，武元帝迎司马消难，与消难结为兄弟，情好甚笃，帝每以叔父礼事之。及平陈，消难至，特免死，配为乐户。二旬而免，犹以旧恩引见，寻卒于家。鲁广达追伤本朝沦覆，得疾不疗，愤慨而卒。

庚戌，帝御广阳门，宴将士，自门外夹道列布帛之积，达于南郭，班赐各有差，凡用三百余万段。故陈之境内，给复十年，余州免其年租赋。

乐安公元谐进曰："陛下威德远被，臣前请以突厥可汗为候正，陈叔宝为令史，今可用臣言矣。"帝曰："朕平陈国，本以除逆，非欲夸诞。公之所奏，殊非朕心。突厥不知山川，何能警候？叔宝昏醉，宁堪驱使！"谐默然而退。

辛酉，进杨素爵为越公，以其子玄感为仪同三司，玄奖为清河郡公，赐物万段，粟万石，命贺若弼登御坐，赐物八千段，加位上柱国，进爵宋公。仍各加赐金宝及陈叔宝妹为妾。

贺若弼、韩擒虎争功于帝前。弼曰："臣在蒋山死战，破其锐卒，擒其骁将，震扬威武，遂平陈国。韩擒虎略不交陈，岂臣之比！"擒虎曰："本奉明旨，令臣与弼同时合势以取伪都，弼乃敢先期，逢贼遂战，致令将士伤死甚多。臣以轻骑五百，兵不血刃，直取金陵，降任蛮奴，执陈叔宝，据其府库，倾其巢穴。弼至夕方扣北掖门，臣启关而纳之。斯乃救罪不暇，安得与臣相比！"帝曰："二将俱为上勋。"于是进擒虎位上柱国，赐物八千段。有司劾擒虎放纵士卒，淫污陈宫，坐此不加爵邑。

加高颎上柱国，进爵齐公，赐物九千段。帝劳之曰："公伐陈后，人言公反，朕已斩之。君臣道合，非青蝇所能间也。"帝从容命颎与贺若弼论平陈事。颎曰："贺若弼先献十策，后于蒋山苦战破贼。臣文吏耳，焉敢与大将论功。"帝大笑，嘉其有让。帝之伐陈也，使高颎问方略于上仪同三司李德林，以授晋王广。至是，帝赏其功，授柱国，封郡公，赏物三千段。已宣敕讫，或说高颎曰："今归功于李德林，诸将必当愤惋，且后世观公有若虚行。"颎入言之，乃止。

以秦王俊为扬州总管四十四州诸军事，镇广陵。晋王广还并州。

晋王广之戮陈五佞也，未知都官尚书孔范、散骑常侍王瑳、王仪、御史中丞沈瓘之罪，故得免。及至长安，事并露。乙未，帝暴其过恶，投之边裔，以谢吴越之人。瑳刻薄贪鄙，忌害才能，仪倾巧侧媚，献二女以求亲昵，瓘险惨苛酷，发言邪谄，故同罪焉。

帝给赐陈叔宝甚厚，数得引见，班同三品。每预宴，恐致伤心，为不奏吴音。后监守者奏言："叔宝云'既无秩位，每预朝集，愿得一官号'。"帝曰："叔宝全无心肝！"监者又言："叔宝常醉，罕有醒时。"帝问："饮酒几何？"对曰："与其子弟日饮一石。"帝大惊，使节其酒。既而曰："任其性，不尔，何以过日？"帝以陈氏子弟既多，恐其在京城为非，乃分置边州，给田业使为生，岁时赐衣服以安全之。

诏以陈尚书令江总为上开府仪同三司，仆射袁宪、骠骑萧摩诃、领军任忠皆为开府仪同三司，吏部尚书吴兴姚察为秘书丞。上嘉袁宪雅操，下诏，以为江表称首，授昌州刺史。闻陈散骑常侍袁元友数直言于陈叔宝，擢拜主爵侍郎。谓群臣曰："平陈之初，我悔不杀任蛮奴。受人荣禄，兼当重寄，不能横尸徇国，乃云'无所用力'，与弘演纳肝，何其远也！"

帝见周罗睺，慰谕之，许以富贵。罗睺垂泣对曰："臣荷陈氏厚遇，本朝沦亡，无节可纪。得免于死，陛下之赐也，何富贵之敢望？"贺若弼谓罗睺曰："闻公郢、汉捉兵，即知扬州可得。王师利涉，果如所量。"罗睺曰："若得与公周旋，胜负未可知也。"顷之，拜上仪同三司。先是，陈裨将羊翔来降，伐陈之役，使为乡导，位至上开府仪同三司，班在罗睺上。韩擒虎于朝堂戏之曰："不知机变，乃立在羊翔之下，能无愧乎？"罗睺曰："昔在江南，久承令问，谓公天下节士。今日所言，殊非所望。"擒虎有愧色。

帝之责陈君臣也，陈叔文独欣然有得色。既而复上表自陈："昔在巴州，已先送款，乞知此情，望异常例。"帝虽嫌其不忠，而欲怀柔江表，乃授叔文开府仪同三司，拜宜州刺史。

初，陈散骑常侍韦鼎聘于周，遇帝而异之，谓帝曰："公当大贵，贵则天下一家。岁一周天，老夫当委质于公。”及至德之初，鼎为太府卿，尽卖田宅。大匠卿毛彪问其故，鼎曰：“江东王气尽于此矣，吾与尔当葬长安。”及陈平，上召鼎为上仪同三司。鼎，叡之孙也。

壬戌，诏曰：“今率土大同，含生遂性，太平之法，方可流行。凡我臣民，澡身浴德，家家自修，人人克念。兵可立威，不可不戢；刑可助化，不可专行。禁卫九重之余，镇守四方之外，戎旅军器，皆宜停罢。世路既夷，群方无事，武力之子，俱可学经。民间甲仗，悉皆除毁。颁告天下，咸悉此意。”

贺若弼撰其所画策上之，谓为御授平陈七策。帝弗省，曰：“公欲发扬我名，我不求名。公宜自载家传。”弼位望隆重，兄弟并封郡公，为刺史、列将，家之珍玩，不可胜计，婢妾曳罗绮者数百，时人荣之。其后突厥来朝，上谓之曰：“汝闻江南有陈国天子乎？”对曰：“闻之。”上命左右引突厥诣韩擒虎前曰：“此是执得陈国天子者。”擒虎厉色顾之，突厥惶恐，不敢仰视。

右卫将军庞晃等短高颎于上，上怒，皆黜之，亲礼逾密。因谓颎曰：“独孤公犹镜也，每被磨莹，皎然益明。”初，颎父宾为独孤信僚佐，赐姓独孤氏，故上常呼为独孤而不名。

十四年冬闰十月甲寅，诏以齐、梁、陈宗祀废绝，命高仁英、萧琮、陈叔宝以时修祭，所须器物，有司给之。陈叔宝从帝登邙山，侍饮，赋诗曰：“日月光天德，山河壮帝居。太平无以报，愿上东封书。”并表请封禅。帝优诏答之。他日，复侍宴，及出，帝目之曰：“此败岂不由酒！以作诗之功，何如思安时事。当贺若弼度京口，彼人密启告急，叔宝饮酒，遂不之省。高颎至日，犹见启在床下，未开封。此诚可笑，盖天亡之也。昔苻氏征伐所得国，皆荣贵其主。苟欲求名,不知违天;命与之官,乃违天也。”

仁寿四年冬十一月壬子,陈叔宝卒,赠大将军、长城县公,谥曰炀。

隋易太子

陈宣帝太建十三年春二月甲子,周禅位于隋王。隋王以太子勇为皇太子,封子雁门公广为晋王,俊为秦王,秀为越王,谅为汉王。

隋文帝开皇二十年。初,上使太子勇参决军国政事,时有损益,上皆纳之。勇性宽厚,率意任情,无矫饰之行。上性节俭,勇尝文饰蜀铠,上见而不悦,戒之曰:“自古帝王,未有好奢侈而能久长者。汝为储后,当以俭约为先,乃能奉承宗庙。吾昔日衣服,各留一物,时复观之,以自警戒。恐汝以今日皇太子之心,忘昔时之事,故赐汝以我旧所带刀子一枚,并菹酱一合,汝昔作上士时常所食也。若存记前事,应知我心。”

后遇冬至,百官皆诣勇,勇张乐受贺。上知之,问朝臣曰:“近闻至日,内外百官相帅朝东宫,此何礼也?”太常少卿辛亶对曰:“于东宫,乃贺也,不得言朝。”上曰:“贺者正可三数十人,随情各去,何乃有司征召,一时普集?太子法服,设乐以待之,可乎?”因下诏曰:“礼有等差,君臣不杂。皇太子虽居上嗣,义(君)〔兼〕臣子,而诸方岳牧正冬朝贺,任土作贡,别上东宫。事非典则,宜悉停断。”自是恩宠始衰,渐生猜阻。

勇多内宠,昭训云氏尤幸。其妃元氏无宠,遇心疾,二日而薨。独孤后意有他故,甚责望勇。自是云昭训专内政,生长宁王俨、平原王裕、安成王筠。高良娣生安平王嶷、襄城王恪。王良媛生高阳王该、建安王韶。成姬生颍川王煚,后宫生孝实、孝范。后弥不平,颇遣人伺察,求勇过恶。

晋王广知之,弥自矫饰,唯与萧妃居处,后庭有子皆不育。后由是数称广贤。大臣用事者,广皆倾心与交。上及后每遣左右至广所,无贵贱,广必与萧妃迎门接引,为设美馔,申以厚礼。婢仆往来者,无不称其仁孝。上与后尝幸其第,广悉屏匿美姬于别室,唯留老丑者,衣以缦彩,给事左右,屏帐改用缣素,故绝乐器之弦,不令拂去尘埃。上见之,以为不好声色。还宫,以语侍臣,意甚喜。侍臣皆称庆,由是爱之特异诸子。上密令善相者来和遍视诸子,对曰:“晋王眉上双骨隆起,贵不可言。”上又问上仪同三司韦鼎:“我诸儿谁得嗣位?”对曰:“至尊、皇后所最爱者当与之,非臣敢预知也。”上笑曰:“卿不肯显言邪?”

晋王广美姿仪,性敏慧,沉深严重,好学,善属文。敬接朝士,礼极卑屈。由是声名籍甚,冠于诸王。

广为扬州总管,入朝,将还镇,入宫辞后,伏地流涕,后亦泫然泣下。广曰:“臣性识愚下,常守平生昆弟之意,不知何罪失爱东宫,恒蓄盛怒,欲加屠陷。每恐谗谮生于投杼,鸩毒遇于杯勺,是用勤忧积念,惧履危亡。”后忿然曰:“睍地伐渐不可耐。我为之娶元氏女,竟不以夫妇礼待之,专宠阿云,使有如许豚犬。前新妇遇毒而夭,我亦不能穷治,何故复于汝发如此意?我在尚尔,我死后当鱼肉汝乎!每思东宫,竟无正嫡,至尊千秋万岁之后,遣汝等兄弟向阿云儿前再拜问讯,此是几许苦痛邪!”广又拜,呜咽不能止,后亦悲不自胜。自是,后决意欲废勇立广矣。

广与安州总管宇文述素善,欲述近己,奏为寿州刺史。广尤亲任总管司马张衡，衡为广画夺宗之策。广问计于述，述曰："皇太子失爱已久，令德不闻于天下。大王仁孝著称，才能盖世，数经将领，频有大功。主上之与内宫，咸所钟爱，四海之望，实归大王。然废立者国家大事，处人父子骨肉之间，诚未易谋也。然能移主上意者，唯杨素耳。素所与谋者，唯其弟约。述雅知约，请朝京师，与约相见，共图之。"广大悦，多赍金宝，资述入关。

约时为大理少卿，素凡有所为，皆先筹于约而行之。述请约，盛陈器玩，与之酣畅，因而共博，每阳不胜，所赍金宝尽输之。约所得既多，稍以谢述，述因曰："此晋王之赐，令述与公为欢乐耳。"约大惊曰："何为尔？"述因通广意，说之曰："夫守正履道，固人臣之常致；反经合义，亦达者之令图。自古贤人君子，莫不与时消息，以避祸患。公之兄弟，功名盖世，当涂用事有年矣，朝臣为足下家所屈辱者，可胜数哉。又储后以所欲不行，每切齿于执政。公虽自结于人主，而欲危公者固亦多矣。主上一旦弃群臣，公亦何以取庇？今皇太子失爱于皇后，主上素有废黜之心，此公所知也。今若请立晋王，在贤兄之口耳。诚能因此时建大功，王必永铭骨髓，斯则去累卵之危，成太山之安也。"约然之，因以白素。素闻之，大喜，抚掌曰："吾之智思殊不及此，赖汝起予。"约知其计行，复谓素曰："今皇后之言，上无不用，因机会早自结托，则长保荣禄，传祚子孙。兄若迟疑，一旦有变，令太子用事，恐祸至无日矣。"素从之。

后数日，素入侍宴，微称"晋王孝悌恭俭，有类至尊"，用此揣后意。后泣曰："公言是也。吾儿大孝爱，每闻至尊及我遣内使到，必迎于境首。言及违离，未尝不泣。又其新妇亦大可怜，我使婢去，常与之同寝共食。岂若睍地伐与阿云对坐，终日酣宴，昵近小人，疑阻骨肉。我所以益怜阿麽者，常恐其潜杀之。”素既知后意，因盛言太子不才。后遂遗素金，使赞上废立。

勇颇知其谋，忧惧，计无所出，使新丰人王辅贤造诸厌胜。又于后园作庶人村，室屋卑陋，勇时于中寝息，布衣草褥，冀以当之。上知勇不自安，在仁寿宫，使杨素观勇所为。素至东宫，偃息未入，勇束带待之，素故久不进，以激怒勇。勇衔之，形于言色。素还言：“勇怨望，恐有他变，愿深防察。”上闻素谮毁，甚疑之。后又遣人伺觇东宫，纤介事皆闻奏，因加诬饰以成其罪。

上遂疏忌勇，乃于玄武门达至德门量置候人，以伺动静，皆随事奏闻。又东宫宿卫之人，侍官以上，名籍悉令属诸卫府，有勇健者咸屏去之，出左卫率苏孝慈为淅州刺史。勇愈不悦。太史令袁充言于上曰：“臣观天文，皇太子当废。”上曰：“玄象久见，群臣不敢言耳。”充，君正之子也。

晋王广又令督王府军事姑臧段达私赂东宫幸臣姬威，令伺太子动静，密告杨素。于是内外諠谤，过失日闻。段达因胁姬威曰：“东宫过失，主上皆知之矣。已奉密诏，定当废立。君能告之，则大富贵。”威许诺，即上书告之。

秋九月壬子，上至自仁寿宫。翌日，御大兴殿，谓侍臣曰：“我新还京师，应开怀欢乐，不知何意，翻邑然愁苦。”吏部尚书牛弘对曰：“臣等不称职，故至尊忧劳。”上既数闻谮毁，疑朝臣悉知之，故于众中发问，冀闻太子之过。弘对既失旨，上因作色谓东宫官属曰：“仁寿宫去此不远，而令我每还京师，严备仗卫，如入敌国。我为下利，不解衣卧，昨夜欲近厕，故在后房，恐有警急，还移就前殿，岂非尔辈欲坏我家国邪？”于是执太子左庶子唐令则等数人付所司讯鞫，命杨素陈东宫事状以告近臣。

素乃显言之曰："臣奉敕向京，令皇太子检校刘居士余党。太子奉诏，作色奋厉，骨肉飞腾，语臣云：'居士党尽伏法，遣我何处穷讨？尔作右仆射，委寄不轻，自检校之，何关我事。'又云：'昔大事不遂，我先被诛。今作天子，竟乃令我不如诸弟，一事以上，不得自遂。'因长叹回视，云'我大觉身妨'。"上曰："此儿不堪承嗣久矣，皇后恒劝我废之。我以布衣时所生，地复居长，望其渐改，隐忍至今。勇尝指皇后侍儿谓人，曰'是皆我物'，此言几许异事！其妇初亡，我深疑其遇毒，尝责之，勇即怼曰'会杀元孝矩'，此欲害我而迁怒耳。长宁初生，朕与皇后共抱养之，自怀彼此，连遣来索。且云定兴女，在外私合而生，想此由来，何必是其体胤。昔晋太子取屠家女，其儿即好屠割。今傥非类，便乱宗祐。我虽德惭尧、舜，终不以万姓付不肖子。我恒畏其加害，如防大敌。今欲废之，以安天下。"

左卫大将军五原公元旻谏曰："废立大事，诏旨若行，后悔无及。谗言罔极，惟陛下察之。"上不应，命姬威悉陈太子罪恶。威对曰："太子由来与臣语，唯意在骄奢。且云：'若有谏者，正当斩之，不杀百许人，自然永息。'营起台殿，四时不辍。前苏孝慈解左卫率，太子奋髯扬肘曰：'大丈夫会当有一日，终不忘之，决当快意。'又宫内所须，尚书多执法不与，辄怒曰：'仆射以下，吾会戮一二人，使知慢我之祸。'每云：'至尊恶我多侧庶，高纬、陈叔宝岂孽子乎？'尝令师姥卜吉凶，语臣云：'至尊忌在十八年，此期促矣。'"上泫然曰："谁非父母生，乃至于此！朕近览齐书，见高欢纵其儿子，不胜忿愤，安可效尤邪？"于是禁勇及诸子，部分收其党与。杨素舞文巧诋，锻炼以成其狱。

居数日，有司承素意，奏："元旻尝曲事于勇，情存附托。在仁寿宫，勇使所亲裴弘以书与旻，题云‘勿令人见’。”上曰：“朕在仁寿宫，有纤介事，东宫必知，疾于驿马。怪之甚久，岂非此徒邪？”遣武士执旻于仗。右卫大将军元胄时当下直，不去，因奏曰：“臣向不下直者，为防元旻耳。”上以旻及裴弘付狱。

先是，勇见老枯槐，问：“此堪何用？”或对曰：“古槐尤宜取火。”时卫士皆佩火燧，勇命工造数千枚，欲以分赐左右，至是，获于库。又药藏局贮艾数斛，索得之，大以为怪，以问姬威。威曰：“太子此意，别有所在。至尊在仁寿宫，太子常饲马千匹，云：‘径往守城门，自然饿死。’”素以威言诘勇，勇不服，曰：“窃闻公家马数万匹，勇忝备太子，马千匹乃是反乎？”素又发东宫服玩，似加雕饰者，悉陈之于庭，以示文武群官，为太子之罪。上及皇后迭遣使责问勇，勇不服。

冬十月乙丑，上使人召勇，勇见使者惊曰：“得无杀我邪？”上戎服陈兵，御武德殿，集百官立于东面，诸亲立于西面，引勇及诸子列于殿庭，命内史侍郎薛道衡宣诏，废勇及其男女为王、公主者并为庶人。勇再拜言曰：“臣当伏尸都市，为将来鉴戒。幸蒙哀怜，得全性命。”言毕，泣下流襟，既而舞蹈而去，左右莫不闵默。长宁王俨上表乞宿卫，辞情哀切，上览之闵然。杨素进曰：“伏愿圣心同于螫手，不宜复留意。”己巳，诏：“元旻、唐令则及太子家令邹文腾、左卫率司马夏侯福、典膳监元淹、前吏部侍郎萧子宝、前主玺下士何竦并处斩，妻妾子孙皆没官。车骑将军榆林阎毗、东郡公崔君绰、游骑尉沈福宝、瀛州术士章仇太翼，特免死，各杖一百，身及妻子、资财、田宅皆没官。副将作大匠高龙叉、率更令晋文建、通直散骑侍郎元衡皆处尽。”于是集群官于广阳门外，宣诏戮之。乃移勇于内史省，给五品料食。赐杨素物三千段,元胄、杨约并千段,赏鞫勇之功也。文林郎杨孝政上书谏曰:“皇太子为小人所误,宜加训诲,不宜废黜。”上怒,挞其胸。

初,云昭训父定兴,出入东宫无节,数进其奇服异器以求悦媚。左庶子裴政屡谏,勇不听。政谓定兴曰:“公所为不合法度。又元妃暴薨,道路籍籍,此于太子非令名也。公宜自引退,不然将及祸。”定兴以告勇,勇益疏政,由是出为襄州总管。唐令则为勇所昵狎,每令以弦歌教内人。右庶子刘行本责之曰:“庶子当辅太子以正道,何有取媚于房帷之间哉?”令则甚惭,而不能改。时沛国刘臻、平原明克让、魏郡陆爽并以文学为勇所亲,行本怒其不能调护,每谓三人曰:“卿等止解读书耳。”夏侯福尝于閤内与勇戏,福大笑,声闻于外。行本闻之,待其出,数之曰:“殿下宽容,赐汝颜色。汝何物小人,敢为亵慢!”因付执法者治之。数日,勇为福致请,乃释之。勇尝得良马,欲令行本乘而观之。行本正色曰:“至尊置臣于庶子,欲令辅导殿下,非为殿下作弄臣也。”勇惭而止。及勇败,二人已卒,上叹曰:“向使裴政、刘行本在,勇不至此。”

勇尝宴宫臣,唐令则自弹琵琶,歌娬媚娘。洗马李纲起白勇曰:“令则身为宫卿,职当调护,乃于广座自比倡优,进淫声,秽视听。事若上闻,令则罪在不测,岂不为殿下之累邪!臣请速治其罪。”勇曰:“我欲为乐耳,君勿多事。”纲遂趋出。及勇废,上召东宫官属切责之,皆惶惧,无敢对者。纲独曰:“废立大事。今文武大臣皆知其不可而莫肯发言,臣何敢畏死,不一为陛下正白言之乎?太子性本中人,可与为善,可与为恶。向使陛下择正人辅之,足以嗣守鸿基。今乃以唐令则为左庶子,邹文腾为家令,二人唯知以弦歌、鹰犬娱悦太子,安得不至于是邪!此乃陛下之过，非太子之罪也。”因伏地流涕呜咽。上惨然良久，曰：“李纲责我非为无理，然徒知其一，未知其二。我择汝为宫臣，而勇不亲任，虽更得正人何益哉？”对曰：“臣之所以不被亲任者，良由奸臣在侧故也。陛下但斩令则、文腾，更选贤才以辅太子，安知臣之终见疏弃也。自古国家废立冢嫡，鲜不倾危。愿陛下深留圣思，无贻后悔。”上不悦，罢朝，左右皆为之股栗。会尚书右丞缺，有司请人，上指纲曰：“此佳右丞也。”即用之。

十一月戊子，立晋王广为皇太子，天下地震。太子请降章服，宫官不称臣。十二月戊午，诏从之。以宇文述为左卫率。始，太子之谋夺宗也，洪州总管郭衍预焉，由是征衍为左监门率。

帝囚故太子勇于东宫，付太子广掌之。勇自以废非其罪，频请见上申冤，而广遏之，不得闻。勇于是升树大叫，声闻帝所，冀得引见。杨素因言“勇情志昏乱，为癫鬼所著，不可复收”。帝以为然，卒不得见。

初，帝之克陈也，天下皆以为将太平。监察御史房彦谦私谓所亲曰：“主上(思)〔忌〕刻而苛酷，太子卑弱，诸王擅权。天下虽安，方忧危乱。”其子玄龄亦密言于彦谦曰：“主上本无功德，以诈取天下，诸子皆骄奢不仁，必自相诛夷。今虽承平，其亡可翘足待。”

仁寿二年。益州总管蜀王秀，容貌瑰伟，有胆气，好武艺。帝每谓独孤后曰：“秀必以恶终。我在，当无虑，至兄弟，必反矣。”大将军刘哙之讨西爨也，帝令上开府仪同三司杨武通将兵继进，秀以嬖人万智光为武通行军司马。帝以秀任非其人，谴责之，因谓群臣曰：“坏我法者，子孙也。譬如猛虎，物不能害，反为毛间蛊所损食耳。”遂分秀所统。

自长史元岩卒后，秀渐奢僭，造浑天仪，多捕山獠充宦者，车马被服，拟于乘舆。

及太子勇以谗废，晋王广为太子，秀意甚不平。太子恐秀终为后患，阴令杨素求其罪而谮之。上遂征秀，秀犹豫，欲谢病不行。总管司马源师谏，秀作色曰："此自我家事，何豫卿也？"师垂涕对曰："师忝参府幕，敢不尽心。圣上有敕追王，已淹时月，今乃迁延未去。百姓不识王心，傥生异议，内外疑骇，发雷霆之诏，降一介之使，王何以自明？愿王熟计之。"朝廷恐秀生变，七月，以原州总管独孤楷为益州总管，驰传代之。楷至，秀犹未肯行。楷讽谕久之，乃就路。楷察秀有悔色，因勒兵为备。秀行四十余里，将还袭楷，觇知有备，乃止。

八月甲子，皇后独孤氏崩。太子对上及宫人哀恸绝气，若不胜丧者。其处私室，饮食言笑如平常。又每朝令进二镒米，而私令外取肥肉脯鲊，置竹筒中，以蜡闭口，衣襆裹而纳之。

冬闰十月，蜀王秀至长安，上见之，不与语。明日，使使切让之，秀谢罪。太子、诸王流涕庭谢。上曰："顷者秦王糜费财物，我以父道训之。今秀蠹害生民，当以君道绳之。"于是付执法者。开府仪同三司庆整谏曰："庶人勇既废，秦王已薨，陛下见子无多，何至如是？蜀王性甚耿介，今被重责，恐不自全。"上大怒，欲断其舌，因谓群臣曰："当斩秀于市，以谢百姓。"乃令杨素等推治之。

太子阴作偶人，缚手钉心，枷锁杻械，书上及汉王姓名，仍云："请西岳慈父圣母神兵收杨坚、杨谅神魂，如此形状，勿令散荡。"密埋之华山下，杨素发之。又云："秀妄述图谶，称京师妖异，造蜀地征祥。"并作檄文，云"指期问罪"，置秀集中，俱以闻奏。上曰:“天下宁有是邪?”十二月癸巳,废秀为庶人,幽之内侍省,不听与妻子相见,唯给獠婢二人驱使,连坐者百余人。秀上表摧谢,且曰:“伏愿慈恩,赐垂矜愍,残息未尽之间,希与瓜子相见。请赐一穴,令骸骨有所。”瓜子,其爱子也。上因下诏,数其十罪,且曰:“我今不知杨坚、杨谅是汝何亲?”后乃听与其子同处。

初,杨素尝以少谴敕送南台,命治书侍御史柳彧治之。素恃贵,坐彧床。彧从外来见之,于阶下端笏整容谓素曰:“奉敕治公之罪。”素遽下。彧据案而坐,立素于庭,辩诘事状。素由是衔之。蜀王秀尝从彧求李文博所撰治道集,彧与之,秀遗彧奴婢十口。及秀得罪,素奏彧以内臣交通诸侯,除名为民,配戍怀远镇。

帝使司农卿赵仲卿往益州穷案秀事,秀之宾客经过之处,仲卿必深文致法,州县长吏,坐者太半。上以为能,赏赐甚厚。

久之,贝州长史裴肃遣使上书,称:“高颎以天挺良才,元勋佐命,为众所疾,以至废弃。愿陛下录其大功,忘其小过。又二庶人得罪已久,宁无革心?愿陛下弘君父之慈,顾天性之义,各封小国,观其所为。若能迁善,渐更增益,如或不悛,贬削非晚。今者自新之路永绝,愧悔之心莫见,岂不哀哉。”书奏,上谓杨素曰:“裴肃忧我家事,此亦至诚也。”于是征肃入朝。太子闻之,谓左庶子张衡曰:“使勇自新,欲何为也?”衡曰:“观肃之意,欲令如吴太伯、汉东海王耳。”肃至,上面谕以勇不可复收之意而罢遣之。肃,侠之子也。

杨素弟约及从父文思、文纪、族父忌并为尚书、列卿,诸子无汗马之劳,位至柱国、刺史。广营资产,自京师及诸方都会,邸店、碾硙、便利田宅,不可胜数。家僮数千,后庭妓妾曳绮罗者以千数。第宅华侈，制拟宫禁，亲故吏布列清显。既废一太子及一王，威权愈盛。朝臣有违忤者，或至诛夷，有附会及亲戚，虽无才用，必加进擢。朝廷靡然，莫不畏附。敢与素抗而不挠者，独柳彧及尚书右丞李纲、大理卿梁毗而已。

毗见杨素专权，恐为国患，乃上封事曰："臣闻'臣无有作威作福，其害于而家，凶于而国'。窃见左仆射越国公素，幸遇愈重，权势日隆。搢绅之徒，属其视听。忤意者严霜夏零，阿旨者膏雨冬澍。荣枯由其唇吻，废兴候其指麾，所私皆非忠谠，所进咸是亲戚，子弟布列，兼州连县。天下无事，容息异图，四海有虞，必为祸始。夫奸臣擅命，有渐而来，王莽资之于积年，桓玄基之于易世，而卒殄汉祀，终倾晋祚。陛下若以素为阿衡，臣恐其心未必伊尹也。伏愿揆鉴古今，量为处置，俾洪基永固，率土幸甚。"书奏，上大怒，收毗系狱，亲诘之。毗极言："素擅宠弄权，将领之处，杀戮无道。又太子及蜀王罪废之日，百僚无不震悚，唯素扬眉奋肘，喜见容色，利国家有事以为身幸。"上无以屈，乃释之。其后上亦寖疏忌素，乃下敕曰："仆射国之宰辅，不可躬亲细务，但三五日一向省，评论大事。"外示优崇，实夺之权也。素由是终仁寿之末，不复通判省事。出杨约为伊州刺史。素既被疏，吏部尚书柳述益用事，摄兵部尚书，参掌机密，素由是恶之。

四年春正月甲子，帝幸仁寿宫。乙丑，诏赏赐、支度，事无巨细，并付皇太子。夏四月乙卯，上不豫。六月庚申，赦天下。秋七月甲辰，上疾甚，卧与百僚辞诀，并握手歔欷。丁未，崩于大宝殿。

初，文献皇后既崩，宣华夫人陈氏、容华夫人蔡氏皆有宠。陈氏，陈高宗之女；蔡氏，丹杨人也。上寝疾于仁寿宫，尚书左仆射杨素、兵部尚书柳述、黄门侍郎元岩皆入閤侍疾，召皇太子入居大宝殿。太子虑上有不讳，须预防拟，手自为书，封出问素。素条录事状以报太子，宫人误送上所，上览而大恚。陈夫人平旦出更衣，为太子所逼，夫人拒之，得免，归于上所。上怪其神色有异，问其故，夫人泫然曰："太子无礼。"上恚，抵床曰："畜生何足付大事，独孤误我！"乃呼柳述、元岩曰："召我儿。"述等将呼太子，上曰："勇也。"述、岩出閤为敕书。杨素闻之，以白太子，矫诏执述、岩系大理狱。追东宫兵士帖上台宿卫，门禁出入，并取宇文述、郭衍节度。令右庶子张衡入寝殿侍疾，尽遣后宫出就别室。俄而上崩，故中外颇有异论。陈夫人与后宫闻变，相顾战栗失色。晡后，太子遣使者赍小金合，帖纸于际，亲署封字，以赐夫人。夫人见之，惶惧，以为鸩毒，不敢发。使者促之，乃发，合中有同心结数枚。宫人咸悦，相谓曰："得免死矣。"陈氏恚而却坐，不肯致谢，诸宫人共逼之，乃拜使者。其夜，太子蒸焉。

乙卯，发丧，太子即皇帝位。会伊州刺史杨约来朝，太子遣约入长安，易留守者。矫称高祖之诏，赐故太子勇死，缢杀之，然后陈兵集众，发高祖凶问。炀帝闻之曰："令兄之弟，果堪大任。"追封勇为房陵王，不为置嗣。

汉王谅有宠于高祖，为并州总管，自山以东至于沧海，南距黄河，五十二州皆隶焉。特许以便宜从事，不拘律令。谅自以所居天下精兵处，见太子勇以谗废，居常怏怏。及蜀王秀得罪，尤不自安，阴蓄异图。言于高祖，以"突厥方强，宜修武备"。于是大发工役，缮治器械，招集亡命，左右私人殆将数万。突厥尝寇边，高祖使谅御之，为突厥所败，其所领将帅坐除解者八十余人，皆配防岭表。谅以其宿旧，奏请留之。高祖怒曰："尔为藩王，惟当敬依朝命，何得私论宿旧，废国家宪法邪？嗟乎小子，尔一旦无我，或欲妄动，彼取尔如笼内鸡雏耳，何用腹心为！”

王頍者，僧辩之子，倜傥好奇略，为谅谘议参军，萧摩诃，陈氏旧将，二人俱不得志，每郁郁思乱，皆为谅所亲善，赞成其阴谋。

会荧惑守东井，仪曹邺人傅奕晓星历，谅问之曰：“是何祥也？”对曰：“天上东井，黄道所经，荧惑过之，乃其常理，若入地上井，则可怪耳。”谅不悦。

及高祖崩，炀帝遣车骑将军屈突通以高祖玺书征之。先是，高祖与谅密约，若玺书召汝，“敕”字傍别加一点，又与玉麟符合者，当就征。及发书，无验，谅知有变，诘通，通占对不屈，乃遣归长安。谅遂发兵反。

总管司马安定皇甫诞切谏，谅不纳。诞流涕曰：“窃料大王兵资，非京师之敌。加以君臣位定，逆顺势殊，士马虽精，难以取胜。一旦陷身叛逆，絓于刑书，虽欲为布衣，不可得也。”谅怒，囚之。

岚州刺史乔钟葵将赴谅，其司马京兆陶模拒之曰：“汉王所图不轨，公荷国厚恩，位为方伯，当竭诚效命，岂得身为厉阶乎？”钟葵失色曰：“司马反邪！”临之以兵，辞气不挠，钟葵义而释之。军吏曰：“若不斩模，无以压众心。”乃囚之。于是从谅反者凡十九州。

王頍说谅曰：“王所部将吏，家属尽在关西，若用此等，则宜长驱深入，直据京都，所谓‘疾雷不及掩耳’。若但欲割据旧齐之地，宜任东人。”谅不能决，乃兼用二策。唱言杨素反，将诛之。

总管府兵曹闻喜裴文安说谅曰：“井陉以西，在王掌握之内，山东士马亦为我有，宜悉发之。分遣羸兵屯守要害，仍令随方略地，帅其精锐，直入蒲津。文安请为前锋，王以大军继后，风行雷击，顿于霸上，咸阳以东，可指麾而定。京师震扰，兵不暇集，上下相疑，群情离骇。我陈兵号令，谁敢不从？旬日之间，事可定矣。”谅大悦，于是遣所署大将军余公理出太谷，趣河阳；大将军綦良出滏口，趣黎阳；大将军刘建出井陉，略燕、赵；柱国乔钟葵出雁门。署文安为柱国，与柱国纥单贵、王聃等直指京师。

帝以右武卫将军洛阳丘和为蒲州刺史，镇蒲津。谅简精锐数百骑戴幂离，诈称谅宫人还长安，门司弗觉，径入蒲州，城中豪杰亦有应之者。丘和觉其变，逾城逃归长安。蒲州长史勃海高义明、司马北平荣毗皆为反者所执。裴文安等未至蒲津百余里，谅忽改图，令纥单贵断河桥，守蒲州，而召文安还。文安至，谓谅曰：“兵机诡速，本欲出其不意。王既不行，文安又返，使彼计成，大事去矣。”谅不对。以王聃为蒲州刺史，裴文安为晋州刺史，薛粹为绛州刺史，梁菩萨为潞州刺史，韦道正为韩州刺史，张伯英为泽州刺史。代州总管天水李景发兵拒谅，谅遣其将刘皓袭景，景击斩之。谅复遣乔钟葵帅劲勇三万攻之。景战士不过数千，加以城池不固，为钟葵所攻，崩毁相继。景且战且筑，士卒皆殊死斗，钟葵屡败。司马冯孝慈、司法吕玉并骁勇善战，仪同三司侯莫陈乂多谋画，工拒守之术，景知三人可用，推诚任之，己无所关预，唯在阁持重，时抚循而已。

杨素将轻骑五千袭王聃、纥单贵于蒲州，夜至河际，收商贾船得数百艘，船内多置草，践之无声，遂衔枚而济。迟明，击之，纥单贵败走，聃惧，以城降。有诏征素还。初，素将行，计日破贼，皆如所量。于是以素为并州道行军总管、河北道安抚大使，帅众数万以讨谅。

谅之初起兵也，妃兄豆卢毓为府主簿，苦谏，不从，私谓其弟懿曰："吾匹马归朝，自得免祸，此乃身计，非为国也。不若且伪从之，徐伺其便。"毓，勣之子也。毓兄显州刺史贤言于帝曰："臣弟毓素怀志节，必不从乱，但逼凶威，不能自遂。臣请从军，与毓为表里，谅不足图也。"帝许之。贤密遣家人赍敕书至毓所，与之计议。谅出城将往介州，令毓与总管属朱涛留守。毓谓涛曰："汉王构逆，败不旋踵，吾属岂可坐受夷灭，孤负家国邪？当与卿出兵拒之。"涛惊曰："王以大事相付，何得有是语？"因拂衣而去，毓追斩之。出皇甫诞于狱，与之协计，及开府仪同三司宿勤武等闭城拒谅。部分未定，有人告谅，谅袭击之。毓见谅至，绐其众曰："此贼军也。"谅攻城南门，稽胡守南城，不识谅，射之，矢下如雨。谅移攻西门，守兵识谅，即开门纳之，毓、诞皆死。

綦良攻慈州刺史上官政，不克。引兵攻行相州事薛胄，又不克。遂自滏口攻黎州，塞白马津。余公理自太行下河内。帝以右卫将军史祥为行军总管，军于河阴。祥谓军吏曰："余公理轻而无谋，恃众而骄，不足破也。"公理屯河阳，祥具舟南岸，公理聚兵当之。祥简精锐于下流潜济，公理闻之，引兵拒之，战于须水。公理未成列，祥击之，公理大败。祥东趣黎阳，綦良军不战而溃。祥，宁之子也。

帝将发幽州兵，疑幽州总管窦抗有贰心，问可使取抗者于杨素。素荐前江州刺史勃海李子雄，授上大将军，拜广州刺史。又以左领军将军长孙晟为相州刺史，发山东兵，与李子雄共经略之。晟辞以男行布在谅所部，帝曰："公体国之深，终不以儿害义。朕今相委，公其勿辞。"李子雄驰至幽州，止传舍，召募得千余人。抗来诣子雄，子雄伏甲擒之。抗，荣定之子也。

子雄遂发幽州兵步骑三万，自井陉西击谅。时刘建围戍将京兆张祥于井陉，子雄破建于抱犊山下，建遁去。李景被围月余，诏朔州刺史代人杨义臣救之。义臣帅马步二万，夜出西陉，乔钟葵悉众拒之。义臣自以兵少，悉取军中牛驴，得数千头，复令兵数百人，人持一鼓，潜驱之匿于涧谷间。晡后，义臣复与钟葵战。兵初合，命驱牛驴者疾进，一时鸣鼓，尘埃涨天，钟葵军不知，以为伏兵发，因而奔溃，义臣纵击，大破之。晋、绛、吕三州皆为谅城守，杨素各以二千人縻之而去。谅遣其将赵子开拥众十余万，栅绝径路，屯据高壁，布阵五十里。素令诸将以兵临之，自引奇兵潜入霍山，缘崖谷而进。素营于谷口，自坐营外，使军司入营，简留三百人守营，军士惮北军之强，不欲出战，多愿守营，因尔致迟。素责所由，军司具对，素即召所留三百人出营悉斩之，更令简留，人皆无愿留者。素乃引军驰进，出北军之北，直指其营，鸣鼓纵火。北军不知所为，自相蹂践，杀伤数万。谅所署介州刺史梁修罗屯介休，闻素至，弃城走。

谅闻赵子开败，大惧，自将众且十万拒素于蒿泽。会天大雨，谅欲引军还，王頍谏曰："杨素悬军深入，士马疲弊，王以锐卒自将击之，其势必克。今望敌而退，示人以怯，沮战士之心，益西军之气，愿王勿还。"谅不从，退守清源。

王頍谓其子曰："气候殊不佳，兵必败，汝可随我。"杨素进击谅，大破之，擒萧摩诃。谅退保晋阳，素进兵围之。谅穷蹙请降，余党悉平。帝遣杨约赍手诏劳素。王頍将奔突厥，至山中，径路断绝，知必不免，谓其子曰："吾之计数不减杨素，但坐言不见从，遂至于此。不能坐受擒获，以成竖子名。吾死之后，汝慎勿过亲故。”于是自杀，瘗之石窟中。其子数日不得食，遂过其故人，竟为所擒，并获頞尸，枭于晋阳。

群臣奏汉王谅当死，帝不许，除名为民，绝其属籍，竟以幽死。谅所部吏民坐谅死徙者二十余万家。初，高祖与独孤后甚相爱重，誓无异生之子。尝谓群臣曰：“前世天子，溺于嬖幸，嫡庶分争，遂有废立，或至亡国。朕旁无姬侍，五子同母，可谓真兄弟也，岂有此忧邪？”帝又惩周室诸王微弱，故使诸子分据大镇，专制方面，权侔帝室。及其晚节，父子、兄弟迭相猜忌，五子皆不以寿终。

臣光曰：昔辛伯谂周桓公曰：“内宠并后，外宠贰政，嬖子配嫡，大都偶国，乱之本也。”人主诚能慎此四者，乱何自生哉？隋高祖徒知嫡庶之多争，孤弱之易摇，曾不知势钧位逼，虽同产至亲，不能无相倾夺。考诸辛伯之言，得其一而失其三乎？

通鉴纪事本末卷第二十六

突厥朝隋

梁武帝大同十一年春二月，魏丞相泰遣酒泉胡安诺槃陀始通使于突厥。突厥本西方小国，姓阿史那氏，世居金山之阳，为柔然铁工。至其酋长土门始强大，颇侵魏西边。安诺槃陀至，其国人皆喜曰："大国使者至，吾国其将兴矣。"

简文帝大宝二年夏六月，土门恃其强盛，求婚于柔然。柔然头兵可汗大怒，使人詈辱之曰："尔，我之锻奴也，何敢发是言！"土门亦怒，杀其使者，遂与之绝，而求婚于魏，魏丞相泰以长乐公主妻之。

元帝承圣元年春正月，突厥土门自号伊利可汗，号其妻为"可贺敦"，子弟谓之"特勒"，别将兵者皆谓之"设"。

二年春二月，突厥伊利可汗卒，子科罗立，号乙息记可汗。三月，遣使献马五万于魏。乙息记卒，舍其子摄图而立其弟俟斤，号木杆可汗。木杆状貌奇异，性刚勇，多智略，善用兵，邻国畏之。

冬十一月癸亥，齐主自晋阳亲追突厥于朔州，突厥请降，许之而还，自是贡献相继。

敬帝绍泰元年冬十二月，木杆西破嚈哒，东走契丹，北并契骨，威服塞外诸国。其地东自辽海，西至西海，长万里，南自沙漠以北，五六千里皆属焉。

太平元年。突厥木杆可汗袭击吐谷浑，魏太师泰使凉州刺史史宁帅骑随之，吐谷浑奔南山。宁说木杆使攻树敦、贺真二城，以拔其根本，木杆从之。木杆破贺真，获吐谷浑可汗夸吕。宁破树敦，虏其征南王，还，与木杆会于青海。详见吐谷浑盛衰。

陈文帝天嘉四年。初，周人与突厥木杆连兵伐齐，许纳其女为后，遣御伯大夫杨荐等往结之，齐人亦遣使求昏。木杆欲执荐等送齐，荐知而责之，木杆许共平东贼，然后送女。详见周伐齐。

冬十二月，突厥木杆、地头、步离三可汗以十万骑会周师于晋阳。

五年春正月，突厥引兵出塞，纵兵大掠，自晋阳〔以往〕七百里，人畜无遗。

秋九月，突厥寇齐幽州，众十余万，入长城，大掠而还。突厥自幽州还，留屯塞北。闰月，突厥寇齐幽州。

六年春二月辛丑，周遣陈公纯、许公贵、神武公窦毅、南阳公杨荐等备皇后仪卫行殿，并六宫百二十人，诣突厥可汗牙帐逆女。夏五月，突厥遣使至齐，始与齐通。

临海王光大二年春二月，突厥木杆可汗贰于周，更许齐人以昏，留陈公纯等数年不返。会大雷风，坏其穹庐，旬日不止。木杆惧，以为天谴，即备礼送其女于周，纯等奉之以归。三月癸卯，至长安，周主行亲迎之礼。

宣帝太建四年。突厥木杆可汗卒，复舍其子大逻便而立其弟，是为佗钵可汗。佗钵以摄图为尔伏可汗，统其东面，又以其弟褥但可汗之子为步离可汗，居西面。周人与之和亲，岁给缯絮锦彩十万段。突厥在长安者，衣锦食肉，常以千数。齐人亦畏其为寇，争厚赂之。佗钵益骄，谓其下曰："但使我在南两儿常孝，何忧于贫！"

五年。突厥求昏于齐。

九年。周师之克晋阳也，齐使开府仪同三司纥奚永安求救于突厥，比至，齐已亡。

十年夏四月庚申，突厥寇周幽州，杀掠吏民。五月己丑，周高祖帅诸军伐突厥，遣柱国原公姬愿、东平公神举等将兵五道俱入。帝不豫，诏停诸军。六月，帝殂。冬十一月，突厥寇周边，围酒泉，杀掠吏民。

十一年春二月，突厥佗钵可汗请和于周，周主以赵王招女为千金公主，妻之。突厥寇周并州，六月，周发山东诸民修长城。

十二年春二月戊午，突厥入贡于周，且迎千金公主。夏六月，周遣汝南公神庆、司卫上士长孙晟送千金公主于突厥。

十三年（冬十二月）。突厥佗钵可汗病且卒，谓其子菴逻曰："吾兄不立其子，委位于我。我死，汝当避大逻便。"及卒，国人将立大逻便。以其母贱，众不服。菴逻母贵，突厥素重之。摄图最后至，谓国人曰："若立菴逻者，我当帅兄弟事之。若立大逻便，我必守境，利刃长矛以相待。"摄图长，且雄勇，国人莫敢拒，竟立菴逻为嗣。大逻便不得立，心不服菴逻，每遣人詈辱之，菴逻不能制，因以国让摄图。国中相与议曰："四可汗子，摄图最贤。"共迎立之，号沙钵略可汗，居都斤山。菴逻降居独洛水，称第二可汗。大逻便乃谓沙钵略曰："我与尔俱可汗子，各承父后。

尔今极尊，我独无位，何也？”沙钵略患之，以为阿波可汗，还领所部。又沙钵略从父玷厥，居西面，号达头可汗。诸可汗各统部众，分居四面。沙钵略勇而得众，北方皆畏附之。

隋主既立，待突厥礼薄，突厥大怨。千金公主伤其宗祀覆没，日夜言于沙钵略，请为周室复仇。沙钵略谓其臣曰：“我，周之亲也，今隋公自立而不能制，复何面目见可贺敦乎！”乃与故齐营州刺史高宝宁合兵为寇。隋主患之，敕缘边修保障，峻长城，命上柱国武威阴寿镇幽州，京兆尹虞庆则镇并州，屯兵数万以备之。

初，奉车都尉长孙晟送千金公主入突厥，突厥可汗爱其善射，留之竟岁，命诸子弟贵人与之亲友，冀得其射法。沙钵略弟处罗侯，号突利设，尤得众心，为沙钵略所忌，密托心腹，阴与晟盟。晟与之游猎，因察山川形势，部众强弱，靡不知之。及突厥入寇，晟上书曰：“今诸夏虽安，戎虏尚梗，兴师致讨，未是其时，弃于度外，又相侵扰，故宜密运筹策，渐以攘之。玷厥之于摄图，兵强而位下，外名相属，内隙已彰，鼓动其情，必将自战。又处罗侯者，摄图之弟，奸多势弱，曲取众心，国人爱之，因为摄图所忌，其心殊不自安，迹示弥缝，实怀疑惧。又，阿波首鼠，介在其间，颇畏摄图，受其牵率，唯强是与，未有定心。今宜远交而近攻，离强而合弱，通使玷厥，说合阿波，则摄图回兵，自防右地。又引处罗，遣连奚、霫，则摄图分众，还备左方。首尾猜嫌，腹心离阻，十数年后，乘衅讨之，必可一举而空其国矣。”帝省表，大悦，因召与语。晟复口陈形势，手画山川，写其虚实，皆如指掌。帝深嗟异，皆纳用之。遣太仆元晖出伊吾道，诣达头，赐以狼头纛。达头使来，引居沙钵略使上。以晟为车骑将军，出黄龙道，赍币赐奚、霫、契丹，遣为乡导，得至处罗侯所，深布心腹，诱之内附。反间既行，果相猜贰。

十四年夏四月庚寅，隋大将军韩僧寿破突厥于鸡头山，上柱国李充破突厥于河北山。五月己未，高宝宁引突厥寇隋平州，突厥悉发五可汗控弦之士四十万入长城。六月乙酉，隋上柱国李光败突厥于马邑。突厥又寇兰州，凉州总管贺娄子干败之于可洛峐。冬十月癸酉，隋太子勇屯兵咸阳以备突厥。

十二月乙酉，隋遣沁源公虞庆则屯弘化以备突厥。行军总管达奚长儒将兵二千，与突厥沙钵略可汗遇于周槃，沙钵略有众十余万，军中大惧。长儒神色慷慨，且战且行，为虏所冲突，散而复聚，四面抗拒。转斗三日，昼夜凡十四战，五兵咸尽，士卒以拳殴之，手皆骨见，杀伤万计。虏气稍夺，于是解去。长儒身被五疮，通中者二。其战士死伤者什八九。诏以长儒为上柱国，余勋回授一子。

时柱国冯昱屯乙弗泊，兰州总管叱列长叉守临洮，上柱国李崇屯幽州，皆为突厥所败。于是突厥纵兵自木硖、石门两道入寇，武威、天水、安定、金城、上郡、弘化、延安六畜咸尽。沙钵略更欲南入，达头不从，引兵而去。长孙晟又说沙钵略之子染干诈告沙钵略曰："铁勒等反，欲袭其牙。"沙钵略惧，回兵出塞。

长城公至德元年春二月，突厥寇隋北边。

夏四月，突厥数为隋寇，隋主下诏曰："往者周、齐抗衡，分割诸夏，突厥之虏，俱通二国。周人东虑，恐齐好之深；齐氏西虞，惧周交之厚。谓虏意轻重，国遂安危，盖并有大敌之忧，思减一边之防也。朕以为厚敛兆庶，多惠豺狼，未尝感恩，资而为贼。节之以礼，不为虚费，省徭薄赋，国用有余。因入贼之物，加赐将士，息道路之民，务为耕织，清边制胜，成策在心。凶丑愚暗，未知深旨，将大定之日，比战国之时，乘昔世之骄，结今时之恨。近者尽其巢窟，俱犯北边，盖上天所忿，驱就齐斧。诸将今行，义兼含育，有降者纳，有违者死，使其不敢南望，永服威刑。何用侍子之朝，宁劳渭桥之拜。”

于是命卫王爽等为行军元帅，分八道出塞击之。爽督总管李充等四将出朔州道，己卯，与沙钵略可汗遇于白道。李充言于爽曰：“突厥狃于骤胜，必轻我而无备，以精兵袭之，可破也。”诸将多以为疑，唯长史李彻赞成之，遂与充帅精骑五千掩击突厥，大破之。沙钵〔略〕弃所服金甲，潜草中而遁。其军中无食，粉骨为粮，加以疾疫，死者甚众。甲午，突厥遣使入见于隋。

五月癸卯，隋行军总管李晃破突厥于摩那度口。隋秦州总管窦荣定帅九总管步骑三万出凉州，与突厥阿波可汗相拒于高越原，阿波屡败。荣定，炽之兄子也。

前上大将军京兆史万岁，坐事配敦煌为戍卒，诣荣定军门，请自效。荣定素闻其名，见而大悦。壬戌，将战，荣定遣人谓突厥曰：“士卒何罪而杀之，但当各遣一壮士决胜负耳。”突厥许诺，因遣一骑挑战，荣定遣万岁出应之，万岁驰斩其首而还。突厥大惊，不敢复战，遂请盟，引军而去。

长孙晟时在荣定军中为偏将，使谓阿波曰：“摄图每来，战皆大胜。阿波才入，遽即奔败，此乃突厥之耻也。且摄图之与阿波，兵势本敌。今摄图日胜，为众所崇，阿波不利，为国生辱。摄图必当以罪归阿波，成其宿计，灭北牙矣。愿自量度，能御之乎？”阿波使至，晟又谓之曰：“今达头与隋连和，而摄图不能制。可汗何不依附天子，结连达头，相合为强，此万全计也。岂若丧兵负罪，归就摄图，受其戮辱邪？”阿波然之，遣使随晟入朝。

沙钵略素忌阿波骁悍，自白道败归，又闻阿波贰于隋，因先归袭击北牙，大破之，杀阿波之母。阿波还，无所归，西奔达头。达头大怒，遣阿波帅兵而东，其部落归之者将十万骑，遂与沙钵略相攻，屡破之，复得故地，兵势益强。贪汗可汗素睦于阿波，沙钵略夺其众而废之，贪汗亡奔达头。沙钵略从弟地勤察别统部落，与沙钵略有隙，复以众叛归阿波。连兵不已，各遣使诣长安请和、求援，隋主皆不许。

六月，突厥寇幽州，隋幽州总管广宗壮公李崇帅步骑三千拒之，转战十余日，师人多死，遂保砂城。突厥围之，城荒颓，不可守御，晓夕力战，又无所食，每夜出掠虏营，得六畜以继军粮。突厥畏之，厚为其备，每夜中结阵以待之。崇军苦饥，出辄遇敌，死亡略尽，及明，奔还城者尚百许人，然多重伤，不堪更战。突厥意欲降之，遣使谓崇曰：“若来降者，封为特勒。”崇知不免，令其士卒曰：“崇丧师徒，罪当万死。今日效命，以谢国家。汝俟吾死，且可降贼，便散走，努力还乡，若见至尊，道崇此意。”乃挺刃突阵，复杀二人，突厥乱射杀之。秋七月辛丑，以豫州刺史代人周摇为幽州总管，命李崇子敏袭爵。

秋八月壬午，隋遣尚书左仆射高颎出宁州道，内史监虞庆则出原州道，以击突厥。

二年春二月，突厥苏尼部男女万余口降隋。突厥达头可汗请降于隋。秋九月，突厥沙钵略可汗数为隋所败，乃请和亲。千金公主自请改姓杨氏，为隋主女。隋主遣开府仪同三司徐平和使于沙钵略，更封千金公主为大义公主。晋王广请因衅乘之，隋主不许。

沙钵略遣使致书曰："从天生大突厥天下贤圣天子伊利俱卢设莫何沙钵略可汗致书大隋皇帝：皇帝，妇父，乃是翁比。此为女夫，乃是儿例。两境虽殊，情义如一。自今子子孙孙，乃至万世，亲好不绝。上天为证，终不违负。此国羊马，皆皇帝之畜，彼之缯彩，皆此国之物。"帝复书曰："大隋天子贻书大突厥沙钵略可汗：得书，知大有善意。既为沙钵略妇翁，今日视沙钵略与儿子不异。时遣大臣往彼省女，复省沙钵略也。"于是遣尚书右仆射虞庆则使于沙钵略，车骑将军长孙晟副之。

沙钵略陈兵，列其珍宝，坐见庆则，称病不能起，且曰："我诸父以来，不向人拜。"庆则责而谕之。千金公主私谓庆则曰："可汗豺狼性，过与争，将啮人。"长孙晟谓沙钵略曰："突厥与隋俱大国天子，可汗不起，安敢违意。但可贺敦为帝女，则可汗是大隋女婿，奈何不敬妇翁？"沙钵略笑谓其达官曰："须拜妇翁。"乃起拜顿颡，跪受玺书，以戴于首。既而大惭，与群下相聚恸哭。庆则又遣称臣，沙钵略谓左右曰："何谓臣？"左右曰："隋言臣，犹此云奴耳。"沙钵略曰："得为大隋天子奴，虞仆射之力也。"赠庆则马千匹，并以从妹妻之。

三年。初，突厥阿波可汗既与沙钵略有隙，分而为二。阿波浸强，东距都斤，西越金山，龟兹、铁勒、伊吾及西域诸胡悉附之，号西突厥。隋主亦遣上大将军元契使于阿波以抚之。秋七月，突厥沙钵略既为达头所困，又畏契丹，遣使告急于隋，请将部落度漠南，寄居白道川。隋主许之，命晋王广以兵援之，给以衣食，赐之车服、鼓吹。沙钵略因西击阿波，破之。而阿拔国乘虚掠其妻子，官军为击阿拔，败之，所获悉与沙钵略。沙钵略大喜，乃立约，以碛为界，因上表曰："天无二日，土无二王，大隋皇帝真皇帝也，岂敢阻兵恃险，偷窃名号。今感慕淳风，归心有道，屈膝稽颡，永为藩附。”遣其子库合真入朝。

八月丙戌，库合真至长安。隋主下诏曰：“沙钵略往虽与和，犹是二国。今作君臣，便成一体。”因命肃告郊庙，普颁远近，凡赐沙钵略诏，不称其名。宴库合真于内殿，引见皇后，赏劳甚厚。沙钵略大悦，自是岁时贡献不绝。

四年春正月庚午，隋颁历于突厥。

祯明元年夏四月，突厥沙钵略可汗遣其子入贡于隋，因请猎于恒、代之间。隋主许之，仍遣人赐以酒食，沙钵略帅部落再拜受赐。沙钵略寻卒，隋为之废朝三日，遣太常吊祭。

初，沙钵略以其子雍虞闾懦弱，遗令立其弟叶护处罗侯。雍虞闾遣使迎处罗侯，将立之。处罗侯曰：“我突厥自木杆可汗以来，多以弟代兄，以庶夺嫡，失先祖之法，不相敬畏。汝当嗣位，我不惮拜汝。”雍虞闾曰：“叔与我父共根连体。我，枝叶也，岂可使根本反从枝叶，叔父屈于卑幼乎！且亡父之命，何可废也。愿叔勿疑。”遣使相让者五六，处罗侯竟立，是为莫何可汗。以雍虞闾为叶护。遣使上表言状，隋使车骑将军长孙晟持节拜之，赐以鼓吹、幡旗。

莫何勇而有谋，以隋所赐旗鼓西击阿波。阿波之众以为得隋兵助之，多望风降附。遂生擒阿波，上书请其死生之命。隋主下其议，乐安公元谐请就彼枭首，武阳公李充请生取入朝，显戮以示百姓。隋主谓长孙晟：“于卿何如？”晟对曰：“若突厥背诞，须齐之以刑。今其昆弟自相夷灭，阿波之恶，非负国家。因其困穷，取而为戮，恐非招远之道，不如两存之。”左仆射高颎曰：“骨肉相残，教之蠹也，宜存养以示宽大。”隋主从之。

二年冬十二月，突厥莫何可汗西击邻国，中流矢而卒。国人立雍虞闾，号颉伽施多那都蓝可汗。

隋文帝开皇十三年。上之灭陈也，以陈叔宝屏风赐突厥大义公主。公主以其宗国之覆，心常不平，书屏风为诗，叙陈亡以自寄。上闻而恶之，礼赐渐薄。彭公刘昶先尚周公主，流人杨钦亡入突厥，诈言昶欲与其妻作乱攻隋，遣钦来密告大义公主，发兵扰边。都蓝可汗信之，乃不修职贡，颇为边患。上遣车骑将军长孙晟使于突厥，微观察之。公主见晟，言辞不逊，又遣所私胡人安遂迦与杨钦计议，扇惑都蓝。晟至京师，具以状闻。上遣晟往索钦，都蓝不与，曰："检校客内无此色人。"晟乃赂其达官，知钦所在，夜掩获之，以示都蓝，因发公主私事，国人大以为耻。都蓝执安遂迦等，并以付晟。上大喜，加授开府仪同三司，仍遣入突厥，废公主。内史侍郎裴矩请说都蓝，使杀公主。时处罗侯之子染干号突利可汗，居北方，遣使求婚。上使裴矩谓之曰："当杀大义公主乃许婚。"突利复谮之于都蓝，都蓝因发怒，杀公主，更表请婚。朝议将许之，长孙晟曰："臣观雍虞闾反覆无信，直以与玷厥有隙，所以欲依倚国家。虽与为婚，终当叛去。今若得尚公主，承藉威灵，玷厥、染干必受其征发。强而更反，后恐难图。且染干者，处罗侯之子，素有诚款，于今两代，前乞通婚，不如许之，招令南徙，兵少力弱，易可抚驯，使敌雍虞闾以为边捍。"上曰："善。"复遣晟慰谕染干，许尚公主。

十七年秋〔七月〕戊戌，突厥突利可汗来逆女，上舍之太常，教习六礼，妻以宗女安义公主。上欲离间都蓝，故特厚其礼，遣太常卿牛弘、纳言苏威、民部尚书斛律孝卿相继为使。突利本居北方，既尚主，长孙晟说其帅众南徙，居度斤旧镇，锡赉优厚。都蓝怒曰："我大可汗也，反不如染干！"于是朝贡遂绝，亟来抄掠边鄙。突利伺知动静，辄遣奏闻，由是边鄙每先有备。

十九年春二月，突厥突利可汗因长孙晟奏言"都蓝可汗作攻具，欲攻大同城"。诏以汉王谅为元帅，尚书左仆射高颎出朔州道，右仆射杨素出灵州道，上柱国燕荣出幽州道以击都蓝，皆取汉王节度。然汉王竟不临戎。都蓝闻之，与达头可汗结盟，合兵掩袭突利，大战长城下，突利大败。都蓝尽杀其兄弟子侄，遂渡河入蔚州。突利部落散亡，夜与长孙晟以五骑南走，比旦，行百余里，收得数百骑。突利与其下谋曰："今兵败入朝，一降人耳，大隋天子岂礼我乎？玷厥虽来，本无冤隙，若往投之，必相存济。"晟知之，密遣使者入伏远镇，令速举烽。突利见四烽俱发，以问晟，晟绐之曰："城高地迥，必遥见贼来。我国家法，若贼少，举二烽，来多，举三烽，大逼，举四烽。彼见贼多而又近耳。"突利大惧，谓其众曰："追兵已逼，且可投城。"既入镇，晟留其达官执室领其众，自将突利驰驿入朝。

夏四月丁酉，突利至长安。帝大喜，以晟为左勋卫骠骑将军，持节护突厥。上令突利与都蓝使者因头特勒相辨诘，突利辞直，上乃厚待之。都蓝弟都速六弃其妻子与突利归朝，上嘉之，使突利多遗之珍宝，以慰其心。

高颎使上柱国赵仲卿将兵三千为前锋，至族蠡山，与突厥遇，交战七日，大破之。追奔至乞伏泊，复破之，虏千余口，杂畜万计。突厥复大举而至，仲卿为方阵，四面拒战，凡五日。会高颎大兵至，合击之，突厥败走，追度白道，逾秦山七百余里而还。杨素军与达头遇。先是，诸将与突厥战，虑其骑兵奔突，皆以戎车步骑相参，设鹿角为方阵，骑在其内。素曰："此乃自固之道，未足以取胜也。”于是悉除旧法，令诸军为骑阵。达头闻之大喜，曰：“天赐我也。”下马仰天而拜，帅骑兵十余万直前。上仪同三司周罗睺曰：“贼阵未整，请击之。”先帅精骑逆战，素以大兵继之，突厥大败，达头被重创而遁，杀伤不可胜计，其众号哭而去。

冬十月甲午，以突厥突利可汗为意利珍豆启民可汗，华言意智健也。突厥归启民者男女万余口，上命长孙晟将五万人于朔州筑大利城以处之。时安义公主已卒，复使晟持节，送宗女义成公主以妻之。

晟奏：“染干部落归者益众，虽在长城之内，犹被雍虞闾抄掠，不得宁居。请徙五原，以河为固，于夏、胜两州之间，东西至河，南北四百里，掘为横堑，令处其内，使得任情畜牧。”上从之。又令上柱国赵仲卿屯兵二万为启民防达头，代州总管韩洪等将步骑一万镇恒安。达头骑十万来寇，韩洪军大败，仲卿自乐宁镇邀击，斩首虏千余级。

帝遣越公杨素出灵州，行军总管韩僧寿出庆州，太平公史万岁出燕州，大将军武威姚辩出河州以击都蓝。师未出塞，十二月乙未，都蓝为部下所杀，达头自立为步迦可汗，其国大乱。长孙晟言于上曰：“今官军临境，战数有功，虏内自携离，其主被杀，乘此招抚，可以尽降。请遣染干部下分道招慰。”上从之。降者甚众。

二十年夏四月壬戌，突厥达头可汗犯塞，诏命晋王广、杨素出灵武道，汉王谅、史万岁出马邑道以击之。长孙晟帅降人为秦州行军总管，受晋王节度。晟以突厥饮泉，易可行毒，因取诸药毒水上流，突厥人畜饮之多死。于是大惊曰：“天雨恶水，其亡我乎！”因夜遁。晟追之，斩首千余级。史万岁出塞，至大斤山与虏相遇。达头遣使问："隋将为谁?"候骑报"史万岁也"。突厥复问："得非敦煌戍卒乎?"候骑曰："是也。"达头惧而引去。万岁驰追百余里,纵击,大破之,斩数千级。逐北,入碛数百里,虏远遁而还。诏遣长孙晟复还大利城,安抚新附。

达头复遣其弟子俟利伐从碛东攻启民,上又发兵助启民守要路,俟利伐退走入碛。启民上表陈谢曰："大隋圣人可汗怜养百姓,如天无不覆,地无不载。染干如枯木更叶,枯骨更肉,千世万世,常为大隋典羊马也。"帝又遣赵仲卿为启民筑金河、定襄二城。

仁寿元年春正月,突厥步迦可汗犯塞,败代州总管韩洪于恒安。夏五月,突厥男女九万口来降。冬十一月,诏以杨素为云州行军元帅,长孙晟为受降使者,挟启民可汗北击步迦。

二年春三月,突厥思力俟斤等南渡河,掠启民男女六千口,杂畜二十余万而去。杨素帅诸军追击,转战六十余里,大破之。突厥北走,素复进追,夜及之。恐其越逸,令其骑稍后,亲引两骑并降突厥二人与虏并行,虏不之觉。候其顿舍未定,趣后骑掩击,大破之,悉得人畜以归启民。自是突厥远遁,碛南无复寇掠。

三年(秋九月),突厥步迦可汗所部大乱,铁勒、仆骨等十余部皆叛步迦降于启民。步迦众溃,西奔吐谷浑。长孙晟送启民置碛口,启民于是尽有步迦之众。

炀帝大业三年春正月朔旦,大陈文物。时突厥启民可汗入朝,见而慕之,请袭冠带,帝不许。明日,又帅其属上表固请,帝大悦,谓牛弘等曰："今衣冠大备,致单于解辫,卿等功也。"各赐帛甚厚。

夏四月丙寅,车驾北巡。己亥,顿赤岸泽。五月丁巳,突厥启民可汗遣其子拓特勒来朝。戊午，发河北十余郡丁男凿太行山，达于并州，以通驰道。丙寅，启民遣其兄子毗黎伽特勒来朝。辛未，启民遣使请自入塞奉迎舆驾，上不许。六月戊子，车驾顿榆林郡。帝欲出塞耀兵，径突厥中，指于涿郡，恐启民惊惧，先遣武卫将军长孙晟谕旨。启民奉诏，因召所部诸国奚、霫、室韦等酋长数十人咸集。晟见牙帐中草秽，欲令启民亲除之，示诸部落，以明威重。乃指帐前草曰："此根大香。"启民遽嗅之，曰"殊不香也"。晟曰："天子行幸所在，诸侯躬自洒扫，耕除御路，以表至敬之心。今牙内芜秽，谓是留香草耳。"启民乃悟曰："奴之罪也。奴之骨肉皆天子所赐，得效筋力，岂敢有辞。特以边人不知法耳，赖将军教之。此将军之惠，奴之幸也。"遂拔所佩刀自芟庭草，其贵人及诸部争效之。于是发榆林北境，至其牙，东达于蓟，长三千里，广百步，举国就役，开为御道。帝闻晟策，益嘉之。

丁酉，启民及义成公主来朝行宫。己亥，吐谷浑、高昌并遣使入贡。甲辰，上御北楼观渔于河，以宴百僚。定襄太守周法尚朝于行宫，太府卿元寿言于帝曰："汉武出关，旌旗千里。今御营之外，请分为二十四军，日别遣一军发，相去三十里，旗帜相望，钲鼓相闻，首尾相属，千里不绝，此亦出师之盛者也。"法尚曰："不然。兵亘千里，动间山川，猝有不虞，四分五裂。腹心有事，首尾未知，道路阻长，难以相救，虽有故事，乃取败之道也。"帝不怿，曰："卿意如何？"法尚曰："结为方阵，四面外拒，六宫及百官家属并在其内。若有变起，所当之面，即令抗拒，内引奇兵，出外奋击，车为壁垒，重设钩陈，此与据城，理亦何异。若战而捷，抽骑追奔，万一不捷，屯营自守，臣谓此万全之策也。"帝曰："善。"因拜法尚左武卫将军。

启民可汗复上表，以为："先帝可汗怜臣，赐臣安义公主，种种无乏。臣兄弟嫉妒，共欲杀臣。臣当是时，走无所适，仰视唯天，俯视唯地，奉身委命，依归先帝。先帝怜臣且死，养而生之，以臣为大可汗，还抚突厥之民。至尊今御天下，还如先帝养生臣及突厥之民，种种无乏。臣荷戴圣恩，言不能尽。臣今非昔日突厥可汗，乃是至尊臣民，愿帅部落变改衣服，一如华夏。"帝以为不可。秋七月辛亥，赐启民玺书，谕以："碛北未静，犹须征战，但存心恭顺，何必变服。"

帝欲夸示突厥，令宇文恺为大帐，其下可坐数千人。甲寅，帝于城东御大帐，备仪卫，宴启民及其部落，作散乐。诸胡骇悦，争献牛、羊、驼、马数千万头。帝赐启民帛二十万段，其下各有差。又赐启民路车、乘马、鼓吹、幡旗，赞拜不名，位在诸侯王上。又诏发丁男百余万筑长城，西距榆林，东至紫河。尚书左仆射苏威谏，帝不听，筑之二旬而毕。

八月壬午，车驾发榆林，历云中，溯金河。时天下承平，百物丰实，甲士五十余万，马十万匹，旌旗辎重，千里不绝。令宇文恺等造观风行殿，上容侍卫者数百人，离合为之，下施轮轴，倏忽推移。又作行城，周二千步，以板为干，衣之以布，饰以丹青，楼橹悉备。胡人惊以为神，每望御营，十里之外，屈膝稽颡，无敢乘马。启民奉庐帐以俟车驾，乙酉，帝幸其帐。启民奉觞上寿，跪伏恭甚，王侯以下袒割于帐前，莫敢仰视。帝大悦，赋诗曰："呼韩顿颡至，屠耆接踵来；何如汉天子，空上单于台。"皇后亦幸义成公主帐。帝赐启民及公主金瓮各一，并衣服、被褥、锦彩，特勒以下受赐各有差。帝还，启民从入塞，己丑，遣归国。

四年夏四月乙卯，诏以"突厥启民可汗，遵奉朝化，思改戎俗，宜于万寿戍置城造屋，其帷帐床褥以上，务从优厚。”

五年春正月，突厥启民可汗来朝，礼赐益厚。冬十一月，突厥启民可汗卒，上为之废朝三日，立其子咄吉，是为始毕可汗。表请尚公主，诏从其俗。

八年春二月，北平襄侯段文振为兵部尚书，上表，以为帝“宠待突厥太厚，处之塞内，资以兵食。戎狄之性，无亲而贪，异日必为国患，宜以时谕遣，令出塞外，然后明设烽候，缘边镇防，务令严重，此万岁之长策也”。三月辛卯，文振卒，帝甚惜之。

隋讨高丽

隋文帝开皇十七年。高丽王汤闻陈亡，大惧，治兵积谷，为拒守之策。是岁，上赐汤玺书，责以“虽称藩附，诚节未尽”。且曰：“彼之一方，虽地狭人少，今若黜王，不可虚置，终须更选官属，就彼安抚。王若洒心易行，率由宪章，即是朕之良臣，何劳别遣才彦。王谓辽水之广，何如长江？高丽之人，多少陈国？朕若不存含育，责王前愆，命一将军，何待多力！殷勤晓示，许王自新耳。”汤得书惶恐，将奉表陈谢，会病卒。子元嗣立，上使使拜元为上开府仪同三司，袭爵辽东公。元奉表谢恩，因请封王，上许之。

十八年春二月，高丽王元帅靺鞨之众万余寇辽西，营州总管韦冲击走之。上闻而大怒，乙巳，以汉王谅、王世积并为行军元帅，将水陆三十万伐高丽。以尚书左仆射高颎为汉王长史，周罗睺为水军总管。夏六月丙寅，下诏黜高丽王元官爵。汉王谅军出临渝关，值水潦，馈运不继，军中乏食，复遇疾疫。周罗睺自东莱泛海趣平壤城，亦遭风，船多飘没。秋九月己丑，师还，死者什八九。高丽王元亦惶惧，遣使谢罪，上表称"辽东粪土臣元"，上于是罢兵，待之如初。

百济王昌遣使奉表请为军导，帝下诏，谕以"高丽服罪，朕已赦之，不可致伐"。厚其使而遣之。高丽颇知其事，以兵侵掠其境。

炀帝大业六年。帝之幸启民帐也，高丽使者在启民所，启民不敢隐，与之见帝。黄门侍郎裴矩说帝曰："高丽本箕子所封之地，汉、晋皆为郡县，今乃不臣，别为异域。先帝欲征之久矣，但杨谅不肖，师出无功。当陛下之时，安可不取，使冠带之境，遂为蛮貊之乡乎？今其使者亲见启民举国从化，可因其恐惧，胁使入朝。"帝从之，敕牛弘宣旨曰："朕以启民诚心奉国，故亲至其帐。明年当往涿郡，尔还日语高丽王，宜早来朝，勿自疑惧。存育之礼，当如启民。苟或不朝，将帅启民往巡彼土。"高丽王元惧藩礼颇阙，帝将讨之，课天下富人买武马，匹至十万钱，简阅器仗，务令精新，或有滥恶，则使者立斩。

七年春二月乙亥，帝自江都行幸涿郡。壬午，下诏讨高丽。敕幽州总管元弘嗣往东莱海口造船三百艘。官吏督役，昼夜立水中，略不敢息，自腰以下皆生蛆，死者什三四。夏四月庚午，车驾至涿郡之临朔宫，文武从官九品以上，并令给宅安置。先是，诏总征天下之兵，无问远近，俱会于涿。又发江、淮以南水手一万人，弩手三万人，岭南排镩手三万人，于是四远奔赴如流。五月，敕河南、淮南、江南造戎车五万乘送高阳，供载衣甲幔幕，令兵士自挽之，发河南、北民夫以供军须。秋七月，发江、淮以南民夫及船，运黎阳及洛口诸仓米至涿郡。舳舻相次千余里，载兵甲及攻取之具，往还在道，常数十万人，填咽于道，昼夜不绝，死者相枕，臭秽盈路，天下骚动。

八年春正月，四方兵皆集涿郡。帝征合水令庾质问曰："高丽之众不能当我一郡，今朕以此众伐之，卿以为克不？"对曰："伐之可克。然臣窃有愚见，不愿陛下亲行。"帝作色曰："朕今总兵至此，岂可未见贼而先自退邪？"对曰："战而未克，惧损威灵。若车驾留此，命猛将劲卒，指授方略，倍道兼行，出其不意，克之必矣。事机在速，缓则无功。"帝不悦曰："汝既惮行，自可留此。"右尚方署监事耿询上书切谏，帝大怒，命左右斩之，何稠苦救得免。

壬午，诏左十二军出镂方、长岑、溟海、盖马、建安、南苏、辽东、玄菟、扶余、朝鲜、沃沮、乐浪等道，右十二军出黏蝉、含资、浑弥、临屯、候城、提奚、蹋顿、肃慎、碣石、东暆、带方、襄平等道，骆驿引途，总集平壤，凡一百一十三万三千八百人，号二百万，其馈运者倍之。宜社于南桑乾水上，类上帝于临朔宫南，祭马祖于蓟城北。帝亲授节度，每军大将、亚将各一人，骑兵四十队，队百人，十队为团，步卒八十队，分为四团，团各有偏将一人。其铠胄、缨拂、旗幡，每团异色。受降使者一人，承诏慰抚，不受大将节制。其辎重散兵等亦为四团，使步卒挟之而行，进止立营，皆有次叙仪法。癸未，第一军发。日遣一军，相去四十里，连营渐进。终四十日发乃尽，首尾相继，鼓角相闻，旌旗亘九百六十里。御营内合十二卫，三台、五省、九寺分隶内、外、前、后、左、右六军，次后发，又亘八十里。近古出师之盛，未之有也。

二月，以段文振为左候卫大将军，出南苏道。文振于道中疾笃，上表曰："窃见辽东小丑，未服严刑，远降六师，亲劳万乘。但夷狄多诈，深须防拟，口陈降款，毋宜遽受。水潦方降，不可淹迟。唯愿严勒诸军，星驰速发，水陆俱前，出其不意，则平壤孤城，势可拔也。若倾其本根，余城自克。如不时定，脱遇秋霖，深为艰阻，兵粮既竭，强敌在前，靺鞨出后，迟疑不决，非上策也。”三月辛卯，文振卒，帝甚惜之。

癸巳，上始御师，进至辽水。众军总会，临水为大阵。高丽兵阻水拒守，隋兵不得济。左屯卫大将军麦铁杖谓人曰：“丈夫性命自有所在，岂能然艾灸頞，瓜蒂歕鼻，治黄不差，而卧死儿女手中乎！”乃自请为前锋，谓其三子曰：“吾荷国恩，今为死日。我得良杀，汝当富贵。”帝命工部尚书宇文恺造浮桥三道于辽水西岸，既成，引桥趣东岸，桥短不及岸丈余。高丽兵大至，隋兵骁勇者争赴水接战，高丽兵乘高击之，隋兵不得登岸，死者甚众。麦铁杖跃登岸，与虎贲郎将钱士雄、孟叉等皆战死。乃敛兵，引桥复就西岸。诏赠铁杖宿公，使其子孟才袭爵，次子仲才、季才并拜正议大夫。更命少府监何稠接桥，二日而成。诸军相次继进，大战于东岸，高丽兵大败，死者万计。诸军乘胜进围辽东城，即汉之襄平城也。车驾度辽，引曷萨那可汗及高昌王伯雅观战处以慑惮之。因下诏赦天下。命刑部尚书卫文昇、尚书右丞刘士龙抚辽左之民，给复十年，建置郡县，以相统摄。

诸将之东下也，帝亲戒之曰：“今者吊民伐罪，非为功名。诸将或不识朕旨，欲轻兵掩袭，孤军独斗，立一身之名以邀勋赏，非大军行法。公等进军，当分为三道，有所攻击，必三道相知，毋得轻军独进，以致失亡。又凡军事进止，皆须奏闻待报，毋得专擅。”辽东数出战不利，乃婴城固守，帝命诸军攻之。又敕诸将：“高丽若降，即宜抚纳，不得纵兵。”辽东城将陷，城中人辄言请降，诸将奉旨，不敢赴机，先令驰奏。比报至，城中守御亦备，随出拒战。如此再三，帝终不悟。既而城久不下。六月己未，帝幸辽东城南，观其城池形势，因召诸将诘责之曰："公等自以官高，又恃家世，欲以暗懦待我邪？在都之日，公等皆不愿我来，恐见病败耳。我今来此，正欲观公等所为，斩公辈耳！公今畏死，莫肯尽力，谓我不能杀公邪？"诸将咸战惧失色。帝因留止城西数里，御六合城。高丽诸城各坚守不下。

右翊卫大将军来护儿帅江、淮水军，舳舻数百里，浮海先进，入自浿水，去平壤六十里，与高丽相遇，进击，大破之。护儿欲乘胜趣其城，副总管周法尚止之，请俟诸军至俱进。护儿不听，简精甲四万直造城下。高丽伏兵于罗郭内空寺中，出兵与护儿战而伪败，护儿逐之入城，纵兵俘掠，无复部伍。伏兵发，护儿大败，仅而获免，士卒还者不过数千人。高丽追至船所，周法尚整陈待之，高丽乃退。护儿引兵还屯海浦，不敢复留应接诸军。

左翊卫大将军宇文述出扶余道，右翊卫大将军于仲文出乐浪道，左骁卫大将军荆元恒出辽东道，右翊卫将军薛世雄出沃沮道，右屯卫将军辛世雄出玄菟道，右御卫将军张瑾出襄平道，右武候将军赵孝才出碣石道，涿郡太守检校左武卫将军崔弘昇出遂城道，检校右御卫虎贲郎将卫文昇出增地道，皆会于鸭绿水西。述等兵自泸河、怀远二镇，人马皆给百日粮，又给排甲、枪槊并衣资、戎具、火幕，人别三石已上，重莫能胜致。下令军中"遗弃米粟者斩"，士卒皆于幕下掘坑埋之，才行及中路，粮已将尽。

高丽遣大臣乙支文德诣其营诈降，实欲观虚实。于仲文先奉密旨："若遇高元及文德来者，必擒之。"仲文将执之，尚书右丞刘士龙为慰抚使，固止之。仲文遂听文德还。既而悔之，遣人给文德曰："更欲有言，可复来。"文德不顾，济鸭绿水而去。仲文与述等既失文德，内不自安。述以粮尽，欲还。仲文议以精锐追文德，可以有功。述固止之，仲文怒曰："将军仗十万之众，不能破小贼，何颜以见帝！且仲文此行，固知无功。何则？古之良将能成功者，军中之事，决在一人。今人各有心，何以胜敌？"时帝以仲文有计画，令诸军咨禀节度，故有此言。由是述等不得已而从之，与诸将渡水追文德。文德见述军士有饥色，故欲疲之，每战辄走。述一日之中，七战皆捷，既恃骤胜，又逼群议，于是遂进，东济萨水，去平壤城三十里，因山为营。文德复遣使诈降，请于述曰："若旋师者，当奉高元朝行在所。"述见士卒疲弊，不可复战，又平壤城险固，度难猝拔，遂因其诈而还。述等为方阵而行，高丽四面钞击，述等且战且行。秋七月壬寅，至萨水，军半济，高丽自后击其后军，右屯卫将军辛世雄战死。于是诸军俱溃，不可禁止，将士奔还，一日一夜至鸭绿水，行四百五十里。将军天水王仁恭为殿，击高丽，却之。来护儿闻述等败，亦引还。唯卫文昇一军独全。

初，九军度辽凡三十万五千，及还至辽东城，唯二千七百人，资储、器械巨万计，失亡荡尽。帝大怒，锁系述等。癸卯，引还。

初，百济王璋遣使请讨高丽，帝使之觇高丽动静，璋内与高丽潜通。隋军将出，璋使其臣国智牟来请师期，帝大悦，厚加赏赐，遣尚书起部郎席律诣百济，告以期会。及隋军渡辽，百济亦严兵境上，声言助隋，实持两端。

是行也，唯于辽水西拔高丽武厉逻，置辽东郡及通定镇而已。八月，敕运黎阳、洛口、太原等仓谷向望海顿，使民部尚书庐江樊子盖留守涿郡。九月庚寅，车驾至东都。

宇文述素有宠于帝，且其子士及尚帝女南阳公主，故帝不忍诛。甲申，与于仲文等皆除名为民。斩刘士龙，以谢天下。萨水之败，高丽追围薛世雄于白石山，世雄奋击，破之，由是独得免官。以卫文昇为金紫光禄大夫。诸将皆委罪于于仲文，帝既释诸将，独系仲文。仲文忧恚，发病困笃，乃出之，卒于家。

九年春正月丁丑，诏征天下兵集涿郡。始募民为骁果，修辽东古城以贮军粮。二月壬午，诏："宇文述以兵粮不继，遂陷王师。乃军吏失于支料，非述之罪，宜复其官爵。"寻又加开府仪同三司。帝谓侍臣曰："高丽小虏，侮慢上国。今拔海移山，犹望克果，况此虏乎！"乃复议伐高丽。左光禄大夫郭荣谏曰："戎狄失礼，臣下之事。千钧之弩，不为鼷鼠发机，奈何亲辱万乘，以敌小寇乎！"帝不听。

夏四月庚午，车驾度辽。壬申，遣宇文述与上大将军杨义臣趣平壤，左光禄大夫王仁恭出扶余道。仁恭进军至新城，高丽兵数万拒战，仁恭帅劲骑一千击破之，高丽婴城固守。帝命诸将攻辽东，听以便宜从事。飞楼、橦、云梯、地道四面俱进，昼夜不息，而高丽应变拒之，二十余日不拔，主客死者甚众。冲梯竿长十五丈，骁果吴兴沈光升其端，临城与高丽战，短兵接，杀十数人。高丽竞击之而坠，未及地，适遇竿有垂絙，光接而复上。帝望见，壮之，即拜朝散大夫，恒置左右。

辽东城久不拔，帝遣造布囊百余万口，满贮土欲积为鱼梁大道，阔三十步，高与城齐，使战士登而攻之。又作八轮楼车，高出于城，夹鱼梁道，欲俯射城内。指期将攻，城内危蹙。会杨玄感反书至，帝大惧。兵部侍郎斛斯政素与玄感善，玄感之反，政与之通谋。玄纵兄弟亡归，政潜遣之。帝将穷治玄纵等党与，政内不自安,〔六月〕戊辰,亡奔高丽。庚午夜二更,帝密召诸将,使引军还,军资、器械、攻具,积如丘山,营垒、帐幕,案堵不动,皆弃之而去。众心恟惧,无复部分,诸道分散。高丽即时觉之,然不敢出,但于城内鼓噪。至来日午时,方渐出外,四远觇侦,犹疑隋军诈之。经二日,乃出数千兵追蹑,畏隋军之众,不敢逼,常相去八九十里。将至辽水,知御营毕渡,乃敢逼后军。时后军犹数万人,高丽随而抄击,最后羸弱数千人为所杀略。

初,帝再征高丽,复问太史令庾质曰:“今段何如?”对曰:“臣实愚迷,犹执前见。陛下若亲动万乘,劳费实多。”帝怒曰:“我自行犹不克,直遣人去,安得有功!”及还,谓质曰:“卿前不欲我行,当为此耳。”

十年春二月辛未,诏百僚议伐高丽,数日,无敢言者。戊子,诏复征天下兵,百道俱进。三月壬子,帝行幸涿郡,士卒在道,亡者相继。癸亥,至临渝宫,祃祭黄帝,斩叛军者以衅鼓,亡者亦不止。夏四月甲午,车驾至北平。

秋七月癸丑,车驾次怀远镇。时天下已乱,所征兵多失期不至,高丽亦困弊。来护儿至卑奢城,高丽举兵逆战,护儿击破之。将趣平壤,高丽王元惧,甲子,遣使乞降,囚送斛斯政。帝大悦,遣使持节召护儿还。护儿集众曰:“大军三出,未能平贼,此还不可复来,劳而无功,吾窃耻之。今高丽实困,以此众击之,不日可克。吾欲进兵径围平壤,取高元献捷而归,不亦善乎!”答表请行,不肯奉诏。长史崔君肃固争,护儿不可,曰:“贼势破矣,独以相任,自足办矣。吾在阃外,事当专决,宁得高元,还而获谴,舍此成功,所不能矣。”君肃告众曰:“若从元帅违拒诏书,必当闻奏,皆应获罪。”诸将惧,俱请还,乃始奉诏。

八月己巳，帝自怀远镇班师。邯郸贼帅杨公卿帅其党八千人抄驾后第八队，得飞黄上厩马四十二匹而去。冬十月丁卯，上至东都。己丑，还西京。以高丽使者及斛斯政告太庙。仍征高丽王元入朝，元竟不至。敕将帅严装，更图后举，竟不果行。

初，开皇之末，国家殷盛，朝野皆以高丽为意，刘炫独以为不可，作抚夷论以刺之。至是，其言始验。十一月丙申，杀斛斯政于金光门外。

炀帝亡隋

隋文帝仁寿四年。章仇太翼言于帝曰："陛下木命，雍州为破木之冲，不可久居。又谶云：'修治洛阳还晋家。'"帝深以为然，十一月乙未，幸洛阳，留晋王昭守长安。丙申，发丁男数十万掘堑，自龙门东接长平、汲郡，抵临清关，渡河至浚仪、襄城，达于上洛，以置关防。癸丑，下诏于伊、洛营建东京。

炀帝大业元年春三月丁未，诏杨素与纳言杨达、将作大匠宇文恺营建东京，每月役丁二百万人，徙洛州郭内居民及诸州富商大贾数万户以实之。废二崤道，开葼册道。敕宇文恺与内史舍人封德彝等营显仁宫，南接皂涧，北跨洛滨。发大江之南，五岭以北奇材异石，输之洛阳。又求海内嘉木异草，珍禽奇兽，以实园苑。辛亥，命尚书右丞皇甫议发河南、淮北诸郡民，前后百余万，开通济渠。自西苑引谷、洛水达于河。复自板渚引河历荥泽入汴。又自大梁之东引汴水入泗达于淮。又发淮南民十余万开邗沟，自山阳至杨子入江。渠广四十步，渠旁皆筑御道，树以柳，自长安至江都置离宫四十余所。庚申，遣黄门侍郎王弘等往江南造龙舟及杂船数万艘。东京官吏督役严急,役丁死者什四五,所司以车载死丁,东至成皋,北至河阳,相望于道。又作天经宫于东京,四时祭高祖。

夏五月,筑西苑,周二百里。其内为海,周十余里,为方丈、蓬莱、瀛洲诸山,高出水百余尺,台观、宫殿,罗络山上,向背如神。海北有龙鳞渠,萦纡注海内。缘渠作十六院,门皆临渠,每院以四品夫人主之,堂殿楼观,穷极华丽。宫树秋冬雕落,则翦彩为花叶,缀于枝条,色渝则易以新者,常如阳春。沼内亦翦彩为荷芰菱芡,乘舆游幸,则去冰而布之。十六院竞以肴羞精丽相高,求市恩宠。上好以月夜从宫女数千骑游西苑,作清夜游曲,于马上奏之。

秋八月壬寅,上行幸江都,发显仁宫,王弘遣龙舟奉迎。乙巳,上御小朱航,自漕渠出洛口,御龙舟。龙舟四重,高四十五尺,长二百尺,上重有正殿、内殿、东西朝堂;中二重,有百二十房,皆饰以金玉;下重内侍处之。皇后乘翔螭舟,制度差小,而装饰无异。别有浮景九艘,三重,皆水殿也。又有漾彩、朱鸟、苍螭、白虎、玄武、飞羽、青凫、陵波、五楼、道场、玄坛、楼船、板艙、黄篾等数千艘,后宫、诸王、公主、百官、僧尼、道士、蕃客乘之,及载内外百司供奉之物。共用挽船士八万余人,其挽漾彩以上者九千余人,谓之"殿脚",皆以锦彩为袍。又有平乘、青龙、艨艟、艚䑽、八櫂、艇舸等数千艘,并十二卫兵乘之,并载兵器、帐幕,兵士自引,不给夫。舳舻相接二百余里,照曜川陆,骑兵翊两岸而行,旌旗蔽野。所过州县,五百里内皆令献食,多者一州至百舆,极水陆珍奇。后宫厌饫,将发之际,多弃埋之。

二年春正月辛酉,东京成,进将作大匠宇文恺位开府仪同三司。

二月丙戌，诏吏部尚书牛弘等议定舆服、仪卫制度。以开府仪同三司何稠为太府少卿，使之营造，送江都。稠智思精巧，博览图籍，参会古今，多所损益。衮冕画日月星辰，皮弁用漆纱为之。又作黄麾三万六千人仗，及辂辇车舆，皇后卤簿，百官仪服，务为华盛，以称上意。课州县送羽毛，民求捕之，网罗被水陆，禽兽有堪氅毦之用者，殆无遗类。乌程有高树逾百尺，旁无附枝，上有鹤巢，民欲取之，不可上，乃伐其根。鹤恐杀其子，自拔氅毛投于地，时人或称以为瑞，曰："天子造羽仪，鸟兽自献毛羽。"所役工十万余人，用金银钱帛钜亿计。帝每出游幸，羽仪填街溢路，亘二十余里。三月庚午，上发江都。夏四月庚戌，自伊阙陈法驾，备千乘万骑入东京。辛亥，御端门，大赦，免天下今年租赋。制五品已上文官乘车，在朝弁服，佩玉；武官马加珂，戴帻，服裤褶。文物之盛，近世莫及也。

秋七月甲戌，元德太子昭薨，帝哭之，数声而止，寻奏声伎，无异平日。八月辛卯，封皇孙倓为燕王，侗为越王，侑为代王，皆昭之子也。九月乙丑，立秦孝王子浩为秦王。

冬十月，置洛口仓于巩东南原上，筑仓城，周回二十余里，穿三千窖，窖容八千石以还，置监官并镇兵千人。十二月，置回洛仓于洛阳北七里，仓城周回十里，穿三百窖。

初，齐温公之世，有鱼龙、山车等戏，谓之散乐，周宣帝时，郑译奏征之。高祖受禅，命牛弘定乐，非正声、清商及九部、四舞之色，悉放遣之。帝以启民可汗将入朝，欲以富乐夸之。太常少卿裴蕴希旨奏括天下周、齐、梁、陈乐家子弟皆为乐户。其六品以下至庶人有善音乐者，皆直太常。帝从之。于是四方散乐，大集东京，阅之于芳华苑积翠池侧。有舍利兽先来跳跃，激水满衢，鼋鼍龟鳖，水人虫鱼，遍覆于地。又有鲸鱼，喷雾翳日，倏忽化成黄龙，长七八丈。又二人戴竿，上有舞者，欻然腾过，左右易处。又有神鳌负山、幻人吐火，千变万化。伎人皆衣锦绣缯彩，舞者鸣环佩，缀花毦。课京兆、河南制其衣，两京锦彩为之空竭。帝多制艳篇，令乐正白明达造新声播之，音极哀怨。帝甚悦，谓明达曰："齐氏偏隅，乐工曹妙达犹封王。我今天下大同，方且贵汝，宜自修谨。"

三年夏四月庚辰，下诏欲安辑河北，巡省赵、魏。丙寅，车驾北巡。六月，帝过雁门。自榆林出塞，甲士五十万，旌旗辎重千里不绝。作观风殿及行城，周二千步。八月，幸突厥启民帐而还。事见突厥朝隋。

西域诸胡多至张掖交市，帝使吏部侍郎裴矩掌之。矩知帝好远略，诸商胡至者，矩诱访诸国山川风俗，王及庶人仪形服饰，撰西域图记三卷，合四十四国，入朝奏之。仍别造地图，穷其要害，从西倾以去，纵横所亘将二万里，发自敦煌，至于西海，凡为三道，北道从伊吾，中道从高昌，南道从鄯善，总凑敦煌。且云："以国家威德，将士骁雄，泛蒙汜而越昆仑，易如反掌。但突厥、吐浑分领羌胡之国，为其壅遏，故朝贡不通。今并因商人密送诚款，引领翘首，愿为臣妾。若服而抚之，务存安辑，皇华遣使，弗动兵车，诸蕃既从，浑、厥可灭，混壹戎夏，其在兹乎！"帝大悦，赐物五百段，日引矩至御坐，亲问西域事。矩盛言"胡中多诸珍宝，吐谷浑易可并吞"。帝于是慨然慕秦皇、汉武之功，甘心将通西域，四夷经略，咸以委之。以矩为黄门侍郎，复使至张掖，引致诸胡，啖之以利，劝令入朝。自是西域诸胡往来相继，所经郡县，疲于送迎，糜费以万万计。令中国疲弊，以至于亡，皆矩之唱导也。

四年正月乙巳，诏发河北诸军百余万众穿永济渠，引沁水南达于河，北通涿郡。丁男不供，始役妇人。三月乙丑，车驾幸五原，因出塞，巡长城。帝无日不治宫室，两京及江都，苑囿、亭殿虽多，久而益厌，每游幸，左右顾瞩，无可意者，不知所适。乃备责天下山川之图，躬自历览，以求胜地可置宫苑者。夏四月，诏于汾州之北汾水之源营汾阳宫。秋七月辛巳，发丁男二十余万筑长城，自榆谷而东。九月辛未，征天下鹰师悉集东京，至者万余人。

五年春正月丙子，改东京为东都。戊子，上自东都西还。二月戊申，车驾至西京。三月己巳，西巡河右。乙亥，幸扶风旧宅。夏四月癸亥，出临津关，渡黄河，至西平，陈兵讲武，将击吐谷浑。五月乙亥，上大猎于拔延山，长围周亘二十里。庚辰，入长宁谷，度星岭。丙戌，至浩亹川。以桥未成，斩都水使者黄亘及督役者九人，数日，桥成，乃行。

六月辛丑，帝谓给事郎蔡征曰："自古天子有巡狩之礼，而江东诸帝多傅脂粉，坐深宫，不与百姓相见，此何理也？"对曰："此其所以不能长世。"丙午，至张掖。帝之将西巡也，命裴矩说高昌王麹伯雅及伊吾吐屯设等，啖以厚利，召使入朝。壬子，帝至燕支山，伯雅、吐屯设等及西域二十七国谒于道左，皆令佩金玉，被锦罽，焚香奏乐，歌舞諠噪。帝复令武威、张掖士女盛饰纵观，衣服车马不鲜者，郡县督课之。骑乘填咽，周亘数十里，以示中国之盛。吐屯设献西域数千里之地，上大悦。癸丑，置西海、河源、鄯善、且末等郡，谪天下罪人为戍卒以守之。命刘权镇河源郡积石镇，大开屯田，捍御吐谷浑，以通西域之路。是时天下凡有郡一百九十，县一千二百五十五，户八百九十万有奇。东西九千三百里，南北万四千八百一十五里。隋氏之盛，极于此矣。

帝谓裴矩有绥怀之略，进位银青光禄大夫。自西京诸县及西北诸郡，皆转输塞外，每岁钜亿万计。经途险远及遇寇钞，人畜死亡不达者，郡县皆征破其家。由是百姓失业，西方先困矣。

丙辰，上御观风殿，大备文物，引高昌王麴伯雅及伊吾吐屯设升殿宴饮，其余蛮夷使者陪阶庭者二十余国，奏九部乐及鱼龙戏以娱之，赐赉有差。戊午，赦天下。吐谷浑有青海，俗传置牝马于其上，得龙种。秋七月丁卯，置马牧于青海，纵牝马二千匹于川谷以求龙种，无效而止。

车驾东还，行经大斗拔谷，山路隘险，鱼贯而出，风雪晦冥，文武饥馁沾湿，夜久不逮前营，士卒冻死者太半，马驴什八九，后宫妃、主或狼狈相失，与军士杂宿山间。九月癸未，车驾入西京。冬十一月丙子，复幸东都。

六年春正月，帝以诸蕃酋长毕集洛阳，丁丑，于端门街盛陈百戏。戏场周围五千步，执丝竹者万八千人，声闻数十里。自昏达旦，灯火光烛天地。终月而罢，所费巨万。自是岁以为常。诸蕃请入丰都市交易，帝许之。先命整饰店肆，檐宇如一，盛设帷帐，珍货充积，人物华盛，卖菜者亦藉以龙须席。胡客每过酒食店，悉令邀延就坐，醉饱而散，不取其直，绐之曰："中国丰饶，酒食例不取直。"胡客皆惊叹。其黠者颇觉之，见以缯帛缠树，曰："中国亦有贫者，衣不盖形，何如以此物与之，缠树何为？"市人惭不能答。

帝称裴矩之能，谓群臣曰："裴矩大识朕意，凡所陈奏，皆朕之成算，未发之顷，矩辄以闻。自非奉国尽心，孰能若是！"是时矩与左翊卫大将军宇文述、内史侍郎虞世基、御史大夫裴蕴、光禄大夫郭衍皆以谄谀有宠。述善于供奉，容止便辟，侍卫者咸取则焉。郭衍尝劝帝五日一视朝，曰："无效高祖，空自勤苦。"帝益以为忠，曰："唯有郭衍心与朕同。"

帝临朝凝重，发言降诏，辞义可观。而内存声色，其在两都及巡游，常以僧、尼、道士、女官自随，谓之"四道场"。梁公萧钜，琮之弟子；千牛左右宇文皛，庆之孙也；皆有宠于帝。帝每日于苑中林亭间盛陈酒馔，敕燕王倓与钜、皛及高祖嫔御为一席，僧、尼、道士、女官为一席，帝与诸宠姬为一席，略相连接，罢朝即从之。宴饮更相劝侑，酒酣殽乱，靡所不至，以是为常。杨氏妇女之美者，往往进御。皛出入宫掖，不限门禁，至于妃嫔、公主皆有丑声，帝亦不之罪也。

二月庚申，以所征周、齐、梁、陈散乐悉配太常，皆置博士弟子以相传授，乐工至三万余人。

三月癸亥，帝幸江都宫。初帝欲大营汾阳宫，令御史大夫张衡具图奏之。衡承间进谏曰："比年劳役繁多，百姓疲弊，伏愿留神，稍加抑损。"帝意甚不平，后目衡谓侍臣曰："张衡自谓由其计画，令我有天下也。"乃录齐王暕携皇甫诩从驾及前幸涿郡祠恒岳时父老谒见者衣冠多不整，谴衡以宪司不能举正，出为榆林太守。久之，衡督役筑楼烦城，因帝巡幸，得谒帝。帝恶衡不损瘦，以为不念咎，谓衡曰："公甚肥泽，宜且还郡。"复遣之榆林。未几，敕衡督役江都宫。礼部尚书杨玄感使至江都，衡谓玄感曰："薛道衡真为枉死。"玄感奏之。江都郡丞王世充又奏衡频减顿具。帝于是发怒，锁诣江都市，将斩之，久乃得释，除名为民，放还田里。以王世充领江都宫监。

冬十二月，敕穿江南河，自京口至余杭，八百余里，广十余丈，使可通龙舟，并置驿宫、草顿，欲东巡会稽。

七年春二月己未，上升钓台，临杨子津，大宴百僚。乙亥，帝自江都行幸涿郡，御龙舟，渡河入永济渠，仍敕选部、门下、内史、御史四司之官于(前)船〔前〕选补，其受选者三千余人，或徒步随船三千余里，不得处分，冻馁疲顿，因而致死者什一二。壬午，下诏讨高丽。讨高丽事见隋讨高丽。

帝自去岁谋讨高丽，诏山东置府，令养马以供军役。又发民夫运米，积于泸河、怀远二镇，车牛往者皆不返，士卒死亡过半，耕稼失时，田畴多荒。加之饥馑，谷价踊贵，东北边尤甚，斗米直数百钱。所运米或粗恶，令民籴以偿之。又发鹿车夫六十余万，二人共推米三石，道途险远，不足充糇粮，至镇，无可输，皆惧罪亡命。重以官吏贪残，因缘侵渔，百姓困穷，财力俱竭，安居则不胜冻馁，死期交急，剽掠则犹得延生，于是始相聚为群盗。邹平民王薄拥众据长白山，剽掠齐、济之郊，自称知世郎，言事可知矣。又作无向辽东浪死歌以相感劝，避征役者多往归之。平原东有豆子航，负海带河，地形深阻，自高齐以来，群盗多匿其中。有刘霸道者，家于其旁，累世仕宦，赀产富厚。霸道喜游侠，食客常数百人，及群盗起，远近多往依之，有众十余万，号“阿舅贼”。漳南人窦建德，同县孙安祖，亦集无赖少年，入高鸡泊中为群盗。时鄃人张金称聚众河曲，蓨人高士达聚众于清河境内为盗。事见唐平河朔。

自是所在群盗蜂起，不可胜数，徒众多者至万余人，攻陷城邑。甲子，敕都尉、鹰扬与郡县相知追捕，随获斩决，然莫能禁止。

八年春三月癸巳，上始御师，进至辽水。夏六月己未，帝幸辽东城南。秋七月，进军至萨水，高丽击之，诸军俱溃。初，九军度辽，凡三十万五千，及还至辽东城，二千七百人，资储器械亡失荡尽。九月庚寅，车驾至东都。

九年春正月丁丑，诏征天下兵集涿郡。己亥，命刑部尚书卫文昇等辅代王侑留守西京。

二月，帝复议伐高丽，左光禄大夫郭荣谏，不听。三月丙子，济阴孟海公起为盗，保据周桥，众至数万。丁丑，发丁男十万城大兴。戊寅，帝幸辽东，命民部尚书樊子盖等辅越王侗留守东都。时所在盗起。齐郡王薄、孟让、北海郭方预、清河张金称、平原郝孝德、河间格谦、勃海孙宣雅各聚众攻剽，多者十余万，少者数万人，山东苦之。天下承平日久，人不习兵，郡县吏每与贼战，望风沮败。夏四月庚午，车驾度辽。

礼部尚书杨玄感反于黎阳。秋七月癸未，余杭民刘元进起兵以应玄感。元进手长尺余，臂垂过膝，自以相表非常，阴有异志。会帝再发三吴兵征高丽，三吴兵皆相谓曰："往岁天下全盛，吾辈父兄征高丽者犹太半不返。今已罢弊，复为此行，吾属无遗类矣。"由是多亡命。郡县捕之急，闻元进举兵，亡命者云集，旬月间众至数万。

秋八月，玄感兵败，执送行在所，磔尸东都市。

癸卯，吴郡朱燮、晋陵管崇聚众寇掠江左。燮本还俗道人，涉猎经史，颇知兵法，形容眇小，为昆山县博士，与数十学生起兵，民苦役者赴之如归。崇长大，美姿容，志气倜傥，隐居常熟，自言有王者相，故群盗相与奉之。时帝在涿郡，命虎牙郎将赵六儿将兵万人屯杨子，分为五营以备南贼。崇遣其将陆顗渡江，夜袭六儿，破其两营，收其器械军资而去，众益盛，至十万。

辛酉，帝使大理卿郑善果、御史大夫裴蕴、刑部侍郎骨仪与留守樊子盖推玄感党与。仪本天竺胡人也。帝谓蕴曰："玄感一呼而从者十万，益知天下人不欲多，多即相聚为盗耳，不尽加诛，无以惩后。"子盖性既残酷，蕴复受此旨，由是峻法治之，所杀三万余人，皆籍没其家，枉死者太半，流徙者六千余人。玄感之围东都也，开仓赈给百姓。凡受米者，皆坑之于都城之南。玄感所善文士会稽虞绰、琅邪王胄俱坐徙边，绰、胄亡命，捕得，诛之。

帝善属文，不欲人出其右。薛道衡死，帝曰："更能作'空梁落燕泥'否？"王胄死，帝诵其佳句，曰："'庭草无人随意绿'，复能作此语邪？"帝自负才学，每骄天下之士，尝谓侍臣曰："天下皆谓朕承藉绪余而有四海，设令朕与士大夫高选，亦当为天子矣。"

帝从容谓秘书郎虞世南曰："我性不喜人谏，若位望通显而谏以求名者，弥所不耐。至于卑贱之士，虽少宽假，然卒不置之地上。汝其知之。"世南，世基之弟也。

九月己卯，东海民彭孝才起为盗，有众数万。冬十月丁丑，贼帅吕明星围东郡，虎贲郎将费青奴击破之。刘元进帅其众将渡江，会杨玄感败，朱燮、管崇共迎元进，推以为主，据吴郡，称天子，燮、崇俱为尚书仆射，署置百官，毗陵、东阳、会稽、建安豪杰多执长吏以应之。帝遣左屯卫大将军代人吐万绪、光禄大夫下邽鱼俱罗将兵讨之。十一月己酉，右候卫将军冯孝慈讨张金称于清河，孝慈败死。

十二月，唐县人宋子贤，善幻术，能变佛形，自称弥勒出世，远近信惑，遂谋因无遮大会举兵袭乘舆。事泄，伏诛，并诛党与千余家。扶风桑门向海明亦自称弥勒出世，人有归心者辄获吉梦，由是三辅人翕然奉之，因举兵反，众至数万。丁亥，海明自称皇帝，改元白乌。诏太仆卿杨义臣击破之。

刘元进攻丹阳，吐万绪济江击破之，元进解围去，绪进屯曲阿。元进结栅拒绪，相持百余日。绪击之，贼众大溃，死者以万数。元进挺身夜遁，保其垒。朱爕、管崇等屯毗陵，连营百余里，绪乘胜进击，复破之。贼退保黄山，绪围之，元进、爕仅以身免，于陈斩崇及其将卒五千余人，收其子女三万余口，进解会稽围。鱼俱罗与绪偕行，战无不捷，然百姓从乱者如归市，贼败而复聚，其势益盛。

元进退据建安，帝令绪进讨，绪以士卒疲弊，请息甲待来春，帝不悦。俱罗亦以贼非岁月可平，诸子在洛京，潜遣家仆迎之，帝怒。有司希旨，奏绪怯懦，俱罗败衄，俱罗坐斩，征绪诣行在，绪忧愤，道卒。

帝更遣江都丞王世充发淮南兵数万人讨元进。世充渡江，频战皆捷，元进、爕败死于吴，其余众或降或散。世充召先降者于通玄寺瑞像前焚香为誓，约降者不杀。散者始欲入海为盗，闻之，旬日之间，归首略尽，世充悉坑之于黄亭涧，死者三万余人。由是余党复相聚为盗，官军不能讨，以至隋亡。帝以世充有将帅才，益加宠任。

是岁，诏"为盗者籍没其家"。时群盗所在皆满，郡县官因之各专威福，生杀任情矣。章丘杜伏威与临济辅公祏俱亡命为群盗。

十年春二月，议伐高丽。丁酉，扶风贼帅唐弼立李弘芝为天子，有众十万，自称唐王。三月壬子，帝行幸涿郡，士卒在道，亡者相继。夏四月，车驾至北平。

五月庚申，延安贼帅刘迦论自称皇王，建元大世，有众十万，与稽胡相表里为寇。诏以左骁卫大将军屈突通为关内讨捕大使，发兵击之，战于上郡，斩迦论并将卒万余级，虏男女数万口而还。秋七月癸丑，车驾次怀远镇，〔八月己巳〕，班师。冬十月丁卯，上至东都。〔己丑，还西京〕。十一月乙卯，离石胡刘苗王反，自称天子，众至数万。将军潘长文讨之，不克。汲郡贼帅王德仁，拥众数万，保林虑山为盗。帝将如东都，太史令庾质谏曰："比岁伐辽，民实劳弊，陛下宜镇抚关内，使百姓尽力农桑，三五年间，四海稍丰实，然后巡省，于事为宜。"帝不悦。质辞疾不从，帝怒，下质狱，竟死狱中。十二月壬申，帝如东都，赦天下。戊子，入东都。

东海贼帅彭孝才转掠沂水，彭城留守董纯讨擒之。纯战虽屡捷，而盗贼日滋，或谮纯怯懦，帝怒，锁纯诣东都，诛之。

孟让自长白山寇掠诸郡，至盱眙，众十余万，据都梁宫，阻淮为固。江都丞王世充将兵拒之，为五栅以塞险要，羸形示弱。让笑曰："世充文法小吏，安能将兵！吾今生缚取，鼓行入江都耳。"时民皆结堡自固，野无所掠，贼众渐馁，乃少留兵围五栅，分人于南方抄掠。世充伺其懈，纵兵出击，大破之，让以数十骑遁去，斩首万余级。

齐郡贼帅左孝友众十万屯蹲狗山，郡丞张须陀列营逼之，孝友窘迫出降。须陀威振东夏，以功迁齐郡通守，领河南道十二郡黜陟讨捕大使。涿郡贼帅卢明月众十余万军祝阿，须陀将万人邀之。相持十余日，粮尽，将退，谓将士曰："贼见吾退，必悉众来追，若以千人袭据其营，可有大利。此诚危事，谁能往者？"众莫对，唯罗士信及历城秦叔宝请行。于是须陁委栅而遁，使二人分将千人伏葭苇中。明月悉众追之，士信、叔宝驰至其栅，栅门闭，二人超升其楼，各杀数人，营中大乱，二人斩关以纳外兵，因纵火焚其三十余栅，烟焰涨天。明月奔还，须陁回军奋击，大破之，明月以数百骑遁去，所俘斩无算。叔宝名琼，以字行。

十一年。帝以户口逃亡，盗贼繁多，二月庚午，诏民悉城居，田随近给。郡县驿亭、村坞皆筑城。上谷贼帅王须拔自称漫天王，国号燕。贼帅魏刀儿自称历山飞。众各十余万，北连突厥，南寇燕、赵。

初，高祖梦洪水没都〔城〕，意恶之，故迁都大兴。申明公李穆薨，高祖以浑为穆嗣，累官至右骁卫大将军，改封郕公。帝以其门族强盛，忌之。会有方士安伽陀言李氏当为天子，劝帝尽诛海内凡姓李者。浑从子将作监敏小名洪儿，帝疑其名应谶，尝面告之，冀其引决。虎贲郎将河东裴仁基告浑反，帝收浑、敏及宗族三十二人杀之。

三月己酉，帝行幸太原。夏四月，幸汾阳宫避暑。宫城迫隘，百官士卒布散山谷间，结草为营而居之。以卫尉少卿李渊为山西、河东抚慰大使，承制黜陟，选补郡县文武官，仍发河东兵讨捕群盗。渊行至龙门，击贼帅毋端儿，破之。秋八月乙丑，帝巡北塞。突厥始毕帅骑数十万谋袭乘舆。事见太宗平突厥。

九月丁未，车驾还至太原。苏威言于帝曰："今盗贼不息，士马疲弊，愿陛下亟还西京，深根固本，为社稷计。"帝初然之。宇文述曰："从官妻子多在东都，宜便道向洛阳，自潼关而入。"帝从之。冬十月壬戌，帝至东都，顾眄街衢，谓侍臣曰："犹大有人在。"意谓向日平杨玄感，杀人尚少故也。杨玄感之乱，龙舟水殿皆为所焚，诏江都更造，凡数千艘，制度仍大于旧者。

壬申，卢明月帅众十万寇陈、汝。东海李子通起长白山，依左才相。才相忌之，渡淮与杜伏威合，自称将军。

城父朱粲始为县佐史，从军，遂亡命，聚众为盗，谓之"可达寒贼"，自称迦楼罗王，众至十余万，引兵转掠荆、沔及山南郡县，所过噍类无遗。十二月庚寅，诏民部尚书樊子盖发关中兵数万击绛贼敬盘陁等。子盖不分臧否，自汾水之北村坞尽焚之，贼有降者皆坑之。百姓怨愤，益相聚为盗。诏以李渊代之。有降者，渊引置左右，由是贼众多降，前后数万人，余党散入他郡。

十二年春正月，朝集使不至者二十余郡，始议分遣使者十二道发兵讨捕盗贼。诏毗陵通守路道德集十郡兵数万人，于郡东南起宫苑，周围十二里内，为十六离宫，大抵仿东都西苑之制，而奇丽过之。又欲筑宫于会稽，会乱，不果成。三月上巳，帝与群臣饮于西苑水上，命学士杜宝撰水饰图经，采古水事七十二，使朝散大夫黄衮以木为之，间以妓航、酒船，人物自动如生，钟磬筝瑟，能成音曲。己丑，张金称陷平恩，一朝杀男女万余口。又陷武安、钜鹿、清河诸县。金称比诸贼尤残暴，所过民无孑遗。夏四月丁巳，大业殿西院火，帝以为盗起，惊走，入西苑，匿草间，火定乃还。帝自八年以后，每夜眠中恒惊悸，云有贼，令数妇人摇抚，乃得眠。癸亥，历山飞别将甄翟儿众十万寇太原，将军潘长文败死。

帝问侍臣盗贼，左翊卫大将军宇文述曰："渐少。"帝曰："比从来少几何？"对曰："不能什一。"纳言苏威引身隐柱，帝呼前问之，对曰："臣非所司，不委多少，但患渐近。"帝曰："何谓也？"威曰："他日贼据长白山，今近在汜水。且往日租赋丁役，今皆何在？岂非其人皆化为盗乎！比见奏贼皆不以实，遂使失于支计，不时翦除。又昔在雁门，许罢征辽，今复征发，贼何由息？”帝不悦而罢。寻属五月五日，百僚多馈珍玩，威独献尚书。或谮之曰：“尚书有五子之歌，威意甚不逊。”帝益怒。顷之，帝问威以伐高丽事，威欲帝知天下多盗，对曰：“今兹之役，愿不发兵，但赦群盗，自可得数十万，遣之东征，彼喜于免罪，争务立功，高丽可灭。”帝不怿。威出，御史大夫裴蕴奏曰：“此大不逊，天下何处有许多贼？”帝曰：“老革多奸，以贼胁我，欲批其口，且复隐忍。”蕴知帝意，遣河南白衣张行本奏：“威昔在高阳典选，滥授人官。畏怯突厥，请还京师。”帝令案验，狱成，下诏数威罪状，除名为民。后月余，复有奏威与突厥阴图不轨者，事下裴蕴推之，蕴处威死。威无以自明，但摧谢而已。帝悯而释之，曰：“未忍即杀。”遂并其子孙三世皆除名。

秋七月，江都新作龙舟成，送东都。宇文述劝幸江都，帝从之。右候卫大将军酒泉赵才谏曰：“今百姓疲劳，府藏空竭，盗贼蜂起，禁令不行，愿陛下还京师，安兆庶。”帝大怒，以才属吏，旬日意解，乃出之。朝臣皆不欲行，帝意甚坚，无敢谏者。建节尉任宗上书极谏，即日于朝堂杖杀之。甲子，帝幸江都，命越王侗与光禄大夫段达、太府卿元文都、检校民部尚书韦津、右武卫将军皇甫无逸、右司郎卢楚等总留后事。津，孝宽之子也。帝以诗留别宫人曰：“我梦江都好，征辽亦偶然。”奉信郎崔民象以盗贼充斥，于建国门上表谏，帝大怒，先解其颐，然后斩之。

戊辰，冯翊孙华举兵为盗。虞世基以盗贼充斥，请发兵屯洛口仓。帝曰：“卿是书生，定犹恇怯。”戊辰，车驾至巩。敕有司移箕山、公路二府于仓内，仍令筑城，以备不虞。至汜水，奉信郎王爱仁复上表请还西京，帝斩之而行。至梁郡，郡人邀车驾上书曰："陛下若遂幸江都，天下非陛下之有。"又斩之。是时李子通据海陵，左才相掠淮北，杜伏威屯六合，众各数万。帝遣光禄大夫陈稜将宿卫精兵八千讨之，往往克捷。八月乙巳，贼帅赵万海众数十万，自恒山寇高阳。

冬十月己丑，许恭公宇文述卒。初，述子化及、智及皆无赖。化及事帝于东宫，帝宠昵之，及即位，以为太仆少卿。帝幸榆林，化及、智及冒禁与突厥交市，帝怒，将斩之，已解衣辫发，既而释之，赐述为奴。智及弟士及以尚主之故，常轻智及，唯化及与之亲昵。述卒，帝复以化及为右屯卫将军，智及为将作少监。

韦城翟让亡命于瓦岗为群盗，同郡单雄信往从之，聚徒至万余人。时又有外黄王当仁、济(南)〔阳〕王伯当、韦城周文举、雍丘李公逸等，皆拥众为盗。李密亡命，往来诸帅间，说以取天下之策。

鄱阳贼帅操师乞自称元兴王，建元始兴，攻陷豫章郡，以其乡人林士弘为大将军。诏治书侍御史刘子翊将兵讨之。师乞中流矢死，士弘代统其众，与子翊战于彭蠡湖，子翊败死。士弘兵大振，至十余万人。十二月壬辰，士弘自称皇帝，国号楚，建元太平。遂取九江、临川、南康、宜春等郡，豪杰争杀隋守令，以郡县应之。其地北自九江，南及番禺，皆为所有。

诏以右骁卫将军唐公李渊为太原留守，以虎贲郎将王威、虎牙郎将高君雅为之副，将兵讨甄翟儿，与翟儿遇于雀鼠谷。渊众才数千，贼围渊数匝，李世民将精兵救之，拔渊于万众之中，会步兵至，合击，大破之。

张金称、郝孝德、孙宣雅、高士达、杨公卿等寇掠河北，屠陷郡县。隋将帅败亡相继，惟虎贲郎将王辩、清河郡丞杨善会数有功。帝遣太仆杨义臣讨张金称，金称与左右逃于清河之东，杨善会讨擒之，余众皆归窦建德。

内史侍郎虞世基以帝恶闻贼盗，诸将及郡县有告败求救者，世基皆抑损表状，不以实闻，但云："鼠窃狗盗，郡县捕逐，行当殄尽，愿陛下勿以介怀。"帝良以为然，或杖其使者，以为妄言。由是盗贼遍海内，陷没郡县，帝皆弗之知也。杨义臣破降河北贼数十万，列状上闻。帝叹曰："我初不闻贼顿如此，义臣降贼何多也？"世基对曰："小窃虽多，未足为虑。义臣克之，拥兵不少，久在阃外，此最非宜。"帝曰："卿言是也。"遽追义臣，放散其兵，贼由是复盛。治书侍御史韦云起劾奏："世基及御史大夫裴蕴职典枢要，维持内外，四方告变，不为奏闻。贼数实多，裁减言少，陛下既闻贼少，发兵不多，众寡悬殊，往皆不克，故使官军失利，贼党日滋。请付有司结正其罪。"大理卿郑善果奏："云起诋訾名臣，所言不实，非毁朝政，妄作威权。"由是左迁云起为大理司直。

帝至江都，江、淮郡官谒见者专问礼饷丰薄，丰则超迁丞守，薄则率从停解。江都郡丞王世充献铜镜屏风，迁通守。历阳郡丞赵元楷献异味，迁江都郡丞。由是郡县竞务刻剥，以充贡献。民外为盗贼所掠，内为郡县所赋，生计无遗。加之饥馑无食，民始采树皮叶，或捣藁为末，或煮土而食之，诸物皆尽，乃自相食。而官食犹充牣，吏皆畏法，莫敢振救。王世充密为帝简阅江、淮民间美女献之，由是益有宠。

河间贼帅格谦拥众十余万，据豆子𣰋，自称燕王，帝命王世充将兵讨斩之。谦将勃海高开道收其余众，寇掠燕地，军势复振。

恭帝义宁元年春正月，右御卫将军陈稜讨杜伏威，伏威奋击，大破之。伏威乘胜破高邮，引兵据历阳，自称总管，以辅公祏为长史，分遣诸将徇属县，所至辄下，江、淮间小盗争附之。事见唐平江淮。

丙辰，窦建德自称长乐王。辛巳，鲁郡贼帅徐圆朗攻陷东平，分兵略地，自琅邪以西，北至东平，尽有之，胜兵二万余人。卢明月转掠河南，至于淮北，众号四十万，自称无上王。帝命江都通守王世充讨之，世充与战于南阳，大破之，斩明月，余众皆散。二月壬午，朔方鹰扬郎将梁师都杀郡丞唐世宗，据郡，自称大丞相，北连突厥。马邑人刘武周杀太守王仁恭，自称太守。事见唐平河东。

李密、翟让袭兴洛仓，破之。让推密为主，上密号为魏公，即位，称元年。事见唐平东都。

三月，梁师都略定雕阴、弘化、延安等郡，遂即皇帝位，国号梁，改元永隆。左翊卫蒲城郭子和坐事徙榆林。会郡中大饥，子和潜结敢死士十八人攻郡门，执郡丞王才，数以不恤百姓，斩之，开仓赈施。自称永乐王，改元丑平。尊其父为太公，以其弟子政为尚书令，子端、子升为左右仆射。有二千余骑，南连梁师都，北附突厥，各遣子为质以自固。始毕以刘武周为定杨天子，梁师都为解事天子，子和为平杨天子。子和固辞不敢当，乃更以为屋利设。夏四月，汾阴薛举劫金城令郝瑗发兵，自称西秦霸王。事见唐平陇右。

李密帅众据回洛仓，以逼东都。越王侗遣太常丞元善达间行贼中，诣江都奏称："李密有众百万，围逼东都，据洛口仓，城内无食。若陛下速还，乌合必散。不然者，东都决没。"因歔欷呜咽，帝为之改容。虞世基进曰："越王年少，此辈诳之。若如所言，善达何缘来至？"帝乃勃然怒曰："善达小人，敢廷辱我。"因使经贼中向东阳催运，善达遂为群盗所杀。是后人人杜口，莫敢以贼闻。

世基容貌沉审，言多合意，特为帝所亲爱，朝臣无与为比。亲党凭之，鬻官、卖狱，贿赂公行，其门如市。由是朝野共疾怨之。内史舍人封德彝托附世基，以世基不闲吏务，密为指画，宣行诏命，谄顺帝意，群臣表疏忤旨者，皆屏而不奏。鞫狱用法，多峻文深诋，论功行赏，则抑削就薄。故世基之宠日隆，而隋政益坏，皆德彝所为也。

五月甲子，唐公李渊举兵于晋阳。秋七月，李渊发晋阳，移檄郡县，谕以尊立代王之意。(周)武威鹰扬府司马李轨自称河西大(梁)〔凉〕王，置官属，并拟开皇故事。薛举自称秦帝，立子仁果为太子。骁果从帝在江都者多逃亡，帝患之，以问裴矩，对曰："人情非有匹偶，难以久处，请听军士于此纳室。"帝从之。九月，悉召江都境内寡妇、处女集宫下，恣将士所取。或先与奸者听自首，即以配之。戊午，李渊帅诸军围河东，屈突通婴城自守。渊留诸将围河东，自引兵趣长安。庚申，诸军济河，甲子，至朝邑，舍于长春宫。冬十月，渊至长安。罗川令萧铣自称梁王。十一月，渊迎代王即位，遥尊炀帝为太上皇，进封渊为唐王。

唐高祖武德元年。隋炀帝至江都，荒淫益甚，宫中为百余房，各盛供张，实以美人，日令一房为主人。江都郡丞赵元楷掌供酒馔，帝与萧后及幸姬历就宴饮，酒卮不离口，从姬千余人亦常醉。然帝见天下危乱，意亦扰扰不自安，退朝则幅巾短衣，策杖步游，遍历台馆，非夜不止，汲汲顾景，唯恐不足。帝自晓占候卜相，好为吴语。常夜置酒，仰视天文，谓萧后曰："外间大有人图侬，然侬不失为长城公，卿不失为沈后，且共乐饮耳。"因引满沉醉。又尝引镜自照，顾谓萧后曰："好头颈，谁当斫之？"后惊问故，帝笑曰："贵贱苦乐，更迭为之，亦复何伤。"

帝见中原已乱，无心北归，欲都丹阳，保据江东，命群臣廷议之。内史侍郎虞世基等皆以为善。右候卫大将军李才极陈不可，请车驾还长安，与世基忿争而出。门下录事衡水李桐客曰："江东卑湿，土地险狭，内奉万乘，外给三军，民不堪命，恐亦将散乱耳。"御史劾桐客谤毁朝政。于是公卿皆阿意，言："江东之民，望幸已久，陛下过江，抚而临之，此大禹之事也。"乃命治丹阳宫，将徙都之。

时江都粮尽，从驾骁果多关中人，久客思乡里，见帝无西意，多谋叛归。郎将窦贤遂帅所部西走，帝遣骑追斩之，而亡者犹不止，帝患之。虎贲郎将扶风司马德戡素有宠于帝，帝使领骁果屯于东城，德戡与所善虎贲郎将元礼、直阁裴虔通谋曰："今骁果人人欲亡，我欲言之，恐先事受诛，不言，于后事发，亦不免族灭，奈何？又闻关内沦没，李孝常以华阴叛，上囚其二弟，欲杀之。我辈家属皆在西，能无此虑乎！"二人皆惧，曰："然〔则〕计将安出？"德戡曰："骁果若亡，不若与之俱去。"二人皆曰："善。"因转相招引，内史舍人元敏、虎牙郎将赵行枢、鹰扬郎将孟秉、符玺郎李覆、牛方裕、直长许弘仁、薛世良、城门郎唐奉义、医正张恺、勋侍杨士览等皆与之同谋，日夜相结约，于广座明论叛计，无所畏避。有宫人白萧后曰："外间人人欲反。"后曰："任汝奏之。"宫人言于帝，帝大怒，以为非所宜言，斩之。其后宫人复白后曰："天下事一朝至此，无可救者，何用言之，徒令帝忧耳。"自是无复言者。

赵行枢与将作少监宇文智及素厚，杨士览，智及之甥也，二人以谋告智及，智及大喜。德戡等期以三月望日结党西遁，智及曰："主上虽无道，威令尚行，卿等亡去，正如窦贤取死耳。今天实丧隋，英雄并起，同心叛者已数万人，因行大事，此帝王之业也。"德戡等然之。行枢、薛世良请以智及兄右屯卫将军许公化及为主，结约既定，乃告化及。化及性驽怯，闻之变色流汗，既而从之。

德戡使许弘仁、张恺入备身府，告所识者，云："陛下闻骁果欲叛，多酝毒酒，欲因享会尽鸩杀之，独与南人留此。"骁果皆惧，转相告语，反谋益急。乙卯，德戡悉召骁果军吏，谕以所为，皆曰："唯将军命。"是日，风霾，昼昏。晡后，德戡盗御厩马，潜厉兵刃。是夕，元礼、裴虔通直阁下，专主殿内。唐奉义主闭城门，与虔通相知，诸门皆不下键。至三更，德戡于东城集兵，得数万人，举火与城外相应。帝望见火，且闻外喧嚣，问："何事？"虔通对曰："草坊失火，外人共救之耳。"时内外隔绝，帝以为然。智及与孟秉于城外集千余人，劫候卫虎贲冯普乐布兵分守衢巷。燕王倓觉有变，夜穿芳林门侧水窦而入，至玄武门，诡奏曰："臣猝中风，命悬俄顷，请得面辞。"裴虔通等不以闻，执囚之。丙辰，天未明，德戡授虔通兵，以代诸门卫士。虔通自门将数百骑至成象殿，宿卫者传呼有贼，虔通乃还，闭诸门，独开东门，驱殿内宿卫者令出，皆投仗而走。右屯卫将军独孤盛谓虔通曰："何物兵，形势太异？"虔通曰："事势已然，不预将军事。将军慎毋动。"盛大骂曰："老贼，是何物语！"不及被甲，与左右十余人拒战，为乱兵所杀。盛，楷之弟也。千牛独孤开远帅殿内兵数百人诣玄览门，叩阁请曰："兵仗尚全，犹堪破贼。陛下若出临战，人情自定。不然，祸今至矣。"竟无应者，军士稍散。贼执开远，义而释之。先是，帝选骁健官奴数百人置玄武门，谓之"给使"，以备非常，待遇优厚，至以宫人赐之。司宫魏氏为帝所信，化及等结之，使为内应。是日，魏氏矫诏，悉听给使出外，仓猝之际无一人在者。

德戡等引兵自玄武门入，帝闻乱，易服逃于西阁。虔通与元礼进兵排左阁，魏氏启之，遂入永巷，问："陛下安在？"有美人出，指之。校尉令狐行达拔刀直进。帝映窗扉谓行达曰："汝欲杀我邪？"对曰："臣不敢，但欲奉陛下西还耳。"因扶帝下阁。虔通，本帝为晋王时亲信左右也，帝见之，谓曰："卿非我故人乎，何恨而反？"对曰："臣不敢反，但将士思归，欲奉陛下还京师耳。"帝曰："朕方欲归，正为上江米船不至。今与汝归耳。"虔通因勒兵守之。

至旦，孟秉以甲骑迎化及，化及战栗不能言，人有来谒之者，但俯首据鞍称"罪过"。化及至城门，德戡迎谒，引入朝堂，号为丞相。裴虔通谓帝曰："百官悉在朝堂，陛下须亲出慰劳。"进其从骑，逼帝乘之。帝嫌其鞍勒弊，更易新者，乃乘之。虔通执辔，挟刀出宫门，贼徒喜噪动地。化及扬言曰："何用持此物出，亟还与手。"帝问："世基何在？"贼党马文举曰："已枭首矣。"于是引帝还至寝殿，虔通、德戡等拔白刃侍立。帝叹曰："我何罪至此？"文举曰："陛下违弃宗庙，巡游不息，外勤征讨，内极奢淫，使丁壮尽于矢刃，女弱填于沟壑，四民丧业，盗贼蜂起，专任佞谀，饰非拒谏，何谓无罪！"帝曰："我实负百姓。至于尔辈，荣禄兼极，何乃如是？今日之事，孰为首邪？"德戡曰："溥天同怨，何止一人。"化及又使封德彝数帝罪，帝曰："卿乃士人，何为亦尔?”德彝赧然而退。帝爱子赵王杲年十二,在帝侧,号恸不已,虔通斩之,血溅御服。贼欲弑帝,帝曰:“天子死自有法,何得加以锋刃!取鸩酒来。”文举等不许,使令狐行达顿帝令坐。帝自解练巾授行达,缢杀之。初,帝自知必及于难,常以罂贮毒药自随,谓所幸诸姬曰:“若贼至,汝曹当先饮之,然后我饮。”及乱,顾索药,左右皆逃散,竟不能得。萧后与宫人撤漆床板为小棺,与赵王杲同殡于西院流珠堂。

帝每巡幸,常以蜀王秀自随,囚于骁果营。化及弑帝,欲奉秀立之,众议不可,乃杀秀及其七男。又杀齐王暕及其二子并燕王倓。隋氏宗室、外戚无少长皆死,唯秦王浩素与智及往来,且以计全之。齐王暕素失爱于帝,恒相猜忌。帝闻乱,顾萧后曰:“得非阿孩邪?”化及使人就第诛暕,暕谓帝使收之,曰:“诏使且缓儿,儿不负国家。”贼曳至街中,斩之,暕竟不知杀者为谁,父子至死不相明。又杀内史侍郎虞世基、御史大夫裴蕴、左翊卫大将军来护儿、秘书监袁充、右翊卫将军宇文协、千牛宇文皛、梁公萧钜等及其子。钜,琮之弟子也。

难将作,江阳长张惠绍驰告裴蕴,与惠绍谋欲矫诏发郭下兵收化及等,扣门援帝。议定,遣报虞世基,世基疑告反者不实,抑而不许。须臾难作,蕴叹曰:“谋及播郎,竟误人事。”虞世基宗人伋谓世基子符玺郎熙曰:“事势已然,吾将济卿南渡,同死何益?”熙曰:“弃父背君,求生何地?感尊之怀,自此决矣。”世基弟世南抱世基号泣,请以身代,化及不许。黄门侍郎裴矩知必将有乱,虽厮役皆厚遇之,又建策为骁果娶妇。及乱作,贼皆曰:“非裴黄门之罪。”既而化及至,矩迎拜马首,故得免。化及以苏威不预朝政,亦免之。威名位素重,往参化及。化及集众而见之，曲加殊礼。百官悉诣朝堂贺，给事郎许善心独不至。许弘仁驰告之曰："天子已崩，宇文将军摄政，阖朝文武咸集。天道人事，自有代终，何预于叔，而低回若此？"善心怒，不肯行，弘仁反走，上马泣而去。化及遣人就家擒至朝堂，既而释之，善心不舞蹈而出。化及怒曰："此人大负气。"复命擒还，杀之。其母范氏年九十二，抚柩不哭，曰："能死国难，吾有子矣。"因卧不食，十余日而卒。唐王之入关也，张季珣之弟仲琰为上洛令，帅吏民拒守，部下杀之以降。宇文化及之乱，仲琰弟琮为千牛左右，化及杀之。兄弟三人皆死国难，时人愧之。

化及自称大丞相，总百揆。以皇后令立秦王浩为帝，居别宫，令发诏画敕书而已，仍以兵监守之。化及以弟智及为左仆射，士及为内史令，裴矩为右仆射。

戊辰，隋恭帝诏以唐王为相国，总百揆。

宇文化及以左武卫将军陈稜为江都太守，综领留事。壬申，令内外戒严，云欲还长安。皇后六宫皆依旧式为御营，营前别立帐，化及视事其中，仗卫部伍，皆拟乘舆。夺江都人舟楫，取彭城水路西归。以折冲郎将沈光骁勇，使将给使营于禁内。行至显福宫，虎贲郎将麦孟才、虎牙郎钱杰与光谋曰："吾侪受先帝厚恩，今俯首事仇，受其驱帅，何面目视息世间哉！吾必欲杀之，死无所恨。"光泣曰："是所望于将军也。"孟才乃纠合恩旧，帅所将数千人，期以晨起将发时袭化及。语泄，化及夜与腹心走出营外，留人告司马德戡等，使讨之。光闻营内喧，知事觉，即袭化及营，空无所获。值内史侍郎元敏，数而斩之。德戡引兵入围之，杀光，其麾下数百人皆斗死，一无降者，孟才亦死。孟才，铁杖之子也。

宇文化及拥众十余万，据有六宫，自奉养一如炀帝。每于帐中南面坐，人有白事者，嘿然不对。下牙，方取启状与唐奉义、牛方裕、薛世良、张恺等参决之。以少主浩付尚书省，令卫士十余人守之，遣令史取其画敕，百官不复朝参。至彭城，水路不通，复夺民车牛得二千两，并载宫人、珍宝。其戈甲戎器，悉令军士负之，道远疲剧，军士始怨。司马德戡窃谓赵行枢曰："君大谬误我！当今拨乱，必藉英贤。化及庸暗，群小在侧，事将必败，若之何？"行枢曰："在我等耳，废之何难。"初，化及既得政，赐司马德戡爵温国公，加光禄大夫。以其专统骁果，心忌之。后数日，化及署诸将分配士卒，以德戡为礼部尚书，外示美迁，实夺其兵柄。德戡由是愤怨，所获赏赐，皆以赂智及。智及为之言，乃使之将后军万余人以从。于是德戡、行枢与诸将李本、尹正卿、宇文导师等谋，以后军袭杀化及，便立德戡为主。遣人诣孟海公，结为外助。迁延未发，待海公报。许弘仁、张恺知之，以告化及。化及遣宇文士及阳为游猎，至后军，德戡不知事露，出营迎谒，因执之。化及让之曰："与公戮力，共定海内，出于万死。今始事成，方愿共守富贵，公又何反也？"德戡曰："本杀昏主，苦其淫虐，推立足下，而又甚之，逼于物情，不获已也。"化及缢杀之，并杀其支党十余人。孟海公畏化及之强，帅众具牛酒迎之。

萧铣即皇帝位，置百官，准梁室故事。炀帝凶问至长安。五月戊午，隋恭帝禅位于唐，甲子，唐王即皇帝位。戊辰，东都留守官奉越王即皇帝位，大赦，改元皇泰。〔六月〕乙酉，唐奉隋帝为酅国公。

宇文化及留辎重于滑台，以王轨为刑部尚书，使守之，引兵北趣黎阳。李密将徐世勣据黎阳，畏其军锋，以兵西保仓城。化及渡河，保黎阳，分兵围世勣。密帅步骑二万壁于清淇，与世勣以烽火相应，深沟高垒，不与化及战。化及每攻仓城，密辄引兵以掎其后。密与化及隔水而语，密数之曰："卿本匈奴皂隶破野头耳，父兄子弟并受隋恩，富贵累世，举朝莫二。主上失德，不能死谏，反行弑逆，欲规篡夺。不追诸葛瞻之忠诚，乃为霍禹之恶逆。天地所不容，将欲何之？若速来归我，尚可得全后嗣。"化及默然，俯视良久，瞋目大言曰："与尔论相杀事，何须作书语邪！"密谓从者曰："化及庸愚如此，忽欲图为帝王，吾当折杖驱之耳。"化及盛修攻具以逼仓城，世勣于城外掘深沟以固守，化及阻堑，不得至城下。世勣于堑中为地道，出兵击之，化及大败，焚其攻具。

时李密请降，皇泰主令先平化及，赐以诏书。密受诏，东击化及。王轨降于密。化及大惧，欲取以北诸郡，其将陈智略等皆降，化及趣魏县。详见唐平东都。

秋八月，隋江都太守陈稜求得炀帝之柩，备天子仪卫，改葬于江都宫西吴公台下，其王公以下皆列瘗于帝茔之侧。九月辛未，追谥隋太上皇为炀帝。

宇文化及至魏县，张恺等谋去之，事觉，化及杀之。腹心稍尽，兵势日蹙，兄弟更无他计，但相聚酣宴，奏女乐。化及醉，尤智及曰："我初不知，由汝无计，强来立我。今所向无成，士马日散，负弑君之名，天下所不容。今者族灭，岂不由汝乎！"持其两子而泣。智及怒曰："事捷之日，初不赐尤，及其将败，乃欲归罪。何不杀我以降窦建德？"数相斗阋，言无长幼，醒而复饮，以此为恒。其众多亡，化及自知必败，叹曰："人生固当死，岂不一日为帝乎！"于是鸩杀秦王浩，即皇帝位于魏县，国号许，改元天寿，署置百官。冬十月丙戌，皇泰主以王世充为太尉。

二年春正月戊午，淮安王神通击宇文化及于魏县，化及不能抗，东走聊城。神通拔魏县，引兵追化及，至聊城，围之。闰二月，宇文化及以珍货诱海曲诸贼，贼帅王薄帅众从之，与共守聊城。窦建德谓其群下曰："吾为隋民，隋为吾君。今宇文化及弑逆，乃吾仇也，吾不可以不讨。"乃引兵趣聊城。淮安王神通攻聊城，化及粮尽请降，神通不许。安抚副使崔世干劝神通许之，神通曰："军士暴露日久，贼食尽计穷，克在旦暮，吾当攻取以示国威，且散其玉帛以劳战士，若受其降，将何以为军赏乎？"世干曰："今建德方至，若化及未平，内外受敌，吾军必败。夫不攻而下之，为功甚易，奈何贪其玉帛而不受乎！"神通怒，囚世干于军中。既而宇文士及自济北馈之，化及军稍振，遂复拒战。神通督兵攻之，贝州刺史赵君德攀堞先登，神通心害其功，收兵不战，君德大诟而下，遂不克。建德军且至，神通引兵退。

建德与化及连战，大破之，化及复保聊城。建德纵兵四面急攻，王薄开门纳之。建德入城，生擒化及。先谒隋萧皇后，语皆称臣，素服哭炀帝尽哀。收传国玺及卤簿仪仗，抚存隋之百官，然后执逆党宇文智及、杨士览、元武达、许弘仁、孟景，集隋官而斩之，枭首军门之外。以槛车载化及并二子承基、承趾至襄国，斩之。

夏四月癸卯，王世充称皇泰主命，禅位于郑，遣其兄世恽幽皇泰主于含凉殿。（戊申，世充奉皇泰主为潞国公）乙巳，王世充即皇帝位。〔戊申，世充奉皇泰主为潞国公。〕五月，王世充遣兄子唐王仁则及家奴梁百年酖皇泰主，缢杀之，谥曰恭皇帝。事见唐平东都。

高祖兴唐

隋恭帝义宁元年。初，唐公李渊娶于神武肃公窦毅，生四男，建成、世民、玄霸、元吉；一女，适太子千牛备身临汾柴绍。

世民聪明勇决，识量过人，见隋室方乱，阴有安天下之志，倾身下士，散财结客，咸得其欢心。世民娶右骁卫将军长孙晟之女。右勋卫长孙顺德，晟之族弟也，与右勋侍池阳刘弘基皆避辽东之役，亡命在晋阳依渊，与世民善。左亲卫窦琮，炽之孙也，亦亡命在太原，素与世民有隙，每以自疑，世民加意待之，出入卧内，琮意乃安。

晋阳宫监猗氏裴寂、晋阳令武功刘文静相与同宿，见城上烽火，寂叹曰："贫贱如此，复逢乱离，何以自存！"文静笑曰："时事可知，吾二人相得，何忧贫贱？"文静见李世民而异之，深自结纳，谓寂曰："此非常人。豁达类汉高，神武同魏祖，年虽少，命世才也。"寂初未然之。

文静坐与李密连昏，系太原狱，世民就省之。文静曰："天下大乱，非高、光之才不能定也。"世民曰："安知其无，但人不识耳。我来相省，非儿女子之情，欲与君议大事也。计将安出？"文静曰："今主上南巡江、淮，李密围逼东都，群盗殆以万数，当此之际，有真主驱驾而用之，取天下如反掌耳。太原百姓皆避盗入城，文静为令数年，知其豪杰，一旦收集，可得十万人，尊公所将之兵复且数万，一言出口，谁敢不从？以此乘虚入关，号令天下，不过半年，帝业成矣。"世民笑曰："君言正合我意。"乃阴部署宾客，渊不之知也。世民恐渊不从，犹豫久之，不敢言。

渊与裴寂有旧,每相与宴语,或连日夜。文静欲因寂关说,乃引寂与世民交。世民出私钱数百万,使龙山令高斌廉与寂博,稍以输之。寂大喜,由是日从世民游,情款益狎。世民乃以其谋告之,寂许诺。

会突厥寇马邑,渊遣高君雅将兵,与马邑太守王仁恭并力拒之。仁恭、君雅战不利,渊恐并获罪,甚忧之。世民乘间屏人说渊曰:"今主上无道,百姓困穷,晋阳城外皆为战场。大人若守小节,下有寇盗,上有严刑,危亡无日。不若顺民心,兴义兵,转祸为福,此天授之时也。"渊大惊曰:"汝安得为此言!吾今执汝以告县官。"因取纸笔,欲为表。世民徐曰:"世民睹天时人事如此,故敢发言。必欲执告,不敢辞死。"渊曰:"吾岂忍告汝,汝慎勿出口。"明日,世民复说渊曰:"今盗贼日繁,遍于天下。大人受诏讨贼,贼可尽乎?要之,终不免罪。且世人皆传李氏当应图谶,故李金才无罪,一朝族灭。大人设能尽贼,则功高不赏,身益危矣。唯昨日之言,可以救祸,此万全之策也,愿大人勿疑。"渊乃叹曰:"吾一夕思汝言,亦大有理。今日破家亡躯亦由汝,化家为国亦由汝矣。"

先是裴寂私以晋阳宫人侍渊,渊从寂饮,酒酣,寂从容言曰:"二郎阴养士马,欲举大事,正为寂以宫人侍公,恐事觉并诛,为此急计耳。众情已协,公意如何?"渊曰:"吾儿诚有此谋,事已如此,当复奈何,正须从之耳。"

帝以渊与王仁恭不能御寇,遣使者执诣江都。渊大惧。世民与寂等复说渊曰:"今主昏国乱,尽忠无益。偏裨失律,而罪及明公。事已迫矣,宜早定计。且晋阳士马精强,宫监蓄积巨万,以兹举事,何患无成?代王幼冲,关中豪桀并起,未知所附,公若鼓行而西，抚而有之，如探囊中之物耳。奈何受单使之囚，坐取夷灭乎！”渊然之，密部勒，将发。会帝继遣使者驰驿赦渊及仁恭，使复旧任，渊谋亦缓。

渊之为河东讨捕使也，请大理司直夏侯端为副。端，详之孙也，善占候及相人，谓渊曰：“今玉床摇动，帝座不安，参墟得岁，必有真人起于其分，非公而谁乎？主上猜忍，尤忌诸李，金才既死，公不思变通，必为之次矣。”渊心然之。及留守晋阳，鹰扬府司马太原许世绪说渊曰：“公姓在图箓，名应歌谣，握五郡之兵，当四战之地，举事则帝业可成，端居则亡不旋踵，唯公图之。”行军司铠文水武士彟、前太子左勋卫唐宪、宪弟俭皆劝渊起兵。俭说渊曰：“明公北招戎狄，南收豪杰，以取天下，此汤、武之举也。”渊曰：“汤、武非所敢拟，在私则图存，在公则拯乱，卿姑自重，吾将思之。”宪，邕之孙也。时建成、元吉尚在河东，故渊迁延未发。

刘文静谓裴寂曰：“先发制人，后发制于人。何不早劝唐公举兵，而推迁不已。且公为宫监，而以宫人侍客，公死可尔，何误唐公也！”寂甚惧，屡趣渊起兵。渊乃使文静诈为敕书，发太原、西河、雁门、马邑民年二十已上，五十已下悉为兵，期岁暮集涿郡击高丽。由是人情恟恟，思乱者益众。

及刘武周据汾阳宫，世民言于渊曰：“大人为留守，而盗贼窃据离宫，不早建大计，祸今至矣。”渊乃集将佐谓之曰：“武周据汾阳宫，吾辈不能制，罪当族灭，若之何？”王威等皆惧，再拜请计。渊曰：“朝廷用兵，动止皆禀节度。今贼在数百里内，江都在三千里外，加以道路险要，复有他贼据之，以婴城胶柱之兵，当巨猾豕突之势，必不全矣。进退维谷，何为而可？”威等皆曰：“公地兼亲贤，同国休戚，若俟奏报，岂及事机？要在平贼，专之可也。”渊阳若不得已而从之者，曰：“然则先当集兵。”乃命世民与刘文静、长孙顺德、刘弘基等各募兵，远近赴集，旬日间近万人。仍密遣使召建成、元吉于河东，柴绍于长安。

王威、高君雅见兵大集，疑渊有异志，谓武士彟曰：“顺德、弘基皆背征三侍，所犯当死，安得将兵！”欲收按之。士彟曰：“二人皆唐公客，若尔，必大致纷纭。”威等乃止。留守司兵田德平欲劝威等按募人之状，士彟曰：“讨捕之兵，悉隶唐公，威、君雅但寄坐耳，彼何能为。”德平亦止。

晋阳乡长刘世龙密告渊，云：“威、君雅欲因晋祠祈雨，为不利。”五月癸亥夜，渊使世民伏兵于晋阳宫城之外。甲子旦，渊与威、君雅共坐视事，使刘文静引开阳府司马胙城刘政会入立庭中，称有密状。渊目威等取状视之，政会不与，曰：“所告乃副留守事，唯唐公得视之。”渊阳惊曰：“岂有是邪！”视其状，云：“威、君雅潜引突厥入寇。”君雅攘袂大诟曰：“此乃反者欲杀我耳。”时世民已布兵塞衢路，文静因与刘弘基、长孙顺德等共执威、君雅系狱。丙寅，突厥数万众寇晋阳，轻骑入外郭北门，出其东门。渊命裴寂等勒兵为备，而悉开诸城门。突厥不能测，莫敢进。众以为威、君雅实召之也，渊于是斩威、君雅以徇。渊部将王康达将千余人出战，皆死，城中恟惧。渊夜遣军潜出城，旦则张旗鸣鼓自他道来，如援军者。突厥终疑之，留城外二日，大掠而去。

李建成、李元吉弃其弟智云于河东而去，吏执智云送长安，杀之。建成、元吉遇柴绍于道，与之偕行。六月己卯，李建成等至晋阳。

刘文静劝李渊与突厥相结，资其士马以益兵势。渊从之，自为手启，卑辞厚礼，遗始毕可汗云："欲大举义兵，远迎主上，复与突厥和亲，如开皇之时。若能与我俱南，愿勿侵暴百姓。若但和亲，坐受宝货，亦唯可汗所择。"始毕得启，谓其大人曰："隋主为人，我所知也，若迎以来，必害唐公而击我无疑矣。苟唐公自为天子，我当不避盛暑，以兵马助之。"即命以此意为复书。使者七日而返，将佐皆喜，请从突厥之言，渊不可。裴寂、刘文静等皆曰："今义兵虽集，而戎马殊乏。胡兵非所须，而马不可失。若复稽回，恐其有悔。"渊曰："诸君宜更思其次。"寂等乃请尊天子为太上皇，立代王为帝以安隋室。移檄郡县，改易旗帜，杂用绛白，以示突厥。渊曰："此可谓掩耳盗钟，然逼于时事，不得不尔。"乃许之，遣使以此议告突厥。

西河郡不从渊命。甲申，渊使建成、世民将兵击西河。命太原令太原温大有与之偕行，曰："吾儿年少，以卿参谋军事，事之成败，当以此行卜之。"时军士新集，咸未阅习，建成、世民与之同甘苦，遇敌则以身先之。近道菜果，非买不食，军士有窃之者，辄求其主偿之，亦不诘窃者，军士及民皆感悦。至西河城下，民有欲入城者，皆听其入。郡丞高德儒闭城拒守，己丑，攻拔之。执德儒至军门，世民数之曰："汝指野鸟为鸾，以欺人主，取高官，吾兴义兵，正为诛佞人耳。"遂斩之。自余不戮一人，秋毫无犯，各慰抚使复业，远近闻之大悦。建成等引兵还晋阳，往返凡九日。渊喜曰："以此行兵，虽横行天下可也。"遂定入关之计。

渊开仓以赈贫民，应募者日益多。渊命为三军，分左右，通谓之义士。裴寂等上渊号为大将军。癸巳，建大将军府，以寂为长史，刘文静为司马，唐俭及前长安尉温大雅为记室，大雅仍与弟大有共掌机密，武士彟为铠曹，刘政会及武城崔善为、太原张道源为户曹，晋阳长上邽姜謩为司功参军，太谷长殷开山为府掾，长孙顺德、刘弘基、窦琮及鹰扬郎将高平王长谐、天水姜宝谊、阳屯为左右统军，自余文武，随才授任。又以世子建成为陇西公、左领军大都督，左三统军隶焉；世民为敦煌公、右领军大都督，右三统军隶焉，各置官属。以柴绍为右领军府长史，谘议谯人刘赡领西河通守。道源名河，开山名峤，皆以字行。开山，不害之孙也。

突厥遣其柱国康鞘利等送马千匹诣李渊为互市，许发兵送渊入关，多少随所欲。丁酉，渊引见康鞘利等，受可汗书，礼容尽恭，赠遗康鞘利等甚厚。择其马之善者，止市其半。义士请以私钱市其余，渊曰："虏饶马而贪利，其来将不已，恐汝不能市也。吾所以少取者，示贫，且不以为急故也。当为汝贯之，不足为汝费。"

乙巳，灵寿贼帅郄士陵帅众数千降于渊，渊以为镇东将军、燕郡公，仍置镇东府，补僚属，以招抚山东郡县。

己巳，康鞘利北还，渊命刘文静使于突厥以请兵。私谓文静曰："胡骑入中国，生民之大蠹也。吾所以欲得之者，恐刘武周引之共为边患。又胡马行牧，不费刍粟，聊欲藉之以为声势耳，数百人之外无所用之。"

秋七月壬子，李渊以子元吉为太原太守，留守晋阳宫，后事并委之。癸丑，渊帅甲士三万发晋阳，立军门誓众，并移檄郡县，谕以尊立代王之意。西突厥阿史那大柰亦帅其众以从。甲寅，遣通议大夫张纶将兵徇稽胡。丙辰，渊至西河，慰劳吏民，赈赡穷乏。民年七十已上，皆除散官，其余豪俊随才授任，口询功能，手注官秩，一日除千余人。受官者皆不取告身，各分渊所书官名而去。渊入雀鼠谷，壬戌，军贾胡堡，去霍邑五十余里。代王侑遣虎牙郎将宋老生帅精兵二万屯霍邑，右武候大将军屈突通将骁果数万屯河东以拒渊。会积雨，渊不得进，遣府佐沈叔安等将羸兵还太原，更运一月粮。乙丑，张纶克离石，杀太守杨子崇。

刘文静至突厥，见始毕可汗，请兵，且与之约曰："若入长安，民众土地入唐公，金玉缯帛归突厥。"始毕大喜，丙寅，遣其大臣级失特勒先至渊军，告以兵已上道。

渊以书招李密。密自恃兵强，欲为盟主，己巳，使祖君彦复书曰："与兄派流虽异，根系本同。自唯虚薄，为四海英雄共推盟主。所望左提右挈，戮力同心，执子婴于咸阳，殪商辛于牧野，岂不盛哉！"且欲使渊以步骑数千自至河内，面结盟约。渊得书笑曰："密妄自矜大，非折简可致。吾方有事关中，若遽绝之，乃是更生一敌。不如卑辞推奖以骄其志，使为我塞成皋之道，缀东都之兵，我得专意西征。俟关中平定，据险养威，徐观蚌鹬之势，以收渔人之功，未为晚也。"乃使温大雅复书曰："吾虽庸劣，幸承余绪，出为八使，入典六屯，颠而不扶，通贤所责。所以大会义兵，和亲北狄，共匡天下，志在尊隋。天生蒸民，必有司牧，当今为牧，非子而谁？老夫年逾知命，愿不及此。欣戴大弟，攀鳞附翼。唯弟早膺图箓，以宁兆民，宗盟之长，属籍见容，复封于唐，斯荣足矣。殪商辛于牧野，所不忍言；执子婴于咸阳，未敢闻命。汾、晋左右，尚须安辑，盟津之会，未暇卜期。"密得书甚喜，以示将佐曰："唐公见推，天下不足定矣。"自是信使往来不绝。

雨久不止，渊军中粮乏。刘文静未返，或传突厥与刘武周乘虚袭晋阳，渊召将佐谋北还。裴寂等皆曰："宋老生、屈突通连兵据险，未易猝下。李密虽云连和，奸谋难测。突厥贪而无信，唯利是视。武周，事胡者也。太原一方都会，且义兵家属在焉，不如还救根本，更图后举。”李世民曰：“今禾菽被野，何忧乏粮？老生轻躁，一战可擒。李密顾恋仓粟，未遑远略。武周与突厥外虽相附，内实相猜。武周虽远利太原，岂可近忘马邑。本兴大义，奋不顾身，以救苍生，当先入咸阳，号令天下。今遇小敌，遽已班师，恐从义之徒，一朝解体，还守太原，一城之地为贼耳，何以自全！”李建成亦以为然。渊不听，促令引发。世民将复入谏，会日暮，渊已寝，世民不得入，号哭于外，声闻帐中。渊召问之，世民曰：“今兵以义动，进战则克，退还则散。众散于前，敌乘于后，死亡无日，何得不悲？”渊乃悟曰：“军已发，奈何？”世民曰：“右军严而未发。左军虽去，计亦未远，请自追之。”渊笑曰：“吾之成败皆在尔，知复何言，唯尔所为。”世民乃与建成分道夜追，左军复还。丙子，太原运粮亦至。

八月己卯，雨霁。庚辰，李渊命军中曝铠仗行装。辛巳旦，东南由山足细道趣霍邑。渊恐宋老生不出，李建成、李世民曰：“老生勇而无谋，以轻骑挑之，理无不出。脱其固守，则诬以贰于我。彼恐为左右所奏，安敢不出。”渊曰：“汝测之善。老生不能逆战贾胡，吾知其无能为也。”渊与数百骑先至霍邑城东数里以待步兵，使建成、世民将数十骑至城下，举鞭指麾，若将围城之状，且诟之。老生怒，引兵三万自东门南门分道而出。渊使殷开山趣召后军。后军至，渊欲使军士先食而战，世民曰：“时不可失。”渊乃与建成陈于城东，世民陈于城南。渊、建成战小却，世民与军头临淄段志玄自南原引兵驰下，冲老生陈，出其背，世民手杀数十人，两刀皆缺，流血满袖，洒之复战。渊兵复振，因传呼曰：“已获老生矣。”老生兵大败，渊兵先趣其门，门闭，老生下马投堑，刘弘基就斩之，僵尸数里。日已暮，渊即命登城，时无攻具，将士肉薄而登，遂克之。

渊赏霍邑之功，军吏疑奴应募者不得与良人同，渊曰："矢石之间，不辨贵贱。论勋之际，何有等差？宜并从本勋授。"壬午，渊引见霍邑吏民，劳赏如西河，选其丁壮使从军。关中军士欲归者，并授五品散官遣归。或谏以官太滥，渊曰："隋氏吝惜勋赏，此所以失人心也，奈何效之！且收众以官，不胜于用兵乎！"

丙戌，渊入临汾郡，慰抚如霍邑。庚寅，宿鼓山。绛郡通守陈叔达拒守，辛卯，进攻，克之。叔达，陈高宗之子，有才学，渊礼而用之。

癸巳，渊至龙门，刘文静、康鞘利以突厥兵五百人，马二千匹来至。渊喜其来援，谓文静曰："吾西行及河，突厥始至，兵少马多，皆君将命之功也。"

汾阳薛大鼎说渊请勿攻河东，自龙门直济河，据永丰仓，传檄远近，关中可坐取也。渊将从之。诸将请先攻河东，乃以大鼎为大将军府察非掾。

河东县户曹任瓌说渊曰："关中豪杰皆企踵以待义兵。瓌在冯翊积年，知其豪杰，请往谕之，必从风而靡。义师自梁山济河，指韩城，逼郃阳，萧造文吏，必望尘请服，孙华之徒，皆当远迎。然后鼓行而进，直据永丰，虽未得长安，关中固已定矣。"渊悦，以瓌为银青光禄大夫。

时关内群盗，孙华最强。丙申，渊至汾阴，以书招之。己亥，渊进军壶口，河滨之民献舟者日以百数，仍置水军。壬寅，孙华自郃阳轻骑渡河见渊，渊握手与坐，慰奖之，以华为左光禄大夫、武乡县公，领冯翊太守，其徒有功者，委华以次授官，赏赐甚厚。

使之先济，继遣左右统军王长谐、刘弘基及左领军长史陈演寿、金紫光禄大夫史大柰将步骑六千自梁山济，营于河西，以待大军。以任瓌为招慰大使，瓌说韩城下之。渊谓长谐等曰："屈突通精兵不少，相去五十余里，不敢来战，足明其众不为之用。然通畏罪，不敢不出。若自济河击卿等，则我进攻河东，必不能守。若全军守城，则卿等绝其河梁，前扼其喉，后拊其背，彼不走，必为擒矣。"

九月乙卯，张纶徇龙泉、文成等郡，皆下之，获文成太守郑元璹。元璹，译之子也。

屈突通遣虎牙郎将桑显和将骁果数千人夜袭王长谐等营，长谐等战不利，孙华、史大柰以游骑自后击显和，大破之。显和脱走入城，仍自绝河梁。丙辰，冯翊太守萧造降于李渊。造，脩之子也。

戊午，渊帅诸军围河东，屈突通婴城自守。将佐复推渊领太尉，增置官属，渊从之。时河东未下，三辅豪杰至者日以千数。渊欲引兵西趣长安，犹豫未决。裴寂曰："屈突通拥大众，凭坚城，吾舍之而去，若进攻长安不克，退为河东所踵，腹背受敌，此危道也。不若先克河东，然后西上。长安恃通为援，通败，长安必破矣。"李世民曰："不然。兵贵神速，吾席累胜之威，抚归附之众，鼓行而西，长安之人望风震骇，智不及谋，勇不及断，取之若振槁叶耳。若淹留自弊于坚城之下，彼得成谋修备以待我，坐费日月，众心离沮，则大事去矣。且关中蜂起之将，未有所属，不可不早招怀也。屈突通自守虏耳，不足为虑。"渊两从之，留诸将围河东，自引军而西。朝邑法曹武功靳孝谟以蒲津、中潬二城降，华阴令李孝常以永丰仓降，仍应接河西诸军。孝常，圆通之子也。京兆诸县亦多遣使请降。

庚申，李渊帅诸军济河，甲子，至朝邑，舍于长春宫，关中士民归之者如市。丙寅，渊遣世子建成、司马刘文静帅王长谐等诸军数万人屯永丰仓，守潼关以备东方兵，慰抚使窦轨等受其节度。敦煌公世民帅刘弘基等诸军数万人徇渭北，慰抚使殷开山等受其节度。轨，琮之兄也。

冠氏长于志宁、安养尉颜师古及世民妇兄长孙无忌谒见渊于长春宫。师古名籀，以字行；志宁，宣敏之兄子；师古，之推之孙也。皆以文学知名，无忌仍有才略。渊皆礼而用之，以志宁为记室，师古为朝散大夫，无忌为渭北行军典签。

屈突通闻渊西入，署鹰扬郎将汤阴尧君素领河东通守，使守蒲坂，自引兵数万趣长安，为刘文静所遏。将军刘纲戍潼关屯都尉南城，通欲往依之，王长谐先引兵袭斩纲，据城以拒通，通退保北城。渊遣其将吕绍宗等攻河东不能克。

柴绍之自长安赴太原也，谓其妻李氏曰："尊公举兵，今偕行则不可，留此则及祸，奈何？"李氏曰："君第速行，我一妇人，易以潜匿，当自为计。"绍遂行。李氏归鄠县别墅，散家赀，聚徒众。渊从弟神通在长安，亡入鄠县山中，与长安大侠史万宝等起兵以应渊。西域商胡何潘仁入司竹园为盗，有众数万，劫前尚书右丞李纲为长史。李氏使其奴马三宝说潘仁与之就神通，合势攻鄠县，下之。神通众逾一万，自称关中道行军总管，以前药城长令狐德棻为记室。德棻，熙之子也。李氏又使马三宝说群盗李仲文、向善志、丘师利等，皆帅众从之。仲文，密之从父；师利，和之子也。西京留守屡遣兵讨潘仁等，皆为所败。李氏徇盩厔、武功、始平，皆下之，众至七万。左亲卫段纶，文振之子也，娶渊女，亦聚徒于蓝田，得万余人。及渊济河，神通、李氏、纶各遣使迎渊。渊以神通为光禄大夫，子道彦为朝请大夫，纶为金紫光禄大夫。使柴绍将数百骑并南山迎李氏。何潘仁、李仲文、向善志及关中群盗皆请降于渊，渊一一以书慰劳授官，使各居其所，受敦煌公世民节度。

刑部尚书领京兆内史卫文昇，年老，闻渊兵向长安，忧惧成疾，不复预事，独左翊卫将军阴世师、京兆郡丞骨仪奉代王侑乘城拒守。己巳，渊如蒲津。庚午，自临晋济渭，至永丰仓劳军，开仓赈饥民。辛未，还长春宫。壬申，进屯冯翊。世民所至，吏民及群盗归之如流，世民收其豪俊以备僚属，营于泾阳，胜兵九万。李氏将精兵万余会世民于渭北，与柴绍各置幕府，号“娘子军”。

先是，平凉奴贼数万围扶风太守窦琎，数月不下，贼中食尽。丘师利遣其弟行恭帅五百人负米麦，持牛酒，诣奴贼营。奴帅长揖，行恭手斩之，谓其众曰：“汝辈皆良人，何故事奴为主，使天下谓之奴贼。”众皆俯伏曰：“愿改事公。”行恭即帅其众与师利共谒世民于渭北，世民以为光禄大夫。琎，琮之从子也。隰城尉房玄龄谒世民于军门，世民一见如旧识，署记室参军，引为谋主。玄龄亦自以遇知己，罄竭心力，知无不为。

渊命刘弘基、殷开山分兵西略扶风，有众六万，南渡渭水，屯长安故城。城中出战，弘基逆击，破之。世民引兵趣司竹，李仲文、何潘仁、向善志皆帅众从之，顿于阿城，胜兵十三万，军令严整，秋毫不犯。乙亥，世民自盩厔遣使白渊，请期日赴长安。渊曰：“屈突东行不能复西，不足虞矣。”乃命建成选仓上精兵自新丰趣长乐宫，世民帅新附诸军北屯长安故城，至并听教。延安、上郡、雕阴皆请降于渊。丙子，渊引军西行，所过离宫、园苑皆罢之，出宫女还其亲属。冬十月辛巳，渊至长安，营于春明门之西北，诸军皆集，合二十余万。渊命各依垒壁，毋得入村落侵暴。屡遣使至城下，谕卫文昇等以欲尊隋之意，不报。辛卯，命诸军进围城。甲午，渊迁馆于安兴坊。

甲辰，李渊命诸军攻城，约："毋得犯七庙及代王宗室，违者夷三族。"孙华中流矢卒。十一月丙辰，军头雷永吉先登，遂克长安。代王在东宫，左右奔散，唯侍读姚思廉侍侧。军士将登殿，思廉厉声诃之曰："唐公举义兵，匡帝室，卿等毋得无礼！"众皆愕然，布立庭下。渊迎王于东宫，迁居大兴殿后，听思廉扶王至顺阳阁下，泣拜而去。思廉，察之子也。渊还舍于长乐宫，与民约法十二条，悉除隋苛禁。

渊之起兵也，留守官发其坟墓，毁其五庙。至是卫文昇已卒，戊午，执阴世师、骨仪等数以贪婪苛酷，且拒义师，俱斩之。死者十余人，余无所问。马邑郡丞三原李靖，素与渊有隙，渊入城收靖，将斩之。靖大呼曰："公兴义兵，欲平暴乱，乃以私怨杀壮士乎？"世民为之固请，乃舍之。世民因召置幕府。靖少负志气，有文武才略，其舅韩擒虎每抚之曰："可与言将帅之略者，独此子耳。"

壬戌，李渊备法驾迎代王即皇帝位于天兴殿，时年十三。大赦，改元，遥尊炀帝为太上皇。甲子，渊自长乐宫入长安。以渊为假黄钺、使持节、大都督内外诸军事、尚书令、大丞相，进封唐王。以武德殿为丞相府，改教称令，日于虔化门视事。乙丑，榆林、灵武、平凉、安定诸郡皆遣使请命。丙寅，诏军国机务，事无大小，文武设官，位无贵贱，宪章赏罚，咸归相府，唯郊祀天地，四时禘祫奏闻。置丞相府官属，以裴寂为长史，刘文静为司马。何潘仁使李纲入见，渊留之，以为丞相府司录，专掌选事。又以前考功郎中窦威为司录参军，使定礼仪。威，炽之子也。渊倾府库以赐勋人，国用不足，右光禄大夫刘世龙献策，以为："今义师数万，并在京师，樵苏贵而布帛贱，请伐六街及苑中树为樵以易布帛，可得十数万匹。"渊从之。己巳，以李建成为唐世子，李世民为京兆尹、秦公，李元吉为齐公。十二月癸未，追谥唐王渊大父襄公为景王，考仁公为元王，夫人窦氏为穆妃。

世民破薛仁杲于扶风。事见唐平陇右。

乙未，平凉留守张隆，丁酉，河池太守萧瑀及扶风、汉阳郡相继来降。以窦琎为工部尚书、燕国公，萧瑀为礼部尚书、宋国公。李孝恭击破朱粲，诸将请尽杀其俘。孝恭曰："不可。自是以往，谁复肯降矣？"皆释之。于是自金川出巴、蜀，檄书所至，降附者三十余州。

屈突通与刘文静相持月余，通复使桑显和夜袭其营。文静与左光禄大夫段志玄悉力苦战，显和败走，尽俘其众，通势益蹙。或说通降，通泣曰："吾历事两主，恩顾甚厚。食人之禄而违其难，吾不为也。"每自摩其颈曰："要当为国家受一刀。"劳勉将士，未尝不流涕，人亦以此怀之。丞相渊遣其家僮召之，通立斩之。及闻长安不守，家属皆为渊所虏，乃留显和镇潼关，引兵东出，将趣洛阳。通适去，显和即以城降文静。文静遣窦(珍)〔琮〕等将轻骑与显和追之，及于稠桑，通结陈自固。窦琮遣通子寿往谕之，通骂曰："此贼何来？昔与汝为父子，今与汝为仇雠。"命左右射之。显和谓其众曰："今京城已陷，汝辈皆关中人，去欲何之？"众皆释仗而降。通知不免，下马东南再拜，号哭曰："臣力屈至此，非敢负国，天地神祇实知之！"军人执通送长安，渊以为兵部尚书，赐爵蒋公，兼秦公元帅府长史。

渊遣通至河东城下招谕尧君素，君素见通，歔欷不自胜，通亦泣下沾衿。因谓君素曰："吾军已败，义旗所指，莫不响应。事势如此，卿当早降。"君素曰："公为国大臣，主上委公以关中，代王付公以社稷，奈何负国生降，乃更为人作说客邪？公所乘马，即代王所赐也，公何面目乘之哉！"通曰："吁，君素，我力屈而来。"君素曰："方今力犹未屈，何用多言。"通惭而退。刘文静等引兵东略地，取弘农郡，遂定新安以西。甲辰，李渊遣云阳令詹俊、武功县正李仲衮徇巴、蜀，下之。

唐高祖武德元年春正月丁未朔，隋恭帝诏唐王剑履上殿，赞拜不名。唐王既克长安，以书谕诸郡县，于是东自商、洛，南尽巴、蜀，郡县长史及盗贼渠帅氐、羌酋长，争遣子弟入见请降，有司复书，日以百数。二月己卯，唐王遣太常卿郑元璹将兵出商、洛，徇南阳，左领军府司马安陆马元规徇安陆及荆、襄。三月己酉，以齐公元吉为镇北将军、太原道行军元帅，都督十五郡诸军事，听以便宜从事。乙卯，徙秦公世民为赵公。戊辰，隋恭帝诏以十郡益唐国，仍以唐王为相国，总百揆。唐国置丞相以下官，又加九锡。王谓僚属曰："此谄谀者所为耳。孤秉大政，而自加宠锡可乎？必若循魏、晋之迹，彼皆繁文伪饰，欺天罔人。考其实不及五霸，而求名欲过三王，此孤常所非笑，窃亦耻之。"或曰："历代所行，亦何可废。"王曰："尧、舜、汤、武，各因其时，取与异道，皆推其至诚以应天顺人，未闻夏、商之末必效唐、虞之禅也。若使少帝有知，必不肯为。若其无知，孤自尊而饰让，平生素心所不为也。"但改丞相府为相国府，其九锡、殊礼皆归有司。

夏四月，炀帝凶问至长安，唐王哭之恸，曰："吾北面事人，失道不能救,敢忘哀乎!"

五月戊午,隋恭帝禅位于唐,逊居代邸。甲子,唐王即皇帝位于太极殿,遣刑部尚书萧造告天于南郊,大赦,改元。罢郡置州,以太守为刺史。推五运为土德,色尚黄。

六月甲戌朔,以赵公世民为尚书令,黄台公瑗为刑部侍郎,相国府长史裴寂为右仆射、知政事,司马刘文静为纳言,司录窦威为内史令,李纲为礼部尚书、参掌选事,掾殷开山为吏部侍郎,属赵慈景为兵部侍郎,韦义节为礼部侍郎,主簿陈叔达、博陵崔民干并为黄门侍郎,唐俭为内史侍郎,录事参军裴晞为尚书右丞。以隋民部尚书萧瑀为内史令,礼部尚书窦琎为户部尚书,蒋公屈突通为兵部尚书,长安令独孤怀恩为工部尚书。瑗,上之从子;怀恩,舅子也。

上待裴寂甚厚,群臣无与为比,赏赐服玩不可胜纪。命尚书奉御日以御膳赐寂,视朝必引与同坐,入阁则延之卧内,言无不从,称为裴监而不名。委萧瑀以庶政,事无大小,莫不关掌。瑀亦孜孜尽力,绳违举过,人皆惮之,毁之者众,终不自理。上尝有敕而内史不时宣行,上责其迟,瑀对曰:"大业之世,内史宣敕,或前后相违,有司不知所从,其易在前,其难在后。臣在省日久,备见其事。今王业经始,事系安危,远方有疑,恐失机会,故臣每受一敕,必勘审使与前敕不违,始敢宣行,稽缓之愆,实由于此。"上曰:"卿用心如是,吾复何忧。"

己卯,祔四亲庙主。追尊皇高祖瀛州府君曰宣简公;皇曾祖司空曰懿王;皇祖景王曰景皇帝,庙号太祖,祖妣曰景烈皇后;皇考元王曰元皇帝,庙号世祖,妣独孤氏曰元贞皇后。追谥妃窦氏曰穆皇后。每岁祀昊天上帝、皇地祇、神州地祇,以景帝配,感生帝、明堂以元帝配。庚辰，立世子建成为皇太子，赵公世民为秦王，齐公元吉为齐王，宗室黄瓜公白驹为平原王，蜀公孝基为永安王，柱国道玄为淮阳王，长平公叔良为长平王，郑公神通为永康王，安吉公神符为襄邑王，柱国德良为新兴王，上柱国博义为陇西王，上柱国奉慈为勃海王。孝基、叔良、神符、德良，帝之从父弟；博义、奉慈，弟子；道玄，从父兄子也。乙酉，奉隋帝为酅国公。诏曰："近世以来，时运迁革，前代亲族，莫不诛夷。兴亡之效，岂伊人力。其隋蔡王智积等子孙，并付所司，量才选用。"

丁酉，万年县法曹武城孙伏伽上表，以为："隋以恶闻其过亡天下。陛下龙飞晋阳，远近响应，未期年而登帝位，徒知得之之易，不知隋失之之不难也。臣谓宜易其覆辙，务尽下情，凡人君言动，不可不慎。窃见陛下今日即位，而明日有献鹞雏者，此乃少年之事，岂圣主所须哉。又百戏散乐，亡国淫声。近太常于民间借妇女裙襦五百余袭，以充妓衣，拟五月五日玄武门游戏，此亦非所以为子孙法也。凡如此类，悉宜废罢。善恶之习，朝夕渐染，易以移人。皇太子、诸王参僚左右，宜谨择其人。其有门风不能雍睦，为人素无行义，专好奢靡以声色游猎为事者，皆不可使之亲近也。自古及今，骨肉乖离，以至败国亡家，未有不因左右离间而然也，愿陛下慎之。"上省表大悦，下诏褒称，擢为治书侍御史，赐帛三百匹，仍颁示远近。

秋九月，虞州刺史韦义节攻隋河东通守尧君素，久不下，军数不利，壬子，以工部尚书独孤怀恩代之。〔冬〕十一月癸丑，独孤怀恩攻尧君素于蒲阪。行军总管赵慈景尚帝女桂阳公主，为君素所擒，枭首城外，以示无降意。

(冬十二月)隋将尧君素守河东。上遣吕绍宗、韦义节、独孤怀恩相继攻之，俱不下。时外围严急，君素为木鹅，置表于颈，具论事势，浮之于河。河阳守者得之，达于东都，皇泰主见而叹息，拜君素金紫光禄大夫。庞玉、皇甫无逸自东都来降，上悉遣诣城下，为陈利害，君素不从。又赐金券，许以不死。其妻又至城下谓之曰："隋室已亡，君何自苦！"君素曰："天下名义，非妇人所知。"引弓射之，应弦而倒。君素亦自知不济，然志在守死，每言及国家，未尝不歔欷。谓将士曰："吾昔事主上于藩邸，大义不得不死。必若隋祚永终，天命有属，自当断头以付诸君，听君等持取富贵。今城池甚固，仓储丰备，大事犹未可知，不可横生心也。"君素性严明，善御众，下莫敢叛。久之，仓粟尽，人相食，又获外人微知江都倾覆。〔十二月〕丙子，君素左右薛宗等杀君素以降，传首京师。

二年秋八月丁酉，酅公薨，谥曰隋恭帝。无后，以族子行基嗣。